MANUAL DAS ÁREAS DE PRESERVAÇÃO PERMANENTE

REGIME JURÍDICO GERAL, MODALIDADES E EXCEÇÕES

PEDRO NIEBUHR

MANUAL DAS ÁREAS DE PRESERVAÇÃO PERMANENTE

REGIME JURÍDICO GERAL, MODALIDADES E EXCEÇÕES

3ª edição revista, ampliada e atualizada

Belo Horizonte
FÓRUM
CONHECIMENTO JURÍDICO
2024

2022 2ª edição
2024 3ª edição

FÓRUM
CONHECIMENTO JURÍDICO

Luís Cláudio Rodrigues Ferreira
Presidente e Editor

Coordenação editorial: Leonardo Eustáquio Siqueira Araújo / Aline Sobreira de Oliveira
Revisão: Érico Barboza
Capa, projeto gráfico e diagramação: Walter Santos
Ilustrações: Fernanda Losekann Rediske

Rua Paulo Ribeiro Bastos, 211 – Jardim Atlântico – CEP 31710-430
Belo Horizonte – Minas Gerais – Tel.: (31) 99412.0131
www.editoraforum.com.br – editoraforum@editoraforum.com.br

Dados Internacionais de Catalogação na Publicação (CIP) de acordo com ISBD

N665m Niebuhr, Pedro

Manual das áreas de preservação permanente: regime jurídico geral, modalidades e exceções -- 3. ed. -- / Pedro Niebuhr. Belo Horizonte: Fórum, 2024.

316 p. 14,5x21,5cm
il.
ISBN impresso 978-65-5518-760-1
ISBN digital 978-65-5518-761-8

1. Direito administrativo. 2. Direito ambiental. I. Título.

CDD: 342
CDU: 342

Ficha catalográfica elaborada por Lissandra Ruas Lima – CRB/6 – 2851

Informação bibliográfica deste livro, conforme a NBR 6023:2018 da Associação Brasileira de Normas Técnicas (ABNT):

NIEBUHR, Pedro. *Manual das áreas de preservação permanente*: regime jurídico geral, modalidades e exceções. 3. ed. Belo Horizonte: Fórum, 2024. 316 p. ISBN 978-65-5518-760-1.

Para Luiza.

SUMÁRIO

CAPÍTULO 2

MODALIDADES E ESPÉCIES DE ÁREAS DE PRESERVAÇÃO PERMANENTE 81

CAPÍTULO 1

ASPECTOS INTRODUTÓRIOS

1.1 Antecedentes normativos

Há alguma controvérsia doutrinária acerca da origem do instituto das áreas de preservação permanente no direito positivo brasileiro.

Paulo de Bessa Antunes, por exemplo, defende que as "florestas protetoras" previstas no Decreto nº 4.421/21 equivaleriam às atuais áreas de preservação permanente, ainda que sob outra designação.[1]

Sergio Ahrens, em similar linha de entendimento, faz remissão ao Decreto nº 23.793/34 (referido como Código Florestal de 1934). O autor, ao interpretar o artigo 1º do Decreto nº 23.793/34 – que qualificava as florestas e demais formas de vegetação como *bem de interesse comum a todos os habitantes do país* –, reputa que o dispositivo criava a obrigação do proprietário da terra em preservá-las,[2] dando a entender similaridade com o regime das atuais áreas de preservação permanente.

Em rigor, nem o Decreto nº 4.421/21 nem o Decreto nº 23.793/34 veiculavam categorias equiparáveis ao que se tem, atualmente, por áreas de preservação permanente.

O Decreto nº 4.421/21, que criou a figura das florestas protetoras (ao lado dos hortos florestais, floresta modelo e reservas florestais), conceituava-lhes como áreas públicas, de domínio da União (artigo 4º), que poderiam até ser exploradas economicamente, por concessão, pelos particulares. O particular que quisesse (tratava-se de ato de liberalidade) que sua propriedade fosse considerada protetora poderia requerer o referido ao Serviço Florestal, que deliberaria a respeito (artigo 5º).

---

1 ANTUNES, 2015.

2 AHRENS, 2005.

O Poder Público poderia ainda declarar determinada área privada como floresta protetora, mas deveria desapropriá-la (artigo 7º).

O Decreto nº 23.793/34, por sua vez, regulava quatro categorias de florestas: protetoras, remanescentes, modelo e de rendimento (artigo 3º). As florestas protetoras seriam aquelas com a finalidade de conservação do regime das águas, prevenção da erosão, fixação de dunas, auxílio na defesa de fronteiras, asseguração de condições de salubridade pública, proteção de sítios de grande beleza e asilo de espécimes raros de fauna indígena (artigo 4º). As florestas remanescentes formavam os parques nacionais, estaduais ou municipais, as que abundassem ou cultivassem espécimes preciosos cuja conservação se considerava necessária e as que o Poder Público reservasse para pequenos parques ou bosques (artigo 5º). As florestas modelo eram aquelas artificiais, constituídas por uma ou por um número limitado de essências florestais, indígenas e exóticas (artigo 6º). As florestas de rendimento seriam todas as demais (artigo 7º).

Na forma então disciplinada pelo artigo 8º do Decreto nº 23.793/34, as florestas protetoras e remanescentes consideravam-se de "conservação perene", qualificação que, de fato, consubstanciava-se em algum regime protetivo, mas, registra-se, não necessariamente similar ao regime jurídico das áreas de preservação permanente.

Isso se deduz por diversos fatores. O Decreto nº 23.793/34 não considerava a cobertura vegetal ocorrente em imóveis privados como de conservação perene *ope legis*. O artigo 11 determinava o seguinte: "as florestas de propriedade privada, nos casos do art. 4º, poderão ser, no todo ou em parte, declaradas protectoras, por decreto do governo federal". Ou seja, era necessário um ato administrativo ulterior (decreto) a ser expedido pelo governo federal para que fosse qualificada como floresta protetora a cobertura vegetal ocorrente em imóvel privado que porventura exercesse as finalidades prescritas no artigo 4º do Decreto nº 23.793/34, e, com isso, atribuir-lhe o *status* de conservação perene.

Mais que isso, o Decreto nº 23.793/34 também estabelecia expressamente a possibilidade de uso e exploração econômica da floresta, prescrevendo que se um ato administrativo federal viesse a qualificar uma floresta privada como protetora, as autoridades competentes poderiam determinar condições para replantio, extensão, oportunidade e intensidade da exploração (parte final do artigo 11).

Similar solução foi prevista para a qualificação de florestas ocorrentes em propriedades privadas como florestas remanescentes. Nessa hipótese, na forma concebida pelo artigo 12 do Decreto nº 23.793/34, o Poder Público deveria desapropriá-la, exceto se o proprietário concordasse, por si e seus sucessores, a mantê-la voluntariamente sob o regime legal correspondente.

Em síntese, só eram consideradas de "conservação perene", por efeito direto da lei, as florestas ocorrentes em imóveis e áreas públicas. Aquelas havidas em propriedades privadas poderiam vir a ser qualificadas como protetoras ou remanescentes, a depender do caso, por ato do Poder Público. As florestas protetoras, ainda assim, poderiam ser exploradas nos termos autorizados pela autoridade competente, ao passo que as florestas remanescentes assim declaradas sobre a propriedade privada deveriam ser desapropriadas.

Por tais razões, parece ser imprecisa (pelo menos) a associação do regime de proteção veiculado nos Decretos nº 4.421/21 e nº 23.793/34 ao regime jurídico das áreas de preservação permanente que viria a ser inaugurado na Lei nº 4.771/65, e atualmente vigente na ordem jurídica nacional por meio da Lei nº 12.651/12.

A figura das áreas de preservação permanente foi de fato criada, no caso brasileiro, pela Lei nº 4.771/65, cuja nota fundamental é seu regime proibitivo de exploração econômica como regra geral, vedação que incide, indiscriminadamente, sob áreas públicas ou privadas e independe de qualquer outra condição ulterior (pelo menos nas modalidades de área de preservação permanente decorrentes de lei, conforme se verá adiante). A proibição, como regra, ao aproveitamento desses espaços decorria, originalmente, da vedação ao corte e supressão de vegetação neles ocorrente veiculadas no artigo 4º da Lei nº 4.771/65[3] e da correspondente permissão para aproveitamento econômico das demais formas de cobertura vegetal não consideradas como de preservação permanente, veiculada nos artigos 12 e 16 da mesma lei.[4] Referido desenho jurídico foi mantido, em termos gerais, na Lei nº 12.651/12 (atual Código Florestal) e determina, inclusive nos dias atuais, o delineamento jurídico das áreas de preservação permanente no direito positivo brasileiro.

---

[3] "Art. 4º A supressão de vegetação em área de preservação permanente somente poderá ser autorizada em caso de utilidade pública ou de interesse social, devidamente caracterizados e motivados em procedimento administrativo próprio, quando inexistir alternativa técnica e locacional ao empreendimento proposto".

[4] "Art. 12. Nas florestas plantadas, não consideradas de preservação permanente, é livre a extração de lenha e demais produtos florestais ou a fabricação de carvão. Nas demais florestas dependerá de norma estabelecida em ato do Poder Federal ou Estadual, em obediência a prescrições ditadas pela técnica e às peculiaridades locais. [...]
Art. 16. As florestas de domínio privado, não sujeitas ao regime de utilização limitada e ressalvadas as de preservação permanente, previstas nos artigos 2° e 3° desta lei, são suscetíveis de exploração, obedecidas as seguintes restrições: [...]"

Com maior precisão nesse aspecto, portanto, Paulo Locatelli afirma que muito embora o *histórico de proteção jurídica* das áreas de preservação permanente possa *remontar* às normas do período colonial, imperial e da Primeira República (que estabeleciam restrições para atender necessidades de defesa da nação de ataques externos, sanitárias ou para implantação de infraestrutura de transporte), elas – as áreas de preservação permanente – foram de fato criadas pela Lei nº 4.771/65, e não se confundem com outros institutos jurídicos, como as servidões administrativas previstas no Código de Águas e na Lei do Parcelamento do Solo Urbano ou com os terrenos marginais disciplinados na Lei nº 1.507/1867.

Enfim, a Lei nº 4.771/65, que foi sucedida pela atual Lei nº 12.651/12, passou a disciplinar um regime jurídico novo, geral e aplicável a todo território nacional, das áreas de preservação permanente. Isso, aliás, desenha uma diferença marcante em relação a outros sistemas estrangeiros.

Eriton Geraldo Vieira, Daniela Oliveira Gonçalves e José Boeing pontuam que nos Estados Unidos, em Portugal e na Espanha, o quanto e a forma como esses espaços devem ser protegidos ou podem ser utilizados usualmente são definidos por normas regionais ou locais,[5] e não normas nacionais (ou federais), como no caso brasileiro. Sidnei Luís Bohn Gass, Roberto Verdun, Jeannine Corbonnois e François Laurent chegam à mesma conclusão em comparação com o modelo francês, em que devido ao alto grau de antropização desses espaços (notadamente o entorno de elementos hídricos), a proteção do patrimônio cultural e histórico frequentemente se sobrepõe ao patrimônio natural, inclusive.[6]

Em comum às experiências estrangeiras está a diferença em relação ao sistema brasileiro; nos Estados Unidos, Portugal, Espanha e França, por exemplo, não são estipulados parâmetros de áreas de preservação permanente ou similares fixos aplicáveis a todo território nacional. A política de proteção ou uso desses espaços costuma ser feita em escalas menores, à luz das diferenças e peculiaridades locais ou regionais.

---

5 BOEING; GONÇALVES; VIEIRA, 2014.

6 Segundo os autores, o planejamento da ocupação dos espaços adjacentes a corpos hídricos é regionalizado, definido no nível dos territórios e de acordo com as peculiaridades que lhes são próprias, variáveis no espaço nacional (GASS et al., 2016).

1.2 Regime jurídico geral

As áreas de preservação permanente perfazem um dos assuntos mais ricos e complexos do Direto Ambiental positivo. Considerando os graus de intensidade entre as modalidades de intervenção na propriedade privada previstos no ordenamento, as restrições que as áreas de preservação permanente impõem sobre os atributos da propriedade imobiliária só perdem para a expropriação. Isso torna o assunto envolto em controvérsias jurídicas relevantes.

As áreas de preservação permanente são espaços que, a rigor e como regra, não se admite ocupação ou intervenção humana. Tal qual o próprio vocábulo sugere, são espaços que devem ser preservados de forma duradoura no tempo. Por preservação entende-se a manutenção de suas características naturais; significa protegê-los de danos ou alterações capazes de afetar aquelas características essenciais que fizeram tais espaços receberem qualificação legal especial.

Estes atributos ambientais são aqueles discriminados no inciso II do artigo 3º da Lei nº 12.651/12, isto é, trata-se de espaços que possuem a função ambiental de preservar os recursos hídricos, a paisagem, a estabilidade geológica e a biodiversidade, facilitar o fluxo gênico de fauna e flora, proteger o solo e assegurar o bem-estar das populações humanas.[7]

Umbilicalmente ligada ao dever de preservação está a obrigação de reparar eventual alteração nestes espaços capaz de comprometer os atributos ambientais qualificadores das áreas de preservação permanente como objeto de especial proteção. A reparação de um dano ambiental pode dar-se, na forma do inciso VII do artigo 4º da Lei nº 6.938/81, pela recuperação ou indenização dos danos causados. A recuperação é o retorno do *status quo ante* e a indenização é uma modalidade de compensação pelos danos que não podem ser recuperados.[8] [9]

---

7 "Art. 3º Para os efeitos desta Lei, entende-se por: [...] II – Área de Preservação Permanente – APP: área protegida, coberta ou não por vegetação nativa, com a função ambiental de preservar os recursos hídricos, a paisagem, a estabilidade geológica e a biodiversidade, facilitar o fluxo gênico de fauna e flora, proteger o solo e assegurar o bem-estar das populações humanas".

8 "A opção do legislador indica que, em primeiro plano, deve se tentar a recomposição do bem ambiental e, quando inviável esta, partir-se para a indenização por sucedâneo ou compensação [...] A melhor forma de reparação, isto é, a ideal, é sempre a recuperação ou recomposição do bem ambiental, ao lado da cessão das atividades nocivas [...] Não sendo possível a reparação natural, como instrumento subsidiário de reparação, deve-se cogitar da utilização da compensação ecológica. Assim sendo, sempre que não for

A obrigação de preservação das características naturais das áreas de preservação permanente é expressamente discriminada nos §§1º e 2º do artigo 7º da Lei nº 12.651/12, nos seguintes termos:

> Art. 7º A vegetação situada em Área de Preservação Permanente deverá ser mantida pelo proprietário da área, possuidor ou ocupante a qualquer título, pessoa física ou jurídica, de direito público ou privado.
>
> §1º Tendo ocorrido supressão de vegetação situada em Área de Preservação Permanente, o proprietário da área, possuidor ou ocupante a qualquer título é obrigado a promover a recomposição da vegetação, ressalvados os usos autorizados previstos nesta Lei.
>
> §2º A obrigação prevista no §1º tem natureza real e é transmitida ao sucessor no caso de transferência de domínio ou posse do imóvel rural.

Ao falar na obrigação de manter a vegetação em área de preservação permanente, a rigor, o dispositivo fala menos que deveria. Em essência, a preservação pressupõe a manutenção das características naturais da área para realização das funções ambientais arroladas no inciso II do artigo 3º da Lei nº 12.651/12. Portanto, a proteção das áreas de preservação permanente pressupõe a manutenção da vegetação, mas não só. A proteção das áreas de preservação permanente impõe a obrigação de reversão de *quaisquer interferências negativas* no ambiente (preferencialmente pelo retorno ao *status quo ante*, quando possível), justamente porque se trata de espaços (recobertos ou não por vegetação nativa) que devem ser permanentemente preservados.

Ao preconizar que a obrigação de recuperar interferências negativas (o dispositivo fala em supressão de vegetação) tem natureza real, isto é, adere ao bem, o artigo 7º da Lei nº 12.651/12 traduz para o plano normativo uma orientação já há bastante consolidada na jurisprudência.[10]

---

possível reabilitar o bem ambiental lesado, deve-se proceder à sua substituição por outro funcionalmente equivalente ou aplicar a sanção monetária com o mesmo fim de substituição" (LEITE, 2003, p. 208-212).

9 Sobre a diferença detalhada entre reparação, recuperação e restauração ver "A recuperação de danos ecológicos no direito brasileiro", de Paulo de Bessa Antunes (ANTUNES, 2017).

10 Do Superior Tribunal de Justiça colhem-se os seguintes precedentes: REsp 1240122/PR, Rel. Ministro Herman Benjamin, Segunda Turma, julgado em 28.06.2011; REsp 1251697/PR, Rel. Ministro Mauro Campbell Marques, Segunda Turma, julgado em 12.04.2012; AgRg no REsp 1137478/SP, Rel. Ministro Arnaldo Esteves Lima, Primeira Turma, julgado em 18.10.2011; AgRg no REsp 1206484/ SP, Rel. Ministro Humberto Martins, Segunda Turma, julgado em 17.03.2011,; AgRg nos EDcl no REsp 1203101/ SP, Rel. Ministro Hamilton Carvalhido, Primeira Turma, julgado em 08.02.2011,; REsp 1090968/SP, Rel. Ministro

O dever de reparar o dano ou a interferência em área de preservação permanente é mitigado em *áreas rurais* e *urbanas consolidadas*. Os artigos 61-A e seguintes da Lei nº 12.651/12 abrem exceção ao artigo 7º da mesma lei, dispensando os proprietários e possuidores de áreas consolidadas (desde que satisfeitos determinados requisitos) a recompor a integralidade das áreas de preservação permanente afetadas por atividades agrossilvopastoris, de ecoturismo e de turismo rural ou usos urbanos. São veiculadas regras distintas para recomposição das áreas de preservação permanente, alteradas naquelas condições, variáveis de acordo com o bem natural protegido (cursos d'água, nascentes, olhos d'água, lagos e lagoas, veredas) e o tamanho do imóvel (no caso de imóveis rurais). Fora destas hipóteses, as alterações em áreas de preservação permanente devem ser integralmente revertidas.

Enfim, por se tratar de espaços que devem ser preservados, é correto afirmar que as áreas de preservação permanente instauram, sobre a propriedade imobiliária territorial, três tipos de obrigações. Primeiro, e de modo mais latente, exige dos seus proprietários e/ou possuidores comportamentos negativos de não fazer (*non facere*), traduzidos, no plano concreto, em proibições genéricas de implantação/desenvolvimento/operação de atividades e instalação de equipamentos e empreendimentos. Segundo, justifica a imposição, àquelas mesmas figuras subjetivas, de comportamentos positivos de fazer (*facere*) ligados à recuperação e compensação dos atributos ambientais do espaço que, porventura, tenha sido, irregular ou ilicitamente, alterado sem a prévia anuência dos órgãos competentes e/ou em desacordo com as excepcionais hipóteses legais de interferência. Terceiro, justifica que proprietários e/ou possuidores tenham que tolerar que se façam (*pati*) atos tendentes a assegurar a integridade daqueles mesmos atributos ambientais qualificadores do espaço como objeto de especial proteção, tal qual suportar a fiscalização ou que um terceiro execute medidas de recuperação.

Luiz Fux, Primeira Turma, julgado em 15.06.2010; REsp 926750/MG, Rel. Ministro Castro Meira, Segunda Turma, julgado em 20.09.2007; REsp 1186023/SP (decisão monocrática), Rel. Ministro Benedito Goncalves, julgado em 05.03.2014; AREsp 228067/MG (decisão monocrática), Rel. Ministro Ari Pargendler, julgado em 17.11.2012; Ag nº 1405492/SP (decisão monocrática), Rel. Ministro Cesar Asfor Rocha, julgado em 31.05.2011.

Jurisprudência

[...] *A legislação ambiental veda a utilização das áreas de preservação permanente* ciliar (APPC), nas quais *não se admite qualquer tipo de uso ou exploração,* ressalvadas as exceções expressamente previstas igualmente em lei (utilidade pública, interesse social e intervenção de baixo impacto), à vista de sua importância na manutenção do equilíbrio do meio ambiente natural, especialmente no que diz respeito à preservação dos leitos dos rios e, por consequência, dos respectivos recursos hídricos, além da fauna e flora circundantes. [...] (Grifo acrescido. TRF3, Agravo de Instrumento nº 00434578220084030000, Relator Juiz Federal Convocado Marcelo Guerra, Quarta Turma. Julgado em 24.07.14)

[...] A legislação ambiental elegeu biomas característicos, vistos como de suma importância para a higidez do meio ambiente, tutelando-os de forma mais rígida, como é o caso das áreas de proteção permanente – APPs. 3. *A manutenção e recomposição das áreas de preservação permanente são consideradas obrigações* propter rem, *ou seja, aderem ao título de domínio ou posse,* conforme entendimento jurisprudencial consolidado do Superior Tribunal de Justiça e dos Tribunais Federais. Assim, não importa a quem coube, na origem, o desrespeito à área de proteção ambiental, sendo certo que *a obrigação de sua observância afeta o proprietário atual.* [...] (Grifo acrescido. TRF2, Apelação Cível nº 00042159520104025102, Relator Des. Firly Nascimento Filho. Julgado em 13.07.16)

[...] 5. A obrigação de reparar os danos ambientais é considerada *propter rem,* sendo irrelevante que o autor da degradação ambiental inicial não seja o atual o proprietário, pois aquela adere ao título de domínio ou posse, sem prejuízo da solidariedade entre os vários causadores do dano, sendo inviável qualquer alegação de direito adquirido à degradação, nos termos do artigo 7º do novo Código Florestal. 6. *Eventual preexistência de degradação ambiental não possui o condão de desconfigurar uma APP, vez que sua importância ecológica em proteger ecossistemas sensíveis, tal como cursos d'águas, ainda se perpetua,* sendo a lei imperiosa no sentido de que constitui área protegida, coberta ou não por vegetação nativa (art. 1º, §2º, II, Lei nº 4.771/65 e art. 3, II, Lei nº 12.651/12), razão pela qual é necessária a recuperação ambiental, em respeito ao fim social da propriedade e a prevalência do direito supraindividual ao meio-ambiente ecologicamente equilibrado. [...]

11. *Considerando que construções de edifícios implicam em supressão de vegetação nativa e suas manutenções impedem a regeneração natural,* não havendo, no caso em tela, autorização do Poder Público, o qual poderia concedê-la apenas em caso de utilidade pública, interesse social ou de baixa impacto ambiental (art. 4º, caput, Lei nº 4.717/65 e art. 8º, caput,

Lei nº 12.651/12), *a mera manutenção de edificação em APP é ilícito civil, passível de responsabilização, causando dano ecológico* in re ipsa, sendo medida de rigor a manutenção da condenação do réu em promover a recomposição vegetal através de demolição integral de edificações, remoção de entulhos decorrentes, coibição de atividades antrópicas no local e promoção de reparação do dano ambiental por meio de implantação de projeto de recomposição da vegetação aprovado pelo IBAMA, nos termos estabelecidos na r. sentença. [...] (Grifo acrescido. TRF3, Apelação Cível nº 00088725320074036106, Relator Desembargador Federal Antonio Cedenho, Terceira Turma. Julgado em 17.12.15)

1.3 Natureza jurídica

Sobre a natureza jurídica das áreas de preservação permanente, podem-se identificar pelo menos três posições.

A primeira, majoritária, é no sentido de que as áreas de preservação permanente que decorrem diretamente da lei (artigo 4º da Lei nº 12.651/12) possuem a natureza de *limitação administrativa*. As limitações administrativas são comumente estudadas no Direito Administrativo como restrições que *delimitem* o conteúdo do direito de propriedade. Da lição de Maria Sylvia Zanella Di Pietro lê-se:

> As limitações podem, portanto, ser definidas como medidas de caráter geral, previstas em lei com fundamento no poder de polícia do Estado, gerando para os proprietários obrigações positivas ou negativas, com o fim de condicionar o exercício do direito de propriedade ao bem-estar social.[11]

Édis Milaré, com propriedade, distingue a natureza jurídica das áreas de preservação permanente decorrentes de previsão legal daquelas instituídas por atos administrativos. Na primeira categoria, as restrições seriam gerais e abstratas, caracterizando-se, efetivamente, como limitações administrativas. Já na segunda categoria, as restrições seriam individualizadas, instaurando sobre a propriedade específica restrições não suportadas por outros indivíduos:

> As APPs previstas no art. 4º da Lei 12.651/12, como visto, não dependem da prática de qualquer ato administrativo específico para sua criação, posto que operam *ope legis*, amoldando-se à feição de uma *limitação*

[11] DI PIETRO, 2016, p. 172.

> *administrativa*, que, no dizer sempre precioso de Hely Lopes Meirelles, "é toda imposição geral, gratuita, unilateral e de ordem pública condicionadora do exercício de direitos ou de atividades particulares às exigências do bem-estar social".
>
> A outro giro, as APPs administrativas do artigo 6º da Lei 12.651/2012 – por dependerem de ato formal para sua instituição, não encerrando restrição genérica, abstrata, aplicável, portanto, a todos os que se encontrem na mesma situação, e por obrigarem o Estado a indenizar os particulares sujeitos à constrição – rebelam-se à natureza jurídica das primeiras, ante a óbvia razão de não ostentarem o caráter de gratuidade.[12]

Nesse sentido (reconhecendo as áreas de preservação permanente como limitações administrativas) é a posição também de Frederico Amado,[13] Maria Luiza Machado Granziera[14] e Romeu Thomé.[15]

O principal efeito de se considerar as áreas de preservação permanente como limitações administrativas repousa na sua gratuidade: "Sendo imposições de ordem geral, as limitações administrativas não rendem ensejo à indenização em favor dos proprietários".[16] Ou seja, por se tratar de limitação administrativa, a ocorrência de área de preservação permanente em dado imóvel particular não ensejaria, a seu proprietário, direito à indenização.[17]

---

12 Grifo no original. MILARÉ, 2015, p. 1316.

13 "As áreas descritas no artigo 4º do novo Código Florestal têm incidência *ex lege*, [...] tendo a natureza jurídica de limitação de uso ao direito de propriedade, porquanto genéricas, não sendo cabível indenização aos proprietários pelo seu regime jurídico especial restritivo" (AMADO, 2016, p. 222).

14 "O exercício do direito de propriedade, à luz da Lei nº 12.651/12, permanece condicionado às limitações impostas pela legislação e que se referem a todas as regras e restrições à supressão de vegetação, seja nas Áreas de Preservação Permanente (APP) e Reserva Legal (RL), e a outros regimes de proteção, como, por exemplo, o das árvores imunes de corte. [...] Pela limitação administrativa imposta ao uso, não se prevê nenhum tipo de indenização aos respectivos proprietários, tendo em vista ser a proteção dessas áreas um reflexo da função social e ambiental da propriedade" (GRANZIERA, 2014, p. 239,461).

15 "Não cabe, portanto, indenização ao proprietário que alegue prejuízo econômico em decorrência da impossibilidade de exploração da(s) área(s) destinada(s) às APPs em sua propriedade" (THOMÉ, 2016, p. 304).

16 CARVALHO FILHO, 2017, p. 861.

17 Essa era, inclusive, a posição original dos redatores da Lei nº 4.771/65, consoante se extrai da exposição de motivos do Projeto de Lei nº 2.874/65: "A Constituição Federal condiciona o uso da propriedade ao bem-estar social (art. 147). Com base nesse princípio, as leis estabelecem gabaritos, áreas de ventilação, tetos de aluguéis e uma série de restrições ao uso da propriedade, sem qualquer indenização aos proprietários. Ora, se o Poder Público pode criar restrições ao uso da propriedade, que dizer daquelas que são impostas pela própria natureza, antes da existência daquele Poder? Assim como certas matas seguram

A segunda interpretação possível, à qual nos filiamos, admite a possibilidade de que a ocorrência de área de preservação permanente possa provocar *sacrifício de direito* de propriedade. Esta leitura decorre do reconhecimento de que um dos elementos caracterizadores (senão o principal) da limitação administrativa é o conteúdo (intensidade) da restrição que ela impõe sobre a propriedade; a limitação apenas *define* o conteúdo do direito de propriedade. Se a pretexto de editar uma limitação administrativa (isto é, de definir o conteúdo do direito de propriedade) o Estado acaba por suprimir os principais atributos da propriedade (o uso, o gozo e a disposição), neste caso está-se diante não de definição do conteúdo do direito, mas de autêntico sacrifício de direito, este sim indenizável. Assim, tratando-se de áreas de preservação permanente (mesmo as decorrentes de lei), como a restrição impede o uso, o gozo e a disposição da propriedade, haveria, em tese, o dever de indenizar o correspondente sacrifício de direito, a ser exercido dentro do prazo prescricional estabelecido em lei. Nessa linha (ainda que não fazendo alusão específica às restrições decorrentes de áreas de preservação permanente) parece ser a lição de Marçal Justen Filho:

> Se a restrição administrativa produzir efeitos de tamanha extensão que resultem na desnaturação da propriedade privada, não se configurará uma mera limitação. Surgirá direito de indenização para o proprietário. Essa situação se verificará nos casos em que a limitação produzir efeito diferenciado em face de determinadas propriedades ou se acarretar a eliminação do conteúdo econômico da propriedade.
>
> Esse entendimento não é negado pela doutrina, quando afirma que a limitação não gera direito à indenização. Todos estão de acordo em que uma limitação não pode ir além de restrições que preservem o substrato econômico do bem. Em outras palavras, se a limitação importar

---

pedras que ameaçam rolar, outras protegem fontes que poderiam secar, outras conservam o calado de um rio que poderia deixar de ser navegável, etc. São restrições impostas pela própria natureza ao uso da terra, ditadas pelo bem-estar social. Raciocinando dêste modo os legisladores florestais do mundo inteiro vêm limitando o uso da terra sem cogitar de qualquer desapropriação para impor essas restrições ao uso. Fixam-nas em suas leis, como um vínculo impôsto pela natureza e que a lei nada mais fez do que declará-lo existente. O anteprojeto seguiu a regra internacionalmente aceita. *A função protetora da floresta não é restrição indenizável, mas decorrência da própria natureza que preparou terras mais úteis e outras menos.* É como se uma lei declarasse que as terras roxas podem produzir café. A lei que considera de preservação permanente as matas nas margens de um rio está apenas dizendo, mutatis mutandi, que um pantanal não é terreno adequado para plantar café. [...] (Grifo acrescido. Mensagem do Executivo nº 385/55, p. 6-7, disponível em <https://www.camara.leg.br/proposicoesWeb/prop_mostrarintegra;jsessionid=node094secjk389q9x1j0qnfqgjj76818230.node0?codteor=1194507&filename=Dossie+-PL+2874/1965>, acesso em 10 de setembro de 2021).

restrição de grande extensão, deixará de configurar-se uma limitação propriamente dita. Haverá uma situação similar à desapropriação. O direito à indenização decorrerá não da prática de um ato ilícito estatal, mas do reconhecimento de que a eliminação do conteúdo econômico da propriedade ou a imposição de uma carga diferenciada relativamente a determinado sujeito deve ser acompanhada da recomposição patrimonial.[18]

Prova de que as restrições decorrentes da condição de área de preservação permanente são de tal forma intensas que lhes permite qualificá-la como sacrifício de direito é o entendimento jurisprudencial no sentido de que tais áreas, por não admitirem aproveitamento econômico, devem ser excluídas do valor da indenização em caso de desapropriação[19] [20]ou mesmo exoneradas do âmbito de incidência do Imposto Predial Territorial Urbano.[21] Se o ônus impingido ao

---

[18] JUSTEN FILHO, 2016, p. 467.

[19] "ADMINISTRATIVO. DESAPROPRIAÇÃO. IMPOSSIBILIDADE DE INDENIZAÇÃO DA COBERTURA VEGETAL LOCALIZADA EM ÁREA DE PRESERVAÇÃO PERMANENTE. PRECEDENTES.
1. *Descabe indenizar, em separado, vegetação onde impossível haver uso econômico direto ou quando inexistente autorização ou licença de exploração válida e atual.* Portanto a indenização deve ser limitada à terra nua, não se estendendo à cobertura vegetal. (AgInt nos EDcl no REsp 1271075/PR, Relatora Ministra Regina Helena Costa, Primeira Turma, DJe 26.9.2019; REsp 1.732.757/RO, Relator Ministro Herman Benjamin, Segunda Turma, DJe 23.11.2018; REsp 1.574.816/SC, Relator Ministro Og Fernandes, Segunda Turma, DJe 9.3.2018; REsp 1.090.607/SC, Relator Ministro Sérgio Kukina, Primeira Turma, DJe 11.2.2015; AgRg no REsp. 1.336.913/MS, Relatora Ministra Assusete Magalhães, DJe 5.3.2015; REsp 848.577/AC, Relator Ministro Mauro Campbell Marques, Segunda Turma, DJe 10.9.2010; EREsp 251.315/SP, Relator Ministro Hamilton Carvalhido, Primeira Seção, DJe 18.6.2010.
2. Na hipótese dos autos, no que concerne especificamente à concessão de indenização da cobertura vegetal componente de *Área de Preservação Permanente, que não admite desmatamento nem exploração econômica direta,* tem razão a recorrente.
3. Recurso Especial provido". (Grifo acrescido. STJ, REsp 1797349/SC, Rel. Ministro HERMAN BENJAMIN, SEGUNDA TURMA, julgado em 21.05.2019, DJe 11.09.2020)

[20] Em que pese o posicionamento do Superior Tribunal de Justiça supracitado, o Supremo Tribunal Federal possui precedentes em sentido contrário: "AGRAVO REGIMENTAL NO RECURSO EXTRAORDINÁRIO. CONSTITUCIONAL. DESAPROPRIAÇÃO. ÁREA DE PRESERVAÇÃO PERMANENTE. INDENIZAÇÃO DA COBERTURA VEGETAL DEVIDA. AGRAVO REGIMENTAL AO QUAL SE NEGA PROVIMENTO". (STF, RE 248052 AgR, Relator(a): CÁRMEN LÚCIA, Segunda Turma, julgado em 19.05.2015).

[21] Apesar da consolidada jurisprudência no sentido de que a ocorrência de área de preservação permanente não elide a incidência do IPTU, recentemente o Superior Tribunal de Justiça revisitou sua orientação para reconhecer que se o ônus de não edificabilidade decorrente da ocorrência de área de preservação permanente inviabilizar o direito de edificar ou aproveitar economicamente o bem em sua integralidade, o contribuinte deve ser exonerado da cobrança do IPTU: "[...] 5. Como regra, limitação urbanística, ambiental, sanitária ou de segurança – de caráter geral e que recaia sobre o direito de explorar e construir, v. g., gabarito das edificações, recuo de prédios, espaços verdes, Áreas de

proprietário é de tal ordem que impede o exercício regular da propriedade, porque a intervenção estatal não apenas define o conteúdo do direito, de limitação administrativa não se trata. Está-se diante, ao contrário, do impedimento do exercício das faculdades normais do direito de propriedade.

Entendemos, portanto, que as áreas de preservação permanente caracterizam-se como modo de intervenção estatal na propriedade que, por impedir seu regular e normal aproveitamento pelo proprietário (leia-se uso, gozo e disposição,[22] no qual para muitos decorre o direito de transformar, de aproveitar economicamente e de edificar sobre a coisa[23]), provoca, em sua exata dimensão, verdadeiro sacrifício de direito, portanto, indenizável dentro dos prazos prescricionais estabelecidos no ordenamento jurídico.

Uma terceira corrente não vê as áreas de preservação permanente a partir do direito de propriedade, mas sustenta que as restrições decorrentes das áreas de preservação permanente, no lugar de serem

---

Preservação Permanente – não enseja desapropriação indireta e não acarreta dever do Estado de indenizar, mesmo quando a condição non aedificandi venha a abranger, de ponta a ponta, o bem em questão, p. ex., aquele derivado de subdivisões sucessivas ou adquirido após o advento da restrição.

ontudo, tal negativa de ressarcimento, apurada à luz do Direito das Obrigações e da principiologia de regência do Direito Público, não equivale a pintar de irrelevância jurídica – para fins tributários e de conformação do fato gerador do imposto – a realidade de total, rematada e incontroversa afetação do imóvel a utilidade pública. *Ou seja, o titular de domínio (ou de fração dele) de área non aedificandi, apesar de não fazer jus à indenização pela intervenção estatal, merece ser exonerado do IPTU exatamente por conta desse ônus social, se, repita-se, cabal e plenamente inviabilizado o direito de construir no imóvel ou de usá-lo econômica e diretamente na sua integralidade.* [...]" (Grifo acrescido. STJ, AgInt no AREsp 1723597/SP, Rel. Ministro HERMAN BENJAMIN, SEGUNDA TURMA, julgado em 29.03.2021, DJe 06.04.2021).

O raciocínio, a nosso ver (naquilo que reconhece que a restrição inviabiliza o direito de construir e de utilizar o imóvel economicamente), é prova de que o ônus decorrente da condição de ocorrência de área de preservação permanente em dado imóvel é um verdadeiro sacrifício de direito. E mais, para nós é juridicamente irrelevante a circunstância desse ônus atingir parcialmente ou a integralidade do imóvel porque, pelo menos no exato trecho onde ocorre área de preservação permanente, o particular fica impossibilitado de usá-lo e aproveitá-lo. Pelo menos nessa porção deveria, por conclusão lógica, ser indenizado.

22 Do Código Civil destacam-se os atributos da propriedade: "Art. 1.228. O proprietário tem a faculdade de usar, gozar e dispor da coisa, e o direito de reavê-la do poder de quem quer que injustamente a possua ou detenha".

23 Sobre a relação do *jus aedificandi* com a propriedade imobiliária remetemos o leitor ao *Manual de Direito do Urbanismo* de Fernando Alves Correia. O autor se posiciona como o sendo o direito de edificar uma faculdade não intrínseca ao direito de propriedade, mas atribuída pelo ordenamento (ele se refere ao ordenamento urbanístico) (CORREIA, 2012, p. 832 e ss.)

impostas pelo Poder Público, são inatas aos atributos ambientais da propriedade. É o que defende José Afonso da Silva:

> A natureza jurídica das áreas de preservação permanente não é de simples restrição imposta pelo Poder Público, mas decorre de sua própria situação, de sua própria qualificação natural. São restrições, portanto, co-naturais à existência da floresta nas condições indicadas.[24]

Jurisprudência

> [...] 4. *A proteção legal às áreas de preservação permanente* não importa em vedação absoluta ao direito de propriedade e, por consequência, não resulta em hipótese de desapropriação, mas *configura mera limitação administrativa*. Precedente do STJ. [...] (Grifo acrescido. STJ, Recurso Especial nº 1394025, Relatora Ministra Eliana Calmon, Segunda Turma. julgado em 08.10.13)

> [...] A hipótese dos autos não trata de desapropriação indireta, mas tão somente de pretensão à indenização *em virtude de limitação administrativa perpetrada pelo art. 4º do Código Florestal*, que veda a supressão de mata ciliar em área de preservação permanente. Portanto, resta afastada a natureza de ação real, porque não houve desapossamento, caracterizando-se como ação pessoal contra a União, visando indenização pela limitação de uso da propriedade, cujo prazo prescricional rege-se pelo Decreto 20.910/32. 2.- *A limitação de uso não enseja indenização porque a gratuidade é característica pertinente ao instituto*. [...] (Grifo acrescido. TRF4, Apelação Cível 00005271620094047007, Relatora Desembargadora Maria Lúcia Luz Leiria. Terceira Turma, julgado em 23.03.10)

> [...] 5. *As áreas de preservação permanente visam assegurar o mínimo ecológico do imóvel, sob o manto da garantia constitucional dos "processos ecológicos essenciais". Exteriorizam-se na forma de limitação administrativa*, técnica jurídica de intervenção estatal sobre a propriedade privada em favor do interesse público. (Grifo acrescido. TRF3, Apelação/Reexame Necessário nº 00377885320104039999, Relator Juiz Convocado Raphael de Oliveira, Sexta Turma. Julgado em 15.01.15)

> [...]. II. *Quando, a pretexto de limitar o uso de determinado bem, as limitações administrativas inviabilizam por completo o exercício do direito de propriedade,*

[24] SILVA, 2011, p. 180.

como no caso concreto, mercê de lei e decreto municipais que estabeleceram as restrições impostas pelo Código Florestal, esvaziando o conteúdo econômico do imóvel, resta caracterizada a desapropriação indireta, ensejando direito de reparação ao proprietário. III. O prazo prescricional em sede de ação desapropriatória indireta é vintenário, tal como enuncia a Súmula 119 do Superior Tribunal de Justiça, não incidindo sobre a matéria a prescrição quinquenal disposta no art. 9º do Decreto n. 20.910/32. [...]. (Grifo acrescido. TJSC, Apelação Cível nº 2012.056073-0, Relator Desembargador João Henrique Blasi. Julgado em 19.11.13)

1.4 Diferença entre áreas de preservação permanente e outros espaços legalmente protegidos

Questão de relevância, no estudo das áreas de preservação permanente, é a distinção destes espaços com outros ambientes protegidos. Nas mais didáticas classificações está a proposição de Édis Milaré, ao destacar que sob um mesmo signo – áreas protegidas – existem espaços territoriais especialmente protegidos (ETEPS) em sentido estrito, que seriam as *unidades de conservação*; e espaços territoriais especialmente protegidos em sentido amplo, que seriam as áreas de preservação permanente, a reserva florestal legal e as áreas de uso restrito.[25] Além destes, alguns biomas, como o da Mata Atlântica, também são objeto de especial regulação por lei, assim como determinados tipos de bens públicos.

Não é incomum, em virtude da variedade de espaços e ambientes protegidos veiculados na legislação infraconstitucional, a confusão entre áreas de preservação permanente e as áreas de proteção ambiental, a reserva legal, a vegetação nativa de Mata Atlântica e os terrenos de marinha.

1.4.1 Áreas de preservação permanente X Áreas de Proteção Ambiental e demais espécies de Unidades de Conservação

As *Áreas de Proteção Ambiental* são espécies de Unidades de Conservação da natureza. As *Unidades de Conservação* são espaços com características naturais relevantes, desta forma qualificados pelo Poder Público, que se submetem a um regime especial de administração e

[25] MILARÉ, 2015, p. 1262-1345.

garantias adequadas de proteção (inciso I do artigo 2º da Lei nº 9.985/00). As Unidades de Conservação dividem-se em dois grandes grupos: as Unidades de *Proteção Integral* (onde não se admite, em regra, o uso direto da natureza por atividades antrópicas) e as Unidades de *Uso Sustentável* (que admitem o uso direto de parcela dos recursos naturais, de modo compatível com a conservação da natureza).

As Áreas de Proteção Ambiental são Unidades de Conservação do tipo Uso Sustentável, isto é, admitem, com restrições especiais, a ocupação humana e o desenvolvimento de atividades econômicas. É conceituada, no artigo 15 da Lei nº 9.985/00, da seguinte forma:

> Art. 15. A Área de Proteção Ambiental é uma área em geral extensa, com um certo grau de ocupação humana, dotada de atributos abióticos, bióticos, estéticos ou culturais especialmente importantes para a qualidade de vida e o bem-estar das populações humanas, e tem como objetivos básicos proteger a diversidade biológica, disciplinar o processo de ocupação e assegurar a sustentabilidade do uso dos recursos naturais.

Apesar, portanto, da similitude das expressões, as Áreas de Proteção Ambiental admitem certo grau (ou, a depender, um grau elevado) de ocupação humana e visam, justamente, disciplinar o processo de ocupação em espaços ambientalmente relevantes, ao passo que, como visto, as áreas de preservação permanente não comportam ação humana, a não ser nas exceções veiculadas na Lei nº 12.651/12. Trata-se de institutos substancialmente distintos.

As Áreas de Proteção Ambiental (como as demais Unidades de Uso Sustentável) costumam corresponder a grandes espaços (terrestres ou aquáticos), assim delimitados pelo Poder Público por ato próprio, onde os usos são disciplinados para se proteger ou estimular determinadas vocações/serviços ambientais. Por se tratar, normalmente, de grandes perímetros, as Áreas de Proteção Ambiental podem atingir tanto espaços já urbanizados quanto áreas com cobertura vegetal preservada etc. Disso decorre ser perfeitamente possível que dentro de Áreas de Proteção Ambiental ocorram alguns ambientes e ecossistemas caracterizados como áreas de preservação permanente (onde incide restrição absoluta de uso e gozo da propriedade) como, também, espaços economicamente aproveitáveis e/ou edificáveis.

Já no que toca às Unidades de Proteção Integral (Estações Ecológicas, Reserva Biológica, Parque Nacional, Monumento Natural e Refúgio da Vida Silvestre), seu regime altamente restritivo de uso pode fazer aproximá-las do regime jurídico das áreas de preservação permanente. Não obstante, como se trata de institutos distintos, também pode haver aproveitamento de espaços em Unidades de Proteção Integral de modo distinto das exceções de interferência em área de preservação permanente.

Jurisprudência

AÇÃO CIVIL PÚBLICA – Meio ambiente – Incidência das novas regras legais em relação ao imóvel objeto da lide e à área de preservação permanente criada pela implantação de reservatório artificial no local – Normas ambientais que são de aplicação imediata – Inexistência de dano ao meio ambiente, que permanecerá protegido nos termos da legislação vigente – Alegação de inconstitucionalidade que já se encontra em análise na instância superior – Aplicação da Lei 12.651/12 – Degradação de área de proteção ambiental – Não caracterização – Inexistência de plano de manejo e zoneamento para regularização oficial do local – *Unidade de conservação de uso sustentável, que admite certo grau de ocupação humana* – Recurso improvido (Grifo acrescido. TJSP, Apelação nº 3002394-96.2013.8.26.0187, Relator Desembargador Álvaro Passos, 2ª Câmara Reservada ao Meio Ambiente. Julgado em 10.03.16)

AÇÃO DE USUCAPIÃO – SENTENÇA DE PROCEDÊNCIA DO PEDIDO – DECISÃO QUE DETERMINA CONSTAR NOS REGISTROS QUE O IMÓVEL SITUA-SE EM ÁREA DE PRESERVAÇÃO PERMANENTE – APP – *GLEBA NO ENTANTO ENCRAVADA EM ÁREA DE PROTEÇÃO AMBIENTAL – APA*- APELO DA AUTORA POSTULANDO A SUPRESSÃO DA INFORMAÇÃO "ÁREA DE PRESERVAÇÃO PERMANENTE" – RECURSO PARCIALMENTE PROVIDO PARA FAZER CONSTAR A SITUAÇÃO EM ÁREA DE PRESERVAÇÃO AMBIENTAL – APA. *As áreas de preservação permanente – APP – têm a função de preservar o meio ambiente ao passo que as áreas de proteção ambiental – APA – destinam-se à conservação e ao uso sustentável dos recursos naturais.* Por essa razão, as APP tem seu uso e ocupação fortemente restringidos, como regra geral, eventualmente até proibidos, exceto por raros casos previstos na legislação. A existência de uma ou outra dessas restrições no registro imobiliário atende ao interesse público – tutela do meio ambiente – e, portanto, não fica entregue ao desejo ou à conveniência do proprietário. (Grifo acrescido. TJSC, Apelação Cível nº 2006.024363-9, Relator Desembargador Jaime Luiz Vicari, Segunda Câmara de Direito Civil. Julgado em 19.04.10)

MEIO AMBIENTE – AÇÃO CIVIL PÚBLICA – *ÁREA NÃO CONSIDERADA DE PROTEÇÃO PERMANENTE (TOPO DE MORRO) DE*

> *ACORDO COM A LEI Nº 12.651/12, EMBORA SEJA CLASSIFICADA COMO DE PROTEÇÃO AMBIENTAL (APA)* – BACIA HIDROGRÁFICA DO RIO PARAIBA DO SUL – DECRETO IMEDIATO DE DEMOLIÇÃO – DESCABIMENTO – *REGULARIZAÇÃO QUE SE MOSTRA POSSÍVEL* – PROCEDÊNCIA DA AÇAO – SENTENÇA PARCIALMENTE REFORMADA – REJEIÇÃO DA MATÉRIA PRELIMINAR. RECURSO PARCIALMENTE PROVIDO PELO MÉRITO. (Grifo acrescido. TJSP, Apelação nº 0019047-29.2010.8.26.0577, Relator Desembargador João Negrini Filho, 1ª Câmara Reservada ao Meio Ambiente. Julgado em 02.10.14)

1.4.2 Áreas de preservação permanente X reserva legal

A reserva legal, prevista nos artigos 12 e seguintes da Lei nº 12.651/12, é o percentual do espaço que deve ser mantido, no imóvel rural, com a cobertura vegetal nativa preservada. Com exceção da região da Amazônia Legal, que possui percentuais diferenciados, a reserva legal, para todo restante do país, deve corresponder a 20% do imóvel rural (inciso II do artigo 12). A Lei nº 12.651/12 estabelece hipóteses de ampliação e redução do percentual de reserva legal, bem como casos em que ela não precisa ser mantida no imóvel.

A reserva legal representa, no meio rural, o que as áreas verdes urbanas correspondem no meio urbano.[26] São reservas de espaços que devem ser mantidos com cobertura vegetal pelo proprietário ou possuidor da terra nas atividades de aproveitamento ou ocupação do solo, reputados como necessários, dentre outros, à conservação da biodiversidade, fauna e flora nativas.

Por se tratar de perímetro do solo rural correspondente a um percentual do imóvel inteiro, a reserva legal pode contemplar, ou não, áreas de preservação permanente no seu interior. O artigo 15 da Lei nº 12.651/12, aliás, trata especificamente do cômputo das áreas de preservação permanente no percentual de reserva legal:

---

[26] A Lei nº 12.651/12 fornece conceito para áreas verdes urbanas: "Art. 2º [...] XX – área verde urbana: espaços, públicos ou privados, com predomínio de vegetação, preferencialmente nativa, natural ou recuperada, previstos no Plano Diretor, nas Leis de Zoneamento Urbano e Uso do Solo do Município, indisponíveis para construção de moradias, destinados aos propósitos de recreação, lazer, melhoria da qualidade ambiental urbana, proteção dos recursos hídricos, manutenção ou melhoria paisagística, proteção de bens e manifestações culturais".

Art. 15. Será admitido o cômputo das Áreas de Preservação Permanente no cálculo do percentual da Reserva Legal do imóvel, desde que:

I – o benefício previsto neste artigo não implique a conversão de novas áreas para o uso alternativo do solo;

II – a área a ser computada esteja conservada ou em processo de recuperação, conforme comprovação do proprietário ao órgão estadual integrante do Sisnama; e

III – o proprietário ou possuidor tenha requerido inclusão do imóvel no Cadastro Ambiental Rural – CAR, nos termos desta Lei.

§1º O regime de proteção da Área de Preservação Permanente não se altera na hipótese prevista neste artigo.

§2º O proprietário ou possuidor de imóvel com Reserva Legal conservada e inscrita no Cadastro Ambiental Rural – CAR de que trata o art. 29, cuja área ultrapasse o mínimo exigido por esta Lei, poderá utilizar a área excedente para fins de constituição de servidão ambiental, Cota de Reserva Ambiental e outros instrumentos congêneres previstos nesta Lei.

§3º O cômputo de que trata o caput aplica-se a todas as modalidades de cumprimento da Reserva Legal, abrangendo a regeneração, a recomposição e a compensação.

§4º É dispensada a aplicação do inciso I do caput deste artigo, quando as Áreas de Preservação Permanente conservadas ou em processo de recuperação, somadas às demais florestas e outras formas de vegetação nativa existentes em imóvel, ultrapassarem:

I – 80% (oitenta por cento) do imóvel rural localizado em áreas de floresta na Amazônia Legal.

Disso decorre que, em um imóvel rural, a área não aproveitável economicamente pode ser significativamente superior ao percentual de reserva legal definido em lei acaso existam, no remanescente do imóvel (fora da reserva legal), ambientes e ecossistemas qualificados como de preservação permanente, que igualmente impedem seu uso.

1.4.3 Áreas de preservação permanente X vegetação de Mata Atlântica

Outra confusão comum ocorre entre o regime jurídico da área de preservação permanente (que impede, como regra, supressão da vegetação que a encobre) e o regime jurídico de remanescentes de Mata Atlântica.

A Mata Atlântica é um importante bioma que se desenvolve, segundo anota Édis Milaré, em perímetro onde vivem mais de 60% da população brasileira.[27] Ao contrário do que sucede com as áreas de preservação permanente, o artigo 225, §4º da Constituição da República garante a possibilidade de "utilização" da Mata Atlântica nos seguintes termos: "a Floresta Amazônica brasileira, a *Mata Atlântica*, a Serra do Mar, o Pantanal Mato-Grossense e a Zona Costeira são patrimônios nacionais, *e sua utilização far-se-á, na forma da lei*, dentro de condições que assegurem a preservação do meio ambiente, inclusive quanto ao uso dos recursos naturais".

Por força constitucional, portanto, o uso da Mata Atlântica, a ser exercido dentro dos limites da sustentabilidade, deve ser definido em lei. Isto é feito, no plano infraconstitucional, pela Lei nº 11.428/06 (Lei da Mata Atlântica). A Lei nº 11.428/06, em atenção ao artigo 225, §4º, da Constituição da República, não deflagra uma vedação genérica ao uso e corte de espécies nativas de Mata Atlântica. Pelo contrário, a possibilidade de corte de vegetação de Mata Atlântica é anunciada já no artigo 8º da Lei nº 11.428/06.[28] Como anotam Paulo Affonso Leme Machado e Édis Milaré, respectivamente:

> A Lei 11.428/2006, que veio emprestar força da lei às diretrizes do Decreto 750/1993, é uma tentativa de frear o desmatamento do Bioma Mata Atlântica. Há de atentar-se que já houve a eliminação de 92% desse Bioma. *A lei dá ainda uma chance de conciliação com a pretensão de desenvolvimento urbano, nos casos de solicitação de supressão de vegetação secundária em estágio médio de regeneração, em que se garanta a preservação de, no mínimo, 30% ou 50% da área total coberta por esta vegetação* (art. 31).[29]

> Nesse contexto, *o corte, a supressão e a exploração de vegetação do Bioma da Mata Atlântica são permitidos*, mas devem ocorrer de maneira diferenciada, conforme se trate de vegetação primária ou secundária, nesta última levando-se em conta o estágio de regeneração (art. 8º).[30]

---

[27] MILARÉ, 2015, p. 1369.

[28] "Art. 8º O corte, a supressão e a exploração da vegetação do Bioma Mata Atlântica far-se-ão de maneira diferenciada, conforme se trate de vegetação primária ou secundária, nesta última levando-se em conta o estágio de regeneração".

[29] Grifo acrescido. MACHADO, 2016, p. 963.

[30] Grifo acrescido. MILARÉ, 2015, p. 1376-1377.

Com exceção, portanto, das hipóteses do artigo 11 da Lei nº 12.428/06,[31] a ordem legal vigente admite o corte e a supressão da vegetação de Mata Atlântica. Significa dizer que se a vegetação de Mata Atlântica ocorrer fora de áreas de preservação permanente, sua supressão é regulada por lei específica (Lei nº 12.428/06). Só é vedada a supressão de vegetação nativa de Mata Atlântica, como regra geral, caso se trate de estágio sucessional arrolado nos artigos 11 e 30 da Lei nº 12.428/06, ou se esta vegetação recobrir área de preservação permanente, definida na forma dos artigos 4º e 6º da Lei nº 12.651/12.

Jurisprudência

> [...] *Portanto, verifica-se que a simples existência de mata atlântica na área não leva à sua caracterização, à luz da legislação federal, como de preservação permanente – APP–*, sendo necessário para tanto, antes, a verificação de algumas das situações previstas nos arts. 2º ou 3º da Lei n.º 4.771/65.
>
> Dito de outro modo, embora seja verificada a existência de mata atlântica no local, ainda assim sua exploração econômica é viável, observadas as restrições contidas no Código Florestal Federal e, mais recentemente, no Decreto n.º 750/93 e na Lei n.º 11.428/2006, que veio a substituí-lo. [...] (Grifo acrescido. TRF4, Apelação Cível nº 1996.72.00.002664-6, Relator Desembargador Edgard Antônio Lippmann Júnior, Quarta Turma. Julgado em 18.06.2008)

---

31 "Art. 11. O corte e a supressão de vegetação primária ou nos estágios avançado e médio de regeneração do Bioma Mata Atlântica ficam vedados quando:
I – a vegetação:
a) abrigar espécies da flora e da fauna silvestres ameaçadas de extinção, em território nacional ou em âmbito estadual, assim declaradas pela União ou pelos Estados, e a intervenção ou o parcelamento puserem em risco a sobrevivência dessas espécies;
b) exercer a função de proteção de mananciais ou de prevenção e controle de erosão;
c) formar corredores entre remanescentes de vegetação primária ou secundária em estágio avançado de regeneração;
d) proteger o entorno das unidades de conservação; ou
e) possuir excepcional valor paisagístico, reconhecido pelos órgãos executivos competentes do Sistema Nacional do Meio Ambiente – Sisnama;
II – o proprietário ou posseiro não cumprir os dispositivos da legislação ambiental, em especial as exigências da Lei nº 4.771, de 15 de setembro de 1965, no que respeita às Áreas de Preservação Permanente e à Reserva Legal.
Parágrafo único. Verificada a ocorrência do previsto na alínea a do inciso I deste artigo, os órgãos competentes do Poder Executivo adotarão as medidas necessárias para proteger as espécies da flora e da fauna silvestres ameaçadas de extinção caso existam fatores que o exijam, ou fomentarão e apoiarão as ações e os proprietários de áreas que estejam mantendo ou sustentando a sobrevivência dessas espécies".

1.4.4 Áreas de preservação permanente X terrenos de marinha

Por fim, digno de nota é a diferença entre áreas de preservação permanente e terrenos de marinha. A confusão entre ambos os institutos não é incomum, decorrente da precipitada ideia de que os terrenos de marinha, por estarem comumente localizados na orla marítima e nas margens de rios que sofrem influência de maré, coincidem com as faixas marginais atuais de cursos d'água, manguezais ou áreas de restinga definidas como áreas de preservação permanente.

Os terrenos de marinha – bens públicos[32] de titularidade da União[33] – correspondem à faixa de 33 (trinta e três) metros, a contar da Linha da Preamar Média de 1831, para dentro da terra, nas áreas banhadas por águas sujeitas à maré, conforme se depreende do artigo 2º do Decreto-Lei nº 9.760, de 05 de setembro de 1946.[34]

Os terrenos de marinha não necessariamente correspondem, portanto, às faixas marginais de cursos d'água e espaços de orla terrestres dos dias atuais. Eles são contados a partir da posição da linha do preamar-médio (LPM) de 1831. A LPM de 1831 é, portanto, elemento essencial para se apurar a amplitude dos terrenos de marinha, dada que a faixa de 33 metros para dentro do continente, que lhe é adjacente, é contada a partir dela.

O artigo 2º do Decreto-Lei nº 9.760/46 diz que o terreno de marinha é a faixa de terra, com largura de 33 metros horizontalmente para dentro do continente, contados a partir da média das marés altas apurada em 1831. Os terrenos de marinha não partem da linha da preamar-média *atual*, de ano próximo ou qualquer outro período. Partem da LPM de 1831 e só dela.

---

32 Isso desde, pelo menos, o período colonial a Ordem Régia de 04 de dezembro de 1678 e, em especial, a Ordem Régia de 21 de outubro de 1710, cujo teor desta última apregoava "que as sesmarias nunca deveriam compreender a marinha que sempre deve estar desimpedida para qualquer incidente do meu serviço, e de defensa da terra".

33 Inciso VII do artigo 20 da Constituição Federal.

34 Confira-se a redação do dispositivo: "art. 2º – São terrenos de marinha, em uma profundidade de 33 (trinta e três) metros medidos horizontalmente para a parte da terra, da posição da linha do preamar-médio de 1831:
(a) os situados no continente, na costa marítima e nas margens dos rios e lagoas, até onde se faça sentir a influência das marés;
(b) os que contornam as ilhas situadas em zona onde se faça sentir a influência das marés.
Parágrafo Único. Para os efeitos deste artigo a influência das marés é caracterizada pela oscilação periódica de 5 (cinco) centímetros, pelo menos, do nível das águas, que ocorra em qualquer época do ano".

A legislação definiu, portanto, um marco temporal específico e objetivo para definição das preamares médias, a partir do qual se contam os 33 metros de terreno de marinha. *Essa linha, imaginária, não varia ao longo do tempo; é uma só, do ano de 1831.* Ela, como critério espacial do direito de propriedade da União, define o limite desta mesma propriedade. Depois da faixa limite dos terrenos de marinha, os imóveis podem pertencer a outro titular; por esta razão os terrenos de marinha não acompanham o avanço do mar.

Essa consideração é de suma importância, porque se no período de aproximadamente 160 anos o nível dos mares subiu (como atesta o IPCC, Painel Internacional sobre Mudanças Climáticas), é possível que, em muitos casos, o bem imóvel de titularidade da União (o terreno de marinha) tenha perecido; tenha sido recoberto pelos mares. Todavia, neste mesmo cenário, as áreas de preservação permanente, ao longo das faixas marginais de curso d'água, remanescem, como podem existir, ainda, áreas de manguezais e de restinga na orla.

O mesmo se diz, por exemplo, quanto aos meandros de um curso d'água com influência de maré. O terreno de marinha não acompanha a alteração da feição do curso d'água, mas é definido de acordo com sua conformação em 1831. Se o leito do curso d'água foi alterado (de forma natural ou antrópica), a área de preservação permanente acompanha seu estado atual, ao passo que a área limite de terreno de marinha não.

Outrossim, o fato de eventual imóvel ser caracterizado como terreno de marinha não impede seu uso e aproveitamento, seja pela União, ou por pessoas por si autorizadas a tanto. O Decreto-Lei nº 9.760/46 e a Lei nº 9.636/98, aliás, prescrevem uma série de modalidades pelas quais a União pode outorgar, aos particulares, o uso de bens públicos.[35] Dentre elas, em se tratando do uso particular de terrenos de marinha, destaca-se a ocupação e o aforamento.[36]

---

35 "A utilização, por particulares, em caráter exclusivo, de bens dominicais pode resultar de diferentes atos jurídicos. A saber: locação, arrendamento, comodato, permissão de uso, concessão de uso, concessão de direito real de uso, a concessão de uso especial, a autorização de uso e enfiteuse" (BANDEIRA DE MELLO, 2016, p. 959).

36 "25 [...] O aforamento é espécie de contrato através do qual se transfere direito real sobre bem imóvel alheio. Nele, ocorre o desdobramento do domínio entre o efetivo proprietário, apelidado de senhorio, e aquele que recebe o direito real sobre o imóvel, apelidado de foreiro ou enfiteuta. O senhorio é titular do domínio direto, enquanto o foreiro do domínio útil, o que outorga a ele amplos poderes sobre a coisa, podendo aproveitá-la como se ela o pertencesse. O foreiro conserva esses direitos perpetuamente, podendo transferi-los aos seus herdeiros ou a terceiros, de modo gratuito ou oneroso.
Em contrapartida, o foreiro deve pagar anualmente à União o foro correspondente a 0,6% (seis décimos por cento) do valor do respectivo domínio pleno (caput do artigo 101 do

A ocupação e o aforamento são modalidades de uso particular de bens públicos que revelam, de modo inequívoco, sua vocação para aproveitamento e edificação, em sentido diametralmente oposto ao regime jurídico das áreas de preservação permanente.

Decreto-Lei nº 9.760/46), bem como, em caso de transferência onerosa do aforamento – que deve contar com o assentimento da União, que inclusive exerce direito de preferência (caput e §1º do artigo 102 do Decreto-Lei nº 9.760/46) –, deve pagar o laudêmio correspondente a 5% (cinco por cento) sobre o valor do domínio pleno e benfeitorias (§1º do artigo 102 do Decreto-Lei nº 9.760/46). Ressalva-se que os carentes são isentos do pagamento do foro, desde que tal encargo comprometa o sustento próprio e familiar (artigo 1º do Decreto-Lei nº 1.876, de 15 de julho de 1981).
A inadimplência do foreiro por 3 (três) anos consecutivos ou 4 (quatro) anos intercalados importa na caducidade do aforamento (§2º do artigo 101 do Decreto-Lei nº 9.760/46, com a redação dada pelo artigo 32 da Lei nº 9.639/46). Sem embargo, ainda antes de se extinguir o domínio útil do foreiro, a Secretaria do Patrimônio da União deve notificá-lo, concedendo-lhe o prazo de 90 (noventa) dias para apresentar reclamação ou solicitar a revigoração do aforamento, última oportunidade para que ele cumpra as suas obrigações e, com isso, mantenha o contrato (artigo 118 e 119 do Decreto-Lei nº 9.760/46). Quanto aos terrenos de marinha, o pedido de revigoração só pode ser negado pela União nas hipóteses em que ela necessitar deles para o serviço público, devendo, então, indenizar o foreiro pelas benfeitorias existentes (artigo 120 do Decreto-Lei nº 9.760/46).
O aforamento também pode extinguir-se pelo acordo entre as partes (senhorio e foreiro) ou pela remição do foro, a critério do Presidente da República, por proposta do Ministério da Fazenda, nas zonas onde já não subsistam os motivos determinantes da aplicação do regime enfitêutico (caput do artigo 103 do Decreto-Lei nº 9.760/46, com redação dada pelo artigo 32 da Lei nº 9.636/98). A remição é o ato pelo qual o foreiro adquire o domínio pleno da coisa, isto é, passa a ser efetivamente o proprietário da coisa em sua plenitude. Para proceder à remição, o foreiro deve pagar à União importância correspondente a 17% (dezessete por cento) do valor do domínio pleno do terreno (artigo 123 do Decreto-Lei nº 9.760/46, com a redação dada pelo artigo 32 da Lei nº 9.636/98).
26. Em paralelo ao contrato de aforamento ou enfiteuse, a União passou a permitir que particulares utilizem terrenos de marinha, expedindo em favor deles certificados de ocupação. De acordo com João Alfredo Raymundo e Silva, a ocupação é mais vantajosa à União, pois lhe possibilita cobrar dos ocupantes taxas bem mais rentáveis do que o foro pertinente ao contrato de aforamento ou enfiteuse. Esse regime de ocupação – informa o autor supracitado – foi instituído em 31 de dezembro de 1920, pelo então Presidente da República Epitácio Pessoa, através do Decreto de nº 14.595, que disciplinava o inciso V do artigo 2º da Lei nº 3.595, de 31 de dezembro de 1919.
A ocupação constitui estado de mera tolerância por parte da União, que consente na utilização, por terceiros, dos seus terrenos de marinha. Diferentemente do aforamento ou enfiteuse – em que há divisão entre o domínio útil (do foreiro) e o domínio direto (da União), conferindo série de prerrogativas ao foreiro ou enfiteuta –, na ocupação o domínio pleno permanece nas mãos da União, ou seja, não há divisão do domínio, o bem pertence integralmente a ela, sem que assistam maiores direitos aos ocupantes. Trata-se, a rigor, de ato administrativo unilateral e precário, realizado, historicamente, sem critério algum, em desalinho ao preceito isonômico, pelo que, através dele, se concedeu uma série de privilégios a apadrinhados. [...]
A inscrição da ocupação na Secretaria do Patrimônio da União e o pagamento da taxa não conferem ao ocupante direito de propriedade ou ao aforamento (artigo 131 do Decreto-Lei nº 9.760/46). A União preserva o direito de, a qualquer tempo, imitir-se na posse dos imóveis então ocupados (artigo 132 do mesmo Decreto-Lei)" (NIEBUHR, 2004).

Em síntese: podem ocorrer situações em que, sob o terreno de marinha, ocorram espaços qualificados pela legislação ambiental como de preservação permanente. A assertiva, entretanto, não é necessária: podem ocorrer situações em que os terrenos de marinha não são recobertos por ecossistemas ou ambientes qualificados como áreas de preservação permanente; nestes casos, não haveria empecilho, ambiental, para que o terreno de marinha seja aproveitado, usado e edificado.

Jurisprudência

[...] 22. Se uma área está situada em terreno de marinha, isso não implica necessariamente eventual configuração de APP na região, pois sua qualificação de terreno de marinha decorre do direito real, e as APPs decorrem de previsões legais em direito ambiental. [...] (TRF4, AC 5023829-84.2012.4.04.7200, TERCEIRA TURMA, Relator para Acórdão ROGERIO FAVRETO, juntado aos autos em 11.12.2020)

[...] Os terrenos de marinha pertencem à União por expresso mandamento constitucional (art. 20, VII, CF), justificando-se o domínio federal em virtude da necessidade de defesa e de segurança nacional. *Entretanto, algumas áreas dos terrenos de marinha se tornaram urbanas ou urbanizáveis por aquiescência do Governo Federal, passando a ser permitido o uso privado*. No que concerne às construções e edificações particulares, incidem regularmente as normas próprias editadas pelos Estados e pelos Municípios, estes, inclusive, dotados de competência urbanística local por preceito expresso na Constituição (art. 30, VIII) (José dos Santos Carvalho Filho). [...] (Grifo acrescido. TJSC, Ação Rescisória nº 2008.074038-0, Relator Desembargador Pedro Manoel Abreu. Julgado em 09.05.12)

[...] 1. *O simples fato de o terreno ser considerado "terras de marinha" não é suficiente para lhe conferir o caráter de non aedificandi*. Encontrando-se o imóvel devidamente inscrito no Serviço do Patrimônio da União e sendo-lhe cobrado os impostos, resta demonstrada a autorização concedida pela União para que aquele espaço seja ocupado e utilizado. [...] (Grifo acrescido. TJSC, Apelação Cível n. 2000.023598-9, Relator Desembargador Luiz Cézar Medeiros. Julgado em 31.03.03)

> [...] *É possível a construção em terreno de marinha.* Indispensável que sejam concedidas as licenças pelos órgãos competentes. Requisitos cumpridos no loteamento do caso dos autos. (Grifo acrescido. TRF4, Apelação Cível nº 0000959-87.2009.404.7216, Terceira Turma, Relatora Desembargadora Maria Lúcia Luz Leiria. Publicado em 26.09.12)

1.5 As normas atualmente vigentes e aplicáveis. Resoluções e atos normativos infralegais. A discussão em torno da validade das Resoluções CONAMA nº 302/02 e nº 303/02

Antes do advento da Lei nº 12.651/12, diversos conceitos atinentes a limites e definições das áreas de preservação permanente e de hipóteses excepcionais de interferência nestes espaços eram tratados, na Lei nº 4.771/65, de forma abstrata e genérica. Esta situação abriu a possibilidade para que regulamentos fossem editados com o objetivo de discriminar o conteúdo de alguns conceitos, definição de parâmetros e limites.

Esta atividade regulamentar foi assumida pelo Conselho Nacional do Meio Ambiente (Conama), em exercício da competência que lhe atribui os incisos VI e VII do artigo 8º da Lei nº 6.983/81.[37] Para disciplinar os conceitos, parâmetros, limites e definições das áreas de preservação permanente, o Conama editou as Resoluções nº 302/02 (que dispõe sobre os parâmetros, definições e limites de áreas de preservação permanente de reservatórios artificiais e o regime de uso do entorno) e nº 303/02 (que dispõe sobre parâmetros, definições e limites de áreas de preservação permanente). Para regulamentar os casos de utilidade pública, interesse social e atividade de baixo impacto, foi editada a Resolução nº 369/06 (que dispõe sobre os casos excepcionais, de utilidade pública, interesse social ou baixo impacto ambiental, que possibilitam a intervenção ou supressão de vegetação em área de preservação permanente).

---

[37] "Art. 8º Compete ao Conama: [...]
VI – estabelecer, privativamente, normas e padrões nacionais de controle da poluição por veículos automotores, aeronaves e embarcações, mediante audiência dos Ministérios competentes;
VII – estabelecer normas, critérios e padrões relativos ao controle e à manutenção da qualidade do meio ambiente com vistas ao uso racional dos recursos ambientais, principalmente os hídricos".

A Lei nº 12.651/12, que substituiu e revogou expressamente (em seu artigo 83) a Lei nº 4.771/65, tratou de modo substancialmente distinto as hipóteses de áreas de preservação permanente e os casos de utilidade pública, interesse social e baixo impacto. No lugar de lançar mão de conceitos jurídicos indeterminados ou categorias que precisavam, antes, de explicitação técnica e científica, a Lei nº 12.651/12 trouxe, para o seu bojo, diversos conceitos, definições e parâmetros que antes eram regulados pelas Resoluções Conama nº 302/02, nº 303/02 e nº 369/06.

Acontece que, da mesma forma que conceitos, definições e parâmetros foram transcritos para o plano legal, outras tantas previsões antes existentes no plano regulamentar foram descartadas, isto é, não foram incorporadas ou foram modificadas pelo legislador no advento da Lei nº 12.651/12.

Segue o exemplo de algumas previsões que sofreram significativa modificação:

(continua)

Previsão regulamentar	Lei nº 12.651/12
Art. 3º Constitui Área de Preservação Permanente a área com largura mínima, em projeção horizontal, no entorno dos reservatórios artificiais, medida a partir do nível máximo normal de: I – trinta metros para os reservatórios artificiais situados em áreas urbanas consolidadas e cem metros para áreas rurais; II – quinze metros, no mínimo, para os reservatórios artificiais de geração de energia elétrica com até dez hectares, sem prejuízo da compensação ambiental. III – quinze metros, no mínimo, para reservatórios artificiais não utilizados em abastecimento público ou geração de energia elétrica, com até vinte hectares de superfície e localizados em área rural. (Conama nº 302/02)	Art. 4º [...] III – as áreas no entorno dos reservatórios d'água artificiais, decorrentes de barramento ou represamento de cursos d'água naturais, na faixa definida na licença ambiental do empreendimento. Art. 5º Na implantação de reservatório d'água artificial destinado à geração de energia ou abastecimento público, é obrigatória a aquisição, desapropriação ou instituição de servidão administrativa pelo empreendedor das Áreas de Preservação Permanente criadas em seu entorno, conforme estabelecido no licenciamento ambiental, observando-se a faixa mínima de 30 (trinta) metros e máxima de 100 (cem) metros em área rural, e a faixa mínima de 15 (quinze) metros e máxima de 30 (trinta) metros em área urbana.
Art. 3º Constitui Área de Preservação Permanente a área com largura mínima, em projeção horizontal, no entorno dos reservatórios artificiais, medida a partir do nível máximo normal de: §6º Não se aplicam as disposições deste artigo às acumulações artificiais de água, inferiores a cinco hectares de superfície, desde que não resultantes do barramento ou represamento de cursos d'água e não localizadas em Área de Preservação Permanente, à exceção daquelas destinadas ao abastecimento público. (Conama nº 302/02)	Art. 4º [...] §4º Nas acumulações naturais ou artificiais de água com superfície inferior a 1 (um) hectare, fica dispensada a reserva da faixa de proteção prevista nos incisos II e III do caput, vedada nova supressão de áreas de vegetação nativa, salvo autorização do órgão ambiental competente do Sistema Nacional do Meio Ambiente – Sisnama.

(continua)

Previsão regulamentar	Lei nº 12.651/12
Art. 2º [...] IV – morro: elevação do terreno com cota do topo em relação à base entre cinquenta e trezentos metros e encostas com declividade superior a trinta por cento (aproximadamente dezessete graus) na linha de maior declividade. VI – nas linhas de cumeada, em área delimitada a partir da curva de nível correspondente a dois terços da altura, em relação à base, do pico mais baixo da cumeada, fixando-se a curva de nível para cada segmento da linha de cumeada equivalente a mil metros; [...] Parágrafo único. Na ocorrência de dois ou mais morros ou montanhas cujos cumes estejam separados entre si por distâncias inferiores a quinhentos metros, a Área de Preservação Permanente abrangerá o conjunto de morros ou montanhas, delimitada a partir da curva de nível correspondente a dois terços da altura em relação à base do morro ou montanha de menor altura do conjunto, aplicando-se o que segue: I – agrupam-se os morros ou montanhas cuja proximidade seja de até quinhentos metros entre seus topos; II – identifica-se o menor morro ou montanha; III – traça-se uma linha na curva de nível correspondente a dois terços deste; e IV – considera-se de preservação permanente toda a área acima deste nível. (Conama nº 303/02)	Art. 4º Considera-se Área de Preservação Permanente, em zonas rurais ou urbanas, para os efeitos desta Lei: [...] IX – no topo de morros, montes, montanhas e serras, com altura mínima de 100 (cem) metros e inclinação média maior que 25º, as áreas delimitadas a partir da curva de nível correspondente a 2/3 (dois terços) da altura mínima da elevação sempre em relação à base, sendo esta definida pelo plano horizontal determinado por planície ou espelho d'água adjacente ou, nos relevos ondulados, pela cota do ponto de sela mais próximo da elevação;
Art. 3º Constitui Área de Preservação Permanente a área situada: I – em faixa marginal, medida a partir do nível mais alto, em projeção horizontal, com largura mínima, de: a) trinta metros, para o curso d'água com menos de dez metros de largura; b) cinquenta metros, para o curso d'água com dez a cinquenta metros de largura; c) cem metros, para o curso d'água com cinquenta a duzentos metros de largura; d) duzentos metros, para o curso d'água com duzentos a seiscentos metros de largura; e) quinhentos metros, para o curso d'água com mais de seiscentos metros de largura (Conama nº 303/02)	Art. 4º Considera-se Área de Preservação Permanente, em zonas rurais ou urbanas, para os efeitos desta Lei: I – as faixas marginais de qualquer curso d'água natural perene e intermitente, excluídos os efêmeros, desde a borda da calha do leito regular, em largura mínima de: a) 30 (trinta) metros, para os cursos d'água de menos de 10 (dez) metros de largura; b) 50 (cinquenta) metros, para os cursos d'água que tenham de 10 (dez) a 50 (cinquenta) metros de largura; c) 100 (cem) metros, para os cursos d'água que tenham de 50 (cinquenta) a 200 (duzentos) metros de largura; d) 200 (duzentos) metros, para os cursos d'água que tenham de 200 (duzentos) a 600 (seiscentos) metros de largura; e) 500 (quinhentos) metros, para os cursos d'água que tenham largura superior a 600 (seiscentos) metros;

(conclusão)

Previsão regulamentar	Lei nº 12.651/12
Art. 3º Constitui Área de Preservação Permanente a área situada: [...] II – ao redor de nascente ou olho d'água, ainda que intermitente, com raio mínimo de cinquenta metros de tal forma que proteja, em cada caso, a bacia hidrográfica contribuinte (Conama nº 303/02)	Art. 4º Considera-se Área de Preservação Permanente, em zonas rurais ou urbanas, para os efeitos desta Lei: [...] IV – as áreas no entorno das nascentes e dos olhos d'água perenes, qualquer que seja sua situação topográfica, no raio mínimo de 50 (cinquenta) metros;
Art. 3º Constitui Área de Preservação Permanente a área situada: [...] III – ao redor de lagos e lagoas naturais, em faixa com metragem mínima de: a) trinta metros, para os que estejam situados em áreas urbanas consolidadas; (Conama nº 303/02)	Art. 4º Considera-se Área de Preservação Permanente, em zonas rurais ou urbanas, para os efeitos desta Lei: [...] II – as áreas no entorno dos lagos e lagoas naturais, em faixa com largura mínima de: b) 30 (trinta) metros, em zonas urbanas;
Art. 3º Constitui Área de Preservação Permanente a área situada: IX – nas restingas: a) em faixa mínima de trezentos metros, medidos a partir da linha de preamar máxima; b) em qualquer localização ou extensão, quando recoberta por vegetação com função fixadora de dunas ou estabilizadora de mangues (Conama nº 303/02)	Art. 4º Considera-se Área de Preservação Permanente, em zonas rurais ou urbanas, para os efeitos desta Lei: [...] VI – as restingas, como fixadoras de dunas ou estabilizadoras de mangues;
Art. 3º Constitui Área de Preservação Permanente a área situada: XI – em duna; XIII – nos locais de refúgio ou reprodução de aves migratórias; XIV – nos locais de refúgio ou reprodução de exemplares da fauna ameaçadas de extinção que constem de lista elaborada pelo Poder Público Federal, Estadual ou Municipal; XV – nas praias, em locais de nidificação e reprodução da fauna silvestre. (Conama nº 303/02)	(Sem correspondente)
Art. 3º A intervenção ou supressão de vegetação em APP somente poderá ser autorizada quando o requerente, entre outras exigências, comprovar: I – a inexistência de alternativa técnica e locacional às obras, planos, atividades ou projetos propostos (Conama nº 369/06)	Art. 3º Para os efeitos desta Lei, entende-se por: VIII – utilidade pública: e) outras atividades similares devidamente caracterizadas e motivadas em procedimento administrativo próprio, quando inexistir alternativa técnica e locacional ao empreendimento proposto, definidas em ato do Chefe do Poder Executivo federal; IX – interesse social: g) outras atividades similares devidamente caracterizadas e motivadas em procedimento administrativo próprio, quando inexistir alternativa técnica e locacional à atividade proposta, definidas em ato do Chefe do Poder Executivo federal;

Ao contrário do panorama anterior, a Lei nº 12.651/12 limita as áreas de preservação permanente à faixa marginal de curso d'água *natural perene e intermitente, excluídos os efêmeros*. A dispensa de área de preservação permanente no entorno de acumulações artificiais de água, antes aplicável àqueles corpos hídricos com superfície de cinco hectares, passa para um hectare, e inclui o entorno de acumulações *naturais*. A altura mínima dos morros (cujo terço final é área de preservação permanente), que no regulamento deveria ter pelo menos 50 metros, passa para 100 metros, além de ser necessariamente associada ao componente de declividade (inclinação média maior que 25º). A Lei nº 12.651/12 consagra a aplicação dos limites das áreas de preservação permanente para a zona urbana. A Lei nº 12.651/12 restringe as áreas de preservação permanente no entorno das nascentes e dos olhos d'água aos corpos hídricos *perenes*. A Lei nº 12.651/12 restringe o conceito legal de restinga, enquanto área de preservação permanente, à função fixadora de dunas e estabilizadora de mangues, descartando a previsão regulamentar da faixa mínima de trezentos metros a partir da linha de preamar máxima. A Lei nº 12.651/12 elimina a previsão de *dunas* e *praias* como áreas de preservação permanente, bem como a necessidade de *demonstração de inexistência de alternativa locacional* para autorizar intervenção em área de preservação permanente em hipóteses de utilidade pública e interesse social, restringindo a exigência somente aos outros casos a serem determinados pelo Poder Executivo, dentre outros pontos.

As alterações promovidas pela Lei nº 12.651/12 suscitam pelo menos dois posicionamentos diametralmente distintos. Para uma corrente, permanecem vigentes as disposições das Resoluções do Conama sobre o assunto, mesmo diante da edição da Lei nº 12.651/12. Dentre os fundamentos jurídicos que subsidiam esta interpretação, destacam-se os seguintes:

(i) Por força do princípio da vedação ao retrocesso ambiental, a Lei nº 12.651/12 não poderia abrandar os conceitos, definições e parâmetros porventura mais amplos ou restritivos então estabelecidos nas Resoluções do Conama.

É o que defendem Rachel Medeiros Germano e Raquel Maria da Costa Silveira:

> A proteção do meio ambiente é feita tanto pela Constituição como pela legislação infraconstitucional, essencial para abranger a tutela de um bem tão amplo que, conforme a doutrina, compreende não só o meio

ambiente natural, como também o artificial, cultural e do trabalho. A previsão de proteção ao meio ambiente, mesmo que em legislação infraconstitucional, não é passível de retrocesso, visto que é amparada pela Constituição em prol da concretização de um Direito Fundamental.

[...]

O retrocesso no caso discutido apresenta-se de forma clara em razão da importância ambiental das dunas móveis para a sobrevivência dos ecossistemas costeiros e do ser humano. Não se trata de um capricho indefensável, mas de interesse intimamente ligado à proteção da sadia qualidade de vida e do equilíbrio ambiental.

Afirma-se, portanto, não existir incompatibilidade entre a resolução nº 303 do Conama, o texto do novo Código Florestal brasileiro e a tutela constitucional ambiental no Brasil, pelo que se reafirma permanecer como área de preservação permanente as dunas móveis, necessitando-se para tanto que sejam observadas as normas concernentes à proteção de tais áreas.[38]

(ii) As Resoluções do Conama regulamentavam não só a Lei nº 4.771/65, mas também a Lei nº 6.938/81, diploma ainda vigente. As Resoluções do Conama subsistem, pelo menos, naquilo que não são contrárias à Lei nº 12.651/12.

Leia-se, a esse propósito, a posição de Leonardo de Castro Maia:

Em princípio, parece correto considerar que, revogada uma Lei, o seu regulamento terá a mesma sorte, pena de se admitir a existência do "regulamento autônomo" que, segundo Mukai, não ocorre no Direito brasileiro.

Ocorre que, no caso em questão, conforme inclusive já decidido pelo STJ, a Res. Conama 302/2002 não foi emitida apenas com base na determinação contida no §6.º do art. 4.º da revogada Lei 4.771/1965, mas também com espeque nos arts. 6.º, II, e 8.º, VII, da Lei 6.938/1981 (Lei de Política Nacional do Meio Ambiente).

Assim, s.m.j., a Res. Conama 302/2002 persevera no contexto do novo Código Florestal, senão na sua íntegra, considerando a discutível constitucionalidade de alguns artigos da Lei 12.651/2012, pelo menos na parte em que não contraria a Lei 12.651/2012, pois são várias e relevantes as questões que a Resolução detalha e que não são, e talvez não pudessem ser, previstas na Lei, senão vejamos: as definições que estabelece (art. 2.º); os critérios técnicos a serem considerados pelo órgão ambiental para definição da largura das áreas de Preservação Permanente (art. 3.º); as normas procedimentais que exigem a realização

38 GERMANO; SILVEIRA, 2013.

de consulta pública sobre o Pacuera, a ciência do Ministério Público e a oitiva do comitê da bacia hidrográfica, quando houver (art. 4.º), entre outras.[39]

(iii) A superveniência de lei nova nem sempre acarreta, automaticamente, a derrogação do regulamento, porque se os dispositivos do regulamento forem compatíveis com os novos preceitos legislativos, o regulamento pode ser recebido pelo novo diploma legal. Referido entendimento autorizaria a aplicação de regulamentos do Conama se a previsão legal antes veiculada pela Lei nº 4.771/65 tivesse sido mantida na Lei nº 12.651/12.

É este, dentre outros fundamentos, o adotado pelo Ministério Público Federal em Caraguatatuba, exarado na Recomendação em Inquérito Civil nº 14.0701.0000064/2014-2[40] e deduzido nos autos da Ação Civil Pública nº 0000104-36.2016.403.6135, da 1ª Vara Federal de Caraguatatuba (que determinou à CETESB, liminarmente, a aplicação dos conceitos de restinga veiculados na Resolução Conama nº 303/02, mesmo diante do advento da Lei nº 12.651/12).

(vi) Por força do princípio do *nível elevado de proteção ecológica* deve o intérprete fazer uma opção preferencial pela norma ecológica mais restritiva no caso de dúvidas hermenêuticas.

Alexandra Aragão assim explica o princípio do nível elevado de proteção ecológica:

> Havendo dois ou mais níveis, o princípio do nível de protecção elevado diz que, em concreto, deve ser escolhido aquele que se revelar mais elevado. Se houver dúvidas, é de escolher o que for globalmente mais elevado na protecção, o que permitir preservar bens ecológicos não renováveis em detrimento de bens ecológicos renováveis, o que garantir a preservação de um bem natural em maior perigo, o que garantir a preservação de uma extensão maior de um dado bem natural.
>
> Se a aplicação do princípio do nível elevado de protecção ecológica pressupõe sempre um conflito entre duas interpretações, entre dois regimes, entre dois valores, entre dois bens jurídicos, e implica a tomada

---

[39] MAIA, 2014.

[40] Disponível em: http://www.prsp.mpf.gov.br/sala-de-imprensa/noticias_prsp/Recomendacao%20restinga.pdf/. Acesso em: 07 fev. 2017.

de partido pelo mais carecido de protecção, pelo mais frágil, então o princípio do nível de protecção elevado é um princípio de justiça em sentido clássico, visando sempre proteger a parte mais fraca num conflito.[41]

A corrente contrária, que entendemos mais acertada (abstraindo juízos de valor sobre a *qualidade* das alterações promovidas pela Lei nº 12.651/12), reputa que as Resoluções Conama nº 302/02 e nº 303/02 foram derrogadas pela Lei nº 12.651/12 Dentre os fundamentos da sobredita interpretação, destacam-se os seguintes:

(i) as Resoluções Conama nº 302/02, nº 303/02 e nº 369/06 tratavam, expressamente, de regulamentar dispositivos da Lei nº 4.771/65. Em tendo a Lei nº 4.771/65 sido inteiramente revogada pelo artigo 83 da Lei nº 12.651/12, desapareceu do mundo jurídico o fundamento de validade das Resoluções Conama nº 302/02, nº 303/02 e nº 369/06.

É o que defende Édis Milaré:

> Não obstante a discussão então travada a respeito da inconstitucionalidade desses diplomas infralegais, que teriam extrapolado a competência regulamentar do Conama, é certo que atualmente encontram-se revogados. É que ditas resoluções, como sabido, tinham por objeto específico estabelecer parâmetros e definições de limites referentes às áreas de preservação permanentes previstas no art. 2º da então vigente Lei 4.771/1965. Ocorre que, com a superveniência do novo Código, que expressamente revogou o fundamento de validade da norma que deu ensejo ao nascimento das referidas Res. Conama 302 e 303/2002, perderam elas toda e qualquer eficácia, não mais subsistindo.[42][43]

(ii) A constitucionalidade das sobreditas resoluções do Conama sempre foi objeto de grande controvérsia doutrinária[44] e

---

41 CANOTILHO; LEITE, 2007, p. 29-31.

42 MILARÉ, 2015, p. 315.

43 Nessa linha destaca-se, também, Lucas Dantas Evaristo de Souza: "Dois são os fatores que levam a essa inevitável conclusão. O primeiro diz respeito ao fato de que a Resolução Conama n. 303/02 foi editada para regulamentar o art. 2º da Lei n. 4.771/65. Ora, se esta lei foi expressamente revogada pelo Novo Código Florestal, por certo que todos os diplomas normativos que a regulamentavam também foram com ela revogados, por arrastamento" (SOUZA, 2013)..

44 "No art. 2º, mencionado, encontramos a contribuição das Leis 4.771/1965 e 7.803/1989. Nesse artigo estão arrolados diversos elementos geomorfológicos (cursos de água, lagoas, reservatórios, nascentes, morros, restingas, mangues), sendo que em uns elementos a faixa

jurisprudencial.[45] Justamente com o objetivo de dirimir a insegurança jurídica decorrente da regulamentação, por ato infralegal, de conceitos técnicos ou conceitos jurídicos indeterminados, a Lei nº 12.651/12 fez a legitima opção de incorporar, no seu bojo, definições e parâmetros que antes eram tratados nos regulamentos; se a Lei nº 12.651/12 não quis incorporar ao seu texto determinado conceito, parâmetro ou limite, na forma que era tratada nas resoluções do Conama, ela o descartou de modo deliberado e expresso, não querendo manter, no mundo jurídico, o tratamento outrora dispensado.

É o que se extrai também da lição de Édis Milaré:

> [...] Em vista do exposto, conclui-se que toda a Res. Conama 369/2006 encontra-se atualmente revogada, sendo que o regime jurídico de autorização para fins de intervenção ou supressão de vegetação em área de preservação permanente, nos casos de interesse social, utilidade

---

de vegetação está claramente definida, e em outros somente consta o próprio elemento geomorfológico, sem se indicar o espaço em que a vegetação deverá se conservada.

O Conselho Nacional do Meio Ambiente – Conama, em 2002, elaborou duas resoluções referentes a APPS: a Res. 302, de 20.3.2002, disciplinando a APP de reservatórios artificiais, e a Res. 303, de 20.03.2002, sobre "parâmetros, definições e limites de áreas de preservação permanente".

Na Res. 302/2002 foi estatuída área marginal ao redor do reservatório artificial, com diversas medidas (art. 3º); assim como na Res. 303/2002 foram estabelecidos os entornos dos lagos e lagoas naturais, veredas e de alguns outros elementos geomorfológicos, sendo que o Código Florestal não consta a indicação dessas medidas. O Conama agiu de boa-fé, mas nestas partes em que foram ultrapassados os limites indicados em lei as resoluções não têm força obrigatória. [...]

O Conama, quando editou a Res. 4/1985, não teve a orientá-lo na matéria as normas da atual Constituição Federal, que só entrou em vigor em 1988. O Conama tem função social e ambiental indispensável. Mas esse Conselho não tem função legislativa, e nenhuma lei poderia conceder-lhe essa função. Estamos diante de uma patologia jurídica, que precisa ser sanada, pois caso contrário o mal poderia alastrar-se e teríamos o Conselho Monetário Nacional criando impostos e o Conselho Nacional de Política Criminal e Penitenciária definindo os crimes. É fundamental a proteção de APPs, mas dentro do Estado de Direito" (MACHADO, 2011, p. 831-832).

[45] AÇÃO CIVIL PÚBLICA. ÁREA DE PRESERVAÇÃO PERMANENTE. RESOLUÇÃO Conama. LIMITAÇÕES NÃO PREVISTAS EM LEI. CÓDIGO FLORESTAL. NECESSIDADE DE PROCEDIMENTO LICENCIATÓRIO. IMÓVEL EM ZONA COSTEIRA. 1. A resolução Conama n. 303/2002, ao definir, em seu art. 3º, como restinga, e, portanto, área de preservação permanente uma faixa mínima de 300 metros, medidos a partir da linha de preamar máxima, criou direitos, obrigações e/ou limitações não previstos em lei. Sendo assim, é de ser considerada área de preservação permanente aquelas previstas no art. 2º do Código Florestal, não sendo o caso do terreno em questão. 2. Condenada as rés à realização de procedimento licenciatório ambiental, tão somente por situar o imóvel em zona costeira (TRF4, Apelação Cível nº 0004571-88.2003.404.7201, Relatora Desembargadora Maria Lúcia Luz Leiria, Terceira Turma. Julgado em 01.02.11).

pública e baixo impacto ambiental, encontra-se integralmente inserido na Lei 12.651/12 [...].[46]

(iii) De acordo com os critérios clássicos de solução de antinomias, a Lei nº 12.651/12 prevalece por ser norma hierarquicamente superior (critério hierárquico) e posterior (critério cronológico) às resoluções do Conama.

Essa é a interpretação de Marcelo Buzaglo Dantas:

> [...] a) o advento do Código Florestal teve o condão de revogar as resoluções do Conama que pretendiam regulamentar a lei anteriormente vigente (critério cronológico);
>
> b) no conflito entre as resoluções do Conama e do Código Florestal prevalecem as regras constantes deste último, que é superior (critério hierárquico) [...][47]

E também desenvolve o argumento Valéria Giumelli Canestrini:

> O Conama, regulamentado pela Lei da Política Nacional do Meio Ambiente, editou a Resolução 369 de 2006, a qual dispõe sobre os casos excepcionais, de utilidade pública, interesse social ou baixo impacto ambiental, que possibilitam a intervenção ou supressão de vegetação em Área de Preservação Permanente – APP.
>
> Tal resolução manteve-se vigente e sem maiores discussões até o ano de 2012, quando então, guiado por interesses econômicos, editou-se a Lei 12.651/2012, o Novo Código Florestal, que regulou a mesma matéria.
>
> A Lei de Introdução ao Código Civil, LICC, em seu art. 2º, §1º estabelece: "A lei posterior revoga a anterior quando expressamente o declare, quando seja com ela incompatível ou quando regule inteiramente a matéria de que tratava a lei anterior".
>
> Antes mesmo da análise de tal artigo, é preciso mencionar que estamos diante de uma hierarquia de normas, ou seja, uma lei vale mais que uma resolução, o poder normativo da lei é geral e irrestrito.
>
> Assim, desde já, o Novo Código Florestal se sobrepõe à Resolução do Conama. "Se não bastasse, e considerando-se se tratar de duas normas em sentido geral, de acordo com a LICC, a lei posterior e por ser lei, revogou a RESOLUÇÃO 369 do Conama, naquilo que dispôs totalmente e no que lhe é incompatível".[48]

---

[46] MILARÉ, 2015, p. 1317.

[47] DANTAS, 2015, p. 113.

[48] CANESTRINI, 2016.

1.5.1 A Resolução Conama nº 500/20 e as Medidas Cautelares nas Arguições de Descumprimento de Preceito Fundamental nºs 747, 748 e 749

Há muito, vinha sendo ventilada, em diversos meios, a necessidade de revisão, atualização e revogação de resoluções do Conama (inclusive das Resoluções Conama nºs 302/02 e 303/02) diante do advento da Lei nº 12.651/12. Dentre algumas iniciativas, Marcos Abreu Torres destaca as seguintes:[49]

(i) o seminário "Revisão Jurídica das resoluções Conama após a Lei Complementar 140/11 e a Lei 12.651/12", ocorrido em 2014;

(ii) a apresentação do estudo da Consultoria Jurídica do Ministério do Meio Ambiente (à época da gestão da ex-Ministra Isabela Teixeira, no governo do Partido dos Trabalhadores), na 121ª Reunião Ordinária do Conama, em março de 2016, identificando a desatualização de pelo menos 45 resoluções diante da publicação da Lei Complementar nº 140/11 e da Lei nº 12.651/12;

(iii) a revogação, pelo Conama, das Resoluções nºs 5/85, 14/86, 11/90, na 125ª Reunião Ordinária (em junho de 2017), a revogação das Resoluções nºs 4/95 e 248/99, na 128ª Reunião Ordinária (em fevereiro de 2018), e a revogação da Resolução nº 341/03, na 130ª Reunião Ordinária (em agosto de 2018).

Marcos Abreu Torres recorda que a proposição de revogação das Resoluções Conama nº 302/02 e 303/02, no âmbito do próprio Conama, teria decorrido de posicionamento, exarado em 2017, pelo mesmo Grupo Assessor (instalado na gestão da ex-Ministra Isabela Teixeira com a missão específica de analisar resoluções antigas e propor ao plenário do Conama encaminhamento pela sua revogação, alteração ou manutenção) que havia opinado pela revogação e manutenção de outras resoluções. Segundo o autor, o encaminhamento do Grupo Assessor do Conama teria sido precedido de adequada discussão, resultado de um processo que já se estendia há pelo menos seis anos[50] (isto é, por pelo menos três gestões diferentes do governo federal), oportunidade em que teria sido descartada a ocorrência de prejuízos ao meio ambiente diante da revogação.

---

[49] TORRES, 2020.

[50] TORRES, 2020.

Em 19 de outubro de 2020, sob a gestão do Ministro do Meio Ambiente Ricardo Salles (governo de Jair Bolsonaro, sem partido), o Conama revogou, por intermédio da Resolução nº 500/20, as Resoluções nº 302/02 e nº 303/02 (além da Resolução nº 284/01, que tratava do licenciamento de empreendimentos de irrigação).

Em discussões acadêmicas, os professores Pedro Campany Ferraz e Talden Farias já advertiam que a mera revogação das Resoluções Conama nº 302/02 e nº 303/02, desacompanhada de sua substituição por outros diplomas regulamentares, inevitavelmente seria judicializada e com consideráveis chances de vir a ser suspensa pelo Supremo Tribunal Federal. Isso, acrescentamos, diante da negativa percepção que a gestão do Ministro Ricardo Salles, no Ministério do Meio Ambiente, acabou gerando em parte do meio jurídico, técnico, imprensa e opinião pública.

Dito e feito. Quase que imediatamente após a aprovação da Resolução nº 500/20, o Partido dos Trabalhadores (PT), o Partido Socialista Brasileiro (PSB) e a Rede Sustentabilidade ajuizaram Arguições de Descumprimento de Preceito Fundamental (ADPFs), autuadas sob os nºs 747, 748 e 749, respectivamente, alegando, resumidamente, que a revogação das Resoluções Conama nº 302/02 e nº 303/02 pela Resolução nº 500/20 violaria o direito fundamental ao meio ambiente ecologicamente equilibrado e promoveria um retrocesso em matéria de direitos fundamentais.

A Ministra Rosa Weber, relatora dos feitos e subscritora das Medidas Cautelares proferidas nas aludidas ADPFs (referendadas por unanimidade no Plenário do Supremo Tribunal Federal), apontou que "a mera revogação de normas operacionais fixadoras de parâmetros mensuráveis necessários ao cumprimento da legislação ambiental, sem sua substituição ou atualização, compromete a observância da Constituição, da legislação vigente e de compromissos internacionais".

A respeito da revogação específica das Resoluções Conama nº 302/02 e 303/02, a Ministra relatora apontou a ocorrência de um "aparente estado de anomia e descontrole regulatório, caracterizador de retrocesso na tarefa de proteção e preservação do equilíbrio ambiental". Quanto à urgência, reputou elevado risco de degradação de ecossistemas, comprometimento da integridade de processos ecológicos essenciais e perda da biodiversidade.

As medidas cautelares das ADPFs nº 747, 748 e 749 acabaram sendo confirmadas em julgamento de mérito pelo Plenário do Supremo Tribunal Federal.

Nas decisões exaradas nas ADPFs nº 747, 748 e 749, o Supremo Tribunal Federal não indicou, de forma pormenorizada, qual seria o aludido retrocesso na tarefa de proteção e preservação do equilíbrio ambiental decorrente da revogação das Resoluções Conama nº 302/02 e 303/02, especialmente se considerando que a matéria versada nas aludidas resoluções foi tratada (ainda que de forma distinta, em determinados casos) na Lei nº 12.651/12.

A fundamentação das decisões foi quase integralmente amparada em conceitos e categorias dotadas de elevado grau de indeterminação – como proibição de retrocesso, meio ambiente ecologicamente equilibrado ou risco à integridade do ecossistema –, que poderiam, a rigor técnico, ser aplicáveis a qualquer decisão que, eventualmente, discutisse a revogação de atos normativos (primários ou secundários). Sempre que se estiver diante da revogação de atos normativos em matéria ambiental, estar-se-á tratando da retirada do mundo jurídico de algum tipo de regulação que poderia, em última análise, implicar retrocesso ou redução de proteção. Nesse aspecto é de se indagar, inclusive, se as decisões nas ADPFs nº 747, 748 e 749 não teriam padecido de fundamentação deficiente, nos termos do disposto no inciso II do §1º do artigo 489 do Código de Processo Civil: "Art. 489 [...] §1º Não se considera fundamentada qualquer decisão judicial, seja ela interlocutória, sentença ou acórdão, que: II – empregar conceitos jurídicos indeterminados, sem explicar o motivo concreto de sua incidência no caso".

De qualquer forma, o argumento fundamental, a propósito dessa discussão, consiste na circunstância de que o mesmo Supremo Tribunal Federal havia sido provocado, alguns anos antes, a se pronunciar sobre a constitucionalidade de alguns dos dispositivos da Lei nº 12.651/12 que viriam a alterar o regime de proteção então delineado pela Lei nº 4.771/65 (regulamentado, destaca-se, pelas Resoluções Conama nº 302/02 e 303/02), ainda que eventualmente abrandando-os sob a perspectiva protecionista (Ações Diretas de Inconstitucionalidade nºs 4.901, 4.902, 4.903 e 4.937 e Ação Direta de Constitucionalidade nº 42). Entre os dispositivos impugnados incluem-se aqueles que endereçavam tratamento diferente para a questão das nascentes e olhos d'água, do marco espacial para contagem da faixa marginal de cursos d'água, da proteção ao entorno de reservatórios artificiais, entre outros.

Na análise da constitucionalidade dos referidos dispositivos da Lei nº 12.651/12, o Supremo Tribunal Federal repeliu a alegação de invalidade do novo diploma normativo e de ocorrência de retrocesso ambiental. Na própria ementa dos acórdãos nas ADINs nºs 4.901, 4.902, 4.903 e 4.937 e na ADC nº 42, o Supremo Tribunal Federal pontua o seguinte:

> 11. [...] as politicas publicas ambientais devem conciliar-se com outros valores democraticamente eleitos pelos legisladores como o mercado de trabalho, o desenvolvimento social, o atendimento às necessidades básicas de consumo dos cidadãos etc. Dessa forma, não é adequado desqualificar determinada regra legal como contrária ao comando constitucional de defesa do meio ambiente (art. 225, caput, CRFB), ou mesmo sob o genérico e subjetivo rótulo de "retrocesso ambiental", ignorando as diversas nuances que permeiam o processo decisório do legislador, democraticamente investido da função de apaziguar interesses conflitantes por meio de regras gerais e objetiva.[...]
>
> 19. O Princípio da vedação do retrocesso não se sobrepõe ao princípio democrático no afã de transferir ao Judiciário funções inerentes aos Poderes Legislativo e Executivo, nem justifica afastar arranjos legais mais eficientes para o desenvolvimento sustentável do país como um todo.
>
> 20. A propósito, a jurisprudência do Supremo Tribunal Federal demonstra deferência judicial ao planejamento estruturado pelos demais Poderes no que tange às políticas públicas ambientais. No julgamento do Recurso Extraordinário no 586.224/SP (Rel. MINISTRO LUIZ FUX, julgamento em 05/03/2016), apreciou-se o conflito entre lei municipal proibitiva da técnica de queima da palha da cana-de-açúcar e a lei estadual definidora de uma superação progressiva e escalonada da referida técnica. Decidiu a Corte que a lei do ente menor, apesar de conferir aparentemente atendimento mais intenso e imediato ao interesse ecológico de proibir queimadas, deveria ceder ante a norma que estipulou um cronograma para adaptação do cultivo da cana-de-açúcar a métodos sem a utilização do fogo. Dentre os fundamentos utilizados, destacou-se a necessidade de acomodar, na formulação da política pública, outros interesses igualmente legítimos, como os efeitos sobre o mercado de trabalho e a impossibilidade do manejo de máquinas diante da existência de áreas cultiváveis acidentadas. *Afastou-se, assim, a tese de que a norma mais favorável ao meio ambiente deve sempre prevalecer (in dubio pro natura), reconhecendo-se a possibilidade de o regulador distribuir os recursos escassos com vistas à satisfação de outros interesses legítimos, mesmo que não promova os interesses ambientais no máximo patamar possível. Idêntica lição deve ser transportada para o presente julgamento, a fim de que seja refutada a aplicação automática da tese de "vedação ao retrocesso" para anular opções validamente eleitas pelo legislador.*
>
> 21. O Código Florestal ostenta legitimidade institucional e democrática, sendo certo que a audiência pública realizada nas presentes ações apurou que as discussões para a aprovação da Lei questionada se estenderam por mais de dez anos no Congresso Nacional. Destarte, no

> âmbito do Parlamento, mais de 70 (setenta) audiências públicas foram promovidas com o intuito de qualificar o debate social em torno das principais modificações relativas ao marco regulatório da proteção da flora e da vegetação nativa no Brasil. Consectariamente, além da discricionariedade epistêmica e hermenêutica garantida ao Legislativo pela Constituição, também militam pela autocontenção do Judiciário no caso em tela a transparência e a extensão do processo legislativo desenvolvido, que conferem legitimidade adicional ao produto da atividade do Congresso Nacional. [...][51]

A decisão, em alguns pontos, foi colhida por maioria apertada. Alguns Ministros que subscreveram a tese vencedora, em seus respectivos votos, debruçaram-se sobre o tema, afastando expressamente a ocorrência de retrocesso ambiental diante da redação da então impugnada Lei nº 12.651/12, quando em comparação com o quadro normativo anterior. E os motivos, em síntese, foram os seguintes: a lei nova teria feito apenas uma nova (e razoável) ponderação de valores constitucionais, ao passo que não ocorre retrocesso ambiental se o núcleo essencial do direito fundamental não houver sido violado. A título ilustrativo, destaca-se o seguinte excerto do voto do Ministro Alexandre de Morais:

> Não me parece possível examinar eventual inconstitucionalidade somente a partir do cotejo entre a nova lei e o regramento anterior, pois em muitos casos é possível depreender que a alteração legislativa frustrou a expectativa de alguns por um padrão mais intenso e radical de preservação ambiental; mas também se percebe que o legislador assim procedeu em atenção a outros interesses sociais de igual relevância, sem atentar ou comprometer o núcleo essencial de proteção ao meio ambiente, adotando critérios racionais e equilibrados.

O Ministro Gilmar Mendes destacou a possibilidade de redução de níveis de proteção quando o núcleo essencial de um direito fundamental (no caso, ao meio ambiente ecologicamente equilibrado) não vier a ser violado (o que não ocorreu na hipótese):

> Sem embargo da importância acadêmica e jurisprudencial conferida a tal princípio, é preciso compreender que ele visa à inviolabilidade do núcleo essencial dos direitos fundamentais envolvidos. Não significa,

---

[51] ADIs nºs 4.901, 4.902, 4.903 e 4.937 e ADC nº 42. Relator Ministro Luiz Fux, Tribunal Pleno, julgado em 28.02.2018, publicado em 13.08.2019.

de modo algum, que não possa haver alterações nos níveis de tutela jurídica fundamental de determinados sujeitos ou bens jurídicos.

Esse foi, também, o entendimento do Ministro Celso de Mello:

> Portanto, o aludido princípio constitucional não comporta interpretação no sentido de se tomar por petrificadas as normas infraconstitucionais garantidoras de determinado padrão de proteção ambiental, como se tivessem passado por um processo de constitucionalização. [...].
>
> Tendo em vista essa compreensão teórica, entendo que o antigo Código Florestal (Lei nº 4.771, de 15 de setembro de 1965) e demais normas anteriores à Lei no 12.651/2012, não podem ser convertidas – com faz crer a argumentação dos requerentes das ações diretas de inconstitucionalidade – em parâmetro de controle da legitimidade da nova lei florestal.

Curiosamente, nas ADPFs nº 747, 748 e 749, o Supremo Tribunal Federal entendeu que a revogação das Resoluções Conama nº 302/02 e 303/02 pela Resolução Conama nº 500/20 – cujo principal objetivo concreto foi reconhecer a plena e exclusiva validade da Lei nº 12.651/12, agora com tratamento mais exaustivo e completo que a Lei nº 4.771/65, sem antinomias ou potencial conflito normativo – promoveria retrocesso e risco ambiental grave. Isso mesmo tomando-se em consideração (pelo menos implicitamente) a manutenção, no mundo jurídico, do regime veiculado na Lei nº 12.651/12, que, expressamente, mantém adequado tratamento às áreas de preservação permanente.

A decisão das ADPFs nº 747, 748 e 749 acaba por criar uma paradoxal situação: enquanto nos autos das ADINs nº 4.901, 4.902, 4.903 e 4.937 e da ADC nº 42, o Supremo Tribunal Federal entendeu não ter havido retrocesso ambiental diante de previsões normativas veiculadas na Lei nº 12.651/12, supostamente menos protetivas que as constantes no quadro normativo anterior (no qual se incluem as Resoluções Conama nº 302/02 e nº 303/02), nas ADPFs nº 747, 748 e 749 o mesmo Supremo Tribunal Federal defende a ocorrência de retrocesso ambiental pelo fato de que a proteção das áreas de preservação permanente seria fragilizada se pautada exclusivamente por força do disposto na Lei nº 12.651/12 (porque suposta e implicitamente menos protetiva que as disposições das Resoluções Conama nº 302/02 e nº 303/02).

Em rigor, a cassação dos efeitos da Resolução Conama nº 500/20 – que revogou as Resoluções Conama nº 302/02 e nº 303/02 – deixa uma série de perguntas sem respostas. Se pelas decisões prolatadas nas

ADPFs nº 747, 748 e 749 foi restaurada a plena validade das Resoluções Conama nº 302/02 e nº 303/02, não é uma decorrência lógica e necessária dessa providência a interpretação pela prevalência das Resoluções Conama nºs 302/02 e 303/02 sobre as disposições da Lei nº 12.651/12.

O argumento, como dito anteriormente, pela prevalência das Resoluções Conama nº 302/02 e nº 303/02 sobre as disposições da Lei nº 12.651/12 repousaria (i) na ideia da vedação de retrocesso ambiental, (ii) no princípio do nível elevado de proteção ecológica e/ou, pelo menos, (iii) na recepção pela Lei nº 12.651/12 dos dispositivos das Resoluções Conama nº 302/02 e nº 303/02 que regulamentavam a Lei nº 4.771/65 (quando a Lei nº 12.651/12 não dispuser de forma distinta desta).

Entendemos que as disposições das Resoluções Conama nº 302/02 e nº 303/02 não podem prevalecer sobre disposições eventualmente contrárias ou conflitantes constantes na Lei nº 12.651/12, mesmo diante da suspensão dos efeitos da Resolução Conama nº 500/20. A uma, porque o próprio Supremo Tribunal Federal já repeliu, nos autos da ADINs nºs 4.901, 4.902, 4.903 e 4.937 e da ADC nº 42, a incidência de uma noção forte do princípio da vedação do retrocesso ambiental que inadmitira qualquer alteração/inovação normativa menos protetiva que a anterior, supostamente mais protetiva. E o ponto é que a matéria versada nas Resoluções Conama nº 302/02 e nº 303/02 foi objeto de regulação na Lei nº 12.651/12. Não há que se falar, portanto, em vulneração ao núcleo essencial do direito ao meio ambiente ecologicamente equilibrado se a matéria continua objeto de regulação legislativa, ainda que menos intensa que a contida no regulamento.

Isso também afasta o argumento da incidência do princípio do nível elevado de proteção ecológica, notadamente nos casos de ocorrência de antinomias. Nessas hipóteses, o ordenamento não convive com duas normas contraditórias entre si, mas oferece instrumentos para a resolução do conflito normativo (por meio dos critérios conhecidos de cronologia, especialidade e hierarquia). Diante, portanto, de antinomia, as normas (nem mesmo as de natureza ambiental) não se "acrescem", mas deve prevalecer a norma posterior e hierarquicamente superior.

A possibilidade remanescente, em todo esse cenário normativamente caótico, seria considerar válidas somente as disposições das Resoluções Conama nº 302/02 e nº 303/02 que fossem consideradas recepcionadas pela Lei nº 12.651/12. Pessoalmente, entendemos que não se deveria falar em recepção daqueles regulamentos pela Lei nº 12.651/12 por dois principais fundamentos. O primeiro é de que a lei florestal não foi simplesmente alterada, mas substituída por outra, o que seria o bastante para afastar-se o fenômeno da recepção.[52] O segundo parte do reconhecimento de que o legislador foi bastante criterioso ao incorporar algumas categorias e regras antes dispostas unicamente nas Resoluções Conama nº 302/02 e nº 303/02 ao texto da Lei nº 12.651/12; se, portanto, determinada disposição das Resoluções Conama nº 302/02 e nº 303/02 não foi expressamente incorporada à Lei nº 12.651/12 é porque o Legislativo resolveu aboli-la do mundo jurídico.

De todo modo, reconhece-se que a recepção é a única cogitação juridicamente possível para emprestar algum grau de coerência ao sistema: a consequência da suspensão dos efeitos da Resolução Conama nº 500/20 pelo Supremo Tribunal Federal deve ser interpretada no sentido de que eventuais disposições das Resoluções Conama nº 302/02 e nº 303/02 que regulavam categorias da Lei nº 4.771/65 mantidas integralmente na Lei nº 12.651/12 foram por esta recepcionadas, pelo menos até o advento de novo regulamento próprio e específico da Lei nº 12.651/12. Remanescem, portanto, as disposições das Resoluções Conama nº 302/02 e nº 303/02 que possam ser consideradas recepcionadas, mas não conflitantes em quaisquer aspectos com a Lei nº 12.651/12.

Alguns exemplos concretos podem auxiliar na proposição ora defendida.

O inciso VI do artigo 4º da Lei nº 12.651/12 qualifica como área de preservação permanente "as restingas, como fixadoras de dunas ou estabilizadoras de mangues". A Lei nº 12.651/12 não oferece, entretanto, um conceito de "duna". O inciso X do artigo 2º da Resolução Conama nº 303/02 o faz, caracterizando a duna como a "unidade geomorfológica de constituição predominante arenosa, com aparência de cômoro ou colina, produzida pela ação dos ventos, situada no litoral ou no interior do continente, podendo estar recoberta, ou não, por vegetação". Nesse ponto, pode-se sustentar que o inciso X do artigo 2º da Resolução Conama nº 303/02 teria sido recepcionado pela Lei nº 12.651/12, porque o dispositivo regulamentar complementa (sem lhe ser contrário) o

---

52 "Se o regulamento é de execução ou delegado, revogada a lei que lhe servia de sustentáculo, fica implicitamente revogado. Não há necessidade de qualquer ato, declarando que o regulamento foi retirado do sistema. Se, no entanto, for modificada a lei, o regulamento vigorará em tudo aquilo que com a nova ordem jurídica não colidir. Nessa hipótese, deve o titular da atribuição baixar novo ato, se necessário, para adaptar o regulamento à nova conjuntura" (GASPARINI, 1978, p. 190-191).

sentido da norma legal vigente. E, acrescenta-se, há alguma utilidade nessa operação hermenêutica.[53]

Bem diferente é sustentar a recepção de dispositivos da Resolução Conama nº 302/02 com conteúdo contrário ao constante na Lei nº 12.651/12. Por exemplo, a Lei nº 12.651/12 define como áreas de preservação permanente determinadas metragens a serem contadas da faixa marginal de cursos d'água naturais. Essas distâncias (de 30 a 500 metros) são medidas, de acordo com o inciso I do artigo 4º da Lei nº 12.651/12 "desde a borda da calha do leito regular". O referencial para contagem das áreas de preservação permanente na faixa marginal de cursos d'água naturais previsto na Lei nº 12.651/12 é diferente (e, nesse sentido, contrário) ao então disposto no inciso I do artigo 3º da Resolução Conama nº 303/02 (no regulamento, a faixa marginal era medida "a partir do nível mais alto" do curso d'água). Inviável, nesse aspecto, sustentar a recepção, pela Lei nº 12.651/12, do critério estabelecido no inciso I do artigo 3º da Resolução Conama nº 303/02. Isso faria letra morta do inciso I do artigo 4º da Lei nº 12.651/12 e subverteria toda lógica do sistema, permitindo que um regulamento (que deveria dar concretude e explicitar o conteúdo da regra legal) fosse contrário à lei.

Ao longo dos comentários às modalidades de áreas de preservação permanente no segundo capítulo deste livro serão indicados os demais dispositivos regulamentares, veiculados na Resolução Conama nº 302/02, especialmente, que poderiam ser reputados recepcionados pela Lei nº 12.651/12.

Também serão abordados oportunamente ao longo do livro os detalhes do decidido nas ADINs nº 4.901, 4.902, 4.903 e 4.937 e na ADC nº 42 (que tratou da (in)constitucionalidade de trechos da Lei nº 12.651/12), decisão citada preliminarmente nesta seção.

Jurisprudência

MANDADO DE SEGURANÇA. CONCESSÃO DE DECLARAÇÃO POSITIVA DE VIABILIDADE AMBIENTAL E VIABILIDADE TÉCNICA DA OBRA PARA CONSTRUÇÃO NO IMÓVEL. AUSÊNCIA DE

[53] Não queremos dizer, entretanto, que isso seria motivo determinante para a manutenção da Resolução Conama nº 303/02 no mundo jurídico, dado que remanesceriam outras maneiras para completar o sentido da norma. No exemplo mencionado, o intérprete poderia se socorrer a consensos técnico-científicos sobre o conceito de dunas, exatamente da forma como era feito antes da edição da Resolução Conama nº 303/02.

DIREITO LÍQUIDO E CERTO. NECESSIDADE DE PRODUÇÃO DE PROVAS. MANUTENÇÃO DA SENTENÇA QUE DENEGOU A SEGURANÇA. 1. O indeferimento com base em recomendação pelo Ministério Público Federal funda-se em diversos óbices ambientais, não somente no tratamento dispensado à vegetação de restinga. 2. *Ainda que o dispositivo da Resolução nº 303 do CONAMA sobre a restinga tenha sido tacitamente revogado*, não significa que as obras em questão não estariam enquadradas no novo regime de proteção desta vegetação previsto no novo código florestal (Lei nº 12.651/2012), que determina preservação da restinga com base em critério mais técnico e completo quando associa a vegetação de restinga às funções ambientais que esta exerce. 3. O exame destas questões esbarra no óbice à produção de provas na via do mandado de segurança. 4. Sentença que denegou a segurança mantida. Apelação improvida. (Grifo acrescido. TRF4, AC 5006566-31.2015.4.04.7201, QUARTA TURMA, Relator EDUARDO GOMES PHILIPPSEN, juntado aos autos em 14/08/2017).

Cuidando-se de peça inaugural subscrita por membros do Ministério Público lotados no litoral, e tendo a inicial discorrido extensivamente sobre área de preservação permanente de restinga, é muito evidente que o pretendido na inicial é a condenação da ré a aplicar o disposto no 3º, inciso IX, alínea "a" da Resolução CONAMA 303/2002. Estabelece esta norma: Art. 3º Constitui Área de Preservação Permanente a área situada: (...) IX – nas restingas: a) em faixa mínima de trezentos metros, medidos a partir da linha de preamar máxima; b) em qualquer localização ou extensão, quando recoberta por vegetação com função fixadora de dunas ou estabilizadora de mangues; Entendo que tal norma encontra-se revogada. A Lei n. 4.771/65 definia as áreas de preservação permanente em seu artigo 2º, exigindo que fossem declaradas por ato do Poder Público, o que dava legitimidade à Resolução 303/2002 do CONAMA (embora esta legitimidade tenha sido questionada na ADPF 127 junto ao Supremo Tribunal Federal). *Ocorre que o atual Código Florestal, Lei n. 12.651/2012, que revogou a Lei n. 4.771/65, ao definir as áreas de preservação permanente, exige sejam declaradas por ato do Chefe do Poder Executivo (art. 6º), afora as espécies que expressamente define em seu artigo 4º (muito similares, diga-se, ao quanto previsto na Resolução CONAMA 303/2002). Portanto, ao exigir ato do Chefe do Poder Executivo, a Lei n. 12.651/2012 exige regulamentação por Decreto, e retira do universo jurídico o suporte normativo da Resolução 303/2002. Somente este fato, a meu ver, torna completamente revogada referida portaria, em sua integralidade. A regulamentação da matéria, atualmente, encontra-se na própria Lei n. 12.651/2012, e no Decreto regulamentador que for editado.* Mas há motivos específicos em relação à própria área de restinga que também determinam a não aplicação da Resolução 303/2002 pela CETESB. Ao contrário da redação do inciso IX do artigo 3º da Resolução 303/2002 do CONAMA, a redação do artigo 4º da Lei n. 12.651/2012, ao tratar das restingas, expressamente qualifica como área de proteção permanente: Art. 4º...(...)VI – as restingas, como fixadoras de dunas ou estabilizadoras de mangue. Não faz menção a lei acerca da faixa de 300 metros, como aludido na Resolução CONAMA 303/2002. Por si só isso já seria motivo de ilegalidade da Resolução CONAMA 303/2002, na medida em que é cediço que a regulamentação de lei não pode inovar no ordenamento jurídico, quando não há margem na lei regulamentada. Não fosse isso somente, entendo que a norma atual (Lei n. 12.651/2012) é mais benéfica do que a indigitada Resolução CONAMA. Isto porque, mesmo sob a égide da Resolução CONAMA 303/2002, a proteção da faixa de restinga na faixa de 300 metros somente poderia ter lugar onde esse ecossistema efetivamente existisse. É sabido que tal ecossistema não existe em toda extensão do território nacional. Não vejo como possa ser estabelecido uma faixa de APP de 300 metros, com base na Resolução CONAMA, sem que ali houvesse ecossistema de restinga. Ocorre que a Lei 12.651/2012 não limita a extensão de 300 metros para proteção de restinga. Basta a presença de restinga, como fixadoras de dunas ou estabilizadoras de mangue, para sua proteção em toda a extensão. Ainda que eventualmente fosse verificado que a restinga não tivesse por finalidade a fixação de dunas ou estabilização de mangue, não estaria ela desprotegida pela revogação da previsão de 300 metros contida na Resolução CONAMA 303/2002. A Lei n. 11.428/2006 disciplina a proteção da vegetação nativa do Bioma Mata Atlântica, e expressamente, em seu artigo 2º, aduz que a vegetação de restinga compõe este sistema. Portanto, não há motivo para se exigir a aplicação, pela CETESB, da Resolução CONAMA 303/2002, seja por critério de vigência; seja por critério de compatibilidade da regulamentação com a disciplina legal do art. 4º, VI, da Lei n. 12.651/2012; seja pelo efetivo mérito da proteção ambiental às restingas. [...] (Grifo acrescido. JFSP, Ação Civil Pública nº 0000104-36.2016.4.03.6135. Sentença disponibilizada no D. Eletrônico em 28.06.2018, pag 895/910).

AÇÃO CIVIL PÚBLICA. AMBIENTAL. PRAIA DO SANTINHO./ INGLESES. ÁREA DE PRESERVAÇÃO PERMANENTE. OBRIGAÇÃO DE NÃO-FAZER – ÓBICE À CONCESSÃO DE NOVOS ALVARÁS DE CONSTRUÇÃO E/OU AMPLIAÇÃO DE ÁREA CONSTRUÍDA. ENTORNO DA LAGOA DO JACARÉ, DUNAS FRONTAIS DA PRAIA DO SANTINHO E FAIXA DE 300 METROS, MEDIDOS DA LINHA DO PREAMAR MÁXIMA. HONORÁRIOS PERICIAIS – ÔNUS DOS REQUERIDOS. Ação civil pública promovida pelo Ministério Público Federal em face do Município de Florianópolis que objetiva impedir a concessão de novos alvarás e licenças de construção em área de preservação permanente na Praia do Santinho/Ingleses, Santa Catarina, especificamente, entre a estrada principal de acesso ao Santinho (Estrada Vereador Onildo Lemos) e o mar. O entorno da Lagoa do Jacaré também é zoneado pelo Município como APP (LC 184/14), além da legislação que o contempla (Lei nº 11.428/06). Já, a restinga fixadora de duna, tem extensa proteção jurídica e está expressamente contida como de necessária proteção ambiental pelo Código Florestal vigente (Lei nº 12.651/2012, artigo 4º VI). Ampliação da área a ser considerada como de preservação permanente. Provimento parcial do recurso com aplicação de precedente da Turma, no sentido de que: *Não há plausibilidade na tese de inconstitucionalidade/ilegalidade da Resolução n.º 303/2002, do CONAMA, por exorbitar o poder regulamentador do órgão que a editou. Com efeito, o referido ato normativo nada mais fez do que conferir executoriedade à legislação ambiental, nos seus estritos limites (art. 84, inciso IV, da Constituição Federal). É inafastável o reconhecimento de que o imóvel sub judice insere-se em área de preservação permanente, seja porque integrante de faixa mínima de 300 metros, medidos a partir da linha de preamar máxima (art. 3º, inciso IX, alínea a, da Resolução n.º 303/2002-CONAMA), seja porque a área relativa à rampa de dissipação possui vegetação que cumpre função decisiva na manutenção da estabilidade (fixação) das dunas internas do cordão dunar Santinho-Ingleses (art. 3º, inciso IX, alínea b, da Resolução n.º 303/2002-CONAMA).* Conclusão que se adota considerando a pressão exercida nas áreas de preservação permanente existentes em áreas urbanas, em especial pela urbanização desordenada, tratando-se de local com potencial turístico em razão da beleza natural. A ampliação de proteção para abarcar também a área de restinga, nos moldes da Resolução do CONAMA 303/2002, estanca a sangria ao meio ambiente, protegendo-o, ao menos na parte em que ainda é possível, para as gerações futuras, evitando-se novos passivos ambientais. Honorários periciais que correm à conta dos réus da ação. (Grifo acrescido. TRF4, AC 5017541-23.2012.4.04.7200, QUARTA TURMA, Relator LORACI FLORES DE LIMA, juntado aos autos em 25.08.2017)

[...] Destaco que o feito originário se trata de ação civil pública ajuizada originalmente pelo Ministério Público do Estado de São Paulo, perante a 2ª Vara Cível da Comarca de São Sebastião, em face da CETESB – Companhia Ambiental do Estado de São Paulo, com o fito de compelir a empresa pública ambiental a continuar a observar a Resolução do Conama nº 303/02, que dispõe sobre parâmetros, definições e limites de áreas de preservação permanente, mais especificamente no tocante à definição de restinga prevista no seu artigo 3º, inciso IX, "a".

No caso sub judice, não vislumbro, num juízo de cognição sumária, razões para atribuir efeito suspensivo ao presente recurso, uma vez que a decisão agravada apenas determinou que a CETESB observe a Resolução Conama nº 303/02, aplicando em todos os seus procedimentos administrativos de licença e autorização ambientais em curso sob sua competência.

Portanto, gozando tal ato normativo de presunção de legalidade, não verifico, a priori, qualquer fundamento para que o órgão ambiental estadual deixe de aplicar seus dispositivos nos atos de licença e autorização que emana, conforme narrado na petição inicial da ação coletiva, sob pena de violação do princípio da legalidade, o qual deve pautar a atividade administrativa. (Grifo acrescido. TRF3, Decisão Monocrática no Agravo de Instrumento nº 0022587-35.2016.4.03.0000/SP, Desembargador Federal Antonio Cedenho. 24.01.17)

AÇÃO CIVIL PÚBLICA. Construção em área especialmente protegida. Código Florestal. *A lei federal superveniente suspende a eficácia das Resoluções do CONAMA, naquilo que lhe forem contrárias.* Aplicação, por analogia, do §4º do artigo 24 da CF. Inteligência do artigo 462 do CPC/73, sendo hipótese de incidência da nova lei. Inexistentes APP ao redor de Reservatório Artificial de Água, bem como em topo de morro, conforme o novo Diploma Legal, causando a perda superveniente de objeto da ação. Propriedade inserida na APA da Bacia Hidrográfica do Rio Paraíba do Sul. Ausentes restrições em razão da APA que inviabilizem a manutenção das construções no imóvel. DE OFÍCIO, julgaram extinto o processo pela perda superveniente de objeto, PREJUDICADO o apelo do MP e o recurso adesivo. (Grifo acrescido. TJSP; Apelação Cível 0000613-94.2010.8.26.0543; Relator (a): Ruy Alberto Leme Cavalheiro; Órgão Julgador: 1ª Câmara Reservada ao Meio Ambiente; Foro de Santa Isabel – 1ª. Vara Judicial; Data do Julgamento: 11.08.2016; Data de Registro: 15.08.2016).

AÇÃO CIVIL PÚBLICA AMBIENTAL. Loteamento situado às margens do reservatório da Usina de Promissão – Município de Guaiçara. *As inovações da Lei nº 12.651/12 – Novo Código Florestal –, aplicam-se, também, aos fatos ocorridos na vigência do Código Florestal anterior – Lei 4.771/65, observadas as especificidades. Nova ordem legislativa que alterou os limites da área de preservação permanente no entorno de reservatórios d'água. Dicção do art. 62 da Lei 12.651/12. Inconstitucionalidade não configurada. Construções que não ocupam a área de preservação permanente.* Improcedência mantida. Recurso desprovido. (Grifo acrescido. TJSP, Apelação Cível nº 0009221-65.2010.8.26.0322, Relator Desembargador Dimas Rubens Fonseca, 1ª Câmara Reservada ao Meio Ambiente. Julgado em 16.07.2015)

CONSTITUCIONAL, AMBIENTAL E PROCESSO CIVIL. AÇÃO CIVIL PÚBLICA. EMPREENDIMENTO EM ÁREA DE PRESERVAÇÃO AMBIENTAL. [...] ARGUIÇÃO INCIDENTAL DE INCONSTITUCIONALIDADE DE LEI NÃO CONHECIDA. LOTEAMENTO ENCRAVADO EM ZONA URBANA. APP DE 30 METROS A PARTIR DO MÁXIMO NORMAL DO RESERVATÓRIO DE FURNAS. RESOLUÇÃO CONAMA N. 302/2002 E LEI N. 14.309/2002 DO ESTADO DE MINAS GERAIS. INTERVENÇÃO EM APP – POSSIBILIDADE. *LEI 4.771/1965 REVOGADA PELA LEI 12.651/2012. RESOLUÇÃO Conama 369/2006 DERROGADA.* INTERESSE SOCIAL E UTILIDADE PÚBLICA

CONFIGURADOS. DESOBEDIÊNCIA DE ORDEM JUDICIAL NÃO CONFIGURADA. DANOS MORAIS COLETIVOS INOCORRENTES. PEDIDO DE ANTECIPAÇÃO DOS EFEITOS DA TUTELA AFASTADO POR FALTA DE VEROSSIMILHANÇA DAS RAZÕES RECURSAIS. APELAÇÃO DE FURNAS CENTRAIS ELÉTRICAS NÃO CONHECIDA POR INOVAÇÃO NA CAUSA DE PEDIR. [...] XII – *A Lei 4.771/1965 foi revogada, "in totum", pela Lei 12.651/2012 que restringiu a competência do Conama para dispor sobre utilidade pública ou interesse social em matéria ambiental*, permitindo apenas que certas ações ou atividades possam ser reconhecidas como eventuais e de baixo impacto ambiental em ato do Conselho Nacional do Meio Ambiente ou dos Conselhos Estaduais de Meio Ambiente, nos termos do art. 3º, inciso X, letra k, da lei 12.651/2012, razão pela qual foi derrogada a Resolução Conama 369/2006. (Grifo acrescido. TRF1, Apelação Cível nº 0002813-20.2010.4.01.3804, Relator Desembargador Federal Jirair Aram Meguerian, Sexta Turma, Julgado em 24.02.2014)

[...] Além disso, espancando de vez a questão, *o novo Código Florestal (Lei nº 12.651/2012) não revogou os ditames da Resolução nº 302/2002 do Conama*, pois ressalva em vários dispositivos a Política de Proteção ao Meio Ambiente, o Sisnama e os Conselhos Estaduais do Meio Ambiente. [...] (Grifo acrescido. TJSP, Apelação Cível nº 0008725-07.2008.8.26.0322, Relator Desembargador Moreira Viegas, 1ª Câmara Reservada ao Meio Ambiente. Julgado em 13.02.2014)

AÇÃO CIVIL PÚBLICA AMBIENTAL – PRETENSO RECONHECIMENTO DE INCONSTITUCIONALIDADE DE DISPOSITIVOS LEGAIS CONTIDOS NA LEI Nº 12.651/2012 – IMPERTINÊNCIA – AJUIZAMENTO DA AÇÃO EM FACE DE ALEGAÇÃO DE DANO AMBIENTAL EM ÁREA DE PRESERVAÇÃO PERMANENTE – *AUSÊNCIA DE VIOLAÇÃO DA NORMA CONTIDA NO NOVO CÓDIGO FLORESTAL (LEI Nº 12.651/2012), VEZ QUE TAL ÁREA NÃO MAIS É CARACTERIZADA COMO "MORRO" POR FORÇA DE ALTERAÇÃO DOS CRITÉRIOS LEGAIS (ART. 4º, IX)* – LOTEAMENTO EM QUE SITUADA A PROPRIEDADE, ADEMAIS, CONSIDERADO REGULAR PELOS ÓRGÃOS PÚBLICOS – RECONHECIMENTO – SENTENÇA CONFIRMADA POR SEUS FUNDAMENTOS – ART. 252 DO RITJSP – RECURSO NÃO PROVIDO.

[...] *Assim, é de se considerar a pertinência da aplicação, ao caso concreto, do novo Código Florestal – Lei nº 12.651/2010, com redação dada pela Lei nº 12.727/2012 –, considerando por este Tribunal de aplicação imediata.* [...] Em suma, adotada a novel legislação ambiental, conclui-se que o objeto da presente ação não mais se situa em área de preservação permanente, o que significa dizer que o perdido de reparação por danos ambientais carece de fundamentação. [...] (Grifo acrescido. TJSP, Apelação nº 0009003-03.2012.8.26.0634. Relator Desembargador Paulo Ayrosa. 2ª Câmara Reservada ao Meio Ambiente, julgado em 24.10.13)

1.6 Atos normativos estaduais e municipais

A competência para legislar sobre o meio ambiente é concorrente entre União, estados e Distrito Federal, na forma preconizada pelo inciso VI do artigo 24 e pelo artigo 30 da Constituição da República.[54] Desta constatação inicial decorrem três indagações. A primeira é saber qual é o limite da competência legislativa dos entes federados em matéria de áreas de preservação permanente. A segunda, saber se há espaço para os municípios legislarem sobre áreas de preservação permanente. A terceira, qual tipo e extensão das normas que podem ser produzidas pelos entes federados nesta seara.

1.6.1 Competência legislativa concorrente em matéria de meio ambiente

Por competência legislativa concorrente entende-se que cabe à União editar normas gerais, isto é, "normas não exaustivas, leis-quadro, princípios amplos, que traçam um plano, sem descer a pormenores",[55] ao passo que compete aos estados e ao Distrito Federal exercer, em relação às normas gerais, a competência suplementar, isto é, suprir lacunas.

Uma primeira leitura, isolada, do inciso VI do artigo 24 da Constituição da República, poderia conduzir ao entendimento de que os municípios foram expressamente excluídos da possibilidade de legislar sobre áreas de preservação permanente.

Corroboraria essa interpretação o argumento de que a proteção ambiental merece um grau mínimo de uniformidade dentro do território nacional. Se eventualmente fosse permitido que os municípios legislassem sobre áreas de preservação permanente, poder-se-ia criar situações iníquas, muitas vezes, dentro de áreas cujos limites geográficos sequer são perceptíveis (o que valeria como restrição dentro do território de um município poderia receber tratamento distinto no município vizinho, tudo dentro de uma mesma região metropolitana e com atributos ambientais similares). As distintas categorias de restrições entre municípios poderiam conduzir, assim, à exportação de passivos ambientais aos territórios vizinhos.

---

[54] "Art. 24. Compete à União, aos Estados e ao Distrito Federal legislar concorrentemente sobre: [...] VI – florestas, caça, pesca, fauna, conservação da natureza, defesa do solo e dos recursos naturais, proteção do meio ambiente e controle da poluição".

[55] BRANCO, 2011, p. 853.

Ocorre, não obstante, que a mesma Constituição da República, nos incisos I e II do seu artigo 30, reconhece aos municípios competência para legislar de forma suplementar à legislação federal e estadual, no que couber (isto é, para atender assuntos de interesse local, dentre outras hipóteses).[56] Da leitura integrada de ambos dispositivos (art. 24 e 30) consolidou-se o entendimento de que os municípios estariam igualmente habilitados a legislar sobre o meio ambiente, pelo menos, em caráter suplementar à legislação federal e estadual. É o entendimento de José Afonso da Silva:

> A competência dos Municípios para a proteção ambiental é reconhecida no art. 23, III, IV, VI e VII, em comum com a União e os Estados. Mas, nesse dispositivo, o que se outorga é a competência para ações materiais. Portanto, a competência fica mais no âmbito da execução de leis protetivas do que no de legislar sobre o assunto. [...]
>
> A questão já não é tão clara em relação aos Municípios. Pode-se dizer, no entanto, que sua competência suplementar na matéria é também reconhecida. [...]
>
> *Quer isso dizer que não se recusa aos Municípios competência para ordenar a proteção do meio ambiente, natural e cultural. Logo, é plausível reconhecer, igualmente, que na norma do art. 30, II, entra também a competência para suplementar a legislação federal e a estadual na matéria.*[57]

Édis Milaré e Guilherme José Purvin de Figueiredo agregam outro fundamento para reconhecer a competência legislativa do município em matéria de proteção ambiental, deduzindo-a como uma atribuição implícita decorrente da competência comum para proteção ambiental (inciso VI do artigo 23 da Constituição da República).[58] Os autores consideram que, para exercer competências administrativas atinentes à proteção ambiental, é preciso, antes, dotar os entes federados de competência legislativa, dado que por força do princípio da legalidade a Administração só poderia fazer aquilo que a lei lhe autoriza.[59]

56 "Art. 30. Compete aos Municípios: [...] I - legislar sobre assuntos de interesse local; II – suplementar a legislação federal e a estadual no que couber".

57 Grifo acrescido. SILVA, 2011, p. 81-82.

58 "Art. 23. É competência comum da União, dos Estados, do Distrito Federal e dos Municípios: [...] VI – proteger o meio ambiente e combater a poluição em qualquer de suas formas".

59 "A competência municipal para legislar sobre meio ambiente mostra-se insofismável, na medida em que, como visto no tópico onde tratamos da competência material ou administrativa, as municipalidades têm o dever de proteger o meio ambiente e combater a poluição em qualquer de suas formas. Considerando que, em obediência ao princípio da

Entendemos, salvo melhor juízo, que os municípios ainda seriam dotados de competência administrativa para proteger o meio ambiente mesmo se não dispusessem de competência legislativa no assunto. O fundamento legal para a atuação administrativa repousaria, nesta hipótese, nas normas gerais federais e nas normas suplementares estaduais sobre o tema. Perfilamo-nos, portanto, ao entendimento de que os municípios são dotados de competência suplementar no assunto, mais por força dos incisos I e II do artigo 30 do que pelo inciso VI do artigo 24, todos da Constituição da República.

A questão atual não é tanto saber se os municípios podem legislar sobre meio ambiente (e, por consequência, sobre áreas de preservação permanente) – questão a princípio pacificada – mas o conteúdo da legislação suplementar na matéria. Aliás, investigar o conteúdo da legislação suplementar é assunto que interessa tanto aos municípios quanto aos estados e Distrito Federal.

Por *competência suplementar* entende-se a conjunção das competências supletivas e complementar, isto é, de suprir lacunas e detalhar, respectivamente, as normas gerais federais.[60]

Do conceito de competência suplementar se deduzem pelo menos duas posições. A primeira não admite que os estados e municípios estipulem tratamento jurídico contrário à legislação federal quando ela versa de modo expresso e inequívoco sobre dado assunto. É o que ensina Gustavo Gonet Branco:

> Os Estados-membros e o Distrito Federal podem exercer, com relação às normas gerais, competência suplementar (art. 24, §2º), o que significa preencher claros, suprir lacunas. Não há falar em preenchimento de lacuna, quando o que os Estados ou o Distrito Federal fazem é transgredir lei federal já existente [...]
>
> Aos Municípios é dado legislar para suplementar a legislação estadual e federal, desde que isso seja necessário ao interesse local. A normação municipal, no exercício dessa competência, há de respeitar as normas federais e estaduais existentes. A superveniência de lei federal ou estadual contrária à municipal suspende a eficácia desta.[61]

---

legalidade, o Poder Público só pode fazer o que a lei determina, evidentemente o atendimento desse dever constitucional exigirá a edição de lei municipal regulamentando a defesa do meio ambiente e o combate à poluição no meio ambiente urbano (FIGUEIREDO, 2011, p. 78). "Se a Constituição conferiu-lhe poder para 'proteger o meio ambiente e combater a poluição em qualquer de suas formas' – competência administrativa – é, óbvio que, para cumprir tal missão, há que poder legislar sobre a matéria" (MILARÉ, 2015, p. 213).

[60] CANOTILHO; LEITE, 2007, p. 212.

[61] BRANCO, 2011, p. 853, 855.

Ao lidar com as tentativas de alguns estados editarem normas mais restritivas que as veiculadas na legislação federal sobre transgênicos e amianto crisotila, o Supremo Tribunal Federal acabou criando jurisprudência no sentido de que tal contexto desenhava exacerbação da competência suplementar. Um caso recente tratou de apreciar a legislação municipal que passou a proibir a queima da palha de cana-de-açúcar, mais proibitiva que a lei estadual. Nesse julgado, o Supremo havia decidido que, apesar de a lei municipal oferecer uma proteção ambiental mais intensa, ela deveria ceder lugar à norma estadual, que compatibilizava de forma mais equilibrada aquele valor com outros também protegidos constitucionalmente:

> RECURSO EXTRAORDINÁRIO EM AÇÃO DIRETA DE INCONSTITUCIONALIDADE ESTADUAL. LIMITES DA COMPETÊNCIA MUNICIPAL. LEI MUNICIPAL QUE PROÍBE A QUEIMA DE PALHA DE CANA-DE-AÇÚCAR E O USO DO FOGO EM ATIVIDADES AGRÍCOLAS. LEI MUNICIPAL Nº 1.952, DE 20 DE DEZEMBRO DE 1995, DO MUNICÍPIO DE PAULÍNIA. RECONHECIDA REPERCUSSÃO GERAL. ALEGAÇÃO DE VIOLAÇÃO AOS ARTIGOS 23, CAPUT E PARÁGRAFO ÚNICO, Nº 14, 192, §1º E 193, XX E XXI, DA CONSTITUIÇÃO DO ESTADO DE SÃO PAULO E ARTIGOS 23, VI E VII, 24, VI E 30, I E II DA CRFB. 1. O Município é competente para legislar sobre meio ambiente com União e Estado, no limite de seu interesse local e desde que tal regramento seja e harmônico com a disciplina estabelecida pelos demais entes federados (art. 24, VI c/c 30, I e II da CRFB). 2. O Judiciário está inserido na sociedade e, por este motivo, deve estar atento também aos seus anseios, no sentido de ter em mente o objetivo de saciar as necessidades, visto que também é um serviço público. 3. In casu, porquanto inegável conteúdo multidisciplinar da matéria de fundo, envolvendo questões sociais, econômicas e políticas, não é permitido a esta Corte se furtar de sua análise para o estabelecimento do alcance de sua decisão. São elas: (i) a relevante diminuição – progressiva e planejada – da utilização da queima de cana-de-açúcar; (ii) a impossibilidade do manejo de máquinas diante da existência de áreas cultiváveis acidentadas; (iii) cultivo de cana em minifúndios; (iv) trabalhadores com baixa escolaridade; (v) e a poluição existente independentemente da opção escolhida. 4. Em que pese a inevitável mecanização total no cultivo da cana, é preciso reduzir ao máximo o seu aspecto negativo. Assim, diante dos valores sopesados, editou-se uma lei estadual que cuida da forma que entende ser devida a execução da necessidade de sua respectiva população. Tal diploma reflete, sem dúvida alguma, uma forma de compatibilização desejável pela sociedade, que, acrescida ao poder concedido diretamente pela Constituição, consolida de sobremaneira seu posicionamento no mundo

> jurídico estadual como um standard a ser observado e respeitado pelas demais unidades da federação adstritas ao Estado de São Paulo. 5. Sob a perspectiva estritamente jurídica, é interessante observar o ensinamento do eminente doutrinador Hely Lopes Meireles, segundo o qual "se caracteriza pela predominância e não pela exclusividade do interesse para o município, em relação ao do Estado e da União. Isso porque não há assunto municipal que não seja reflexamente de interesse estadual e nacional. A diferença é apenas de grau, e não de substância". (Direito Administrativo Brasileiro. São Paulo: Malheiros Editores, 1996. p. 121.) 6. Função precípua do município, que é atender diretamente o cidadão. Destarte, não é permitida uma interpretação pelo Supremo Tribunal Federal, na qual não se reconheça o interesse do município em fazer com que sua população goze de um meio ambiente equilibrado. 7. Entretanto, impossível identificar interesse local que fundamente a permanência da vigência da lei municipal, pois ambos os diplomas legislativos têm o fito de resolver a mesma necessidade social, que é a manutenção de um meio ambiente equilibrado no que tange especificamente a queima da cana-de-açúcar. 8. Distinção entre a proibição contida na norma questionada e a eliminação progressiva disciplina na legislação estadual, que gera efeitos totalmente diversos e, caso se opte pela sua constitucionalidade, acarretará esvaziamento do comando normativo de quem é competente para regular o assunto, levando ao completo descumprimento do dever deste Supremo Tribunal Federal de guardar a imperatividade da Constituição. 9. Recurso extraordinário conhecido e provido para declarar a inconstitucionalidade da Lei Municipal nº 1.952, de 20 de dezembro de 1995, do Município de Paulínia.
>
> (RE 586224, Relator(a): LUIZ FUX, Tribunal Pleno, julgado em 05/03/2015, ACÓRDÃO ELETRÔNICO REPERCUSSÃO GERAL – MÉRITO DJe-085 DIVULG 07-05-2015 PUBLIC 08.05.2015).

Na mesma oportunidade, o Supremo Tribunal Federal fixou a seguinte tese:

> O município é competente para legislar sobre o meio ambiente com a União e o Estado no limite do seu interesse local e desde que tal regramento seja harmônico com a disciplina estabelecida pelos demais entes federados. (STF, Recurso Extraordinário 586224, Relator Ministro Luiz Fux, Pleno. Julgado em 09.03.15)

Outros precedentes mais antigos do Supremo Tribunal Federal iam nessa mesma linha:

> [...] 2. Seja dispondo sobre consumo (CF, art. 24, V), seja sobre proteção e defesa da saúde (CF, art. 24, XII), busca o Diploma estadual impugnado

> inaugurar regulamentação paralela e explicitamente contraposta à legislação federal vigente.
>
> 3. Ocorrência de substituição – e não suplementação – das regras que cuidam das exigências, procedimentos e penalidades relativos à rotulagem informativa de produtos transgênicos por norma estadual que dispôs sobre o tema de maneira igualmente abrangente.
>
> *Extrapolação, pelo legislador estadual, da autorização constitucional voltada para o preenchimento de lacunas acaso verificadas na legislação federal.* Precedente: ADI 3.035, rel. Min. Gilmar Mendes, DJ 14.10.05. [...] (Grifo acrescido. STF, ADI nº 3.645-9/PR, Relatora Ministra Ellen Gracie. Julgado em 31.05.06).

> [...] Sendo possível a este Supremo Tribunal, pelos fatos narrados na inicial, verificar a ocorrência de agressão a outros dispositivos constitucionais que não os indicados na inicial, verifica-se que ao determinar a proibição de fabricação, ingresso, comercialização e estocagem de amianto ou de produtos à base de amianto, destinados à construção civil, *o Estado do Mato Grosso do Sul excedeu a margem de competência concorrente que lhe é assegurada para legislar sobre produção e consumo (art. 24, V); proteção do meio ambiente e controle da poluição (art. 24, VI); e proteção e defesa da saúde (art. 24, XII).* A Lei nº 9.055/95 dispôs extensamente sobre todos os aspectos que dizem respeito à produção e aproveitamento industrial, transporte e comercialização do amianto crisotila. *A legislação impugnada foge, e muito, do que corresponde à legislação suplementar, da qual se espera que preencha vazios ou lacunas deixados pela legislação federal, não que venha a dispor em diametral objeção a esta.* Compreensão que o Supremo Tribunal tem manifestado quando se defronta com hipóteses de competência legislativa concorrente. [...] (Grifo acrescido. STF, Ação Direta de Inconstitucionalidade nº 2396/MS, Relatora Ministra Ellen Gracie, Tribunal Pleno. Julgado em 08.05.03)

Seguindo essa linha de raciocínio – de que a competência suplementar envolve somente suprir lacunas e detalhar normas gerais – alguns precedentes judiciais reputam que o tratamento jurídico dispensado pelos municípios às áreas de preservação permanente não poderia ser distinto daquele veiculado no plano federal, sob pena de esvaziar o conteúdo desta. A título de exemplo, leia-se:

> AÇÃO DIRETA DE INCONSTITUCIONALIDADE. ART. 17, §4º, DA LEI MUNICIPAL N.º 1.072/2007, DO MUNICÍPIO DE IMBÉ. ALTERAÇÃO DA DEFINIÇÃO DE ÁREA DE PRESERVAÇÃO PERMANENTE, EM NÍTIDA CONTRARIEDADE AO QUE DISPÕE A LEGISLAÇÃO FEDERAL SOBRE O TEMA. MATÉRIA CUJA COMPETÊNCIA É CONCORRENTE ENTRE OS ENTES FEDERADOS, SENDO QUE À

> UNIÃO COMPETE A ELABORAÇÃO DE NORMAS GERAIS SOBRE O TEMA, QUE, NO CASO, É A RESOLUÇÃO N.º 303/2002 DO Conama. MUNICÍPIO QUE IGNOROU A LEGISLAÇÃO DA UNIÃO E EXTRAPOLOU A COMPETÊNCIA. HIPÓTESE DE COMPETÊNCIA SUPLEMENTAR QUE NÃO RESTA VERIFICADA ANTE A AUSÊNCIA DE VÁCUO LEGISLATIVO.
>
> A competência dos Municípios nas questões de legislação concorrente (art. 24 da CF) limita-se a suplementar a legislação federal e estadual no que couber, dentro do interesse local. *Salvo a hipótese de vácuo legislativo, não podem os Municípios estabelecer normas gerais sobre aquelas matérias.*
>
> *O art. 17, §4º, da Lei Municipal n.º 1.072/2007*, ao estabelecer que "As Áreas de Transição compreendem 100m (cem metros) após os 30m (trinta metros) de Área de Preservação Permanente da margem do rio, devendo ser livres de residências fixas e proporcionar livre acesso da população à margem do rio. [...]", *inequivocamente extrapolou a competência que lhe é reservada pelo texto constitucional.*
>
> *Ao dispor sobre o mesmo tema regulado na legislação federal, e ainda de modo contrário, invadiu a competência da União para legislar sobre normas gerais, pois a definição do que seja área de preservação permanente já existe em nível de legislação federal, que, no caso, assume contorno de lei nacional, por ser geral.* Assunto de relevância nacional, a merecer procedimento uniforme em todo o território brasileiro. Afronta direta aos princípios previstos nos arts. 1º e 8º da Constituição Estadual. AÇÃO DIRETA DE INCONSTITUCIONALIDADE JULGADA PROCEDENTE. UNÂNIME. (Grifo acrescido. TJRS, Ação Direta de Inconstitucionalidade nº 700264 89880, Relator Desembargador José Aquino Flôres de Camargo. Julgado em 27.04.09)

A segunda posição sobre o conteúdo das normas estaduais e municipais reputa que no exercício da competência suplementar, estados e municípios podem legislar para *reforçar* o âmbito de proteção das áreas de preservação permanente, mas não a abrandar. O raciocínio parte do pressuposto de que os conceitos, dimensões e parâmetros das áreas de preservação permanente estipulados na Lei nº 12.651/12 estabelecem, enquanto norma geral, um *standard* ou piso mínimo de proteção ambiental. A posição de Ingo Wolfgang Sarlet e Thiago Fensterseifer ilustra bem o raciocínio:

> Ainda no que diz com a ilegitimidade constitucional das medidas promovidas pelo legislador catarinense, vale destacar que a competência legislativa concorrente conferida ao Estado-membro pelo art. 24, VI, da CF88, autoriza o ente federativo a legislar, de modo suplementar, regulamentando a matéria estabelecida pela norma geral editada pela

União. No entanto, o Estado-membro deve respeitar o padrão normativo estabelecido na norma geral e *tomar tal standard de proteção ambiental como piso legislativo mínimo.* [...][62]

Ou seja, em matéria ambiental, a norma geral funciona como um mínimo de proteção. Nesse âmbito, mais que suprir lacunas ou detalhar a norma geral, a competência suplementar autoriza os estados e os municípios a reforçarem este mínimo de proteção geral, no âmbito dos seus respectivos territórios.

O entendimento supra é aceito por parcela majoritária da doutrina em Direito Ambiental que reconhece, diante do exposto, a possibilidade de os estados-membros, no exercício da competência suplementar, editarem normas mais protetivas em matéria ambiental (no que se inclui, acrescentamos, o reforço ou ampliação do âmbito de proteção das áreas de preservação permanente). É a posição de Édis Milaré,[63] Celso Antônio Pacheco Fiorillo,[64] José Rubens Morato Leite,[65] Guilherme José Purvin de Figueiredo,[66] Frederico Amado,[67] Luís Paulo Sirvinskas,[68] dentre outros.

Até a primeira edição deste livro não havíamos identificado um posicionamento expresso do Supremo Tribunal Federal nesse sentido – isto é, de que, no exercício da competência suplementar, os estados-membros podem reforçar, e não abrandar, limites de

---

62 Grifo acrescido. FENSTERSEIFER; SARLET, 2011, p. 216.

63 "Aos Municípios, conforme o art. 30, I e II, da Carta Magna, compete legislar sobre assuntos de interesse local, mas com respeito aos parâmetros mínimos de proteção traçados na lei federal, a qual não pode ser por eles ineficazizada" (MILARÉ, 2015, p. 214).

64 "Dessa forma, podemos afirmar que à União caberá a fixação de pisos mínimos de proteção ao meio ambiente, enquanto aos Estados e Municípios, atendendo aos seus interesses regionais e locais, a de um "teto" de proteção. Com isso, oportuno frisar que os Estados e Municípios jamais poderão legislar, de modo a oferecer menos proteção ao meio ambiente que a União, porquanto, como já ressaltado, a esta cumpre, tão-só, fixar regras gerais" (FIORILLO, 2013. p. 221).

65 "Destaca-se que, em qualquer dos casos, a norma municipal não poderá ser menos restritiva e menos protetora em matéria ambiental do que a norma procedente da União ou dos Estados" (LEITE, 2015, p. 157).

66 "É importante ressaltar que, para atender a interesse local, pode o município editar normas que estabeleçam restrições ambientais mais amplas, a par dos limites mínimos estabelecidos em lei federal ou estadual"(FIGUEIREDO, 2011, p. 78).

67 "É plenamente possível que as demais entidades políticas criem novas áreas de preservação permanente [...] Entretanto, entende-se não ser possível que haja uma redução ou eliminação das áreas de preservação permanente instituídas pelo artigo 4º, do novo CFLo [...]" (AMADO, 2016, p. 255)

68 "[...] Registre-se ainda que os Municípios poderão até restringir as normas estaduais e federais, tornando-as mais protetivas" (SIRVINSKAS, 2016, p. 203).

proteção veiculados na legislação federal – não obstante o fato de que, em diversos julgados, os Ministros da Suprema Corte já sustentaram referida posição em votos esparsos.[69]

Por isso defendemos, com base na tese fixada pelo Supremo Tribunal Federal no RE nº 586224 – "O município é competente para legislar sobre o meio ambiente com a União e o Estado no limite do seu interesse local e desde que tal regramento seja harmônico com a disciplina estabelecida pelos demais entes federados" – que estados e municípios poderiam, em tese, legislar para reforçar a proteção ambiental, inclusive sobre áreas de preservação permanente, desde que de forma harmônica com a disciplina geral. O problema, evidentemente, restaria em aferir a aludida harmonia entre a lei municipal/estadual e a federal. Por exemplo, uma lei local que qualifica um espaço como área de preservação permanente que foi deliberadamente excluído desta categoria pela Lei nº 12.651/12 seria harmônica com a lei federal vigente? Naquele momento nos posicionamos, diante da tese fixada, no sentido de que a legislação local menos protetiva, por romper com a finalidade e objetivo da lei federal, seria, em tese, inconstitucional.

O encaminhamento então proposto na primeira edição deste livro parece ser corroborado por precedentes mais recentes do Supremo

---

[69] Por exemplo, o voto do Ministro Sepúlveda Pertence nos autos da Ação Direta de Inconstitucionalidade nº 1.086-7/SC: "[...] Não pode a Constituição Estadual, por conseguinte, excetuar ou dispensar nessa regra [elaboração de estudo de impacto ambiental nas áreas de reflorestamento], *ainda que,* dentro de sua competência supletiva, *pudesse criar formas mais rígidas de controle*. Não formas mais flexíveis ou permissivas". (Grifo acrescido. STF, ADI nº 1.086-7/SC. Relator Ministro Ilmar Galvão. Julgado em 07.06.01)
Ainda, os votos dos Ministros Ricardo Levandowski e Carlos Ayres Britto na Ação Direta de Inconstitucionalidade (Medida Cautelar) nº 3937/SP, respectivamente: "Como argumento final, tenho defendido, não apenas em sede acadêmica, mas também em algumas decisões que proferi já na Corte Estadual ao qual pertenci, como também tive oportunidade de manifestar esse entendimento na Suprema Corte, no sentido de que, em matéria de proteção ao meio ambiente e em matéria de defesa da saúde pública, *nada impede que a legislação estadual e a legislação municipal sejam mais restritiva do que a legislação da União e a legislação do próprio Estado, em se tratando dos municípios [...]. Sem dúvida, mais restritiva, mais protetiva evidentemente.* Isso, segundo tenho entendido, em matéria ambiental, em matéria de saúde pública, ocorre efetivamente. [...]
Por exemplo, a legislação de proteção aos mananciais do Estado de São Paulo é muito mais rigorosa do que o Código Florestal ou o Código de Águas. O eminente Ministro Eros Grau trabalhou nisso, lembro-me perfeitamente, há muito tempo – ambos, aliás, trabalhamos juntos, para honra nossa. A legislação estadual é muito mais rigorosa do que a legislação federal. Isso nunca foi contestado" (min. Ricardo Levandowski). "Tenho afirmado isso também [possibilidade, em matéria de meio ambiente, de disparidade provocada pela legislação estadual, na hipótese de ser mais restritiva] [...]
Então, parece-me um caso muito interessante de contraposição de norma suplementar com a norma geral, levando-nos a reconhecer a superioridade da norma suplementar sobre a norma geral". (Grifo acrescido. Min. Carlos Ayres Britto).

Tribunal Federal sobre o assunto. Agora, parece incontroverso que não apenas ministros isoladamente, mas o Tribunal como um todo reputa que estados e municípios podem ser mais protetivos que a legislação federal no âmbito de competências ambientais concorrentes. Em 2020, o Supremo Tribunal Federal julgou a ADIN nº 5.996, decidindo o seguinte:

> CONSTITUCIONAL. FEDERALISMO E RESPEITO ÀS REGRAS DE DISTRIBUIÇÃO DE COMPETÊNCIA. LEI ESTADUAL 289/2015 DO ESTADO DO AMAZONAS. PROIBIÇÃO DO USO DE ANIMAIS PARA O DESENVOLVIMENTO, EXPERIMENTOS E TESTES DE PRODUTOS COSMÉTICOS, DE HIGIENE PESSOAL, PERFUMES E SEUS COMPONENTES. COMPETÊNCIA LEGISLATIVA CONCORRENTE DO ESTADO EM MATÉRIA DE PROTEÇÃO AMBIENTAL (ART. 24, VI, CF). *NORMA ESTADUAL AMBIENTAL MAIS PROTETIVA, SE COMPARADA COM A LEGISLAÇÃO FEDERAL SOBRE A MATÉRIA.* INCONSTITUCIONALIDADE FORMAL. NÃO OCORRÊNCIA. PRECEDENTES. IMPROCEDÊNCIA DA AÇÃO. 1. As regras de distribuição de competências legislativas são alicerces do federalismo e consagram a fórmula de divisão de centros de poder em um Estado de Direito. Princípio da predominância do interesse. 2. A Constituição Federal de 1988, presumindo de forma absoluta para algumas matérias a presença do princípio da predominância do interesse, estabeleceu, a priori, diversas competências para cada um dos entes federativos – União, Estados-Membros, Distrito Federal e Municípios – e, a partir dessas opções, pode ora acentuar maior centralização de poder, principalmente na própria União (CF, art. 22), ora permitir uma maior descentralização nos Estados-Membros e nos Municípios (CF, arts. 24 e 30, inciso I). 3. A Lei 289/2015 do Estado do Amazonas, ao proibir a utilização de animais para desenvolvimento, experimentos e testes de produtos cosméticos, de higiene pessoal, perfumes e seus componentes, não invade a competência da União para legislar sobre normas gerais em relação à proteção da fauna. Competência legislativa concorrente dos Estados (art. 24, VI, da CF). 4. A sobreposição de opções políticas por graus variáveis de proteção ambiental constitui circunstância própria do estabelecimento de competência concorrente sobre a matéria. *Em linha de princípio, admite-se que os Estados editem normas mais protetivas ao meio ambiente, com fundamento em suas peculiaridades regionais e na preponderância de seu interesse, conforme o caso.* Precedentes. 5. Ação Direta de Inconstitucionalidade conhecida e julgada improcedente. (Grifo acrescido. STF, ADI 5996, Relator(a): ALEXANDRE DE MORAES, Tribunal Pleno, julgado em 15.04.2020).

A condição então estabelecida pelo Supremo Tribunal Federal para admitir a constitucionalidade de norma estadual ou municipal mais protetiva ao meio ambiente foi a existência de fundamentação para esse tratamento diferenciado, com base em peculiaridades regionais e na preponderância de seu interesse, conforme o caso.

Agregando, assim, ambos requisitos (o estabelecido no julgamento do RE nº 586224 ao disposto no julgamento da ADI nº 5996), a conclusão que se chega é que o Supremo Tribunal Federal admite que estados e municípios editem leis ambientais mais protetivas que a legislação federal, desde que o regramento local ou regional seja harmônico com a disciplina dos demais entes federados e fundamentado em peculiaridades regionais e na preponderância de seu interesse, conforme o caso.

Jurisprudência

AMBIENTAL. ALVARÁ DE CONSTRUÇÃO. IMÓVEL SITUADO EM ZONA URBANA CONSOLIDADA. INAPLICABILIDADE DO CÓDIGO FLORESTAL. PREVALÊNCIA DA LC MUNICIPAL N. 747/2010. NORMA LOCAL QUE PREVÊ CONDIÇÕES MAIS RÍGIDAS. RECURSO PROVIDO APENAS PARA AFASTAR O EMPREGO DO NOVO CÓDIGO FLORESTAL NA ANÁLISE DO PEDIDO DE LICENÇA. "A aplicabilidade do Código Florestal em áreas urbanas consolidadas é matéria reiteradamente discutida pelas Câmaras de Direito Público desta Corte, que têm decidido no sentido de afastar a incidência daquele Código naqueles casos. Deste modo é o caso de aplicar-se o art. 4º da Lei de Parcelamento de Solo Urbano (Lei n. 6.766/79). *Entretanto, também é acertada a aplicação de Lei Municipal Ambiental quando esta condiciona a expedição de licenciamento ambiental para edificação com o um recuo superior àquele previsto pela Lei Federal n. 6.766/79, por ser mais protetiva ao meio ambiente"*. (AI n. 2013.056182-1, de Blumenau, rel. Des. Francisco Oliveira Neto, Segunda Câmara de Direito Público, j. 2-9-2014). (Grifo acrescido. TJSC, Agravo nº 2014.034041-9, Relator Desembargador Paulo Henrique Moritz Martins da Silva, Primeira Câmara de Direito Público. Julgado em 17.11.14)

AGRAVO DE INSTRUMENTO. AÇÃO CIVIL PÚBLICA. PEDIDO EXORDIAL DE APLICAÇÃO DO NOVO CÓDIGO FLORESTAL (LEI N. 12.651/12) E DE NÃO-INCIDÊNCIA DE LEI AMBIENTAL LOCAL. TUTELA ANTECIPADA CONCEDIDA. ALEGAÇÃO DE QUE A MATÉRIA DEVE SER DEBATIDA EM AÇÃO DIRETA DE INCONSTITUCIONALIDADE. DESCABIMENTO. EDIÇÃO DE LEI NACIONAL (CÓDIGO FLORESTAL) SUSPENSIVA DA EFICÁCIA DA LEI LOCAL. REQUISITOS PARA A CONCESSÃO DA TUTELA ANTECIPADA POSITIVADOS. NÃO-OUVIDA PRÉVIA DA PESSOA JURÍDICA DE DIREITO PÚBLICO INTERESSADA. (ART. 2º DA

LACP). PROVIDÊNCIA QUE ADMITE RELATIVIZAÇÃO, QUANDO PRESENTE RISCO IMINENTE. HIPÓTESE OCORRENTE IN CASU. DECISÃO MANTIDA. RECURSO DESPROVIDO. I. "Aos Municípios é dado legislar para suplementar a legislação estadual e federal, desde que isso seja necessário ao interesse local. *A normação municipal, no exercício dessa competência, há de respeitar as normas federais e estaduais existentes*. A superveniência de lei federal ou estadual contrária à municipal, suspende a eficácia desta". (Mendes, Gilmar Ferreira. Inocêncio Mártires Coelho e Paulo Gustavo Gonet Branco. Curso de Direito Constitucional. 4ª ed. Editora Saraiva, p. 872/873). E, consoante precedente da Suprema Corte, mutatis mutandis: "[...] o surgimento da nova realidade normativa trouxe como conseqüência a perda do objeto da ação direta de inconstitucionalidade, dado que, ainda que inconstitucional a lei estadual, subsistiria a aplicação da legislação federal. Por outro lado, sendo ambos os diplomas legais legítimos, há de ser aferida a compatibilidade dos preceitos da lei estadual com os da federal, matéria afeta à legalidade". (STF, ADI n. 2214/MS, rel Min. Maurício Corrêa, j. 29.10.2002). *Então, no caso concreto, à vista da superveniência de Lei Nacional dispondo em sentido contrário ao da norma impugnada, desvela-se factível o manejo de ação civil pública.* II. A concessão de tutela antecipada, na senda do art. 273 do Código de Processo Civil, tem como pressuposto a existência de prova inequívoca do alegado [...] (Grifo acrescido. TJSC, Agravo nº 2012.073426-3, Relator Desembargador João Henrique Blasi, Segunda Câmara de Direito Público. Julgado em 09.09.13)

APELAÇÃO CÍVEL. AÇÃO ANULATÓRIA. LICENÇA DE EXTRAÇÃO DE AREIA. MATÉRIA QUE DIZ COM PROTEÇÃO AO MEIO AMBIENTE. LEGISLAÇÃO MUNICIPAL, DELIMITANDO A ÁREA DA EXTRAÇÃO. COMPETÊNCIA COMUM E CONCORRENTE DOS MUNICÍPIOS, COM A UNIÃO, ESTADOS E DISTRITO FEDERAL, PARA LEGISLAR SOBRE PROTEÇÃO AO MEIO AMBIENTE. [...] *Legislação municipal que revela nítido intuito de preservação do meio ambiente, tema para o qual a competência para legislar é comum e concorrente entre a União, Estados, Distrito Federal e Municípios (CF, arts. 23, 24 e 225).* Ademais, tratando-se de legislação concorrente, fica reservada à União apenas a competência para estabelecer normas gerais (CF, art. 24, §1º). 2. Não havendo eiva na Lei Municipal que estabeleceu restrição à atividade minerativa em determinado Balneário (extração de areia do rio), desimporta até mesmo o laudo pericial, admitindo a possibilidade, respeitados os parâmetros normativos das licenças, pois não é cabível impugnar o mérito do ato legislativo. 3. Apelação desprovida. (Grifo acrescido. TJRS, Apelação Cível nº 70051212900, Relator Desembargador Irineu Mariani Primeira Câmara Cível. Julgado em 07.08.13)

> Ação Direta de Inconstitucionalidade – Uso e ocupação do solo – Matéria ambiental – Lei municipal – Competência supletiva – Legislação federal – Inobservância – Artigo 24 da Constituição da República e artigo 2º do Código Florestal – Ofensa – Inconstitucionalidade
>
> Ementa: Ação Direta de Inconstitucionalidade. Lei municipal de uso e ocupação do solo. Ofensa ao art. 24 da Constituição da República e ao art. 2º do Código Florestal. Representação acolhida in casu.
>
> - A legislação municipal sobre meio ambiente é supletiva e não concorrente e, por isso mesmo, "deve respeitar os limites estabelecidos pela legislação federal".
>
> - A competência legislativa do Município *em matéria ambiental limita-se tão somente a subsidiar a legislação federal e estadual no que couber, devendo observar as normas gerais estatuídas pela União,* "sob pena de invadir competência que não lhe foi atribuída pelo texto constitucional e, consequentemente, romper com o pacto federativo". (Grifo acrescido. TJMG, Ação Direta de Inconstitucionalidade nº 1.0000.10.036760-6/000, Relator Desembargador Belizário de Lacerda, Órgão Especial. Julgado 08.11.12)

1.7 As áreas de preservação permanente e os zoneamentos urbanísticos municipais

Ainda sobre o regime jurídico das áreas de preservação permanente, cumpre fazer um último apontamento introdutório, acerca da relação entre áreas de preservação permanente e eventuais categorias homônimas ou relacionadas veiculadas em leis municipais de uso e ocupação do solo (leis de zoneamento e afins).

O município é competente, nos termos do inciso VIII do artigo 30 da Constituição Federal, para ordenar o uso e a ocupação do solo em seu território.[70] No exercício desta competência, os municípios editam Planos Diretores, leis de zoneamento e afins, em que estabelecem múltiplas zonas ou áreas do município sobre as quais se permitem ou se proíbem determinados usos (residenciais, comerciais, industriais etc.).

Interessa examinar quando, ao instituir zoneamento, o município qualifica espaços como não edificáveis a par das estipulações constantes na legislação ambiental. Também interessa investigar as soluções possíveis para as situações em que o zoneamento municipal da área permite usos urbanos, muito embora ocorram no local áreas de preservação

[70] "Art. 30 [...] VIII – promover, no que couber, adequado ordenamento territorial, mediante planejamento e controle do uso, do parcelamento e da ocupação do solo urbano".

permanente, assim qualificadas pela legislação ambiental, que vedam estes mesmos usos.

1.7.1 A diferença entre áreas de preservação permanente, assim caracterizadas pela legislação ambiental, e áreas de preservação permanente decorrentes de zoneamento urbanístico

Como dito, no exercício da competência para discriminar diferentes usos do território é comum que os municípios indiquem, nos mapas de zoneamento, espaços onde não se admite edificação ou outros usos tipicamente urbanos (comerciais, industriais, serviços etc.), inclusive tomando em conta questões ambientais. O problema reside quando os zoneamentos municipais nomeiam estes espaços como áreas de preservação permanente, especialmente se nestes perímetros não ocorrem, em toda sua extensão, espaços ou ecossistemas arrolados nos incisos do artigo 4º da Lei nº 12.651/12.

Quando os municípios discriminam perímetros nos zoneamentos municipais atribuindo-lhes a nomenclatura de áreas de preservação permanente, chamaremos esta modalidade de *área de preservação permanente por zoneamento*. A diferença que pretendemos traçar está em relação às *áreas de preservação permanente assim qualificadas pela legislação ambiental* (no qual são incluídas, legitimamente, as leis estaduais e municipais que preveem determinados espaços e ecossistemas como área de preservação permanente em complemento do disposto na legislação ambiental federal). A distinção, sutil, é significativa: nas *áreas de preservação permanente por zoneamento*, o Município, simplesmente, desenha em seus mapas de zoneamento determinados perímetros como tais, como decorrência de sua atribuição urbanística para definir zonas e, por consequência, limites e usos urbanos àqueles espaços. No outro caso (nas *áreas de preservação permanente assim qualificadas pela legislação ambiental*), a estipulação dos espaços como área de preservação permanente não decorre diretamente de sua representação nos mapas de zoneamento, mas da previsão na legislação ambiental das características definidoras de determinadas situações (em abstrato, e não como indicação individualizada) como área ambientalmente protegida.

As *áreas de preservação permanente por zoneamento* são espaços em que, em decorrência de estipulação constante na legislação urbanística local, é proibido o uso do imóvel para atividades inclusive ambientalmente impactantes (edificação, aproveitamento econômico etc.). O município, ao estatuir uma *área de preservação permanente por zoneamento*, cria, em essência, uma zona que não permite dado tipo de intervenção ou utilização. É o mesmo que ocorre na estipulação de todas as demais zonas no perímetro urbano, com a diferença de que, enquanto noutras áreas ou zonas costuma-se admitir algum tipo de uso tipicamente urbano (residencial, comercial, industrial ou de serviços, por exemplo), nas *áreas de preservação permanente por zoneamento* estes mesmos usos, geralmente, são proibidos. Percebe-se, portanto, que se trata de uma modalidade de zoneamento urbanístico.

Dado que são institutos essencialmente distintos, a melhor técnica recomenda que, ao se pretender proibir (ainda que com fundamento em algum atributo ambiental ou paisagístico) usos tipicamente urbanos em espaços que não correspondem às hipóteses de áreas de preservação permanente veiculadas no artigo 4º da Lei nº 12.651/12, o município as nomeasse de outra forma. Quando lança mão de uma mesma nomenclatura – área de preservação permanente – para exprimir diferentes realidades, o intérprete é invariavelmente induzido a erro. Melhor seria chamar estes espaços, no zoneamento municipal, de áreas não edificáveis, áreas de importância ambiental etc.[71] Que fique claro: o município possui competência para criar restrições ao uso e o gozo da propriedade dentro do seu território; ocorre que ao fazê-lo, é impróprio lançar mão de idêntica nomenclatura já consagrada para categoria com contornos específicos na legislação ambiental, cujo significado não guarda correspondência necessária com a causa que enseja a restrição urbanística.

De todo modo, apesar de imprópria, trata-se de técnica cuja reprodução é recorrente em diversas leis locais. O que deve ser ressaltado, insista-se, é que as *áreas de preservação permanente por zoneamento*, justamente por decorrerem de previsão nas leis de uso e ocupação do solo, veiculam restrição de natureza primordialmente urbanística. Por isso pode não haver correspondência factual das *áreas de preservação permanente por zoneamento* às hipóteses de áreas de preservação permanente veiculadas no artigo 4º da Lei nº 12.651/12.

Dessa constatação decorre dois possíveis desdobramentos.

Uma possibilidade é reputar que incorre em equívoco (passível de correção, inclusive judicialmente) o zoneamento local quando este

---

71 Foi o que fez, recentemente, o município de Florianópolis. Por intermédio da Lei Complementar Municipal nº 739/2023, o antigo zoneamento de Área de Preservação Permanente veiculado no Plano Diretor Municipal teve sua nomenclatura alterada para Zona de Interesse de Proteção.

representa como área de preservação permanente um espaço onde não ocorrem ambientes ou ecossistemas qualificados como tal pela legislação ambiental. A possível solução, que entendemos adequada para essa hipótese, seria aplicar ao local o zoneamento urbanístico da adjacência imediata.

A segunda possibilidade consistiria em entender pela desnecessidade de o município, ao instituir uma *área de preservação permanente por zoneamento* (apesar da impropriedade na nomenclatura utilizada), demonstrar que nela se exercem as funções ambientais indicadas no inciso II do artigo 2º da Lei nº 12.651/12, ou as finalidades das áreas de preservação permanente decorrentes de atos administrativos previstos no artigo 6º da Lei nº 12.651/12. Estes, insista-se, são requisitos para qualificar um espaço como *área de preservação permanente assim qualificada pela legislação ambiental*, não o seriam para qualificá-la como *área de preservação permanente por zoneamento.*

Poderá haver, é verdade, situações de coincidência, isto é, casos em que sob as *áreas de preservação permanente por zoneamento* ocorram espaços qualificados como área de preservação permanente *pela legislação ambiental*. Todavia, a correlação (na prática) não é necessária. Não obstante, quando o município transforma espaços sem restrição *ambiental* de uso e utilização (assim definidos na Lei nº 12.651/12 ou legislação ambiental concorrente) em *áreas de preservação permanente por zoneamento*, ele pode esvaziar o conteúdo da propriedade e, por esta razão, ser demandado a indenizar o particular/possuidor pelo ônus patrimonial que lhe é imputado.

Importante sublinhar outra diferença marcante em relação a ambas as modalidades de restrição, qual seja, a base de dados na qual as restrições são veiculadas. Os mapas de zoneamento costumam ser produzidos em escala cartográfica muitas vezes incompatível com a identificação exata, em campo, dos limites das áreas de preservação permanente decorrentes da legislação ambiental. Normalmente, as escalas utilizadas nos mapas de zoneamento, por comportar margens de erro reiteradamente significativas, impedem identificar, com precisão, as faixas marginais de cursos d'água, o entorno de nascentes, a exata extensão dos manguezais e de áreas de dunas, a declividade etc. A identificação destes espaços e a ocorrência desses ecossistemas, comumente, são confirmadas em campo.

1.7.2 O conflito aparente entre as áreas de preservação permanente e zoneamentos que permitem atividades urbanas constantes nas legislações municipais

Num panorama ideal, os municípios deveriam incorporar (em escala apropriada) às suas bases de dados geográficas (e, eventualmente, aos mapas de zoneamento urbanístico) as restrições decorrentes da legislação ambiental incidentes sobre o território. A fonte de informação seria única e mais facilmente processada pelos destinatários da norma. Ocorre que o desafio não é simples. A identificação de *áreas de preservação permanente decorrentes da legislação ambiental* demanda, em grande parte dos casos, análises de campo para identificar a natureza do corpo hídrico (se natural ou artificial), a calha do leito regular do curso d'água, a composição do solo, a declividade real do terreno, entre outros fatores. Em municípios com hidrologia e geologia vastas, geografia acidentada etc., pode ser inviável fazer um mapeamento completo dos ambientes protegidos, quanto mais transpô-los aos mapas de zoneamento urbanístico.

Justamente por conta da diferença entre a natureza das previsões normativas (isto é, entre a definição dos usos dos imóveis em matéria urbanística e as restrições decorrentes da legislação ambiental), além da diferença entre as fontes de informação e métodos de processamento delas, não é incomum que, em áreas urbanisticamente zoneadas para se permitir atividades antrópicas, ocorram ambientes ou espaços definidos pela legislação ambiental como áreas de preservação permanente. Noutros termos, de um lado haveria zoneamento que permite uso ou edificação, ao mesmo tempo que ocorre área de preservação permanente que veda aquela mesma utilização pretendida.

Duas interpretações seriam, em tese, cabíveis. A primeira admite a ocorrência de uma antinomia, um conflito entre regras jurídicas: de um lado há norma que permite e, de outro, norma que veda determinado uso. Nessa linha de argumentação, a antinomia haveria de ser resolvida, por exemplo, de acordo com os critérios de soluções já consagrados: de especialidade, cronológico ou hierárquico. É importante registrar que esta solução poderia redundar na aplicação de norma local menos restritiva ao meio ambiente, o que, como visto, é refutado por parcela majoritária da doutrina.

A segunda interpretação possível, à qual nos filiamos, entende que não há uma verdadeira antinomia, porque o conflito entre ambas as regras é apenas aparente. A legislação de zoneamento não rivaliza com a legislação ambiental, porque o zoneamento urbanístico não tem vocação para derrogá-la. A restrição ambiental estabelece restrições atinentes ao ecossistema que protegem o recurso natural existente na área onde está inserido o imóvel, independentemente de seu zoneamento. Por isso a restrição ambiental remanesce mesmo diante de zoneamento permissivo. É dizer: é perfeitamente possível que toda uma área, um bairro do município, seja zoneado como área residencial, comercial ou de serviços, mas que, dentro deste mesmo perímetro, ocorram nascentes, cursos d'água naturais etc. Os usos residenciais, comerciais e de serviços serão, portanto, permitidos na referida zona, sempre com o respeito às restrições ambientais decorrentes da presença de áreas de preservação permanente eventualmente ocorrentes no local. Se a dimensão do ecossistema ou espaço qualificado como de preservação permanente for de tal ordem que coincida ou extrapole os limites de dada zona de uso urbano, neste caso, o zoneamento permissivo não teria efeito prático.

Jurisprudência

> ADMINISTRATIVO. AMBIENTAL. AÇÃO DE INDENIZAÇÃO POR DESAPROPRIAÇÃO INDIRETA – RECTIUS: POR RESTRIÇÃO ABSOLUTA DO USO DA PROPRIEDADE. CRIAÇÃO DE APP POR LEI MUNICIPAL. NECESSIDADE DE OBSERVÂNCIA DAS LIMITAÇÕES IMPOSTAS PELO CÓDIGO FLORESTAL FEDERAL. LIQUIDAÇÃO POR ARTIGOS. HONORÁRIOS ADVOCATÍCIOS. – *A delimitação de Área de Preservação Permanente – APP – por lei municipal deve observar as restrições já contidas na legislação federal de proteção ao meio ambiente, notadamente o Código Florestal (Lei n.º 4.771/65). – Nessa senda, havendo a Lei Municipal n.º 2.193/85 – Plano Diretor dos Balneários de Florianópolis – estabelecido restrições absolutas ao uso do direito de propriedade dos Autores, reconhece-se o direito à indenização em relação à parcela do imóvel não enquadrada em nenhuma das hipóteses dos arts. 2º e 3º do Código Florestal Federal,* assim como a parcela do terreno coberta por mata atlântica, porquanto suscetível de exploração econômica, ressalvada a reserva legal (que, à época da entrada em vigor da lei municipal, era de 20% sobre a cobertura arbórea, a teor do então vigente art. 16, a, do Código), excluída da indenização, ademais, a área relativa a terreno de marinha, por ser de propriedade da União, sendo aqueles meros ocupantes. [...]
>
> Voto: [...]

Passando, de imediato, à análise do mérito do recurso, destaco que a controvérsia trazida à exame diz respeito ao cabimento de indenização à parte autora em razão de limitações impostas por lei municipal que considerou o seu imóvel como inserido em área de preservação permanente – APP –, dando cumprimento, assim, à legislação federal de proteção ao meio ambiente, notadamente o Código Florestal (Lei n.º 4.771/65). [...]

Logo, a fim de dar solução ao caso dos autos, impende verificar se a Área de Preservação Permanente (APP) instituída pela Lei Municipal nº 2.193/85 – Plano Diretor dos Balneários de Florianópolis – o foi nos estritos limites definidos no Código Florestal Federal. Caso contrário, em relação a área em que porventura desborde a lei municipal da normativa federal, devida a indenização, na medida em que ficaram os proprietários alijados, por força da atuação da municipalidade, de qualquer possibilidade de utilização do bem. [...]

Em uma leitura inicial do trecho antes citado, não se pode afirmar que exista, no terreno em questão, qualquer Área de Preservação Permanente – APP – instituída pelo Código Florestal Federal, na medida em que, como expressamente afirma o experto, não existem mananciais de água potável (que atrairiam a incidência do art. 2º, a, do Código), assim como por não ser a restinga fixadora de dunas (art. 2º, f, do mesmo diploma), inexistentes no local. [...] (Grifo acrescido. TRF4, Apelação Cível nº 1996.72.00.002664-6, Relator Desembargador Edgard Antônio Lippmann Júnior, Quarta Turma. Julgado em 18.06.08)

PROCESSO. ADMINISTRATIVO. IBAMA. MEIO AMBIENTE. CONFLITO DE ÓRGÃO ESTADUAL E FEDERAL. ANULAÇÃO DOS ATOS ADMINISTRATIVOS. COMPETÊNCIA DO JUÍZO. 1. Embora autorizada pelo Município a construir, a FAEMA condicionou à obediência da faixa de 33 metros do Rio Itajaí Açu (fl. 97). Ora, se terraplanou a 15 e 20 metros do Rio Itajaí Açu, descumpriu a própria licença municipal, tratando-se de plena área de preservação permanente, nos termos do Código Florestal, Lei nº 4.771/1965, que estabelece a condição ao longo dos rios ou de qualquer curso d'água desde o seu nível mais alto em faixa marginal, cuja largura mínima será, conforme item 3: "de 100 metros para os cursos d'água que tenha 50 e 200 metros de largura". 2. *Por outro lado, normas permissivas no zoneamento urbano que afrontem o Código Florestal são tidas por não-escritas.* A existência de autorização municipal não tem o condão de coibir a atuação do Ibama e, no caso concreto, a autorização ressalvou a legislação federal. (Grifo acrescido. TRF4, Apelação e Reexame Necessário nº 2008.72.08.002379-9, Relatora Desembargadora Marga Inge Barth Tessler, Quarta Turma. Julgado em 26.08.09)

[...] Mesmo que assim não fosse, há, como se vê, uma dissonância da legislação municipal com a lei federal (tanto com a Lei n. 4.771/65, como com o novo Código Florestal/2012). *Ocorre que o Município, no exercício de suas atribuições constitucionais, não pode restringir proteção jurídica já prevista em norma produzida pela União ou pelo Estado, ainda mais no que se refere a questões ambientais.* No caso concreto, a perícia realizada nos autos concluiu se tratar de área de preservação permanente, posto que as construções estão situadas a um distanciamento entre 0 (zero) e 4,3 m da lagoa (fl. 200). Isto, por si só, já é suficiente para que nela não se possa edificar. (Grifo acrescido. TRF4, Apelação Cível nº 5011899-35.2013.404.7200, Relator Desembargador Carlos Eduardo Thompson Flores Lenz, Terceira Turma. Julgado em 21.05.14)

MODALIDADES E ESPÉCIES DE ÁREAS DE PRESERVAÇÃO PERMANENTE

2.1 Classificações

A Lei nº 12.651/12 veicula, expressamente, pelo menos uma classificação das áreas de preservação permanente. Trata-se da distinção entre as *áreas de preservação permanente decorrentes de lei*, cujas hipóteses são arroladas nos incisos do artigo 4º da Lei nº 12.651/12, em relação às *áreas de preservação permanente decorrentes de ato administrativo*, previstas no artigo 6º da mesma Lei:

> Art. 4º Considera-se Área de Preservação Permanente, em zonas rurais ou urbanas, para os efeitos desta Lei:
>
> I – as faixas marginais de qualquer curso d'água natural perene e intermitente, excluídos os efêmeros, desde a borda da calha do leito regular, em largura mínima de: [...]
>
> II – as áreas no entorno dos lagos e lagoas naturais, em faixa com largura mínima de: [...]
>
> III – as áreas no entorno dos reservatórios d'água artificiais, decorrentes de barramento ou represamento de cursos d'água naturais, na faixa definida na licença ambiental do empreendimento;
>
> IV – as áreas no entorno das nascentes e dos olhos d'água perenes, qualquer que seja sua situação topográfica, no raio mínimo de 50 (cinquenta) metros;
>
> V – as encostas ou partes destas com declividade superior a 45º, equivalente a 100% (cem por cento) na linha de maior declive;
>
> VI – as restingas, como fixadoras de dunas ou estabilizadoras de mangues;

VII – os manguezais, em toda a sua extensão;

VIII – as bordas dos tabuleiros ou chapadas, até a linha de ruptura do relevo, em faixa nunca inferior a 100 (cem) metros em projeções horizontais;

IX – no topo de morros, montes, montanhas e serras, com altura mínima de 100 (cem) metros e inclinação média maior que 25º, as áreas delimitadas a partir da curva de nível correspondente a 2/3 (dois terços) da altura mínima da elevação sempre em relação à base, sendo esta definida pelo plano horizontal determinado por planície ou espelho d'água adjacente ou, nos relevos ondulados, pela cota do ponto de sela mais próximo da elevação;

X – as áreas em altitude superior a 1.800 (mil e oitocentos) metros, qualquer que seja a vegetação;

XI – em veredas, a faixa marginal, em projeção horizontal, com largura mínima de 50 (cinquenta) metros, a partir do espaço permanentemente brejoso e encharcado.

Art. 6º Consideram-se, ainda, de preservação permanente, quando declaradas de interesse social por ato do Chefe do Poder Executivo, as áreas cobertas com florestas ou outras formas de vegetação destinadas a uma ou mais das seguintes finalidades:

I – conter a erosão do solo e mitigar riscos de enchentes e deslizamentos de terra e de rocha;

II – proteger as restingas ou veredas;

III – proteger várzeas;

IV – abrigar exemplares da fauna ou da flora ameaçados de extinção;

V – proteger sítios de excepcional beleza ou de valor científico, cultural ou histórico;

VI – formar faixas de proteção ao longo de rodovias e ferrovias;

VII – assegurar condições de bem-estar público;

VIII – auxiliar a defesa do território nacional, a critério das autoridades militares;

IX – proteger áreas úmidas, especialmente as de importância internacional.

Três diferenças marcantes entre ambas as categorias podem ser destacadas. A primeira, e mais evidente, é o instrumento no qual elas são veiculadas, isto é, a fonte normativa através da qual as áreas de preservação permanente adquirem aptidão para gerar efeitos (e restrições) no caso concreto.

Nas áreas de preservação permanente decorrentes de lei as restrições operam seus integrais efeitos diretamente da previsão na Lei nº 12.651/12. Não se exige qualquer outro ato, regulamentar ou demarcatório, para que o regime jurídico de não intervenção seja exigido do particular. Como diz Paulo Affonso Leme Machado: "Não é necessária a emissão de qualquer ato do Poder Executivo [...] para que haja uma APP nos moldes previstos pelo art. 4º da lei. Há autoaplicabilidade da própria lei, não se exigindo regulamentação para sua efetividade nos casos desse artigo".[72]

As áreas de preservação permanente decorrentes de ato administrativo, como preceituado pelo *caput* do artigo 6º da Lei nº 12.651/12, dependem de declaração específica de interesse social por ato do Chefe do Poder Executivo. Tal qual ensina Celso Antônio Bandeira de Mello, o instrumento jurídico pelo qual o Chefe do Poder Executivo exterioriza atos de sua competência é o *decreto*.[73]

É de se cogitar, a este propósito, a possibilidade de o Chefe do Executivo delegar a competência para declarar determinado espaço como área de preservação permanente a outras autoridades (como Secretários de Meio Ambiente ou presidentes de autarquias e fundações encarregadas da proteção ambiental) ou órgãos (como os Conselhos Estaduais e Municipais de Meio Ambiente). Acaso se entenda que a competência para declarar áreas como de preservação permanente é *exclusiva* do Chefe do Poder Executivo, a delegação seria inválida (vide inciso III do artigo 13 da Lei nº 9.784/99).[74] Acaso se repute que a delegação é intrínseca ao poder de autorregulamentação do órgão administrativo e que sua impossibilidade, como exceção, deve constar expressamente em lei, a delegação seria admitida. Perfilamo-nos à primeira corrente, que inadmite delegação por se tratar de competência exclusiva, assim definida em lei.

Uma segunda diferença marcante entre ambas as categorias reside nas suas espécies. Os incisos do artigo 4º da Lei nº 12.651/12 (áreas de preservação permanente decorrentes de lei) são *numerus clausus*. Significa dizer que as espécies de áreas de preservação permanente decorrentes de lei são *taxativas*.

---

72 MACHADO, 2016, p. 898.

73 BANDEIRA DE MELLO, 2016, p. 457.

74 "Art. 11. A competência é irrenunciável e se exerce pelos órgãos administrativos a que foi atribuída como própria, salvo os casos de delegação e avocação legalmente admitidos. [...]
Art. 13 Não podem ser objeto de delegação: [...] III – as matérias de competência exclusiva do órgão ou autoridade".

O artigo 6º da Lei nº 12.651/12, a seu turno, não veicula ambientes ou ecossistemas específicos objeto de proteção, mas faz uma previsão aberta, autorizando o Poder Executivo a qualificar ambientes como tal desde que satisfeito um requisito essencial: que a proteção da área seja voltada à realização de uma ou mais finalidades constantes nos nove incisos do dispositivo.

Duas, aliás, são as observações pertinentes neste ponto. A primeira é a *discricionariedade* atribuída ao Poder Executivo para definir áreas como de preservação permanente na forma do artigo 6º da Lei nº 12.651/12. O Chefe do Poder Executivo não está obrigado a declarar interesse social para criação de áreas de preservação permanente, mas pode fazê-lo a depender das circunstâncias do caso concreto, notadamente a relevância, ao interesse público, da área e a avaliação do custo e benefício da medida. Leia-se a lição de Édis Milaré: "A lei diz que o ato do Chefe do Poder Executivo *poderá* declarar como de preservação permanente áreas cobertas com florestas ou outras formas de vegetação, que se prestem a uma ou mais das finalidades previstas no próprio texto legal".[75]

A discricionariedade – ou a margem de liberdade para definir, com base em critérios de conveniência e oportunidade, a ação do Poder Executivo – não é, nesse caso, ampla. Seus limites encontram-se delineados, justamente, nas finalidades do ato administrativo a ser produzido, que deve se amoldar a alguma das hipóteses veiculadas nos incisos do artigo 6º da Lei nº 12.651/12.

A segunda observação a ser feita diz respeito a estas próprias finalidades veiculadas nos incisos do artigo 6º da Lei nº 12.651/12. Uma leitura atenta dos incisos do artigo 6º da Lei nº 12.651/12 revela que nem todas as hipóteses ali previstas guardam relação direta com a temática ambiental. A formação da *faixa de proteção de rodovias e ferrovias* (inciso VI), por exemplo, funda-se na segurança daquelas infraestruturas. O mesmo se diz quanto ao *auxílio da defesa nacional*, a critério das autoridades militares, que tem mais a ver com a segurança externa do que com a preservação da natureza.

Por fim, a terceira diferença marcante entre as diferentes categorias previstas nos artigos 4º e 6º da Lei nº 12.651/12 diz respeito à posição do particular atingido pela restrição. Como mencionado na seção 1.3, o entendimento majoritário da doutrina é de que as áreas de

---

75 Grifo acrescido. MILARÉ, 2015, p. 1315.

preservação permanente decorrentes de lei (artigo 4º) possuem natureza de limitação administrativa, cujos traços marcantes de abstração e generalidade induziriam à gratuidade da medida – ou seja, a ausência de direito de indenização ao afetado pela restrição (a este propósito, referimos novamente à ressalva de nosso entendimento pessoal no sentido de que, se a pretexto de veicular uma limitação administrativa o Estado provocar um sacrifício de direito – que é o caso das restrições decorrentes da criação de áreas de preservação permanente – subsiste o dever de indenizar). Já as áreas de preservação permanente decorrentes de ato administrativo, por serem específicas e individualizadas, colocariam sobre o particular ônus excessivo, não experimentado por pessoas em situação de equivalência. Daí a indenizabilidade.[76]

Outra classificação, desta vez comumente desenvolvida em sede doutrinária, divide as áreas de preservação permanente decorrentes de lei (artigo 4º da Lei nº 12.651/12) de acordo com a tipologia dos ambientes e ecossistemas protegidos nos seus onze incisos.

Édis Milaré, por exemplo, agrupa as hipóteses de áreas de preservação permanente decorrentes de lei segundo suas feições geográficas. Haveria, a seu ver, áreas de preservação permanente: (i) nas áreas úmidas interiores (margens de curso d'água, entorno de lagoas e lagos naturais, reservatórios d'água artificiais, entorno de nascentes e olhos d'água perene, margens das veredas); (ii) nas áreas úmidas associadas ao litoral (manguezais); (iii) dos acidentes topográficos (encostas superiores a 45º, restingas, bordas dos tabuleiros ou chapadas, topos de morros, altitudes superiores a 1.800 metros).

Paulo Affonso Leme Machado, a seu turno, distingue as áreas de preservação permanente em: (i) protetoras de águas; (ii) protetora de montanhas; (iii) protetoras de ecossistemas determinados.[77]

2.2 Áreas de preservação permanente decorrentes de lei (artigo 4º da Lei nº 12.651/12). Aplicação às zonas urbanas e rurais. Tema 1010 do Superior Tribunal de Justiça

Um fundamental ponto de análise a respeito das áreas de preservação permanente decorrentes de lei diz respeito ao seu âmbito de

---

[76] MILARÉ, 2015, p. 1316.

[77] MACHADO, 2016, p. 900.

incidência. Do *caput* do artigo 4º da Lei nº 12.651/12 colhe-se: "Art. 4º Considera-se Área de Preservação Permanente, em zonas rurais ou urbanas, para os efeitos desta Lei: [...]".

O *caput* do artigo 4º da Lei nº 12.651/12 estatui, de modo inequívoco, que as definições e limites de áreas de preservação permanente veiculadas nos seus onze incisos aplicam-se, indistintamente, às zonas *rurais* e *urbanas*. Pretende-se, com isso, dirimir uma controvérsia histórica acerca da incidência e dimensões das áreas de preservação permanente no perímetro *urbano*.

A ausência de previsão específica na lei antiga – Lei nº 4.771/65 – sobre a aplicabilidade dos limites das áreas de preservação permanente ao perímetro *urbano* importou o desenvolvimento de duas correntes interpretativas. Uma delas considerava que se aplicavam os limites das áreas de preservação permanente à *zona rural* e à *zona urbana*. A outra reputava que o Código Florestal visava disciplinar a proteção dos ecossistemas naturais precipuamente na zona *rural*, advogando a impossibilidade de transportar aqueles limites à *zona urbana* justamente em virtude da consolidação de urbanização dos espaços.

A dúvida foi reforçada pela edição, em 1979, da Lei nº 6.766/79 (Lei de Parcelamento do Solo Urbano) que, no inciso III do artigo 4º, estipulou faixa não edificável de 15 metros ao longo de águas correntes.[78] Havia, neste contexto, o Código Florestal de 1965 dispondo sobre áreas de preservação permanente ao longo de cursos d'água (que na redação original do dispositivo tinha pelo menos 5 metros de distância) rivalizando com a Lei de Parcelamento do Solo Urbano, de 1979, veiculando regra de não edificabilidade nas faixas marginais de águas correntes de 15 metros. Para muitos, os limites da Lei de Parcelamento do Solo Urbano teriam preferência ao Código Florestal no perímetro *urbano*, em virtude dos critérios da especialidade (a lei trata de ocupação urbana) e cronológico (a Lei nº 6.766/79 é posterior à Lei nº 4.771/65).

Em 1989, a Lei nº 7.803/89 inseriu o parágrafo único no artigo 2º da Lei nº 4.771/65, veiculando a autorização, expressa, para aplicação, no perímetro urbano, do disposto nos planos diretores e leis de uso do solo.[79] O problema deixou de ser a incidência das leis de uso e ocupação

---

78 "Art. 4º. Os loteamentos deverão atender, pelo menos, aos seguintes requisitos: [...] III – ao longo das águas correntes e dormentes e das faixas de domínio público das rodovias e ferrovias, será obrigatória a reserva de uma faixa não-edificável de 15 (quinze) metros de cada lado, salvo maiores exigências da legislação específica".

79 "Art. 3º [...] Parágrafo único. No caso de áreas urbanas, assim entendidas as compreendidas nos perímetros urbanos definidos por lei municipal, e nas regiões metropolitanas e

do solo no perímetro urbano (que passou a ser inequivocamente admitida), mas a ressalva feita na parte final do dispositivo, que determinava a necessidade de se observar os princípios e limites a que se referia o artigo 2º da Lei nº 4.771/65. Confira-se:

> Art. 2º [...] Parágrafo único. No caso de áreas urbanas, assim entendidas as compreendidas nos perímetros urbanos definidos por lei municipal, e nas regiões metropolitanas e aglomerações urbanas, em todo o território abrangido, observar-se-á o disposto nos respectivos planos diretores e leis de uso do solo, *respeitados os princípios e limites a que se refere este artigo.*

Novamente, duas interpretações se sucederam. Para alguns, os limites a que se referia o artigo 2º eram, justamente, as metragens ali veiculadas para cada hipótese de ambiente ou ecossistema protegido. Assim, as leis de uso e ocupação do solo não teriam aplicação, caso veiculassem metragens menos restritivas (desrespeitando aqueles limites, tidos por mínimos). Para outros, a aplicação das leis de uso e ocupação do solo era admitida, mesmo que menos restritiva do que as metragens veiculadas no artigo 2º da Lei nº 4.771/65.

Esta divergência fez-se sentir na jurisprudência. De um mesmo Tribunal colhiam-se decisões inadmitindo a aplicação de leis de uso e ocupação do solo no perímetro urbano quando menos restritivas que a Lei nº 4.771/65 e decisões invocando a prevalência da legislação urbanística no perímetro, inclusive menos restritiva, em face da Lei nº 4.771/65. A título de exemplo, lê-se:

> Havendo duas regras legais que, aparentemente, regulam a mesma situação jurídica deve haver recurso às técnicas de interpretação de legislação para que seja solucionado o conflito.
>
> No caso concreto, penso que deve haver incidência do princípio da especialidade, prevalecendo a regra especial em detrimento da regra geral. A meu ver, o Código Florestal apresenta previsão genérica sobre proibição de construções próximas a cursos d'água, revestindo a previsão da Lei nº 6.766/79 de conteúdo específico para parcelamento do solo urbano, o qual está proibido em distância inferior aos 15 (metros) de cursos d'água, e não 30 (trinta) metros como previsto na Lei nº 4.771/65.
>
> Não fosse somente isto, também a aplicação do princípio interpretativo de prevalência da legislação mais recente sobre a anterior deve ser

aglomerações urbanas, em todo o território abrangido, observar-se-á o disposto nos respectivos planos diretores e leis de uso do solo, respeitados os princípios e limites a que se refere este artigo".

considerada na presente demanda, porquanto a redação do art. 4º, inciso III, da Lei nº 6.766/79, foi introduzida pela Lei nº 10.932 de 2004, ao passo que a última redação do Código Florestal (art. 2º) foi conferida pela Lei nº 7.803 de 1989.

Vale destacar, ainda, que o próprio parágrafo único do art. 2º do Código Florestal previu que "No caso de áreas urbanas, assim entendidas as compreendidas nos perímetros urbanos definidos por lei municipal [...] obervar-se-á o disposto nos respectivos planos diretores e leis de uso do solo [...]", especialmente a Lei nº 6.766/79 [...]

Consequentemente, penso que as limitações do Código Florestal não têm aplicabilidade em áreas urbanas, conforme vem reconhecendo o TRF da 4ª Região: [...]

Destarte, entendo que a área non aedificandi deve ser limitada a 15 (quinze) metros de cursos d'água, afastada a tese de aplicação da distância de 30 (trinta) metros prevista na Lei nº 4.771/65.[80]

[...] A embargada agiu dentro da legalidade, conforme orientações locais de proteção ambiental, *não se tratando de área de preservação permanente, tendo em vista ser inaplicável ao caso o Código Florestal, que assim define as áreas "de 30 (trinta) metros para os cursos d'água de menos de 10 (dez) metros de largura" (art. 2ª, a, 1, da Lei 4.771/65), uma vez que se trata de área urbana,* cujas peculiaridades devem ser levadas em consideração ao se aplicar a legislação florestal.[81]

[...] Deste modo, e sem olvidar a doutrina mais conservadora sobre a matéria, que entende serem aplicáveis às áreas urbanas os limites consignados no art. 2º do Código Florestal, tenho, conforme afirmado acima, que a melhor exegese deste dispositivo, *considerando a autonomia e competência atribuída pela CF/88 aos Municípios, é a que excepciona dos princípios e limites impostos pelo Código Florestal, as faixas situadas ao longo dos rios e cursos d'água em áreas urbanas e nas regiões metropolitanas*.[82]

Em sentido contrário:

[...] 2. *Aplicável o Código Florestal às áreas urbanas, nos termos do art. 2º, parágrafo único* da referida legislação, ainda que ressalvando que, em

[80] TRF4, Decisão monocrática no Agravo de Instrumento nº 0009770-19.2010.404.0000/SC. Desembargadora Silvia Maria Gonçalves Goraieb. Data 13.07.10.

[81] TRF4, Embargos Infringentes nº 2004.72.00.010090-0, Desembargadora Relatora Maria Lúcia Luz Leiria, Segunda Seção, Publicado em 08.09.08.

[82] Grifo acrescido. TRF4, Apelação Cível nº 0001100-91.2008.404.7103, Relatora Desembargadora Maria Lúcia Luz Leiria, Terceira Turma. Julgado em 13.08.10.

tais casos, haverá observância ao disposto nos planos diretores e leis de uso do solo [...].[83]

[...] 4. *Aplicável o Código Florestal às áreas urbanas, nos termos do art. 2º, parágrafo único da referida legislação.*[84]

A controvérsia chegou ao Superior Tribunal de Justiça. Em alguns julgados, ainda na vigência da Lei nº 4.771/65, entendeu-se que a referida lei tinha aplicação indistinta, no perímetro *rural* e *urbano*:

> AMBIENTAL. AÇÃO POPULAR. MATA ATLÂNTICA. ÁREA URBANA. BALNEÁRIO DE CAMBORIÚ. CÓDIGO FLORESTAL E DECRETO DA MATA ATLÂNTICA. ÁREA DE PRESERVAÇÃO PERMANENTE. *APLICAÇÃO DA LEGISLAÇÃO AMBIENTAL FEDERAL A ZONA URBANA DOS MUNICÍPIOS.*
>
> 1. A legislação federal de proteção do meio ambiente e da flora, independentemente de referência legal expressa, aplica-se à área urbana dos Municípios. Precedentes do STJ.
>
> 2. Agravo Regimental provido.[85]

O *caput* do artigo 4º da Lei nº 12.651/12, como dito, visa dirimir a controvérsia jurídica ora aludida. Ele prescreve regra inexistente na Lei nº 4.771/65. Agora, pelo texto da lei, os distanciamentos constantes nas alíneas do inciso I do artigo 4º *aplicam-se tanto à zona urbana quanto à rural.*

Vale dizer que, na redação orginalmente aprovada da Lei nº 12.651/12, estava prevista regra de exceção dos distanciamentos de área de preservação permanente para áreas urbanas, autorizando que leis municipais pudessem determinar larguras distintas, como fazia o parágrafo único do artigo 2º da Lei nº 4.771/65. O §8º do artigo 4º tinha a seguinte redação: "Art. 4º [...] §8º No caso de áreas urbanas e regiões metropolitanas, observar-se-á o disposto nos respectivos Planos Diretores e Leis Municipais de Uso do Solo".

A redação original do §8º do artigo 4º da Lei nº 12.651/12 remetia às leis locais os distanciamentos de área de preservação permanente

---

[83] Grifo acrescido. TRF4, Apelação Cível nº 5000968-26.2011.404.7205, Relator p/ Acórdão Jorge Antonio Maurique, Quarta Turma. Publicado em 08.06.12.

[84] Grifo acrescido. TRF4, Apelação Cível nº 5001092-12.2011.404.7204/SC, Relator Desembargador Carlos Eduardo Thompson Lenz, Terceira Seção, julgado em 19.10.11.

[85] Grifo acrescido. STJ, Agravo Regimental no Recurso Especial nº 664.886/SC, Relator p/ Acórdão Ministro Herman Benjamin, Segunda Turma. Julgado em 04.02.10.

no perímetro urbano, sem fazer menção à necessidade de se observar os limites contidos no próprio artigo 4º (ao contrário do que acontecia no parágrafo único do artigo 2º da Lei nº 4.771/65). Isto permitiria, inclusive, que as leis locais fossem menos restritivas que a lei federal no perímetro *urbano*.

O dispositivo em questão foi vetado pela Presidente da República sob o argumento de que a possibilidade de os municípios instituírem distâncias menores representaria retrocesso à legislação em vigor (Mensagem nº 212/12). No mesmo dia do veto, por meio da Medida Provisória nº 571/12, a própria Presidência da República incluiu os §§9º e 10 ao artigo 4º da Lei nº 12.651/12, nos seguintes termos:

> Art. 4º [...] §9º Em áreas urbanas, assim entendidas as áreas compreendidas nos perímetros urbanos definidos por lei municipal, e nas regiões metropolitanas e aglomerações urbanas, as faixas marginais de qualquer curso d'água natural que delimitem as áreas da faixa de passagem de inundação terão sua largura determinada pelos respectivos Planos Diretores e Leis de Uso do Solo, ouvidos os Conselhos Estaduais e Municipais de Meio Ambiente, sem prejuízo dos limites estabelecidos pelo inciso I do caput.
>
> §10. No caso de áreas urbanas, assim entendidas as compreendidas nos perímetros urbanos definidos por lei municipal, e nas regiões metropolitanas e aglomerações urbanas, observar-se-á o disposto nos respectivos Planos Diretores e Leis Municipais de Uso do Solo, sem prejuízo do disposto nos incisos do caput.

A diferença dos §§9º e 10 do artigo 4º, de acordo com a redação da Medida Provisória 571/12, em relação à redação original do §8º do artigo 4º da Lei nº 12.651/12, era de que as leis locais teriam que respeitar os limites estabelecidos na Lei nº 12.651/12, exatamente do modo como era redigido o parágrafo único do artigo 2º da Lei nº 4.771/65.

Ou seja, ainda que o *caput* do artigo 4º da Lei nº 12.651/12 prescrevesse que a definição das distâncias de área de preservação permanente aplicava-se também às zonas urbanas, a redação do §§9º e 10 aproximava em muito o texto novo ao parágrafo único do artigo 2º da Lei nº 4.771/65. *Este seria o fundamento para continuar invocando-se a aplicação da legislação urbanística local ou da Lei nº 6.766/79 na zona urbana* como se fazia na vigência da Lei nº 4.771/65.

Na conversão da Medida Provisória nº 571/12 em lei, foi proposta pelo Legislativo a alteração do §9º do artigo 4º da Lei nº 12.651/12, para a seguinte redação: "não se considera Área de Preservação Permanente a várzea fora dos limites previstos no inciso I do caput, exceto quando ato do Poder Público dispuser em contrário nos termos do inciso III do art. 6º". A Presidente vetou o dispositivo por considerar que ele provocava dúvidas sobre seu alcance (Mensagem nº 484/12).

Em 17 de outubro de 2012, foi promulgada a Lei nº 12.727/12, que, alterando novamente a Lei nº 12.651/12, consolidou a eliminação do §9º do artigo 4º desta. Ou seja, por muito tempo (de 17 de outubro de 2012 a 29 de dezembro de 2021, quando foi editada a Lei nº 14.285/21), não existia, na Lei nº 12.651/12, dispositivo que permitisse aplicar, em seu lugar, as leis municipais sobre as distâncias de área de preservação permanente nas zonas *urbanas*.

Apesar da inexistência de fundamento legal na Lei nº 12.651/12, alguns precedentes continuaram aplicando a legislação urbanística local ou de parcelamento do solo no perímetro urbano com base em fundamentos distintos, como, por exemplo, a interpretação finalística da norma de proteção. Mesmo com o advento da Lei nº 12.651/12 persistia, portanto, em algum grau, divergência na jurisprudência sobre a aplicação da legislação urbanística local ou de parcelamento do solo no perímetro urbano.

Um dos Tribunais estaduais que manteve o entendimento pela prevalência da Lei nº 6.766/79 e da legislação urbanística local no perímetro urbano mesmo diante da redação da Lei nº 12.651/12 foi o Tribunal de Justiça de Santa Catarina. Paulo Locatelli narra que por provocação de recursos especiais interpostos pelo Ministério Público estadual, o Superior Tribunal de Justiça afetou o julgamento de três casos catarinenses (dois do Município de Rio do Sul e um do Município de Criciúma) à sistemática de recursos repetitivos (Controvérsia nº 73/STJ).[86]

O Tema 1010 do Superior Tribunal de Justiça, sob a relatoria do Ministro Benedito Gonçalves, foi julgado em 28 de abril de 2021. Na ocasião e no que interessa ao presente estudo, a deliberação dos Ministros da Primeira Seção do Superior Tribunal de Justiça foi pela confirmação da incidência da Lei nº 12.651/12 na zona urbana, nos seguintes termos:

> Tese fixada – Tema 1010/STJ: Na vigência do novo Código Florestal (Lei n. 12.651/2012), a extensão não edificável nas Áreas de Preservação Permanente de qualquer curso d'água, perene ou intermitente, em

---

[86] LOCATELLI, 2021, p. 119 e ss.

trechos caracterizados como área urbana consolidada, deve respeitar o que disciplinado pelo seu art. 4º, caput, inciso I, alíneas a, b, c, d e e, a fim de assegurar a mais ampla garantia ambiental a esses espaços territoriais especialmente protegidos e, por conseguinte, à coletividade.[87]

Na percepção de muitos, seria importante que o Superior Tribunal de Justiça tivesse modulado os efeitos do julgamento do Tema 1010 para preservar atividades e implantações que houvessem sido licenciadas antes disso, com base no entendimento jurisprudencial que admitia a aplicação de distanciamentos diferenciados nas zonas urbanas. A modulação dos efeitos do julgamento do Tema 1010 seria uma solução especialmente importante para os municípios que conceberam soluções alternativas às restrições constantes na Lei nº 12.651/12 para viabilizar o licenciamento de obras em parte de seus territórios.

Explica-se. Muitos municípios de Santa Catarina foram colonizados a partir das margens de cursos d'água, alguns destes inclusive com mais de 50 metros de largura (o que geraria uma faixa de preservação permanente de 100 metros em cada margem). A distância de 100 metros da margem desses cursos d'água alcança, por vezes, a região central desses municípios, onde está estabelecido o comércio e prédios públicos, com sistema viário implementado etc. A solução que esses municípios encontraram para não aplicar de forma imediata os efeitos da legislação ambiental às áreas já historicamente alteradas foi lançar mão, usualmente por meio de previsão normativa expressa constante em normas locais, da instituição de um regime especial inspirado no que dispunha a redação original artigo 65 da Lei nº 12.651/12. O artigo 65 da Lei nº 12.651/12, basicamente, permitia a manutenção de assentamentos inseridos em "área urbana consolidada", desde que precedida de regularização ambiental promovida nos termos da Lei n° 11.977/09. Para regularização fundiária de assentamentos localizados em áreas consolidadas, a Lei n° 11.977/09 impunha a necessidade da realização de estudos/projetos que, entre outros aspectos, confirmava a consolidação do uso do espaço e propunha medidas para promoção da sustentabilidade, inclusive ambiental, da ocupação. Alguns dos municípios catarinenses, portanto, inspirados nessa possibilidade aventada pela redação original artigo 65 da Lei nº 12.651/12 conceberam sistemática parecida, estabelecendo a possibilidade de aplicação de

---

87 STJ, REsp 1770760/SC, Rel. Ministro BENEDITO GONÇALVES, PRIMEIRA SEÇÃO, julgado em 28.04.2021, DJe 10.05.2021.

distanciamentos reduzidos de área de preservação permanente nas áreas urbanas consolidadas. E a certificação dessa condição (de áreas urbanas consolidadas) era feita, em muitos casos, por intermédio de estudos socioambientais.

Já era esperado que o julgamento do Tema 1010 confirmasse a aplicação do artigo 4º da Lei nº 12.651/12 às zonas urbanas. Daí a utilidade da modulação dos efeitos do julgamento, que foi, inclusive, a posição dos *amici curiae* AELO, CBIC e SECOVI-SP naqueles Recursos Especiais. O receio, segundo opinião dos advogados dos *amici curiae*, Marcos Saes e Pedro Reschke, era de que, sem qualquer ressalva quanto à modulação, o decidido do Tema 1010 teria efeitos retrospectivos, isto é, valeria para lançar à irregularidade empreendimentos e intervenções realizadas antes do julgamento.[88]

Os Ministros componentes da Primeira Seção do Superior Tribunal de Justiça refutaram, expressamente, o pedido de modulação dos efeitos da decisão ao argumento de que ela, a decisão, não teria promovido uma alteração abrupta no posicionamento da Corte sobre o assunto.

Apesar da recusa de modulação pelo Superior Tribunal de Justiça, entendemos que a conclusão pela irregularidade de determinada implantação eventualmente licenciada – mediante a aplicação indiscriminada do artigo 4º da Lei nº 12.651/12 – não é uma decorrência direta e necessária do julgamento do Tema 1010.

Primeiro, existem situações já albergadas pelo manto da coisa julgada que, evidentemente, não sofrerão os efeitos do julgamento do Tema 1010.

Segundo, conforme se exporá com mais detalhamento na seção seguinte (2.2.1), é possível que aqueles espaços indicados no artigo 4º da Lei nº 12.651/12 já não fossem considerados, ao tempo de advento da norma, como área de preservação permanente, não se subsumindo, portanto, à hipótese de incidência daquela lei. Seria o caso de o espaço, apesar de arrolado numa das hipóteses do artigo 4º da Lei nº 12.651/12, não exercer as funções ambientais descritas no inciso II do artigo 3º da mesma lei.

Terceiro, conexo ao argumento precedente e também conforme se exporá com mais detalhamento na seção seguinte (2.2.1), se a alteração e descaracterização de determinado ambiente houver acontecido antes

---

88 HESCHKE; SAES, 2021.

do advento da norma ambiental mais restritiva, ela (a alteração e descaracterização) deveria ser considerada lícita e a norma ambiental não deveria retroagir, teoricamente, para gerar efeitos concretos sobre àquela situação (notadamente para se impedir a continuidade do uso antrópico ou exigir eventual restauração).

Quarto, em alguns casos a interpretação literal poderá ceder lugar a uma interpretação teleológica do artigo 4º da Lei nº 12.651/12 para fim de apurar se o objetivo da norma de proteção seria de fato atingido mediante a declaração de irregularidade do licenciamento/implantação e eventual retorno ao *status quo ante*, notadamente quando levado em consideração o grau de antropização do entorno imediato.

Quinto, poderá haver situações em que devem incidir as regras constantes nos artigos 23 e 24 do Decreto-Lei nº 4.657/42(Lei de Introdução às Normas do Direito Brasileiro)[89] que vedam a declaração de invalidade de situações constituídas com base nas orientações gerais da época (jurisprudência judicial majoritária e prática administrativa reiterada).

E, por fim, noutros tantos casos o Judiciário poderá examinar se deve prevalecer no caso concreto a *proteção à confiança legítima* depositada pelo particular no Estado para decidir sobre a declaração de irregularidade (e seus efeitos) de determinada atividade/implantação.

Enfim, os pontos supracitados são circunstâncias que devem ser sopesadas, caso a caso, para se concluir pela declaração de irregularidade de determinado licenciamento/implantação e definir as respectivas implicações.

---

[89] "Art. 23. A decisão administrativa, controladora ou judicial que estabelecer interpretação ou orientação nova sobre norma de conteúdo indeterminado, impondo novo dever ou novo condicionamento de direito, deverá prever regime de transição quando indispensável para que o novo dever ou condicionamento de direito seja cumprido de modo proporcional, equânime e eficiente e sem prejuízo aos interesses gerais.
Art. 24. A revisão, nas esferas administrativa, controladora ou judicial, quanto à validade de ato, contrato, ajuste, processo ou norma administrativa cuja produção já se houver completado levará em conta as orientações gerais da época, sendo vedado que, com base em mudança posterior de orientação geral, se declarem inválidas situações plenamente constituídas.
Parágrafo único. Consideram-se orientações gerais as interpretações e especificações contidas em atos públicos de caráter geral ou em jurisprudência judicial ou administrativa majoritária, e ainda as adotadas por prática administrativa reiterada e de amplo conhecimento público".

Jurisprudência

[...] 2. Mata ciliar. Área de preservação permanente. Zona urbana. Função. A discussão sobre a aplicação do Código Florestal à zona urbana foi afastada pela LF nº 12.651/12. Nos termos do inciso II do art. 1º da LF nº 4.771/65 e do art. 3º II da LF nº 12.651/12, a área de preservação permanente, coberta ou não por vegetação nativa, tem a função ambiental de preservar os recursos hídricos, a paisagem, a estabilidade geológica, a biodiversidade, o fluxo gênico de fauna e flora, proteger o solo e assegurar o bem estar das populações humanas. As áreas protegidas não cumprem sempre as sete funções, mas aquelas às quais se destina; no caso presente, as matas ciliares visam à preservação dos recursos hídricos (evitar o assoreamento e manter a qualidade da água), a estabilidade geológica (evitar a erosão e o consequente assoreamento), com a função paralela (mas não a principal) de assegurar a biodiversidade e o fluxo gênico de fauna e flora. Na área urbana, a mata ciliar protege os recursos hídricos e, de modo secundário, as demais funções; pode-se dizer que a proteção dos recursos hídricos é a principal função ambiental da mata ciliar urbana. 3. Mata ciliar. Área de preservação permanente. Zona urbana. Função. *Não vejo como atribuir à faixa ao longo do córrego canalizado, isolado da natureza, recomposta em florestas ou não, a função ecológica primitiva. A mata protetora nada protegerá, uma vez que as águas foram isoladas e não têm, nesse trecho, contato algum com a natureza; e não há sentido maior em impedir a ocupação que se amolde ao Plano Diretor e às posturas urbanas dos terrenos localizados depois da rua, se esta própria permanece onde está com o impacto ambiental que lhe é próprio.* São circunstâncias que levam a uma flexibilidade do uso das áreas de preservação permanente na área urbana, conforme a Câmara Ambiental reconheceu em ocasião anterior. Procedência. Apelo do réu, da Prefeitura e reexame providos para julgar a ação improcedente" (Apelação n. 00691 17-8.2011.8.26.0224 16). "Considerado o conflito reinante da legislação federal com a estadual e a municipal acerca das faixas não edificáveis em áreas de preservação permanente ao longo dos cursos d'água situados em região urbana, deve-se interpretar com base nos princípios da razoabilidade e da proporcionalidade para que a edificação, além de preservar razoavelmente o meio ambiente, seja adequada a uma boa ordenação da cidade e cumpra a função social da propriedade sob o pálio do desenvolvimento sustentável, da precaução e da cautela, em atenção a cada caso concreto". (ACMS n. 2011.092623-4, de Itajaí). (Grifo acrescido. TJSC, Agravo de Instrumento nº 2013.005497-9, Relator Desembargador Cesar Abreu. Julgado em 08.10.13)

[...] A controvérsia cinge-se à norma aplicável ao caso concreto quando se trata de área situada em zona urbana, que considera área de preservação permanente a vegetação natural situada ao longo dos rios ou de qualquer curso d'água, cuja largura mínima será de 30 metros para os cursos d'água de menos de 10 metros de largura; ou se incide o disposto na Lei nº 6.766/1979 de conteúdo específico para parcelamento do solo urbano, na qual está proibida a edificação em distância inferior aos 15 metros de cursos d'água. 2. *Tendo em vista que não é possível impor aos centros urbanos as mesmas restrições aplicáveis às áreas de menor densidade populacional, posto que os impactos ambientais ocorrem em contexto diferente daqueles existentes em áreas não urbanizadas, daí que o tratamento legal deve ser ajustado às peculiaridades do caso concreto, razão pela qual a área "non aedificandi" pode ficar limitada aos 15 metros previstos no art. 4º da Lei nº 6.766/1979.* [...] (Grifo acrescido. TRF4, Apelação Cível nº 5008060-12.2012.404.7208, Relator Desembargador Carlos Eduardo Thompson Flores Lenz, Terceira Turma. Julgado em 21.08.13)

[...] Embora o imóvel esteja localizado em área de preservação permanente (unidade de conservação), mais precisamente em Área de Proteção Ambiental das Ilhas e Várzeas do Rio Paraná, *a circunstância de ter sido edificado há mais de trinta anos e inserir-se em zona urbana de ocupação histórica, que remonta, pelo menos, à década de 1960, torna desarrazoada a sua demolição, especialmente em face da ausência de vegetação no local, desde longa data, e da existência de toda uma infraestrutura, com rede de esgoto, pavimentação de ruas, energia elétrica e água potável. 2. As restrições à construção em áreas de preservação permanente, localizadas em zonas urbanas consolidadas e antropizadas, nas quais a recuperação integral do meio ambiente ao seu estado natural mostra-se inviável, são passíveis de mitigação, por depender de ação conjunta, com a remoção de todas as construções instaladas nas proximidades.* A retirada de uma edificação isoladamente não surtiria efeitos significantes ao meio ambiente, haja vista que as adjacências do local remanesceriam edificadas. (Grifo acrescido. TRF4, Apelação Cível nº 5005359-11.2012.404.7004, Relator Desembargador Sérgio Renato Tejada Garcia, Quarta Turma. Julgado em 26.01.16)

EMBARGOS DE DECLARAÇÃO. LF nº 12.651/12. *Novo Código Florestal. Área de preservação permanente. Área urbana. LF nº 12.651/12.* O Novo Código Florestal manteve a largura de 30 metros de faixa marginal de qualquer curso d'água natural para áreas de preservação permanente em cursos d'água de menos de 10 metros de largura situados em zonas rurais ou urbanas, conforme o Código Florestal anterior (LF nº 4.771/65). Não há alteração legislativa a justificar o acolhimento dos embargos com efeitos infringentes. Embargos rejeitados. (Grifo acrescido. TJSP, Embargos de Declaração nº 0064394-77.2010.8.26.0224, Relator Desembargador Torres de Carvalho, 1ª Câmara Reservada ao Meio Ambiente. Julgado em 27.09.12)

2.2.1 Da proteção da cobertura vegetal (florestas e demais formas de vegetação natural) à proteção da área, recoberta ou não por vegetação nativa. Aplicação intertemporal do Direito quanto aos usos consolidados antes do advento da norma ambiental

Na concepção original da Lei nº 4.771/65 consideravam-se de preservação permanente *as florestas e demais formas de vegetação natural* situadas ao longo dos ambientes e ecossistemas previstos nas sete alíneas do artigo 2º. O objeto de proteção da norma era, naquele contexto, a *cobertura vegetal nativa*. Em rigor, e nessa linha de raciocínio, o espaço que ao tempo de advento da lei não fosse recoberto por floresta ou cobertura vegetal nativa, mesmo que arrolado em uma das sete alíneas do artigo 2º da Lei nº 4.771/65, não se subsumia à hipótese legal. O espaço já alterado/descaracterizado não se tratava de área de preservação permanente e estava fora do âmbito de incidência da norma. Essa era a decorrência da redação original da Lei nº 4.771/65.

Terence Trennepohl e Natascha Trennepohl recordam que só em 2001 a Lei nº 4.771/65 foi alterada para passar a considerar como área de preservação permanente não só as florestas e demais formas de cobertura vegetal nativa que recobrissem os espaços arrolados nos incisos do artigo 2º da Lei nº 4.771/65, *mas também aquelas mesmas áreas ainda que desprovidas de cobertura florestal ou de vegetação nativa.*[90] Isso foi feito por meio da reedição de sucessivas medidas provisórias, que culminou com a incorporação definitiva, via Medida Provisória nº 2.166/01, do seguinte conceito para área de preservação permanente no inciso II do §2º ao artigo 1º da Lei nº 4.771/65:

> *Área protegida* nos termos dos arts. 2º e 3º desta Lei, *coberta ou não por vegetação nativa,* com a função ambiental de preservar os recursos hídricos, a paisagem, a estabilidade geológica, a biodiversidade, o fluxo gênico de fauna e flora, proteger o solo e assegurar o bem-estar das populações humanas (Grifo acrescido).

Foi só a partir desse momento, portanto, que a legislação ambiental federal passou a considerar como de preservação permanente também a área desprovida de vegetação. Mas, em contrapartida, a lei veiculou a necessidade de que essa área (mesmo desprovida de

---

90 DANTAS; NIEBUHR, 2021, p. 277.

vegetação natural) desempenhasse funções ambientais específicas (preservação de recursos hídricos, paisagem, estabilidade geológica, biodiversidade, fluxo gênico de fauna e flora, proteção do solo e asseguração do bem-estar das populações humanas). O exercício das funções ambientais previstas no inciso II do §2º do artigo 1º da Lei nº 4.771/65 passou a ser, como se deduz da leitura do dispositivo, requisito indispensável para qualificação do espaço como área de preservação permanente.

Seguindo a linha de interpretação acima referida, se na entrada em vigor da Medida Provisória nº 2.166-67, em 24 de agosto de 2001, a área em questão, mesmo que ocorrente em um dos espaços definidos nas alíneas do artigo 2º da Lei nº 4.771/65, já estivesse alterada/descaracterizada, isto é, desprovida de vegetação nativa ou cobertura florestal, e não desempenhasse uma das funções ambientais indicadas no inciso II do §2º ao artigo 1º da Lei nº 4.771/65, ela ainda assim não deveria ser qualificada como de preservação permanente.

Essa sistemática foi mantida na Lei nº 12.651/12. Atualmente, vigora o inciso II do artigo 3º,[91] que define as áreas de preservação permanente de forma bastante similar ao que era feito na Lei nº 4.771/65. Em acréscimo, o artigo 4º – que veicula as modalidades de áreas de preservação permanente – não faz menção específica a florestas e demais formas de vegetação natural como objeto de proteção, tal qual fazia a redação original do *caput* do artigo 2º da Lei nº 4.771/65. Parece não haver dúvidas de que a legislação atualmente em vigor considera como de preservação permanente a área recoberta ou não por vegetação nativa, *mas desde que desempenhe determinadas funções ambientais*. Nessa linha de argumentação é acertada a conclusão de Paulo de Bessa Antunes:

> Logo, a vegetação a ser suprimida, ou mesmo a área em si mesma, esteja ela coberta ou não por vegetação, somente pode ser tida como de preservação permanente se capaz de exercer as funções ambientais estabelecidas pela lei de regência. [...]
>
> A Lei nº 12.651/2012 adotou o conceito de áreas consolidadas em APP exatamente para dar tratamento jurídico adequado às diferentes áreas que, muito embora compreendidas nos afastamentos e locais tratados

---

91 "Art. 3º [...] II – Área de Preservação Permanente – APP: área protegida, coberta ou não por vegetação nativa, com a função ambiental de preservar os recursos hídricos, a paisagem, a estabilidade geológica e a biodiversidade, facilitar o fluxo gênico de fauna e flora, proteger o solo e assegurar o bem-estar das populações humanas".

pelo artigo 4º, não ostentassem a necessária função ambiental prevista no artigo 3º. Com isto, o legislador buscou evitar que a aplicação do artigo 4º se transformasse em uma atividade aleatória e lotérica.[92]

A legislação ambiental endereça uma solução para realidade bastante comum, especialmente em cidades historicamente povoadas a partir das margens de cursos d'água ou em regiões litorâneas, onde a alteração dos ambientes naturais (mata ciliar e vegetação de restinga, especialmente) já havia se consolidado há muitos anos. Seria (e de fato é) impróprio pretender aplicar a legislação de proteção das florestas a essas situações.

Essas duas constatações – de que as disposições da lei não incidiam sobre áreas com cobertura vegetal já alterada em 1965 (ao tempo de edição da Lei nº 4.771/65) e, mais tarde, a partir de 2001 (ao tempo de edição da Medida Provisória nº 2.166-67/01), também não incidiam sobre áreas com cobertura vegetal já alterada que não desempenhassem funções ambientais específicas – têm implicações jurídicas extremamente relevantes.

Isso porque o §1º do artigo 7º da Lei nº 12.651/12 passou a deixar clara a obrigação do proprietário, possuidor ou ocupante, de recompor a vegetação suprimida em área de preservação permanente.[93] Todavia, o §1º do artigo 7º da Lei nº 12.651/12 não faz distinção entre a supressão até então reputada como lícita daquela tida por irregular (realizada sem autorização e fora das hipóteses excepcionais de intervenção quando a vegetação ou a área já era considerada protegida).

É possível mapear pelo menos dois desdobramentos dessa constatação.

O primeiro seria considerar a Lei nº 12.651/12 incidente mesmo nos casos em que a área estivesse alterada antes do advento dos referidos marcos temporais, isto é, mesmo que desprovida de cobertura vegetal (em 1965) e/ou desprovida de cobertura vegetal e sem desempenhar as funções ambientais definidas em lei (a partir de 2001). O raciocínio é que se a área for recuperada, nos termos do §1º do artigo 7º da Lei

---

92 ANTUNES, 2015.

93 "Art. 7º A vegetação situada em Área de Preservação Permanente deverá ser mantida pelo proprietário da área, possuidor ou ocupante a qualquer título, pessoa física ou jurídica, de direito público ou privado.
§1º Tendo ocorrido supressão de vegetação situada em Área de Preservação Permanente, o proprietário da área, possuidor ou ocupante a qualquer título é obrigado a promover a recomposição da vegetação, ressalvados os usos autorizados previstos nesta Lei".

nº 12.651/12, ela poderia voltar a desempenhar aquelas funções ambientais previstas na norma. Agrega-se, a essa interpretação, o argumento de que "não há direito adquirido a poluir" para obstar a manutenção do uso antrópico anterior.

Em termos práticos, a consequência seria a seguinte: o advento da norma ambiental que qualifica determinado espaço como de preservação permanente geraria efeitos imediatos inclusive sobre áreas anteriormente alteradas e descobertas por vegetação nativa; caso o espaço em questão correspondesse a uma das modalidades de áreas arroladas no artigo 2º da Lei nº 4.771/65 ou no artigo 4º da Lei nº 12.651/12, o proprietário, possuidor ou ocupante de área já desmatada seria obrigado a recompor a vegetação suprimida para que ela pudesse exercer as funções ambientais definidas na parte final do inciso II do §2º do artigo 1º da Lei nº 4.771/65 e do inciso II do artigo 3º da Lei nº 12.651/12.

O segundo desdobramento possível, que entendemos ser juridicamente mais apropriado, considera que a prévia alteração das áreas (com desprovimento de vegetação nativa) – antes de 1965, agregada ao não exercício de funções ambientais a partir de 2001 – tem como decorrência tornar a ocupação antrópica anterior lícita. A supressão da vegetação nativa, mesmo naqueles espaços indicados no artigo 2º da Lei nº 4.771/65, antes do advento daquela lei não era vedada pelo ordenamento jurídico. A qualificação feita na Lei nº 4.771/65 como área de preservação permanente, portanto, não incidia sobre essas áreas e não poderia gerar efeitos retrospectivos, porque a intervenção anterior estava blindada pela figura do ato jurídico perfeito (vide §1º do artigo 6º do Decreto-Lei nº 4.657/42).[94] Similar raciocínio aplica-se à alteração promovida pela Medida Provisória nº 2.166-67/01, que, ao tempo que protegeu também áreas desprovidas de vegetação, passou a condicionar sua qualificação como de preservação permanente à ocorrência de determinadas funções ambientais.

Se em 2001, no advento da Medida Provisória nº 2.166-67/01, a área não desempenhava aquelas funções ambientais descritas no inciso II do §2º do artigo 1º da Lei nº 4.771/65, ela não era considerada de preservação permanente; estava fora do âmbito de incidência da lei.

---

[94] "Art. 6º A Lei em vigor terá efeito imediato e geral, respeitados o ato jurídico perfeito, o direito adquirido e a coisa julgada.
§1º Reputa-se ato jurídico perfeito o já consumado segundo a lei vigente ao tempo em que se efetuou".

Se quando a alteração antrópica na área foi realizada não havia impedimento legal para tanto, não apenas o uso anterior era lícito, mas, especialmente, ao proprietário, possuidor ou ocupante desses espaços deve ser garantido o direito de sua *continuidade*.

Trata-se da aplicação da máxima *tempus regit actum* (o tempo rege o ato): quando, na época da intervenção (qualquer que fosse o uso pretendido, isto é, para atividades rurais ou urbanas, por exemplo), a ocupação de dado espaço não era proibida, a superveniência de regra ambiental restritiva não teria o condão de impedir a manutenção do uso pretérito.

Os efeitos prospectivos da norma jurídica (e a vedação de sua aplicação retroativa) encontram fundamento no inciso XXXVI do artigo 5º da Constituição da República[95] e no artigo 6º do Decreto-Lei nº 4.657/4[96] (Lei de Introdução às Normas do Direito Brasileiro). Em comentários aos referidos postulados, a doutrina assinala:

> Uma importante condição da segurança jurídica está na relativa certeza de que os indivíduos têm de que as relações realizadas sob o império de uma norma devem perdurar ainda quando tal norma seja substituída. Realmente, uma lei é feita para vigorar e produzir seus efeitos para o futuro.[97]

> A utilização da lei em caráter retroativo [...] repugna porque fere situações jurídicas que já tinham por consolidadas no tempo, e esta é uma das fontes principais de segurança do homem na terra.[98]

Em matéria urbanística (cuja *ratio* se aplica integralmente aos assuntos de ordem ambiental), a mais moderna doutrina fala, a esse respeito, em "proteção do existente" (*Bestandschutz*). Pela "proteção do existente", se a edificação era, ao tempo de sua construção, permitida pela ordem jurídica então vigente, o advento de nova restrição não torna, necessariamente, a ocupação ilegal:

---

95 "Art. 5º [...] XXXVI – a lei não prejudicará o direito adquirido, o ato jurídico perfeito e a coisa julgada".

96 "Art. 6º A Lei em vigor terá efeito imediato e geral, respeitados o ato jurídico perfeito, o direito adquirido e a coisa julgada".

97 SILVA, 2007, p. 433.

98 BASTOS, 1994, p. 43.

> Na senda da mais recente jurisprudência do Tribunal Administrativo Federal Alemão, foi então adotada a doutrina da proteção da garantia da indissolubilidade funcional do existente, ou garantia excepcional do existente (*überwinkender Bestandsschutz*). Segundo esta doutrina, a operatividade do princípio *tempus regit actum* dever-se-á estender ao parâmetro de legalidade das medidas de alteração e de ampliação de edifícios, bem como a realização de certas alterações de utilização, desde que sejam indispensáveis para garantir a capacidade funcional (*Funktionsfähigkeil*) de determinadas edificações, conquanto exista uma indissolúvel conexão funcional entre as obras de alteração e a utilização dada ao edifício em causa.[99]

Nessas hipóteses, o direito de construir incorpora-se definitivamente à esfera jurídica do respectivo titular e passa a gozar da proteção jurídica plena que é concedida ao direito de propriedade em geral.[100]

Em alguns estados da federação, o entendimento *supra* é acolhido, ainda que parcialmente, pelos órgãos de controle. Em Santa Catarina, o Ministério Público estadual editou o Enunciado nº 07, de Delimitação de APPs em núcleos urbanos informais consolidados, em que arrola as hipóteses de direito adquirido do particular, nos seguintes termos:

> Para as edificações consolidadas em áreas urbanas ou rurais com finalidade urbana, cujas obras estavam autorizadas administrativamente e respeitaram os distanciamentos das margens dos cursos d'água previstos nas legislações mais restritivas vigentes à época de suas construções, haverá de ser reconhecido o direito de os proprietários permanecerem onde estão e de procederem às reformas e às benfeitorias necessárias à manutenção do imóvel, vedada a sua ampliação sobre área de preservação permanente.[101]

Não obstante, outras instâncias do Ministério Público – como a 4ª Câmara de Coordenação e Revisão do Ministério Público Federal (que, entre suas atribuições, homologa termos de ajustes de conduta firmados por representantes da instituição em inquéritos civis públicos) – não fazem, necessariamente, ressalva temporal ao inadmitir transações que importem na manutenção de edificações em

---

[99] LOPES, 2006/2007, p. 26, 33,35.

[100] MONTEIRO, 1995, p. 173.

[101] Disponível em: https://documentos.mpsc.mp.br/portal/manager/resourcesDB.aspx?path=5331. Acesso em: 21 jun. 2021.

áreas de preservação permanente: "Enunciado nº 01/2005: Termos de Ajustamento de Conduta que violem dispositivo legal não são passíveis de homologação, a exemplo dos que visam a regularizar intervenções em Área de Preservação Permanente".[102]

Novas intervenções que alterem as características naturais da área ficam vedadas na porção de terra que, ao longo do tempo, passaria a ser qualificada como de preservação permanente (isto é, desde que ela exerça, pelo menos, as funções ambientais descritas no inciso II do artigo 3º da Lei nº 12.651/12). Reputamos, contudo, que a superveniência da legislação restritiva não impede a manutenção do uso anterior da área, especialmente diante de alteração nas características naturais que não encontrava óbice jurídico à época que foi instaurada. Acrescentamos, ainda, que o proprietário, possuidor ou ocupante pode alterar aquele uso anterior, substituindo-o por outro uso antrópico, desde que compatível com o disposto na legislação urbanística incidente sobre a área[103] e sem descaracterizar as condições naturais do entorno (se esse entorno for, de fato, qualificado como de preservação permanente).

Perceba-se que não se trata, a toda evidência, de defender um "direito adquirido a poluir" porque esse uso antrópico anterior, insista-se, é lícito, protegido pelo §1º do artigo 6º do Decreto-Lei nº 4.657/42. Pensar o contrário equivaleria sustentar, por exemplo, que parte relevante da orla da Zona Sul da cidade do Rio de Janeiro, provavelmente composta no passado por ecossistema de restinga e trechos de manguezais, teria que ser recuperada por seus respectivos proprietários, possuidores e ocupantes, porque, a partir de 1965, 2001 ou 2012 (marcos temporais da Lei nº 4.771, da Medida Provisória nº 2.166-67 e da Lei nº 12.651/12), aqueles espaços teriam se tornado área de preservação permanente e a recuperação, em tese, seria apta a restaurar suas funções ambientais. O caminho para refutar referida proposição não repousa na consolidação do uso urbano (até porque o argumento esbarraria na Súmula nº 613 do Superior Tribunal de Justiça, que afasta o fato consumado em matéria ambiental), mas na não incidência da lei ambiental às áreas já previamente alteradas ao tempo de advento daquela.

---

102 Disponível em: http://cimpf.pgr.mpf.mp.br/enunciados/enunciados-da-4a-ccr/Enunciado%2001-2005.pdf/view. Acesso em: 21 fev. 2017.

103 Eventualmente, se incidir sobre a área algum outro valor relevante a ser protegido (como uma proposta de ocupação de baixa densidade ou proteção da paisagem), a restrição que porventura lhe der concretude deve ser traduzida na legislação urbanística correspondente.

Em síntese, a obrigação de recuperar a vegetação suprimida em área de preservação permanente só tem lugar quando, ao tempo do advento da norma ambiental, a vegetação tenha sido suprimida de forma irregular, isto é, tenha sido descaracterizado espaço que já era qualificado como de preservação permanente.

O raciocínio de aplicação intertemporal do direito ora descrito aplica-se aos demais casos em que a alteração da norma ambiental superveniente tenha tornado dado espaço protegido, conforme se verá adiante.

Jurisprudência

> [...] 30. *Imóvel que se situa em área de urbanização consolidada, em que não havia restinga ou mangue no local, mesmo antes da edificação.*
>
> 31. É desarrazoada a demolição, especialmente em face da existência de toda uma infraestrutura, com energia elétrica e água potável. *O terreno – e seus entornos – há muito é desprovido de suas características originais.* [...]. (Grifo acrescido. TRF4, AC 5023829-84.2012.4.04.7200, TERCEIRA TURMA, Relator para Acórdão ROGERIO FAVRETO, juntado aos autos em 11.12.2020)

> AMBIENTAL. AÇÃO CIVIL PÚBLICA. *ÁREA CONTROVERTIDA QUE NÃO SE ENQUADRA COMO DE PRESERVAÇÃO PERMANENTE. ANTROPIZAÇÃO EXISTENTE ANTES DO CÓDIGO FLORESTAL DE 1965. IRRETROATIVIDADE DA LEI. IMPROCEDÊNCIA DA AÇÃO.* DEVOLUÇÃO DOS VALORES A TÍTULO DE ADIANTAMENTO DAS DESPESAS PERICIAIS QUE FICA A CARGO DA UNIÃO. APELAÇÃO DA PARTE AUTORA DESPROVIDA. APELAÇÃO DOS RÉUS PROVIDA. (Grifo acrescido. TRF4, AC 5001922-48.2015.4.04.7200, QUARTA TURMA, Relator CÂNDIDO ALFREDO SILVA LEAL JUNIOR, juntado aos autos em 21.08.2019)

> AGRAVO LEGAL. ADMINISTRATIVO. AMBIENTAL. AÇÃO CIVIL PÚBLICA. ÁREAS DE DUNAS DO BALNEÁRIO CASSINO/RS. PRETENSÃO DE REMOÇÃO DE CONSTRUÇÕES EXISTENTES NO LOCAL. ALEGAÇÃO DE EDIFICAÇÃO EM ÁREA DE PRESERVAÇÃO PERMANENTE. AFASTAMENTO. DANO AMBIENTAL NÃO COMPROVADO. 1. O conjunto probatório constante dos autos não evidencia a relação de causalidade entre as alterações ambientais e a instalação das casas na região, sendo que o Laudo Pericial sequer reconhece a existência de dano ambiental. 2. *Acertado o provimento sentencial quanto ao reconhecimento da irretroatividade das normas e o direito*

adquirido dos apelados, ao aplicar a redação original da Lei nº 4.771/1965, a qual não estabelecia limites mínimos para a área de preservação permanente, afastando de vez a aplicação da Resolução CONAMA Nº 303/2002. 3. O princípio da proporcionalidade, por sua vez, orienta o rechaço da pretensão autoral de desocupação e destruição de moradias fixadas, em alguns casos, há mais de 50 anos, frente a não comprovação de dano ambiental que a presença das casas e dos moradores provoca no local, sem falar no fato de que o disposto na Resolução nº 369/2006 do CONAMA estabelece flexibilização da regulamentação da ocupação das áreas de preservação permanente, que por sua vez, resta atendida pelos réus. (Grifo acrescido. TRF4 5005539-27.2012.4.04.7101, TERCEIRA TURMA, Relator CARLOS EDUARDO THOMPSON FLORES LENZ, juntado aos autos em 10.10.2013)

ADMINISTRATIVO. AÇÃO CIVIL PÚBLICA. EDIFICAÇÃO MULTIFAMILIAR. ÁREA DE PRESERVAÇÃO PERMANENTE. DEMOLIÇÃO. INVIABILIDADE. PRINCÍPIO DA PROPORCIONALIDADE. DANO E DESEQUILÍBRIO ECOLÓGICO. SENTENÇA EXTRA PETITA. REDUÇÃO AOS TERMOS DO PEDIDO. 1. É regra a supremacia do meio ambiente, mesmo nas situações em que haja efetiva configuração do fato consumado. Contudo, esta diretriz pode ser relativizada, como no caso concreto, quando verificado que a paralisação e demolição da obra não surtirá benefício algum ao meio ambiente e, ainda, que o dano ambiental é bastante reduzido (supressão de restinga em imóvel com medidas perimetrais de 30,00m de frente a leste e 60,00m nas laterais). 2. Várias circunstâncias inibem seja determinada a demolição da edificação como medida reparatória do meio ambiente, mesmo considerando haver sido ela construída em área de preservação permanente (300 metros a partir da linha preamar média), a saber: a) está ela situada em loteamento de há muito urbanizado e ocupado; *b) o histórico de ocupação da área revela que a implantação do loteamento ocorreu no ano de 1991, atendendo, presumivelmente, as regras urbanísticas e ambientais vigentes à época, dentre as quais, importante que se registre, não se inscrevia a Resolução n. 303 do CONAMA, que empresta sustentação jurídica à tese da associação autora, e que foi editada somente em 13/05/2002;* c) o pleito desatende o princípio da proporcionalidade, porquanto grandes seriam os prejuízos financeiros para a construtora, sem qualquer garantia da possibilidade de recuperação efetiva da área, mediante a reconstituição da cobertura vegetal primitiva – restingas, e, ainda que assim não fosse, não há um dimensionamento do impacto ambiental em face da ausência da flora originária naquela porção de terra em que edificado o empreendimento; d) não há evidências de ameaça ao equilíbrio ecológico, fim último das regras de direito ambiental, pois é pouca e imprecisa a repercussão ambiental da supressão de cobertura vegetal realizada pela recorrida; e, ainda, há notícia nos autos de que, em frente ao empreendimento, remanesce importante e significativa área de preservação devidamente

> delimitada e identificada com placas alertando para a sua condição jurídico-ambiental, o que minimiza qualquer temor de descompensação ambiental na região. 3. O empreendimento foi licenciado pelos órgãos competentes, tendo, inclusive, a FATMA expedido Licença Ambiental Prévia. A procura da aquiescência dos órgãos públicos, até mesmo daquele de controle ambiental estadual, evidencia a boa-fé da empresa construtora e desengana a possibilidade da sua responsabilização. 4. Havendo disposição na sentença que reconhece a nulidade dos autos de infração e de embargo da obra exarados pelo IBAMA, o que, evidentemente, discrepa do pedido inicial formulado no sentido do reconhecimento do dano ambiental, resta configurada a clássica hipótese de decisão extra petita, cuja solução recomenda é a glosa parcial do julgado, o que, vale dizer, pode ser feita mesmo ex officio, sem prejuízo de que tal declaração de nulidade seja posteriormente reivindicada. (Grifo acrescido. TRF4, AC 2003.72.00.004185-0, TERCEIRA TURMA, Relator LUIZ CARLOS DE CASTRO LUGON, DJ 04.10.2006)

2.2.2 Faixas marginais de cursos d'água (inciso I do artigo 4º)

O inciso I do artigo 4º da Lei nº 12.651/12 considera área de preservação permanente:

> Art. 4º [...] I – as faixas marginais de qualquer curso d'água natural perene e intermitente, excluídos os efêmeros, desde a borda da calha do leito regular, em largura mínima de:
>
> a) 30 (trinta) metros, para os cursos d'água de menos de 10 (dez) metros de largura;
>
> b) 50 (cinquenta) metros, para os cursos d'água que tenham de 10 (dez) a 50 (cinquenta) metros de largura;
>
> c) 100 (cem) metros, para os cursos d'água que tenham de 50 (cinquenta) a 200 (duzentos) metros de largura;
>
> d) 200 (duzentos) metros, para os cursos d'água que tenham de 200 (duzentos) a 600 (seiscentos) metros de largura;
>
> e) 500 (quinhentos) metros, para os cursos d'água que tenham largura superior a 600 (seiscentos) metros;

Faixa marginal de curso d'água

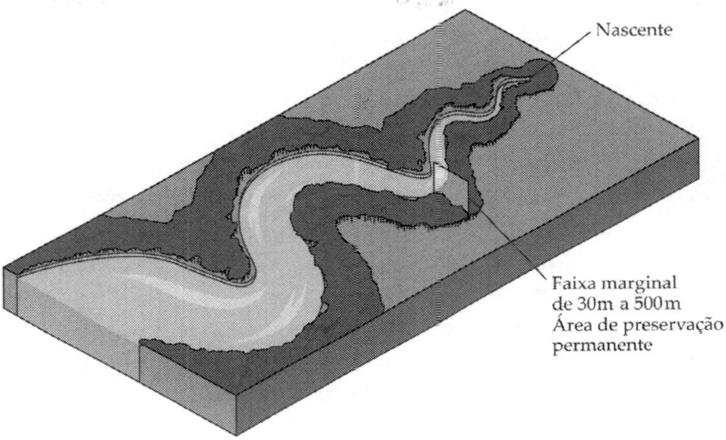

O dispositivo veicula uma série de critérios importantes para sua adequada intelecção.

Primeiro, como dito, destaca-se o já citado objeto da norma. Antes, na vigência da Lei nº 4.771/65, o objeto de proteção eram *as florestas e demais formas de vegetação natural situadas ao longo dos rios ou de qualquer curso d'água*. Agora, o inciso I do artigo 4º da Lei nº 12.651/12 protege a faixa marginal do curso d'água, sem menção à cobertura vegetal. Sobre as implicações dessa alteração remetemos o leitor à seção precedente.

Além disso, o inciso I do artigo 4º da Lei nº 12.651/12 qualifica o elemento hídrico cuja faixa marginal se pretende proteger (um curso d'água natural, perene e intermitente), altera o marco espacial de medição da área de preservação permanente (borda da calha do leito regular) e consolida os respectivos distanciamentos.

2.2.2.1 Hipótese de incidência do dispositivo

A alínea "a" do artigo 2º da Lei nº 4.771/65 qualificava como de preservação permanente a cobertura vegetal situada nas faixas marginais de cursos d'água. O dispositivo fazia menção a uma denominação usual de cursos d'água, os *rios*, tratando os conceitos como sinônimos. Outrossim, o dispositivo não era claro quanto ao seu alcance em cursos d'água artificiais, tampouco àqueles corpos hídricos não permanentes.

O inciso I do artigo 4º da Lei nº 12.651/12 trata o assunto de modo mais detalhado. Primeiro, o dispositivo preceitua que se aplica à faixa marginal de qualquer curso d'água, sem menção expressa aos rios.

Na geologia, autores como Antônio Teixeira Guerra e Antônio José Teixeira Guerra efetivamente identificam o curso d'água como um rio.[104] Não obstante, o rio é uma dentre diversas denominações atribuídas a um curso d'água em determinadas regiões do país. Em diversas localidades, denomina-se o curso d'água como córrego, riacho, ribeirão, arroio, sanga etc.[105]

O curso d'água, sinteticamente, pode ser entendido como um canal por onde escoa a água. Esse canal pode ser natural ou pode ter sido executado artificialmente, pela força humana. O escoamento da água sobre o canal pode ser permanente, periódico ou temporário. E a água pode ser proveniente do subsolo ou de escoamento superficial. Trata-se de variáveis que possuem implicações relevantes na definição das áreas de preservação permanente.

Primeiro, sobre a natureza do canal, o inciso I do artigo 4º da Lei nº 12.651/12 diz, expressamente, que deve se tratar de um curso d'água *natural*. Isso exclui da incidência do dispositivo os canais *artificiais*, isto é, aqueles construídos pelo homem para escoamento de águas pluviais (proveniente da chuva) e afins, como valas de drenagem, por exemplo.

A previsão é importante porque resolve uma controvérsia relevante, existente na vigência da Lei nº 4.771/65. Na redação da alínea "a" do artigo 2º da Lei nº 4.771/65, não estava expresso se o dispositivo também incidia sobre cursos d'água *artificiais*. A lacuna da lei induziu a duas interpretações distintas: de um lado, havia quem defendesse sua aplicação também aos cursos d'água produzidos artificialmente, sob o argumento de que o objeto de proteção da norma eram as matas ciliares dos cursos d'água, qualquer que fosse a origem deles; de outro lado, prevalecia o entendimento de que a alínea "a" do artigo 2º da Lei

---

[104] GUERRA; GUERRA, 2008, p. 544.

[105] Cláudio João Barreto dos Santos e outros identificaram as seguintes denominações de cursos d'água no território nacional: Arroio, Água, Aguinha, Braço, Córgão, Corguinho, Corixão, Corixinho, Corixo, Córregão, Córrego, Corregozinho, Esgotinho, Esgoto, Igarapé, Igarapezinho, Ipixuna, Lajeado, Lajeadinho, Lajeadão, Riacho, Riachinho, Riachão, Ribeirão, Ribeirãozinho, Riozinho, Sanga, Valão, Vazante, Vazantinha (SANTOS, 2017).

nº 4.771/65 não se aplicava aos cursos artificiais porque, dentre outros argumentos, quando assim o quis (isto é, quando a legislação pretendeu estender seus efeitos a corpos hídricos artificiais) a lei expressamente o fez (alínea "b" do artigo 2º da Lei nº 4.771/65: ao redor das lagoas, lagos ou reservatórios d'água naturais ou artificiais). Agora, pela redação do inciso I do artigo 4º da Lei nº 12.651/12, o âmbito de incidência do dispositivo, inequivocamente, são as faixas marginais de cursos d'água *naturais*.[106]

Percebe-se que o dispositivo não resolve, de modo expresso, a questão das faixas de preservação permanente ao longo de cursos d'água naturais que, eventualmente, tenham sofrido intervenção humana, comumente feitas para retificação de seu traçado original ou para prevenção de erosão das faixas marginais.

Um entendimento é de que tais intervenções não descaracterizam a origem natural do curso d'água, tampouco desqualificam as áreas de preservação permanente nas suas faixas marginais, posto que ainda está presente a necessidade de se assegurar a proteção das matas ciliares (que, em última instância, previnem a evaporação das águas, erosão e assoreamento do curso, entre outras funções relevantes).

Outra interpretação, que nos parece mais acertada, investiga o grau de antropização do curso d'água para apurar (i) se ainda são verificadas funções ambientais e; (ii) o proveito ambiental de se exigir a observância das restrições nas faixas marginais.

Além de natural, outro fator importante é o regime de escoamento das águas. O inciso I do artigo 4º da Lei nº 12.651/12 aplica-se a cursos d'água perenes e intermitentes, excluídos os efêmeros. De acordo com Miguel Antônio Durlo e Fabrício Jaques Sutili:

> Canais perenes são os que possuem escoamento permanente, independente das estações do ano, períodos ou regimes de precipitação. Já os cursos de água intermitentes possuem um regime de escoamento que só ocorre em determinadas épocas do ano. Os canais efêmeros apresentam escoamento apenas durante as maiores precipitações, cessando seu fluxo pouco tempo após as chuvas.[107]

---

106 Nesse sentido, a Lei Estadual nº 14.675/09 de Santa Catarina (Código Ambiental) vai além e discrimina, expressamente, o seguinte: "Art. 119-C. Não são consideradas APPs, as áreas cobertas ou não com vegetação: III – nas faixas marginais de canais, valas, galerias de drenagem ou de irrigação e talvegues de escoamento de águas da chuva".

107 DURLO; SUTILI, 2012, p. 25.

Abre-se um parêntese para anotar que referidas definições foram acolhidas nos incisos XII a XIV do Decreto Federal nº 7.830/12, que dispõem, dentre outros assuntos, sobre o Cadastro Ambiental Rural.[108]

Enfim, só são qualificadas como de preservação permanente as faixas marginais de cursos d'água natural que possuam escoamento permanente ou ocorrente em determinadas épocas do ano. As faixas marginais de canais que escoam águas apenas durante épocas de maiores precipitações não são consideradas de preservação permanente para os efeitos da lei.

Por fim, o terceiro elemento importante para definir a área de preservação permanente na faixa marginal de cursos d'água diz respeito à fonte da água que escoa no canal. Por uma interpretação sistemática da Lei nº 12.651/12, não se considera curso d'água natural, para efeito de classificar suas margens como áreas de preservação permanente, o canal que escoa águas de origem pluvial, da chuva. Isso porque, nas definições constantes no artigo 2º da Lei nº 12.651/12, conceitua-se a *nascente* da seguinte forma: "Art. 2º [...] XVII – nascente: afloramento natural do lençol freático que apresenta perenidade e dá início a um curso d'água;"

O inciso XVII do artigo 2º da Lei nº 12.651/12, portanto, considera que o curso d'água tem início a partir de um afloramento natural do lençol freático. Significa dizer, a *contrariu sensu*, que a água que escoa de um curso d'água deve ser proveniente de nascentes, isto é, de afloramentos naturais de água subterrânea. Por ilação lógica, os cursos d'água devem, obrigatoriamente, ser relacionados a uma nascente e alimentados por ela. Se a fonte de alimentação do curso d'água for outra, como acumulações de águas superficiais, a faixa marginal do canal não é considerada área de preservação permanente. Esse é o entendimento, por exemplo, da Agência Nacional de Águas constante na Portaria nº 149/15:

> Curso d'água: conjunto de trechos de drenagem contínuos que, tomados a partir da foz, são reunidos no sentido de jusante para montante, seguindo sempre pelo trecho de drenagem de maior área de contribuição hidrográfica a montante em cada confluência até se *alcançar a respectiva nascente* (Grifo acrescido).

---

[108] "Art. 2º [...] XII – rio perene – corpo de água lótico que possui naturalmente escoamento superficial durante todo o período do ano;
XIII – rio intermitente – corpo de água lótico que naturalmente não apresenta escoamento superficial por períodos do ano;
XIV – rio efêmero – corpo de água lótico que possui escoamento superficial apenas durante ou imediatamente após períodos de precipitação".

2.2.2.2 O marco espacial de medição das faixas marginais

O dispositivo conceitua as faixas marginais de cursos d'água naturais, excluídos os efêmeros, como áreas de preservação permanente. Por *faixa marginal* deve ser entendida a margem, a área que segue o contorno do leito do curso d'água. O inciso I do artigo 4º da Lei nº 12.651/12 não restringe as áreas de preservação permanente à cobertura vegetal ocorrente nestes espaços, como acontecia na alínea "a" do artigo 2º da Lei nº 4.771/65. Agora, a própria faixa marginal, recoberta ou não por vegetação nativa ou floresta, é considerada de preservação permanente. Neste sentido é a posição de Édis Milaré:

> Em outro dizer, o novo diploma deixa claro que a proteção se dá tendo em mira o espaço territorial delimitado pelos parâmetros que estabelece, sem consideração especial sobre a ocorrência ou qualidade da cobertura vegetal eventualmente presente no espaço protegido. Isto é, não há mais que se falar em florestas ou demais formas de vegetação para que sejam caracterizadas as APPs, sendo condição única para tal que esse espaço físico esteja inserido nos limites indicados na lei.[109]

A faixa marginal dos cursos d'água é medida a partir da borda da calha do leito regular. O inciso XIX do artigo 2º da Lei nº 12.651/12 conceitua o *leito regular como a calha por onde correm regularmente as águas do curso d'água durante o ano*. A borda da calha do leito – a partir de onde se medem as distâncias preconizadas nas cinco alíneas do inciso I do artigo 4º da Lei nº 12.651/12 – seria, nesta linha de interpretação, o exato limite do canal onde escoa regularmente a água durante o ano.

Com essa previsão o inciso I do artigo 4º da Lei nº 12.651/12 altera, de modo significativo, a metodologia de aferição dos distanciamentos das faixas marginais qualificadas como de preservação permanente antes veiculada na alínea "a" do artigo 2º da Lei nº 4.771/65. Pela redação da lei revogada, a faixa marginal era medida a partir do nível *mais alto* do curso d'água. Isso pressupunha não só o acompanhamento do comportamento do curso d'água em época de cheias, mas também a influência de condições climáticas extraordinárias. O que interessava era aferir o nível mais alto do curso d'água, condição que não refletia o padrão normal, habitual, do curso. Dada a dificuldade prática deste critério no cotidiano, muitas áreas de preservação permanente

[109] MILARÉ, 2015, p. 1312.

acabavam sendo delimitadas a partir do nível do curso d'água no momento da sua aferição.

Pelo critério anterior, nos terrenos com faixas marginais de declividade acentuada, a variação de nível do curso d'água (entre o nível médio normal e o nível mais alto) poderia representar pouca repercussão na delimitação das áreas de preservação permanente. Não obstante, nas faixas marginais de baixa declividade, variações de centímetros no nível do curso d'água poderiam representar o avanço, em terra, de porções significativas de áreas de preservação permanente. Em sentido similar, Frederico Amado anota:

> Evidentemente, a linha da borda da calha regular do leito do curso d'água é mais recuada do que o seu nível mais alto em faixa marginal alcançado por ocasião da cheia sazonal perene ou intermitente. Por isso, discretamente, o novo CFLo recuou as matas ciliares, promovendo um lamentável retrocesso na proteção florestal ao longo dos rios e demais cursos d'água, deixando desprotegidos inúmeros ecossistemas de áreas úmidas no Brasil.[110]

Justamente por conta desse argumento, a alteração do critério para medição da faixa marginal de curso d'água natural promovida pela Lei nº 12.651/12 foi objeto de discussão no julgamento das ADINs nºs 4.901, 4.902, 4.903 e 4.937 e da ADC nº 42. O Supremo Tribunal Federal declarou a constitucionalidade do novo critério para medição das faixas marginais – leito regular –, nos seguintes termos:

> [...] (c) Art. 3º, XIX (Alteração do conceito de leito regular): A legislação em vigor tão somente modificou o marco para a medição da área de preservação ambiental ao longo de rios e cursos d'água, passando a ser o leito regular respectivo, e não mais o seu nível mais alto. O legislador possui discricionariedade para modificar a metragem de áreas de preservação ambiental, na medida em que o art. 225, §1º, III, da Constituição, expressamente permite que a lei altere ou suprima "espaços territoriais e seus componentes a serem especialmente protegidos"; CONCLUSÃO: declaração de constitucionalidade do art. 3º, XIX, do novo Código Florestal [...].[111]

---

110 AMADO, 2016, p. 225.

111 ADIs nºs 4.901, 4.902, 4.903 e 4.937 e ADC nº 42. Relator Ministro Luiz Fux, Tribunal Pleno, julgado em 28.02.2018, publicado em 13.08.2019.

Não obstante a dificuldade da aferição do critério anterior – nível mais alto –, a definição do novo marco espacial para demarcação das faixas marginais ainda pode ser dificultosa porque, de igual modo, a identificação do canal (ou calha) por onde escoa regularmente a água durante o ano também pode ser tarefa complexa, em virtude, especialmente, das possíveis mudanças na forma dos canais advindas da interação entre as forças do fluxo e a resistência do sedimento do leito. A este propósito, tomam-se as observações de Antônio Christofoletti:

> À medida que se eleva o nível das águas, há aumento da velocidade e da força de cisalhamento que criam possibilidades para as forças erosivas remanejarem o material sedimentar do leito, promovendo o entalhamento do canal. Inversamente, como a carga detrítica que passa pela seção transversal é fornecida pela área montante, a diminuição gradativa no volume do fluxo vai permitindo a deposição da carga sedimentar transportada pelo rio, favorecendo a elevação do nível do leito. Entalhamento e deposição são dois processos que atuam modificando a forma do canal, promovendo ajustagem entre as diversas variáveis, em curto lapso de tempo. [...]
>
> Em virtude das características do material litológico que compõe o canal (grau de consolidação, composição granulométrica, imbricação, coesão e outras) há variabilidade na intensidade das alterações com as mudanças no débito. Alguns rios sofrem pequenas mudanças durante a cheia, apresentando entalhamento quando se elevam as águas e deposição quando elas se abaixam. No conjunto, praticamente, há manutenção da forma e do equilíbrio. A análise dessas modificações que acontecem na morfologia do canal envolve processos diversos e necessita de levantamentos minuciosos e contínuos para se verificar as transformações que ocorrem nas várias etapas das cheias [...]
>
> A topografia do leito em canais aluviais é mutável, apresentando deslocamentos com as mudanças no fluxo e alterações na forma do canal. Em virtude das descontinuidades no transporte dos sedimentos, pode-se observar que o entalhamento em determinado local é acompanhado pela deposição em lugar a jusante. Algumas vezes, inclusive, extensos trechos do rio sofrem erosão durante as cheias. Entretanto, no conjunto, há manutenção na distribuição espacial entre as depressões e as soleiras, embora seu posicionamento possa migrar. Em virtude dessa migração, uma mesma seção transversal pode sofrer entalhamento e, posteriormente, deposição. Outro fato característico é o de que, no mesmo perfil transversal, algumas partes podem estar sofrendo erosão enquanto em outras ocorre a sedimentação. As migrações laterais do canal são ativas nas áreas meândricas, onde as margens côncavas são solapadas enquanto as convexas recebem deposição de sedimentos.

> Tais procedimentos permitem inferir que o tamanho e as dimensões do canal fluvial podem ser relacionados à natureza dos sedimentos existentes no leito e nas margens. Entre as variáveis da geometria hidráulica, a relação entre a largura e a profundidade (F) é utilizada como parâmetro para descrever a forma do canal. Os valores dessa relação variam ao longo do mesmo curso d'água, servindo de exemplo o caso do rio Smoky Hill, em Kansas, pois quando recebe tributários fornecendo carga de sedimentos em suspensão, a largura diminui, e, quando os afluentes fornecem cargas arenosas elevadas, há aumento da largura.[112]

A aferição da calha do leito regular do curso d'água envolve, portanto, o monitoramento dos processos de erosão e deposição do material sedimentar do leito e margens, que ocorre de modo diferente em época de cheia e baixa do volume d'água e que também depende da natureza dos sedimentos existentes.

Paulo de Bessa Antunes pontua a referida dificuldade nos seguintes termos:

> A concepção de leito regular como aquele leito pelo qual o rio flui durante o ano merece crítica, pois a variação das chuvas, secas e outros fatores faz com que o leito dos rios se desloque durante o ciclo anual. Assim, podemos falar em um leito médio, jamais em um leito regular, como se ele permanecesse estático durante todo o ano. A questão se agrava quando nos deparamos com os rios intermitentes, os quais simplesmente desaparecem durante determinado período do ano (estação seca); aqui o conceito estabelecido na norma, simplesmente, é inaplicável.[113]

Acerca das ponderações de Paulo de Bessa Antunes, importante ressaltar a diferença entre o leito do curso e o volume de água. O volume, evidentemente, pode influenciar na conformação do leito. Todavia, parece-nos que em muitos casos seria possível identificar o leito regular (talvegue) mesmo sem fluxo de água.

2.2.2.3 Dimensões das faixas marginais

Definido o leito regular do curso d'água – atividade que pode depender do monitoramento do comportamento do curso em épocas

---

112 CHRISTOFOLETTI, 1981, p. 85-89.

113 ANTUNES, 2014, p. 110.

de cheia e baixa do volume de água – é possível identificar a borda ou calha do canal. As distâncias das áreas de preservação permanente indicadas nas alíneas do inciso I do artigo 4º da Lei nº 12.651/12 devem ser contadas perpendicularmente, em ângulo reto, à calha do canal.

As alíneas "a" até "e" do inciso I do artigo 4º da Lei nº 12.651/12 prescrevem distanciamentos de áreas de preservação permanente variáveis de acordo com a largura do curso d'água:

Largura do curso	Faixa marginal caracterizada como APP
Até 10 metros	30 metros
10 metros até 50 metros	50 metros
50 metros até 200 metros	100 metros
200 metros até 600 metros	200 metros
600 metros e mais	500 metros

Considerando que os cursos d'água podem ter largura variável em toda sua extensão, a área de preservação permanente da faixa marginal do curso d'água acompanha, portanto, a variação da largura do curso d'água na sua exata distribuição espacial.Digno de nota é que o inciso I do artigo 4º da Lei nº 12.651/12 manteve os mesmos afastamentos das faixas marginais de cursos d'água previstos na última redação vigente da Lei nº 4.771/65 (dada pela Lei nº 7.803/89). Vale lembrar que as metragens de áreas de preservação permanente, na Lei nº 4.771/65, sofreram pelo menos duas alterações.

Na redação original da Lei nº 4.771/65, as metragens das faixas marginais variavam de 5 metros (para os cursos com menos de 10 metros de largura) até 100 metros (para cursos superiores a 200 metros de largura):

> Art. 2º Consideram-se de preservação permanente, pelo só efeito desta Lei, as florestas e demais formas de vegetação natural situadas:
>
> a) ao longo dos rios ou de outro qualquer curso d'água, em faixa marginal cuja largura mínima será:
>
> 1-de 5 (cinco) metros para os rios de menos de 10 (dez) metros de largura:
>
> 2-igual à metade da largura dos cursos que meçam de 10 (dez) a 200 (duzentos) metros de distancia entre as margens;
>
> 3-de 100 (cem) metros para todos os cursos cuja largura seja superior a 200 (duzentos) metros.

Em 1986, a Lei nº 7.511 alterou os limites mínimos previstos na alínea "a" do artigo 2º da Lei nº 4.771/65, para os seguintes parâmetros:

> Art. 2º Consideram-se de preservação permanente, pelo só efeito desta Lei, as florestas e demais formas de vegetação natural situadas:
>
> a) ao longo dos rios ou de outro qualquer curso d'água, em faixa marginal cuja largura mínima será:
>
> 1. de 30 (trinta) metros para os rios de menos de 10 (dez) metros de largura;
>
> 2. de 50 (cinquenta) metros para os cursos d'água que tenham de 10 (dez) a 50 (cinquenta) metros de largura;
>
> 3. de 100 (cem) metros para os cursos d'água que meçam entre 50 (cinquenta) e 100 (cem) metros de largura;
>
> 4. de 150 (cento e cinquenta) metros para os cursos d'água que possuam entre 100 (cem) e 200 (duzentos) metros de largura; igual à distância entre as margens para os cursos d'água com largura superior a 200 (duzentos) metros;

A constatação acima é de suma importância, especialmente para as intervenções eventualmente feitas nas faixas marginais entre os interregnos de 1965-1986, 1986-1989 e 1989 até os dias atuais. Em cada um desses períodos vigeu distanciamento distinto para as áreas de preservação permanente nas faixas marginais de curso d'água.

Como exposto na seção precedente (2.2.1), é indispensável atentar à aplicação intertemporal do Direito para saber se a superveniência de regra mais restritiva tem ou não incidência sobre áreas já alteradas, especialmente quando essa alteração era tida por lícita.

Via de regra, entendemos que se a alteração promovida na área era lícita, realizada quando o espaço não era tido por protegido como área de preservação permanente, o uso antrópico pode ser mantido e, eventualmente, alterado. Os argumentos em defesa dessa orientação, como dito, são a máxima do *tempus regit actum* (o tempo rege o ato), os efeitos prospectivos da norma jurídica (e a vedação de sua aplicação retroativa), a proteção do existente, entre outros. Sobre o assunto remetemos o leitor à seção 2.2.1.

Jurisprudência

> [...] ÁREA DE PRESERVAÇÃO PERMANENTE CILIAR 2. Primigênio e mais categórico instrumento de expressão e densificação da "efetividade" do "direito ao meio ambiente ecologicamente equilibrado", a Área de

Preservação Permanente ciliar (= APP ripária, ripícola ou ribeirinha), pelo seu prestígio ético e indubitável mérito ecológico, corporifica verdadeira trincheira inicial e última – a bandeira mais reluzente, por assim dizer – do comando maior de "preservar e restaurar as funções ecológicas essenciais", prescrito no art. 225, §1º, I, da Constituição Federal. 3. Aferrada às margens de rios, córregos, riachos, nascentes, charcos, lagos, lagoas e estuários, *intenta a APP ciliar assegurar, a um só tempo, a integridade físico-química da água, a estabilização do leito hídrico e do solo da bacia, a mitigação dos efeitos nocivos das enchentes, a barragem e filtragem de detritos, sedimentos e poluentes, a absorção de nutrientes pelo sistema radicular, o esplendor da paisagem e a própria sobrevivência da flora ribeirinha e fauna.* Essas funções multifacetárias e insubstituíveis elevam-na ao status de peça fundamental na formação de corredores ecológicos, elos de conexão da biodiversidade, genuínas veias bióticas do meio ambiente. Objetivamente falando, a vegetação ripária exerce tarefas de proteção assemelhadas às da pele em relação ao corpo humano: faltando uma ou outra, a vida até pode continuar por algum tempo, mas, no cerne, muito além de trivial mutilação do sentimento de plenitude e do belo do organismo, o que sobra não passa de um ser majestoso em estado de agonia terminal. 4. Compreensível que, com base nessa ratio ético-ambiental, o legislador caucione a APP ripária de maneira quase absoluta, colocando-a no ápice do complexo e numeroso panteão dos espaços protegidos, ao prevê-la na forma de superfície intocável, elemento cardeal e estruturante no esquema maior do meio ambiente ecologicamente equilibrado. *Por tudo isso, a APP ciliar qualifica-se como território non aedificandi. Não poderia ser diferente, hostil que se acha à exploração econômica direta, desmatamento ou ocupação humana* (com as ressalvas previstas em lei, de caráter totalmente excepcional e em numerus clausus, v.g., utilidade pública, interesse social, intervenção de baixo impacto). [...] (Grifo acrescido. STJ, Recurso Especial nº 1245149. Relator Ministro Herman Benjamin, Segunda Turma. Julgado em 09.10.12)

AGRAVO DE INSTRUMENTO – AÇÃO CIVIL PÚBLICA AMBIENTAL – LIMINAR PARCIALMENTE DEFERIDA EM SEDE DE RECONSIDERAÇÃO – ABANDONO E ISOLAMENTO IMEDIATO DA ÁREA DE PRESERVAÇÃO PERMANENTE, BEM COMO A CESSAÇÃO DE SUPRESSÃO DE VEGETAÇÃO NATIVA – *APLICAÇÃO DO NOVO CÓDIGO FLORESTAL À ESPÉCIE (LEIS Nº 12.651/12 E 12.727/12)– FAIXAS MARGINAIS – MEDIÇÃO A PARTIR DA BORDA DA CALHA DO LEITO REGULAR (ART. 4º, I)* – RECURSO NÃO PROVIDO, COM OBSERVAÇÃO. Diante dos elementos e documentos apresentados, que revelam incontrovérsia acerca da utilização de áreas de preservação permanente por meio da supressão de cobertura vegetal, vê-se que, "in casu", conquanto verificados danos ambientais na área objeto da ação ajuizada, a medição das faixas marginais a serem consideradas quanto às APPs deve considerar o disposto no art. 4º, I, do novo Código Florestal (Lei nº 12.651/2012), qual seja, *devem ser medidas a partir da borda da calha do leito regular*, sendo de rigor, no mais, a observância da novel legislação quando da realização de novas vistorias no local, fato que inclusive exclui, por ora, a obrigação de apresentar ao órgão ambiental competente, no prazo de 90 dias, plano de recuperação das áreas de preservação permanente. Logo, tendo sido reconsiderada pelo MM. juiz "a quo", após a interposição do presente recurso, a decisão relacionada ao item voltado à obrigação de não fazer, de rigor o não provimento do recurso, mas com observação. (Grifo acrescido. TJSP, AI nº 2125694-23.2015.8.26.0000, Relator: Paulo Ayrosa, Data de Julgamento: 15.10.2015, 2ª Câmara Reservada ao Meio Ambiente, Data de Publicação: 20.10.2015)

[...] 1. Exceto nos casos de comprovada utilidade pública ou interesse social, a Lei 4.771/65 (Código Florestal) literalmente proíbe a supressão e o impedimento de regeneração da Mata Ciliar, qualquer que seja a largura do curso d'água.

2. A proteção legal como Área de Preservação Permanente ciliar estende-se não só às margens dos "rios", mas também às que se encontram ao longo de "qualquer curso d'água" (Código Florestal, art. 2º, "a", grifei), aí incluídos riachos, córregos, veios d'água, brejos e várzeas, lagos, represas, enfim, todo o complexo mosaico hidrológico que compõe a bacia.

3. *O regime jurídico das Áreas de Preservação Permanente ciliares é universal, no duplo sentido de ser aplicável à totalidade dos cursos d'água existentes no território nacional – independentemente da sua vazão ou características hidrológicas – e de incidência tanto nas margens ainda cobertas de vegetação (Mata Ciliar, Mata Ripária, Mata de Galeria ou Mata de Várzea), como naquelas já desmatadas e que, por isso mesmo, precisam de restauração.*

4. *Ao juiz descabe afastar a exigência legal de respeito à manutenção de Mata Ciliar, sob o argumento de que se está diante de simples "veio d'água", raciocínio que, levado às últimas consequências, acabaria por inviabilizar também a tutela das nascentes ("olhos d'água"). Mais do que nos grandes rios, é exatamente nesses pequenos cursos d'água que as Matas Ciliares cumprem o papel fundamental de estabilização térmica, tão importante à vida aquática, decorrente da interceptação e absorção da radiação solar.*

5. A Constituição Federal ampara os processos ecológicos essenciais, entre eles as Áreas de Preservação Permanente ciliares. Sua essencialidade decorre das funções ecológicas que desempenham, sobretudo na conservação do solo e das águas. Entre elas cabe citar a) proteção da disponibilidade e qualidade da água, tanto ao facilitar sua infiltração e armazenamento no lençol freático, como ao salvaguardar a integridade físico-química dos corpos d'água da foz à nascente, como tampão e filtro, sobretudo por dificultar a erosão e o assoreamento e por barrar poluentes

e detritos, e b) a manutenção de habitat para a fauna e formação de corredores biológicos, cada vez mais preciosos em face da fragmentação do território decorrente da ocupação humana.

6. *Seria um despropósito tutelar apenas as correntes mais caudalosas e as nascentes, deixando, no meio das duas, sem proteção alguma exatamente o curso d'água de menor volume ou vazão.* No Brasil a garantia legal é conferida à bacia hidrográfica e à totalidade do sistema ripário, sendo irrelevante a vazão do curso d'água. O rio não existe sem suas nascentes e multifacetários afluentes, mesmo os menores e mais tênues, cuja estreiteza não reduz sua essencialidade na manutenção da integridade do todo. [...] (Grifo acrescido. STJ, Recurso Especial nº 176.753/SC, Rel. Ministro Herman Benjamin, Segunda Turma. Julgado em 07.02.08)

AGRAVO DE INSTRUMENTO – AÇÃO CIVIL PÚBLICA AMBIENTAL – LIMINAR DEFERIDA – ABSTENÇÃO DE QUAISQUER PRÁTICAS NA PROPRIEDADE EM ÁREA DE APP – CABIMENTO – *APLICAÇÃO DO NOVO CÓDIGO FLORESTAL À ESPÉCIE (LEIS Nº 12.651/12 E 12.727/12)– FAIXAS MARGINAIS – MEDIÇÃO A PARTIR DA BORDA DA CALHA DO LEITO REGULAR (ART. 4º, I)* – RECURSO PARCIALMENTE PROVIDO PARA TAL FIM. Diante dos elementos e documentos apresentados, vê-se que, "in casu", conquanto verificados danos ambientais na área objeto da ação ajuizada, *a medição das faixas marginais a serem consideradas quanto às APPs deve se dar por meio do art. 4º, I, do novo Código Florestal (Lei nº 12.651/2012), qual seja, devem ser medidas a partir da borda da calha do leito regular*, sendo de rigor, no mais, a observância da novel legislação quando da realização de novas vistorias no local, mantida a aplicação da multa diária imposta na decisão. (Grifo acrescido. TJSP, Agravo de Instrumento nº 2195610-13.2016.8.26.0000, Relator Desembargador Paulo Ayrosa, 2ª Câmara Reservada ao Meio Ambiente. Julgado em 01.12.16)

[...] Entretanto, ainda que não tenha tido uma alteração substancial entre as leis, *certo é que o cômputo do início da área se alterou, não mais devendo ser feito a partir do leito maior sazonal, mas sim da "borda da calha do leito regular", conforme expressamente previsto no art. 4º do atual Código Florestal*, o que não impede o cumprimento da liminar. [...] (Grifo acrescido. TJSP, Agravo de Instrumento nº 2013151-14.2014.8.26.0000, Relator Desembargador Álvaro Passos, 2ª Câmara Reservada ao Meio Ambiente. Julgado em 15.05.14)

[...] *E, ainda que o curso d'água que corta o terreno não seja proveniente das nascentes e sim das águas pluviais, isso não descaracteriza como área de preservação permanente.* E o desmatamento e a simples construção em faixa marginal de curso d'água já comprovam a supressão de vegetação ciliar, impedindo a sua regeneração, bem como a impermeabilização do solo. (Grifo acrescido. TRF2, Apelação Cível nº 2004.51.01.014288-8. Relator Desembargador Guilherme Couto De Castro, julgado 15.08.10)

AÇÃO CIVIL PÚBLICA AMBIENTAL – DEPÓSITO DE ENTULHO EM IMÓVEL DE PROPRIEDADE DOS RÉUS – *AUSÊNCIA DE COMPROVAÇÃO DE QUE SE TRATA DE ÁREA DE PRESERVAÇÃO PERMANENTE – CURSO D'ÁGUA EM TALVEGUE – POSSIBILIDADE DE QUE SE TRATA DE ACÚMULO DE ÁGUAS PLUVIAIS* – SENTENÇA DE PARCIAL PROCEDÊNCIA COM O FIM DE CONDENAR OS RÉUS A RETIRAR OS ENTULHOS – CONFIRMAÇÃO – RECURSO NÃO PROVIDO. Conquanto comprovado o depósito de entulhos (resíduos sólidos) em imóvel de propriedade dos réus, não restou demonstrado que nele há área de preservação permanente em razão da dúvida acerca da origem do curso d'água presente no talvegue, que pode ser de águas pluviais advindas das vias que circundam o imóvel, sendo considerado, portanto, efêmero, à luz do art. 4º, I, da Lei nº 12.651/2012. Ademais, tendo sido também constatado que a vegetação nativa contida no imóvel foi regenerada, de rigor era mesmo a condenação dos réus a tão-somente proceder à retirada dos entulhos do local e a se absterem de efetuar novos depósitos de resíduos, sendo de rigor o não provimento recursal. (Grifo acrescido. TJSP, Apelação nº 3005739-54.2013.8.26.0063, Relator Desembargador Paulo Ayrosa, 2ª Câmara Reservada ao Meio Ambiente. Julgado em 21.05.15)

ADMINISTRATIVO – AÇÃO DE NUNCIAÇÃO DE OBRA NOVA C/C DEMOLITÓRIA – *EDIFICAÇÃO EM ÁREA DE PRESERVAÇÃO PERMANENTE – INOCORRÊNCIA – CÓRREGO DESTINADO A DAR VAZÃO À ÁGUA DE LAGO ARTIFICIAL – POSTERIOR CANALIZAÇÃO* [...]. (Grifo acrescido. TJSC, Reexame Necessário nº 2011.018509-6, Relator Desembargador Jaime Ramos. Julgado em 07.07.11)

APELAÇÃO CÍVEL – AÇÃO CIVIL PÚBLICA AFORADA PELO MINISTÉRIO PÚBLICO ESTADUAL – DIREITO AMBIENTAL – *CURSO D'ÁGUA ARTIFICIAL FORMADO POR PROBLEMAS DE ESCOAMENTO E DRENAGEM DE ÁGUAS PLUVIAIS – INEXISTÊNCIA DE ÁREA DE PRESERVAÇÃO PERMANENTE E DE VEGETAÇÃO NATIVA* – [...] (Grifo acrescido. TJSC, Apelação Cível nº 2010.036659-0, Relator Desembargador Cid Goulart. Julgado em 31.05.11)

ÁREA DE PRESERVAÇÃO PERMANENTE OU DE VALOR ECOLÓGICO – CURSO D ÁGUA – INEXISTÊNCIA DE NASCENTE – ZONA URBANA. *Só é de preservação permanente e com valor ecológico, as margens de curso d água natural, perene e intermitente. São naturais, os córregos produzidos por nascentes, ficando excluídos os canais construídos para escoar águas pluviais, canalização de esgotos ou dar vazão à água proveniente das lavouras de arroz.* Interpretação que se dá ao inc. I do art. 4º da lei 12.651. Denúncia rejeitada. (Grifo acrescido. TJRS, Apelação Penal nº 70056680473, Relator Desembargador Gaspar Marques Batista, Quarta Câmara Criminal. Julgado em 13.03.14)

[...] *Tubulações e galerias de concreto não necessitam de proteção ambiental,* mas sim de restrições administrativas que lhes garantam a funcionalidade. (Grifo acrescido. TRF4, Recurso em Sentido Estrito nº 2004.72.00.014782-5, Relator Desembargador Luiz Fernando Wowk Penteado, Oitava Turma. Publicado em 16.09.10)

[...] *Não se trata de área de preservação permanente a gleba situada em curso de água artificial,* de acordo com a inteligência do Código Florestal. Precedentes desta Corte. [...] (Grifo acrescido. TRF4, Agravo nº 2009.04.00.024685-5, Relatora Desembargadora Silvia Maria Gonçalves Goraieb, Terceira Turma. Publicado em 14.04.10)

ADMINISTRATIVO. IBAMA. INTERDIÇÃO/EMBARGO DE PROPRIEDADE DEDICADA À CARCINICULTURA. ART. 2º, "A", DO CÓDIGO FLORESTAL. CURSO D'ÁGUA ARTIFICIAL. FATO INCONTROVERSO. A norma prevista no art. 2º, "a", do Código Florestal protege apenas as florestas e demais formas de vegetação situadas ao longo de cursos d'água *naturais, pois quando o Código pretendeu defender margens de corpos hídricos artificiais, foi utilizada redação expressa e induvidosa.* (Grifo acrescido. TRF4, Apelação Cível nº 2006.72.00.000271-6, Relatora Desembargadora Maria Lúcia Luz Leiria, Terceira Turma. Publicado em 11.09.09)

[...] A *vegetação ciliar ou ripária,* preservada na extensão de quinze metros em cada margem, estabelecida no art. 4.º, III, da Lei 6.766/79, *pressupõe águas correntes ou dormentes em leito e estado naturais. Quando o curso d'água já sofreu interferência pelo Poder Público e se encontra altamente degradado,* a ponto de, por questão de saúde pública, o local não ser habitável, salvo endutamento, tem-se que *desapareceu o objeto que o legislador pretendeu proteger por meio da preservação da vegetação ribeirinha naquela extensão.* Assim, não mais se aplica o dispositivo federal. Destarte, o órgão municipal competente pode autorizar, com base na legislação local, a redução da faixa non aedificandi para cinco metros em cada lado. [...] (Grifo acrescido. TJRS, Apelação Reexame Necessário nº 70008763955, Relator Desembargador Irineu Mariani, Primeira Câmara Cível. Julgado em 10.11.04)

APELAÇÃO CÍVEL. LOTE URBANO. CERTIDÃO DE VIABILIDADE DE CONSTRUÇÃO NEGADA PELA MUNICIPALIDADE. ÁREA DE PRESERVAÇÃO PERMANENTE-APP. CÓRREGO CANALIZADO E ATERRADO PELA ADMINISTRAÇÃO PÚBLICA. APP DESCARACTERIZADA. APELO PARCIALMENTE PROVIDO. 1. Feita a canalização do córrego pela Administração Pública, *a Área de Preservação Permanente APP ao longo do córrego, que se destinava a protegê-lo, perdeu a razão de ser e teve a função protetora completamente exaurida na parte canalizada* ou, em outras palavras, o inciso I, do art. 4º, da LF nº 12.651/2012, que visa à proteção das águas superficiais, deixa de ter aplicação nesta parte, pois não há água a preservar. 2. *A área de preservação permanente, neste caso específico, deixou de existir, assim como não passaria a existir se uma tubulação de água fosse passada por local onde antes água não havia.* 3. O art. 4º, inciso I, da LF nº 12.651/2012 visa à preservação das águas e da área que a vegetação protege em sua faixa marginal, mas não a proteção de vegetação isoladamente considerada. [...] (Grifo acrescido. TJAC, Apelação Cível nº 0703272-66.2014.8.01.0001, Relator Desembargador Júnior Alberto, Segunda Câmara Cível. Julgado em 17.12.15)

AGRAVO DE INSTRUMENTO – AÇÃO CIVIL PÚBLICA – IMPLANTAÇÃO DE LOTEAMENTO – *PARALISAÇÃO DA OBRA APENAS NA PARTE DO IMÓVEL QUE TOCA A CIRCUNSCRIÇÃO DE 30 (TRINTA) METROS DO CURSO D'ÁGUA NATURAL, CONFIGURADA COMO DE ÁREA DE PRESERVAÇÃO PERMANENTE (APP)* – APLICAÇÃO DO PRINCÍPIO DA PRECAUÇÃO – PROVIMENTO PARCIAL DO RECURSO PARA CONCEDER EM PARTE A LIMINAR NEGADA NO JUÍZO DE ORIGEM. (Grifo acrescido. TJSC, Agravo de Instrumento nº 2009.029875-0, Relator Desembargador Cláudio Barreto Dutra, Quarta Câmara de Direito Público. Julgado em 06.10.10)

EMBARGOS INFRINGENTES. Ação Civil Pública. Área de Preservação Permanente. *Perícia oficial que concluiu pela APP em extensão de 50 metros, ainda que se considerando o leito maior sazonal.* Ausentes motivos aptos a desqualificar o laudo realizado pela perita oficial. Sob o enfoque do atual Código Florestal, a APP também se mantém nos moldes estabelecidos na perícia oficial. [...] (Grifo acrescido. TJSP, Embargos Infringentes nº 0000705-84.2004.8.26.0219, Relator Desembargador Ruy Alberto Leme Cavalheiro, 1ª Câmara Reservada ao Meio Ambiente. Julgado em 20.06.13)

[...] VI. Nos termos do art. 2º, a, item 3, da L. 4.771 /1965, e arts. 3º e 4º, I, c , da L. 12.651 /2012, constituem Área de Preservação Permanente as florestas e demais formas de vegetação natural situadas ao longo dos rios ou de qualquer curso d'água desde o seu nível mais alto, em faixa marginal, cuja largura mínima será de 100 metros para os cursos d'água que tenham entre 50 e 200 metros de largura. VII. *Possuindo o Rio Pardo cerca de 200 metros de largura na região de Jardinópolis, e devendo, portanto, ser observada a Área de Preservação Permanente Ciliar de 100 metros*, constata-se a violação à legislação de proteção ambiental por parte do réu, pois a faixa por ele ocupada a 30 metros da margem fluvial não é passível de exploração, edificação, supressão de vegetação ou qualquer outra intervenção humana. [...] (Grifo acrescido. TRF3, Apelação Cível nº 0001390-42.2002.4.03.6102, Relatora Desembargadora Federal Alda Basto, Quarta Turma. Julgado em 23.08.13)

[...] As edificações se deram em área de preservação permanente ciliar (APP), localizada a menos de 200 metros da margem esquerda do Rio Grande, nos termos do auto de infração e do expediente administrativo n.º 1.34.015.000148/2002-11. – Nos termos dos artigos 3º e 4º, I, "c", da Lei nº 12.651/2012, constituem APP as florestas e demais formas de vegetação natural situadas ao longo dos rios ou de qualquer curso d'água desde o seu nível mais alto, em faixa marginal, cuja largura mínima será de 100 metros para os cursos d'água que tenham entre 50 e 200 metros de largura, e, *como detém o Rio Grande cerca de 200 metros de largura naquela região, deve ser observada a limitação legal mínima de 100 metros*, inerente à respectiva área de preservação permanente ciliar. [...] (Grifo acrescido. TRF3, Agravo de Instrumento nº 00434578220084030000, Relator Juiz Federal Convocado Marcelo Guerra, Quarta Turma. Julgado em 24.07.14)

[...] 6. O atual Código Florestal (Lei 12.651/2012) manteve o regramento previsto na Lei 4.771/1965, no tocante às áreas marginais de rios. 7. Na espécie, considerando a legislação aplicável e *a constatação da situação fática específica de que o rio Paraná possui largura variável entre 2.700 metros a 4.000 metros, consoante perícia técnica realizada, a área de preservação permanente a ser considerada é de 500 metros a partir da respectiva margem.* [...] (Grifo acrescido. TRF3, Apelação Cível nº 00026841620134036112, Relator Juiz Convocado Leonel Ferreira, Terceira Turma. Publicado em 14.04.16)

2.2.2.4 Faixas marginais de cursos d'água em áreas urbanas consolidadas. O movimento legislativo em resposta ao julgamento do Tema 1010 pelo Superior Tribunal de Justiça

A decisão que julgou o Tema 1010, do Superior Tribunal de Justiça, foi publicada em 10 de maio de 2021. Poucos dias depois, em

20 de maio de 2021, a Câmara dos Deputados retomou a discussão de um Projeto de Lei anterior, em tramitação desde 2019, que "altera a Lei nº 12.651, de 25 de maio de 2012, para dispor sobre as áreas de proteção permanente no perímetro urbano e nas regiões metropolitanas" (Projeto de Lei da Câmara nº 2510/2019).

A proposição original do Projeto de Lei da Câmara nº 2510/2019 inseria os parágrafos 10 e 11 ao artigo 4º do Código Florestal para atribuir aos Municípios (por meio de seus planos diretores e leis municipais de uso do solo) a prerrogativa de determinar a largura de "faixa de passagem de inundação" ao longo de cursos d'água natural em áreas urbanas.[114] A intenção da proposição original era oferecer um novo e particularizado referencial de não edificabilidade ao longo de cursos d'água natural no perímetro urbano, corrigindo uma possível inadequação decorrente da aplicação de iguais faixas de área de preservação permanente indiferentemente nos meios urbanos e rurais.[115]

O Projeto de Lei nº 2510/2019 foi aprovado na Câmara dos Deputados em 26 de agosto de 2021 e convertido na Lei nº 14.285/21. Na sua versão final, além da inclusão do §10 ao artigo 4º da Lei nº 12.651/2012, a Lei nº 14.285/21 incluiu um conceito legal para as áreas urbanas consolidadas[116] no inciso XXVI do artigo 3º da mesma Lei

---

[114] "Art. 4º [...] §10. Em áreas urbanas, as faixas marginais de qualquer curso d'água natural que delimitem a faixa de passagem de inundação terão sua largura determinada pelos respectivos planos diretores e leis municipais de uso do solo, ouvidos os conselhos estaduais e municipais de meio ambiente.
§11. Nas áreas urbanas, observar-se-á o disposto nos respectivos planos diretores e leis municipais de uso do solo".

[115] Da justificativa do Projeto de Lei da Câmara nº 2510/2019 destaca-se: "Na forma de presente projeto de lei, reapresento, com pequenos ajustes, proposição originalmente formulada pelo Deputado Valdir Colatto e arquivada em razão do disposto no art. 105 do Regimento Interno da Câmara dos Deputados. Refiro-me ao PL nº 6.830, de 2013, que atribui competência aos planos diretores e às leis de uso do solo para definir os limites das Áreas de Preservação Permanente (APP) localizadas em áreas urbanas, regiões metropolitanas e aglomerações urbanas.
A providência procura corrigir inadequação presente na Lei nº 12.651, de 2012 (Lei Florestal), que, em variados casos, fixa limites de APP iguais para zonas rurais e urbanas e admite intervenção ou a supressão de vegetação nativa em APPs somente nas hipóteses de utilidade pública, de interesse social ou de baixo impacto ambiental".

[116] "Art. 3º [...] XXVI – área urbana consolidada: aquela que atende os seguintes critérios:
a) estar incluída no perímetro urbano ou em zona urbana pelo plano diretor ou por lei municipal específica;
b) dispor de sistema viário implantado;
c) estar organizada em quadras e lotes predominantemente edificados;
d) apresentar uso predominantemente urbano, caracterizado pela existência de edificações residenciais, comerciais, industriais, institucionais, mistas ou direcionadas à prestação de serviços;

nº 12.651/12 e ajustes nas Leis nº 11.952/2009 (regularização de ocupações em área da União no âmbito da Amazônia legal) e nº 6.766/1997 (Lei de Parcelamento do Solo Urbano), tudo para sincronizá-las ao marco legal então proposto.

O §10 do artigo 4º da Lei nº 12.651/12, de acordo com a Lei nº 14.285/21, tem a seguinte redação:

> Art. 4º [...] §10. Em áreas urbanas consolidadas, ouvidos os conselhos estaduais, municipais ou distrital de meio ambiente, lei municipal ou distrital poderá definir faixas marginais distintas daquelas estabelecidas no inciso I do caput deste artigo, com regras que estabeleçam:
>
> I – a não ocupação de áreas com risco de desastres;
>
> II – a observância das diretrizes do plano de recursos hídricos, do plano de bacia, do plano de drenagem ou do plano de saneamento básico, se houver; e
>
> III – a previsão de que as atividades ou os empreendimentos a serem instalados nas áreas de preservação permanente urbanas devem observar os casos de utilidade pública, de interesse social ou de baixo impacto ambiental fixados nesta Lei.

Como se vê, a Lei nº 14.285/21 abandonou a ideia de criar uma nova categoria (a faixa de passagem de inundação) em substituição às áreas de preservação permanente. Preferiu, em seu lugar, permitir que os Municípios, satisfeitas determinadas condições, alterem em áreas urbanas consolidadas as dimensões das áreas de preservação permanente exclusivamente em relação às faixas marginais de cursos d'água natural, reduzindo-as em relação ao disposto no inciso I do artigo 4º da Lei nº 12.651/12. Para tanto, a área em questão deve ser qualificada como área urbana consolidada, devem ser ouvidos os conselhos de meio ambiente e o novo regramento deve, também, endereçar previsões sobre não ocupação de áreas com riscos de desastres, observar o que dizem os planos hídricos e de saneamento correlatos e prever a manutenção das hipóteses excepcionais de intervenção em área de preservação permanente.

---

e) dispor de, no mínimo, 2 (dois) dos seguintes equipamentos de infraestrutura urbana implantados:
1. drenagem de águas pluviais;
2. esgotamento sanitário;
3. abastecimento de água potável;
4. distribuição de energia elétrica e iluminação pública; e
5. limpeza urbana, coleta e manejo de resíduos sólidos".

O primeiro requisito determina que a localidade a ser objeto de especial definição de áreas de preservação permanente seja qualificada como área urbana consolidada. A jurisprudência que determinava a aplicação de metragens distintas das veiculadas na Lei nº 12.651/12 nas zonas urbanas já costumava, com frequência, recorrer à ideia de área urbana consolidada.

A Lei nº 14.285/21 alterou a definição legal então vigente para áreas urbanas consolidadas, veiculada no §2º do artigo 16-C da Lei nº 9.636/1998 (que trata da regularização, administração, aforamento e alienação de bens imóveis de domínio da União). Efetivamente, os requisitos para a caracterização de área urbana consolidada nos moldes previstos na Lei nº 14.285/21 parecem bastante razoáveis, adequados e compatíveis com a finalidade que se pretende regular.

A maior dificuldade operacional na sistemática concebida pela Lei nº 14.285/21 parece-nos que repousa na necessidade de oitiva dos conselhos de meio ambiente. A proposta prescreve que a definição das faixas marginais de cursos d'água a serem caracterizadas como área de preservação permanente em áreas urbanas consolidadas deve ser precedida da oitiva dos "conselhos estaduais, municipais ou distrital de meio ambiente".

A primeira dúvida consiste em saber em que circunstâncias deve ser ouvido o conselho estadual de meio ambiente, especialmente em se tratando de uma iniciativa legislativa municipal. O uso de vírgula entre as expressões "conselhos estaduais" e "municipais", e não uma conjunção (conjunção aditiva "e" ou conjunção alternativa "ou") parece contribuir para essa indeterminação.

Uma primeira opção seria reputar que o município deve ouvir ambos os conselhos, isto é, o seu próprio, municipal e, em acréscimo, o conselho estadual. A necessidade de os municípios colherem prévia manifestação de conselhos estaduais de meio ambiente, vale dizer, não é uma novidade em nosso ordenamento. Isso já ocorre na Lei Complementar nº 140/2011 (Lei de Competências Ambientais), ao prever que cabe aos conselhos estaduais de meio ambiente definir a tipologia das atividades a serem licenciadas pelos municípios.[117]

---

[117] Art. 9º São ações administrativas dos Municípios [...]
XIV - observadas as atribuições dos demais entes federativos previstas nesta Lei Complementar, promover o licenciamento ambiental das atividades ou empreendimentos:
a) que causem ou possam causar impacto ambiental de âmbito local, conforme tipologia definida pelos respectivos Conselhos Estaduais de Meio Ambiente, considerados os critérios de porte, potencial poluidor e natureza da atividade; [...].

A segunda interpretação possível é de que o município deve ouvir apenas um conselho (o municipal, se existente, ou o estadual, quando inexistente um conselho municipal). Essa interpretação nos parece a mais adequada. A função dos conselhos de meio ambiente, em qualquer esfera, é a mesma. Soa redundante a necessidade de colher duas manifestações, de instâncias dotadas da mesma incumbência, para idêntica finalidade. Mais que isso, se a ideia da proposição é permitir que o município autodetermine solução individualizada para sua realidade específica, recusando com isso um tratamento geral e abrangente para realidades diferentes, a oitiva de um órgão estadual, muitas vezes distante da realidade do município, poderia inclusive ser contraproducente ou desprovida de utilidade. Isso, sem falar nos pressupostos de autonomia e ausência de hierarquia entre os entes federados, potencialmente ameaçados caso o município houvesse que providenciar a oitiva de outro ente federado para o exercício de uma competência legislativa que lhe seria própria.

A segunda dúvida em relação à necessidade de ouvir os conselhos de meio ambiente repousa no efeito dessa manifestação, isto é, reside em saber se a oitiva é opinativa ou se vincula a instância municipal no exercício de sua competência legislativa. A nosso ver, a oitiva dos conselhos de meio ambiente não pode ser vinculante, mas tem natureza informativa, colaborativa. Visa municiar os representantes municipais de elementos acerca da percepção que a instância participativa de política ambiental naquele âmbito territorial tem acerca da proposição então cogitada.

Isso significa dizer, inclusive, que o município (competente legislativamente para aprovar um distanciamento diferenciado de área de preservação permanente ao longo de cursos d'água naturais em áreas urbanas consolidadas) poderia em tese estipular um prazo para que os conselhos de meio ambiente se manifestem quanto à proposição em análise, sem que a ausência de manifestação dos conselhos caracterize impedimento à evolução da tramitação legislativa da proposição. A ausência de resposta dos conselhos deve caracterizar, para esse fim, recusa na emissão de sua manifestação, que não deve ter o condão de obstar, por vias transversas, o exercício de uma faculdade que a lei pretende reconhecer como inerente ao Município.

O último requisito na Lei nº 14.285/21 é o conteúdo das leis municipais que venham a veicular distanciamento diferenciado de área de preservação permanente ao longo de cursos d'água naturais em áreas urbanas consolidadas. Além da metragem das áreas de preservação permanente, a lei municipal deve garantir a não ocupação de áreas com risco de desastres; a observância das diretrizes do plano de recursos hídricos, do plano de bacia, do plano de drenagem ou do plano de saneamento básico, se houver; e a previsão de que as atividades ou os empreendimentos a serem instalados nas áreas de preservação permanente urbanas devem observar os casos de utilidade pública, de interesse social ou de baixo impacto ambiental fixados nesta Lei.

A previsão de que as "atividades ou os empreendimentos a serem instalados nas áreas de preservação permanente urbanas devem observar os casos de utilidade pública, de interesse social ou de baixo impacto ambiental fixados nesta Lei" significa, basicamente, o seguinte: ainda que a lei municipal reduza as faixas marginais de área de preservação permanente ao longo de cursos d'água naturais em áreas urbanas consolidadas, essas faixas marginais (reduzidas) continuam qualificadas como área de preservação permanente e só podem sofrer intervenção nas modalidades excepcionais previstas em lei (utilidade pública, interesse social e baixo impacto).

Na segunda edição deste livro, já esperávamos a contestação judicial da então iminente alteração na Lei nº 12.651/12 e, efetivamente, as alterações promovidas pela Lei nº 14.285/21 no artigo 4º da Lei nº 12.651/12 foram impugnadas pelo Partido dos Trabalhadores (PT), Partido Socialista Brasileiro (PSB), Partido Socialismo e Liberdade (PSOL) e Rede Sustentabilidade, perante o Supremo Tribunal Federal, por meio da ADI nº 7.146. Os argumentos principais são de ofensa à competência legislativa concorrente na matéria e proibição do retrocesso.

Até o fechamento desta edição do livro, nenhuma medida liminar havia suspendido os efeitos da Lei nº 14.285/21.

Em nossa percepção, o recente posicionamento do Supremo Tribunal Federal nas ADIs nº 4.901, 4.902, 4.903 e 4.937 e na ADC nº 42 – que não identificou inconstitucionalidade na redução das áreas de preservação permanente em áreas rurais consolidadas e na definição de um marco temporal para se exigir a correspondente recuperação – deveria indicar a probabilidade do reconhecimento da constitucionalidade da solução.

2.2.3 Entorno de lagos e lagoas naturais (inciso II do artigo 4º)

O inciso II do artigo 4º da Lei nº 12.651/12 caracteriza como área de preservação permanente o entorno de lagos e lagoas naturais, nos seguintes termos:

> Art. 4º [...] II – as áreas no entorno dos lagos e lagoas naturais, em faixa com largura mínima de:
>
> a) 100 (cem) metros, em zonas rurais, exceto para o corpo d'água com até 20 (vinte) hectares de superfície, cuja faixa marginal será de 50 (cinquenta) metros;
>
> b) 30 (trinta) metros, em zonas urbanas;

Lagos e lagoas naturais

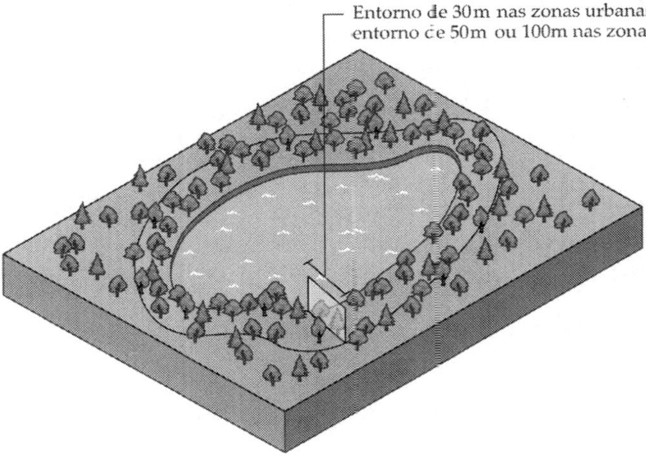

A diferença do atual regramento em relação à Lei nº 4.771/65, é que esta não veiculava os distanciamentos mínimos que qualificavam o entorno de lagos e lagoas como áreas de preservação permanente. Ainda, a alínea "b" do artigo 2º da Lei nº 4.771/65 aplicava-se, expressamente, aos lagos, lagoas e reservatórios *artificiais*. Leia-se: "Art. 2º Consideram-se de preservação permanente, pelo só efeito desta Lei, as florestas e demais formas de vegetação natural situadas: b) ao redor das lagoas, lagos ou reservatórios d'água naturais ou artificiais".

A ausência de definição das metragens mínimas que qualificariam o entorno de lagos, lagoas e reservatórios como área de preservação permanente criou pelo menos uma relevante celeuma. Sem indicação da dimensão mínima do entorno, era inviável dizer se a área de preservação permanente possuía 10, 30, 50 ou 100 metros de extensão.

A alínea "b" do artigo 2º da Lei nº 4.771/65 veiculava comando que a doutrina convenciona chamar de *eficácia limitada*, isto é, que "somente produzem os seus efeitos essenciais após um desenvolvimento nor mativo posterior, a cargo dos poderes constituídos [...] São normas, pois, incompletas, apresentando baixa densidade normativa".[118]

Apesar de, a rigor, as restrições ao direito de propriedade devessem ser veiculadas em lei em sentido estrito (em decorrência do princípio da legalidade insculpido no inciso II do artigo 5º da Constituição da República), agravava a situação o fato de a definição das metragens das áreas de preservação permanente no entorno de lagos, lagoas e reservatórios ter sido realizada por sucessivos atos regulamentares (e, portanto, infralegais) editados pelo Conselho Nacional do Meio Ambiente, no exercício da competência que lhe atribuem os incisos VI e VII do artigo 8º da Lei nº 6.983/81[119] (sobre a controvérsia acerca da legalidade das resoluções do Conama, consultar a seção 1.5).

De todo modo, a primeira resolução a discriminar perímetros específicos de proteção ambiental dos entornos de lagos e lagoas foi a Resolução Conama nº 04/85, que tratava das *Reservas Ecológicas*, nos seguintes termos:

> Art. 3º São Reservas Ecológicas:
>
> I. ao redor das lagoas, lagos ou reservatórios d'água naturais ou artificiais, desde o seu nível mais alto medido horizontalmente, em faixa marginal cuja largura mínima será:
>
> • de 30 (trinta) metros para os que estejam situados em áreas urbanas;

---

118 BRANCO, 2011, p. 81.

119 "Art. 8º Compete ao Conama: [...]
VI – estabelecer, privativamente, normas e padrões nacionais de controle da poluição por veículos automotores, aeronaves e embarcações, mediante audiência dos Ministérios competentes;
VII – estabelecer normas, critérios e padrões relativos ao controle e à manutenção da qualidade do meio ambiente com vistas ao uso racional dos recursos ambientais, principalmente os hídricos".

- de 100 (cem) metros para os que estejam em áreas rurais, exceto os corpos d'água com até 20 (vinte) hectares de superfície, cuja faixa marginal será de 50 (cinqüenta) metros;
- de 100 (cem) metros para as represas hidrelétricas.

Ocorre que a Resolução Conama nº 04/85 não regulamentava a alínea "b" do artigo 2º da Lei nº 4.771/65, mas o artigo 18 da Lei nº 6.938/81. Este, por sua vez, transformava as áreas de preservação permanente relacionadas no artigo 2º da Lei nº 4.771/65 em *Reservas* ou *Estações Ecológicas*.[120] As *Estações Ecológicas* são Unidades de Conservação da categoria de Proteção Integral (como posteriormente foi definido nos termos do inciso I do artigo 8º da Lei nº 9.985/00). Como visto na seção 1.4.1, as Unidades de Conservação distinguem-se, por sua natureza jurídica, das áreas de preservação permanente, muito embora possam englobá-las.

Daí a controvérsia em se reputar que a Resolução Conama nº 04/85 tinha a inequívoca aptidão jurídica para regulamentar as áreas de preservação permanente, notadamente a hipótese prevista na alínea "b" do artigo 2º da Lei nº 4.771/65. A Resolução Conama nº 04/85 tratava de Estações Ecológicas, instituto jurídico distinto das áreas de preservação permanente.

A regulamentação da alínea "b" do artigo 2º da Lei nº 4.771/65 veio acontecer, de modo expresso, com a edição das já citadas Resoluções Conama nº 302/02 e nº 303/02. A Resolução Conama nº 303/02 – que dispõe sobre parâmetros, definições e limites de áreas de preservação permanente – prestava-se, expressamente, a regulamentar o artigo 2º da Lei nº 4.771/65 (já no preâmbulo afirmava-se o seguinte: "considerando a necessidade de regulamentar o art. 2º da Lei nº 4.771, de 15 de setembro de 1965, no que concerne às Áreas de Preservação Permanente"). De acordo com o inciso III do artigo 3º da Resolução Conama nº 303/02:

> Art. 3º Constitui Área de Preservação Permanente a área situada: [...]
>
> III – ao redor de lagos e lagoas naturais, em faixa com metragem mínima de:

---

120 "Art. 18 – São transformadas em reservas ou estações ecológicas, sob a responsabilidade da SEMA, as florestas e as demais formas de vegetação natural de preservação permanente, relacionadas no art. 2º da Lei nº 4.771, de 15 de setembro de 1965 – Código Florestal, e os pousos das aves de arribação protegidas por convênios, acordos ou tratados assinados pelo Brasil com outras nações".

a) trinta metros, para os que estejam situados em áreas urbanas consolidadas;

b) cem metros, para as que estejam em áreas rurais, exceto os corpos d'água com até vinte hectares de superfície, cuja faixa marginal será de cinqüenta metros;

A depender, portanto, da intepretação que se adote, o regulamento que discriminava a distância do entorno de lagos e lagoas como área de preservação permanente teria surgido, no mundo jurídico, em 1985 (com a Resolução Conama nº 04/85) ou em 2002 (com a Resolução Conama nº 303/02). Trata-se de relevante aspecto atinente à aplicação intertemporal do Direito, essencial, por exemplo, para se aferir a legalidade de ocupações pretéritas diante da superveniência do regulamento que deu concretude e eficácia plena à regra constante na alínea "b" do artigo 2º da Lei nº 4.771/65.

A exemplo do exposto na seção precedente, ante a máxima *tempus regit actum* (o tempo rege o ato), se à época da alteração das características naturais do terreno (qualquer que fosse o uso a ele atribuído) a ocupação do entorno de lagos e lagoas não era proibida (porque a norma ainda estava pendente de regulamentação), a superveniência das Resoluções Conama nº 04/85 ou nº 303/02 não teria o condão de impedir a manutenção do uso pretérito.

A superveniência do regulamento não impede, a nosso ver, a manutenção do uso da área anterior, especialmente diante de alteração nas características naturais da área que não encontrava óbice jurídico à época que foi realizada. Tampouco impede a alteração no uso antrópico anterior da área posteriormente qualificada como de preservação permanente, se não houver intervenção nas características naturais ambientais do entorno.

2.2.3.1 Hipótese de incidência do dispositivo

A redação do atualmente vigente inciso II do artigo 4º da Lei nº 12.651/12 aproxima-se, bastante, do inciso III do artigo 3º da Resolução Conama nº 303/02. O inciso II do artigo 4º da Lei nº 12.651/12 também se circunscreve ao entorno de lagoas e lagos *naturais*. As dimensões são as mesmas, com a correção de que a aplicação da faixa de 30 metros se dá em toda zona urbana, e não só em zona urbana *consolidada* (como ocorria na Resolução Conama nº 303/02).

O inciso II do artigo 4º da Lei nº 12.651/12 caracteriza como área de preservação permanente não a *faixa marginal*, como ocorre no inciso I, mas o *entorno*. A distinção parte da premissa de que lagos e lagoas possuem formato preponderantemente circular, diferentemente de cursos d'água. O entorno é, portanto, a área que circula ou rodeia o corpo hídrico.

As depressões no solo devem formar lagos ou lagoas, necessariamente. A diferença entre lagos e lagoas não é consenso na literatura especializada. Parece prevalecer a ideia de que a lagoa é a denominação de um lago com menores proporções.

É esta a posição de Antônio Teixeira Guerra e Antônio José Teixeira Guerra, para quem *lago* é a depressão do solo cheia de águas confinadas, geralmente alimentadas por um ou mais rios afluentes. Trata-se de uma "vasta extensão de água confinada, cercada de terra por todos os lados".[121] A lagoa, a seu turno, é depressão de forma variada, de profundidade pequena e cheia de água doce ou salgada. "As lagoas podem ser definidas como lagos de pequena extensão e profundidade".[122]

Ao fazer referência expressa às lagoas, a legislação intenta abraçar todas as acumulações naturais independentemente do tamanho. A este respeito, cumpre antecipar o que será mais bem detalhado na seção 3.1, isto é, que o §4º do artigo 4º da Lei nº 12.651/12 dispensa a reserva de área de preservação permanente para acumulações de água com superfície menor que 1 (um) hectare, vedando, todavia, novas supressões de vegetação nativa no entorno a partir do advento da lei.[123]

O inciso II do artigo 4º da Lei nº 12.651/12 não faz menção à fonte de "alimentação" do corpo hídrico, isto é, se a acumulação de água deve ser proveniente de nascentes, de cursos d'água naturais ou se recebe contribuição do mar. Nesse caso, aliás, as lagoas litorâneas costumam receber o nome de *lagunas*.[124] [125] A presença de água doce, salobra ou salgada não gera reflexo no regime jurídico do entorno do corpo hídrico.

---

[121] GUERRA; GUERRA, 2008, p. 372.

[122] GUERRA; GUERRA, 2008, p. 373.

[123] "Art. 4º [...] §4º Nas acumulações naturais ou artificiais de água com superfície inferior a 1 (um) hectare, fica dispensada a reserva da faixa de proteção prevista nos incisos II e III do caput, vedada nova supressão de áreas de vegetação nativa, salvo autorização do órgão ambiental competente do Sistema Nacional do Meio Ambiente – Sisnama".

[124] GUERRA; GUERRA, 2008, p. 378.

[125] O Tribunal Regional da 4ª Região, aliás, já se debruçou sobre o regime jurídico das lagunas, entendendo-as como inseridas no âmbito de proteção da Lei nº 12.651/12 por se

A única qualificação especial para incidência do inciso II do artigo 4º da Lei nº 12.651/12 é que o corpo hídrico seja formado por processos *naturais* e não em decorrência de intervenção antrópica. O entorno de acumulação artificial, que não decorra de represamento de cursos d'água natural, não é considerado área de preservação permanente para efeito da lei.

2.2.3.2 Dimensões do entorno

Os distanciamentos preconizados no inciso II do artigo 4º da Lei nº 12.651/12, apesar de arrolados em duas alíneas, englobam três situações:

Zona	Dimensão do corpo hídrico	APP – entorno
Urbana	Independente do tamanho	30 metros
Rural	Até 20 hectares	50 metros
Rural	Acima de 20 hectares	100 metros

Diferentemente do que pode ocorrer no inciso I do artigo 4º da Lei nº 12.651/12, a área de preservação permanente não é variável no entorno de um mesmo lago ou lagoa; é sempre uniforme, considerando sua localização (na zona urbana ou rural) e o tamanho do corpo hídrico (na zona rural). O distanciamento deve ser contado, perpendicularmente, em grau reto, do limite do corpo hídrico, isto é, a partir do limite entre o nível d'água e a terra.

O dispositivo em exame não fornece solução ou parâmetro para definir o limite da área de preservação permanente no entorno de lagos e lagoas diante de variações do nível de água do lago ou lagoa.

equipararem às lagoas: "26. É certo que o Código Florestal não contém a palavra "laguna" em seu artigo 4º, que dispõe sobre as áreas de preservação permanente. Porém, as lagunas estão contidas na mens legis tencionada pelo legislador, por interpretação teleológica (finalidade da norma), assim como por interpretação sistemática (coesão e lógica interna do texto da lei). 27. A laguna é, ao mesmo tempo, um corpo d'água, semelhante a uma lagoa, combinado com um curso d'água: ela possui um grande acúmulo de água com características muito semelhantes aos de uma lagoa, com o adicional de possuir um canal que a conecta ao mar, isto é, um curso d'água. 28. A mens legis foi de proteger cursos e corpos de água, sendo descabido considerar que uma laguna não seria nem um curso d'água, nem um corpo d'água, quando é, em realidade, ambos. [...]" (TRF4, AC 5023829-84.2012.4.04.7200, TERCEIRA TURMA, Relator para Acórdão ROGERIO FAVRETO, juntado aos autos em 11.12.2020).

Na Resolução Conama nº 04/85, por exemplo, era dito que as distâncias do entorno seriam medidas *desde o seu nível mais alto medido horizontalmente*.

A variação no nível da água de lagos e lagoas pode resultar, por exemplo, de variação no volume de água proveniente da fonte contribuinte (nascente, curso d'água natural, mar, precipitações etc.).

Três caminhos poderiam, em tese, ser adotados: considerar o nível máximo de água (como fazia o inciso I do artigo 3º da Resolução Conama nº 04/85); o nível mínimo; ou o nível médio. A solução mais adequada diante do silêncio da lei está, em nossa percepção, no meio termo, em considerar o nível médio (*virtus in medium est*). O nível médio da lagoa ou lago corrige eventuais distorções provocadas por fenômenos climáticos e meteorológicos extraordinários, como chuvas intensas ou períodos de estiagem, que podem distorcer e não representar o estado normal do corpo hídrico. O nível médio equivaleria, por isso, ao "leito regular do curso d'água" previsto no inciso I do artigo 4º da Lei nº 12.651/12.

Por fim, importante destacar que a área de preservação permanente no entorno de lagos e lagoas acompanha eventual alteração na feição do corpo hídrico diante da ocorrência de processos erosivos ou de sedimentação das margens. A área de preservação permanente é a metragem específica de área que circunda os lagos e lagoas naturais, qualquer que seja conformação atual deles.

Jurisprudência

> Trata-se de formação artificial de lagoa, com afloramento provocado, e cuja extensão dispensaria a área de proteção permanente, nos termos dos artigos 2º, §2º e 3, §6º das Resoluções Conama 302 e 303, respectivamente.
>
> Inegável a intervenção antrópica ocorrida no local, o que bem define a lagoa como artificial. Nesse sentido, não destoam os argumentos fáticos, técnicos da conceituação jurídica, o que afasta qualquer preocupação com o eventual desvirtuamento da função ambiental da pretendida APP.
>
> ***Sem dúvida, a ação do homem modificando o meio ambiente natural, criando artificialmente um incidente geológico, não pode ensejar o mesmo nível de proteção atribuído às coisas naturais.*** (Grifo acrescido. TJSP, Apelação nº 0012651-89.2009.8.26.0506, Relator Desembargador João Negrini Filho, 1ª Câmara Reservada ao Meio Ambiente. Julgado em 22.05.14)

[...] O Código Florestal vigente ao tempo dos fatos, Lei 4.771/65, art. 2º, b, considerava de preservação permanente as áreas ao redor das lagoas, lagos ou reservatórios d'água naturais ou artificiais. 4. *Seguindo as diretrizes da Lei 6.938/81, art. 6º, II, o Conselho Nacional do Meio Ambiente – Conama, no exercício de suas atribuições legais, editou a Resolução 302/2002, arts. 2º e 3º, regulamentando aquele dispositivo do Código Florestal.* [...] (Grifo acrescido. TRF3, Apelação Cível nº 0042530-53.2012.4.03.9999, Relator Juiz Convocado Silva Neto, Terceira Turma. Julgado em 05.06.14)

[...] Em seu art. 1º, §2º, II, o Código Florestal então vigente (Lei nº 4.771, de 15 de setembro de 1965) conceituava área de preservação permanente da seguinte forma: área protegida nos termos dos arts. 2º e 3º desta Lei, coberta ou não por vegetação nativa, com a função ambiental de preservar os recursos hídricos, a paisagem, a estabilidade geológica, a biodiversidade, o fluxo gênico de fauna e flora, proteger o solo e assegurar o bem-estar das populações humanas. O art. 2º, do mesmo diploma normativo, no que importa para a solução da controvérsia dos autos, dispunha: Art. 2º Consideram-se de preservação permanente, pelo só efeito desta Lei, as florestas e demais formas de vegetação natural situadas: [...] b) ao redor das lagoas, lagos ou reservatórios d'água naturais ou artificiais; O Código Florestal/67 restringiu-se a estabelecer que se considerariam de preservação permanente as florestas e demais formas de vegetação natural situadas" ao redor das lagoas, lagos ou reservatórios d'água naturais e artificiais"(art. 2º, b), sem, no entanto, indicar os limites das áreas de proteção. [...]

Não obstante, o Conselho Nacional do Meio Ambiente – Conama, no exercício de suas atribuições, editou a Resolução Conama n. 303, de 20 de março de 2002, com o fim de regulamentar algumas das disposições do Código Florestal (Lei n. 4.771/65) e da Lei n. 9.433/97 (Política Nacional dos Recursos Hídricos). Entre outras disposições, estabeleceu que: "Art. 3º Constitui Área de Preservação Permanente a área situada: [...] III – ao redor de lagos e lagoas naturais, em faixa com metragem mínima de: a) trinta metros, para os que estejam situados em áreas urbanas consolidadas; "Essa, então, a área mínima de preservação permanente no entorno da Lagoa da Conceição, em consonância com a legislação ambiental federal, para o período verificado nos autos. De todo modo, o atual Código Florestal (Lei 12. 651, de 25 de maio de 2012), já em vigor, encerra qualquer discussão, pois estabeleceu taxativamente: Art. 4º Considera-se Área de Preservação Permanente, em zonas rurais ou urbanas, para os efeitos desta Lei II – as áreas no entorno dos lagos e lagoas naturais, em faixa com largura mínima de: [...] b) 30 (trinta) metros, em zonas urbanas". [...] (Grifo acrescido. TRF4, Apelação Cível nº 5011899-35.2013.404.7200, Relator Desembargador Carlos Eduardo Thompson Flores Lenz, Terceira Turma. Julgado em 21.05.14)

> [...] 1. Considera-se área de preservação permanente aquela situada ao redor de lagoas, lagos e reservatórios de água naturais e artificiais, conforme artigo 2º, número 3, letra 'b', da Lei nº 4.771/65 (antigo Código Florestal). 2. *O Novo Código Florestal, instituído pela Lei nº 12.651/2012, em seu artigo 4º, inciso II, 'b', estabelece como área de preservação permanente as áreas no entorno dos lagos e lagoas naturais, em faixa com largura mínima de 30 (trinta) metros, em zonas urbanas.* 3. *Cabível, na situação dos autos, a obrigação de demolir residência construída em área de preservação permanente,* uma vez que das disposições do artigo 2º, inciso I, alíneas "b" e "f", da Resolução do Conama nº 369/06, e artigos 3º e 8º, da Lei nº 12.651/2012, extrai-se que é permitida a intervenção ou supressão de vegetação nativa em APP em casos de utilidade pública, quando a edificação seja de baixo impacto ambiental. (Grifo acrescido. TJRJ, Apelação nº 00009977720108190082, Relator Desembargador Luciano Silva Barreto, Décima Nona Câmara Cível. Julgado em 03.03.15)

2.2.4 Entorno de reservatórios d'água artificiais (inciso III do artigo 4º)

O inciso III do artigo 4º da Lei nº 12.651/12 caracteriza como área de preservação permanente o entorno de reservatórios artificiais da seguinte forma: "Art. 4º [...] III – as áreas no entorno dos reservatórios d'água artificiais, decorrentes de barramento ou represamento de cursos d'água naturais, na faixa definida na licença ambiental do empreendimento".

O dispositivo é complementado pelo *caput* do artigo 5º da Lei nº 12.651/12, assim vazado:

> Art. 5º Na implantação de reservatório d'água artificial destinado a geração de energia ou abastecimento público, é obrigatória a aquisição, desapropriação ou instituição de servidão administrativa pelo empreendedor das Áreas de Preservação Permanente criadas em seu entorno, conforme estabelecido no licenciamento ambiental, observando-se a faixa mínima de 30 (trinta) metros e máxima de 100 (cem) metros em área rural, e a faixa mínima de 15 (quinze) metros e máxima de 30 (trinta) metros em área urbana.

Na Lei nº 4.771/65 não havia previsão similar, que outorgava ao órgão ambiental a competência para definir a área de preservação permanente no entorno do reservatório. A alínea "b" do artigo 2º da Lei nº 4.771/65 aglutinava, genericamente, em um único dispositivo, o entorno de reservatórios d'água e o entorno de lagos e lagoas. Foi em virtude da previsão genérica e pendente de regulamentação da alínea "b" do artigo 2º da Lei nº 4.771/65, que o Conama editou a Resolução nº 302/02, para tratar, especificamente, dos *parâmetros, definições e limites de áreas de preservação permanente de reservatórios artificiais e o regime de uso do entorno.*

Na égide da Resolução Conama nº 302/02, os distanciamentos de área de preservação permanente no entorno de reservatórios artificiais de água eram os seguintes:

> Art. 3º Constitui Área de Preservação Permanente a área com largura mínima, em projeção horizontal, no entorno dos reservatórios artificiais, medida a partir do nível máximo normal de:
>
> I – trinta metros para os reservatórios artificiais situados em áreas urbanas consolidadas e cem metros para áreas rurais;
>
> II – quinze metros, no mínimo, para os reservatórios artificiais de geração de energia elétrica com até dez hectares, sem prejuízo da compensação ambiental.
>
> III – quinze metros, no mínimo, para reservatórios artificiais não utilizados em abastecimento público ou geração de energia elétrica, com até vinte hectares de superfície e localizados em área rural.

No artigo 3º da Resolução Conama nº 302/02 eram, portanto, veiculados três critérios distintos para definir a área de preservação permanente no entorno de reservatórios artificiais: a localização (área urbana consolidada ou área rural), o tamanho (até dez ou até quinze hectares de superfície) e a finalidade do reservatório (geração de energia elétrica ou abastecimento público).

Pela sistemática então vigente, o inciso I artigo 3º da Resolução Conama nº 302/02 enunciava uma regra geral: 30 metros na zona urbana consolidada e 100 metros na zona rural (perceba-se que a referência à zona urbana "consolidada" lançava ao limbo todas as demais áreas de zona urbana que não se enquadrassem no conceito de consolidada). A seguir, os incisos II e III do artigo 3º veiculavam tratamento específico para reservatórios de energia elétrica e abastecimento, que dependiam do tamanho e localização do reservatório.

O inciso III do artigo 4º da Lei nº 12.651/12 uniformizou o tema. Passou a tratar de modo indistinto os tipos (inclusive recreação e irrigação, por exemplo), tamanho e localização dos reservatórios. Todos possuem o mesmo regime jurídico: as áreas de preservação permanente são aquelas definidas pelo órgão ambiental no bojo da licença ambiental do empreendimento, que, segundo o artigo 5º da mesma lei, deve, nos casos de geração de energia ou abastecimento público, respeitar os seguintes limites máximos e mínimos.

Zona	APP mínima	APP máxima
Rural	30 metros	100 metros
Urbana	15 metros	30 metros

A regra – que outorgou ao órgão ambiental a prerrogativa para definir a área de preservação permanente nesses casos – teve sua constitucionalidade questionada nos autos das ADIs nºs 4.901, 4.902, 4.903 e 4.937 e da ADC nº 42. O Supremo Tribunal Federal decidiu pela validade da norma nos seguintes termos

> [...] (e) Art. 4º, inciso III e §§1º e 4º (Áreas de preservação permanente no entorno de reservatórios artificiais que não decorram de barramento de cursos d'água naturais e de reservatórios naturais ou artificiais com superfície de até um hectare): As alegações dos requerentes sugerem a falsa ideia de que o novo Código Florestal teria extinto as APPs no entorno dos reservatórios d'água artificiais, decorrentes de barramento ou represamento de cursos d'água naturais. No entanto, esses espaços especialmente protegidos continuam a existir, tendo a lei delegado ao órgão que promover a licença ambiental do empreendimento a tarefa de definir a extensão da APP, consoante as especificidades do caso concreto. Essa opção legal evita os inconvenientes da solução "one size fits all" e permite a adequação da norma protetiva ao caso concreto. Por sua vez, a pretensão de constitucionalização da metragem de Área de Proteção Permanente estabelecida na lei revogada ofende o princípio democrático e a faculdade conferida ao legislador pelo art. 225, §1º, III, da Constituição, segundo o qual compete à lei alterar, ou até mesmo suprimir, espaços territoriais especialmente protegidos. Pensamento diverso transferiria ao Judiciário o poder de formular políticas públicas no campo ambiental. CONCLUSÃO: Declaração de constitucionalidade do art. 4º, III e §§1º e 4º, do novo Código Florestal [...].[126]

Nesse novo modelo, seria também questionável a constitucionalidade de se remeter ao Executivo, por ato administrativo, a competência para, pura e simplesmente, estipular restrições em concreto

[126] ADIs nºs 4.901, 4.902, 4.903 e 4.937 e ADC nº 42. Relator Ministro Luiz Fux, Tribunal Pleno, julgado em 28.02.2018, publicado em 13.08.2019.

capazes de esvaziar o conteúdo do direito de propriedade, já que o sacrifício imposto ao direito de propriedade deve decorrer diretamente de lei.

Daí a interessante solução adotada pela Lei nº 12.651/12: ao mesmo tempo que dota o órgão ambiental da incumbência para fazer essa estipulação levando em conta o contexto de localização do reservatório e a dimensão do corpo hídrico, entre outros fatores, estabelece limites máximos e mínimos. O artigo 5º da Lei nº 12.651/12 cria uma moldura, que deve ser preenchida, tecnicamente, pelo Executivo.

Outro ponto sensível no que toca à legalidade do dispositivo é a possibilidade que se abriria para o órgão ambiental, por ato administrativo, de estabelecer restrições capazes de alcançar terceiros sem relação com o empreendimento. Recorde-se que o reservatório artificial é fruto de obra de engenharia humana; só a partir de sua construção e operação é que o entorno do futuro corpo hídrico, até então livre de restrição similar, prestará algum serviço ambiental[127] e passará a ser qualificado como de preservação permanente.

Contornando o problema, a exemplo do que ocorria no 6º do artigo 4º da Lei nº 4.771/65,[128] o *caput* do artigo 5º da Lei nº 12.651/12 determina que o empreendedor deve adquirir, desapropriar ou instituir servidão administrativa sobre as áreas que passarão a ser qualificadas como de preservação permanente pelo órgão ambiental. Terceiros, portanto, que não experimentavam restrições em sua propriedade,

---

[127] Sobre as funções ambientais da área de preservação permanente no entorno de reservatórios, colhe-se:
"A Área de Preservação Permanente no entorno dos reservatórios artificiais, embora não seja somente destinada a manutenção da umidade, tem como finalidade precípua evitar o assoreamento do empreendimento [...] Além disso, após a implantação do reservatório artificial, a implantação do novo microssistema determina a alteração das características do entorno do reservatório. Embora inicialmente não se destinasse a manter a umidade da área, a vegetação no entorno do empreendimento assumirá também esta função, já que não se implanta reservatório artificial esperando que a água seja perdida ou excessivamente absorvida.
O reservatório destina-se, portanto, a acumular água e, para tanto, é necessária a manutenção da umidade do solo circunvizinho, o que aproxima a função da Área de Preservação Permanente neste caso ao papel que exerce em rios e cursos d'água.
Tanto ao curso d'água como ao reservatório criado pelo homem, a faixa de Área de Preservação Permanente procura manter a umidade e evitar o assoreamento, prolongando suas existências, o que permitiria a aplicação analógica do disposto no art. 2.º, a, do Código Florestal" (RAMOS, 2011. v. 4, p. 25-60).

[128] "Art. 4º [...] §6º Na implantação de reservatório artificial é obrigatória a desapropriação ou aquisição, pelo empreendedor, das áreas de preservação permanente criadas no seu entorno, cujos parâmetros e regime de uso serão definidos por resolução do Conama (Parágrafo acrescido pela Medida Provisória nº 2.166-67, de 24.8.2001)".

mas que o farão quando da implantação e operação de um reservatório artificial, devem ser previamente indenizados pelo empreendedor.

Talvez uma das mais relevantes questões decorrentes da alteração do regime de proteção dos entornos de reservatórios provocada pelo advento do inciso III do artigo 4º da Lei nº 12.651/12 decorra da aplicação intertemporal do Direito. O inciso III do artigo 4º da Lei nº 12.651/12, como é próprio das regras jurídicas de natureza legal, tem efeitos prospectivos, isto é, valem para o futuro. Dessa forma, a pergunta que se coloca é qual deve ser considerada a área de preservação permanente de empreendimentos já implantados e em operação, antes do advento do inciso III do artigo 4º da Lei nº 12.651/12?

Uma solução possível seria manter a aplicação dos limites veiculados no artigo 3º da Resolução Conama nº 302/02 até que o órgão ambiental, na renovação da Licença Ambiental do empreendimento em questão, estipule outra área de preservação permanente em conformidade ao inciso III do artigo 4º da Lei nº 12.651/12. A outra seria aplicar os limites, máximos ou mínimos, veiculados no *caput* do artigo 5º da Lei nº 12.651/12.

Esta última solução, aliás, diz respeito a outro questionamento. Qual seria a área de preservação permanente a ser considerada nos casos em que, mesmo após o advento da Lei nº 12.651/12, o órgão ambiental houver deixado, por qualquer motivo, de estipular a área de preservação permanente?

Como antecipado, duas interpretações podem advir deste problema: de um lado poder-se-ia defender a aplicação dos limites máximos previstos no *caput* do artigo 5º da Lei nº 12.651/12; de outro a aplicação dos limites mínimos do mesmo dispositivo.

A solução não é fornecida de modo inequívoco pela Lei nº 12.651/12. Depende, sobretudo, do referencial a ser adotado: ou o intérprete considera que a norma deve ser voltada à máxima proteção possível do meio ambiente ou que a norma deve, ao proteger o meio ambiente, provocar a menor restrição possível aos direitos individuais.

Entendemos que, nesse caso específico, a lei estabelece, a rigor, um piso mínimo que pode ser aumentado, motivadamente, pelo órgão ambiental, até o limite máximo de 30 e 100 metros nas áreas urbanas e rurais, respectivamente. Quando a legislação estabelece um piso mínimo, este é o parâmetro reputado essencial para a satisfação do interesse público primário em questão, cujos limites só devem ser ampliados se houver justificativa e motivação técnica para tanto. Diante de eventual ausência de estipulação da faixa de preservação permanente no caso concreto, reputamos que deveriam ser aplicados os pisos mínimos de 15 e 30 metros, nas áreas urbanas e rurais, respectivamente.

Esses limites, é importante recordar, podem ainda ser relativizados na forma do §1º do artigo 5º da Lei nº 12.651/12, conforme se discorrerá na seção 3.4.

Cumpre anotar que o inciso III do artigo 4º da Lei nº 12.651/12 não diz qual licença ambiental do empreendimento deve definir a faixa de preservação permanente no entorno de reservatório. As licenças ambientais, na forma preconizada pelo artigo 19 do Decreto Federal nº 99.274/90, são as Licenças Ambientais Prévias (LAP), Licenças Ambientais de Instalação (LAI) e Licença Ambiental de Operação (LAO).[129]

A solução repousa na interpretação sistêmica do inciso III do artigo 4º e dos §§1º e 2º do artigo 5º da Lei nº 12.651/12. Quando os §§1º e 2º do artigo 5º autorizam o uso de até 10% das áreas de preservação permanente no entorno de reservatórios pelo empreendedor, diz que a pendência da aprovação do Plano Ambiental de Conservação e Uso do Entorno de Reservatório Artificial (documento que vai regular esse uso) não impede a expedição da Licença de Instalação. Noutros termos: estas implantações excepcionais podem ser feitas na fase de *implantação* do empreendimento, antes da Licença de Operação.

Por ilação lógica, se o empreendedor pode ser autorizado a usar até 10% das áreas de preservação do entorno de reservatórios já na fase de implantação, ele deve conhecer, com exatidão, sua dimensão ainda nesta etapa (de implantação). Isso nos leva a concluir que a estipulação da faixa de preservação permanente deve ser feita na Licença Ambiental de Implantação do empreendimento.

Nem o inciso III do artigo 4º, nem o artigo 5º da Lei nº 12.651/12 discriminam, expressamente, qual seria o marco espacial a partir do qual devem ser contados os distanciamentos de área de preservação permanente. Recorde-se que na égide da Resolução Conama

[129] "Art. 19. O Poder Público, no exercício de sua competência de controle, expedirá as seguintes licenças:
I – Licença Prévia (LP), na fase preliminar do planejamento de atividade, contendo requisitos básicos a serem atendidos nas fases de localização, instalação e operação, observados os planos municipais, estaduais ou federais de uso do solo;
II – Licença de Instalação (LI), autorizando o início da implantação, de acordo com as especificações constantes do Projeto Executivo aprovado; e
III – Licença de Operação (LO), autorizando, após as verificações necessárias, o início da atividade licenciada e o funcionamento de seus equipamentos de controle de poluição, de acordo com o previsto nas Licenças Prévia e de Instalação".

nº 302/02, as distâncias eram medidas a partir do nível máximo normal do reservatório. Na ausência de norma expressa na Lei nº 12.651/12, assim como ocorre no entorno de lagos e lagoas, três marcos espaciais poderiam ser adotados: o nível mais alto, o nível médio ou o nível mínimo do reservatório. Cremos, tal qual ocorre nos entornos de lagos e lagoas, que a medida que expressa o comportamento normal do corpo hídrico é a que deva ser usada para estes fins.

Em projetos de reservatórios, algumas definições são consagradas: o *nível máximo maximorum* é o nível de água mais elevado para o qual a barragem foi projetada, incluindo épocas de cheia; o *nível máximo normal* é o nível máximo de água para operação normal do empreendimento; o *nível mínimo operacional* é o piso mínimo para operação normal do reservatório.[130] Percebe-se que o *nível máximo normal* equivale ao meio termo, à capacidade máxima usual (e não extraordinária) do reservatório. Em suma, deve o *nível máximo normal* continuar a ser usado como um critério válido para se medir os distanciamentos de área de preservação permanente no entorno de reservatórios.

Por fim, outra novidade veiculada no inciso III do artigo 4º da Lei nº 12.651/12 é o fato de o dispositivo incidir somente sobre os reservatórios decorrentes de barramento ou represamento de cursos d'água naturais.

Segundo a Agência Nacional de Águas, *barramento* é sinônimo de controle de enchentes, regularização de curso de água etc. Represa (associada à barragem) é a obra hidráulica que objetiva a contenção ou o controle de líquidos e sólidos em determinada seção de trecho de drenagem (ANA, Portaria nº 149/15).

A bem da verdade, a superveniente proteção do entorno do reservatório passa a funcionar, nesses casos, como espécie de extensão da proteção da faixa marginal de cursos d'água naturais na sua nova conformação que será gerada a partir do represamento das águas daquele(s) corpo(s) hídrico(s).

No mais, a exigência exclui da incidência do dispositivo os reservatórios artificias formados a partir do represamento de cursos artificiais ou de acumulação de água da chuva, por exemplo. É essa a dicção expressa do §1º do artigo 4º da Lei nº 12.651/12: "Art. 4º [...] §1º Não será exigida Área de Preservação Permanente no entorno de

130 LOPES; SANTOS, 2002.

reservatórios artificiais de água que não decorram de barramento ou represamento de *cursos d'água naturais*" (Grifo acrescido).

Jurisprudência

CONSTITUCIONAL, AMBIENTAL E PROCESSO CIVIL. AÇÃO CIVIL PÚBLICA. EMPREENDIMENTO EM ÁREA DE PRESERVAÇÃO AMBIENTAL. [...] APP DE 30 METROS A PARTIR DO MÁXIMO NORMAL DO RESERVATÓRIO DE FURNAS. RESOLUÇÃO Conama N. 302/2002 E LEI N. 14.309/2002 DO ESTADO DE MINAS GERAIS. INTERVENÇÃO EM APP – POSSIBILIDADE. *LEI 4.771/1965 REVOGADA PELA LEI 12.651/2012. RESOLUÇÃO Conama 369/2006 DERROGADA.* [...] IX – A pretensão do Ministério Público de estabelecer a faixa de preservação em cem metros ao redor do reservatório artificial devido à falta de conclusão do licenciamento ambiental da Usina Hidrelétrica de Furnas não merece prevalecer. *Com efeito, inexiste norma legal que condicione a expedição de licença ambiental para empreendimento em APP à conclusão do licenciamento da usina hidrelétrica,* notadamente na hipótese em que a licença concedida à empreendedora observou a APP em relação ao reservatório de Furnas na conformidade da legislação que disciplina a matéria, conforme especificado na sentença recorrida. X – A Área de Preservação Permanente consiste em "área protegida, coberta ou não por vegetação nativa, com a função ambiental de preservar os recursos hídricos, a paisagem, a estabilidade geológica e a biodiversidade, facilitar o fluxo gênico de fauna e flora, proteger o solo e assegurar o bem-estar das populações humanas" (art. 3º, II, da Lei 12.651/2012). São consideradas APPs "as áreas no entorno dos reservatórios d'água artificiais, decorrentes de barramento ou represamento de cursos d'água naturais, na faixa definida na licença ambiental do empreendimento" (art. 4º, III, da Lei 12.651/2012). XI – "É lícito ao Poder Público – qualquer que seja a dimensão institucional em que se posicione na estrutura federativa (União, Estados-membros, Distrito Federal e Municípios) – autorizar, licenciar ou permitir a execução de obras e/ou a realização de serviços no âmbito dos espaços territoriais especialmente protegidos, desde que, além de observadas as restrições, limitações e exigências abstratamente estabelecidas em lei, não resulte comprometida a integridade dos atributos que justificaram, quanto a tais territórios, a instituição de regime jurídico de proteção especial (CF, art. 225, §1º, III)". (ADI 3540 MC, Relator: Min. CELSO DE MELLO, Tribunal Pleno).[...] (Grifo acrescido. TRF1, Apelação Cível nº 0002813-20.2010.4.01.3804. Relator Desembargador Federal Jirair Aram Meguerian, Sexta Turma. Julgado em 24.02.14)

[...] Aplica-se, assim, a metragem legal contemplada tanto no Código Florestal de 1965 e em sua respectiva regulamentação (Resolução Conama nº 302/2002), como no atual código, a Lei nº 12.651/2012, diploma que repetiu a regulação anterior do tema, qual seja, *delimitação como margem de preservação permanente a faixa 100 metros a contar da cota máxima do reservatório.* [...]

VIII. Ainda que se pudesse conceber o local como inserido em área urbana, o que não se verifica in casu, há de se considerar que à época dos fatos o limite da área de preservação permanente estava regulado pela Resolução Conama nº 04/1985, cujo artigo 3º, inciso II, fixou como zona de reserva ecológica, atualmente equivalente à *área de preservação permanente, no entorno de reservatórios d'água artificiais (represa hidrelétrica), a margem de 100 metros de largura, desde seu nível mais alto, medido horizontalmente, independentemente de sua localização.* Acaba por ser de somenos importância, portanto, se a formação lacustre está localizada em área urbana consolidada, urbana em expansão ou rural. [...] (Grifo acrescido. TRF3, Apelação Cível nº 00006149420114036112, Relator Juiz Federal Convocado Marcelo Guerra, Quarta Turma. Publicado em 18.08.16)

AÇÃO CIVIL PÚBLICA. Supressão de vegetação e construção de rancho em área de preservação permanente protetora de reservatório d'água artificial. Improcedência dos pedidos. *Superveniência da Lei n. 12.651/2012. Descaracterização do ilícito ambiental. Área não mais considerada de preservação permanente.* Inteligência dos arts. 4º, inc. III, e 62 do novo Estatuto Florestal. Sentença mantida. RECURSO DESPROVIDO. (Grifo acrescido. TJSP, Apelação nº 0000149-95.2011.8.26.0103, Relator Desembargador Paulo Alcides, 2ª Câmara Reservada ao Meio Ambiente. Publicado em 15.05.14)

PROCESSUAL CIVIL. AÇÃO CIVIL PÚBLICA. DANO AMBIENTAL. DESNECESSIDADE DE PROVA PERICIAL. ENTORNO DE RESERVATÓRIO ARTIFICIAL. UHE ÁGUA VERMELHA. ZONA RURAL. CÓDIGO FLORESTAL VIGENTE À ÉPOCA DA DEGRADAÇÃO. LEI Nº 4.771/65. RESOLUÇÃO Conama Nº 302/05. LEGALIDADE. INAPLICABILIDADE DA LEI Nº 12.651/02 [...]

20. Também não é o caso de aplicabilidade das normas do novo Código Florestal. O C. STJ já firmou entendimento, no sentido de que o novo regramento material tem eficácia ex nunc e não alcança fatos pretéritos, quando implicar em redução do patamar de proteção do meio ambiente sem a necessária compensação. [...]

21. Aplica-se a regra geral, portanto, vigente à época do ajuizamento da ação, posto que então apontada a degradação ambiental que ensejou a providência, no caso, o artigo 2º, da Lei 4.771/65 (Código Florestal). 22. Com o advento da Lei nº 6.938/81, que instituiu o Sistema Nacional do

Meio Ambiente (SISNAMA), a propósito da implementação da Política Nacional do Meio Ambiente, foi editada a Resolução 302, de 20.03.2002, do Conselho Nacional do Meio Ambiente – Conama. *Sem razão o juízo monocrático ao afastar sua aplicabilidade, visto não padecer a Resolução nº 302/02 da aludida ilegalidade, consoante já pacificado pelo C. STJ, ao afirmar a higidez das normas editadas pelo Conama.* 23. Neste passo, tem-se que, no entorno do reservatório da UHE Água Vermelha, situando-se na zona rural, a área a ser considerada de preservação permanente é de 100m. [...] (Grifo acrescido. TRF3, Apelação Cível nº 00085339420074036106, Relator Juiz Convocado Roberto Jeuken, Terceira Turma. Julgado em 24.07.14)

[...] 4. *O STJ entende que a área de 100 metros em torno dos lagos formados por hidrelétricas, por força de lei, é considerada de preservação permanente.* Nesse sentido: AgRg no REsp 1183018/MG, Rel. Ministra Eliana Calmon, segunda turma, DJe 15.05.2013; REsp 194.617/PR, Rel. Ministro Franciulli Netto, Segunda Turma, DJ 01.07.2002, p. 278. [...] (Grifo acrescido. STJ, REsp 1316477/SP, Relator Ministro Herman Benjamin, Segunda Turma. Julgado em 13.12.16)

PROCESSUAL CIVIL E ADMINISTRATIVO – EMBARGOS À EXECUÇÃO FISCAL CONTRA IMPOSIÇÃO, PELO IBAMA, DE MULTA POR UTILIZAÇÃO INDEVIDA DE ÁREA DE PRESERVAÇÃO PERMANENTE, PERPETRADA POR MEIO DE EDIFICAÇÃO FEITA POR PARTICULAR NAS PROXIMIDADES DO RESERVATÓRIO DA USINA HIDRELÉTRICA DE ILHA SOLTEIRA (ÁREA NON AEDIFICANDI) – LEI Nº 4.771/65, ARTIGO 2º, B – ILÍCITO NÃO COMPROVADO: *AUTO DE INFRAÇÃO OMISSO A RESPEITO DA DISTÂNCIA ENTRE A EDIFICAÇÃO E A MARGEM "NORMAL" DA REPRESA* – OMISSÃO QUE IMPOSSIBILITA A AFERIÇÃO SOBRE SE A CONSTRUÇÃO ACHA-SE INCRUSTADA EM ÁREA DE PRESERVAÇÃO PERMANENTE – SENTENÇA MANTIDA POR FUNDAMENTO DIVERSO, PREJUDICADAS AS DEMAIS ALEGAÇÕES – APELAÇÃO IMPROVIDA. 1. A embargante foi autuada pela utilização de área de preservação permanente do reservatório da UHE de Ilha Solteira, consoante o Auto de Infração de fls. 03 do processo administrativo em apenso. Infração: edificar em área protegida, no entorno da represa, já que o Código Florestal vigente ao tempo dos fatos, Lei nº 4.771/65, artigo 2º, b, considerava de preservação permanente as áreas ao redor das lagoas, lagos ou reservatórios d'água naturais ou artificiais. Ônus non aedificandi em desfavor dos proprietários lindeiros. Seguindo as diretrizes da Lei nº 6.938/81, artigo 6º, II, o Conselho Nacional do Meio Ambiente – Conama, no exercício de suas atribuições legais, editou a Resolução nº 302/2002, artigos 2º e 3º, regulamentando aquele dispositivo do Código Florestal. 2. As normas de regência, para fins de estabelecimento de área não ocupável estabeleceram metragem a ser respeitada: logo, para a configuração do ilícito, *é imperioso verificar se as edificações foram erigidas dentro da superfície protegida, sendo necessário verificar a distância entre a edificação e a margem "normal" do reservatório cujo entorno o legislador visou proteger*. 3. O Auto de Infração, lavrado pelo IBAMA no ano de 2005, imputou sanção ao particular por "utilizar sem autorização do órgão competente, área de preservação permanente do reservatório da UHE de Ilha Solteira" (fls. 03 do apenso). A fiscalização que consignou a ocupação irregular de espaço lindeiro da represa – que não poderia sofrer a ação da apelada por estar em área de preservação – cometeu erro crucial ao não identificar a distância da edificação em relação ao nível máximo normal do reservatório, o que era imperioso justamente para enquadrar a edificação em zona abrangida pela proteção legal nos termos da Resolução Conama nº 302/2002; evidentemente que era insuficiente dizer que se achava presente uma utilização não autorizada na APP do reservatório, discurso que deixou imprecisa a situação do imóvel em relação à distância do nível de cheia normal do reservatório, permitindo indagar: a edificação estava dentro da superfície protegida na condição de área de preservação? 4. *Em razão da inexistência de precisa indicação acerca da metragem que medeia entre a construção e a margem normal da represa, cai por terra o ímpeto punitivo do IBAMA, sendo esse o núcleo da controvérsia*. A autuação merece ser cancelada por tal motivo (precedentes desta Corte), mantendo-se a sentença por fundamentos diversos, prejudicados os demais temas versados nos autos. (Grifo acrescido. TRF3, Apelação Cível nº 00347566920124039999, Relator Desembargador Johonsom Di Salvo. Julgado em 26.01.17)

2.2.5 Entorno de nascentes e olhos d'água (inciso IV do artigo 4º)

O inciso IV do artigo 4º da Lei nº 12.651/12 caracteriza o entorno de nascentes e olhos d'água como de preservação permanente da seguinte forma: "Art. 4º [...] IV – as áreas no entorno das nascentes e dos olhos d'água perenes, qualquer que seja sua situação topográfica, no raio mínimo de 50 (cinquenta) metros".

Nascentes

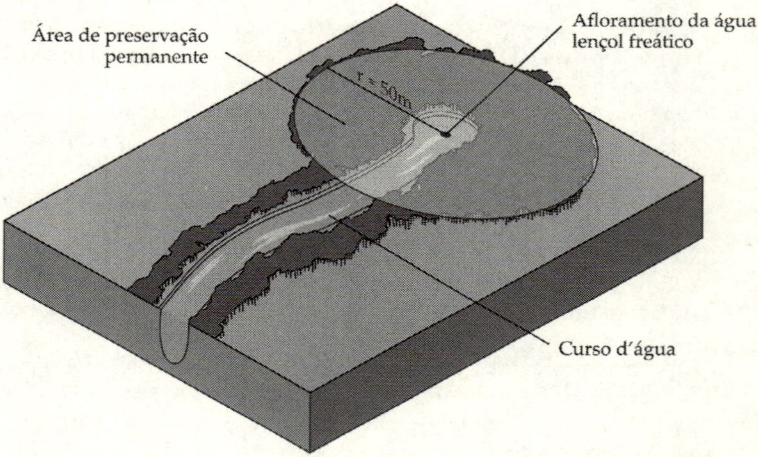

As alterações substanciais, em relação à regra anterior, dizem respeito ao conceito legal de nascentes e olhos d'água. A alínea "c" do artigo 2º da Lei nº 4.771/65 protegia o entorno de nascentes ou olhos d'água de forma genérica, sem distinção quanto às surgências *naturais* ou *artificiais*. Ainda, a alínea "c" do artigo 2º da Lei nº 4.771/65 se aplicava inclusive às nascentes *intermitentes*, isto é, o afloramento que só ocorre em determinadas épocas do ano.[131] Pela redação do inciso IV do artigo 4º da Lei nº 12.651/12 (atribuída pela Lei nº 12.727/12), passou-se a qualificar como de preservação permanente somente o entorno de olhos d'água *naturais* e de nascentes *naturais* e *perenes*, isto é, que afloram água permanentemente, independentemente das estações do ano, períodos ou regimes de precipitação.

Édis Milaré aponta uma possível contradição incorrida pela Lei nº 12.651/12. É que no inciso I do artigo 4º, a Lei protege as faixas marginais de cursos d'água naturais, inclusive os *intermitentes*, ao passo que o inciso IV do mesmo artigo 4º só protege as nascentes

[131] "Art. 2º [...] c) nas nascentes, ainda que intermitentes e nos chamados olhos d'água, qualquer que seja a sua situação topográfica, num raio mínimo de 50 (cinquenta) metros de largura".

perenes. De fato, se o curso d'água é intermitente, é muito possível que isso se dê em virtude da contribuição, igualmente intermitente, da nascente. A solução, apontada por Édis Milaré, consiste em atribuir, em determinados casos, o mesmo regime de proteção das nascentes perenes às intermitentes, também como forma de viabilizar a proteção das faixas marginais de cursos d'água intermitentes.[132]

Para além dessa contradição interna, havia outro problema. Ao passo que o inciso XVII do artigo 2º da Lei nº 12.651/12 qualificava como área de preservação permanente as nascentes perenes, em relação ao olho d'água (que também é um afloramento natural da água), o regime legal estendia-se aos intermitentes: "Art. 2º [...] XVII – nascente: afloramento natural do lençol freático que apresenta perenidade e dá início a um curso d'água. XVIII – olho d'água: afloramento natural do lençol freático, mesmo que intermitente".

A Lei nº 12.651/12, portanto, criou uma situação inusitada: ela considerava como nascente o afloramento *perene* de água do lençol freático *que dá início a um curso d'água*. Já o afloramento do olho d'água, de acordo com a lei, que não desse início a um curso d'água (isto é, a água aflorada pode permanecer acumulada na superfície) poderia ser *intermitente*; não lhe era exigida perenidade para qualificação como de preservação permanente.

Na primeira edição deste livro já apontávamos que os conceitos legais de nascente e olho d'água dissociavam-se de consensos técnicos. A título de exemplo, toma-se o entendimento que admite haver nascentes intermitentes e efêmeras, bem como trata a nascente como sinônimo de olhos d'água:

> As nascentes localizam-se em encostas ou depressões do terreno ou ainda no nível de base representado pelo curso d'água local; podem ser perenes (de fluxo contínuo), temporárias (de fluxo apenas na estação chuvosa) e efêmeras (surgem durante a chuva, permanecendo por apenas alguns dias ou horas).
>
> Pode-se, ainda, dividir as nascentes em dois tipos quanto à sua formação. Segundo Linsley e Franzini (1978), quando a descarga de um aquífero concentra-se em uma pequena área localizada, tem-se a nascente ou olho d'água.[133]

---

132 MILARÉ, 2015, p. 1321.

133 CALHEIROS, 2004, p. 15-16.

A alteração específica promovida pela Lei nº 12.651/12, naquilo que limitou a qualificação como área de preservação permanente às nascentes *perenes* e excluiu daquele regime as *intermitentes,* foi impugnada judicialmente nos autos das ADIs nºs 4.901, 4.902, 4.903 e 4.937. O Supremo Tribunal Federal decidiu por atribuir, ao dispositivo, interpretação conforme à Constituição nos seguintes termos:

> [...] (b) Art. 3º, XVII, e art. 4º, IV (Exclusão das nascentes e dos olhos d'água intermitentes das áreas de preservação permanente): Interpretações diversas surgem da análise sistemática dos incisos I e IV do artigo 4º da Lei n. 12.651/2017. Embora o artigo 4º, inciso IV, apenas tenha protegido o entorno de nascentes e olhos d'água perenes, o art. 4º, inciso I, protege, como áreas de preservação permanente, "as faixas marginais de qualquer curso d'água natural perene e intermitente, excluídos os efêmeros" (grifo nosso). In casu, a polissemia abrange duas interpretações: a primeira inclui as nascentes e os olhos d'água intermitentes como APPs; a segunda os exclui. Assim, cabe ao STF selecionar a interpretação que melhor maximize a eficácia das normas constitucionais. Considerando que o art. 225, §1º, da Constituição Federal, determina que incumbe ao Poder Público "preservar e restaurar os processos ecológicos essenciais e promover o manejo ecológico das espécies e ecossistemas", a interpretação mais protetiva deve ser selecionada. O Projeto de Lei n. 350/2015 (Autoria do Dep. Fed. Sarney Filho), em trâmite perante a Câmara Federal, prevê alteração nesse sentido no novo Código Florestal. A proteção das nascentes e olhos d'água é essencial para a existência dos cursos d'água que deles se originam, especialmente quanto aos rios intermitentes, muito presentes em áreas de seca e de estiagem; CONCLUSÃO: interpretação conforme ao artigo 4º, inciso IV, da Lei n. 12.651/2017, com vistas a reconhecer que os entornos das nascentes e dos olhos d'água intermitentes configuram área de preservação permanente (APP) [...].[134]

Ou seja, a despeito da alteração promovida pela Lei nº 12.651/12, deve-se considerar como área de preservação permanente inclusive as nascentes *intermitentes,* e não apenas as perenes. Isso resolve a contradição havida com o regime de proteção dos cursos d'água naturais e dos olhos d'água.

Ao contrário do que se sucedia na alínea "c" do artigo 2º da Lei nº 4.771/65, os incisos XVII e XVIII do artigo 2º da Lei nº 12.651/12 caracterizam as nascentes e olhos d'água como afloramentos *naturais*.

---

[134] ADIs nºs 4.901, 4.902, 4.903 e 4.937 e ADC nº 42. Relator Ministro Luiz Fux, Tribunal Pleno, julgado em 28.02.2018, publicado em 13.08.2019.

A nascente e o olho d'água *natural* são tipos específicos de surgência de águas confinadas nos aquíferos ou lençóis freáticos. As águas subterrâneas são confinadas no lençol freático a determinado gradiente hidráulico. Quando este gradiente excede a capacidade de armazenamento, forma-se uma nascente ou olho d'água natural, cuja água aflorada é descarregada na superfície do terreno com vazão própria do aquífero a que está relacionado.

Afloramento natural

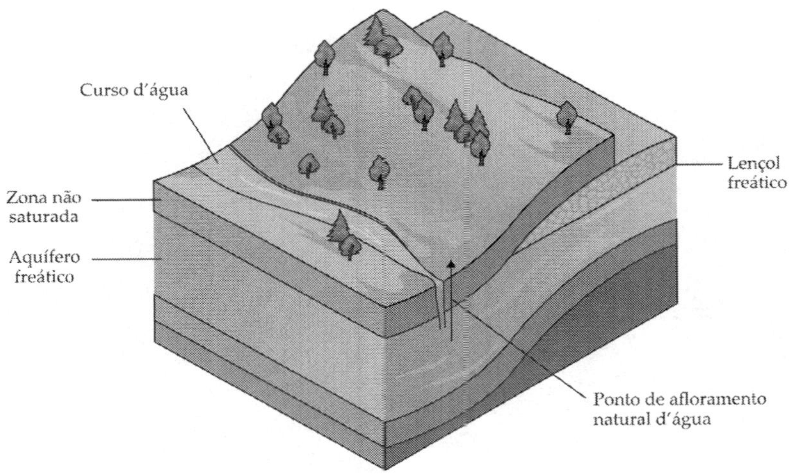

Este processo hidrogeológico natural é substancialmente distinto do que ocorre nas ravinas ou voçorocas, formas geomorfológicas decorrentes de processo de erosão hídrica. A força das águas da chuva sobre determinados tipos de solo (permeabilidade), em determinadas condições (inclusive climáticas), são fatores que interferem na coesão do solo e que podem levar a processos erosivos, de formação de sulcos. O aprofundamento e alargamento destes sulcos formam as ravinas e voçorocas.[135] A depender da magnitude desses fenômenos, esse

135 "Erosão em sulcos: Tipo de erosão que ocorre nas linhas de maior concentração das águas de escoamento superficial, resultando em pequenas incisões no terreno, as quais com a evolução do processo podem se transformar em voçorocas. Erosão de ravinamento" (IBGE, 2004b).

processo erosivo pode eventualmente interceptar o aquífero freático e também provocar afloramento da água subterrânea. A ravina (ou voçoroca), processo erosivo que é, deve ser controlada e revertida.

Voçoroca

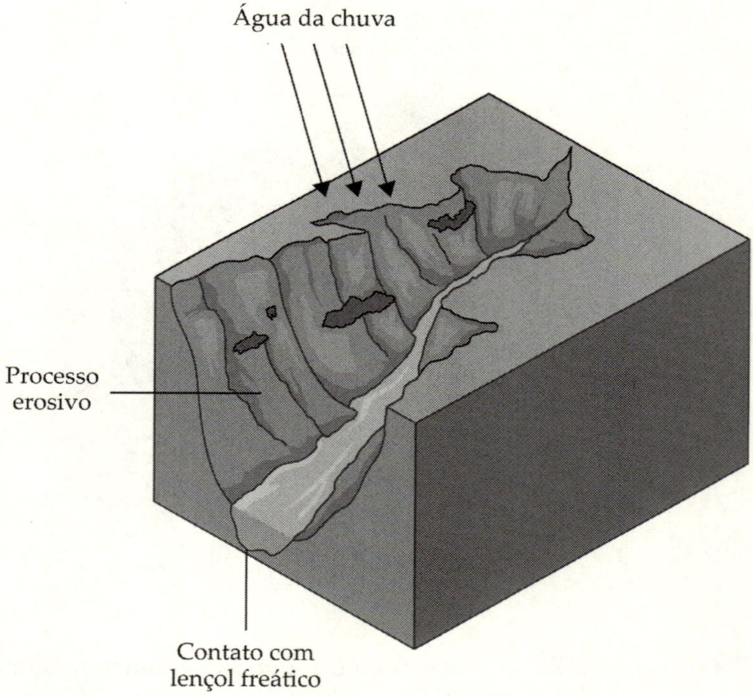

O processo de surgência de água subterrânea em erosão por ravinamento ou voçorocas não é, necessariamente, típico de uma nascente ou olho d'água, onde a surgência se dá em sentido inverso, provocada pelo gradiente hidráulico.[136] O inciso IV do artigo 4º da Lei nº 12.651/12 protege, insista-se, a forma específica de surgência por nascentes ou olhos d'água.

---

[136] "Fonte: Surgência natural de água, em superfície, a partir de uma camada aqüífera. Nascente ou olho d'água" (IBGE, 2004b).

O inciso IV do artigo 4º da Lei nº 12.651/12 não indica o marco espacial a partir do qual se computam os 50 metros de raio da área de preservação permanente.

A opção pela legislação de estipular um *raio* de proteção no entorno da nascente demonstra a intenção de se contar o perímetro de preservação permanente a partir do exato ponto de afloramento da água subterrânea. Se o marco espacial adotado fosse o nível superficial da água aflorada, o critério a ser utilizado provavelmente não seria um círculo exato formado pelo raio, mas uma faixa marginal que acompanhasse a morfologia da acumulação.

Entendemos que, quando for inviável definir com precisão o ponto de afloramento da água subterrânea, o raio deve ser contado do centro da acumulação superficial de água.

De todo modo, essas variáveis demonstram que seria de todo conveniente que um regulamento dispusesse acerca da forma de medição do raio de proteção das nascentes e olhos d'água.

Jurisprudência

> AÇÃO AMBIENTAL. Monte aprazível. *Escoamento de águas pluviais. Erosão. Afloramento forçado. Área de preservação permanente. Recomposição. – 1. Afloramento forçado. O canal de escoamento de águas pluviais pode não ser um curso d'água pela falta de origem e pela dependência de outros fatores (chuva), no entanto a água que aflora do solo e se derrama do lençol freático é uma nascente. O fato de ser uma nascente "forçada" (causada pela erosão) não é relevante, mas sim o fato de ser um afloramento de água natural. O réu não tinha uma nascente, agora tem, e a ela deve ser conferida a proteção do art. 4º, IV da LF nº 12.651/12*, que estabelece a faixa de preservação permanente de 50 metros, cabendo ao Ministério Público tomar as medidas apropriadas em caso de eventual dano existente ou que venha ser causado à área protegida. – 2. Erosão. Responsabilidade. Nos termos do laudo judicial, a erosão da área decorreu do inadequado despejo das águas pluviais, restando evidente a responsabilidade do Município, que deve ser condenado à obrigação de fazer consistente em reparar e conter a erosão constatada no local. – Improcedência. Recurso do Ministério Público provido. (Grifo acrescido. TJSP, Apelação nº 0001565-08.2013.8.26.0369, Relator Desembargador Torres de Carvalho, 1ª Câmara Reservada ao Meio Ambiente. Julgado em 06.08.15)

> [...] RECURSO DE APELAÇÃO EM AÇÃO CIVIL PÚBLICA. MEIO AMBIENTE. 1. FORMAÇÃO DE VOÇOROCA. OBRIGAÇÃO DE RESGUARDO DA MATA CILIAR E CONTENÇÃO DA EROSÃO.

> *Restou comprovado nos autos a existência de erosão do solo (voçoroca) que está causando danos ambientais em seu entorno. Obrigação do proprietário de resguardar a mata ciliar, bem como de conter a erosão.* [...] (Grifo acrescido. TJSP, Apelação nº 0006418-20.2010.8.26.0481, Relator Desembargador Marcelo Berthe, 1ª Câmara Reservada ao Meio Ambiente. Julgado em 12.11.15)
>
> [...] 2. ÁREA DE PRESERVAÇÃO PERMANENTE. NASCENTES E OLHOS D'ÁGUA. Área de preservação permanente – APP – em decorrência de nascentes d'água e olhos d'agua na propriedade do autor, *hipótese em que a perícia alega não ter localizados afloramentos d'água no local, o que não contraria as demais provas produzidas que comprovam a existência prévia das nascentes e a realização de intervenção visando à sua drenagem e secagem.* Hipótese de dano ambiental irrecuperável com supressão da área de preservação permanente – APP, em definitivo. Dever de indenizar que se impõe ao proprietário, devendo ser apurado em fase de liquidação de sentença. 3. Sentença reformada, em parte. Recurso parcialmente provido. (Grifo acrescido. TJSP, Apelação nº 0000584-63.2007.8.26.0506, Relator Desembargador Marcelo Berthe, 1ª Câmara Reservada ao Meio Ambiente. Julgado em 12.11.15)
>
> AGRAVO DE INSTRUMENTO – AÇÃO DE DESAPROPRIAÇÃO – PRELIMINAR DE INTEMPESTIVIDADE RECURSAL – REJEIÇÃO – MÉRITO – VALOR DA INDENIZAÇÃO – LAUDO PERICIAL PRELIMINAR – ESCLARECIMENTOS SOLICITADOS PELAS PARTES – *SUPOSTA EXISTÊNCIA APP – EXCLUSÃO SUPERVENIENTE* – REFORMULAÇÃO DA AVALIAÇÃO – CABIMENTO – VÍCIO – NÃO COMPROVAÇÃO – CONFIRMAÇÃO – RECURSO NÃO PROVIDO. *– O douto 'expert' judicial, baseando-se em parecer técnico hidrogeológico (fls. 110-TJ) realizado 'in loco' (cuja conclusão fora de que "a manifestação sob a forma de exsudação de água dada como nascente não se classifica como tal por lhe faltarem as características essenciais inerentes à nascentes naturais"), houve por bem retificar a avaliação procedida anteriormente. – Não se tratando de mina d'água (APP) a exsudação aquífera existente no imóvel desapropriando, insubsistente a anterior limitação de sua área utilizável,* asseverando-se, portanto, imperiosa a retificação do cálculo anterior, com a inclusão do valor proporcional ao aumento da sua área de aproveitamento, tal como procedido pelo perito em questão. (Grifo acrescido. TJMG, Agravo de Instrumento nº 10024112786520001, Relator Desembargador Barros Levenhagen, Quinta Câmara Cível. Julgado em 23.05.13)

2.2.5.1 A questão das nascentes difusas

Questão de grande relevância tem sido a discussão sobre o regime de proteção das *nascentes difusas*. Nascente difusa, segundo o Glossário

Hidrogeológico Internacional da UNESCO, é aquela que emana de um meio permeável para uma área relativamente extensa.[137] Em uma nascente difusa, o ponto de afloramento (zona de descarga) não seria único, mas seriam múltiplos e eventualmente variantes.

Nos casos em que é difícil identificar o ponto exato de surgência da água subterrânea, a eventual ocorrência de umidade na superfície por vezes é equivocadamente associada à existência de nascentes do tipo difusa. A associação nem sempre é correta, especialmente porque, se a umidade na superfície decorrer da má drenagem de águas pluviais (da chuva), por exemplo, de nascente não se trata, inclusive do tipo difusa.

É o que adverte Álvaro Rodrigues dos Santos:

> Vale a pena chamar a atenção para duas situações que normalmente confundem os observadores e os têm muitas vezes levado a equivocadamente as caracterizar como nascentes, com decorrente aplicação das disposições legais de uma APP, quando efetivamente não se trata de uma nascente.
>
> A primeira refere-se a terrenos localmente de topografia plana ou bastante suave, com dificuldade natural de escoamento superficial de águas de chuva. *Há nessas situações a possibilidade de formação de uma camada sub-superficial de argilas hidromórficas que, por sua grande impermeabilidade, dificultam a infiltração e proporcionam a sustentação de uma camada superficial saturada ou úmida,* especialmente em períodos chuvosos. *São situações que sugerem, erroneamente, uma classificação como nascente difusa.* Um outro caso controverso diz respeito a olhos d'água intermitentes originados de águas de infiltração que, ao atravessar a zona superior do solo (zona de aeração) encontram obstáculos com menor permeabilidade ou mesmo impermeáveis, decorrentes da existência de variações geológicas internas horizontais ou sub-horizontais (uma lente argilosa, por exemplo, ou algum tipo de estrutura). *Nessas condições essas águas de infiltração podem resultar na formação de "lençóis suspensos" ou "empoleirados" e acabam aflorando à superfície de um terreno declivoso antes de atingir o lençol freático propriamente dito. Uma situação que, pelas definições conceituais estabelecidas, também não pode ser caracterizada como uma nascente, ainda que sugira cuidados especiais de proteção.*[138]

Para se concluir pela ocorrência de uma nascente do tipo difusa, o pressuposto é, pelo menos, a confirmação de que a água eventualmente constatada em superfície é proveniente do afloramento natural do

137 UNESCO, 2015.

138 SANTOS, 2009.

lençol freático (conceito de nascente do inciso XVII do artigo 3º da Lei nº 12.651/12). Em caso de dúvida ou controvérsia, isso deve ser esclarecido por meio de estudo hidrogeológico apropriado, que pode contar com levantamentos geofísicos para confirmar ou descartar a ocorrência de águas subterrâneas, substrato rochoso e suas fraturas.

2.2.5.2 A questão das áreas úmidas e banhados

Também frequentemente associada aos afloramentos naturais do lençol freático está a presença de banhados. Não há, na Lei nº 12.651/12, previsão ou conceito expresso para a figura do banhado. Em geral, trata-se de área alagada ou composta por solo saturado, em boa parte do ano, usualmente recoberta por vegetação típica associada a solos hidromórficos.

Uma área de banhado pode ou não ser caracterizada como área de preservação permanente *ope legis*, a depender da ocorrência de alguma das modalidades de corpos hídricos indicadas no artigo 4º da Lei nº 12.651/12, inclusive nascentes.

Se na área úmida em questão for possível, de fato, identificar a ocorrência de uma nascente (um ponto de afloramento natural do lençol freático), o raio de 50 metros do ponto de surgência da água subterrânea deve ser considerado como área de preservação permanente *ope legis*, nos termos do inciso IV do artigo 4º da Lei nº 12.651/12, por se tratar de nascente. Nesse caso, não é a área úmida em si que é considerada como área de preservação permanente, mas a nascente a ela associada.

Se a umidade havida na área de banhado não for decorrente de uma nascente, mas decorrer da retenção de água pluvial superficial, ela não é (nem pode) ser protegida com base no inciso IV do artigo 4º da Lei nº 12.651/12. A área úmida poderia hipoteticamente ser enquadrada como área de preservação permanente por ato administrativo eventualmente editado para proteção de área úmida nos termos do artigo 6º, inciso IX, da Lei nº 12.651/12.[139]

Essa alternativa depende, por expressa exigência legal, de uma cuidadosa determinação da extensão da área úmida a ser protegida, que deve comprovadamente exercer alguma das funções ambientais

---

[139] Art. 6º Consideram-se, ainda, de preservação permanente, quando declaradas de interesse social por ato do Chefe do Poder Executivo, as áreas cobertas com florestas ou outras formas de vegetação destinadas a uma ou mais das seguintes finalidades:
IX - proteger áreas úmidas, especialmente as de importância internacional.

daquelas previstas no inciso II do artigo 3º da mesma lei,[140] além da avaliação de conveniência e oportunidade por parte do Poder Executivo municipal ou estadual, notadamente em função das possíveis implicações econômicas do referido.

Essas circunstâncias revelam o desacerto, a nosso ver, da decisão do Superior Tribunal de Justiça tomada nos autos do Recurso Especial nº 1.787.748. Leia-se trecho da ementa:

> PROCESSUAL CIVIL, AMBIENTAL E URBANÍSTICO. AÇÃO CIVIL PÚBLICA. ARTS. 4º, II, 6º, III E IX, E 10º, DO CÓDIGO FLORESTAL. SOTERRAMENTO DE "BANHADO". ECOSSISTEMA ESPECIALMENTE PROTEGIDO. PARÂMETROS DA CONVENÇÃO SOBRE ZONAS ÚMIDAS DE IMPORTÂNCIA INTERNACIONAL (CONVENÇÃO DE RAMSAR). PRINCÍPIO IN DUBIO PRO NATURA. ÁREA DE PRESERVAÇÃO PERMANENTE. RESPONSABILIDADE OBJETIVA, SOLIDÁRIA E ILIMITADA DO PODER PÚBLICO MUNICIPAL. LITISCONSÓRCIO PASSIVO FACULTATIVO. SÚMULA 83/STJ. [...]
>
> 3. Nomenclatura de emprego mais comum no Rio Grande do Sul, o banhado, do espanhol "bañado", representa tipologia do gênero áreas úmidas (wetlands), ou seja, zonas alagadas, perene ou intermitentemente. Como se sabe, tais terrenos constituem ecossistema especialmente protegido por normas tanto internacionais como nacionais. Incluem, entre outras, as categorias sinônimas ou próximas dos brejos, várzeas, pântanos, charcos, varjões, alagados. Áreas ecologicamente estratégicas, funcionam como esponjas de água e estocadores de matéria orgânica, abrigando complexa rede trófica de alta biodiversidade, com inúmeras espécies da flora e fauna, várias delas endêmicas ou ameaçadas de extinção. Desempenham, a um só tempo, a função de caixa d'água e rim da Natureza, pois absorvem água na cheia e mantêm o fluxo hídrico na estiagem. Nesse processo, filtram e purificam a água antes do ponto de ressurgência. Sem rigorosa conservação desses preciosos e insubstituíveis espaços úmidos, a proteção jurídica dos rios e recursos hídricos ficará capenga e inviabilizada, pois equivaleria a cuidar das pernas e esquecer os braços.
>
> 4. Segundo a Convenção sobre Zonas Úmidas de Importância Internacional de 1971 (Convenção de Ramsar, promulgada pelo Decreto 1.905/1996), reconhecem-se "as funções ecológicas fundamentais das zonas úmidas enquanto reguladoras dos regimes de água e enquanto habitas

---

[140] Art. 3º [...] II: Área de Preservação Permanente - APP: área protegida, coberta ou não por vegetação nativa, com a função ambiental de preservar os recursos hídricos, a paisagem, a estabilidade geológica e a biodiversidade, facilitar o fluxo gênico de fauna e flora, proteger o solo e assegurar o bem-estar das populações humanas.

> de flora e fauna características, especialmente de aves aquáticas". Tais áreas "constituem um recurso de grande valor econômicos, cultural, cientifico e recreativo, cuja perda seria irreparável" (preâmbulo).
>
> 5. O Código Florestal, com atecnia legislativa, trata as zonas úmidas ora como Áreas de Preservação Permanente ope legis do art. 4º, II – lago ou lagoa, que pode ser perene ou intermitente, rasa ou profunda –, ora como Área de Preservação Permanente administrativa (art. 6º, III e IX), ora como Área de Uso Restrito (art. 10). *Qualquer que seja a classe em que se enquadre, o banhado está especialmente protegido, vedada sua destruição.* Levando-se em conta que não se está diante de categorias que se separam claramente, preto no branco, apresentando-se mais como continuum entre ambientes aquáticos e terrestres, verdadeiras zonas de transição terrestre-aquáticas, conclui-se que as definições tendem a ser arbitrárias e, por isso, administrador e juiz devem empregar, no difícil processo de interpretação da norma e da realidade natural, o princípio in dubio pro natura, nos termos da jurisprudência do STJ. [...][141]

A decisão é equivocada, em nossa percepção, porque parte de uma percepção enviesada da Lei nº 12.651/12: quando a legislação não fala o que o julgador gostaria que houvesse dito, o Superior Tribunal de Justiça diz que ela parte de atecnia legislativa. Não obstante, ao contrário do reputado no Recurso Especial nº 1.787.748, as zonas úmidas (nas quais os banhados se inserem) receberam tratamento bastante claro na Lei nº 12.651/12: não foram qualificadas como de preservação permanente *ope legis* pelo artigo 4º, mas podem o ser por ato administrativo pelo artigo 6º. Banhados não se confundem com cursos d'água naturais (esses são fluxos contínuos ou intermitentes, em leito, de água proveniente do afloramento natural do lençol freático) nem com as nascentes (o próprio afloramento) a eles eventualmente associadas.

2.2.6 Encostas (inciso V do artigo 4º)

As encostas são qualificadas como de preservação permanente, pelo inciso V do artigo 4º da Lei nº 12.651/12, da seguinte forma: "Art. 4º [...] V – as encostas ou partes destas com declividade superior a 45º, equivalente a 100% (cem por cento) na linha de maior declive".

---

[141] STJ, REsp nº 1.787.748/RS, relator Ministro Herman Benjamin, Segunda Turma, julgado em 10.12.2019, DJe de 14.9.2020.

Declividade acentuada

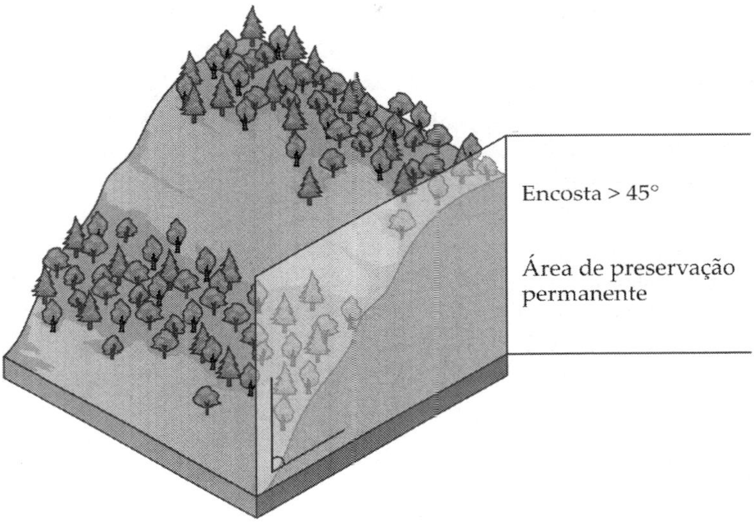

O dispositivo mantém a mesma redação da alínea "e" do artigo 2º da revogada Lei nº 4.771/65.

A *encosta* significa a parte inclinada de uma elevação de terreno. *Declividade* é a própria inclinação do terreno, percebida pela medida de elevação vertical relacionada com a distância horizontal da superfície do terreno. Como numa encosta podem ocorrer diferentes declividades, diferentes graus de inclinação, o inciso V do artigo 4º da Lei nº 12.651/12 protege tanto a encosta inteira quanto partes dela, desde que, em ambos os casos, a declividade da área seja superior a 45º ou 100%.

As inclinações podem ser expressas de duas formas: *graus* ou *porcentagem*, ambas referidas no inciso V do artigo 4º da Lei nº 12.651/12. O dispositivo menciona, portanto, valores de declividade iguais (45º ou 100%) expressos em unidades de medidas distintas.

A medição da declividade por graus representa o ângulo de inclinação da superfície do terreno. Os valores de declividade podem variar de 0º a 90º. Toda inclinação com ângulo superior a 45º é considerada área de preservação permanente, na exata extensão em que ela for superior a 45º.

O percentual (ou gradiente) de inclinação expressa a razão entre a projeção horizontal da encosta com o seu ganho vertical (altura). Por exemplo, se a cada 100 metros de comprimento (distância horizontal) houver um ganho de 10 metros de altura na elevação, a encosta possui 10% de declividade. No caso do inciso V do artigo 4º da Lei nº 12.651/12, diz-se que, num terreno com 100% de declividade, a cada 100 metros de deslocamento horizontal tem-se elevação vertical de 100 metros.

O inciso V do artigo 4º da Lei nº 12.651/12, ao caracterizar como de preservação permanente "as encostas ou partes destas com declividade superior a 45º, equivalente a 100% (cem por cento) na linha de maior declive", parece ter omitido uma vírgula depois da expressão "100% (cem por cento)", haja vista que o referido percentual é indicado como sinônimo dos 45º.

Em relação a ambas as unidades de medida, a área de preservação permanente circunscreve-se à *linha de maior declive*. Linha de maior declive é a parte ou face mais inclinada da elevação. Noutros termos, não se considera como de preservação permanente toda a extensão da elevação onde ocorre, em algum trecho do terreno, inclinação de 45º ou 100%. A área de preservação permanente é a exata extensão do terreno onde a declividade é mais acentuada (correspondente aos 45ºou 100%).

Perceba que a declividade não se relaciona com a altura da elevação do terreno (disciplinada pela Lei nº 12.651/12, nos incisos IX e X do artigo 4º). Pode ocorrer, portanto, área de preservação permanente na base de uma elevação (com declividade superior a 45º ou 100%) seguida, no plano vertical, por áreas com declividades menores, não consideradas como de preservação permanente, até se alcançar o topo de morro (se for o caso).

2.2.6.1 Área de preservação permanente nas encostas e a proibição de loteamento e desmembramento em declividades superiores a 30% na Lei de Parcelamento do Solo Urbano

Uma constatação importante é que a área de preservação permanente por declividade não se confunde com as áreas em que, também em função da declividade, não se admite (salvo se atendidas exigências específicas das autoridades competentes) o parcelamento do solo (nas modalidades loteamento e desmembramento). Estas últimas são veiculadas no inciso III do parágrafo único do artigo 3º da Lei nº 6.766/79 (Lei de Parcelamento do Solo Urbano), assim vazado: "Art. 3º [...] Parágrafo único – Não será permitido o parcelamento do solo: III – em terrenos com declividade igual ou superior a 30% (trinta por cento), salvo se atendidas exigências específicas das autoridades competentes".

As diferenças são marcantes. Em primeiro lugar, o inciso III do parágrafo único do artigo 3º da Lei nº 6.766/79 não qualifica o espaço como de preservação permanente; apenas veicula uma proibição, apriorística, de implantação de projetos de urbanização (loteamento ou desmembramento) em terrenos com mais de 30% de inclinação. O inciso III do parágrafo único do artigo 3º da Lei nº 6.766/79 não estende a proibição a outras implantações, qualquer que seja o uso pretendido (edificações para casas, condomínios, atividades rurais, comerciais, empresariais, serviços ou industriais).

Em segundo lugar, ao contrário da área de preservação permanente veiculada no inciso V do artigo 4º da Lei nº 12.651/12, a proibição do inciso III do parágrafo único do artigo 3º da Lei nº 6.766/79 pode ser levantada se adotadas cautelas especiais pelos interessados. Isso porque a própria lei admite a implantação de loteamentos e desmembramentos em áreas de declividade superior a 30%, *quando atendidas exigências específicas das autoridades competentes.*

Em terceiro lugar, os dispositivos veiculam parâmetros diferentes. Enquanto a Lei nº 12.651/12 qualifica encostas com declividade superior a 45º ou 100% de inclinação como área de preservação permanente, o inciso III do parágrafo único do artigo 3º da Lei nº 6.766/79 proíbe loteamentos e desmembramentos em terrenos com declividade igual ou superior a 30%, que é equivalente a aproximadamente 16,70º.

Alguns terrenos, portanto, com declividades entre 16,7º e 45º, podem estar aptos do ponto de vista ambiental (inciso V do artigo 4º da Lei nº 12.651/12) para serem utilizados com atividades antrópicas, mas eventualmente não poderão ser objeto de loteamento ou parcelamento pelo inciso III do parágrafo único do artigo 3º da Lei nº 6.766/79.

2.2.6.2 Área de preservação permanente nas encostas e áreas de uso restrito

Uma última diferença no que toca às áreas de preservação permanente nas encostas merece ser ressaltada, desta vez em relação às **áreas de uso restrito** veiculadas no artigo 11, também da Lei nº 12.651/12, assim disciplinadas:

> Art. 11. Em áreas de inclinação entre 25º e 45º, serão permitidos o manejo florestal sustentável e o exercício de atividades agrossilvipastoris, bem como a manutenção da infraestrutura física associada ao desenvolvimento das atividades, observadas boas práticas agronômicas, sendo vedada a conversão de novas áreas, excetuadas as hipóteses de utilidade pública e interesse social.

Diferenca de APP de encosta e área de uso restrito

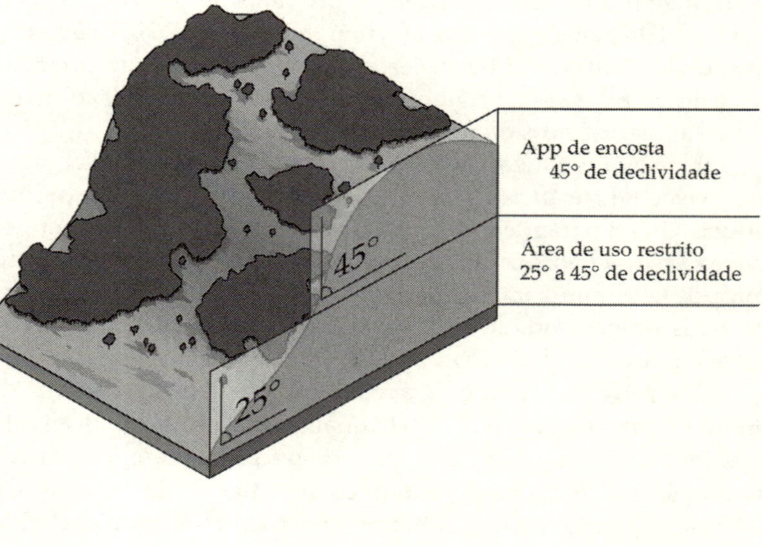

Nas áreas de uso restrito, como o próprio vocábulo sugere, os usos antrópicos são submetidos a um regime jurídico diferenciado, que não veda, mas concilia a atividade econômica às peculiaridades de espaços sensíveis.

Relevantes são as dúvidas concernentes ao alcance e extensão do dispositivo.

A primeira delas é sobre sua aplicabilidade tanto aos imóveis rurais quanto aqueles de uso urbano. Uma interpretação possível seria de que o artigo 11 da Lei nº 12.651/12 aplica-se, indistintamente, a ambos, autorizando somente o prosseguimento de atividades rurais já exercidas no imóvel, se for o caso.

Por essa linha de raciocínio, nas declividades entre 25° e 45°, seja em imóveis rurais ou urbanos, não pode haver conversão de novas áreas, exceto para atividades agrossilvopastoris. Atividades agrossilvopastoris, importante destacar, são atividades agrícolas, pecuárias e/ou florestais combinadas ou isoladamente desenvolvidas no imóvel [rural].

Entendemos que a interpretação que repele o exercício de qualquer outra atividade antrópica (afora atividades agrossilvopastoris, bem como a manutenção da infraestrutura física associada ao desenvolvimento das atividades) em declividades entre 25° e 45°, independentemente do local onde o imóvel se insere ou do seu uso preponderante (isto é, se rural ou urbano), mostra-se, a nosso ver, descompassada da integralidade da Lei nº 12.61/12 e fragmentada das demais categorias e normas que regem o assunto.

O artigo 11 da Lei nº 12.651/12 não deve ser lido de maneira descontextualizada da finalidade a que preponderantemente objetiva, tampouco de forma isolada do restante do texto normativo e do ordenamento jurídico no qual se insere,[142] sob pena de se adotarem conclusões iníquas e irrazoáveis. É preciso compreender o instituto em sua origem e integralidade, distinguindo-o de categorias congêneres.

Trata-se de providência fundamental, haja vista que a interpretação literal do artigo 11 da Lei nº 12.651/12 (ao pretender impedir o exercício de um número variado de atividades antrópicas) parece não fazer distinção relevante das áreas de uso restrito em relação às áreas de preservação permanente.[143]

Quisesse a lei, de fato, vedar de forma quase indiscriminada conversões de novas áreas em declividades superiores a 25°, independentemente de sua localização e finalidade, ela teria qualificado as declividades acima daquele parâmetro (25°) como área de preservação permanente (como fez para as declividades superiores a 45° no inciso V

---

142 "Não se interpreta o direito em tiras; não se interpreta textos normativos isoladamente, mas sim o direito no seu todo" (Min. Eros Grau, voto na ADPF 101, Relatora Ministra Carmen Lucia, j. 24-06-09).

143 "Embora existam doutrinadores que acreditam que a interpretação gramatical é a única interpretação possível no Direito (chegando mesmo a afirmar que qualquer interpretação que escape à exclusiva literalidade da lei significa forjar uma norma jurídica que não existe), a esmagadora maioria dos estudiosos da ciência jurídica, em particular, e da hermenêutica, em termos gerais, sustenta a tese de que tal meio de interpretação é apenas um preliminar exame das palavras e das proposições – mediante as quais as leis não são apresentadas –, representando, portanto, apenas e obrigatoriamente o primeiro passo que necessariamente tem que dar o intérprete em busca do verdadeiro significado da norma jurídica" (FRIEDE, 1996, p. 9-14).

do artigo 4º da Lei nº 12.651/12)[144] e incluído eventuais exceções ao regime de uso desses espaços (no caso, o manejo florestal sustentável e o exercício de atividades agrossilvopastoris) nos seus artigos 8º, 64 e 65.

Cumpre recordar, a esse propósito, que a interpretação de qualquer texto legal deve ser sistemática.[145] Principalmente, "*deve o Direito ser interpretado inteligentemente*: não de modo que a ordem legal envolva um absurdo, prescreva inconveniências, *vá ter a conclusões inconsistentes* ou impossíveis. *Também se prefere a exegese de que resulte eficiente a providência legal* ou válido o ato, a que torne aquela sem efeito, inócua, ou este, juridicamente nulo".[146]

Se a lei não atribuiu às áreas de uso restrito igual (ou similar) regime jurídico das áreas de preservação permanente, mas, pelo contrário, estabeleceu alguma distinção relevante entre ambas a ponto de nomeá-las de maneira distinta e discipliná-las em artigos e capítulos específicos, *é porque elas se prestam a regular realidades diferentes e merecem, por isso, tratamento substancialmente diferente*. Recorde-se que "não se presumem na lei, palavras inúteis. Devem-se compreender as palavras como tendo alguma eficácia [...]. As *expressões do Direito interpretam-se de modo que não resultem em frases sem significado real, vocábulos supérfluos, ociosos, inúteis*".[147]

Para adequada intelecção do artigo 11 da Lei nº 12.651/12, convém partir, portanto, da indispensável distinção entre as áreas de uso restrito e as áreas de preservação permanente, o que ajuda a compreender, com clareza, o âmbito de incidência da primeira categoria.

A Lei nº 12.651/12 é bastante analítica no que tange ao conceito das áreas de preservação permanente (inciso II do artigo 2º). É, também, expressa quanto ao seu âmbito de incidência espacial (*caput* do artigo 4º) e seu respectivo regime jurídico (artigos 7º, 8º e 9º). A regra, essencialmente, é da não intervenção nesses espaços,[148] [149]

---

144 Art. 4º Considera-se Área de Preservação Permanente, em zonas rurais ou urbanas, para os efeitos desta Lei: [...] V - as encostas ou partes destas com declividade superior a 45º, equivalente a 100% (cem por cento) na linha de maior declive;

145 FREITAS, 2010. p. 65 e ss.

146 MAXIMILIANO, 2000. p. 166.

147 MAXIMILIANO, 2000. p. 204.

148 "Parte-se da ideia geral de que a regra é a proteção dos ecossistemas classificados como APPs. Em tese, essa regra geral estabelece uma proteção total e definitiva para a utilização estritamente privada, ou seja, nessas áreas, assim definidas por Lei ou por ato do Poder Público, qualquer atividade cujo interesse principal seja o lucro ou a exploração econômica por si, proíbe-se qualquer forma de utilização" (AZEVEDO, Ruy Emmanuel

independentemente se localizados em zonas urbanas ou rurais, ressalvadas as hipóteses excepcionais arroladas na própria lei.[150]

O mesmo nível de detalhamento não ocorre, efetivamente, no regramento das áreas de uso restrito. No entanto, percebe-se que o fato de estar localizada, topicamente, em capítulo próprio, distinto e sucessivo às áreas de preservação permanente, é razoável concluir que não deve ser estendido ou equiparado àquelas (às áreas de uso restrito) o mesmo ou similar regime jurídico das últimas (de preservação permanente). Isso não só no que tange à regra geral de não intervenção como, também, sua finalidade e incidência espacial, consoante se defenderá adiante.

Efetivamente, a essência das áreas de uso restrito é distinta da que norteia as áreas de preservação permanente. Ambas derivam de previsões correspondentes no antigo Código Florestal (Lei nº 4.771/65). Na Lei nº 4.771/65, a tônica de se abolirem as classificações florestais então vigentes (no Decreto nº 23.793/34) e as substituir por uma nova – as áreas de preservação permanente – era veicular uma única grande categoria de floresta (no artigo 2º) *que não poderia ser removida.*[151]

Silva de. O Novo Código Florestal e a flexibilização das intervenções excepcionais em áreas de preservação permanente. *Revista Direito Ambiental e Sociedade*, v. 3, n. 1, p. 65-93, 2013, p. 73).

149 Paulo Affonso Leme Machado, a esse propósito, pontua que "a vegetação situada em APP 'deverá ser mantida'. Esse é o princípio geral inscrito no art. 7º da Lei 12.651/12" (MACHADO, Paulo Affonso Leme. *Direito Ambiental Brasileiro*. 24. ed. São Paulo: Malheiros, 2016. p. 914).

150 "A regra geral aplicada às APP é a intocabilidade, ressalvas as exceções contidas no art. 8º da lei atual, com as possibilidades legais de supressão ou intervenção de tais áreas somente nas hipóteses de utilidade pública, de interesse social ou de baixo impacto ambiental, desde que inexista alternativa técnica e locacional à intervenção" (BOUERI, Millena Ariana; BORGES, Luís Antônio Coimbra. Conflitos na Aplicação do Código Florestal em Áreas de Preservação Permanente (APP) Hídricas Urbanas. *Revista de Direito Ambiental*, vol. 104, p. 115-147, 2021).

151 Da Exposição de Motivos do Projeto de Lei nº 2.874/65, depois convertido na Lei nº 4.771/65, colhe-se: "a) *Quanto às formas de vegetação que não podem ser removidas*: [...] O anteprojeto disciplina as florestas que não podem ser removidas, seja por sua função hidrogeol6gica ou ante-erosiva, seja como fonte de abastecimento de madeira. Nada mais. Nenhuma classificação. [...] O anteprojeto indica minuciosamente as formas de vegetação que não poderão ser removidas, não necessitando de nenhum decreto posterior para declarar sua imprescindibilidade, onde se encontrem. Basta que o leitor da lei a confronte com a natureza, para ver se está diante de uma floresta indispensável, ou se a mata poderá ser removida, sem prejuízo para a terra". Disponível em: https://www.camara.leg.br/proposicoesWeb/prop_mostrarintegra;jsessionid=node01wig13mt876psc4runc3fkcxi3362383.node0?codteor=1194507&filename=Dossie+-PL+2874/1965. p. 4-5.
Adiante, ao tratar da *utilização das florestas*: "b) Quanto à utilização das florestas: o anteprojeto concisamente apresenta as normas de uso das áreas florestadas, assim: I - Nas áreas de inclinação entre 25 e 45° só será permitida a utilização racional. Como medida

Já nas declividades entre 25° e 45°, a tônica consistia em estabelecer a necessidade de seu *uso racional*. Em outras palavras, enquanto nas áreas de preservação permanente a proteção/preservação era (e ainda é) a regra, nas declividades entre 25° e 45° a regra era o "uso" racional. Por isso, inclusive, que, na redação original do artigo 10 do Projeto de Lei nº 2.874/65, falava-se que, "nas florestas situadas em áreas de inclinação entre 25 a 45 graus, só será permitida a *utilização racional* que vise a rendimentos permanentes" (grifo acrescido).[152]

Na conversão do Projeto de Lei nº 2.874/65 na Lei nº 4.771/65, foi incluída no substitutivo do Legislativo a previsão de *extração de toros em regime de utilização racional* nos seguintes termos: "Art. 10. Não é permitida a derrubada de florestas, situadas em áreas de inclinação entre 25 a 45 graus, só sendo nelas tolerada a extração de toros, quando em regime de utilização racional, que vise a rendimentos permanentes".

Esse é o antecedente normativo da Lei nº 12.651/12 que disciplinava as áreas de uso restrito. A rigor, o artigo 11 da atual Lei nº 12.651/12 consagra e mantém, na legislação ambiental, aquilo que se poderia chamar, na Lei nº 4.771/65, de *área de uso racional*. Independentemente da nomenclatura e levando-se em conta especialmente a natureza e a dicção de ambos os dispositivos legais, a finalidade da norma é a mesma tanto na redação do artigo 10 da Lei nº 4.771/65 quanto no atual artigo 11 da Lei nº 12.651/12: *regular o exercício da atividade produtiva "rural" nas declividades superiores a 25° e menores que 45°.*

Isso é latente; salta aos olhos não só na redação do artigo 11 da Lei nº 12.651/12 (diante da alusão expressa a atividades rurais, consoante se verá adiante), como foi objeto de discussão no âmbito do Legislativo durante a tramitação do projeto de lei. A esse propósito, cumpre resgatar que, quando o assunto foi discutido no Senado Federal, a Comissão de Ciência e Tecnologia daquela casa apresentou emendas

---

contra a erosão, exclui o corte raso e as devastações". Disponível em: https://www.camara.leg.br/proposicoesWeb/prop_mostrarintegra;jsessionid=node01wig13mt876psc4runc3fkcxi3362383.node0?codteor=1194507&filename=Dossie+-PL+2874/1965. p. 7.

152 Luís Carlos Silva de Moraes entende que a intenção original do legislador, no artigo 10 da Lei nº 4.771/65, era criar uma área de transição entre os espaços livremente aproveitáveis das áreas de preservação permanente: "Se os arts. 2º e 3º proíbem a exploração em áreas de declividade acima de 45 graus, o art. 10 permite a exploração da vegetação de floresta entre 25 e 45 graus de inclinação, instituindo uma 'área de transição' entre a proibição total (APP) e as de exploração econômica intensiva (abaixo de 25 graus de declividade. Não é o caso de se prolongar aqui, mas vale informar que a pedologia e a geomorfologia, na maioria da vezes – cabem exceções – dará uma aptidão agropecuária mais baixa para essas áreas, em razão do relevo e tipo de solo (normalmente em formação)" (MORAES, 2009, p. 209).

substitutivas à redação do artigo 11 da Lei nº 12.651/12. A análise das emendas sugeridas pela Comissão de Ciência e Tecnologia deixava clara a finalidade a que se destinava o artigo 11 da Lei nº 12.651/12, qual seja, possibilitar "maior segurança jurídica tanto para o bioma *quanto para o proprietário rural da região*".[153]

Esse escopo – viabilizar a continuidade de dadas atividades rurais – é reconhecido pela literatura especializada. Édis Milaré, por exemplo, registra que a previsão do artigo 11 da Lei nº 12.651/12 atendeu "a reivindicação de milhares de agricultores que cultivam o café no sul de Minas, a maçã em Santa Catarina, as uvas da Serra Gaúcha etc., e tantas outras situações de igual jaez".[154]

A finalidade de regulação de atividades produtivas (rurais) nas declividades superiores a 25° não passou despercebida pelo Judiciário, vale dizer. Na Ação Direta de Inconstitucionalidade nº 4.903, a constitucionalidade do artigo 11 da Lei nº 12.651/12 foi questionada sob a alegação de que o legislador teria incluído permissão para exercício de outras atividades econômicas afora aquelas contempladas na anterior redação do artigo 10 da Lei nº 4.771/65, sendo, nessa linha, alegadamente menos protetivo.

No julgamento da Ação Direta de Inconstitucionalidade nº 4.903, o Supremo Tribunal Federal, logo na ementa, consignou o seguinte: "Art. 11 (Possibilidade de manejo florestal sustentável para o exercício de atividades agrossilvopastoris em áreas de inclinação entre 25 e 45 graus): A admissão do manejo florestal sustentável e do exercício de atividades agrossilvopastoris em áreas de inclinação entre 25° e 45° se insere na margem de discricionariedade do legislador, máxime quando estabelecidos critérios para a autorização dessas práticas, exigindo dos órgãos ambientais a fiscalização da observância de boas práticas agronômicas, *bem como vedando a conversão de novas áreas para as atividades mencionadas*. Além disso, a legislação anterior já admitia atividades extrativas nessas áreas de inclinação, *estabelecendo como restrição apenas a cláusula aberta da 'utilização racional'*. Nesse particular, as atividades agrossilvopastoris, em aperfeiçoamento das práticas agrícolas ortodoxas, *são destinadas à otimização das vocações produtivas e ambientais na atividade agrícola*; CONCLUSÃO: Declaração de constitucionalidade do artigo 11 do novo Código Florestal. [...]" (grifo acrescido).[155]

---

153 Disponível em: https://legis.senado.leg.br/sdleg-getter/documento?dm=4511086&ts=1630416511539&disposition=inline. Acesso em: 1º set. 2021.

154 MILARÉ, 2015. p. 1345.

155 STF, ADIN nº 4.903, Relator(a): LUIZ FUX, Tribunal Pleno, julgado em 28.02.2018.

O destaque, na ementa, não deve ser tido como fruto de descuido por parte da Corte Suprema; pelo contrário, deriva de um adequado e preciso recorte acerca da finalidade e âmbito de incidência da norma: a *vedação de novas conversões se refere a atividades rurais, tão somente.* Esta é a finalidade e o objeto do artigo 11 da Lei nº 12.651/12: regular a prática de atividades *rurais* em declividades superiores a 25° e inferiores a 45°.

No voto condutor do acórdão, relatado pelo ministro Luiz Fux, isso é patente: "O antigo Código Florestal, em seu artigo 10, vedava a derrubada de florestas situadas em áreas de inclinação entre 25 e 45 graus, tolerando apenas a extração de toros em 'regime de utilização racional'. O Código atualmente em vigor passou a admitir tanto o manejo florestal sustentável quanto o exercício de atividades agrossilvopastoris, vedando a conversão de novas áreas quando não incidente hipótese de utilidade pública ou interesse social. Argumenta a Procuradoria-Geral da República, de forma genérica, que 'a ocupação de áreas com inclinação de 25° a 45° viola a exigência constitucional de reparação dos danos, o dever geral de proteção ambiental previsto no art. 225 da Constituição, a exigência constitucional de atendimento à função social da propriedade e o princípio da vedação do retrocesso em matéria ambiental'. A pretensão merece ser rejeitada. Não cabe ao Judiciário, ausente comando expresso e específico da Constituição, *inutilizar todas as áreas do país com inclinação entre 25° e 45° para atividades produtivas.* Uma postura dessa natureza seria insensível à necessidade de preservar o sustento daqueles que dependem das atividades agrossilvopastoris e de manejo florestal sustentável. É de se ressaltar que o legislador foi cuidadoso ao estabelecer os critérios para a autorização dessas práticas, exigindo dos órgãos ambientais a fiscalização da observância de boas práticas agronômicas, *bem como vedando a conversão de novas áreas para as atividades mencionadas,* salvante os excepcionais casos de utilidade pública e interesse social – cujos requisitos são igualmente rígidos. Além disso, a legislação anterior já admitia atividades extrativas nessas áreas de inclinação, estabelecendo como restrição apenas a cláusula aberta da 'utilização racional'. Nesse particular, durante a audiência pública promovida nestes autos, o representante da Embrapa enfatizou que as atividades agrossilvopastoris, em aperfeiçoamento das práticas agrícolas ortodoxas, *são destinadas à otimização das vocações produtivas e ambientais na atividade agrícola*".[156]

---

[156] Grifo acrescido. STF, ADIN nº 4.903, Relator(a): LUIZ FUX, Tribunal Pleno, julgado em 28.02.2018.

A conclusão, até aqui, é a seguinte: as áreas de uso restrito se diferem, substancialmente, das áreas de preservação permanente. As diferenças referem-se tanto ao seu *regime jurídico geral* – enquanto nas áreas de preservação permanente a tônica é a não intervenção, nas áreas de uso restrito a tônica é seu uso produtivo mediante boas práticas agronômicas – quanto, especialmente, à sua *finalidade* – as áreas de preservação permanente veiculam limitações da propriedade independentemente de seu uso (rural ou urbano) e localização, ao passo que as áreas de uso restrito regulam um modelo de exploração rural da propriedade.

Esse ponto – a finalidade da regulação constante no artigo 11 da Lei nº 12.651/12 – é fundamental. O artigo 11 da Lei nº 12.651/12 se refere, a todas as luzes, ao exercício de *atividades rurais* (manejo florestal sustentável e o exercício de atividades agrossilvopastoris). Como é sabido, um imóvel é classificado como rural, preponderantemente, pela *atividade* que nele se desenvolve (isto é, atividade rural, de exploração extrativa agrícola, pecuária ou agroindustrial).[157] É o que diz o Estatuto da Terra: "Art. 4º Para os efeitos desta Lei, definem-se: I – 'Imóvel Rural', o prédio rústico, de área contínua *qualquer que seja a sua localização que se destina à exploração extrativa agrícola, pecuária ou agro-industrial*, quer através de planos públicos de valorização, quer através de iniciativa privada" (grifo acrescido).

E a jurisprudência dos tribunais, há muito, consolidou o entendimento de que a atividade econômica (rural) caracteriza o imóvel como tal (como rural): "[...] 2. *Apesar de o critério de definição da natureza do imóvel* não ser a localização, mas *a sua destinação econômica*, os Municípios podem, observando a vocação econômica da área, criar zonas urbanas e rurais. Assim, mesmo que determinado imóvel esteja em zona municipal urbana, pode ser, dependendo da sua exploração, classificado como rural [...]".[158]

Quando o artigo 11 da Lei nº 12.651/12 menciona, de forma explícita, apenas um tipo de atividade (agrossilvopastoril, que, em essência, é atividade rural) em detrimento de todo o restante de atividades econômicas, o dispositivo, mais que selecionar aleatoriamente um tipo de atividade que pretendia permitir exploração, acabou por

---

[157] "Conforme o critério da destinação ou finalidade, ainda que o imóvel se localize em área urbana, se neste for desenvolvida atividade agrícola, pecuária, extrativista florestal ou agroindustrial, será considerado rural". (GUERRA; MONTEIRO, 2015, p. 136).

[158] Grifo acrescido. STJ, AR nº 3.971/GO, Rel. Ministra DENISE ARRUDA, PRIMEIRA SEÇÃO, julgado em 24.02.2010, DJe 07.05.10.

definir o âmbito espacial de incidência e a finalidade da norma: ele regula usos em imóveis rurais, que assim são definidos em função da atividade neles exercida.

Se o dispositivo regula o uso de imóveis rurais (assim definidos pela atividade nele desenvolvida), *por exclusão ele não se aplica aos imóveis de uso urbano*. Isso fica claro quando comparada a redação do artigo 11 da Lei nº 12.651/12 ao *caput* do artigo 4º da Lei nº 12.651/12, que, por sua vez, ao disciplinar as áreas de preservação permanente, deixa clara sua incidência também à zona urbana.

O ponto é que, tendo o artigo 11 da Lei nº 12.651/12 circunscrito sua aplicação aos imóveis rurais (porque regula, fundamentalmente, atividades rurais), nos imóveis urbanos aplicam-se exclusivamente, por conta do critério de especialidade,[159] as disposições veiculadas na Lei nº 6.766/79. Essa mesma interpretação é corroborada por Marcelo Buzaglo Dantas e Cleverson Vitorio Andreoli.[160]

Efetivamente, pretender, nos imóveis urbanos, aplicar o artigo 11 da Lei nº 12.651/12 em detrimento do inciso III do artigo 3º da Lei nº 6.766/79 (que permite a ocupação desses espaços desde que adotadas as recomendações dos órgãos técnicos) não só seria juridicamente inapropriado (por conta do critério da especialidade, acima referido) como criaria uma situação inconciliável nos núcleos urbanos de grande parte das cidades brasileiras, em que, é sabido, foram historicamente ocupadas grandes extensões de declividades superiores a 25°.

Cogitar, portanto, fazer incidir o artigo 11 da Lei nº 12.651/12 nas zonas urbanas lançaria à irregularidade centenas de milhares de imóveis que, até então, reputavam-se, corretamente, em situação de plena licitude.

---

159 O critério da especialidade, "traduzido pela máxima *lex specialis derogat generalis*, determina que entre duas normas, sendo uma de caráter geral e outra especial, deve-se dar primazia à segunda. Trata-se do privilégio dado àquela norma que, teoricamente, está mais próxima dos casos concretos relativos à matéria que regula. O seu conteúdo é mais específico e encontra uma ressonância mais afinada com o seu destinatário" (FONTES, Marcos Rolim Fernandes Fontes. Antinomias no direito: da visão teórica ao caso prático. *Revista dos Advogados de São Paulo*, vol. 7, p. 84-102, jan./jun. 2001).

160 "Como se percebe, trata-se de atividades [previstas no artigo 11 da Lei nº 12.651/12] típicas de áreas rurais. Contudo, ao contrário do que fez em diversos outros dispositivos, aqui a norma não esclarece se as restrições se aplicam somente àquelas ou também às áreas urbanas, o que tem gerado algumas dúvidas e controvérsias na prática. É que muitas cidades brasileiras possuem, nos centros urbanos, áreas com declividades acima de 25°, de modo que poder-se-ia questionar se, nesses casos, seriam aplicáveis as restrições do art. 11. Contudo, apesar do silêncio da norma, a aplicação da analogia e a própria razoabilidade/proporcionalidade, leva à inequívoca conclusão de que as áreas de uso restrito referidas neste artigo são exclusivamente aquelas situadas em áreas rurais" (ANDREOLI; DANTAS, 2017. p. 60).

A interpretação literal do artigo 11 da Lei nº 12.651/12 deve ceder lugar, como se deduz, à interpretação teleológica[161] [162] do dispositivo. A compreensão da finalidade do objeto da regulação tem preferência sobre a interpretação literal da regra.

Por fim, um último argumento: um parâmetro extremamente útil para se aferirem o sentido e o alcance do artigo 11 da Lei nº 12.651/12 é examinar o conteúdo de eventual legislação estadual suplementar em matéria ambiental. Recorde-se que a Lei nº 12.651/12 deriva do exercício da competência concorrente da União e dos estados para legislar sobre direito ambiental, nos termos do inciso VI do artigo 24 da Constituição Federal.[163] No âmbito da competência legislativa concorrente, à União cabe editar *normas gerais*, isto é, "normas não exaustivas, leis-quadro, princípios amplos, que traçam um plano, sem descer a pormenores",[164] ao passo que compete aos estados e ao Distrito Federal exercer, em relação às normas gerais, a *competência suplementar*. Por competência suplementar entende-se a conjunção das competências supletivas e complementar, isto é, de *suprir lacunas* e *detalhar*, respectivamente, as normas gerais federais.[165] O que não se admite é que os estados, no exercício de competência suplementar, sejam contrários à norma geral editada pela União.[166]

Significa dizer, resumidamente, que eventual lei estadual vigente (e, por isso, presumidamente constitucional)[167] que eventualmente

---

161 "É princípio consagrado em hermenêutica, que não se deve interpretar um texto só pelo que indica seu sentido gramatical, literal, mas sim aplicando todas as fórmulas e métodos que estejam ao alcance do intérprete, a fim de que, por final, se atenda ao sentido teleológico da norma objeto da interpretação" (NERY JUNIOR, 1983).

162 "A interpretação teleológica-axiológica ativa a participação do intérprete na configuração do sentido. Seu movimento interpretativo, inversamente da interpretação sistemática que também postula uma cabal e coerente unidade do sistema, parte das consequências avaliadas das normas e retorna para o interior do sistema. É como se o intérprete tentasse fazer com que o legislador fosse capaz de mover suas próprias previsões, pois, as decisões dos conflitos parecem basear-se nas previsões de suas próprias consequências. Assim, entende-se que, não importa a norma, ela há de ter, para o hermeneuta, sempre um objetivo que tem para controlar até as consequências da previsão legal (a lei sempre visa os fins sociais do direito às exigências do bem comum, ainda que, de fato, possa parecer que elas não estejam sendo atendidos)" (FERRAZ JÚNIOR, 2008. p. 266-267).

163 "Art. 24. Compete à União, aos Estados e ao Distrito Federal legislar concorrentemente sobre: VI - florestas, caça, pesca, fauna, conservação da natureza, defesa do solo e dos recursos naturais, proteção do meio ambiente e controle da poluição".

164 BRANCO; MENDES, 2011. p. 853.

165 CANOTILHO; LEITE, 2007. p. 212.

166 BRANCO; MENDES, 2011. p. 853, 855.

167 As leis e atos normativos editados pelo Poder Legislativo – ou pelos outros poderes, como função atípica – "devem gozar de uma presunção de constitucionalidade, uma vez que

suplemente o artigo 11 da Lei nº 12.651/12 pode ajudar a compreender a finalidade e o âmbito de incidência dessa.

É justamente o que ocorre por meio da Lei Estadual nº 15.684/15, de São Paulo, que deixou claro o seguinte: "Artigo 26 – [...] § 2º - Nas áreas urbanas e de expansão urbana com inclinação entre 25º (vinte e cinco graus) e 45º (quarenta e cinco graus), será permitida a supressão de vegetação com o devido licenciamento ambiental e após o registro do parcelamento do solo para fins urbanos aprovado segundo a legislação específica, desde que sejam tomadas as medidas técnicas necessárias para atendimento ao disposto no artigo 3º, inciso III, da Lei Federal nº 6.766, de 19 de dezembro de 1979, após a realização da supressão".

O Ministério Público de São Paulo chegou a propor ação direta de inconstitucionalidade contra alguns dispositivos da Lei Estadual nº 15.684/15; no entanto, não questionou a constitucionalidade do supracitado §2º do artigo 26.[168] Significa dizer que, no que tange ao

---

é de se supor que ao editar esses atos, os órgãos responsáveis os fazem com observância dos preceitos da Constituição. [...] Além disso, se não houvesse essa presunção, o sistema normativo jamais gozaria da imperatividade de que necessita para atingir seus fins de regulação social. O descumprimento das normas, sob o argumento de inconstitucionalidade, constituir-se-ia numa faculdade conferida a todo aquele que pretendesse subtrair-se às regras vigentes" (MACIEL, Silvio Luiz. Controle de constitucionalidade e a interpretação conforme a Constituição. *Revista de Direito Constitucional e Internacional*, v. 53, p. 55-96, out./dez. 2005).

[168] AÇÃO DIRETA DE INCONSTITUCIONALIDADE – Dispositivos da Lei Estadual nº 15.684, de 14 de janeiro de 2015, que dispõe sobre o Programa de Regularização Ambiental – PRA, criado pela Lei Federal nº 12.651/2012 (Código Florestal) – Alegação de violação do princípio da vedação ao retrocesso ambiental, invasão da esfera de competência legislativa da União, incompatibilidade vertical com a Constituição do Estado de São Paulo ante a ausência de participação popular (artigos 180, incisos I e II, e 191 da CE) – RETROCESSO AMBIENTAL – Não ocorrência – Julgamento conjunto realizado pelo Supremo Tribunal Federal de várias ADI's e uma ADC de objeto mais amplo, proposta pelo Partido Progressista, analisando diversos dispositivos do Novo Código Florestal (Lei 12.651/2012), reconhecendo-se a sua constitucionalidade como um todo, com interpretação conforme em alguns dispositivos, afastado qualquer retrocesso na preservação do meio ambiente – INVASÃO DA COMPETÊNCIA DA UNIÃO – Não ocorrência – Legislação em matéria ambiental que é concorrente, devendo a União estabelecer as normas gerais (Código Florestal) e os Estados exercerem sua capacidade suplementar e de regulamentação, como na hipótese expressamente prevista nos seus artigos 59 a 68, que institui o Programa de Regularização Ambiental, devendo-se observar a especificidade de cada Estado da Federação - PARTICIPAÇÃO POPULAR – Norma do artigo 191 da C.E que detém caráter programático, como a maioria das prescrições normativas em matéria ambiental – Detalhamento do Programa de Regularização Ambiental que detém balizas técnicas determinadas pelo Código Florestal, não hábeis para discussão na esfera popular – PRAZO DE RECOMPOSIÇÃO DA ÁREA DEGRADADA – Constitucionalidade do artigo 9º e seu § 1º da Lei 15.684/15, e arrastamento do parágrafo único do artigo 28, com interpretação conforme da C.E. para fixar sua harmonização com o inciso I do artigo 66 do Código Florestal, estabelecendo que a composição é possível somente em áreas de reserva legal, priorizadas as de preservação permanente

regime jurídico das áreas de uso restrito, a Lei Estadual nº 15.684/15, de São Paulo – que suplementa, isto é, supre lacunas e detalha a norma geral constante no artigo 11 da Lei nº 12.651/12 –, passou pelo crivo da análise de constitucionalidade pelos órgãos de controle e foi reputada válida e vigente.

O reconhecimento da validade, plena vigência e, acrescentamentos, da constitucionalidade do detalhamento do artigo 11 da Lei nº 12.651/12 feito pelo §2º do artigo 26 da Lei Estadual nº 15.684/15, de São Paulo – que, expressamente, afastou sua incidência em imóveis urbanos e indicou a prevalência, nestes, das disposições da Lei nº 6.766/79 –, corrobora o raciocínio desenvolvido ao longo do presente artigo.

A lei paulista, é certo, não gera efeitos sobre territórios de outros estados. Não obstante, como dito, ela comprova o argumento ora exposto, porque pretende *apenas detalhar*, sem lhe ser contrária, a norma geral contida na Lei nº 12.651/12, no sentido de que as áreas de uso restrito previstas no artigo 11 desta são restritas à zona rural.

Não é necessário, no âmbito de outros estados, previsão legislativa similar, muito embora fosse conveniente justamente para evitar que interpretações equivocadas derivem da leitura descontextualizada do artigo 11 da Lei nº 12.651/12. Não obstante, a regulação concorrente do estado de São Paulo nessa matéria, por complementar e explicar o sentido da norma geral constante no artigo 11 da Lei nº 12.651/12, é prova do alcance e finalidade da norma geral. Fosse o contrário, o §2º

– TERMO DE COMPROMISSO – Inconstitucionalidade dos §§ 1º e 3º do artigo 12 da Lei 15.684/15 por exorbitância do parâmetro federal do artigo 59 do Código Florestal, que não prevê a facultatividade da revisão dos termos firmados anteriormente à sua vigência – AQUICULTURA – Independentemente do tamanho do imóvel rural deve haver projeto que indique que o manejo hídrico sustentável e eventual agressão à vegetação nativa são de baixo impacto ambiental, não sendo pertinente que essa inferência seja por presunção legal – Inconstitucionalidade do § 2º do artigo 17 da Lei 15.684/15 – ANISTIA – Constitucionalidade do artigo 27, § 1º, 1 e 2, da Lei 15.684/15 por harmonização com o artigo 68 do Código Florestal, cuja constitucionalidade foi reconhecida pelo S.T.F. – ALTERAÇÃO DA LOCALIZAÇÃO DA ÁREA DE RESERVA LEGAL – Legislação paulista, que em princípio, implica em ganho ambiental nesse ponto, mas que pelo espírito do Novo Código Florestal, deve ser circunscrita nas propriedades rurais destinadas à agricultura familiar ou em atividades de baixo impacto ambiental – Interpretação conforme do artigo 35, caput e § 1º da Lei 15.684/15 para estabelecer parâmetros para sua implementação – OCUPAÇÃO ANTRÓPICA EM ÁREA URBANA – Possibilidade do uso alternativo do solo em que há assentamento consolidado urbano em área de preservação permanente, desde que ocorra a regularização fundiária de interesse social precedida de estudo técnico e o respectivo local de parcelamento não seja área de risco – Interpretação conforme do artigo 40, parágrafo único, da Lei 15.684/2015 – Ação julgada parcialmente procedente.(TJSP; Direta de Inconstitucionalidade nº 2100850-72.2016.8.26.0000; Relator (a): Jacob Valente; Órgão Julgador: Órgão Especial; Data do Julgamento: 05.06.2019).

do artigo 26 da Lei Estadual nº 15.684/15 de São Paulo seria tido por inconstitucional (dado que a legislação concorrente suplementar não pode ser contrária à norma geral que pretende complementar), o que não ocorreu.

2.2.6.3 Quadro demonstrativo do regime de proteção de encostas

Declividade (em graus)	Declividade (em percentual)	Regime jurídico da área	Usos
Até 16,7º	Até 30%	Normal	Normal
De 16,7º a 25º	De 30% a 46,6%	Lei nº 6.766/79, artigo 3º, inciso III, parágrafo único.	Proibidas atividades de parcelamento do solo (loteamento e desmembramento)
De 25º a 45º	De 46,6% a 100%	Área de uso restrito – Lei nº 12.651/12, artigo 11.	Permitido o manejo florestal sustentável e o exercício de atividades agrossilvopastoris, vedada conversão de novas áreas
Acima de 45º	Acima de 100%	Área de Preservação Permanente – Lei nº 12.651/12, artigo 4º, inciso V.	Permitidas apenas atividades de utilidade pública, interesse social e baixo impacto (artigo 8º da Lei nº 12.651/12)

Jurisprudência

Agravo de instrumento Ação civil pública Meio Ambiente – Deferimento de liminar consistente em determinação, à Municipalidade-ré, para que, no prazo de 90 (noventa) dias, promova *a remoção e o alojamento, em outro local, das famílias residentes em áreas de risco (encosta de morros)*, bem como a demolição de todas as edificações ali existentes, procedendo, a partir de então, ao efetivo controle. (Grifo acrescido. TJSP, Agravo de Instrumento nº 0287881-51.2011.8.26.0000, Relatora Desembargadora Zélia Maria Antunes Alves, 1ª Câmara Reservada ao Meio Ambiente. Julgado em 07.11.13)

[...] *Ocorre que o posicionamento judicial de se entender o morro como um todo indissociável para fins de preservação ambiental (sopé + encosta + topo) é absolutamente razoável e, além disso, encontra respaldo no art. 2º, inc. IV, da Resolução Conama nº. 303/2002*, a qual estabelece que:

Art. 2º Para os efeitos desta Resolução, são adotadas as seguintes definições:

IV – morro: elevação do terreno com cota do topo em relação a base entre cinqüenta e trezentos metros e encostas com declividade superior a trinta por cento (aproximadamente dezessete graus) na linha de maior declividade;"

Fica claro, portanto, que as decisões (sentença e acórdão) não admitiram um fato inexistente ou consideraram inexistente um fato efetivamente ocorrido, mas sim avaliaram a prova e prolataram entendimento que, ao vedar a realização de novas construções no Morro do Capuçu como um todo (sopé + encosta + topo), favoreceu a preservação do meio ambiente natural, ainda que, com isso, tenha prejudicado o interesse imobiliário dos possuidores de áreas naquele local. [...] (Grifo acrescido. TJSP, Agravo Regimental nº 0052031-51.2010.8.26.0000, Relator Desembargador João Negrini Filho, Grupo Especial de Câmaras de Direito Ambiental. Julgado em 13.08.15)

ADMINISTRATIVO. ÁREA DE PRESERVAÇÃO PERMANENTE. DECLIVIDADE DO TERRENO. PERÍCIA JUDICIAL. PRELIMINAR DE NULIDADE. RETORNO DOS AUTOS À VARA DE ORIGEM. *Em razão da necessidade de esclarecimentos sobre a declividade do terreno em que foi erguida a edificação, imprescindíveis ao deslinde da controvérsia, acolhe-se a preliminar da apelante, para determinar-se a anulação da sentença, com o retorno dos autos à vara de origem, a fim de que seja realizada a complementação da prova pericial.* [...]

Voto [...]

A sentença recorrida, embora tenha fundamentado no sentido de que houve dano ambiental consubstanciado em edificar em área de preservação permanente, porquanto o terreno encontrar-se-ia em declividade acima de 46,6% (quarenta e seis, vírgula seis por cento), nos termos do Plano Diretor dos Balneários (Lei nº 2.193/85), então vigente, e do atual Plano Diretor (Lei Complementar 482/2014) do Município de Florianópolis/SC, *não esclareceu devidamente a questão levantada pela parte ré, ora apelante, de que a declividade existente no imóvel foi criada pela intervenção da própria ré, a fim de construir a residência em taludes, ou mesmo de que houve corte e aterro quando da abertura da rua, que criam a impressão de maior declividade.*

Para o esclarecimento de que a declividade não é a original, far-se-ia necessário o acolhimento do pedido de intimação do perito judicial para que complementasse os laudos juntados ao evento 2 (PET82 e PET96), à luz da prova coligida pela parte ré, as fls. 687/689 (evento2 – PET82).

> Assim, diante da necessidade de esclarecimentos imprescindíveis ao deslinde da controvérsia, acolhe-se a preliminar da apelante, para anular a sentença, determinando-se a realização da complementação da prova pericial, a fim de que seja avaliada a questão da declividade do terreno em que foi erguida a edificação. (Grifo acrescido. TRF4, Apelação Cível nº 5002600-63.2015.404.7200, Relator Desembargador Fernando Quadros da Silva, Terceira Turma. Julgado em 31.05.16)

2.2.7 Restingas (inciso VI do artigo 4º)

O inciso VI do artigo 4º da Lei nº 12.651/12 qualifica as restingas como área de preservação permanente da seguinte forma: "Art. 4º [...] VI – as restingas, como fixadoras de dunas ou estabilizadoras de mangues".

O dispositivo é complementado por um conceito de restinga, veiculado no inciso XVI do artigo 2º da Lei nº 12.651/12, nos seguintes termos:

> Art. 2º [...] XVI – restinga: depósito arenoso paralelo à linha da costa, de forma geralmente alongada, produzido por processos de sedimentação, onde se encontram diferentes comunidades que recebem influência marinha, com cobertura vegetal em mosaico, encontrada em praias, cordões arenosos, dunas e depressões, apresentando, de acordo com o estágio sucessional, estrato herbáceo, arbustivo e arbóreo, este último mais interiorizado;

Restinga

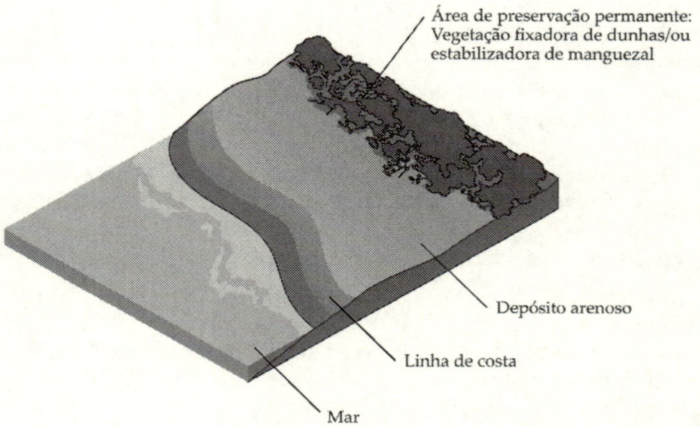

2.2.7.1 Diferenças entre o regime atualmente vigente e o anterior (Lei nº 4.771/65 e Resolução Conama nº 303/02)

O inciso XVI do artigo 2º e o inciso VI do artigo 4º da Lei nº 12.651/12 não diferem muito da redação da alínea "f" do artigo 2º da Lei nº 4.771/65 e do inciso VIII do artigo 2º da Resolução Conama nº 303/02. Veja:

	Resolução Conama nº 303/02	**Lei nº 4.771/65**	**Lei nº 12.651/12**
Conceito Restinga	Art. 2º [...] VIII – restinga: depósito arenoso paralelo a linha da costa, de forma geralmente alongada, produzido por processos de sedimentação, onde se encontram diferentes comunidades que recebem influência marinha, também consideradas comunidades edáficas por dependerem mais da natureza do substrato do que do clima. A cobertura vegetal nas restingas ocorrem mosaico, e encontra-se em praias, cordões arenosos, dunas e depressões, apresentando, de acordo com o estágio sucessional, estrato herbáceo, arbustivos e arbóreo, este último mais interiorizado;		Art. 2º [...] XVI – restinga: depósito arenoso paralelo à linha da costa, de forma geralmente alongada, produzido por processos de sedimentação, onde se encontram diferentes comunidades que recebem influência marinha, com cobertura vegetal em mosaico, encontrada em praias, cordões arenosos, dunas e depressões, apresentando, de acordo com o estágio sucessional, estrato herbáceo, arbustivo e arbóreo, este último mais interiorizado;
Hipótese APP		Art. 2º Consideram-se de preservação permanente, pelo só efeito desta Lei, as florestas e demais formas de vegetação natural situadas [...] f) nas restingas, como fixadoras de dunas ou estabilizadoras de mangues.	Art. 4º Considera-se como Área de Preservação Permanente, em zonas rurais ou urbanas, para os efeitos desta Lei: [...] VI – as restingas, como fixadoras de dunas ou estabilizadoras de mangues;

Como se observa, em relação ao conceito normativo de restinga, o inciso XVI do artigo 2º da Lei nº 12.651/12 suprimiu, basicamente, a expressão "também consideradas comunidades edáficas por dependerem mais da natureza do substrato do que do clima", constante no inciso VIII do artigo 2º da Resolução Conama nº 303/02, mantendo praticamente inalterado o restante.

No que toca à hipótese legal de área de preservação permanente, a diferença entre o inciso V do artigo 4º da Lei nº 12.651/12 e a alínea "f" do artigo 2º da Lei nº 4.771/65, bastante sutil, está no fato de que o primeiro protege "**a** restinga", enquanto o segundo protege as florestas e demais formas de vegetação natural existentes "*na* restinga".

A alteração se justifica porque, na sistemática do artigo 4º da Lei nº 12.651/12, consideram-se área de preservação permanente os espaços arrolados nos onze incisos do dispositivo, *estando eles recobertos ou não por floresta ou vegetação nativa,* ao contrário do que acontecia na égide do artigo 2º da Lei nº 4.771/65. O inciso V do artigo 4º da Lei nº 12.651/12 protege, portanto, um ambiente específico (a restinga, nos moldes definidos no inciso XVI do artigo 2º da Lei nº 12.651/12), quando constatadas as funções ambientais descritas naquele dispositivo: fixação de dunas ou estabilização de mangues. Sobre os elementos do tipo normativo atualmente vigente, voltaremos a tratar adiante.

Talvez o ponto mais conflituoso do regime jurídico de proteção das restingas resida na regulamentação adicional da alínea "f" do artigo 2º da Lei nº 4.771/65, feita no inciso IX do artigo 3º da Resolução Conama nº 303/02. É que para além da dicção expressa da então vigente alínea "f" do artigo 2º da Lei nº 4.771/65, a pretexto de definir tecnicamente o conteúdo e especificar os limites da restinga enquanto área de preservação permanente, o inciso IX do artigo 3º da Resolução Conama nº 303/02 acabou veiculando duas novas hipóteses, nos seguintes termos:

> Art. 3º Constitui Área de Preservação Permanente a área situada:
>
> IX – nas restingas:
>
> a) em faixa mínima de trezentos metros, medidos a partir da linha de preamar máxima;
>
> b) em qualquer localização ou extensão, quando recoberta por vegetação com função fixadora de dunas ou estabilizadora de mangues.

A alínea "a" do inciso IX do artigo 3º da Resolução Conama nº 303/02 caracterizava como área de preservação permanente restingas (a rigor, a vegetação de restinga) situadas na faixa de 300 metros da linha da preamar máxima, sem fazer alusão à necessidade de ela fixar dunas ou estabilizar mangues como preceituava a alínea "f" do artigo 2º da Lei nº 4.771/65. Já a alínea "b" do inciso IX do artigo 3º da Resolução Conama nº 303/02 parecia caracterizar como área de preservação permanente (a rigor, a vegetação de restinga), mesmo que dissociadas do ambiente (acidente geológico composto por um depósito arenoso, paralelo à linha de costa, com influência marinha) conceituado no próprio inciso VIII do artigo 2º da Resolução Conama nº 303/02.

A controvérsia residia no aparente excesso do poder regulamentar atribuído ao Conama, que teria ampliado, sem fundamento legal, o âmbito de incidência do dispositivo regulamentado (alínea "f" do artigo 2º da Lei nº 4.771/65), que, por sua vez, expressamente limitava o alcance dos dispositivos aos casos em que a restinga tinha função de fixar dunas ou estabilizar mangues.

A discussão se faz refletir na jurisprudência. Dentro de um mesmo Tribunal, a exemplo do que ocorre no Tribunal Regional Federal da 4ª Região, verificam-se decisões diametralmente opostas:

> ADMINISTRATIVO. EDIFICAÇÃO EM ÁREA DE RESTINGA, FIXADORA DE DUNAS. AUTO DE INFRAÇÃO E TERMO DE EMBARGO. ANULAÇÃO. 1. *Inviável a ampliação do conceito de restingas por normas administrativas, como a sucessão de resoluções do Conama, em razão do princípio da legalidade (art. 5º, II, da CF c/c art. 37 da CF), que impede seja expedido ato administrativo normativo cujo conteúdo extrapole do previsto em lei.* [...] (Grifo acrescido. TRF4, Apelação Cível nº 5001217-65.2011.404.7208, Terceira Turma, Relator Desembargador Fernando Quadros da Silva. Juntado aos autos em 22.11.12)

> PROCESSO CIVIL E ADMINISTRATIVO. AMBIENTAL. MULTA. CERCEAMENTO DE DEFESA E NULIDADE DA CDA. NÃO OCORRÊNCIA. CONSTRUÇÃO EM TERRENO DE MARINHA E ÁREA DE PRESERVAÇÃO PERMANENTE. *ART. 3º, IX, A, DA RESOLUÇÃO Conama Nº 303/2002. LEGALIDADE. [...]* 2. *É legal a previsão do art. 3º, IX, a, da Resolução Conama nº 303/2002, pois decorrente do poder regulamentar do órgão e componente do sistema de proteção ao meio ambiente, sendo imperativa sua interpretação em harmonia com a legislação em que se baseia.* 3. Sentença mantida. (Grifo acrescido. TRF4, AC 5000390-63.2011.404.7108, Relatora Desembargadora Vivian Josete Pantaleão Caminha, Quarta Turma. Juntado aos autos em 16.05.14)

O Superior Tribunal de Justiça, ainda na vigência da Lei nº 4.771/65, chegou a se manifestar expressamente, em pelo menos um precedente, pela legalidade da Resolução nº 303/02, em acórdão assim ementado:

> PROCESSUAL CIVIL E DIREITO AMBIENTAL. RECURSO ESPECIAL. MANDADO DE SEGURANÇA. OBRA EMBARGADA PELO IBAMA, COM FUNDAMENTO NA *RESOLUÇÃO DO Conama N. 303/2002. ÁREA DE PRESERVAÇÃO PERMANENTE. EXCESSO REGULAMENTAR. NÃO-OCORRÊNCIA.* ART. 2º, ALÍNEA 'F', DO CÓDIGO FLORESTAL NÃO-VIOLADO. LOCAL DA ÁREA EMBARGADA. PRETENSÃO DE ANÁLISE DE MATÉRIA FÁTICO-PROBATÓRIA. INCIDÊNCIA DA SÚMULA 7 DO STJ. RECURSO ESPECIAL NÃO-CONHECIDO. 1. *O fundamento jurídico da impetração repousa na ilegalidade da Resolução do Conama n. 303/2002, a qual não teria legitimidade jurídica para prever restrição ao direito de propriedade, como aquele que delimita como área de preservação permanente a faixa de 300 metros medidos a partir da linha de preamar máxima.* 2. Pelo exame da legislação que regula a matéria (Leis 6.938/81 e 4.771/65), verifica-se que possui o Conama autorização legal para editar resoluções que visem à proteção do meio ambiente e dos recursos naturais, inclusive mediante a fixação de parâmetros, definições e limites de Áreas de Preservação Permanente, não havendo o que se falar em excesso regulamentar. *3. Assim, dentro do contexto fático delineado no acórdão recorrido, e, ainda, com fundamento no que dispõe a Lei n. 6.938/81 e o artigo 2º, "f", da Lei n. 4.771/65, devidamente regulamentada pela Resolução Conama n. 303/2002, é inafastável a conclusão a que chegou o Tribunal de origem, no sentido de que os limites traçados pela norma regulamentadora para a construção em áreas de preservação ambiental devem ser obedecidos.* 4. É incontroverso nos autos que as construções sub judice foram implementadas em área de restinga, bem como que a distância das edificações está em desacordo com a regulamentação da Resolução Conama n. 303/2002. Para se aferir se o embargo à área em comento se deu apenas em razão de sua vegetação restinga ou se, além disso, visou à proteção da fixação de dunas e mangues, revela-se indispensável a reapreciação do conjunto probatório existente no processo, o que é vedado em sede de recurso especial em virtude do preceituado na Súmula n. 7, desta Corte. 5. Recurso especial não-conhecido. (Grifo acrescido. STJ, Recurso Especial nº 994.881/SC, Relator Ministro Benedito Gonçalves, Primeira Turma. Julgado em 16.12.08)

No contexto atual, é necessário perquirir sobre a vigência da Resolução Conama nº 303/02 diante do advento da Lei nº 12.651/12. Nesse caso, tal qual expusemos no item 1.4.3, existem duas interpretações: uma entende que a Resolução Conama nº 303/02 continua válida; outra, reputa que foi derrogada.

Entendemos, na esteira do defendido no item 1.4.3, que em relação às restingas o legislador optou por incorporar apenas parte do regime (especialmente o conceito técnico) antes veiculados na Resolução Conama nº 303/02 (notadamente o inciso VIII do artigo 2º) à Lei nº 12.651/12 (inciso XVI do artigo 2º). Daí a conclusão de que se a legislação não acolheu, expressamente, as definições e limites estipulados nas alíneas "a" e "b" do inciso IX do artigo 3º da Resolução Conama nº 303/02, fê-lo de modo deliberado, eliminando a necessidade de remissão a normas técnicas inclusive como forma de dirimir a controvérsia (também jurisprudencial) sobre o assunto.

2.2.7.2 As diferenças entre o conceito geológico e o conceito botânico de restinga. O conceito normativo (ecossistema)

O conceito de restinga remonta à *geografia* e *geologia*. O termo restinga popularizou-se como uma espécie de acidente geográfico, um depósito arenoso paralelo à linha de praia, com forma de faixa ou língua de areia:

> Faixa ou língua de areia, depositada paralelamente ao litoral, graças ao dinamismo destrutivo e construtivo das águas oceânicas. Esses depósitos são feitos com apoio em pontas ou cabos que comumente podem barrar uma série de pequenas lagoas, como a acontece no litoral, do sul da Bahia ao Rio Grande do Sul. [...] Do ponto de vista geomorfológico, o litoral de restinga possui aspectos tópicos como: faixas paralelas de depósitos sucessivos de areias, lagoas resultantes do represamento de antigas baías, pequeninas lagoas formadas entre as diferentes flechas de areias, dunas resultantes do trabalho do vento sobre a areia da restinga, formação de barras obliterando a foz de alguns rios etc.[169]

Essa definição coincide com aquela constante no primeiro dicionário da língua portuguesa, de Raphael Bluteau, que conceituava a restinga em razão das características do solo.[170] Referências e acepções

---

169 GUERRA; GUERRA, 2008, p. 543.

170 É onde a pouca profundidade e o fundo é de areia ou pedra. Nas cartas náuticas e nos mapas, a restinga de areia se representa como uns pontinhos e a restinga de pedra, como pequenas cruzes. Restinga de areia. *Arenarun cumuli ou Arenarie moles.* Restinga de pedra. Vide recife. Vide parcel (Deu-se em uma restinga de areia, que lhe fez dar com as velas de alto a baixo. Barros, I, Dec.fo. 190, col. 3) (Passou enfunado na vela por cima de uma restinga de pedras. Histéria de Fernão Mendes Pinto, fol. 293. col.2)" (Grafia atualizada. BLUTEAU, 1713, p. 290).

similares constavam, também, no dicionário de Antônio Vieira Transtagano, de 1773,[171] e de Antonio de Moraes Silva, de 1789.[172]

Aos poucos, o acidente geográfico de restinga foi sendo associado a uma cobertura vegetal que lhe é característica, a *vegetação de restinga*. Veja, por exemplo, o conceito veiculado na Resolução Conama nº 04/85:

> Art. 2º Para efeitos desta Resolução são estabelecidas as seguintes definições: [...] m. Restinga – acumulação arenosa litorânea, paralela à linha da costa, de forma geralmente alongada, produzida por sedimentos transportados pelo mar, onde se encontram associações vegetais mistas características, comumente conhecidas como "vegetação de restingas".

A rigor, conforme aponta Joel de Menezes Niebuhr:

> Aliás, a expressão *vegetação de restinga* não é tecnicamente apropriada, dado que esse tipo de vegetação encobre outras áreas fora das de restinga, como *rampas de dissipação, planícies marinhas* etc. Isto é, esse tipo de vegetação foi apelidado de *vegetação de restinga* porque frequentemente encobre *restinga*, no entanto, além dela, encobre outros tipos de acidentes geográficos.[173]

Paulatinamente (e sob olhar crítico de geólogos),[174] a partir da associação do acidente geográfico de restinga com a cobertura vegetal que lhe é característica (vegetação de restinga), foi se consolidando uma espécie de noção *botânica* para o termo restinga, do qual é ilustrativo o inciso II do artigo 5º da Resolução Conama nº 10/93:

> Restinga – vegetação que recebe influência marinha, presente ao longo do litoral brasileiro, também considerada comunidade edáfica, por depender mais da natureza do solo do que do clima. Ocorre em mosaico e encontra-se em praias, cordões arenosos, dunas e depressões, apresentando de acordo com o estágio sucessional, estrato herbáceo, arbustivo e arbóreo, este último mais interiorizado.

---

171 TRANSTAGANO, 1773.

172 SILVA, 1789, p. 617.

173 NIEBUHR, 2003.

174 Em prefácio à obra de Celia Regina de Gouveia Souza e outros, Kenitiro Suguio anota: "[...] especialmente no Brasil, o termo vem sendo aplicado indiscriminadamente referindo-se, na verdade, a depósitos sedimentares de várias origens, embora quase sempre relacionados a processos costeiros ou litorâneos. Além disso, procedimento semelhante vem sendo adotado, quando o termo refere-se a conceitos fitosisionômicos relacionados à botânica e à ecologia vegetal" (SOUZA, 2008).

Referida associação – entre o acidente geográfico e a cobertura vegetal característica – foi consolidada, como visto, no inciso VII do artigo 2º da Resolução Conama nº 303/02 e, atualmente, no inciso XVI do artigo 2º da Lei nº 12.651/12.

A distinção ora apontada opera (ou pelo menos operava, na vigência da Lei nº 4.771/65) efeitos relevantes. A Lei nº 4.771/65 não veiculava um conceito normativo para as restingas. A alínea "f" do artigo 2º da Lei nº 4.771/65 qualificava como de preservação permanente as florestas e demais formas de vegetação natural situadas nas restingas, quando elas fixassem dunas ou estabilizassem mangues.

Nesse panorama, o conceito legal de restinga merecia ser complementado por remissão a conceitos técnicos ou ao regulamento. A depender, portanto, do referencial utilizado, poder-se-ia considerar como de preservação permanente somente a forma de vegetação situada sobre o acidente geográfico específico, de restinga (como preconiza o conceito geológico do termo) ou a vegetação de restinga, onde quer que ela ocorresse, isto é, mesmo não relacionada ao acidente geográfico de restinga (como preconiza o conceito botânico). A complementação do conceito da restinga prevista na alínea "f" do artigo 2ºda Lei nº 4.771/65 poderia, a depender do referencial utilizado, restringir ou alargar a definição da respectiva hipótese de área de preservação permanente.

Daí uma das grandes controvérsias da Resolução Conama nº 303/02 sobre o assunto. A crítica, que lhe foi feita, é que a Resolução teria se apartado do conceito geológico já consagrado e estendido também a proteção ao conceito botânico, inclusive permitindo a qualificação de espaços como de preservação permanente fora das hipóteses legais então vigentes, de fixação de dunas e estabilização de mangues (refere-se, aqui, à alínea "a" do inciso IX do artigo 3º da Resolução Conama nº 303/02).

De todo modo, a Lei nº 12.651/12 alterou o contexto normativo então vigente na Resolução Conama nº 303/02. A Lei nº 12.651/12 manteve a opção por atribuir força normativa não só ao conceito *geológico* de restinga, acima citado, mas a atrelá-lo ao conceito *botânico* (indicando a necessidade de o ambiente possuir cobertura vegetal característica desses espaços) e agregando a eles a *função ambiental* de fixar dunas e estabilizar mangues. Não obstante, *a Lei nº 12.651/12 não incorporou as previsões das alíneas "a" e "b" do inciso IX do artigo 3º da Resolução Conama nº 303/02.*

A crítica que se reproduz, entre muitos profissionais da geologia, é que o inciso VI do artigo 4º da Lei nº 12.651/12 não teria traduzido para o plano legal, adequadamente, o conteúdo do conceito geológico de restinga. É que a restinga geológica seria um depósito de areia, paralelo à linha de praia, usualmente localizado para *além* da linha de praia, como uma língua. O acidente geográfico, isto é, a restinga geológica, seria um depósito arenoso que se projeta, em forma de língua e sobre o mar, de forma paralela à linha de costa, e não sobre ela. O inciso VI do artigo 4º da Lei nº 12.651/12, como fazia a Resolução Conama nº 303/02, não faz essa previsão, permitindo que se considere como restinga não só aqueles acidentes que assim são usualmente considerados nas ciências geológicas, mas toda porção de solo arenoso ocorrente de forma paralela à praia, no continente, recoberto pela vegetação característica.

A par de eventual (des) acerto do conceito técnico de restinga (geológica), é fato que o inciso VI do artigo 4º consagrou um conceito, com força normativa, para a restinga. Esse conceito, ao associar características geológicas (depósito arenoso) às botânicas, além de funções ambientais específicas, consolida uma abordagem ecossistêmica às restingas *enquanto áreas de preservação permanente.* É o que se denota a partir da leitura sistêmica do inciso VI do artigo 4º com o inciso XVI do artigo 2º, todos da Lei nº 12.651/12:

> Art. 4º Considera-se Área de Preservação Permanente, em zonas rurais ou urbanas, para os efeitos desta Lei [...] VI – as restingas, como fixadoras de dunas ou estabilizadoras de mangues.

> Art. 2º [...] XVI – restinga: depósito arenoso paralelo à linha da costa, de forma geralmente alongada, produzido por processos de sedimentação, onde se encontram diferentes comunidades que recebem influência marinha, com cobertura vegetal em mosaico, encontrada em praias, cordões arenosos, dunas e depressões, apresentando, de acordo com o estágio sucessional, estrato herbáceo, arbustivo e arbóreo, este último mais interiorizado.

Os elementos, portanto, veiculados na Lei nº 12.651/12 para qualificar determinado ecossistema como de preservação permanente, com base no inciso VI do artigo 4º, são os seguintes:

> (i) Depósito arenoso paralelo à linha da costa, de forma geralmente alongada, produzido por processos de sedimentação;
>
> (ii) Presença de diferentes comunidades que recebem influência marinha;

(iii) Cobertura vegetal característica, encontrada em praias, cordões arenosos, dunas e depressões;

(iv) Exercício das funções ambientais de fixação de dunas ou estabilização de mangues.

A ausência, no ambiente natural, de quaisquer dos elementos acima citados desqualifica a área como de preservação permanente para efeitos legais, especialmente as funções ambientais de fixação de dunas ou estabilização de mangues. A esse propósito, leia-se a já clássica lição de Joel de Menezes Niebuhr, em alusão à extensão das áreas de preservação permanente para 300 metros então operada pela alínea "a" do inciso IX do artigo 3º da Resolução Conama nº 303/02:

> Ora, de acordo com a alínea "f" do artigo 2º da Lei no 4.771/65, a vegetação que se situa na restinga é área de preservação permanente, desde que fixadora de dunas ou estabilizadora de mangue. A finalidade do dispositivo é proteger as dunas e os mangues, através da proteção das áreas de restinga, impondo restrição aos proprietários das mesmas, que, praticamente, ficam impedidos de auferirem delas utilidade ou benefício econômico. No entanto, a restrição à propriedade abrange somente as áreas de efetiva restinga e somente no que for imprescindível para a fixação das dunas e estabilização dos mangues. Então, por exemplo, se a restinga se estende por vinte metros, é visivelmente atentatório ao princípio da proporcionalidade que as restrições próprias das áreas de preservação permanente se estendam por trezentos metros, porquanto se revela supérfluo, excessivo. Como visto, o princípio da proporcionalidade demanda que se sacrifique o mínimo de direitos. Por efeito disso, é solar que, se a restinga se estende por vinte metros, a área de preservação permanente não vá para além dessa medida.[175]

O entendimento supra, muito embora voltado à crítica ao inciso IX do artigo 3º da Resolução Conama nº 303/02, parece-nos em tudo e por tudo aplicável à Lei nº 12.651/12. Qualquer que seja o referencial científico utilizado para conceituação da restinga, ela só merece a qualificação de preservação permanente, por expressa dicção legal, *se a vegetação fixar dunas ou estabilizar mangues*. É necessário averiguar, portanto, se a vegetação de restinga eventualmente existente em dado local é adjacente a manguezais ou está localizada sobre dunas (um tipo específico de unidade geomorfológica, produzida pela ação eólica e com feição de cômoro ou colina).

---

175 NIEBUHR, 2003.

Fora dessas hipóteses, a vegetação de restinga merece proteção, onde quer que ela se encontre (indiferentemente do acidente geográfico ou unidade geomorfológica que ela venha a recobrir), enquanto integrante do bioma da Mata Atlântica (Lei nº 12.428/06), que, tal qual expusemos na seção 1.4.3, comporta uso sob condições especiais.

Jurisprudência

[...] *Saliento que é verdade existir forte divergência entre os diversos ramos das ciências naturais acerca do conteúdo do conceito de restinga; porém, a solução jurídica é a trazida pela lei e esta, para fins de preservação no Código Florestal, restringe à vegetação fixadora de dunas, aliando, assim, os aspectos da flora (vegetação) com o geológico (dunas).* Na espécie, tanto os diversos laudos quanto a inspeção judicial evidenciam que a área em questão não abrange dunas. Logo, não basta um ou outro, requer-se a presença de ambos os elementos para a hipótese de incidência da proteção jurídica [...]. (Grifo acrescido. TRF4, Apelação Cível nº 2007.72.08.002329-1, Relatora Desembargadora Maria Lúcia Luz Leiria, Terceira Turma. Publicado em 22.04.10)

AÇÃO CIVIL PÚBLICA. NULIDADE DA SENTENÇA. DECISÃO EXTRA PETITA. INEXISTÊNCIA. EDIFICAÇÃO EM ÁREA DE PRESERVAÇÃO PERMANENTE. IMPOSSIBILIDADE. REGENERAÇÃO DA MATA ATLÂNTICA. *RESTINGA. AUSÊNCIA DE PROVA.* RESPONSABILIDADE DO MUNICÍPIO. [...]. 4. A presença de indivíduos típicos de determinado ambiente não é indicação peremptória de que se esteja diante daquele ambiente. *A perícia técnica constatou que, a despeito de ali encontrarem-se espécimes característicos da restinga, a área, em si considerada, não poderia ser assim classificada, sendo que tal vegetação poderia ser encontrada, também, juntamente com a mata atlântica.* A aventada possibilidade de tratar-se de restinga deriva de observação do solo arenoso do local, especialmente da porção destinada ao estacionamento e ao seu acesso. *Quanto a esse aspecto, é de ver que há dúvida, nos autos, sobre a existência de dunas na área. Essa dúvida não pode fundamentar um julgamento que considere existente o ecossistema formado pelas dunas, que teoricamente caracterizariam a restinga.* [...]. (Grifo acrescido. TRF4, Apelação Cível nº 1999.04.01.120901-6, Relatora Desembargadora Vivian Josete Pantaleão Caminha, Terceira Turma. Publicado em 28.02.01)

2.2.7.3 O voto do Ministro Herman Benjamin nos autos do REsp nº 945.898/SC

Entendimento contrário ao exposto no item precedente foi articulado, de forma bastante clara, pelo Ministro Herman Benjamin, do Superior Tribunal de Justiça, em declaração de voto no julgamento do REsp nº 945.898/SC, relatado pela Ministra Eliana Calmon, assim ementado:

> AMBIENTAL – ÁREA DE PRESERVAÇÃO PERMANENTE – PRAIA MOLE – FLORIANÓPOLIS – VEGETAÇÃO DE RESTINGA – ART. 2º, ALÍNEA F, DO CÓDIGO FLORESTAL – SÚMULA 7/STJ. 1. Trata-se, originariamente, de ação civil pública ajuizada pelo Ministério Público Federal objetivando a preservação de área de vegetação de restinga, em virtude de degradação na localidade denominada Praia Mole, em Florianópolis. 2. O art. 2º, alínea f, do Código Florestal considera como área de preservação permanente a vegetação situada "nas restingas, como fixadoras de dunas ou estabilizadoras de mangues". 3. Hipótese em que a instância ordinária aplicou o mencionado dispositivo na sua literalidade, ao mencionar várias vezes que a área degradada caracteriza-se não só como "restinga", mas possui "vegetação fixadora de dunas", o que é obviamente suficiente para caracterizar a área como de "preservação permanente". 4. Inexiste ofensa ao dispositivo de lei apontado pelos recorrentes, que, em verdade, buscam alterar a conceituação fática da região objeto da medida protetiva do parquet, o que é incabível na presente via (Súmula 7/STJ). 5. Recurso especial não provido. (STJ, Recurso Especial nº 945898, Relatora Ministra Eliana Calmon, Segunda Turma, Data de Julgamento: 24.11.09)

Na oportunidade, os recorrentes argumentavam que a vegetação de restinga existente no local dos fatos não encobria o acidente geológico de restinga (língua de areia, paralela à linha de praia, que avança sobre o mar). A Ministra Eliana Calmon resgatou que as instâncias ordinárias haviam confirmado que a área objeto da ação teria sido caracterizada, por perícia, como restinga, com vegetação de restinga que tinha função de fixar dunas. Por esse motivo, o acórdão recorrido teria aplicado a então vigente alínea "f" do artigo 2º da Lei nº 4.771/65 na sua literalidade, inexistindo ofensa ao supracitado dispositivo legal.

Em declaração de voto, o Ministro Herman Benjamin adentrou na discussão entre os conceitos geológicos, botânicos e ecossistêmicos da restinga, expondo seu entendimento no sentido de que o objeto de proteção da legislação ambiental seria a vegetação de restinga, onde quer que ela estivesse localizada. Por sua clareza, transcrevem-se trechos do voto do Ministro Herman Benjamin:

> [...] Percebe-se, então, que se trata de lei (e de normas destinadas a lhe dar concretude, editadas pelo Conama – Conselho Nacional do Meio Ambiente e por outros órgãos federais, estaduais e municipais) que não pretende resguardar, primordial e preponderantemente, acidentes geográficos ou geomorfológicos específicos, e quando tal ocorre é de maneira acidental, acessória ou indireta (como na proteção dos "sítios de excepcional beleza ou de valor científico ou histórico", referidos no art. 3º, alínea e, do Código Florestal). O intuito central desse microssistema normativo é, em tudo e por tudo, tutelar as características botânicas das várias faces da biodiversidade florística brasileira, ou seja, a vegetação nativa existente no território nacional. A Restinga (ou Vegetação de Restinga, dá no mesmo) é uma dessas fitofisionomias.
>
> Dito de outra forma, o Código Florestal não é, no essencial do seu texto e de sua vocação, um estatuto geomorfológico, mas instrumento de proteção de vegetação nativa, florestal ou não, embora nele se encontrem dispositivos que pretendem resguardar sítios e acidentes geográficos de relevância paisagística ou monumental (espécies de ramificações geomorfológicas), herança histórica do seu campo de aplicação multifacetário, pois originalmente era nele que se encontrava a previsão e regulação legal dos Parques e outras Unidades de Conservação, hoje disciplinados na Lei do SNUC (Lei nº 9.985/00).
>
> Nessa linha de raciocínio, o art. 2º, f, do Código Florestal qualifica como Área de Preservação Permanente não o acidente topográfico, e sim a fisionomia botânica denominada Vegetação de Restinga, esteja ela onde estiver. [...]
>
> Como em tantos outros exemplos da evolução da língua e da terminologia jurídica, pouco importa aqui, exceto como erudição histórica, o que um dia o vocábulo Restinga significou, de modo unívoco, seja no português, seja no espanhol. O que interessa é que, para fins jurídicos, quem usa a expressão Restinga quer dizer Vegetação ou Flora de Restinga e vice-versa. O sentido geológico-geomorfológico do termo foi abandonado pelo Direito Ambiental brasileiro, na esteira de igual tendência na terminologia da Ecologia e da Botânica (que não é de hoje, mas que começa já nos primeiros anos do Século XX), o que não implica dizer que tenha perdido sua validade ou importância nas disciplinas científicas ou nas profissões que, nos limites de sua especialidade, o adotam como referência (p. ex., a Geologia e a Geografia).
>
> A polissemia, tão comum na nossa língua, é, para fins jurídicos, resolvida pelo legislador e pelo juiz. Nos termos da Resolução Conama 04/85 (sobre as APPs), Restinga é a "acumulação arenosa litorânea, paralela à linha da costa, de forma geralmente alongada, produzida por sedimentos transportados pelo mar, onde se encontram associações

vegetais mistas características, comumente conhecidas como "vegetação de restingas".

Posteriormente, é editada a Resolução Conama 303/02 (sobre as APPs), que assim define Restinga: "depósito arenoso paralelo a linha da costa, de forma geralmente alongada, produzido por processos de sedimentação, onde se encontram diferentes comunidades que recebem influência marinha, também consideradas comunidades edáficas por dependerem mais da natureza do substrato do que do clima. A cobertura vegetal nas restingas ocorre em mosaico, e encontra-se em praias, cordões arenosos, dunas e depressões, apresentando, de acordo com o estágio sucessional, estrato herbáceo, arbustivos e arbóreo, este último mais interiorizado" (art. 2º, VIII).

Cuidando especificamente da Restinga – dirigida ao Estado de São Paulo, mas, por analogia, aplicável, na sua concepção técnico-ecológica geral, às outras regiões do litoral brasileiro, respeitadas as peculiaridades locais do ambiente –, a Resolução Conama 07/96 subdivide esse ecossistema em três classes de fitofisionomias: a) Vegetação de Praias e Dunas; b) Vegetação sobre Cordões Arenosos, nela incluídos o Escrube (popularmente conhecido por Jundu), a Floresta Baixa de Restinga e a Floresta Alta de Restinga; c) Vegetação Associada às Depressões, contendo a Vegetação de Entre-Cordões Arenosos, o Brejo de Restinga, a Floresta Paludosa e a Floresta Paludosa sobre Substrato Turfoso; e d) Florestas de Transição Restinga-Encosta (consideradas, pela Resolução, "como pertencentes ao complexo de vegetação de restinga"). Eis a definição, in verbis (grifei):

Entende-se por vegetação de restinga o conjunto das comunidades vegetais, fisionomicamente distintas, sob influência marinha e fluviomarinha. Essas comunidades, distribuídas em mosaico, ocorrem em áreas de grande diversidade ecológica, sendo consideradas comunidades edáficas por dependerem mais da natureza do solo que do clima.

Referindo-se diretamente ao Estado de Santa Catarina, a Resolução Conama 261/99, omitida inteiramente pelos recorrentes em suas várias manifestações, assim dispõe (grifei):

Entende-se por restinga um conjunto de ecossistemas que compreende comunidades vegetais florísticas e fisionomicamente distintas, situadas em terrenos predominantemente arenosos, de origens marinha, fluvial, lagunar, eólica ou combinações destas, de idade quaternária, em geral com solos pouco desenvolvidos. Estas comunidades vegetais formam um complexo vegetacional edáfico e pioneiro, que depende mais da natureza do solo que do clima, encontrando-se em praias, cordões arenosos, dunas e depressões associadas, planícies e terraços.

Observe-se que, na norma mais recente (a aplicável a Santa Catarina) já não se fala nem em "vegetação de restinga"; o Conama, de maneira inequívoca, define "restinga" e o faz não como acidente geográfico, mas como "um conjunto de ecossistemas", localizados em "terrenos predominantemente arenosos", encontrável em "praias, cordões arenosos, dunas e depressões associadas, planícies e terraços".

Em síntese, à luz desse conjunto normativo complexo – que evolui com o próprio conhecimento sobre os ecossistemas incorporados no sentido atual do vocábulo, o natural dinamismo do Direito Ambiental e as necessidades crescentes de protegê-la –, a Restinga é caracterizada por um conjunto de traços identificadores: a) localização em depósito arenoso, praias, cordões arenosos, dunas, e depressões, que pode incluir, como forma de garantir a proteção do todo, também florestas de transição restinga-encosta; b) ocorrência em linha paralela à Costa, daí a influência marinha; c) povoamento por comunidades edáficas; d) cobertura vegetal em mosaico, estrato herbáceo, arbustivo e arbóreo, este último mais interiorizado. Onde essas características, dentre outras, listadas pela legislação se fizerem presentes, de Restinga se cuidará para fins de proteção como APP.

4. Dupla filiação jurídico-legal da Restinga: Área de Preservação Permanente e ecossistema especialmente protegido do Bioma Mata Atlântica

Finalmente, é bom lembrar que a Restinga é ecossistema integrante do Bioma Mata Atlântica e, por isso, submete-se, além de ao Código Florestal, à Lei 11.428/06 (Lei da Mata Atlântica), que, logo no seu art. 2º faz menção inequívoca e expressa a "vegetações de Restinga", e não a "acidente geográfico restinga" (como certamente prefeririam os recorrentes).

Note-se que o legislador refere-se não apenas à vegetação de restinga, com isso indicando a natureza florística, em vez de geográfica, da proteção jurídica, mas utiliza a expressão no plural ("vegetações"), abraçando corretamente a diversidade botânica e de fitofisionomia da Restinga brasileira. Vale a pena transcrever o dispositivo legal. In verbis (grifei):

Art. 2º Para os efeitos desta Lei, consideram-se integrantes do Bioma Mata Atlântica as seguintes formações florestais nativas e ecossistemas associados, com as respectivas delimitações estabelecidas em mapa do Instituto Brasileiro de Geografia e Estatística – IBGE, conforme regulamento: Floresta Ombrófila Densa; Floresta Ombrófila Mista, também denominada de Mata de Araucárias; Floresta Ombrófila Aberta; Floresta Estacional Semidecidual; e Floresta Estacional Decidual, bem como os manguezais, as vegetações de restingas, campos de altitude, brejos interioranos e encraves florestais do Nordeste.

Daí que, no Código Florestal, na legislação de proteção da Mata Atlântica e nas normas que os complementam, Restinga é designação de um tipo específico de mosaico de vegetação, podendo ocorrer em várias modalidades de terrenos, mas sempre ao longo da Costa. Numa palavra, no Direito brasileiro, o termo "Restinga" é utilizado em seu sentido amplo e ecológico, de modo a englobar o conjunto de comunidades vegetais encontradas nas planícies arenosas quaternárias de origem marinha existentes no nosso litoral, bem como nas zonas de transição da planície para a encosta.

Como se vê e é curial, pois se está no domínio de normas de profunda filiação botânica (Código Florestal e Lei da Mata Atlântica), o objetivo maior, por tudo e em tudo, não é proteger a geomorfologia do terreno, mas a própria vegetação, integrada por centenas de espécies raras, muitas delas endêmicas (isto é, só encontráveis naquele lugar) e seriamente ameaçadas de extinção. Em paralelo, pretende-se resguardar a fauna, também com alto grau de endemismo e em estado crítico de ameaças, que não sobrevive sem a manutenção da cobertura vegetal nativa.

Então, onde houver Vegetação de Restinga, com as características acima citadas, de Restinga se tratará, inclusive quando se situar nas planícies marinhas e rampas de dissipação. E onde houver Vegetação de Restinga com tais atributos, haverá Área de Preservação Permanente, e o desmatamento só será admissível em circunstâncias excepcionalíssimas, amparado em critério de utilidade pública e interesse social, conforme previsto no Código Florestal.

Segundo a petição do Recurso Especial, "a expressão vegetação de restinga leva a engano, à confusão, dado que ao leigo passa a impressão de que toda a área encoberta por esse tipo de vegetação é, ipso facto, restinga e, por isso, de preservação permanente" (fl. 1004, grifo no original). Não há engano algum: toda Vegetação de Restinga, com o perfil previsto nas Resoluções do Conama aplicáveis à matéria, é Restinga. Ponto.

É irrelevante que o empreendimento se situe em "planície marinha" ou "rampa de dissipação", pois, se nesses acidentes geográficos houver Vegetação de Restinga (e normalmente há), de Restinga se trata, na forma dos arts. 2º e 3º do Código Florestal, c/c as várias Resoluções do Conama. No mais, o que se tem é um jogo de palavras, com o intuito de substancialmente podar e solapar o campo de aplicação da norma e enfraquecer sua eficácia, na linha de parecer da equipe do escritório do Advogado Édis Milaré, citado na petição do Recurso Especial. [...]

Por derradeiro, cabe lembrar que o Código Florestal, ao referir-se a dunas, fê-lo em sentido amplíssimo, aí incluindo as dunas stricto sensu, os cordões arenosos e terrenos arenosos. Mesmo que assim não fosse, nada impediria – aliás tudo recomendaria – que o Poder Público, com a competência que lhe atribuíram o Código Florestal e a Lei da Política Nacional do Meio Ambiente, editasse normas de proteção desses ecossistemas remanescentes, como o fez com a Mata Atlântica, por meio do Decreto 750. No Direito Ambiental, a raridade, o endemismo e o grau de ameaça antrópica de espécies, ecossistemas e biomas são a expressão e a medida de urgência da atuação firme do Poder Público.

> 5. Da propriedade contra o ambiente à propriedade com o ambiente [...]
>
> Na hipótese, tendo a instância ordinária consignado que a área degradada caracteriza-se como Restinga e possui vegetação fixadora de dunas lato sensu (= dunas stricto sensu, cordões arenosos e terrenos arenosos), forçosa é sua qualificação como Área de Preservação Permanente, nos termos dos dispositivos legais em comento.
>
> No mais, pode-se dizer que a simples existência de Vegetação de Restinga, como definida pela legislação vigente (= tipo de vegetação), basta para especificar o local como Área de Preservação Permanente, sendo irrelevante a existência ou não do acidente geográfico Restinga, na sua acepção geológico-geomorfológica, que, como explicamos neste Voto, não é o significado adotado pela legislação brasileira. [...]

Os fundamentos do voto do Ministro Herman Benjamin nos autos do REsp nº 945.898/SC viriam a ser, mais tarde, parcialmente subscritos como fundamentos do próprio acórdão do REsp nº 1462208/SC, sob relatoria do Ministro Humberto Martins.[176]

Ousamos discordar do referido entendimento. Quisesse a legislação proteger a vegetação de restinga, onde quer que ela se encontrasse, não a teria conceituado como depósito arenoso, paralelo à linha da praia. Teria, simplesmente, qualificado a vegetação de restinga como área de preservação permanente, o que não fez. A opção da legislação é inequívoca: a restinga, para ser qualificada como área de preservação permanente, deve fixar dunas ou estabilizar mangues. O raciocínio construído pelo Ministro Herman Benjamin nega a necessidade de a vegetação prestar tais funções ambientais (fixação de dunas e estabilização de mangues) enquanto elementos qualificadores **legais** da restinga como área de preservação permanente. A nosso ver, a interpretação é *contra legem*. Para nós, insista-se, não é toda vegetação de restinga que merece qualificação como área de preservação permanente, mas só a que fixa dunas ou estabiliza mangues.

Igualmente não nos parece juridicamente apropriado qualificar qualquer terreno arenoso como duna, como pretende a interpretação conferida pelo Ministro Herman Benjamin no voto exarado no REsp nº 945.898/SC. Nenhum dispositivo legal e regulamentar corrobora ou fundamenta esta conclusão. Também, aparentemente, não o faz o consenso científico a respeito do conceito de duna. Pelo contrário, a própria Resolução Conama nº 303/02, recorrentemente mencionada pelo

[176] STJ, REsp 1462208/SC, Rel. Ministro HUMBERTO MARTINS, SEGUNDA TURMA, julgado em 11.11.2014.

Ministro Herman Benjamin em seu voto, atribui conceito normativo para dunas que as afasta, substancialmente, da generalização operada no voto supracitado.[177] Como se verá a seguir, não basta formação arenosa do solo para caracterizar determinada unidade geomorfológica como duna. Além da formação arenosa, e tão importante quanto ela, está a necessidade de o depósito ser proveniente de formação eólica, da ação dos ventos, e ter a aparência de cômoro ou colina. É isso que distingue as dunas de outras unidades deposicionais.

2.2.7.4 Síntese conclusiva. Elementos necessários para qualificar a restinga como área de preservação permanente

Enfim, ao qualificar como de preservação permanente "a restinga", e não a vegetação existente "na restinga", a Lei nº 12.651/12 alterou o âmbito de incidência do dispositivo, estendendo-o para todo um ambiente composto pelos seguintes elementos: (i) solo: depósito arenoso; (ii) com comunidades específicas: que recebem influência marinha; (iii) cobertura vegetal igualmente específica: em mosaico, com estratos herbáceos, arbústicos e arbóreos. Para o aludido ambiente ser qualificado como área de preservação permanente, o inciso V do artigo 4º da Lei nº 12.651/12 agrega um último elemento: (iv) exercício de funções ambientais: fixar dunas ou estabilizar mangues.

Sobre a função de fixação de dunas e estabilização de mangues, cumpre, finalmente, anotar o seguinte: as dunas são unidades geomorfológicas predominantemente arenosas, formadas pela *ação dos ventos*. A *deposição eólica* relaciona-se, sobretudo, às condições do transporte do sedimento.

Daí a imprescindibilidade, em muitos casos, de se analisar a composição e as características texturais, geoquímicas e morfoscópicas dos sedimentos para apurar como eles foram e são transportados, a fim de aferir se isso se deu (ou se dá), efetivamente, pela ação dos ventos. Tais características texturais, geoquímicas e morfoscópicas dos sedimentos revelam o tamanho, grau de seleção, assimetria, curtose e demais parâmetros texturais, entre outros elementos. Depósitos eólicos

---

177 "Art. 2º Para os efeitos desta Resolução, são adotadas as seguintes definições: [...] X – duna: unidade geomorfológica de constituição predominante arenosa, com aparência de cômoro ou colina, produzida pela ação dos ventos, situada no litoral ou no interior do continente, podendo estar recoberta, ou não, por vegetação".

são formados, normalmente, por areias muito finas a finas, grãos bem a muito bem selecionados, com assimetria positiva e curva mesocúrticas, de superfície com acentuado arredondamento e textura não polida.

A par da origem do ambiente deposicional (formado a partir da ação do vento), outro elemento caracterizador das dunas é a forma do relevo e a estratificação. As dunas, de acordo inclusive com o que preceitua o inciso X do artigo 2º da Resolução Conama nº 303/02, devem possuir a aparência de *cômoro* ou *colina*. O relevo angulado da elevação produzida pela ação do vento é requisito amplamente reconhecido na esfera técnico-científica como essencial para qualificação da unidade como sendo típica de duna.[178] Outrossim, a estratificação diagonal ou cruzada, em contraposição à plano-paralela, é outra marca de elevações formadas pelo vento.

De acordo com a melhor intelecção do inciso VI do artigo 4º da Lei nº 12.651/12, a restinga, para fixar dunas, deve, portanto, estar localizada sobre a unidade geomorfológica de duna. Se ausente duna a ser fixada pela vegetação de restinga, a área não é qualificada como de preservação permanente.

Por fim, a outra função ambiental das restingas se relaciona com o mangue, cujo conceito remetemos o leitor ao tópico seguinte. A restinga, na forma do inciso VI do artigo 4º da Lei nº 12.651/12, para ser qualificada como de preservação permanente deve ter a função de estabilizar mangues (a rigor, estabilizar o manguezal). Estabiliza manguezal a porção de restinga normalmente adjacente ou circundante ao manguezal, que protege seus limites e funções ambientais.

Recusamos, pelos argumentos acima expostos, a validade do inciso IX do artigo 3º da Resolução Conama nº 303/02 pela superveniência da Lei nº 12.651/12 (mesmo diante do teor das Medidas Cautelares nas Arguições de Descumprimento de Preceito Fundamental nºs 747, 748 e 749, que suspenderam a Resolução Conama nº 500/20 e revigoraram os efeitos da Resolução Conama nº 303/02). O conceito *legal* de restinga, enquanto área de preservação permanente é distinto do veiculado no inciso IX do artigo 3º da Resolução Conama nº 303/02. Quisesse o legislador manter o regramento constante no inciso IX do artigo 3º da Resolução Conama nº 303/02 teria o feito expressamente. Não se pode dizer que o inciso IX do artigo 3º da Resolução Conama nº 303/02 foi recepcionado pela Lei nº 12.651/12, nesse aspecto, porque a lei veicula tratamento bastante diferente do regulamento anterior.

---

178 BAGNOLD, 1943, p. 188. GUERRA; GUERRA, 2008, p. 216.

Sobre a recepção dos dispositivos da Resolução Conama nº 303/02 pela Lei nº 12.651/12 quando aqueles não forem contrários ao último, remetemos o leitor à seção 1.5.

Jurisprudência

ADMINISTRATIVO. DIREITO AMBIENTAL. AÇÃO CIVIL PÚBLICA. PRELIMINAR DE NULIDADE DO LAUDO PERICIAL. *LAUDO QUE QUESTIONA CONCEITOS LEGAIS E EM ESPECIAL AS RESOLUÇÕES DO CONAMA. ILEGALIDADE.* PRECEDENTES DO STJ 1. Não cabe ao perito questionar a Resolução do Conama, lançando dúvidas quanto ao conceito de "Restinga" para fins de constatar dano ambiental. 2. *O Conama é o órgão que tem atribuição legal de esclarecer os termos da legislação ambiental extravagante (art. 6º, inciso II da Lei nº 6.938/81) e cujas resoluções gozam de presunção legal de legitimidade, legalidade e veracidade.* (Precedentes do STJ). 3. Agravo retido a que se dá provimento, para anular a sentença e determinar o retorno dos autos à origem para elaboração de nova perícia. (Grifo acrescido. TRF4, Apelação e Reexame Necessário nº 5000540-85.2013.404.7201, Relatora Desembargadora Salise Monteiro Sanchotene, Quarta Turma. Juntado aos autos em 27.08.2015)

[...] 4. O Código Florestal tem como escopo proteger não só as florestas existentes no território nacional como a fauna e as demais formas de vegetação nativas situadas em algumas de suas áreas, tais como na área de restinga. Embora não tenha como elemento primordial o resguardo de sítios e acidentes geográficos, estes o são por várias vezes protegidos em seu texto legal. *O art. 2º, "f", do Código Florestal qualifica como área de preservação permanente (APP) não o acidente topográfico em si, mas a vegetação de restinga que lá se faz presente. 5. O Código Florestal, no art. 3º, dá ao Poder Público (por meio de Decreto ou Resolução do Conama ou dos colegiados estaduais e municipais) a possibilidade de ampliar a proteção aos ecossistemas frágeis.* 6. Possui o Conama autorização legal para editar resoluções que visem à proteção do meio ambiente e dos recursos naturais, inclusive mediante a fixação de parâmetros, definições e limites de Áreas de Preservação Permanente. 7. *A Resolução n. 303/02 do Conama não está substancialmente apartada da Resolução n. 04/85 do Conama, que lhe antecedeu e que é vigente à época dos fatos.* Ambas consideram a restinga como espécie de acidente geográfico, encoberto por vegetação característica. *Destarte, não há extrapolação de competência regulamentar do Conama em sua Resolução n. 303/02 no que se refere à definição de restinga,* porquanto está de acordo com o definido na Lei n. 4.771/65 e nos estritos limites ali delineados. (Grifo acrescido. STJ, Recurso Especial nº 1462208, Relator Ministro Humberto Martins, Segunda Turma. Julgado em 11.11.14)

AÇÃO CIVIL PÚBLICA. APELAÇÕES CÍVEIS. MEIO AMBIENTE. INADEQUAÇÃO DA VIA ELEITA. INCOMPETÊNCIA DO JUÍZO. ILEGITIMIDADE ATIVA AD CAUSAM. LITISCONSÓRIO PASSIVO NECESSÁRIO. CERCEAMENTO DE DEFESA. PRELIMINARES RECHAÇADAS. LICENCIAMENTO AMBIENTAL. *DIFERENÇA ENTRE "RESTINGA" E "VEGETAÇÃO DE RESTINGA". CARACTERIZA ÁREA DE PRESERVAÇÃO PERMANENTE, NOS TERMOS DA LEI, APENAS A RESTINGA, COMO FIXADORAS DE DUNAS OU ESTABILIZADORAS DE MANGUES. INTERPRETAÇÃO LITERAL DO ART. 4º, VI, DA LEI FEDERAL N. 12.651/2012 (NOVO CÓDIGO FLORESTAL).* SENTENÇA QUE IMPEDIU A CONCESSÃO DE LICENÇA AMBIENTAL, INDEPENDENTE DA EXISTÊNCIA OU NÃO DO ACIDENTE GEOGRÁFICO "RESTINGA". DECISÃO REFORMADA. RECURSOS CONHECIDOS E PROVIDOS.

Para os efeitos da Lei Federal n. 12.651/2012, entende-se por restinga: "depósito arenoso paralelo à linha da costa, de forma geralmente alongada, produzido por processos de sedimentação, onde se encontram diferentes comunidades que recebem influência marinha, com cobertura vegetal em mosaico, encontrada em praias, cordões arenosos, dunas e depressões, apresentando, de acordo com o estágio sucessional, estrato herbáceo, arbustivo e arbóreo, este último mais interiorizado" (art. 3º, XVI).

Considera-se Área de Preservação Permanente, em zonas rurais ou urbanas, as restingas, como fixadoras de dunas ou estabilizadoras de mangues (art. 4º, VI).

"A ação civil pública se sustenta no voto vencedor do Min. Herman Benjamin, nos autos do REsp. n. 945.898-SC, que indo além do que discutido, pois a hipótese versada contemplava restinga fixadora de dunas, fez ver, com o brilhantismo que lhe é próprio, e pelas convicções que sustenta, que já seria momento de se ampliar, para fins jurídicos, o que se deve entender por restinga, fugindo a redoma de que só seria área de preservação permanente quando protetora de dunas ou estabilizadora de mangues.

Entretanto, é a lei que assim quer (art. 2º, f da Lei 4.771/65; art. 3º, XVI, da Lei 12.651/2012; art. 2º da Lei 11.428/2006), cumprindo ao julgador se lhe dê concretude enquanto não alterada, caso contrário seria transformar o processo judicial em fonte legiferante". (TJSC, Órgão Especial, Agravo (§3º art. 4º da Lei 8.437/92) em Pedido de Suspensão de Liminar n. 2014.028915-9/0001.00, da Capital, Relator Designado: Des. Cesar Abreu, j. 15.10.2014). (Grifo acrescido. TJSC, Apelação Cível nº 2014.079082-7, Relator Desembargador Júlio César Knoll, Terceira Câmara de Direito Civil. Julgado em 10.08.15)

ADMINISTRATIVO. EDIFICAÇÃO EM ÁREA DE RESTINGA, FIXADORA DE DUNAS. AUTO DE INFRAÇÃO E TERMO DE EMBARGO.

ANULAÇÃO. 1. *Inviável a ampliação do conceito de restingas por normas administrativas, como a sucessão de resoluções do Conama, em razão do princípio da legalidade (art. 5º, II, da CF c/c art. 37 da CF), que impede seja expedido ato administrativo normativo cujo conteúdo extrapole do previsto em lei.* [...] (Grifo acrescido. TRF4, Apelação Cível nº 5001217-65.2011.404.7208, Relator Desembargador Fernando Quadros Da Silva, Terceira Turma. Juntado aos autos em 22.11.12)

AÇÃO CIVIL PÚBLICA. NULIDADE DA SENTENÇA. DECISÃO EXTRA PETITA. INEXISTÊNCIA. EDIFICAÇÃO EM ÁREA DE PRESERVAÇÃO PERMANENTE. IMPOSSIBILIDADE. REGENERAÇÃO DA MATA ATLÂNTICA. RESTINGA. AUSÊNCIA DE PROVA. RESPONSABILIDADE DO MUNICÍPIO. [...]. 4. A presença de indivíduos típicos de determinado ambiente não é indicação peremptória de que se esteja diante daquele ambiente. *A perícia técnica constatou que, a despeito de ali encontrarem-se espécimes característicos da restinga, a área, em si considerada, não poderia ser assim classificada, sendo que tal vegetação poderia ser encontrada, também, juntamente com a mata atlântica. A aventada possibilidade de tratar-se de restinga deriva de observação do solo arenoso do local, especialmente da porção destinada ao estacionamento e ao seu acesso. Quanto a esse aspecto, é de ver que há dúvida, nos autos, sobre a existência de dunas na área. Essa dúvida não pode fundamentar um julgamento que considere existente o ecossistema formado pelas dunas, que teoricamente caracterizariam a restinga.* [...] (Grifo acrescido. TRF4, Apelação Cível nº 1999.04.01.120901-6, Relatora Desembargadora Vivian Josete Pantaleão Caminha, Terceira Turma. Publicado em 28.02.01)

[...] "Saliento que é verdade existir forte divergência entre os diversos ramos das ciências naturais acerca do conteúdo do conceito de restinga; porém, a solução jurídica é a trazida pela lei e esta, para fins de preservação no Código Florestal, restringe-se à vegetação fixadora de dunas, aliando, assim, os aspectos da flora (vegetação) com o geológico (dunas). Na espécie, tanto os diversos laudos quanto a inspeção judicial evidenciam que a área em questão não abrange dunas. Logo, não basta um ou outro, requer-se a presença de ambos os elementos para a hipótese de incidência da proteção jurídica".

Novamente, então, a produção probatória não demonstrou que a situação fática enquadra-se na hipótese legal de preservação. A sentença ainda ressaltou a inviabilidade de ampliar o conceito de restinga por norma administrativa: "*Ainda que bem intencionado (proteção ambiental), não pode um ato do Conama extrapolar os limites da previsão legal, prejudicando direitos de particulares, sobremodo quando isso implicar sérias restrições ao uso e gozo de bens sem a devida contraprestação indenizatória.* [...]

Portanto, não há vedação legal ambiental no caso dos autos com fundamento em restingas, seja por ela não realizar a função de fixação de dunas, seja porque ela está adstrita à proteção da mata atlântica, que, no caso, já foi apreciada supra. (Grifo acrescido. TRF4, APELAÇÃO CÍVEL nº 2007.72.08.002329-1, Relatora Desembargadora Maria Lúcia Luz Leiria, Terceira Turma. Publicado em 22.04.10)

ADMINISTRATIVO. AMBIENTAL. VEGETAÇÃO DE RESTINGA. EMPREENDIMENTO IMOBILIÁRIO. LICENÇA AMBIENTAL CONCEDIDA PELO FATMA. AUTO DE INFRAÇÃO E TERMO DE EMBARGO LAVRADOS PELO IBAMA. NULIDADE. *1. A restinga, por si só, não caracteriza área de preservação permanente, exigindo o art. 2º, "f", da Lei n.º 4.771/65 (Código Florestal) que tal vegetação tenha a função de fixar dunas ou estabilizar mangues.* 2. O ato administrativo do FATMA que concede licença ambiental goza da presunção de legitimidade. 3. Hipótese em que nada indica que a área supostamente degradada era, à época do início do empreendimento, de preservação permanente, havendo uma série de elementos que ampliam a situação de dúvida. 4. Impossível concluir que o empreendimento tenha ocasionado alterações significativas no meio envolvente, porquanto anteriormente à obra já havia nas imediações do imóvel a ação antrópica do local. 5. Do ponto de vista sócio-ambiental, não é razoável manter o embargo da obra na área que um dia foi de preservação permanente, mas permitir o seu prosseguimento e, após a conclusão, buscar utilização racional, mormente se os elementos contidos nos autos revelam que a infraestrutura do empreendimento garante condições sanitárias adequadas. 6. Se a continuidade do empreendimento foi autorizada pelo Poder Judiciário, o empreendedor agiu de boa-fé. Considerando-se que (a) parte da área do empreendimento foi preservada; (b) não há certeza quanto a ter ou não ocorrido supressão de vegetação de preservação permanente; (c) ser inviável, no momento, buscar tal certeza; (d) o empreendedor deu seguimento ao empreendimento amparado em decisão judicial; (e) ser impossível a restauração ecológica na atual fase do empreendimento; e, ainda, que (f) o entorno do empreendimento está igualmente urbanizado, é de ser aplicado ao caso concreto o princípio do fato consumado, segundo o qual situações fáticas já consolidadas com ausência de má-fé devem ser preservada em nome da segurança jurídica. (Grifo acrescido. TRF4, Apelação Cível nº 5001306-64.2011.404.7216, Relator Desembargador Jorge Antonio Maurique, Quarta Turma, Publicado em 03.09.12)

ADMINISTRATIVO. EMBARGOS À EXECUÇÃO FISCAL. ORLA MARÍTIMA. RESTINGA. O art. 2º, alínea "f", do Código Florestal, define como área de preservação permanente, nas restingas, as formas de vegetação fixadoras de dunas ou estabilizadoras de mangues. *O preceito fundamental é a efetiva função ambiental que a área desempenha, hipótese na qual a área de proteção estende-se tanto quanto for necessário para a preservação ambiental, sem limites predeterminados.* Reconhecida a nulidade do auto de infração, baseado no artigo 3º, VII, da Resolução 04/85 do Conama, a qual adota critério abstrato (300 metros), sem base legal no Código Florestal. (Grifo acrescido. TRF4, Apelação Cível nº 200572040042538, Relator Desembargador Márcio Antônio Rocha, Quarta Turma. Julgado em 24.10.07)

2.2.8 Manguezais (inciso VII do artigo 4º)[179]

A qualificação dos manguezais como área de preservação permanente não encontrava, até a edição da Lei nº 12.651/12, previsão explícita na legislação ambiental federal. A referência havida na Lei nº 4.771/65 era veiculada na alínea "f" do artigo 2º, que qualificava como de preservação permanente a restinga que estabilizava mangues[180] (vide tópico anterior).

Perceba-se que o ambiente protegido na alínea "f" do artigo 2º da Lei nº 4.771/65 era a restinga, quando ela atuasse como estabilizadora de mangues, e não o manguezal propriamente dito. Caso a restinga não atuasse nesta condição (ou como fixadora de dunas), ela sequer era qualificada como de preservação permanente pela alínea "f" do artigo 2º da Lei nº 4.771/65.[181]

Não obstante a lacuna legislativa, o Conama editou sucessivas resoluções que imprimiam ao ambiente de manguezal *status* de especial proteção ambiental. O inciso I do artigo 5º da Resolução Conama nº 10/93 veiculou um conceito amplo de manguezal – incluindo nele ecossistemas secos, recoberto por gramíneas – num contexto de definição de conceitos técnicos do Decreto Federal nº 750/93, que por sua vez referia-se ao corte, regeneração e supressão de vegetação de Mata Atlântica. A Resolução Conama nº 10/93 não qualificava o manguezal nela definido como de preservação permanente.

---

179 Esta seção reproduz, parcialmente, o conteúdo do artigo, de nossa autoria, intitulado "Os limites legais da proteção jurídica dos manguezais" publicado em: BÜHRING; JOBIM; ZAVASCKI, 2013.

180 "Art. 2º Consideram-se de preservação permanente, pelo só efeito desta Lei, as florestas e demais formas de vegetação natural situadas: f) nas restingas, como fixadoras de dunas ou estabilizadoras de mangues".

181 Toma-se a lição de Joel de Menezes Niebuhr: "Soma-se a isso o fato de que a vegetação de restinga somente é qualificada como de preservação permanente se prestante a fixar dunas ou a estabilizar mangues. Quer dizer que nem a vegetação situada na restinga é por si só merecedora da proteção legal. Só o será se evidenciada a funcionalidade dela em relação às dunas e aos mangues e, por obséquio ao princípio da proporcionalidade, na medida em que realmente for útil a tal propósito Vegetação de restinga distante de área com dunas ou mangue não é de preservação permanente" (NIEBUHR, 2003).

Mais tarde, a pretexto de regulamentar a alínea "f" do artigo 2º da Lei nº 4.771/65,[182] o Conama editou a Resolução nº 303/02. Aqui, pela primeira vez, considerou-se expressamente o manguezal como área de preservação permanente por conta do inciso X do seu artigo 3º.[183]

Ocorre, tal qual visto, que a alínea "f" do artigo 2º da Lei nº 4.771/65 não qualificava o mangue como de preservação permanente, mas sim a restinga que o estabilizava. Tratava-se de situações fáticas absolutamente distintas: mangue não se confunde com restinga, tanto que receberam, do próprio Conama, definições técnicas absolutamente distintas. O quadro se agravava diante de uma provável extrapolação do poder regulamentar do Conama, que criava uma hipótese de área de preservação permanente sem previsão legal.

A Lei nº 12.651/12 supriu a lacuna havida no regime anterior. Também, equacionou os problemas que advinham da aparente coexistência da Resolução Conama nº 303/02 à Resolução Conama nº 10/93 (entre outras), que previam conceitos técnicos distintos para o mesmo ecossistema de manguezal quando relacionados à ocorrência de Mata Atlântica ou restinga. Esta confusão decorria, em última análise, da ausência da própria previsão do manguezal como de preservação permanente na Lei nº 4.771/65, construção que teve que se desenvolver no plano infralegal.

A Lei nº 12.651/12 conduziu ao plano legal o conceito técnico de manguezal definido na Resolução Conama nº 303/02. A definição do ecossistema e seu enquadramento como área de preservação permanente encontram agora, portanto, assento legislativo expresso, constante no inciso XIII do artigo 3º e no inciso VII do artigo 4º, todos da Lei nº 12.651/12, assim vazados:

---

182 Parte da doutrina advoga a tese de que, apesar de a referência na alínea "f" do artigo 2º da Lei Federal nº 4.771/65 ao mangue ser obscura, era possível deduzir seu *status* de preservação permanente. Gilberto D'Ávila Rufino, por exemplo, entende que a restinga referida no dispositivo deve ser reputada como a planície litorânea formada na costa brasileira. O que se busca proteger pela alínea "f" do artigo 2º da Lei Federal nº 4.771/65, segundo o autor, é a vegetação de mangue existente nas planícies litorâneas (RUFINO, 1981, p. 111). Parece-nos que a conclusão do autor é contrariada pela própria regulamentação do conceito de restinga atribuído pela Resolução Conama nº 303/02, que a qualifica como acidente geográfico específico (e não planície litorânea em sentido amplo) recoberto por vegetação típica.

183 "Art. 3º Constitui Área de Preservação Permanente a área situada: [...] X – em manguezal, em toda a sua extensão".

> Art. 3º Para os efeitos desta Lei, entende-se por: [...]
>
> XIII – manguezal: ecossistema litorâneo que ocorre em terrenos baixos, sujeitos à ação das marés, formado por vasas lodosas recentes ou arenosas, às quais se associa, predominantemente, a vegetação natural conhecida como mangue, com influência fluviomarinha, típica de solos limosos de regiões estuarinas e com dispersão descontínua ao longo da costa brasileira, entre os Estados do Amapá e de Santa Catarina;
>
> Art. 4º Considera-se Área de Preservação Permanente, em zonas rurais ou urbanas, para os efeitos desta Lei: [...]
>
> VII – os manguezais, em toda a sua extensão;

Percebe-se que o legislador incorporou, integralmente, o conceito de manguezal antes veiculado na Resolução Conama nº 303/02 ao inciso XIII do artigo 3º da Lei nº 12.651/12. A nova lei poderia ter optado por um conceito amplo de manguezal, tal qual aquele contemplado na Resolução Conama nº 10/93. Entretanto, optou por não fazê-lo, lançando mão de uma técnica legislativa que recepciona o conceito técnico já consagrado, prevalecente no atual estágio do conhecimento científico.

Nos termos do inciso XIII do artigo 3º e do inciso VII do artigo 4º, todos da Lei nº 12.651/12, o manguezal protegido é o *ecossistema* como um todo, que por sua vez é composto, pelo menos, dos seguintes elementos caracterizadores: (i) terrenos baixos sujeitos à ação das marés, formado por vasas[184] lodosas recentes ou arenosas; (ii) de solo limoso, com influência fluviomarinha; (iii) coberto predominantemente por vegetação natural conhecida como mangue.

---

184 "Vasas: Lama fina oriunda da decomposição de elementos orgânicos e de minerais, que se acumula em fundo de mares e rios; LIMO; LODO" (Disponível em http://aulete.uol.com.br/site.php?mdl=aulete_digital&op=loadVerbete&pesquisa=1&palavra=vasa#ixzz1p2780HsH).

Manguezal

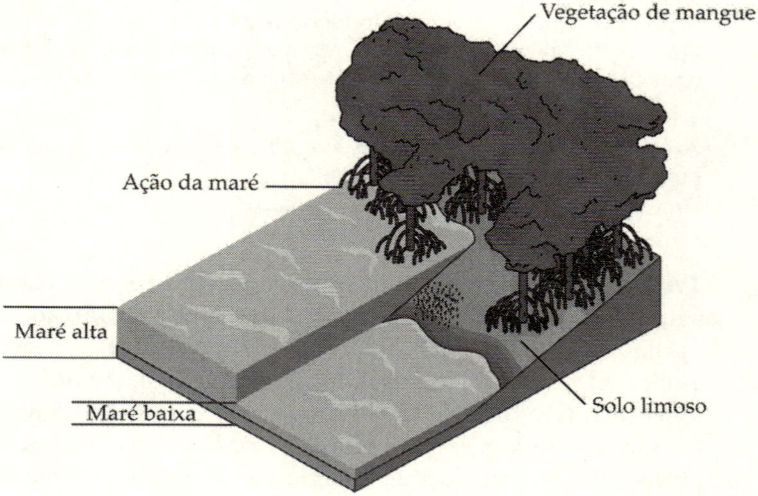

O manguezal é ambiente de transição entre o mar e a terra. A ação direta e periódica das marés, aliada ao material orgânico em decomposição, cria o aspecto lodoso do terreno. A esta influência marinha agrega-se a necessidade de contribuição fluvial. A rigor, os manguezais costumam se desenvolver nas fozes dos cursos d'água junto ao mar. Os manguezais protegidos pela Lei nº 12.651/12 ocorrem em terrenos lodosos, recobertos periodicamente pela ação das marés, onde também se identifica a influência (e disso se deduz, a presença) de um curso d'água natural ou olho d'água.

Para a caracterização do manguezal como ambiente protegido é necessário ocorrer, nesse contexto, concomitantemente: a influência da maré, o solo específico (terreno formado por lama, de solo limoso) e a vegetação predominantemente natural (mangue).

A ausência de um destes elementos na condição original do local subtrai a condição de área de preservação permanente, posto que fica descaracterizada a ocorrência de manguezal legal. Isto é, impede estender o regime jurídico de preservação permanente ao ambiente onde, mesmo identificando-se a ocorrência de algum daqueles elementos, constata-se a ausência de um ou mais dos elementos restantes. Dito de outro modo: a inexistência de um dos elementos legais constantes na Lei nº 12.651/12, não permite caracterizar o ecossistema como manguezal para efeito de aplicação do inciso XIII do artigo 3º e do inciso VII do artigo 4º, todos da Lei nº 12.651/12. Ele deixa de ser qualificado como área de preservação permanente.

A constatação ora apontada é deveras importância diante da comum confusão, por exemplo, entre mangue e manguezal. Mangue é a vegetação natural. Manguezal é o ecossistema. O mangue, em si, não é caracterizado como área de preservação permanente. O que é caracterizado como área de preservação permanente é o manguezal (ecossistema), e ele depende ainda de que lhe sejam identificados, além da vegetação (mangue), o solo típico (limoso, recoberto por lodo), de terrenos baixos e a influência da maré.

> Entre os mais vistosos e curiosos tipos de vegetação das terras tropicais estão os chamados mangues, manguezais ou mangroves, que ocorrem em áreas alcançadas pelas marés e onde há uma lama negra como substrato. Isto acontece particularmente ao longo de cursos d'águas e à volta de baías calmas, onde terminam estuários fluviais, bem como na direção do interior, em torno de brejos e lagoas. Durante a maré alta, o manguezal mostra-se alagado; na maré baixa, exibe uma lama rica em raízes trançadas, dentre as quais se destacam as raízes respiratórias (pneumatóforos), que surgem como dedos fora da lama e através das quais o ar penetra. A vegetação é uma espécie de floresta baixa e pobre na qual várias árvores possuem grossas raízes que vão de cima abaixo, fincando-se no substrato, e que se chamam raízes-escoras.[185]

É o ecossistema como um todo, e não uma de suas partes, que merece proteção especial. É o ecossistema que evita a erosão, que atua como estabilizador do solo. É o ambiente de transição entre o mar e a terra, que mistura água doce com água salina e solo rico em material orgânico, além de vegetação que controla a temperatura, que criam, em conjunto, um local ideal para a reprodução de espécies da fauna.[186] É a preservação deste ambiente, e não de um de seus componentes, a finalidade contida no inciso VII do artigo 4º da Lei nº 12.651/12.

185 RIZZINI, 1997, p. 332.

186 Os manguezais "[...] São áreas dinâmicas do ponto de vista físico-químico, sendo responsáveis por uma grande produção de biomassa vegetal e animal. Além disso, podem atuar como exportadores de matéria orgânica para as áreas adjacentes, promovem maior estabilidade das margens, prevenindo a erosão, e servem como depósitos de nutrientes e carbono" (SERAFINI, 2008).

Então, se a vegetação não sofrer influência (direta) da maré ou não estiver localizada no solo típico de ambiente de manguezal, ela não recebe a proteção conferida às áreas de preservação permanente (mas pode continuar sendo protegida como vegetação típica de Mata Atlântica, pela Lei nº 11.438/06).

Referida conclusão se justifica. Se o entendimento fosse outro, a legislação teria qualificado como área de preservação permanente, separada e independentemente, cada um dos elementos do ecossistema (vegetação típica, solo lodoso e áreas que recebem influência da maré), o que não ocorre.

2.2.8.1 A questão das áreas de transição ou estabilização de manguezal

A conclusão aportada na seção precedente guarda estreita relação com o tratamento jurídico que deve ser atribuído às chamadas *áreas de transição ou estabilização de manguezal*. Algumas normas locais e regulamentares qualificam as áreas de transição ou estabilização de manguezal, isto é, as áreas circundantes aos manguezais, como de preservação permanente. Dessa previsão decorre uma interpretação que estende o conceito de manguezal veiculado na Lei nº 12.651/12 para também caracterizar como de preservação permanente outros ambientes, como aqueles previstos na Resolução Conama nº 10/93. Esta leitura induziria à conclusão de que não só o ecossistema previsto no inciso XIII do artigo 3º da Lei nº 12.651/12 seria de preservação permanente, mas também ambientes de solo seco, sem influência de maré, recobertos não por vegetação típica de mangue, mas inclusive por gramíneas ou não naturais de manguezais.

Entendemos, todavia, que a interpretação mais adequada parte da premissa de que o escopo do inciso XIII do artigo 3º e do inciso VII do artigo 4º da Lei nº 12.651/12 é a proteção de um ecossistema específico, formado também pela união peculiar de seus elementos. Só eles, em conjunto, mereceram da legislação a qualificação de preservação permanente. Isso impede estender o conceito jurídico de manguezal enquanto área de preservação permanente às áreas adjacentes a esse ecossistema, da mesma forma como não se cogita fazê-lo para qualquer adjacência das demais áreas protegidas pelo artigo 4º da Lei nº 12.651/12.

Vale lembrar que o inciso XIII do artigo 3º do novo Código Florestal não faz qualquer menção, ainda que indireta, do que se convencionou chamar por ambiente de transição/estabilização de manguezal, para que lhe pudesse ser estendida a proteção especial que é conferida às áreas de preservação permanente.

Pelo contrário, o inciso VII do artigo 4º da Lei nº 12.651/12 só protege *efetivamente* o manguezal (até onde ele terminar) e *não seu entorno ou área adjacente* (considera-se área de preservação o manguezal *em toda sua extensão*). Não se atribui ao manguezal, por exemplo, os distanciamentos mínimos de faixas marginais contidos nos incisos I e II do artigo 4º da Lei nº 12.651/12 (de pelo menos 30 metros para cursos d'água ou ao redor das lagoas, ou 50 metros para veredas, dentre outros). *O objeto de proteção é o efetivo ecossistema de manguezal em toda, e só na sua, extensão, não suas adjacências.*

De todo o exposto conclui-se que a área de transição de manguezal, por não possuir previsão expressa na legislação federal vigente, não é alcançada pelo regime jurídico de proteção (de preservação permanente) que é atribuído ao manguezal propriamente dito na Lei nº 12.651/12.

2.2.8.2 As marismas

Dos ambientes com influência fluviomarinha destacam-se duas realidades distintas: o manguezal e as marismas (campo salino ou salgado).[187] Apesar de as marismas serem frequentemente associadas aos manguezais, eles não se confundem. Enquanto o manguezal é definido no inciso XIII do artigo 3º, o inciso XIV do artigo 3º da Lei nº 12.651/12 conceitua os salgados ou marismas tropicais hipersalinos da seguinte forma:

> Art. 3º [...] XIV – salgado ou marismas tropicais hipersalinos: áreas situadas em regiões com frequências de inundações intermediárias entre marés de sizígias e de quadratura, com solos cuja salinidade varia entre 100 (cem) e 150 (cento e cinquenta) partes por 1.000 (mil), onde pode ocorrer a presença de vegetação herbácea específica;

---

[187] O Mapa de Vegetação do Brasil do IBGE (2004a) acolhe essa distinção:
"2.10 Áreas das Formações Pioneiras (Sistema Edáfico de Primeira Ocupação)
[...] Trata-se, pois, de áreas pedologicamente instáveis, com sedimentos inconsolidados ou pouco consolidados, sob a influência de diferentes processos de acumulação. No mapa foram identificadas as áreas com influência marinha ("restingas"), fluviomarinha (manguezal e campo salino) e fluvial (comunidades aluviais)" (IBGE, 2004a).

As marismas são, portanto, áreas úmidas, sujeitas à inundação pela maré, com solo de alta salinidade, em que se desenvolve vegetação herbácea específica.

Na proposição original da Lei nº 12.641/12, o Congresso Nacional veiculava a seguinte previsão:

> Art. 4º [...] §3º *Não é considerada Área de Preservação Permanente* a várzea fora dos limites previstos no inciso I do caput, exceto quando ato do Poder Público dispuser em contrário, nos termos do inciso III do art. 6º, *bem como salgados e apicuns em sua extensão* (Grifo acrescido).

A Presidente da República vetou o aludido dispositivo, ao seguinte argumento:

> O dispositivo deixa os apicuns e salgados sem qualquer proteção contra intervenções indevidas. Exclui, ainda, a proteção jurídica dos sistemas úmidos preservados por normas internacionais subscritas pelo Brasil, como a Convenção sobre Zonas Úmidas de Importância Internacional, especialmente como Habitat de Aves Aquáticas, conhecida como Convenção de Ramsar, de 2 de fevereiro de 1971, ratificada pelo Decreto no 1.905, de 16 de maio de 1996.
>
> Esses sistemas desempenham serviços ecossistêmicos insubstituíveis de proteção de criadouros de peixes marinhos ou estuarinos, bem como de crustáceos e outras espécies. Adicionalmente, tamponam a poluição das águas litorâneas ocasionada por sedimentos e compostos químicos carregados pelos rios. Por sua relevância ambiental, merecem tratamento jurídico específico, que concilie eventuais intervenções com parâmetros que assegurem sua preservação. (Mensagem de veto nº 212/12).

Em função do veto, a Presidente da República editou a Medida Provisória nº 571/12, que conceituava as marismas (apicuns e salgados) como *áreas de uso ecologicamente sustentáveis*, atribuindo-lhes *regime jurídico distinto das áreas de preservação permanente*. Essa previsão foi incorporada à Lei nº 12.651/12 pelo seu artigo 11-A (resultante na conversão da Medida Provisória nº 571/12 na Lei nº 12.727/12).

Ressaltando a distinção legal entre manguezal e marisma, Frederico Amado anota o seguinte:

> Existe uma discussão científica se os salgados e apicuns integram os manguezais ou não. O novo CFLo, em seu texto aprovado pelo Congresso Nacional, claramente adotou a premissa de que esses ecossistemas não eram manguezais, a teor do seu artigo 4º, §3º, vetado, em que pese também se formarem na região entre marés.

> Com as graças da Mãe Natureza, o referido parágrafo foi vetado pela Presidenta da República, passando esses ecossistemas salinos a ter um tratamento específico pelo Capítulo III-A, composto pelo artigo 11-A, do novo CFlo.
>
> Esses ecossistemas são adjacentes aos manguezais e em muitas situações concretas necessitam também de proteção, razão pela qual se defende nesta obra que os estados e os municípios deverão verificar casuisticamente a sua realidade ambiental a fim de proteger (ou não) os seus salgados e apicuns. [...]
>
> Registre-se que não há enquadramento dos apicuns e salgados como APPs pelo novo CFlo, mas a sua exploração está sujeita às restrições do artigo 11-A, do novo CFlo.[188]

As marismas, portanto, apesar de associadas aos manguezais, com eles não se confundem. A Lei nº 12.651/12 outorga-lhes, inclusive, tratamento jurídico distinto.

Jurisprudência

> [...] Uma vez que concordo totalmente com o entendimento adotado pelo Juízo a quo quando da prolação da sentença combatida, peço vênia e utilizo, por razões de decidir do apelo, a fundamentação constante no referido decisum, assim vertica:
>
> [a] a vegetação de mangue recebeu proteção própria, caracterizando-se como APP por si mesma, nos termos do art. 4º, inciso VII, *ao contrário do que ocorria com a Lei nº 4.771/65, que efetivamente protegia a vegetação de restinga e, apenas de forma reflexa, o manguezal* (Art. 2º. Consideram-se de preservação permanente, pelo só efeito desta Lei, as florestas e demais formas de vegetação natural situadas: [...] f) nas restingas, como fixadoras de dunas ou estabilizadoras de mangues;). [...] (Grifo acrescido. TRF4, Apelação Cível nº 5008051-16.2013.404.7208, Relatora Desembargadora Vivian Josete Pantaleão Caminha, Quarta Turma. Julgado em 14.09.16)

> PROCESSUAL CIVIL E AMBIENTAL. NATUREZA JURÍDICA DOS MANGUEZAIS E MARISMAS. TERRENOS DE MARINHA. ÁREA DE PRESERVAÇÃO PERMANENTE. ATERRO ILEGAL DE LIXO. DANO AMBIENTAL. RESPONSABILIDADE CIVIL OBJETIVA. OBRIGAÇÃO PROPTER REM. NEXO DE CAUSALIDADE. AUSÊNCIA DE

[188] AMADO, 2016, p. 235.

PREQUESTIONAMENTO. PAPEL DO JUIZ NA IMPLEMENTAÇÃO DA LEGISLAÇÃO AMBIENTAL. ATIVISMO JUDICIAL. MUDANÇAS CLIMÁTICAS. DESAFETAÇÃO OU DESCLASSIFICAÇÃO JURÍDICA TÁCITA. SÚMULA 282/STF. VIOLAÇÃO DO ART. 397 DO CPC NÃO CONFIGURADA. ART. 14, §1º, DA LEI 6.938/1981. [...] 2. Por séculos prevaleceu entre nós a concepção cultural distorcida que enxergava nos manguezais lato sensu (= manguezais stricto sensu e marismas) o modelo consumado do feio, do fétido e do insalubre, uma modalidade de patinho-feio dos ecossistemas ou antítese do Jardim do Éden. 3. Ecossistema-transição entre o ambiente marinho, fluvial e terrestre, os manguezais foram menosprezados, popular e juridicamente, e por isso mesmo considerados terra improdutiva e de ninguém, associados à procriação de mosquitos transmissores de doenças graves, como a malária e a febre amarela. Um ambiente desprezível, tanto que ocupado pela população mais humilde, na forma de palafitas, e sinônimo de pobreza, sujeira e párias sociais (como zonas de prostituição e outras atividades ilícitas). 4. Dar cabo dos manguezais, sobretudo os urbanos em época de epidemias, era favor prestado pelos particulares e dever do Estado, percepção incorporada tanto no sentimento do povo como em leis sanitárias promulgadas nos vários níveis de governo. 5. Benfeitor-modernizador, o adversário do manguezal era incentivado pela Administração e contava com a leniência do Judiciário, pois ninguém haveria de obstaculizar a ação de quem era socialmente abraçado como exemplo do empreendedor a serviço da urbanização civilizadora e do saneamento purificador do corpo e do espírito. 6. Destruir manguezal impunha-se como recuperação e cura de uma anomalia da Natureza, convertendo a aberração natural pela humanização, saneamento e expurgo de suas características ecológicas no Jardim do Éden de que nunca fizera parte. 7. No Brasil, ao contrário de outros países, o juiz não cria obrigações de proteção do meio ambiente. Elas jorram da lei, após terem passado pelo crivo do Poder Legislativo. Daí não precisarmos de juízes ativistas, pois o ativismo é da lei e do texto constitucional. Felizmente, nosso Judiciário não é assombrado por um oceano de lacunas ou um festival de meias-palavras legislativas. Se lacuna existe, não é por falta de lei, nem mesmo por defeito na lei; é por ausência ou deficiência de implementação administrativa e judicial dos inequívocos deveres ambientais estabelecidos pelo legislador. 8. A legislação brasileira atual reflete a transformação científica, ética, política e jurídica que reposicionou os manguezais, levando-os da condição de risco à saúde pública ao patamar de ecossistema criticamente ameaçado. Objetivando resguardar suas funções ecológicas, econômicas e sociais, o legislador atribuiu-lhes o regime jurídico de Área de Preservação Permanente. 9. É dever de todos, proprietários ou não, zelar pela preservação dos manguezais, necessidade cada vez maior, sobretudo em época de mudanças climáticas e aumento do nível do mar. Destruí-los para uso econômico direto, sob o permanente incentivo do lucro fácil e de benefícios de curto prazo, drená-los ou aterrá-los para a especulação imobiliária ou exploração do solo, ou transformá-los em depósito de lixo caracterizam ofensa grave ao meio ambiente ecologicamente equilibrado e ao bem-estar da coletividade, comportamento que deve ser pronta e energicamente coibido e apenado pela Administração e pelo Judiciário. 10. Na forma do art. 225, caput, da Constituição de 1988, o manguezal é bem de uso comum do povo, marcado pela imprescritibilidade e inalienabilidade. Logo, o resultado de aterramento, drenagem e degradação ilegais de manguezal não se equipara ao instituto do acrescido a terreno de marinha, previsto no art. 20, inciso VII, do texto constitucional. 11. [...] (Grifo acrescido. STJ, Recurso Especial nº 650728, Relator Ministro Herman Benjamin, Segunda Turma. Julgado em 23.10.07)

ADMINISTRATIVO. IBAMA. DESMATAMENTO, CONSTRUÇÃO E DESPEJO DE DEJETOS SANITÁRIOS. CURSO D'ÁGUA. RESTINGA. PROXIMIDADE DE ESTAÇÃO ECOLÓGICA. LEI 4.771/65, ART. 2º. 1. Inobstante caracterizados o desmatamento, a construção de alojamento para operários, a presença de lixo e o despejo de dejetos sanitários em canal de drenagem construído pelo ex-DNOS (este último posteriormente sanado pela construção de estação de tratamento de esgoto no local), *não se trata de área de preservação permanente, pois localizada a 100 m do curso d'água mais próximo, distante 150 do manguezal (não se tratando de restinga fixadora de dunas ou estabilizadora de mangue) e a cerca de 500 metros de estação ecológica, não sendo aplicável o disposto no art. 2º da Lei nº 4.771/65, devendo ser anulados os autos de infração lavrados contra a autora-apelante.* 2. Apelação provida. (Grifo acrescido. TRF4, Apelação Cível nº 1998.04.01.026115-4, Relator Desembargador Sérgio Renato Tejada Garcia, Terceira Turma. Publicado em 20.09.00)

AÇÃO CIVIL PÚBLICA. Guarujá. Construção em área de preservação permanente. Dano ambiental. Demolição. Cerceamento de defesa. 1. Cerceamento de defesa. A prova oral e pericial pretendidas pelo réu são desnecessárias. As vistorias do Município e do DEPRN e a constatação judicial indicam com exatidão o local ocupado. O julgamento antecipado tem esteio no art. 330 do CPC. Preliminar rejeitada. 2. Construção. Área de preservação permanente. *A área de preservação deve ser conservada, não ocupada. Inviabilidade de manutenção de construção em área de preservação permanente de mangue. Intervenção que exige prévia autorização dos órgãos competentes a teor da legislação ambiental. Na falta de apresentação das autorizações, as construções irregularmente erigidas devem ser desfeitas e a área deve ser recuperada.* Procedência. Recurso do réu desprovido, com observação. (Grifo acrescido. TJSP, Apelação nº 0006244-09.2010.8.26.0223, Relator Desembargador Torres de Carvalho, 1ª Câmara Reservada ao Meio Ambiente. Julgado em 13.02.14)

2.2.9 Bordas de tabuleiros ou chapadas (inciso VIII do artigo 4º)

O inciso VIII do artigo 4º da Lei nº 12.651/12 qualifica como área de preservação permanente as bordas de tabuleiros ou chapadas da seguinte forma: "Art. 4º [...] VIII – as bordas dos tabuleiros ou chapadas, até a linha de ruptura do relevo, em faixa nunca inferior a 100 (cem) metros em projeções horizontais".

Bordas dos tabuleiros ou chapadas

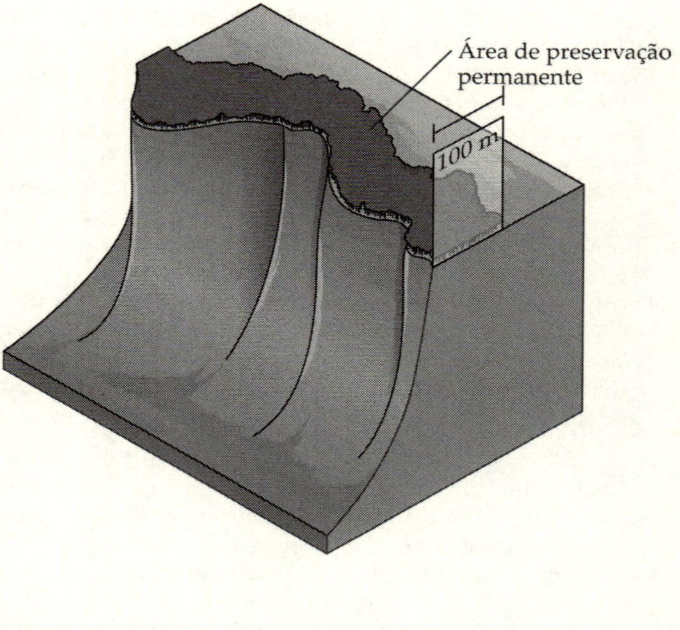

O dispositivo reproduz a mesma redação da antiga alínea "g" do artigo 2º da Lei nº 4.771/65.

Tecnicamente, tabuleiros ou chapadas são uma forma específica de relevo (ao lado planícies, depressões, patamares, planaltos e serras). De acordo com o Manual Técnico de Geomorfologia do Instituto Brasileiro de Geografia e Estatística: "Tabuleiros e chapadas são conjuntos de formas de relevo de topo plano, elaboradas em rochas sedimentares, em geral limitadas por escarpas; os tabuleiros apresentam altitudes relativamente baixas, enquanto as chapadas situam-se em altitudes mais elevadas".[189]

Na égide da Lei nº 4.771/65, a Resolução Conama nº 303/02 passou a conceituar tabuleiro ou chapada da seguinte forma:

> Art. 2º [...] XI – tabuleiro ou chapada: paisagem de topografia plana, com declividade média inferior a dez por cento, aproximadamente seis graus e superfície superior a dez hectares, terminada de forma abrupta em escarpa, caracterizando-se a chapada por grandes superfícies a mais de seiscentos metros de altitude;

A Lei nº 12.651/12 não veiculou um conceito normativo para os tabuleiros ou chapadas na forma como antes preconizava o inciso XI do artigo 2º da Resolução Conama nº 303/02. Na primeira edição deste livro defendíamos que a Resolução Conama nº 303/02 havia perdido sua validade, o que significava concluir que as declividades, superfícies e altitudes mínimas, antes veiculadas no inciso XI do artigo 2º da Resolução Conama nº 303/02, já não deveriam vincular, obrigatoriamente, a caracterização de um espaço como tal.

O efeito prático dessa constatação era de que qualificação de determinado acidente geográfico como tabuleiro ou chapada dependeria, portanto, de avaliação e consensos técnicos. Paisagens com declividades um pouco superiores a 10%, superfícies pouco inferiores a 10 ha e em altitudes eventualmente inferiores a 600 metros poderiam, em tese, na concepção da Lei nº 12.651/12 e enquanto não sobreviesse outro regulamento, ser qualificadas como tal, caso assim tecnicamente se demonstrasse.

Atualmente, por força do determinado nas Medidas Cautelares nas Arguições de Descumprimento de Preceito Fundamental nºs 747, 748 e 749, os efeitos da Resolução Conama nº 303/02 (que havia sido revogada pela Resolução Conama nº 500/20) foram expressamente restaurados. O inciso XI do artigo 2º da Resolução Conama nº 303/02, considerado vigente (cautelarmente) pelo Supremo Tribunal Federal, pode, nessa linha de argumentação, ser considerado recepcionado pela Lei nº 12.651/12, porque esta não prevê regra conflitante ou conflituosa com o regulamento do inciso XI do artigo 2º da Resolução Conama nº 303/02. Sobre a recepção de dispositivos da Resolução Conama nº 303/02 pela Lei nº 12.651/12 remetemos o leitor à seção 1.5.

---

[189] IBGE, 2009.

Vale anotar, por fim, que por expressa disposição legal as áreas de preservação permanente não correspondem a todo relevo de tabuleiro ou chapada, mas só à faixa horizontal de 100 metros medidos a partir da sua borda.

Jurisprudência

> [...] 1.1 NA ESPÉCIE, NÃO SE PRESSENTE A NECESSIDADE/UTILIDADE DA PROVA PERICIAL REQUERIDA, POIS OS DOCUMENTOS JUNTADOS PELA APELANTE/AUTORA DEMONSTRAM QUE A ÁREA EM QUESTÃO NÃO ESTÁ NO CONDOMÍNIO PÔR DO SOL DE CEILÂNDIA, MAS SIM PRÓXIMA A ESTE, NA ZONA RURAL DE USO CONTROLADO IV, E NÃO CONSTA COMO ÁREA PASSÍVEL DE REGULARIZAÇÃO, *ALÉM DE ESTAR INSERIDA DENTRO DA ÁREA DE PRESERVAÇÃO PERMANENTE – APP/BORDA CHAPADA DO PLANALTO CENTRAL*, NÃO SE PODENDO DEDUZIR, PORTANTO, EM QUE ISSO IRRADIA EFEITOS JURÍDICOS APROVEITÁVEIS À AUTORA. AFINAL, NO CASO, A PROVA JUSTAMENTE VISA AFERIR SITUAÇÃO INCONTROVERSA NOS AUTOS, O ESTADO DE ILEGALIDADE NA OCUPAÇÃO E NÃO O OPOSTO, A SUA LEGALIDADE. [...] (Grifo acrescido. TJDF, Apelação nº 0000919-12.2013.8.07.0018, Relator Desembargador Alfeu Machado, Primeira Turma Cível. Julgado em 08.01.14)
>
> ANULAÇÃO DE ATO ADMINISTRATIVO. APELAÇÃO CÍVEL. CERCEAMENTO DE DEFESA. AUTO DE NOTIFICAÇÃO E INTIMAÇÃO DEMOLITÓRIA. DIREITO AMBIENTAL. *ÁREA DE PRESERVAÇÃO PERMANENTE. BORDAS DA CHAPADA DE CEILÂNDIA. CHÁCARA DA MINHOCA.* [...] SENDO INCONTROVERSA QUE A LOCALIZAÇÃO DO IMÓVEL OBJETO DA INTIMAÇÃO DEMOLITÓRIA SITUA-SE, DE FATO, EM APP-ÁREA DE PRESERVAÇÃO PERMANENTE, COM O OBJETIVO DE RESGUARDAR OS RECURSOS NATURAIS QUE ATENDEM A POPULAÇÃO DA REGIÃO, DEVEM SER ATENDIDAS AS MEDIDAS NECESSÁRIAS À PRESERVAÇÃO DA FAUNA, FLORA E RECURSOS HÍDRICOS. (Grifo acrescido. TJDF, Apelação nº 0001045-62.2013.8.07.0018, Relatora Desembargadora Carmelita Brasil, Segunda Turma Cível. Julgado em 02.04.14)

2.2.10 Topo de morros (inciso IX do artigo 4º)

Os topos de morros são classificados como área de preservação permanente, pelo inciso IX do artigo 4º da Lei nº 12.651/12, da seguinte forma:

> Art. 4º [...] IX – no topo de morros, montes, montanhas e serras, com altura mínima de 100 (cem) metros e inclinação média maior que 25º, as áreas delimitadas a partir da curva de nível correspondente a 2/3 (dois terços) da altura mínima da elevação sempre em relação à base, sendo esta definida pelo plano horizontal determinado por planície ou espelho d'água adjacente ou, nos relevos ondulados, pela cota do ponto de sela mais próximo da elevação.

Em complemento, o inciso XXIII do artigo 2º da Lei nº 12.651/12 conceitua relevo ondulado como:

> Art. 4º [...] XXIII – relevo ondulado: expressão geomorfológica usada para designar área caracterizada por movimentações do terreno que geram depressões, cuja intensidade permite sua classificação como relevo suave ondulado, ondulado, fortemente ondulado e montanhoso.

A atual redação do inciso IX do artigo 4º da Lei nº 12.651/12 altera, de modo significativo, o conceito antes vigente de topo de morro para fins de qualificação como área de preservação permanente. A alínea "d" do artigo 2º da Lei nº 4.771/65 não discriminava alturas, declividades e porções mínimas da elevação que caracterizaria topo de morro.[190] Isso era feito pela Resolução Conama nº 303/02, da seguinte forma:

> Art. 3º Constitui Área de Preservação Permanente a área situada: [...]
>
> V – no topo de morros e montanhas, em áreas delimitadas a partir da curva de nível correspondente a dois terços da altura mínima da elevação em relação a base;
>
> VI – nas linhas de cumeada, em área delimitada a partir da curva de nível correspondente a dois terços da altura, em relação à base, do pico mais baixo da cumeada, fixando-se a curva de nível para cada segmento da linha de cumeada equivalente a mil metros. [...]
>
> Parágrafo único. Na ocorrência de dois ou mais morros ou montanhas cujos cumes estejam separados entre si por distâncias inferiores a quinhentos metros, a Área de Preservação Permanente abrangerá o conjunto de morros ou montanhas, delimitada a partir da curva de nível correspondente a dois terços da altura em relação à base do morro ou montanha de menor altura do conjunto, aplicando-se o que segue:
>
> I – agrupam-se os morros ou montanhas cuja proximidade seja de até quinhentos metros entre seus topos;

---

190 "Art. 2º Consideram-se de preservação permanente, pelo só efeito desta Lei, as florestas e demais formas de vegetação natural situadas: [...] d) no topo de morros, montes, montanhas e serras".

> II – identifica-se o menor morro ou montanha;
>
> III – traça-se uma linha na curva de nível correspondente a dois terços deste; e
>
> IV – considera-se de preservação permanente toda a área acima deste nível.
>
> Art. 2º Para os efeitos desta Resolução, são adotadas as seguintes definições [...]:
>
> IV – morro: elevação do terreno com cota do topo em relação a base entre cinqüenta e trezentos metros e encostas com declividade superior a trinta por cento (aproximadamente dezessete graus) na linha de maior declividade;
>
> V – montanha: elevação do terreno com cota em relação a base superior a trezentos metros;
>
> VI – base de morro ou montanha: plano horizontal definido por planície ou superfície de lençol d'água adjacente ou, nos relevos ondulados, pela cota da depressão mais baixa ao seu redor;
>
> VII – linha de cumeada: linha que une os pontos mais altos de uma sequência de morros ou de montanhas, constituindo-se no divisor de águas.

Além de suprimir a regra relativa à *linha de cumeada*, a Lei nº 12.651/12 veicula requisitos normativos diferenciados, em relação à Resolução Conama nº 303/02, para caracterizar a elevação como um acidente no qual o seu terço final passa a ser considerado como área de preservação permanente:

	Resolução Conama nº 303/02	**Lei nº 12.651/12**
Altura mínima da elevação	> 50 metros	> 100 metros
Inclinação da elevação	> 30% ou 17º	> 46,6% ou 25º

As áreas de preservação permanente correspondem ao terço final da elevação, desde que a elevação (o morro, monte, montanha ou serra) possua altura mínima de 100 (cem) metros e inclinação média maior que 25º. Os requisitos (altura e declividade) são cumulativos; não basta a altura (maior que 100 metros) nem a inclinação (maior que 25º) para que o terço final da elevação seja considerado área de preservação permanente.

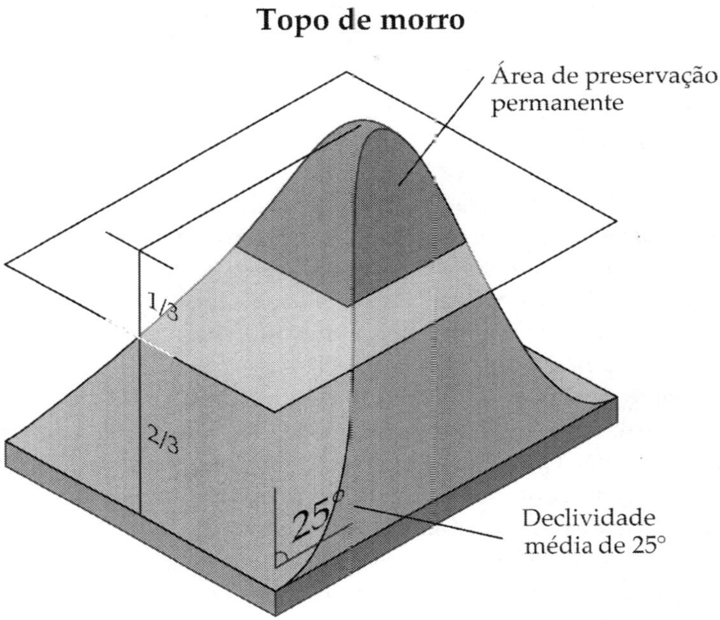

Trata-se de diferença marcante em relação à Resolução Conama nº 303/02. Essa resolução veiculava distinção técnica entre morros e montanhas. Os morros, de acordo com o inciso IV do artigo 2º, eram elevações de 50 a 300 metros, com declividade de mais de 30% ou 17º. As montanhas, de acordo com o inciso V do artigo 2º, eram as elevações com mais de 300 metros, independentemente da declividade. De acordo, portanto, com a Resolução Conama nº 303/02, o terço final de qualquer elevação com mais de 300 metros de altitude (independentemente da declividade média) era considerado área de preservação permanente. Agora, de acordo com a dicção da Lei nº 12.651/12, o terço final de elevações com mais de 300 metros (montanhas) só é qualificado como área de preservação permanente se, cumulativamente, a declividade média da montanha for superior a 46,6% ou 25º.

Sobre a declividade, reportamo-nos à explicação feita na seção 2.2.6.

Em relação ao marco espacial para se computar a altura da elevação e o terço final da curva de nível, ele é sempre a base dos morros, montes, montanhas ou serras. A identificação da base, todavia, depende do referencial adotado. Em ambos os regimes jurídicos (da Lei nº 12.651/12 e da Resolução Conama nº 303/02), o marco referencial depende (como já dependia) do terreno onde se localiza a base dos morros, montes, montanhas ou serras.

Caso a base se localize próxima a uma planície ou espelho d'água, o marco espacial para se aferir a altura da elevação e o terço final de área de preservação permanente é a planície ou espelho d'água adjacente.

Nos relevos ondulados, todavia, onde a área circundante da elevação não é uma planície ou espelho d'água, mas sim terrenos compostos por declividades mais sinuosas, a base é contada pela cota do *ponto de sela* mais próximo da elevação. Na Resolução Conama nº 303/02 não havia menção ao ponto de sela como referencial para se identificar a base em terrenos ondulados.[191]

Ponto de sela, ao lado do ponto de máximo local e do ponto de mínimo local, são os três pontos matemáticos do relevo que definem um plano horizontal. O máximo local corresponde ao cume da elevação; o mínimo local, ao fundo de cavidade no relevo.[192] O ponto de sela, que não corresponde nem ao mínimo nem ao máximo, é o ponto sobre uma superfície no qual a declividade é nula.

No que toca ao regime jurídico específico atribuído ao topo de morro, entendemos que as disposições da Resolução Conama nº 303/02 não têm mais validade, mesmo considerando o teor das Medidas Cautelares nas Arguições de Descumprimento de Preceito Fundamental nºs 747, 748 e 749 (que suspenderam os efeitos da Resolução Conama nº 500/20 e revigoraram a Resolução Conama nº 303/02), porque aquelas são contrárias, diferentes e inconciliáveis ao tratamento inaugurado pela Lei nº 12.651/12. A antinomia deve ser resolvida, na hipótese, pela prevalência da norma posterior e hierarquicamente superior. Sobre a não recepção das disposições da Resolução Conama nº 303/02 quando elas se revelarem contrárias à Lei nº 12.651/12, remetemos o leitor à seção 1.5.

Jurisprudência

MEIO AMBIENTE – AÇÃO CIVIL PÚBLICA – GUARUJÁ – LOTEAMENTO PENÍNSULA – IMÓVEL INSERIDO EM TOPO DE MORRO – ÁREA DE PRESERVAÇÃO PERMANENTE – CONCEITO

---

[191] Sobre os problemas advindos dessa situação, leia-se: CORTIZO, 2017.

[192] CORTIZO, 2017.

INTRODUZIDO PELA MEDIDA PROVISÓRIA Nº 2.166-67/2001 – LEGALIDADE DAS CONSTRUÇÕES ERIGIDAS ANTERIORMENTE A ESSE MARCO TEMPORAL, NÃO OBSTANTE SEJA DEVIDO O EMPREGO DE MEDIDAS DE COMPENSAÇÃO AMBIENTAL – IMPROCEDÊNCIA DO PEDIDO – SENTENÇA REFORMADA – RECURSO PARCIALMENTE PROVIDO. [...]

Voto [...] Sobre o tema (imóvel situado em topo de morro) reporto-me ao que restou decidido no julgamento dos Embargos Infringentes nº 0001180-70.2007.8.26.0563/50001, voto 16.059, Embargante: S.E.R.R.A. Sociedade Pró Educação Resgate e Recuperação Ambiental, Embargado Márcio Leonardo Sóssio, Interessado Ministério Público de São Paulo, em que acompanhei o voto condutor de relatoria do ilustre Desembargador TORRES DE CARVALHO, no sentido de que o topo de morro passou a ter a conotação de área de preservação permanente somente a partir da edição da Medida Provisória nº 2.166-67 de 2001, que alterou o Código Florestal de 65 Lei nº 4.771.

A título de ilustração, vale destacar parte do referido voto:

"No julgamento do recurso de apelação, o entendimento da douta maioria é no sentido de que as construções havidas anteriormente ao ano de 2001 não estão sujeitas à demolição imposta na sentença que julgou dita ação civil pública, eis que o ordenamento legal vigente à época (Lei nº 4.771/65, artigo 2º; Lei nº 6.938/81, artigo 18 e Resolução Conama nº 4/85) não se referia às áreas de preservação permanente, mas somente às florestas e à vegetação natural de preservação permanente. O conceito de área foi introduzido no Código Florestal de 65 Lei nº 4.771 com a edição da Medida Provisória nº 2.166-67 de 2001.

Como destacado no voto condutor, de relatoria do i. Des. Torres de Carvalho, o topo de morro passou a ser protegido a partir daí (2001), independentemente da existência de vegetação, de tal forma que a legalidade das construções deve ser vista segundo essa divisão temporal, isto é, poderão ser admitidas as construções anteriores, mediante o emprego de medidas compensatórias, não sendo o caso, porém, das posteriores, erigidas que foram sob a vigência do conceito de áreas de preservação permanente.

O cerne da controvérsia repousa nesse argumento, pois, de acordo com o voto divergente de lavra do i. Des. Renato Nalini, então integrante desta Colenda Câmara Ambiental, o Código Florestal de 1965 (Lei nº 4.771), em seu artigo 2º, alínea "d", já definia como de preservação permanente as florestas e demais formas de vegetação natural situadas "no topo de morros, montes, montanhas e serras", o que significa dizer que os ocupantes da área, desde então (15 de janeiro de 1966 vigência da lei), estavam impedidos de suprimir ou dar continuidade às supressão da vegetação existente no local, de modo que o decreto demolitório deve abranger a totalidade da edificação.

Filio-me ao entendimento da douta maioria, para a qual, como se disse, o arcabouço legislativo apenas definiu o conceito de área de preservação permanente no ano de 2001, pela Medida Provisória nº 2.166-67, que alterou o Código Florestal de 1965 (Lei nº 4.771). Significa dizer que o topo de morro passou a ser legalmente protegido a partir de então, de modo que a legalidade das construções até esse marco se sustenta, o que não se dá com as posteriores ao ano de 2001, devendo ser demolidas, pois foram erigidas em área proibida, não sendo passíveis de licenciamento.

Importa destacar a solução mais razoável trazida pelo agente do DEPRN quanto às construções permitidas, tendo em vista a situação consolidada que se observa, e que diz respeito à possibilidade de se implantar medidas de compensação ambiental, como o reflorestamento da propriedade com vegetação nativa.

Nesse passo, bem observa o relator do voto condutor que o Direito Ambiental se preocupa com a recomposição e não com a monetarização do dano; a indenização é subsidiária e só entra em cena caso se demonstre a impossibilidade de recuperação da área envolvida".

Desse modo, são tidas por legais as construções erigidas em topo de morro até esse marco temporal divisório (ano de 2001), como na espécie (1997), o mesmo não se dando com as posteriores, em que o decreto demolitório é de rigor. Porém, isso não impede que se imponham medidas compensatórias como forma de reparar o desmatamento indevido de Floresta Ombrófila do domínio da Mata Atlântica, aliás, como apontado pelo perito judicial à fl. 466, nestes termos: [...] (Grifo acrescido. TJSP, Apelação nº 0000022-74.2000.8.26.0223, Relator Desembargador João Negrini Filho, 1ª Câmara Reservada ao Meio Ambiente. Julgado em 13.02.14)

AÇÃO CIVIL PÚBLICA AMBIENTAL – PRETENSO RECONHECIMENTO DE INCONSTITUCIONALIDADE DE DISPOSITIVOS LEGAIS CONTIDOS NA LEI Nº 12.651/2012 – IMPERTINÊNCIA – AJUIZAMENTO DA AÇÃO EM FACE DE ALEGAÇÃO DE DANO AMBIENTAL EM ÁREA DE PRESERVAÇÃO PERMANENTE – *AUSÊNCIA DE VIOLAÇÃO DA NORMA CONTIDA NO NOVO CÓDIGO FLORESTAL (LEI Nº 12.651/2012), VEZ QUE TAL ÁREA NÃO MAIS É CARACTERIZADA COMO "MORRO" POR FORÇA DE ALTERAÇÃO DOS CRITÉRIOS LEGAIS (ART. 4º, IX)* – LOTEAMENTO EM QUE SITUADA A PROPRIEDADE, ADEMAIS, CONSIDERADO REGULAR PELOS ÓRGÃOS PÚBLICOS – RECONHECIMENTO – SENTENÇA CONFIRMADA POR SEUS FUNDAMENTOS – ART. 252 DO RITJSP – RECURSO NÃO PROVIDO.

[...] Por primeiro, impertinente é a alegação do autor quanto à inconstitucionalidade de dispositivos do novo Código Florestal vigente (Lei nº 12.651/2012), tornando-se descabido, assim, o controle difuso. Esta 2ª Câmara Reservada ao Meio Ambiente, aliás, considera plenamente aplicável tal ordenamento aos casos pendentes, devendo ser considerado para tal entendimento que eventual prejuízo aos processos ecológicos deve ser comprovado de acordo com a análise de cada caso concreto, *não havendo como falar em prejuízo ecológico pela simples consideração de ocorrência de mudança nos critérios legais concernentes às áreas de preservação permanente, quando comparadas ao que antes era estabelecido pela Lei nº 4.771/65, agora revogada.*

[...] Em suma, adotada a novel legislação ambiental, conclui-se que o objeto da presente ação não mais se situa em área de preservação permanente, o que significa dizer que o perdido de reparação por danos ambientais carece de fundamentação. [...] (Grifo acrescido. TJSP, Apelação nº. 0009003-03.2012.8.26.0634, Desembargador Relator Paulo Ayrosa. 2ª Câmara Reservada ao Meio Ambiente do Tribunal de Justiça de São Paulo. Julgado em 24.10.13)

AGRAVO DE INSTRUMENTO AÇÃO CIVIL PÚBLICA AMBIENTAL TOPO DE MORRO PROVA PERICIAL APLICAÇÃO DO NOVO CÓDIGO FLORESTAL À ESPÉCIE (LEIS Nº 12.651/12 E 12.727/12 REGRAS AUTOAPLICÁVEIS RECURSO PROVIDO. *A previsão do topo de morro como área de preservação permanente, exigência da então Lei nº 4.771/65, também existe na Lei nº 12.651/2012 que a revogou, contudo, fornecendo as características no próprio dispositivo, o que antes era feito através da Resolução nº 303 do Conama.* Diante da aplicação do art. 462 do CPC, de rigor a observância da novel legislação quando da realização da prova requerida. (Grifo acrescido. TJSP, Agravo de Instrumento nº 2051727-13.2013.8.26.0000, Relator Desembargador Paulo Ayrosa, 2ª Câmara Reservada ao Meio Ambiente. Julgado em 15.05.14)

AÇÃO CIVIL PÚBLICA. *AREA DE PRESERVAÇÃO PERMANENTE EM TOPO DE MORRO.* A existência de TCRA anterior não é capaz de limitar a ação, posto que não se trata de ação executiva de título e sim ação de conhecimento. O novo Código Florestal é aplicável, nos moldes do artigo 462 do Código de Processo Civil. *Inexistente APP em topo de morro, consoante o novo Diploma Legal.* Não configurada a inconstitucionalidade alegada. NEGA-SE PROVIMENTO AO APELO. [...]

Voto: [...]

Não se vislumbra hipótese de inconstitucionalidade do novo diploma legal, não configurada ofensa ao princípio da proibição do retrocesso ou ofensa ao princípio in dubio pro ambiente. Por primeiro, a nova lei manteve o instituto da área de preservação permanente, motivo pelo qual não se pode afirmar a falta de proteção na nova lei.

Em segundo, o novo Código Florestal, no todo, possui presunção de constitucionalidade. *No mais, não há elementos hábeis a demonstrar que a disposição que descaracterizou a APP em topo de morro implique no alegado retrocesso, até porque o prejuízo ecológico não é genérico, deve ser demonstrado caso a caso.*

> *Ademais, a proteção ambiental foi compatibilizada com outros direitos fundamentais, como o direito de propriedade,* determinando que o proprietário conserve a área de preservação permanente sem que haja restrições excessivas no exercício desse direito, permitindo a continuidade das atividades desenvolvidas. (Grifo acrescido. TJSP, Apelação nº 0000519-38.2010.8.26.0579, Relator Desembargador Ruy Alberto Leme Cavalheiro, 1ª Câmara Reservada ao Meio Ambiente. Julgado em 10.09.15)

2.2.11 Áreas com altitude superior a 1.800 metros (inciso X do artigo 4º)

O inciso X do artigo 4º da Lei nº 12.651/12 caracteriza como área de preservação permanente: "Art. 4º [...] X – as áreas em altitude superior a 1.800 (mil e oitocentos) metros, qualquer que seja a vegetação".

Áreas de altitute

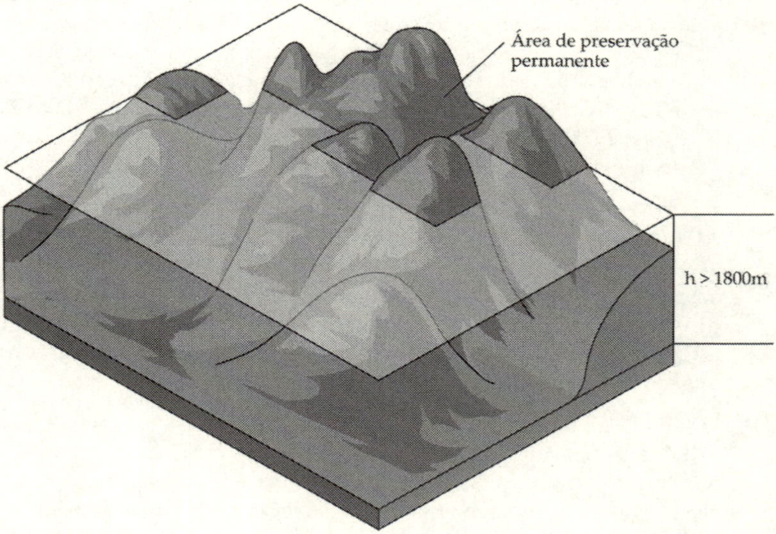

O dispositivo mantém, basicamente, o regime jurídico anterior, veiculado na alínea "h" do artigo 2º da Lei nº 4.771/65.[193] Não obstante,

[193] "Art. 2º Consideram-se de preservação permanente, pelo só efeito desta Lei, as florestas e demais formas de vegetação natural situadas: [...] h) em altitude superior a 1.800 (mil e oitocentos) metros, qualquer que seja a vegetação".

o inciso XII do artigo 3º da Resolução Conama nº 303/02 autoriza que os órgãos ambientais definissem altitude distinta em estados que não possuíssem elevações com pelo menos 1.800 metros.

O objetivo da norma é, precipuamente, a proteção da fauna e flora típicas destes espaços. Como apontam Katia Torres Ribeiro e Leandro Freitas:

> Campos de altitude e campos rupestres apresentam alta riqueza de espécies em escala local e regional, numerosos relictos e endemismos (Giulietti & Pirani 1988, Martinelli 1996, Safford 1999a, b, Rapini *et al.* 2008), incluindo endemismos restritos ou microendemismos, em que são conhecidas apenas populações reduzidas que ocorrem em pequenas áreas com determinadas peculiaridades microambientais (Martinelli 1996, Ribeiro & Fernandes 2000, Coelho *et al.* 2007, Rapini *et al.* 2008). Valores precisos sobre a riqueza de espécies em campos rupestres e campos de altitude como um todo ainda não são disponíveis, mas para exemplo da magnitude dessa biodiversidade, se destaca o fato que das 13708 espécies de angiospermas listadas para o Domínio Mata Atlântica, cerca de ¼ (3592) ocorrem em formações campestres e 918 dessas são endêmicas desse domínio (Stehmann *et al.* 2009), em que pese a pequena proporção de área de ocorrência dos campos em relação às formações florestais. Além disso, das 995 espécies ocorrentes em afloramentos rochosos, 416 são endêmicas (Stehmann *et al.* 2009). Tomados em conjunto, esses números indicam que cerca de 20% dos endemismos do Domínio Mata Atlântica ocorrem em formações campestres e/ou em afloramentos rochosos.
>
> Como exemplo da dimensão da diversidade taxonômica dos campos rupestres, se estima que a flora da Cadeia do Espinhaço detenha mais de 4000 espécies (Giulietti *et al.* 1997), sendo que esse valor parece marcadamente subestimado, ao se confrontar com os valores apresentados para as poucas localidades que foram inventariadas extensivamente (Rapini *et al.* 2008). Além disso, muitas das novas descrições taxonômicas são para estes ambientes, estimando-se que ¼ das espécies novas descritas no Brasil entre 1997-2002 foi proveniente dos campos rupestres (Zappi *et al.* 2002). Outro aspecto é que via de regra inventários em áreas próximas resultam em novidades taxonômicas expressivas, por exemplo, sete espécies novas de Asteraceae foram descritas para uma área de campos rupestres na Bahia, distante apenas 80 km de outra em que já haviam sido descritas 42 espécies desta família (Rapini *et al.* 2008). Isso exemplifica a alta diversidade regional encontrada nos campos rupestres, assim como nos campos de altitude.
>
> Tais características, em muito influenciadas pela distribuição disjunta dessas formações, significam alta vulnerabilidade da flora dos complexos rupestres como um todo, o que se reflete em muitas espécies sob ameaça de extinção. Apesar de aparentemente apresentarem alta resistência

a fatores de impacto e estresse como pastoreio pelo gado, incêndios recorrentes e a outras condições, que inclusive explicam sua ocorrência, como escassez de água e nutrientes (Giulietti *et al.* 1997, Ribeiro & Fernandes 2000, Safford 2001, Benites *et al.* 2007), as vegetações e espécies dos complexos rupestres de altitude são fortemente sensíveis à conversão de habitat. As principais ameaças incidentes sobre estas vegetações são partilhadas por outros ecossistemas de montanhas tropicais e foram agrupadas por Martinelli (2007) em erosão e instabilidade do solo devido atividades antropogênicas; desmatamento de áreas tampão adjacentes, facilitando a invasão biológica; baixa competitividade da flora local em relação aos invasores; queimadas; retirada de espécies ornamentais; mineração e infraestrutura de energia e comunicações; expansão urbana e alta susceptibilidade às mudanças climáticas. Devido a áreas de distribuição naturalmente pequenas, a simples instalação de um condomínio ou de uma monocultura de pinheiros (Pinus spp.) ou pasto de braquiária, por exemplo, em uma vertente montanhosa pode deixar espécies de campos rupestres e de altitude vulneráveis ou mesmo levá-las à extinção. [...]

As características ambientais das áreas de topo de morros e altas elevações bem como nas adjacências de rios (i.e., APPs) diferem daquelas encontradas em áreas menos elevadas ou mais distantes dos rios, e consequentemente determinam a ocorrência de fisionomias vegetais diferentes, com composição distinta de flora e fauna. Assim, com a redução das APPs, áreas em propriedades médias e grandes que até então são mantidas preservadas devido a seu status de APP, podem ser contabilizadas como áreas de reserva legal e isso levaria a um aumento na pressão sobre os remanescentes de formações florestais montanas e altomontanas adjacentes às vegetações campestres, bem como sobre o cerrado e florestas semidecíduas, por exemplo, que hoje restam com reserva legal. Além das perdas mais evidentes devido à composição de espécies distinta que as diferentes formações abrigam, tal cenário é prejudicial do ponto de vista de funcionamento ecossistêmico, uma vez que diferentes formações desempenham funções complementares. Por exemplo, os recursos florais (néctar) produzidos pelas espécies de campos de altitude na Serra da Bocaina são insuficientes para manter as populações de beija-flores o ano todo (Freitas & Sazima 2006). Assim, a fonte de alimento dos beija-flores nessa área é formada por um conjunto de espécies dos campos e das florestas de Araucaria e altomontanas. Nesse caso, mesmo com a preservação das áreas de campo, a redução das áreas de floresta poderia ter um efeito cascata na reprodução sexual de plantas ornitófilas dos campos e na dinâmica populacional dos beija-flores, sendo que ao menos para Stephanoxis lalandi (Vieillot, 1818) isso poderia ser catastrófico, já que no sudeste esta espécie é endêmica das partes mais elevadas da Serra da Mantiqueira e Serra do Mar. Em suma, a supressão das APPs em topos de morros e em elevações e sua redução nas matas ciliares afetariam a importante distinção entre APPs e reservas legais como instrumentos complementares para manutenção da heterogeneidade biológica em escala de paisagem. (Metzger 2010)[194]

2.2.12 Faixa marginal de veredas (inciso XI do artigo 4º)

A última hipótese de área de preservação permanente veiculada na Lei nº 12.651/12 é a faixa marginal de veredas, nos seguintes termos: "Art. 4º [...] XI – em veredas, a faixa marginal, em projeção horizontal, com largura mínima de 50 (cinquenta) metros, a partir do espaço permanentemente brejoso e encharcado".

O inciso XII do artigo 3º da Lei nº 12.651/12 conceitua vereda da seguinte forma: "Art. 3º [...] XII – vereda: fitofisionomia de savana, encontrada em solos hidromórficos, usualmente com a palmeira arbórea *Mauritia flexuosa* – buriti emergente, sem formar dossel, em meio a agrupamentos de espécies arbustivo-herbáceas".

Ao lado do conceito botânico veiculado no inciso XII do artigo 3º da Lei nº 12.651/12, as veredas, tecnicamente, também podem ser conceituadas do ponto de vista geográfico. Do Manual Técnico de Geomorfologia do Instituto Brasileiro de Instituo Brasileiro de Geografia e Estatística colhe-se o seguinte conceito:

> Zona deprimida de forma ovalada, linear ou digitiforme dentro de área estruturalmente plana ou aplanada por erosão. É resultante de processos de exsudação do lençol freático, cujas águas geralmente convergem para um talvegue, assinalada por vegetação típica, caracterizada por palmeiras de diferentes espécies, particularmente buritis, podendo conter área com turfa. Ocorre nas chapadas das bacias e coberturas sedimentares, bem como em planaltos pertencentes a outras áreas sujeitas à atuação de sistemas morfoclimáticos de cerrado.

As veredas não eram qualificadas, pela Lei nº 4.771/65, como área de preservação permanente, mas tão somente pelo inciso IV do artigo 3º da Resolução Conama nº 303/02.[195]

Pela Lei nº 12.651/12, a vereda trata-se, portanto, de flora característica de *solos hidromórficos*, isto é, de solo que em condições

---

194 FREITAS; RIBEIRO, 2010.

195 Art. 3º Constitui Área de Preservação Permanente a área situada: [...] IV – em vereda e em faixa marginal, em projeção horizontal, com largura mínima de cinqüenta metros, a partir do limite do espaço brejoso e encharcado;

naturais encontra-se saturado por água permanentemente. A vereda é a vegetação típica desses ambientes, do qual se destaca o buriti. Como aponta Frederico Amado, as veredas são conhecidas como as savanas brasileiras.[196]

A área de preservação permanente corresponde à faixa marginal de 50 metros no entorno de veredas, medidos a partir do espaço permanentemente brejoso e encharcado.

---

196 AMADO, 2016, p. 240.

EXCEÇÕES À REGRA GERAL DE VEDAÇÃO DE INTERFERÊNCIA EM ÁREAS DE PRESERVAÇÃO PERMANENTE

A qualificação de um espaço como de preservação permanente, como visto, instaura sobre a propriedade imobiliária territorial regime jurídico específico, altamente restritivo. Isso não quer dizer, todavia, a absoluta impossibilidade de estas áreas comportarem o desenvolvimento de atividades antrópicas.

Existem casos em que o legislador opta, legitimamente, por mitigar a observância das sobreditas restrições, notadamente: (i) quando a ação humana que se pretende empreender no local não é relevante a tal ponto de comprometer os atributos ambientais e funções ecológicas daquele espaço, e; (ii) quando razões de interesse público justificam seu abrandamento. Da lição de Édis Milaré colhe-se:

> Vê-se confirmado o *status* das APPs como *espaços territoriais especialmente protegidos em sentido amplo*, ou seja, elas podem admitir, em caráter excepcional, determinadas intervenções no seu meio, o que as faz diferir daquelas outras que se acham sujeitas ao regime estrito de preservação, dada a sua característica de intocáveis.[197]

É essencial registrar que a regra geral continua sendo, sempre, o regime jurídico comum das áreas de preservação permanente. As exceções, por se tratar de fuga do regime comum, devem ser interpretadas restritivamente (como preceitua o brocardo *exceptiones sunt strictissimoe interpretationis*):[198]

[197] Grifo acrescido. MILARÉ, 2015, p. 1311.

[198] O Código Civil explicitamente consolidou o preceito clássico – 'Exceptiones sunt strictissimoe interpretationis' ("interpretam-se as exceções estritissimamente', no art. 6º da antiga

A máxima, aliás, é amplamente admitida pela jurisprudência ambiental:

> [...] As queimadas, sobretudo nas atividades agroindustriais ou agrícolas organizadas ou empresariais, são incompatíveis com os objetivos de proteção do meio ambiente estabelecidos na Constituição Federal e nas normas ambientais infraconstitucionais. Em época de mudanças climáticas, *qualquer exceção a essa proibição geral, além de prevista expressamente em lei federal, deve ser interpretada restritivamente pelo administrador e juiz.* (Grifo acrescido. STJ, REsp 1.000.731/RO, Relator Ministro Herman Benjamin, Publicado em 08.09.09)

Haverá, evidentemente, casos em que a similitude de situações fáticas tratadas pode justificar a interpretação extensiva das exceções a hipóteses não vislumbradas na legislação, inclusive como forma de se manter coerência e sistematicidade ao texto da lei. Toma-se como exemplo:

> APELAÇÃO. 5ª CÂMARA EXTRAORDINÁRIA DE DIREITO PÚBLICO. Ação Civil Pública. Meio ambiente. Construção de posto náutico em área de preservação permanente APP. Cananéia/SP. [...]
>
> 2. Contrabalanceamento da gravidade da atividade degradante com a utilidade da implementação da atividade para a população de pescadores e turistas que habitam e frequentam o local. Possibilidade de intervenção ou supressão de vegetação em Área de Preservação Permanente APP nos casos excepcionais de utilidade pública, interesse social ou baixo impacto ambiental. Artigo 8º, do Código Florestal (Lei nº 12.651/2012) e Resolução do Conama nº 369/2006. Posto que atende a um grande número de pessoas, presente abaixo assinado com mais de 4.500 signatários que pugnam pela continuidade das atividades de abastecimento náutico no local. Comunidades cujo acesso é realizado exclusivamente pela via marítima, por embarcações que necessitam do combustível para operar. Único posto situado num raio de 170 milhas náuticas. *Conceito jurídico de 'utilidade pública' que deve ser apreendido em consonância com critérios de razoabilidade. Possibilidade de enquadramento da atividade no conceito jurídico de utilidade pública para fins de supressão de área em APP, ainda que por meio de interpretação extensiva.* [...] (Grifo acrescido. TJSP, Apelação nº 0001394-04.2008.8.26.0118, Relator Desembargador

---

Introdução, assim concebido: "A lei que abre exceção a regras gerais, ou restringe direitos, só abrange os casos que especifica"[...] As disposições excepcionais são estabelecidas por motivos ou considerações particulares, contra outras normas jurídicas, ou contra o Direito comum; por isso não se estendem além dos casos e tempos que designam expressamente" (MAXIMILIANO, 1941, p. 184-193).

Oswaldo Luiz Palu, 5ª Câmara Extraordinária de Direito Público. Julgado em 30.09.15)

Não obstante, deve o intérprete buscar preservar a *ratio* do regime jurídico das áreas de preservação permanente, sob pena de desconfigurar o seu sentido e acabar transformando as exceções em regra.

As exceções a que se faz referência estão positivadas, em nosso ordenamento, nos §§4º, 5º e 6º do artigo 4º, no artigo 8º e no artigo 9º da Lei nº 12.651/12.

3.1 Faixa marginal de acumulações naturais ou artificiais de água inferior a 1 hectare

A primeira espécie de autorização para desenvolvimento de atividades antrópicas em área de preservação permanente que desobriga a manutenção das condições ecológicas naturais destes espaços se relaciona à ocupação das faixas marginais de acumulações naturais ou artificiais de água com superfície inferior a 1 hectare (§4º do artigo 4º da Lei nº 12.651/12):

> Art. 4º [...] §4º Nas acumulações naturais ou artificiais de água com superfície inferior a 1 (um) hectare, fica dispensada a reserva da faixa de proteção prevista nos incisos II e III do caput, vedada nova supressão de áreas de vegetação nativa, salvo autorização do órgão ambiental competente do Sistema Nacional do Meio Ambiente – Sisnama.

O dispositivo afasta, expressamente, a necessidade de resguardo da faixa mínima de 30 metros no entorno de lagos, lagoas naturais e reservatórios d'água artificiais decorrentes de barramento ou represamento de cursos d'água naturais com aquela dimensão (superfície inferior a 1 hectare), desde que isso não implique nova supressão de vegetação nativa (salvo quando autorizada pelo órgão ambiental competente).

Jurisprudência

> AÇÃO CIVIL PÚBLICA. RESERVATÓRIO D ÁGUA ARTIFICIAL. ÁREA DE PRESERVAÇÃO PERMANENTE. DIREITO SUPERVENIENTE. NOVO CÓDIGO FLORESTAL. *A partir do advento do novo Código Florestal,*

> *não são mais área de preservação permanente o entorno de reservatório d água artificial inferior a um hectare.* Art. 4º, III, da Lei nº 12.651, de 25 de maio de 2012. Aplicação do direito superveniente. Art. 462 do CPC. Recurso provido. Sentença modificada em reexame necessário. (TJRS, Apelação e Reexame Necessário nº 70049474372, Relatora Desembargadora Maria Isabel de Azevedo Souza, Vigésima Segunda Câmara Cível. Julgado em 27.09.12)

3.2 Agricultura de vazante na pequena propriedade rural

A segunda espécie de exceção para ocupação de áreas qualificadas como de preservação permanente refere-se ao plantio de culturas temporárias e sazonais de vazante de ciclo curto na faixa de terra que fica exposta no período de vazante dos rios ou lagos (§5º do artigo 4º da Lei nº 12.541/12):

> Art. 4º [...] §5º É admitido, para a pequena propriedade ou posse rural familiar, de que trata o inciso V do art. 3º desta Lei, o plantio de culturas temporárias e sazonais de vazante de ciclo curto na faixa de terra que fica exposta no período de vazante dos rios ou lagos, desde que não implique supressão de novas áreas de vegetação nativa, seja conservada a qualidade da água e do solo e seja protegida a fauna silvestre.

A exceção parte da premissa de que atividades humanas podem ocupar espaços inicialmente caracterizados como área de preservação permanente, de modo temporário, quando as funções ecológicas da vegetação ciliar que se pretende proteger no entorno de rios ou lagos seriam, de toda forma, comprometidas no período de cheia. Atende, ainda, a uma necessidade de natureza social: preservar as práticas de comunidades tradicionais (principalmente vazanteiros), que exercem nestes espaços agricultura de pequena escala ou de subsistência em épocas de estiagem.

A regra foi objeto de discussão nas ADINs nºs 4.901, 4.902, 4.903 e 4.937 e na ADC nº 42. O Supremo Tribunal Federal declarou a constitucionalidade da previsão nos seguintes termos:

> [...] (f) Art. 4º, §5º (Uso agrícola de várzeas em pequenas propriedades ou posses rurais familiares): O dispositivo em referência admite o uso agrícola de várzeas na pequena propriedade ou posse rural familiar, assim entendida aquela explorada mediante o trabalho pessoal do agricultor familiar e empreendedor familiar rural, incluindo os assentamentos e projetos de reforma agrária, e que atenda ao disposto no art. 3º

> da Lei no 11.326/2006. Não cabe ao Judiciário criar requisitos extras para a permissão legal já estabelecida, limitando os sujeitos beneficiados a "comunidades tradicionais" ou até mesmo proibindo a utilização de agrotóxicos. A possibilidade excepcional do uso agrícola de várzeas é compatível com a otimização da produtividade sustentável em consonância com realidade dos pequenos produtores do país, sendo a definição de requisitos gerais e abstratos tarefa a ser exercida, por excelência, pelo Poder Legislativo; CONCLUSÃO: Declaração da constitucionalidade do art. 4º, §5º, do novo Código Florestal.[199]

Em relação à estrutura do dispositivo, ele parece ser redundante ao utilizar, sequencialmente e numa mesma oração, a expressão "vazante" para se referir ao ciclo das águas. Também é veiculada a expressão "ciclo curto" que, ao que tudo indica, merece ser explicada ou detalhada por normas regulamentares ou técnicas.

As condicionantes legais para este tipo de intervenção são, cumulativamente: (i) as culturas devem ser sazonais ou temporárias, típicas de agricultura de vazante; (ii) deve perdurar o período da baixa do corpo hídrico, não podendo importar na criação de barreiras artificiais à retomada da configuração do leito daquele corpo hídrico em período de cheia; (iii) só são admitidas nas pequenas propriedades rurais (que, na forma do inciso V do artigo 3º da Lei nº 12.651/12, são aquelas exploradas mediante o trabalho pessoal do agricultor familiar e empreendedor familiar rural, incluindo os assentamentos e projetos de reforma agrária, e que atendam ao disposto no art. 3º da Lei no 11.326/06), e que; (iv) não comprometa a qualidade da água, do solo e a proteção da fauna silvestre.

Pela redação do dispositivo, não se aplica à exceção se a agricultura é realizada em imóvel que não é caracterizado como de pequena *propriedade rural familiar*.

Existem dois conceitos legais vigentes para o *imóvel rural familiar*. Um veiculado no inciso V do próprio artigo 3º da Lei nº 12.651/12, que conceitua a pequena propriedade ou posse rural familiar como "aquela explorada mediante o trabalho pessoal do agricultor familiar e empreendedor familiar rural, incluindo os assentamentos e projetos de reforma agrária, e que atenda ao disposto no art. 3º da Lei nº 11.326, de 24 de julho de 2006". Outro, veiculado no inciso II do artigo 4º do Estatuto da Terra (Lei nº 4.504/64), define a propriedade familiar como

---

199 ADIs nºs 4.901, 4.902, 4.903 e 4.937 e ADC nº 42. Relator Ministro Luiz Fux, Tribunal Pleno, julgado em 28.02.2018, publicado em 13 08.2019.

o "imóvel rural que, direta e pessoalmente explorado pelo agricultor e sua família, lhes absorva toda a força de trabalho, garantindo-lhes a subsistência e o progresso social e econômico, com área máxima fixada para cada região e tipo de exploração e, eventualmente, trabalho com a ajuda de terceiros". Acaso se opte pelo conceito do inciso II do artigo 4º do Estatuto da Terra, isso excluiria da incidência do dispositivo a exploração levada a cabo por entidades empresariais estruturadas (onde o trabalho e a ajuda de terceiros não é eventual) e a agroindústria, o que parece, justamente, ser a intenção da norma.

A propósito, já está sedimentado na jurisprudência o entendimento de que o *imóvel rural* é desta forma caracterizado não por sua inserção na zona rural (fora do perímetro zoneado como urbano pela municipalidade), mas sim por sua *destinação econômica*.[200] O imóvel é considerado rural se nele é exercida atividade rural, consoante prevê o inciso I do artigo 4º do Estatuto da Terra.[201] Pode haver, portanto, imóvel rural dentro do perímetro urbano ou de expansão urbana, desde que nele se desenvolva, efetivamente, atividade rural.

Já o tamanho da propriedade rural familiar deve ser *pequeno*. O tamanho da propriedade rural é aferido por meio de uma convenção, o *módulo fiscal*, instituído pela Lei nº 6.746/79. Trata-se de unidade de medida, expressa em hectares, de natureza tributária. O módulo fiscal, que traduz a área mínima necessária a uma propriedade rural para que sua exploração seja economicamente viável, é definido pelo INCRA para cada município levando-se em conta o tipo de exploração predominante e a renda advinda desta exploração, entre outros fatores (§2º do artigo 50 da Lei nº 4.504/64). Por força da Lei nº 8.629/93, o módulo fiscal passou a ser a medida de classificação fundiária do imóvel em:

---

200 Sobre a definição de imóvel rural, conjugando o aspecto espacial (zoneamento) à efetiva utilização:
"PROCESSO CIVIL E ADMINISTRATIVO – AÇÃO RESCISÓRIA – DESAPROPRIAÇÃO PARA FIM DE REFORMA AGRÁRIA – DEFINIÇÃO DA NATUREZA DA ÁREA DO IMÓVEL – FINALIDADE ECONÔMICA. [...]
2. Apesar de o critério de definição da natureza do imóvel não ser a localização, mas a sua destinação econômica, os Municípios podem, observando a vocação econômica da área, criar zonas urbanas e rurais. Assim, mesmo que determinado imóvel esteja em zona municipal urbana, pode ser, dependendo da sua exploração, classificado como rural [...]" (STJ, AR 3.971/GO, Rel. Ministra DENISE ARRUDA, PRIMEIRA SEÇÃO, julgado em 24.02.2010, DJe 07.05.10).

201 "Art. 4º Para os efeitos desta Lei, definem-se: I – "Imóvel Rural", o prédio rústico, de área contínua qualquer que seja a sua localização que se destina à exploração extrativa agrícola, pecuária ou agro-industrial, quer através de planos públicos de valorização, quer através de iniciativa privada".

(i) *pequena propriedade rural, imóvel de área entre um e quatro módulos fiscais;* e (ii) média propriedade rural, o imóvel de área entre quatro e quinze módulos fiscais. Por convenção chama-se de grande propriedade rural o imóvel com área superior a quinze módulos fiscais. Em resumo, a exceção do §5º do artigo 4º da Lei nº 12.541/12 se aplica ao imóvel com área de até quinze módulos fiscais.

Jurisprudência

Ação civil pública ambiental. Imóvel urbano quase inteiro em área de preservação permanente junto a curso d'água. *Possibilidade de uso sustentável e exploração de baixo impacto ambiental. Aplicação da Lei n. 12651/12 e MP n. 571/12. Intervenção destinada à agricultura familiar de subsistência.* Apelação não provida, com alteração de fundamento e determinação. [...]

Voto: [...]

"[...] No caso concreto, o imóvel possui tamanho inferior ao do módulo rural e da fração mínima de parcelamento rural, além de se encontrar no perímetro urbano. *O novo Código Florestal (Lei n. 12.651, de 25 de maio de 2012) não proíbe o desenvolvimento de agricultura familiar em área de preservação permanente, mas a condiciona, entre outros requisitos, à inscrição do imóvel no Cadastro Ambiental Rural (CAR)*, conforme se depreende dos seguintes dispositivos:

Art. 4º. Considera-se Área de Preservação Permanente, em zonas rurais ou urbanas, para os efeitos desta Lei: [...]

§5º É admitido, para a pequena propriedade ou posse rural familiar, de que trata o inciso V do art. 3º desta Lei, o plantio de culturas temporárias e sazonais de vazante de ciclo curto na faixa de terra que fica exposta no período de vazante dos rios ou lagos, desde que não implique supressão de novas áreas de vegetação nativa, seja conservada a qualidade da água e do solo e seja protegida a fauna silvestre. [...] (Grifo acrescido. TJSP, Apelação nº 0156643-11.2008.8.26.0000, Relator Desembargador Antonio Celso Aguilar Cortez, 1ª Câmara Reservada ao Meio Ambiente. Julgado em 31.01.13)

3.3 Prática de aquicultura e infraestrutura a ela relacionada em imóveis rurais de até 15 módulos fiscais

Uma terceira exceção que abranda as restrições de uso de imóvel em face de sua qualificação como área de preservação permanente relaciona-se à prática da *aquicultura* e à instalação de infraestrutura a ela relacionada em imóveis rurais de até quinze módulos fiscais (§6º do artigo 4º da Lei nº 12.651/12):

> Art. 4º [...] §6º Nos imóveis rurais com até 15 (quinze) módulos fiscais, é admitida, nas áreas de que tratam os incisos I e II do caput deste artigo, a prática da aquicultura e a infraestrutura física diretamente a ela associada, desde que:
>
> I – sejam adotadas práticas sustentáveis de manejo de solo e água e de recursos hídricos, garantindo sua qualidade e quantidade, de acordo com norma dos Conselhos Estaduais de Meio Ambiente;
>
> II – esteja de acordo com os respectivos planos de bacia ou planos de gestão de recursos hídricos;
>
> III – seja realizado o licenciamento pelo órgão ambiental competente;
>
> IV – o imóvel esteja inscrito no Cadastro Ambiental Rural – CAR.

A aquicultura é o ramo da ciência que trata do cultivo da fauna e flora aquática, tanto em ambiente fluvial quanto marinho. Esse é o conceito legal veiculado na 11.959/09.[202] O abrandamento das restrições atinentes à ocupação de faixas marginais de cursos d'água e no entorno de lagos e lagoas naturais justifica-se, nesta hipótese, como medida para viabilizar o desenvolvimento de uma atividade produtiva que só pode ser exercida em corpos hídricos.

O dispositivo também teve sua constitucionalidade questionada no âmbito das ADIs nºs 4.901, 4.902, 4.903 e 4.937 e da ADC nº 42. O Supremo Tribunal Federal decidiu pela validade da norma nos seguintes termos:

> [...] (g) Art. 4º, incisos I, II, e §6º (Permissão do uso de APPs à margem de rios e no entorno de lagos e lagoas naturais para implantar atividades de aquicultura: O uso de áreas de preservação permanente à margem de rios (art. 4º, I) e no entorno de lagos e lagoas naturais (art. 4º, II) para atividades de aquicultura não encontra óbice constitucional. O legislador estabeleceu rígidos critérios para a admissão da referida atividade, a serem perquiridos em concreto pelo órgão ambiental competente. Havendo autorização legal restrita a pequenas e médias propriedades, proibição a novas supressões de vegetação nativa, necessidade de

[202] "Art. 2º [...] II – aquicultura: a atividade de cultivo de organismos cujo ciclo de vida em condições naturais se dá total ou parcialmente em meio aquático, implicando a propriedade do estoque sob cultivo, equiparada à atividade agropecuária e classificada nos termos do art. 20 desta Lei".

> inscrição no Cadastro Ambiental Rural (CAR), exigência de compatibilidade com os respectivos planos de bacia ou planos de gestão de recursos hídricos, bem como imposição de práticas sustentáveis de manejo de solo e água e de recursos hídricos, é de concluir-se pela plena legitimidade do regime jurídico criado pelo novo Código Florestal, à luz do preceito constitucional que consagra a "utilização adequada dos recursos naturais disponíveis e preservação do meio ambiente" (art. 186, II, da CRFB); CONCLUSÃO: Declaração de constitucionalidade do art. 4º, §6º, do novo Código Florestal. [...][203]

O dispositivo circunscreve a exceção aos imóveis *rurais*. Enquanto a justificativa para restringir a exceção da agricultura de vazante em imóveis rurais (prevista no §5º do artigo 4º da Lei nº 12.541/12) encontra fundamento lógico no fato de os imóveis rurais serem, por excelência, destinados a receber aquele tipo de natureza da atividade econômica (agricultura), é de se perceber que a mesma correlação não ocorre, necessariamente, na atividade de aquicultura.

Isso porque apesar de a atividade aquicultura ocorrer em corpos hídricos, a infraestrutura de apoio costuma ser estabelecida em terra, em imóveis que tanto podem ser qualificados como rurais ou urbanos. Aliás, grande parte da atividade de maricultura (cultivo exercido em água salgada) é desenvolvida nas adjacências de núcleos urbanos dos municípios costeiros; estes não seriam, pela redação literal do dispositivo, alcançados pela exceção.

De todo modo, além de o requisito da área de preservação permanente que se pretende ocupar estar inserido em imóvel rural, o dispositivo só tem aplicação se a área total deste imóvel não for superior a quinze módulos fiscais. Como visto no item 3.2, o módulo fiscal, instituído pela Lei nº 6.746/79, é uma unidade de medida, expressa em hectares, de natureza tributária. O módulo fiscal, que traduz a área mínima necessária a uma propriedade rural para que sua exploração seja economicamente viável, é definido pelo INCRA para cada município, levando-se em conta o tipo de exploração predominante e a renda advinda desta exploração, entre outros fatores (§2º do artigo 50 da Lei nº 4.504/64). Por força da Lei nº 8.629/93, o módulo rural passou a ser a medida de classificação fundiária do imóvel em: (i) pequena propriedade rural, imóvel de área entre um e quatro módulos fiscais, e; (ii) média propriedade rural, o imóvel de área entre

[203] ADIs nºs 4.901, 4.902, 4.903 e 4.937 e ADC nº 42. Relator Ministro Luiz Fux, Tribunal Pleno, julgado em 28.02.2018, publicado em 13.08.2019.

quatro e quinze módulos fiscais. Por convenção chama-se de grande propriedade rural o imóvel com área superior a quinze módulos fiscais. Em resumo, a exceção que admite a prática da aquicultura e a instalação de infraestrutura a ela relacionada em área de preservação permanente nas faixas marginais de cursos d'água e no entorno de lagos e lagoas naturais aplica-se à pequena e média propriedade rural.

Pela redação do §6º do artigo 4º da Lei nº 12.651/12, as áreas de preservação permanente atingidas pela exceção são, tão somente, as faixas marginais de curso d'água (inciso I do artigo 4º) e o entorno de lagos e lagoas naturais (inciso II do artigo 4º). A exceção não tem lugar para ocupação do entorno de reservatórios d'água artificiais, para ocupação de parte de ecossistemas de restinga (recorrente em ambiente praiais) e em manguezais (ecossistemas de transição entre a terra e o ambiente marinho), dentre outras hipóteses de áreas de preservação permanente.

Trata-se de constatação de relevante monta, especialmente porque, como dito, parcela significativa da atividade de aquicultura se desenvolve no ambiente marinho, usualmente associado ao ecossistema de restinga e manguezais. Não obstante a maricultura também necessite implantação de infraestrutura relacionada, o §6º do artigo 4º da Lei nº 12.651/12 não confere, literalmente, fundamento legal para autorizar sua implantação em área de restinga ou manguezal. Insista-se que somente as faixas marginais de curso d'água e entorno de lagos e lagoas naturais são alcançadas pela exceção.

Além destes três requisitos, os incisos do §6º do artigo 4º da Lei nº 12.651/12 veiculam outras quatro condicionantes, também cumulativas: (i) que sejam adotadas práticas sustentáveis de manejo de solo e água e de recursos hídricos, garantindo sua qualidade e quantidade, de acordo com norma dos Conselhos Estaduais de Meio Ambiente (inciso I); (ii) que esteja de acordo com os respectivos planos de bacia ou planos de gestão de recursos hídricos (inciso II); (iii) que seja realizado o licenciamento pelo órgão ambiental competente (inciso III), e; (iv) que o imóvel esteja inscrito no Cadastro Ambiental Rural – CAR (inciso IV).

Em relação ao inciso I, enquanto não for produzida norma pelos Conselhos Estaduais de Meio Ambiente regulamentando as práticas sustentáveis de manejo de solo e água, é de se presumir que o licenciamento ambiental da atividade, expedido pelos órgãos ambientais competentes, avalie a capacidade de suporte do recurso natural e imponha as condicionantes e medidas mitigadoras necessárias ao desenvolvimento da atividade, permitindo, assim, seu uso racional.

Por isto, na pendência de regulamento dos Conselhos Estaduais de Meio Ambiente sobre as práticas sustentáveis de manejo de solo e água, parece que a melhor interpretação para dar concretude ao §6º do artigo 4º da Lei nº 12.651/12 seja presumir que o órgão ambiental as exija no bojo do processo licenciatório, previsto no inciso III do mesmo dispositivo.

Em relação à consonância com os planos de bacia ou planos de gestão de recursos hídricos, é de se reputar que a ausência de previsão específica e, especialmente, de objeção à prática da atividade de aquicultura no plano da respectiva bacia hidrográfica deve importar em autorização para sua prática, isso em respeito ao inciso II do artigo 5º da Constituição Federal.[204] Noutras palavras: o descumprimento da exigência arrolada no inciso II deve emanar de proibição, expressa, da prática de aquicultura (tal qual pretendida pelo interessado) nos planos da bacia hidrográfica ou nos planos de gestão de recursos hídricos.

Por fim, o inciso IV do §6º do artigo 4º da Lei nº 12.651/12, condiciona o exercício da atividade de aquicultura em imóveis rurais a outra exigência de cunho formal, a inscrição do imóvel no Cadastro Ambiental Rural (CAR).

Tratam-se, todas, de formalidades que visam evitar a ocupação clandestina de faixas marginais de cursos d'água e do entorno de lagos e lagoas para desenvolvimento da aquicultura, isto é, sem a prévia anuência da Administração Ambiental e desacompanhada da adoção de práticas tendentes a preservar a qualidade dos corpos hídricos.

Por fim, um último registro. A aquicultura não se confunde com a atividade de pesca. Da direta e elucidativa informação institucional veiculada pela Empresa Brasileira de Pesquisa Agropecuária (Embrapa), em seu sítio eletrônico, colhe-se: "A pesca baseia-se na retirada de recursos pesqueiros do ambiente natural. Já a aquicultura é baseada no cultivo de organismos aquáticos geralmente em um espaço confinado e controlado".[205]

Dessa constatação decorre a discussão sobre a possibilidade jurídica de se instalar e manter ranchos de pesca em área de preservação permanente, que a rigor não seriam contemplados pela exceção veiculada no dispositivo em análise. Entendemos, salvo melhor juízo,

---

204 "Art. 5º [...] II – ninguém será obrigado a fazer ou deixar de fazer alguma coisa senão em virtude de lei".

205 Disponível em: https://www.embrapa.br/tema-pesca-e-aquicultura. Acesso em: 03 fev. 2017.

que os ranchos de pesca não estão contemplados pela hipótese do §6º do artigo 4º da Lei nº 12.651/12, muito embora sua implantação possa, eventualmente, vir a ser autorizada em área de preservação permanente como atividade de baixo impacto ambiental, consoante se verá adiante.

Jurisprudência

[...] *A construção e manutenção de rancho de pesca não está entre as atividades excepcionais de utilização de área de preservação permanente,* de modo que não é passível de regularização. Esse contexto vincula o magistrado ao texto da norma, sob pena de inovar no ordenamento jurídico, em que pesem as relevantes considerações do recorrente acerca do caráter tradicional da pesca artesanal e da importância de sua prática para a subsistência da comunidade, ainda que fosse considerada como atividade dita sustentável. [...] (TJSC, Apelação Cível nº 2012.080537-3, Relator Desembargador Carlos Adilson Silva, julgado em 14.10.14)

APELAÇÃO. AÇÃO CIVIL PÚBLICA. NULIDADE PROCESSUAL AFASTADA. PROCESSO EM CONDIÇÕES PARA O SEU IMEDIATO JULGAMENTO. DESNECESSÁRIA A PRODUÇÃO DE OUTRAS PROVAS. *DEMOLIÇÃO DE RANCHO DE PESCA SITUADO EM APP. NECESSIDADE CONSTANTE NO CÓDIGO FLORESTAL.* RESOLUÇÕES CONSTITUCIONAIS. PRELIMINAR AFASTADA E RECURSO IMPROVIDO. (Grifo acrescido. TJSP, Apelação nº 0001984-91.2010.8.26.0576, Relator Desembargador Otávio Henrique, Câmara Reservada ao Meio Ambiente. Julgado em 21.07.11)

PENAL. CRIME AMBIENTAL. PESCA EM ÁREA DE PROIBIDA. ART. 34, CAPUT, DA LEI Nº 9.605/98. ART. 48 DA LEI Nº 9.605/98. *MANUTENÇÃO DE RANCHO EM ÁREA DE PRESERVAÇÃO PERMANENTE. ART. 63 DA LEI AMBIENTAL. ALTERAÇÃO OCORRIDA EM EDIFICAÇÃO, EM ÁREA DE APP, SEM AUTORIZAÇÃO DO ÓRGÃO COMPETENTE.* MATERIALIDADE, AUTORIA E DOLO COMPROVADOS. DOSIMETRIA. PRESTAÇÃO PECUNIÁRIA. CONDIÇÕES FINANCEIRAS DO RÉU. ANÁLISE DA COMPATIBILIDADE. 1. A pesca em local proibido – área de proteção ambiental – unidade de conservação –, com a ciência da ilicitude da conduta, configura o crime previsto no artigo 34, caput, da Lei nº 9.605/98. 2. *Pratica o crime previsto no artigo 48 da Lei 9.605/98 o agente que impede e ou dificulta a regeneração da vegetação que foi danificada na APP. 3. A alteração de aspecto e estrutura de edificação em área de reconhecida preservação permanente constitui-se no ilícito previsto no art. 63 da Lei nº 9.605/98.* [...]. (Grifo acrescido. TRF4, ACR 5014153-73.2016.4.04.7200,

> OITAVA TURMA, Relator JOÃO PEDRO GEBRAN NETO, juntado aos autos em 28.09.2019)
>
> AÇÃO CIVIL PÚBLICA. AMBIENTAL. *EDIFICAÇÃO EM ÁREA DE PRESERVAÇÃO PERMANENTE. INTERESSE SOCIAL. UTILIZAÇÃO DA ÁREA POR PESCADORES DA REGIÃO E PARA PESCA ARTESANAL. DESNECESSIDADE DE REPARAÇÃO DO DANO AMBIENTAL.* Mesmo sendo constatada a existência de edificação em área de preservação permanente, foi prestigiado o seu interesse social, sendo desnecessária a reparação do dano ambiental. *Sendo constatada a irrelevância do dano ambiental, assim como a utilização da edificação pela comunidade de pescadores nativos da região, e para pesca artesanal, não há dano ambiental a ser reparado.* (Grifo acrescido. TRF4, Apelação Cível nº 5000866-68.2011.404.7216, Relator Desembargador João Pedro Gebran Neto, Quarta Turma. Juntado aos autos em 15.08.12)

3.4 Uso do entorno de reservatórios d'água artificiais

A quarta previsão legal de afastamento da incidência das restrições de ocupação em áreas de preservação permanente relaciona-se ao entorno de reservatórios d'água artificiais (§§1º e 2º do artigo 5º da Lei nº 12.651/12). Leia-se:

> Art. 5º [...] §1º Na implantação de reservatórios d'água artificiais de que trata o caput, o empreendedor, no âmbito do licenciamento ambiental, elaborará Plano Ambiental de Conservação e Uso do Entorno do Reservatório, em conformidade com termo de referência expedido pelo órgão competente do Sistema Nacional do Meio Ambiente – Sisnama, não podendo o uso exceder a 10% (dez por cento) do total da Área de Preservação Permanente.
>
> §2º O Plano Ambiental de Conservação e Uso do Entorno de Reservatório Artificial, para os empreendimentos licitados a partir da vigência desta Lei, deverá ser apresentado ao órgão ambiental concomitantemente com o Plano Básico Ambiental e aprovado até o início da operação do empreendimento, não constituindo a sua ausência impedimento para a expedição da licença de instalação.

A hipótese já era regulada, no plano infralegal, pela Resolução Conama nº 302/02, que dispunha "sobre os parâmetros, definições e limites de Áreas de Preservação Permanente de reservatórios artificiais e o regime de uso do entorno". A Resolução Conama nº 302/02 visava regulamentar a alínea "b" do artigo 2º da Lei nº 4.771/65, que qualificava como área de preservação permanente a área ao redor das lagoas, lagos ou reservatórios d'água naturais ou artificiais, sem, todavia, indicar os distanciamentos considerados para este efeito (por exemplo, 15, 30, 100 ou 500 metros). A Resolução Conama nº 302/02 estabeleceu que, no entorno destes corpos hídricos artificiais, a área de preservação permanente seria de 30 metros em zona urbana consolidada e 100 metros em áreas rurais. Para os reservatórios artificiais de geração de energia elétrica com até dez hectares e para reservatórios artificiais não utilizados em abastecimento público ou geração de energia elétrica, com até vinte hectares de superfície e localizados em área rural, a área de preservação permanente ficou definida, pelo regulamento, como de 15 metros.

A Resolução Conama nº 302/02 permitia a ampliação e, no que interessa ao estudo das exceções de interferência, a redução dos espaços qualificados como de preservação permanente, ambas pelo órgão ambiental no processo de licenciamento da atividade. Visando atender à realidade fática de ocupação dos entornos de reservatórios artificiais por loteamentos/desmembramentos, o §5º do artigo 3º Resolução Conama nº 302/02 estipulou que, nestes casos, a ocupação humana (em qualquer modalidade de parcelamento do solo) não poderia exceder a 10% do total da área de preservação permanente, ressalvadas as benfeitorias existentes na área urbana consolidada. Em outros termos, admitia-se uma redução global da área de preservação permanente, para aqueles fins (ocupação humana por parcelamento do solo), em até 10%. Significava dizer, por exemplo, que de um total de 10.000 metros quadrados de área de preservação permanente no entorno de reservatórios artificiais, até 1.000 metros quadrados poderiam ser destinados à ocupação e atividades antrópicas.

O artigo 4º da Resolução Conama nº 302/02 veiculava uma exigência específica para o uso do entorno de reservatórios artificiais, quando destinado à geração de energia e abastecimento público. Tratava-se da elaboração de *Plano Ambiental de Conservação e Uso do Entorno de Reservatório Artificial*. O §4º do aludido dispositivo regulamentar dizia que "o plano ambiental de conservação e uso poderá indicar áreas para implantação de polos turísticos e lazer no entorno do reservatório artificial, que não poderão exceder a dez por cento da área total do seu entorno".

É essa a hipótese de exceção à ocupação de área de preservação permanente no entorno de reservatórios artificiais que foi transplantada ao plano legal por meio dos §§1º e 2º do artigo 5º da Lei nº 12.651/12.

A constitucionalidade dos §§1º e 2º do artigo 5º da Lei nº 12.651/12 foi discutida nos autos das ADIs nºs 4.901, 4.902, 4.903 e 4.937 e da ADC nº 42. O Supremo Tribunal Federal decidiu pela validade da norma nos seguintes termos:

> [...] (h) Artigos 5º, caput e §§1º e 2º, e 62 (Redução da largura mínima da APP no entorno de reservatórios d'água artificiais implantados para abastecimento público e geração de energia): O estabelecimento legal de metragem máxima para áreas de proteção permanente no entorno de reservatórios d'água artificiais constitui legítima opção de política pública ante a necessidade de compatibilizar a proteção ambiental com a produtividade das propriedades contíguas, em atenção a imperativos de desenvolvimento nacional e eventualmente da própria prestação do serviço público de abastecimento ou geração de energia (art. 175 da CF). Por sua vez, a definição de dimensões diferenciadas da APP em relação a reservatórios registrados ou contratados no período anterior à MP nº 2166-67/2001 se enquadra na liberdade do legislador para adaptar a necessidade de proteção ambiental às particularidades de cada situação, em atenção ao poder que lhe confere a Constituição para alterar ou suprimir espaços territoriais especialmente protegidos (art. 225, §1º, III). Trata-se da fixação de uma referência cronológica básica que serve de parâmetro para estabilizar expectativas quanto ao cumprimento das obrigações ambientais exigíveis em consonância com o tempo de implantação do empreendimento; CONCLUSÃO: Declaração de constitucionalidade dos artigos 5º, caput e §§1º e 2º, e 62, do novo Código Florestal [...].[206]

Como registrado na seção 1.5.1, por força do determinado nas Medidas Cautelares nas Arguições de Descumprimento de Preceito Fundamental nºs 747, 748 e 749, os efeitos da Resolução Conama nº 302/02 (que havia sido revogada pela Resolução Conama nº 500/20) foram restaurados. Nesse contexto, parece-nos possível admitir que o conceito e o conteúdo do *Plano Ambiental de Conservação e Uso,* veiculados na sobredita Resolução, foram recepcionados pela Lei nº 12.651/12 (porque esta nada fala a respeito do Plano). Aliás, na primeira edição deste livro, quando sustentávamos que a Resolução Conama nº 302/02 havia perdido integral validade diante do advento da Lei nº 12.651/12, já defendíamos que na ausência de um novo regulamento o intérprete poderia ainda se socorrer ao conteúdo da Resolução Conama

[206] ADIs nºs 4.901, 4.902, 4.903 e 4.937 e ADC nº 42. Relator Ministro Luiz Fux, Tribunal Pleno, julgado em 28.02.2018, publicado em 13.08.2019.

nº 302/02 para, pelo menos, compreender o conceito e conteúdo do *Plano Ambiental de Conservação e Uso.*

Pois bem. Segundo a Resolução Conama nº 302/02, o *Plano Ambiental de Conservação e Uso* é o conjunto de diretrizes e proposições com o objetivo de disciplinar a conservação, recuperação, o uso e ocupação do entorno do reservatório artificial, precedido de oitiva do respectivo comitê de bacia hidrográfica, quando houver, e de consulta pública. O plano, quando importar na redução da área de preservação permanente, deve atender aos requisitos constantes no §4º do artigo 3º da Resolução Conama nº 302/02, ou seja, contemplar: (i) as características ambientais da bacia hidrográfica; (ii) a geologia, geomorfologia, hidrogeologia e fisiografia da bacia hidrográfica; (iii) a tipologia vegetal; (iv) a representatividade ecológica da área no bioma presente dentro da bacia hidrográfica em que está inserido, notadamente a existência de espécie ameaçada de extinção e a importância da área como corredor de biodiversidade; (v) a finalidade do uso da água; (vi) o uso e ocupação do solo no entorno, e; (vii) o impacto ambiental causado pela implantação do reservatório e no entorno da área de preservação permanente até a faixa de cem metros.

Os §§1º e 2º do artigo 5º da Lei nº 12.651/12, ao trazerem o Plano Ambiental de Conservação e Uso do Entorno de Reservatório Artificial para o nível legal, fazem-no de modo bastante mais sintético que o tratamento dispensado pela Resolução Conama nº 302/02. Como principais diferenças está a eliminação das previsões regulamentares que limitavam a aplicação do plano aos reservatórios destinados à geração de energia e abastecimento público e da previsão que limitava a ocupação à implantação de polos turísticos e lazer (*caput* e §4º, todos do artigo 4º da Resolução Conama nº 302/02), não repetidas nos §§1º e 2º do artigo 5º da Lei nº 12.651/12. Enfim, não há impedimento legal, pela redação dos §§1º e 2º do artigo 5º da Lei nº 12.651/12, para que os planos regulem uso da área de preservação permanente em todas as espécies de reservatórios artificiais, qualquer que seja a destinação do reservatório, bem como que o uso pretendido seja distinto do relacionado ao turismo ou lazer. Nesse ponto, as limitações do *caput* e §4º, todos do artigo 4º da Resolução Conama nº 302/02, parecem não ter sido recepcionadas pela Lei nº 12.651/12.

O §2º do artigo 5º da Lei nº 12.651/12 regula o momento de apresentação do Plano de Conservação e Uso do Entorno de Reservatório, estatuindo que ele deve ser feito, concomitantemente, com o Plano Básico Ambiental. O dispositivo estabelece prazo máximo para análise do Plano de Conservação e Uso do Entorno de Reservatório pelo órgão ambiental, que é até o início da operação do empreendimento. Trata-se de deixar claro que o uso do entorno de reservatório fica condicionado à aprovação da operação do empreendimento, o que já decorria, de certa forma, do estatuído no artigo 10 da Lei nº 6.938/81,[207] ao preconizar que o prévio licenciamento de atividade potencialmente impactante ou utilizadora de recursos naturais é pressuposto de sua operação.

A intenção da lei foi autorizar o *início da implantação das acessões físicas* antes da aprovação do Plano, como se denota na parte final do "não constituindo a sua ausência [aprovação do Plano] impedimento para a expedição da licença de instalação".

Enfim, resta claro, pela regra legal, que como a lei condiciona a *operação* do empreendimento à aprovação do Plano de Conservação e Uso do Entorno de Reservatório, o interessado pode ser autorizado a implantar benfeitorias no entorno de reservatórios (em sede de licenciamento ambiental de *instalação*) enquanto ainda pendente a análise daquele. Se o Plano proposto não vier a ser aprovado, a exceção veiculada no dispositivo em exame não terá aplicação, valendo a faixa de preservação permanente definida na licença ambiental (inciso III do artigo 4º da Lei nº 12.651/12). Haverá problema se, por qualquer motivo, a licença ambiental não definir a área de preservação permanente aplicável. Nesse caso, pelo menos as distâncias mínimas do artigo 5º da Lei nº 12.651/12 devem ser respeitadas.

3.5 Utilidade pública, interesse social e baixo impacto ambiental

O artigo 8º da Lei nº 12.651/12 veicula a quinta ordem de exceção ao regime geral de intervenção em área de preservação permanente. São as hipóteses de *utilidade pública, interesse social* e *baixo impacto ambiental*, estipuladas nos seguintes termos:

> Art. 8º A intervenção ou a supressão de vegetação nativa em Área de Preservação Permanente somente ocorrerá nas hipóteses de utilidade pública, de interesse social ou de baixo impacto ambiental, previstas nesta Lei.

---

207 "Art. 10. A construção, instalação, ampliação e funcionamento de estabelecimentos e atividades utilizadores de recursos ambientais, efetiva ou potencialmente poluidores ou capazes, sob qualquer forma, de causar degradação ambiental dependerão de prévio licenciamento ambiental".

> §1º A supressão de vegetação nativa protetora de nascentes, dunas e restingas somente poderá ser autorizada em caso de utilidade pública.
>
> §2º A intervenção ou a supressão de vegetação nativa em Área de Preservação Permanente de que tratam os incisos VI e VII do caput do art. 4º poderá ser autorizada, excepcionalmente, em locais onde a função ecológica do manguezal esteja comprometida, para execução de obras habitacionais e de urbanização, inseridas em projetos de regularização fundiária de interesse social, em áreas urbanas consolidadas ocupadas por população de baixa renda.
>
> §3º É dispensada a autorização do órgão ambiental competente para a execução, em caráter de urgência, de atividades de segurança nacional e obras de interesse da defesa civil destinadas à prevenção e mitigação de acidentes em áreas urbanas.
>
> §4º Não haverá, em qualquer hipótese, direito à regularização de futuras intervenções ou supressões de vegetação nativa, além das previstas nesta Lei.

As hipóteses de utilidade pública, interesse social e baixo impacto ambiental eram, antes do advento da Lei nº 12.651/12, veiculadas na Resolução Conama nº 369/06,[208] que regulamentava o artigo 4º da Lei nº 4.771/65[209] (na redação dada pela Medida Provisória nº 2.166-67/01).

Agora, a própria Lei nº 12.651/12 cuida de veicular os conceitos de utilidade pública, interesse social e baixo impacto ambiental. Sobre a (in)validade da Resolução Conama nº 369/06 ante o advento da Lei nº 12.651/12 remetemos o leitor à seção 1.5.

De fundamental, inicialmente, é o destaque que deve ser feito a respeito da (des)necessidade de comprovação de alternativa técnica e/ou locacional. A parte final do *caput* do artigo 4º da Lei nº 4.771/65 limitava as hipóteses excepcionais de intervenção por utilidade pública e interesse social à *demonstração de inexistência de alternativa técnica e locacional ao empreendimento proposto*. Essa era a regra geral, aplicável a toda e qualquer hipótese de intervenção excepcional em área de preservação permanente.

---

208 Dispõe sobre os casos excepcionais, de utilidade pública, interesse social ou baixo impacto ambiental, que possibilitam a intervenção ou supressão de vegetação em Área de Preservação Permanente-APP.

209 "Art. 4º A supressão de vegetação em área de preservação permanente somente poderá ser autorizada em caso de utilidade pública ou de interesse social, devidamente caracterizados e motivados em procedimento administrativo próprio, quando inexistir alternativa técnica e locacional ao empreendimento proposto.[...]
§3º O órgão ambiental competente poderá autorizar a supressão eventual e de baixo impacto ambiental, assim definido em regulamento, da vegetação em área de preservação permanente".

A Lei nº 12.651/12 mudou essa sistemática e limitou a exigência de demonstração de *inexistência de alternativa técnica e locacional* a algumas intervenções pontuais, previstas na alínea "e" do inciso VIII e na alínea "f" do inciso IX, ambas do artigo 3º da Lei nº 12.651/12,[210] dispensando-as para todas as demais.

Sobre o referido, leiam-se as críticas de Ruy Emmanuel Silva de Azevedo:

> Conforme se pode observar, no novo CFlo não se exige mais a demonstração, a cargo do empreendedor, de que a atividade proposta somente pode ser executada na APP, uma vez que inexiste agora a necessidade de comprovação de inexistência de alternativas locacionais.
>
> Por sua vez, o mesmo ocorre com as alternativas técnicas, cujo ônus de demonstração de sua inexistência passa a não mais existir nos casos listados.
>
> Assim, para que seja autorizada a intervenção em APP, basta que a obra ou atividade se enquadre em uma das hipóteses de utilidade pública ou interesse social elencadas no novo CFlo, não sendo imprescindível a demonstração de inexistência de alternativa técnica e locacional. A mudança é prejudicial, já que a comprovação de inexistência de alternativa técnica e locacional promovia um sopesamento dos interesses econômicos, sociais e ambientais. [...]
>
> Traduzindo: para intervenções em APPs nos casos de utilidade pública e de interesse social já elencados no novo CFlo, não se exige a comprovação de inexistência de alternativa técnica e locacional. Tal requisito somente será exigido para intervenções em APPs decorrentes de outras atividades similares devidamente caracterizadas e motivadas em procedimento administrativo próprio, definidas em ato do chefe do Poder Executivo federal, nos termos do art. 3º, VIII "e" e IX, "g" do novo CFlo. Ou seja, trata-se de um requisito que era regra na legislação anterior, tornando-se exceção no novo CFlo.[211]

Essa alteração foi objeto das ADIs nºs 4.901, 4.902, 4.903 e 4.937 e da ADC nº 42. O Supremo Tribunal Federal decidiu por atribuir, à alteração legislativa, interpretação conforme à Constituição nos seguintes termos:

---

210 Sobre eventual vigência da Resolução Conama nº 369/06, ver seção 1.5.

211 AZEVEDO, 2013, p. 84-85.

> [...] (a) Art. 3º, inciso VIII, alínea *'b'*, e inciso IX (Alargamento das hipóteses que configuram *interesse social* e *utilidade pública*): As hipóteses de intervenção em áreas de preservação permanente por utilidade pública e interesse social devem ser legítimas e razoáveis para compatibilizar a proteção ambiental com o atendimento a outros valores constitucionais, a saber: prestação de serviços públicos (art. 6º e 175 da CRFB); políticas agrícola (art. 187 da CRFB) e de desenvolvimento urbano (art. 182 da CRFB); proteção de pequenos produtores rurais, famílias de baixa renda e comunidades tradicionais; o incentivo ao esporte (art. 217 da CRFB), à cultura (art. 215 da CRFB) e à pesquisa científica (art. 218 da CRFB); e o saneamento básico (artigos 21, XX, e 23, IX, da CRFB). O regime de proteção das áreas de preservação permanente (APPs) apenas se justifica se as intervenções forem excepcionais, na hipótese de inexistência de alternativa técnica e/ou locacional. No entanto, o art. 3º, inciso IX, alínea *g*, limitou-se a mencionar a necessidade de comprovação de alternativa técnica e/ou locacional em caráter residual, sem exigir essa circunstância como regra geral para todas as hipóteses. Essa omissão acaba por autorizar interpretações equivocadas segundo as quais a intervenção em áreas de preservação permanente é regra, e não exceção. Ademais, não há justificativa razoável para se permitir intervenção em APPs para fins de gestão de resíduos e de realização de competições esportivas estaduais, nacionais ou internacionais, sob pena de subversão da prioridade constitucional concedida ao meio ambiente em relação aos demais bens jurídicos envolvidos nos dispositivos respectivos; CONCLUSÃO: *(i)* interpretação conforme à Constituição aos incisos VIII e IX do artigo 3º da Lei n. 12.651/2012, de modo a se condicionar a intervenção excepcional em APP, por interesse social ou utilidade pública, à inexistência de alternativa técnica e/ou locacional à atividade proposta, e *(ii)* declaração de inconstitucionalidade das expressões *"gestão de resíduos"* e *"instalações necessárias à realização de competições esportivas estaduais, nacionais ou internacionais"*, do artigo 3º, VIII, *b*, da Lei n. 12.651/2012. [...].[212]

Por conta, portanto, do decidido no julgamento das ADIs nºs 4.901, 4.902, 4.903 e 4.937 e da ADC nº 42, *qualquer modalidade de intervenção fundamentada em utilidade pública ou interesse social só pode ser feita excepcionalmente em área de preservação permanente se não houver outra alternativa técnica ou locacional.*

---

[212] ADIs nºs 4.901, 4.902, 4.903 e 4.937 e ADC nº 42. Relator Ministro Luiz Fux, Tribunal Pleno, julgado em 28.02.2018, publicado em 13.08.2019.

Jurisprudência

AÇÃO CIVIL PÚBLICA. AMBIENTAL. *EDIFICAÇÃO EM ÁREA DE PRESERVAÇÃO PERMANENTE. INTERESSE SOCIAL E UTILIDADE PÚBLICA CONFIGURADOS. 1. Existe, na legislação e jurisprudência, certa tolerância para ocupação de áreas de preservação permanente em situações excepcionais, quando envolver hipóteses de utilidade pública, de interesse social ou de baixo impacto ambiental,* conforme o art. 8º da Lei n. 12.651/12, ou ainda nas áreas consolidadas para moradia, conforme os artigos 64 e 65 do mesmo diploma legal. 2. As finalidades do empreendimento qualificam-no como atividade de utilidade pública e de interesse social, a permitir a intervenção em área de preservação permanente, nos termos do art. 3º da Lei n.º 12.651/2012, tendo sido amplamente justificada pelas autoridades a necessidade de construção de uma marina pública na área sub judice. (Grifo acrescido. TRF4, Apelação Cível nº 5008051-16.2013.404.7208, Relatora Desembargadora Vivian Josete Pantaleão Caminha, Quarta Turma. Julgado em 14.09.16)

AMBIENTAL E PROCESSUAL CIVIL. AÇÃO CIVIL PÚBLICA. *OCUPAÇÃO E EDIFICAÇÃO EM ÁREA DE PRESERVAÇÃO PERMANENTE-APP. CASAS DE VERANEIO. MARGENS DO RIO IVINHEMA/MS. SUPRESSÃO DE MATA CILIAR. DESCABIMENTO. ART. 8º DA LEI 12.651/2012. NÃO ENQUADRAMENTO.* DIREITO ADQUIRIDO AO POLUIDOR. FATO CONSUMADO. DESCABIMENTO. DESAPROPRIAÇÃO NÃO CONFIGURADA. LIMITAÇÃO ADMINISTRATIVA. DANO AMBIENTAL E NEXO DE CAUSALIDADE CONFIGURADOS. AUSÊNCIA DE PREQUESTIONAMENTO. SÚMULA 211/STJ. 1. *Descabida a supressão de vegetação em Área de Preservação Permanente – APP que não se enquadra nas hipóteses previstas no art. 8º do Código Florestal (utilidade pública, interesse social e baixo impacto ambiental).* 2. Conquanto não se possa conferir ao direito fundamental do meio ambiente equilibrado a característica de direito absoluto, certo é que ele se insere entre os direitos indisponíveis, devendo-se acentuar a imprescritibilidade de sua reparação, e a sua inalienabilidade, já que se trata de bem de uso comum do povo (art. 225, caput, da CF/1988). [...] (Grifo acrescido. STJ, Recurso Especial nº 1394025, Relatora Ministra Eliana Calmon, Segunda Turma. Julgado em 08.10.13)

3.5.1 Utilidade pública

O conceito de utilidade pública (assim como o de interesse social) é há muito trabalhado, no Direito Administrativo, no estudo das hipóteses de desapropriação.[213] Apesar da coincidência da nomenclatura,

[213] O inciso XXIV do artigo 5º da Constituição consagra as duas modalidades de desapropriação ("Art. 5º [...] XXIV – a lei estabelecerá o procedimento para desapropriação

assim como ocorre no interesse social, as hipóteses de utilidade pública, no Direito Ambiental, são distintas daquelas veiculadas para desapropriação. Em comum está a essência do significado: ocorre utilidade pública diante de uma conveniência/necessidade da Administração Pública para prover alguma atividade de interesse público.

Nos termos do inciso VIII do artigo 3º da Lei nº 12.651/12, são de utilidade pública: a) as atividades de segurança nacional e proteção sanitária; b) as obras de infraestrutura destinadas às concessões e aos serviços públicos de transporte, sistema viário, inclusive aquele necessário aos parcelamentos de solo urbano aprovados pelos municípios, saneamento, gestão de resíduos, energia, telecomunicações, radiodifusão, instalações necessárias à realização de competições esportivas estaduais, nacionais ou internacionais, bem como mineração, exceto, neste último caso, a extração de areia, argila, saibro e cascalho; c) atividades e obras de defesa civil; d) atividades que comprovadamente proporcionem melhorias na proteção das funções ambientais referidas no inciso II deste artigo; e) outras atividades similares devidamente caracterizadas e motivadas em procedimento administrativo próprio, quando inexistir alternativa técnica e locacional ao empreendimento proposto, definidas em ato do Chefe do Poder Executivo federal.

3.5.1.1 Segurança nacional e proteção sanitária (alínea "a")

No entendimento do Supremo Tribunal Federal, a *segurança nacional* "envolve toda a matéria pertinente à defesa da integridade do território, independência, sobrevivência e paz do País, suas instituições e valores materiais ou morais contra ameaças externas e internas, sejam elas atuais e imediatas, ou ainda em estado potencial próximo ou remoto" (STF, Recurso Extraordinário nº 62739, Relator Ministro Aliomar Baleeiro, Tribunal Pleno. Julgado em 23.08.67).

Por atividade de *proteção sanitária* entende-se o conjunto de ações e infraestrutura voltadas especialmente à proteção da saúde pública. Abarca, portanto, além do controle de produção, guarda, circulação, comercialização e consumo de produtos e substâncias, o controle de portos, aeroportos e fronteiras. A *proteção sanitária*, vale frisar, não

---

por necessidade ou utilidade pública, ou por interesse social, mediante justa e prévia indenização em dinheiro, ressalvados os casos previstos nesta Constituição").

fundamenta intervenção em área de preservação permanente de *infraestrutura relacionada ao saneamento básico*, dado que esta é prevista na alínea "b" do mesmo inciso VIII do artigo 3º da Lei nº 12.651/12.

Jurisprudência

AÇÃO CIVIL PÚBLICA. MINISTÉRIO PÚBLICO ESTADUAL. CORTE DE EXEMPLARES ARBÓREOS NO ENTORNO DA PISTA DE POUSO E DECOLAGEM DO AEROPORTO CAMPO DE MARTE. RISCO ÀS OPERAÇÕES AEROPORTUÁRIAS. OBSTRUÇÃO DA VISUALIZAÇÃO DAS AERONAVES PELA TORRE DE CONTROLE. ATO DO SECRETÁRIO MUNICIPAL DO VERDE E MEIO AMBIENTE. LEGALIDADE. COMPENSAÇÃO AMBIENTAL. PLANTIO DE MUDAS NA PROPORÇÃO 1: [...]. 4. No caso em julgamento, necessário se faz equilibrar os interesses em conflito, porquanto a abundante vegetação existente no entorno do Aeroporto Campo de Marte tem dificultado as operações aeroviárias, por obstruir visualmente a comunicação entre a Torre de Controle e a Pista de Pouso e Decolagem, comprometendo a segurança dos usuários dos serviços, bem assim da tripulação dos voos ali operantes, consoante consta da documentação dos autos, em especial das ocorrências noticiadas pelo Serviço Regional de Investigação e Prevenção de Acidentes Aeronáuticos – SIPA (COMAER), bem como dos registros de colisão de aeronaves com pássaros que habitam o arbóreo local durante as fases de pouso e decolagem. [...] 6. O Parecer Técnico elaborado pela Divisão Técnica de Licenciamento Ambiental do Departamento de Controle de Qualidade Ambiental da Prefeitura local concluiu que "a vegetação na área de intervenção das obras não é considerada patrimônio ambiental de acordo com o Decreto 30.443/89, carta 23 do livro Vegetação Significativa do Município de São Paulo, conforme fls. 2189 deste P.A. Conforme Resolução Conama 01/94 a vegetação é considerada nativa da mata Atlântica em estágio secundário inicial de regeneração. É também considerada Vegetação de Preservação Permanente – VPP de acordo com o artigo 4º da Lei 10.365/87, pois forma maciço arbóreo superior a 10.000m² (é citado em laudo de Levantamento Arbóreo de fl. 06 a fl 41 do P.A. 2011-0.056.310-1, na fl 09 a área de supressão sugerida de 58.900 m2) e área de Preservação Permanente de acordo com a Resolução Conama 303/2002". (f. 218). 7. Nos termos da legislação que rege a matéria, a intervenção em vegetação localizada em área de preservação permanente – APP somente pode ser autorizada pelo órgão ambiental competente (Leis nº 4.771/1965, Resolução Conama nº 369/2006, Lei nº 12.651/2012, Lei Municipal nº 10.365/1987 e Portaria 44-SVMA.g /2010). 8. *Despacho que autorizou o corte dos exemplares arbóreos*, cuja nulidade se pretender ver reconhecida na presente ação, foi precedido de todas as etapas indispensáveis a zelar pela questão

> ambiental, *pois*: a) houve apresentação pela INFRAERO de Laudo de Levantamento Arbóreo, descrevendo a vegetação a ser suprimida; b) a questão foi devidamente analisada pelo órgão competente para decidir sobre a supressão, consoante Parecer Técnico da Divisão de Licenciamento Ambiental da Prefeitura Municipal do Departamento de Controle de Qualidade Ambiental da Secretaria Municipal do Meio Ambiente, no qual se analisou, inclusive, o Estudo de Impacto Ambiental (EIA) e Relatório de Impacto Ambiental (RIMA) do Aeroporto do Campo de Marte; *d) houve a anuência da CETESB, a qual considerou ser a intervenção de utilidade pública, por se tratar de questão de segurança nacional, inclusive em local inserido parcialmente em zona militar*; e) apresentação de Projeto de Compensação Ambiental pela INFRAERO, nos termos da legislação correlata, acatado pela Municipalidade como adequado a compensar a supressão em comento. [...] (Grifo acrescido. TRF3, Apelação Cível nº 00186777220124036100, Juíza Convocada Eliana Marcelo, Terceira Turma. Julgado em 11.11.15)

3.5.1.2 Obras de infraestrutura destinadas a serviços públicos (alínea "b")

A alínea "b" do inciso VIII do artigo 3º refere-se a *obras de infraestrutura*. A expressão *infraestrutura* é polissêmica; significa tanto uma estrutura interior ou inferior (por exemplo, a infraestrutura de um prédio) quanto obras públicas disponibilizadas para o proveito da coletividade, para exercício de funções sociais e econômicas (sistema viário, saneamento básico, geração e distribuição de energia, telecomunicações, dentre outros). O dispositivo enumera os tipos de obras de infraestrutura albergadas pelo conceito de utilidade pública: as relacionadas ao transporte (ferroviário, aquaviário, aéreo, terrestre), sistema viário, inclusive aquele necessário aos parcelamentos de solo urbano aprovados pelos municípios, saneamento, gestão de resíduos, energia (geração e distribuição de energia elétrica, eólica, solar, gás, óleo etc.), telecomunicações, radiodifusão, instalações necessárias à realização de competições esportivas estaduais, nacionais ou internacionais, bem como mineração.

É de se ter em mente, tal qual se vem propagando na presente análise, que as exceções ao regime geral de intervenção em área de preservação permanente devem ser interpretadas restritivamente. Isso quer dizer que a legislação enumerou, taxativamente, as obras de infraestrutura que admitem, sem a satisfação de outros requisitos, intervenção em área de preservação permanente. Servindo as obras às atividades constantes no rol da alínea "b" do inciso VIII do artigo 3º

Lei nº 12.651/12, o Poder Público ou quem lhe faça as vezes poderá intervir (desde que autorizado) em área de preservação permanente por expressa previsão legal.

Mesmo antes do julgamento das ADIs nºs 4.901, 4.902, 4.903 e 4.937 e da ADC nº 42, e enquanto ainda vigia, em tese, a dispensa da demonstração de alternativa técnica e locacional para essas hipóteses de intervenção em área de preservação permanente, já defendíamos que a Administração Pública e seus delegados não estavam dispensados de motivar o ato de escolha do local, cuja área de preservação permanente viria a ser atingida pela instalação das obras de infraestrutura classificadas como utilidade pública. É fato que, diante de múltiplas possibilidades, o agente público estaria dotado de certo grau de discricionariedade para, através de juízo de conveniência e oportunidade, avaliar e escolher o local de implantação de obras públicas. Esta avaliação e escolha, todavia, deveria ser orientada por critérios técnicos, inclusive levando em conta o aspecto e a repercussão ambiental. Neste turno sustentávamos que a escolha do local que terá área de preservação permanente atingida pela instalação de obra pública deveria se mostrar necessária, determinante. Não faria sentido, seria irrazoável, implementar obra de infraestrutura com intervenção em área de preservação permanente (capaz de comprometer funções ambientais relevantes preconizadas no já citado inciso II do artigo 3º da Lei nº 12.651/12) quando esta intervenção se mostrasse desnecessária.

Agora, diante do resultado do julgamento das ADIs nºs 4.901, 4.902, 4.903 e 4.937 e da ADC nº 42, não há dúvidas quanto à necessidade de se demonstrar a inexistência de alternativa técnica e locacional para intervenção excepcional em área de preservação permanente para instalação e operação de atividades relacionadas à infraestrutura.

Pois bem, a alínea "b" do inciso VIII do artigo 3º da Lei nº 12.651/12 menciona usos redundantes das obras de infraestrutura que caracterizam utilidade pública, como, por exemplo, ao referir-se ao "sistema viário, inclusive aquele necessário aos parcelamentos de solo urbano aprovados pelos Municípios". Os §§5º e 6º do artigo 2º da Lei de Parcelamento do Solo Urbano (Lei nº 6.766/79) já caracterizam as vias de circulação como infraestrutura dos parcelamentos do solo,[214] ao passo que o artigo 22 da mesma Lei anuncia o caráter público das vias de circulação, ao preconizar que elas passam a integrar o domínio do

---

214 "Art. 2º [...] §5º A infra-estrutura básica dos parcelamentos é constituída pelos equipamentos urbanos de escoamento das águas pluviais, iluminação pública, esgotamento sanitário, abastecimento de água potável, energia elétrica publica e domiciliar e vias de circulação.

município com o registro do loteamento.[215] A alínea "b" do inciso VIII do artigo 3º da Lei nº 126.51/12 incorre, portanto, em atecnia, porque as vias públicas de loteamentos aprovados já são caracterizadas como pertencente ao sistema viário público. Outrossim, o dispositivo em comento fez uma preferência injustificada por exemplificar o sistema viário implantado em loteamentos, quando toda infraestrutura restante de energia e saneamento básico também passa a ser pública com o registro do loteamento. No entanto, não há menção a elas (infraestrutura de energia e saneamento básico proveniente de loteamentos aprovados pelo município) no dispositivo.

Outra imprecisão da Lei nº 12.651/12 ocorria na redundância diante da previsão da infraestrutura de saneamento e de gestão de resíduos como hipóteses distintas de utilidade pública. De acordo com o artigo 3º da Lei nº 11.445/09, o esgotamento sanitário, limpeza e manejo de resíduos sólidos são espécies de atividades de saneamento básico, ao lado do abastecimento de água e drenagem e manejo das águas pluviais.[216] Bastava, portanto, a previsão de infraestrutura de saneamento como de utilidade pública para abarcar a gestão de resíduos. Apesar disso, o Supremo Tribunal Federal declarou inconstitucional a previsão de "gestão de resíduos" como hipótese de utilidade pública.[217]

---

§6º A infra-estrutura básica dos parcelamentos situados nas zonas habitacionais declaradas por lei como de interesse social (ZHIS) consistirá, no mínimo, de: (Incluído pela Lei nº 9.785, de 1999)
I – vias de circulação; (Incluído pela Lei nº 9.785, de 1999)".

[215] "Art. 22. Desde a data de registro do loteamento, passam a integrar o domínio do Município as vias e praças, os espaços livres e as áreas destinadas a edifícios públicos e outros equipamentos urbanos, constantes do projeto e do memorial descritivo".

[216] "Art. 3º Para os efeitos desta Lei, considera-se:
I – saneamento básico: conjunto de serviços, infra-estruturas e instalações operacionais de:
a) abastecimento de água potável: constituído pelas atividades, infra-estruturas e instalações necessárias ao abastecimento público de água potável, desde a captação até as ligações prediais e respectivos instrumentos de medição;
b) esgotamento sanitário: constituído pelas atividades, infra-estruturas e instalações operacionais de coleta, transporte, tratamento e disposição final adequados dos esgotos sanitários, desde as ligações prediais até o seu lançamento final no meio ambiente;
c) limpeza urbana e manejo de resíduos sólidos: conjunto de atividades, infra-estruturas e instalações operacionais de coleta, transporte, transbordo, tratamento e destino final do lixo doméstico e do lixo originário da varrição e limpeza de logradouros e vias públicas;
d) drenagem e manejo das águas pluviais, limpeza e fiscalização preventiva das respectivas redes urbanas: conjunto de atividades, infraestruturas e instalações operacionais de drenagem urbana de águas pluviais, de transporte, detenção ou retenção para o amortecimento de vazões de cheias, tratamento e disposição final das águas pluviais drenadas nas áreas urbanas".

[217] "[...] (a) Art. 3º, inciso VIII, alínea *'b'*, e inciso IX (Alargamento das hipóteses que configuram *interesse social* e *utilidade pública*): [...] Ademais, não há justificativa razoável para

A mesma redundância ocorre quanto às atividades de telecomunicações e radiodifusão. Os artigos 4º e 6º da Lei nº 4.117/65 já qualificam a radiodifusão como espécie da atividade de telecomunicação.[218]

Na primeira edição deste livro e antes do julgamento das ADIs nºs 4.901, 4.902, 4.903 e 4.937 e da ADC nº 42, sustentávamos que não era acertada a previsão de que as instalações necessárias à realização de competições esportivas estaduais, nacionais ou internacionais fossem qualificadas como de utilidade pública para efeito de se permitir intervenção em área de preservação permanente. Estádios ou arenas de esportes costumam ser explorados por empresas ou agremiações privadas, em operações que normalmente envolvem vultosas somas de recursos. É de se presumir que estas competições não caracterizam a essência da utilidade pública, isto é, que não haja proveito coletivo e público relevante advindo desta atividade, mormente que este proveito seja apto a justificar o comprometimento de funções ambientais de espaços protegidos; os interesses diretos se mostram, essencialmente, privados. Pelo contrário, parecia plausível admitir a possibilidade de esses equipamentos atenderem a seus objetivos se instalados fora de áreas de preservação permanente.[219]

---

se permitir intervenção em APPs para fins de gestão de resíduos e de realização de competições esportivas estaduais, nacionais ou internacionais, sob pena de subversão da prioridade constitucional concedida ao meio ambiente em relação aos demais bens jurídicos envolvidos nos dispositivos respectivos. CONCLUSÃO [...] *(ii)* declaração de inconstitucionalidade das expressões "*gestão de resíduos*" e "*instalações necessárias à realização de competições esportivas estaduais, nacionais ou internacionais*", do artigo 3º, VIII, *b*, da Lei n. 12.651/2012 [...]" (STF, ADIs nºs 4.901, 4.902, 4.903 e 4.937 e ADC nº 42. Relator Ministro Luiz Fux, Tribunal Pleno, julgado em 28.02.2018, publicado em 13.08.2019).

218 "Art. 4º Para os efeitos desta lei, constituem serviços de telecomunicações a transmissão, emissão ou recepção de símbolos, caracteres, sinais, escritos, imagens, sons ou informações de qualquer natureza, por fio, rádio, eletricidade, meios óticos ou qualquer outro processo eletromagnético. Telegrafia é o processo de telecomunicação destinado à transmissão de escritos, pelo uso de um código de sinais. Telefonia é o processo de telecomunicação destinado à transmissão da palavra falada ou de sons […]
Art. 6º Quanto aos fins a que se destinam, as telecomunicações assim se classificam: […]
d) serviço de radiodifusão, destinado a ser recebido direta e livremente pelo público em geral, compreendendo radiodifusão sonora e televisão".

219 "Com relação à segunda situação, passa-se a permitir, por mais absurdo que pareça, que uma APP possa ser utilizada para a instalação de obras de infraestrutura destinadas a instalação necessária à realização de competições esportivas estaduais, nacionais ou internacionais. Dessa forma, uma competição esportiva, de caráter meramente privado – como foi a "Copa do Mundo de Futebol Fifa 2014", que foi realizada no Brasil –, passa a ser justificativa, por si, para utilização de uma APP visando construir infraestrutura necessária para o evento. Após o evento, esta estrutura que poderá ser pública ou totalmente privada, continuará a gerar lucros, muita vezes exclusivamente privados, e a sociedade terá abdicado de uma área ambientalmente sensível.

O desacerto do legislador foi corrigido pelo Supremo Tribunal Federal, que também declarou inconstitucional a previsão de "instalações necessárias à realização de competições esportivas estaduais, nacionais ou internacionais" como hipótese de utilidade pública.[220]

Ainda em atenção à alínea "b" do inciso VIII do artigo 3º da Lei nº 12.651/12, também a atividade de mineração é caracterizada como de utilidade pública, exceto a extração de areia, argila, saibro e cascalho. A mineração é o processo de extração de recursos minerais. Por força constitucional, os recursos minerais são bens da União (inciso IX do artigo 20).[221] Considerando que pela Lei nº 8.876/94, a Agência Nacional de Mineração (ANM) gere a exploração de recursos minerais, as substâncias objeto de mineração, para efeito de incidência da alínea "b" do inciso VIII do artigo 3º da Lei nº 12.651/12, são todas aquelas substâncias caracterizadas como minerais (inclusive água mineral), cuja exploração é anuída pela ANM, com exceção, reitera-se, da extração de areia, argila, saibro e cascalho. A pesquisa e extração de areia, argila, saibro e cascalho é caracterizada como de *interesse social* noutro dispositivo, na alínea "f" do inciso IX do mesmo artigo 3º da Lei nº 12.651/12.

Por fim, é irrelevante, para incidência da alínea "b" do inciso VIII do artigo 3º da Lei nº 12.651/12, o modo de execução dos serviços públicos descritos no dispositivo, isto é, se diretamente pelo Poder

---

Evidenciado um dos riscos decorrentes da permissividade do nov CFlo, Frederico Amado9 aponta que "a listagem foi majorada com o nov CFlo, sendo agora possível, no país do futebol, certamente com muito aplausos de grande parte do povo brasileiro, construir estádios de futebol em APPs após a pronúncia de utilidade pública" (AZEVEDO, p. 83, 2013).

"Indaga-se se atividades voltadas à realização de competições esportivas, como a construção de um estádio de futebol, configuram, de fato, hipóteses de intervenção excepcional em APP. Se por um lado, atividades como transporte e transmissão de energia elétrica, serviços públicos de grande relevância, muitas vezes não têm outra alternativa senão a utilização de APP, não se vê justificativa para não se buscar outros locais para implantação de atividades esportivas, de modo a não degradas as APP" (GRANZIERA, 2014, p. 473).

220 "[...] (a) Art. 3º, inciso VIII, alínea '*b*', e inciso IX (Alargamento das hipóteses que configuram *interesse social* e *utilidade pública*): [...] Ademais, não há justificativa razoável para se permitir intervenção em APPs para fins de gestão de resíduos e de realização de competições esportivas estaduais, nacionais ou internacionais, sob pena de subversão da prioridade constitucional concedida ao meio ambiente em relação aos demais bens jurídicos envolvidos nos dispositivos respectivos. CONCLUSÃO [...] *(ii)* declaração de inconstitucionalidade das expressões "*gestão de resíduos*" e "*instalações necessárias à realização de competições esportivas estaduais, nacionais ou internacionais*", do artigo 3º, VIII, *b*, da Lei n. 12.651/2012 [...]" (STF, ADIs nºs 4.901, 4.902, 4.903 e 4.937 e ADC nº 42. Relator Ministro Luiz Fux, Tribunal Pleno, julgado em 28.02.2018, publicado em 13.08.2019).

221 "Art. 20. São bens da União: IX – os recursos minerais, inclusive os do subsolo".

Público, ou indiretamente por concessão ou afins. Isso porque a regra faz menção expressa à concessão. A propósito, percebe-se outra má técnica legislativa, ao arrolar a concessão como atividade distinta dos serviços públicos quando, a bem da verdade, a concessão é um modo de prestação de serviços públicos (ao lado da prestação direta), nos termos do artigo 175 da Constituição da República.[222] De todo modo, a intervenção em área de preservação permanente é permitida, independentemente de a obra de infraestrutura estar sendo executada diretamente pelo Poder Público ou por seus delegados (concessionários).

Jurisprudência

> [...] 3. *No caso concreto é dispensável a autorização do órgão ambiental competente para sua execução, pois a "obra de galeria" voltava-se à utilidade pública,* já que "foi realizada com escopo de viabilizar o trânsito pela atual Avenida Pavão, principal via de acesso entre Bairros da cidade, possibilitando, mormente, a melhoria de acesso à Policlínica Municipal, que realiza o pronto atendimento aos Munícipes", nos termos do art. 8º, §3º, c/c o art. 3º, VIII, b, da Lei nº 12.651/2012. [...] (Grifo acrescido. TRF4, Apelação Cível nº 5008060-12.2012.404.7208, Relator Desembargador Carlos Eduardo Thompson Flores Lenz, Terceira Turma. Julgado em 21.08.13)

> AGRAVO DE INSTRUMENTO. AÇÃO CIVIL PÚBLICA POR DANOS AO MEIO AMBIENTE. *ESTRADA SITUADA EM ÁREA DE PRESERVAÇÃO PERMANENTE. VIA QUE DÁ ACESSO À PEDREIRA EXPLORADA PELA EMPRESA AGRAVADA. NECESSIDADE DE SUA UTILIZAÇÃO PARA TRANSPORTE DE MATERIAIS. POSSIBILIDADE. RESOLUÇÃO Conama N.º 369/2006 QUE AUTORIZA A SUPRESSÃO E INTERVENÇÃO DE VEGETAÇÃO EM ÁREA DE PRESERVAÇÃO PERMANENTE PARA A IMPLANTAÇÃO DE ATIVIDADES DE UTILIDADE PÚBLICA, IN CASU, A EXTRAÇÃO DE SUBSTÂNCIAS MINERAIS.* CUMPRIMENTO DAS MEDIDAS ECOLÓGICAS DE CARÁTER MITIGADOR E COMPENSATÓRIO PREVISTAS NA LEGISLAÇÃO AMBIENTAL. AUSÊNCIA DE PROBABILIDADE DA OCORRÊNCIA DE NOVOS DANOS AO MEIO AMBIENTE. RECURSO DESPROVIDO. (Grifo acrescido. TJPR, Agravo de Instrumento nº 552964-2, Relator Desembargador Abraham Lincoln Calixto, Quarta Câmara Cível. Julgado em 30.03.10)

[222] "Art. 175. Incumbe ao Poder Público, na forma da lei, diretamente ou sob regime de concessão ou permissão, sempre através de licitação, a prestação de serviços públicos".

> AGRAVO DE INSTRUMENTO. COMPANHIA DE ELETRICIDADE DO ESTADO DA BAHIA – COELBA. *RECUSA DE LIGAÇÃO DO SERVIÇO DE FORNECIMENTO DE ENERGIA ELÉTRICA. ALEGAÇÃO DE QUE O IMÓVEL ENCONTRA-SE EM ÁREA DE PRESERVAÇÃO PERMANENTE (APP). LICENÇAS AMBIENTAIS EXPEDIDAS EM FAVOR DO AGRAVADO. SERVIÇO DE INTERESSE PÚBLICO. AMPLIAÇÃO DA REDE DE ESGOTAMENTO SANITÁRIO. PERICULUM IN MORA INVERSO. DECISÃO CONCESSIVA DA ANTECIPAÇÃO DE TUTELA MANTIDA EM PARTE.* RECURSO PARCIALMENTE PROVIDO. (Grifo acrescido. TJBA, Agravo de Instrumento nº0316056-06.2012.8.05.0000, Relatora Desembargadora Regina Helena Ramos Reis, Segunda Câmara Cível. Julgado em 28.01.15)
>
> *Ação destinada à remoção de antenas de rádio e emissoras de televisão de área verde, de preservação permanente,* em Ubatuba Competência da Justiça Comum, de vez que nenhuma das pessoas indicadas no art. 109 da CF ocupa o pólo passivo da presente ação. [...] No mérito, improcedente a ação. É que o art. 180, VII, b da Constituição Estadual permite alteração da destinação de áreas verdes, definidas em projetos de loteamento, desde que necessárias à implantação de equipamentos públicos *e, o §2º, IV, b, do art. 1º da Lei 4.771/65 (Código Florestal), na redação dada pela MP 2166-67/2001 e pela Lei 11934/2009, as obras essenciais de infraestrutura, destinadas aos serviços públicos de telecomunicações e radiodifusão são de utilidade pública.* Assim, legais as permissões de uso outorgadas pelo município para instalação daquelas antenas. Ação improcedente. Recursos providos. (Grifo acrescido. TJSP, Apelação nº 0002138-52.2003.8.26.0642, Relator Desembargador Urbano Ruiz, Décima Câmara de Direito Público. Julgado em 18.04.11)

3.5.1.3 Atividades e obras de defesa civil (alínea "c")

As atividades e obras de defesa civil, previstas na alínea "c" do inciso VIII do artigo 3º da Lei nº 12.651/12, dizem respeito, nos termos do inciso I do artigo 2º do Decreto Federal nº 7.257/10 (que regulamenta a Lei nº 12.608/12, que institui, por sua vez, a Política Nacional de Proteção e Defesa Civil), ao conjunto de "ações preventivas, de socorro, assistenciais e recuperativas destinadas a evitar desastres e minimizar seus impactos para a população e restabelecer a normalidade social".

Atividades e obras de defesa civil que podem pressupor intervenção em áreas de preservação permanente, nas ações de *socorro,* envolvem, por exemplo, preparação do terreno (pense-se no atendimento de desastres em encostas e margens de cursos d'água).

Nas ações de *assistência às vítimas*, o fornecimento de água potável, abrigo, instalação de lavanderias e banheiros e apoio logístico. Nas ações *recuperativas*, medidas de caráter *emergencial* destinadas ao restabelecimento das condições de segurança e habitabilidade da área atingida, suprimento e distribuição de energia elétrica, água potável, esgotamento sanitário, limpeza urbana, drenagem das águas pluviais, transporte coletivo, trafegabilidade, comunicações, abastecimento de água potável e desobstrução e remoção de escombros, além de medidas de caráter *definitivo* para recuperar prédios, infraestrutura pública e ecossistemas (vide incisos V a IX do 2º do Decreto Federal nº 7.257/10).

Jurisprudência

AÇÃO CIVIL PÚBLICA MEIO AMBIENTE – OBRIGAÇÃO DE FAZER Concessão de tutela antecipada Preenchimento dos requisitos *Demonstração acerca da necessidade de realização de medidas e obras para a contenção das enchentes Área de proteção permanente – Medidas de utilidade pública* – Concessão de prazo para a obtenção das autorizações pertinentes Decisão mantida, já que não apenas está em consonância com a legislação revogada, mas também com a vigente Recurso desprovido. (Grifo acrescido. TJSP, Agravo de Instrumento nº 0030393-88.2012.8.26.0000, Relator Desembargador Moreira Viegas, 1ª Câmara Reservada ao Meio Ambiente. Julgado em 15.08.13)

REEXAME NECESSÁRIO. AÇÃO POPULAR. DIREITO AMBIENTAL. *ALEGAÇÃO DE CONSTRUÇÃO IRREGULAR DE ATERRAMENTO E TUBULAÇÃO DE UM CURSO D'ÁGUA EM ÁREA DE PRESERVAÇÃO PERMANENTE* (APP). PEDIDO DE PARALISAÇÃO DO PROCEDIMENTO. IMPOSSIBILIDADE. NECESSIDADE DE REGULARIZAR OBRA DE ENGENHARIA PREEXISTENTE. *PROBLEMA DE DRENAGEM DAS ÁGUAS PLUVIAIS. OBJETIVO DE EVITAR INUNDAÇÕES E PROBLEMAS DE EROSÃO. SERVIÇO DE UTILIDADE PÚBLICA*. OBSERVÂNCIA DOS DITAMES LEGAIS E PROCEDIMENTOS ADMINISTRATIVOS. LICENÇAS DEVIDAMENTE EXPEDIDAS PELA FATMA. AUSÊNCIA DE ILEGALIDADE E LESIVIDADE. [...] (Grifo acrescido. TJSC, Reexame Necessário nº 2011.072265-0, Relator Desembargador José Volpato de Souza, Quarta Câmara de Direito Público. Julgado em 31.07.13)

3.5.1.4 Melhorias na proteção das funções ambientais (alínea "b")

A alínea "d" do inciso VIII do artigo 3º da Lei nº 12.651/12 qualifica como utilidade pública as atividades que comprovadamente proporcionem melhorias na proteção das funções ambientais referidas no inciso II daquele artigo. O inciso II do artigo 3º conceitua as áreas de preservação permanente da seguinte forma:

> Art. 3º [...] II – Área de Preservação Permanente – APP: área protegida, coberta ou não por vegetação nativa, com a *função ambiental de preservar os recursos hídricos, a paisagem, a estabilidade geológica e a biodiversidade, facilitar o fluxo gênico de fauna e flora, proteger o solo e assegurar o bem-estar das populações humanas*. (Grifo acrescido)

Ou seja, é qualificada como utilidade pública toda atividade que, comprovadamente, proporcione melhoria na proteção das funções ambientais de preservação dos recursos hídricos, da paisagem, a estabilidade geológica e da biodiversidade, facilitação o fluxo gênico de fauna e flora, proteção do solo e asseguração do bem-estar das populações humanas.

O elenco de possibilidades, evidentemente, é aberto. A legislação não indica quais intervenções são capazes, *a priori*, de provocar melhoria das funções ambientais. Não obstante, exige que a melhoria deva ser comprovada. O interessado (inclusive o Poder Público, caso se trate de obra pública) tem a obrigação de demonstrar ao órgão ambiental, portanto, que a intervenção em área de preservação permanente pretendida produzirá efeitos mais benéficos (ainda que em longo prazo) ao ecossistema do que manter a área de preservação permanente intacta ou restaurá-la.

Como exemplos de intervenções que podem ser qualificadas como de utilidade pública por provocar melhoria das funções ambientais arroladas no inciso II do artigo 3º da Lei nº 12.651/12, pode-se pensar em obras de engenharia de contenção de margens de curso d'água (para evitar o assoreamento do corpo hídrico), acessos que permitam o fluxo de animais, obras de drenagem para prevenção de alagamentos etc.

Jurisprudência

PROCESSUAL CIVIL. ADMINISTRATIVO. AÇÃO CIVIL PÚBLICA. DANO AO MEIO AMBIENTE. BACIA HIDROGRÁFICA ENVOLVIDA PELO DESENVOLVIMENTO URBANO. *ÁREA DE PRESERVAÇÃO AMBIENTAL PERMANENTE. LAGO ARTIFICIAL. DETERMINAÇÃO DE ATERRAMENTO PARCIAL. URBANIZAÇÃO E SANEAMENTO. NECESSIDADE IMPOSTA PELA OCUPAÇÃO HUMANA. MEDIDA DE PROTEÇÃO À SAÚDE DA POPULAÇÃO.* PROVA. ALTERAÇÃO AMBIENTAL QUE ATINGIU APENAS PARTE DA BACIA. PREVALÊNCIA DAQUELES VALORES. OPÇÃO ADMINISTRATIVA. CONJUNTURA DE FATO. SÚMULA 07/STJ. OFENSA AO ART. 535, DO CPC. INEXISTÊNCIA. 1. O Recurso Especial não é servil ao exame de questões que demandam o revolvimento do contexto fático-probatório dos autos, em face do óbice erigido pela Súmula 07/STJ. 2. Ação civil pública ajuizada pelo Ministério Público Estadual em face de ex-prefeito, objetivando a realização de estudo técnico para reparação ou mitigação do impacto ambiental, bem como a condenação dos responsáveis nas despesas decorrentes das providências indicadas no laudo, além da compensação pelos danos não passíveis de reparação, ao fundamento de que o réu, quando prefeito, no ano de 1985, depois de ter determinado a instalação de drenos no Lago Igapó 2, para recolher as águas das nascentes, autorizou que particulares despejassem toda a espécie de resíduos em parte alagadiça, transformando o local num depósito de lixo a céu aberto, mandando, após, recobrir o local com uma camada de 30 centímetros de terra, providenciando, ainda, o estreitamento do leito normal do Ribeirão Cambé. 2. In casu, o Tribunal local analisou a questão sub examine – ocorrência de dano ambiental decorrente do aterramento de parte do Lago Guapó II situado no Município de Londrina – à luz do contexto fático-probatório engendrado nos autos, consoante se infere do voto condutor do acórdão hostilizado, litteris: "[...] No âmbito substancial, a respeitável sentença recorrida deve ser inteiramente preservada. Seu digno e culto prolator realizou uma análise aprofundada e sensata da séria questão em tela, revolvendo cuidadosamente a prova produzida, para concluir, acertadamente, que a administração pública nada mais fez do que exercer seus poder discricionário, dentro do limite da razoabilidade, ao determinar, como opção administrativa, a realização do aterro. Nela foram bem exaltados e sopesados os elementos da instrução que amparam o convencimento de que aquela obra tomou-se inevitável, desde que, a partir da formação artificial do Lago Igapó, em gestão administrativa anterior da Prefeitura, a primitiva e extensa bacia do Ribeirão Cambé e outras nascentes já havia sofrido relevante alteração, em decorrência do represamento das águas, que acarretou a formação da remanescente área de brejo aqui referida. Convém deixar bem enfatizado, pois, que o aterro feito pelo apelado

WILSON MOREIRA desponta como uma obra complementar e que, supervenientemente, revelou-se necessária, em razão das conseqüência do represamento realizado em administração anterior. Ainda que se trate de uma importante bacia, caracterizada por nascentes, o relatório elaborado pelo Instituto Ambiental do Paraná registrou às fls. 337/337, que: "Com o passar do tempo, já na década de 50, devido à exploração minerária e outros impactos, a área foi alterada e degradada pelo uso, tendo perdido suas características naturais. Com a construção de casas na Rua Prol Joaquim de Matos Barreto houve o corte da base da encosta o que provocou o afloramento de algumas nascentes, atualmente conduzidas ao canal norte do aterro. (grifos nossos) A influência degradatória da presença do homem, portanto, já era bem antiga. No mesmo trabalho, colhe-se mais adiante: Quando a represa do Lago Igapó 2 foi construída, a lâmina d'água não cobria o trecho da planície hoje aterrada. Tempos depois o nível da água foi elevado, mas a lâmina ficou muito rasa gerando decomposição da vegetação existente, o que provocou mau cheiro e a proliferação de mosquitos, trazendo sérias complicações e desconforto à população residente. Segundo informações de antigo funcionário da prefeitura (Sr. Teophilo Paranaense Coutinho Gomes) houve a tentativa de retirada do material ali existente para aprofundar o fundo lago, o que se tentou por cerca de 3 anos. Porém o material retirado, por tratar-se de solo instável, retomava ao fundo do lago quando ocorriam chuvas. *Assim, foram fastos muitos recursos e esforços, porém sem sucesso. Ainda de acordo com o Sr. Teophilo, como perdurasse o problema do mau cheiro e proliferação de mosquitos, procurou-se alternativas para resolver o problema. Na ocasião houve debate com diversos arquitetos da UEL e, em uma reunião na Prefeitura, quando era prefeito o Sr. Délio César, em substituição ao Dr. Wilson Moreira, foi decidido que a melhor alternativa seria o aterramento do local. Foi também definido que a área deveria ser gramada e arborizada com eucaliptos e destinada a práticas esportivas.* O trabalho dá conta, ainda, de que apesar do aterro as nascentes foram preservadas e, nos seus demais recantos, a bacia mantém suas características primitivas, inclusive com áreas de retenção de curso, própria à sedimentação biológica [...] Ora, quando foi instituído o Parque Ecológico Linear do Ribeirão Cambé, pelo Decreto n. 369/95, como área de preservação permanente, *o aterro já estava implantado, como alternativa de saneamento, para proteger a população. O local foi transformado em extenso parque verde, que se localiza entre os dois lagos* (Igapó- I e Igapó- 11), preparado pela Administração Municipal como área pública de lazer, largamente freqüentada. Há toda uma conjuntura em que perdeu atualidade e objetividade a discussão sobre o argumento contido na inicial, de que o réu WILSON MOREIRA teria autorizado a população a fazer da área a ser aterrada um local de despejo de lixo e toda a espécie de detritos, sendo inconcludente em tal sentido, o acervo instrutório. Este mais convence que, se tal ocorria, era por iniciativa de pessoas desinformadas ou desatentas, carentes de educação ou consciência ecológica, o que traz à consideração as notórias

> dificuldades do Poder Público em conter práticas dessa natureza. Fato que, assim, concorria para estimular a Administração à alternativa de aterrar a área pantanosa, que estava em progressivo processo de poluição. [...] Assim, o Código Florestal, como também a Lei n. 6.938/81, esta já vigente à época dos fatos, notadamente seu art. 18, devem ter sua interpretação contemporizada, no contexto do caso, em que a Administração Municipal estava às voltas com o prosseguimento de um projeto cuja execução fora iniciada anteriormente com a criação artificial do Lago Igapó, da qual já havia decorrido o impacto ambiental que "tudo faz crer, I resultou na formação do brejo, e as conseqüências da ocupação humana dos setores marginais, com todas as suas repercussões negativas. [...] Em suma, porque irretocável, deve ser mantida por seus próprios e jurídicos fundamentos, aos quais se somam os aqui expendidos, a respeitável sentença recorrida, que concluiu pela improcedência do pleito deduzido nesta ação civil pública por danos ao meio ambiente". [...]. (Grifo acrescido. STJ, Recurso Especial nº 840011, Relator Ministro Luiz Fux, Primeira Turma. Julgado em 20.09.07)

3.5.1.5 Outras atividades similares (alínea "e")

A alínea "e" do inciso VIII do artigo 3º da Lei nº 12.651/12 refere-se a *outras atividades similares*. Similares às demais atividades arroladas nas alíneas "a" a "d" do mesmo inciso VIII, evidentemente. Como todas as atividades descritas nas alíneas "a" a "d" possuem justificativa direta na satisfação de interesses públicos, da coletividade, a similaridade prevista na alínea "e" se refere, por conclusão lógica, a este pressuposto.

A observação precedente é de suma importância. Não deveria ser qualquer interesse público o caráter norteador da similaridade para efeito de estender a qualificação de utilidade pública (que admite intervenção em área de preservação permanente) a outras atividades afora as arroladas nas alíneas "a", "b", "c" e "d" do inciso VIII do artigo 3º da Lei nº 12.651/12. O signo de utilidade pública pode ser atribuído a outras atividades similares *desde que voltadas a atender o interesse público primário*, não o interesse público secundário da Administração.

Sobre o assunto, convém resgatar a lição, já clássica, de Celso Antônio Bandeira de Mello:

> Uma vez reconhecido que os interesses públicos correspondem à dimensão pública dos interesses individuais, ou seja, que consistem no plexo dos interesses dos indivíduos enquanto partícipes da Sociedade (entificada juridicamente no Estado), nisto incluído o depósito intertemporal destes mesmos interesses, põe-se a nu a circunstância de que não

existe coincidência necessária entre o interesse público e interesse do Estado e demais pessoas de Direito Público.

É que, além de subjetivar estes interesses, o Estado, tal como os demais particulares, é, também ele, uma pessoa jurídica, que, pois, existe e convive no universo jurídico, em concorrência com todos os demais sujeitos de direito. Assim, independentemente do fato de ser, por definição, encarregado dos interesses públicos, o Estado pode ter, tanto quanto as demais pessoas, interesses que lhe são particulares, individuais, e que, tal como os interesses delas, concebidas em suas meras individualidades, se encarnam no Estado enquanto pessoas. Estes últimos não são interesses públicos, mas interesses individuais do Estado, similares, pois (sob prisma extrajurídico), aos interesses de qualquer outro sujeito. Similares, mas não iguais. [...]

Esta distinção a que se acaba de aludir, entre interesses públicos propriamente ditos – isto é, interesses primários do Estado – e interesses secundários (que são os últimos a que se aludiu), é de trânsito corrente e moente na doutrina italiana, e a um ponto tal que, hoje, poucos doutrinadores daquele país se ocupam em explicá-los, limitando-se a fazer-lhes menção, como referência a algo óbvio, de conhecimento geral. Este discrímen, contudo, é exposto com exemplar clareza por Renato Alessi, colacionando lições de Carnelutti e Picardi, ao elucidar que os interesses secundários do Estado só podem ser por ele buscados quando coincidentes com os interesses primários, isto é, com os interesses públicos propriamente ditos.[223]

Quer-se, com isso, chegar à seguinte conclusão: *não é toda e qualquer obra pública ou atividade executada pelo Estado que pode ser caracterizada como de utilidade pública para efeito de autorizar intervenção em área de preservação permanente*. Um prédio público, por exemplo, que serve como arquivo, almoxarifado, ou mesmo abriga as atividades rotineiras do Estado (pense-se no escritório de autarquia) atende, precipuamente, aos interesses patrimoniais e financeiros da Administração Pública (interesse público secundário, portanto, não albergado pelo dispositivo). Do contrário, toda e qualquer intervenção de engenharia promovida pela Administração Pública, por dizer respeito ao exercício da atividade administrativa, poderia autorizar supressão de áreas de preservação permanente. Não é esse, evidentemente, o objetivo e a finalidade da norma.

As demais atividades, para serem caracterizadas como similares àquelas nas alíneas "a", "b", "c" e "d" do inciso VIII do artigo 3º da

---

[223] BANDEIRA DE MELLO, 2016, p. 66.

Lei nº 12.651/12, devem ser indispensáveis à satisfação de necessidades coletivas que justifiquem a intervenção em área de preservação permanente, isto é, o interesse público primário. O interesse público norteador não deve ser o interesse público secundário, dos órgãos e entidades da Administração enquanto organizações que atuam no mundo jurídico tal qual os particulares, com necessidades usuais de estrutura, logística, insumos etc.

Esse entendimento, importante frisar, não parece ser unânime. Existem decisões judiciais que reputam que qualquer obra pública possa ser caracterizada como de utilidade pública para efeito de intervenção em área de preservação permanente. Foi o que decidiu, por exemplo, liminarmente, a 6ª Vara Federal de Florianópolis ao autorizar a construção de sede do Fórum Trabalhista do Tribunal Regional Federal da 12ª Região em área reputada como de preservação permanente (assim definida na legislação municipal) localizada no município de São José, Santa Catarina:

> Esclareço que a obra do Tribunal Regional do Trabalho é de utilidade pública, não estando incluída na decisão liminar, pois as obras de interesse público podem ser construídas em áreas de preservação permanente, conforme previsão expressa do Código Florestal [...]. (Decisão liminar na Ação Civil Pública nº 5010039-91.2016.4.04.7200/SC, 6ª Vara Federal de Florianópolis, 28.07.16)

A este pressuposto – de que as atividades devem ser indispensáveis à satisfação de interesses públicos primários, não a de interesses da Administração Pública enquanto entidade organizacional – a alínea "e" inciso VIII do artigo 3º da Lei nº 12.651/12 acrescenta outros três requisitos: *caracterização e motivação em procedimento administrativo próprio; inexistência de alternativa técnica e locacional ao empreendimento proposto; definição em ato do Chefe do Poder Executivo federal.*

A Administração Pública, ao cogitar caracterizar outra atividade como de utilidade pública para efeito de permitir intervenção em área de preservação permanente, deve gerar um processo administrativo próprio que registrará todos os atos correlatos. Nele devem ser discriminados, pormenorizadamente, os motivos que levam a autoridade a reputar como de utilidade pública, para este fim, a *atividade* (descrevendo detalhadamente suas peculiaridades) e a *área* (solução locacional) cogitada.

Sobre a inexistência de alternativa técnica e locacional, a exigência expressa na alínea "e" inciso VIII do artigo 3º da Lei nº 12.651/12 foi estendida pelo Supremo Tribunal Federal a todas as demais hipóteses de utilidade pública e interesse social nos autos das ADIs nºs 4.901, 4.902, 4.903 e 4.937 e da ADC nº 42. Ao assunto, remetemos o leitor à seção 3.5.

O último requisito para qualificar outras atividades como de utilidade pública é a definição, ao final do processo administrativo, por ato (decreto), do Chefe do Poder Executivo federal. A rigor, a circunscrição da prerrogativa à chefia do Executivo federal merece interpretação sistemática da Constituição da República. É que a Constituição da República assegura a autonomia (e por autonomia, entende-se também ausência de hierarquia) entre os entes federados.[224] Este é o fundamento para a auto-organização dos entes federados sem interferência ou dependência dos demais.

Se no sistema federativo brasileiro os estados e municípios não se subjugam aos ditames da União, as deliberações da chefia do Executivo federal não se aplicam, como regra, aos Executivos estaduais e municipais. Fazendo, portanto, uma leitura simétrica da alínea "e" do inciso VIII do artigo 3º da Lei nº 12.651/12, a conclusão a que se chega é que os chefes dos Poderes Executivos estaduais e municipais devem ser dotados de igual competência para definir, por decreto, outras atividades como de utilidade pública para este fim.

Jurisprudência

> [...] II- Considerando que a verificação de que os documentos juntados aos autos, ao menos por ora, comprova que a agravante obteve todas as licenças ambientais, seja por parte da CETESB e da Secretaria do Meio Ambiente, seja por parte da Secretaria Especial de Portos (órgão vinculado à Presidência da República), com o fim de proceder à ampliação de terminal marítimo portuário, considerados, ainda, os condicionantes tratados nos aludidos pareceres técnicos, *é de se concluir, ao menos no atual momento processual, que não se sustenta a alegação de que não foi comprovada a declaração de utilidade pública devidamente expressa em procedimento administrativo próprio do Chefe do Poder Executivo Federal, até porque, por meio de decisão já publicada no Diário Oficial da União, a Presidente da República, no uso da atribuição conferida pelo art. 84, "caput", inciso IV, da CF, expressamente declarou como sendo de utilidade pública, para fins do disposto na alínea b do inciso VII do "caput" do art. 3º da Lei*

[224] "Art. 18. A organização político-administrativa da República Federativa do Brasil compreende a União, os Estados, o Distrito Federal e os Municípios, todos autônomos, nos termos desta Constituição".

> *nº 11.428/2006, a obra de ampliação do terminal portuário, restando patente, assim, a regularidade da obra*, sendo de rigor o provimento recursal. (Grifo acrescido. TJSP, Agravo de Instrumento nº 2036390-81.2013.8.26.0000, Relator Desembargador Paulo Ayrosa. 2ª Câmara Reservada ao Meio Ambiente. Julgado em: 10.04.14)

3.5.2 Interesse social

Ao contrário da utilidade pública (onde há conveniência/necessidade da atividade), o *interesse social* é caracterizado pela função social da atividade ou intervenção. Interesse social, nos termos do inciso IX do artigo 3º da Lei nº 12.651/12, são as seguintes atividades:

> Art. 3º [...] IX – interesse social:
>
> a) as atividades imprescindíveis à proteção da integridade da vegetação nativa, tais como prevenção, combate e controle do fogo, controle da erosão, erradicação de invasoras e proteção de plantios com espécies nativas;
>
> b) a exploração agroflorestal sustentável praticada na pequena propriedade ou posse rural familiar ou por povos e comunidades tradicionais, desde que não descaracterize a cobertura vegetal existente e não prejudique a função ambiental da área;
>
> c) a implantação de infraestrutura pública destinada a esportes, lazer e atividades educacionais e culturais ao ar livre, em áreas urbanas e rurais consolidadas, observadas as condições estabelecidas nesta Lei;
>
> d) a regularização fundiária de assentamentos humanos ocupados predominantemente por população de baixa renda em áreas urbanas consolidadas, observadas as condições estabelecidas na Lei no 11.977, de 7 de julho de 2009;
>
> e) implantação de instalações necessárias à captação e condução de água e de efluentes tratados para projetos cujos recursos hídricos são partes integrantes e essenciais da atividade;
>
> f) as atividades de pesquisa e extração de areia, argila, saibro e cascalho, outorgadas pela autoridade competente;
>
> g) outras atividades similares devidamente caracterizadas e motivadas em procedimento administrativo próprio, quando inexistir alternativa técnica e locacional à atividade proposta, definidas em ato do Chefe do Poder Executivo federal;

3.5.2.1 Atividades imprescindíveis à proteção da integridade da vegetação nativa (alínea "a")

A alínea "a" do inciso IX do artigo 3º da Lei nº 12.651/12 considera de interesse social "as atividades imprescindíveis à proteção da integridade da vegetação nativa, tais como prevenção, combate e controle do fogo, controle da erosão, erradicação de invasoras e proteção de plantios com espécies nativas". Recorde-se que a alínea "d" do inciso VIII do artigo 3º da Lei nº 12.651/12 caracteriza como de utilidade pública, para fins semelhantes, "atividades que comprovadamente proporcionem melhorias na proteção das funções ambientais das áreas de preservação permanente". A distinção, sutil, é que o objeto de proteção da alínea "a" do inciso IX do artigo 3º da Lei nº 12.651/12 é a *vegetação nativa,* ao passo que o objeto de proteção da alínea "d" do inciso VIII do artigo 3º são as *funções ambientais das áreas de preservação permanente.*

Na prática, a diferença é que o interesse social descrito na alínea "a" do inciso IX do artigo 3º da Lei nº 12.651/12 autoriza intervenção em área de preservação permanente para proteção da vegetação nativa, onde quer que ela ocorra. Já a utilidade pública, prevista na alínea "d" do inciso VIII do mesmo artigo 3º, autoriza intervenção em área de preservação permanente em espectro distinto, para incrementar a proteção das funções ambientais daquelas áreas, estejam elas recobertas por vegetação nativa ou não.

Fato é que ambas as hipóteses poderiam ter sido aglutinadas em um só dispositivo, por estarem umbilicalmente ligadas. A ideia da regra geral de não permitir interferência em área de preservação permanente é, em grande medida, preservar a vegetação nativa, já que algumas das mais relevantes funções ambientais das áreas de preservação permanente, preconizadas no inciso II do artigo 3º da Lei nº 12.651/12, é a preservação da biodiversidade e facilitação do fluxo gênico da fauna e flora. Por isso, o incremento das funções ambientais das áreas de preservação permanente passa pela proteção da vegetação nativa (ou sua recuperação) eventualmente existente nestas áreas.

De todo modo, o dispositivo fornece exemplos de atividades caracterizadas como de interesse social por serem imprescindíveis à proteção da integridade da vegetação nativa. Se, portanto, para prevenir o fogo, combatê-lo ou controlá-lo, controlar a erosão, erradicar as espécies invasoras e providenciar o plantio de espécies nativas for necessária a intervenção em área de preservação permanente (além de outras medidas que possam se enquadrar neste objetivo), a atividade é qualificada como de interesse social.

3.5.2.2 Exploração agroflorestal sustentável (alínea "b")

A alínea "b" do inciso IX do artigo 3º da Lei nº 12.651/12 considera como de interesse social a "exploração agroflorestal sustentável praticada na pequena propriedade ou posse rural familiar ou por povos e comunidades tradicionais, desde que não descaracterize a cobertura vegetal existente e não prejudique a função ambiental da área".

A *exploração agroflorestal sustentável* não se confunde com o *manejo florestal sustentável*. O inciso VI do artigo 3º da Lei nº 12.651/12 diz que o "manejo sustentável é administração da vegetação natural para a obtenção de benefícios econômicos, sociais e ambientais, respeitando-se os mecanismos de sustentação do ecossistema objeto do manejo e considerando-se, cumulativa ou alternativamente, a utilização de múltiplas espécies madeireiras ou não, de múltiplos produtos e subprodutos da flora, bem como a utilização de outros bens e serviços". O artigo 31 da Lei nº 12.651/12, que prevê a exploração de florestas e formações sucessoras de acordo com técnicas de condução, exploração, reposição florestal e manejo compatíveis com os variados ecossistemas que a cobertura arbórea forme,[225] estatui que estas técnicas (que traçam as diretrizes e procedimentos para administração das florestas) são descritas num plano, apresentado pelo interessado e aprovado pelo órgão ambiental competente, chamado de *Plano de Manejo Florestal Sustentável*.

A *exploração agroflorestal sustentável* da alínea "b" do inciso IX do artigo 3º da Lei nº 12.651/12, não se restringe, necessariamente, à exploração de florestas e formações sucessoras. Se fosse esse o caso, a legislação teria se referido ao manejo florestal sustentável e à exploração florestal previstos na alínea "j" do inciso X do artigo 3º e no artigo 31 da mesma Lei, respectivamente. A exploração agroflorestal sustentável diz respeito, a bem da verdade, à atividade econômica rural (isto é, à *exploração agrícola, extrativa vegetal*, florestal) familiar, localizada inclusive em áreas não recobertas por florestas nativas e formações sucessoras,

[225] "Art. 31. A exploração de florestas nativas e formações sucessoras, de domínio público ou privado, ressalvados os casos previstos nos arts. 21, 23 e 24, dependerá de licenciamento pelo órgão competente do Sisnama, mediante aprovação prévia de Plano de Manejo Florestal Sustentável – PMFS que contemple técnicas de condução, exploração, reposição florestal e manejo compatíveis com os variados ecossistemas que a cobertura arbórea forme".

desenvolvida de acordo com parâmetros de sustentabilidade, isto é, compatível com a capacidade de suporte ambiental e de reposição dos recursos naturais da área.

O dispositivo prevê duas modalidades de exploração agroflorestal sustentável: a desenvolvida em imóvel rural familiar e a desenvolvida por povos e comunidades tradicionais.

A primeira hipótese de exploração agroflorestal sustentável que caracteriza interesse social é aquela que se desenvolve em *imóvel rural familiar*. Tal qual visto na seção 3.2, existem dois conceitos legais vigentes para o imóvel rural familiar. Um veiculado no inciso V do próprio artigo 3º da Lei nº 12.651/12, que conceitua a propriedade ou posse rural familiar como "aquela explorada mediante o trabalho pessoal do agricultor familiar e empreendedor familiar rural, incluindo os assentamentos e projetos de reforma agrária, e que atenda ao disposto no art. 3º da Lei nº 11.326, de 24 de julho de 2006". Outro, veiculado no inciso II do artigo 4º do Estatuto da Terra (Lei nº 4.504/64), define a propriedade familiar como o "imóvel rural que, direta e pessoalmente explorado pelo agricultor e sua família, lhes absorva toda a força de trabalho, garantindo-lhes a subsistência e o progresso social e econômico, com área máxima fixada para cada região e tipo de exploração e, eventualmente, trabalho com a ajuda de terceiros". Acaso se opte pelo conceito do inciso II do artigo 4º do Estatuto da Terra, isso exclui do conceito de interesse social a exploração levada a cabo por entidades empresariais estruturadas (onde o trabalho e a ajuda de terceiros não é eventual) e a agroindústria.

A segunda possibilidade é a *exploração agroflorestal sustentável praticada por povos e comunidades tradicionais*. Povos e comunidades tradicionais, de acordo com o inciso I do artigo 3º do Decreto Federal nº 6.040/07,[226] são "grupos culturalmente diferenciados e que se reconhecem como tais, que possuem formas próprias de organização social, que ocupam e usam territórios e recursos naturais como condição para sua reprodução cultural, social, religiosa, ancestral e econômica, utilizando conhecimentos, inovações e práticas gerados e transmitidos pela tradição".

A última exigência para qualificar a *exploração agroflorestal sustentável como de interesse social*, nos termos da alínea "b" do inciso IX do artigo 3º da Lei nº 12.651/12, é que a atividade *não descaracterize*

[226] Que institui a Política Nacional de Desenvolvimento Sustentável dos Povos e Comunidades Tradicionais.

a cobertura vegetal existente e não prejudique a função ambiental da área. Trata-se de exigências de difícil aferição prática, inclusive porque o prejuízo à função ambiental da área é deduzido a partir de avaliações técnicas que, a depender das premissas e metodologias utilizadas, podem ser permeadas de elevado grau de subjetividade. O que releva o prejuízo à função ambiental para um profissional pode não o ser para outro.

Para se identificar o conteúdo da *impossibilidade de descaracterização da cobertura vegetal,* cumpre apurar o significado da *intervenção* em área de preservação permanente para exploração agroflorestal sustentável, que é autorizada pelo dispositivo; a dúvida repousa, especificamente, na abrangência do significado da expressão *intervenção.* Ao falar sobre a exploração agroflorestal de baixo impacto ambiental, Paulo Affonso Leme Machado defende que a *intervenção* não significa a possibilidade jurídica de *supressão* de vegetação nativa: "Da mesma forma, na alínea "j" a exploração agroflorestal e o manejo sustentável, exclusivamente comunitário e familiar, não podem descaracterizar a cobertura vegetal nativa existente – o que equivale a não permitir a supressão de vegetação nativa existente".[227]

Entendemos que se não fosse permitida supressão de vegetação nativa para exploração agroflorestal sustentável, a exceção encartada na presente hipótese de interesse social poderia ter praticamente nenhuma repercussão concreta; na melhor das hipóteses, reduziria demasiadamente seu alcance e utilidade. Muitas atividades agroflorestais envolvem o cultivo; muito por isso demandam, em diversos casos, a remoção (ou impedimento da regeneração) da cobertura vegetal nativa em alguma medida. Por esse motivo, não parece fazer sentido permitir intervenção em área de preservação permanente para aquela finalidade de interesse social e, paradoxalmente, vedar a supressão da vegetação nela existente. A intervenção pode pressupor, neste caso específico, a supressão da cobertura vegetal.

Reputamos, portanto, que a interpretação mais adequada leva à conclusão de que, ao referir a impossibilidade de a exploração agroflorestal sustentável *descaracterizar a cobertura vegetal ou prejudicar sua função ambiental,* a intenção não é vedar em absoluto a supressão da cobertura vegetal. A legislação autoriza a supressão e a colonização com outras espécies, cultiváveis, desde que, numa perspectiva macro, esta

[227] MACHADO, 2016, p. 921-922.

intervenção não comprometa a cobertura vegetal (que deve permanecer, senão predominante, pelo menos relevante) e a função ambiental na região onde a atividade se desenvolve, isto é, não comprometa os recursos hídricos, a paisagem, a estabilidade geológica a biodiversidade, o fluxo gênico de fauna e flora, o solo e o bem-estar das populações humanas.

3.5.2.3 Infraestrutura pública destinada a esporte, lazer, educação e cultura (alínea "c")

A alínea "b" do inciso IX do artigo 3º da Lei nº 12.651/12 qualifica como de *interesse social* a "implantação de infraestrutura pública destinada a esportes, lazer e atividades educacionais e culturais ao ar livre em áreas urbanas e rurais consolidadas, observadas as condições estabelecidas nesta Lei".

Por infraestrutura pública, como dito alhures, entende-se o provimento/disponibilização de obra pública (implantada diretamente pelo Poder Público ou indiretamente, por seus delegatários) para proveito público, da coletividade. Enquanto a alínea "b" do inciso VIII do artigo 3º da Lei nº 12.651/12 caracterizava como de *utilidade pública* a infraestrutura pública para serviços públicos, a alínea "b" do inciso IX do artigo 3º da Lei nº 12.651/12 caracteriza como *interesse social* a infraestrutura pública para atividades de natureza social, quais sejam esporte, lazer, educação e cultura.

As duas condições veiculadas na alínea "b" do inciso IX do artigo 3º da Lei nº 12.651/12 são a de que a infraestrutura pública seja destinada a atividades exercidas ao ar livre e em áreas urbanas ou rurais, consolidadas.

Restringir as atividades esportivas, de lazer, de educação e cultura ao ar livre pressupõe que a infraestrutura a ser implantada, onde serão executadas as aludidas atividades, não dependa da execução de obras físicas, permanentes, *com cobertura,* de qualquer material. Disso decorrem duas interpretações.

A primeira é de que, igualmente, não pode ser alocada em área de preservação permanente nenhuma *benfeitoria assessória ou de apoio* às atividades esportivas, de lazer, de educação e cultura que envolva algum tipo de cobertura (como banheiros, depósito de materiais, quiosques etc.).

A segunda, à qual nos perfilamos, defende a possibilidade da implantação, em área de preservação permanente, de benfeitorias indispensáveis para prestar apoio logístico às atividades principais, estas sim a serem desenvolvidas ao ar livre. Isso porque se a lei quer que atividades sociais de esporte, lazer, educação e cultura, possam vir a ser desenvolvidas ao ar livre em área de preservação permanente, a autorização pressupõe que a Administração Pública também dote a infraestrutura de instrumentos necessários à execução daquelas atividades. A localização dessas benfeitorias em área de preservação permanente, importante dizer, deve se mostrar necessária, indispensável, naquele espaço.

A segunda condição é a de que a área urbana ou rural seja consolidada.

O inciso XXVI do artigo 3º da Lei nº 11.251/12 remete o conceito de *área urbana consolidada* ao inciso II do artigo 47 da Lei nº 11.977/09 (Lei do Programa Minha Casa Minha Vida). Ocorre que o inciso II do artigo 47 da Lei nº 11.977/09,[228] que caracterizava área urbana consolidada para efeitos de regularização fundiária de assentamentos urbanos, foi revogado pela Medida Provisória nº 759, de 2016, convertida, recentemente, na Lei nº 13.465, de 11 de julho de 2017. Também por força da Lei nº 13.465/17, agora, o conceito de *área urbana consolidada* está veiculado no §2º do novo artigo 16-C da Lei nº 9.636/98, que por sua vez trata da regularização, administração, aforamento e alienação de bens imóveis de domínio da União. Os critérios para conceituação da área urbana consolidada, atualmente vigentes na Lei nº 9.636/98, são os seguintes:

> 16-C [...] §2º Para os fins desta Lei, considera-se área urbana consolidada aquela:
>
> I – incluída no perímetro urbano ou em zona urbana pelo plano diretor ou por lei municipal específica;
>
> II – com sistema viário implantado e vias de circulação pavimentadas;
>
> III – organizada em quadras e lotes predominantemente edificados;

[228] "Art. 47. Para efeitos da regularização fundiária de assentamentos urbanos, consideram-se: [...] II. Área urbana consolidada: parcela da área urbana com densidade demográfica superior a 50 (cinquenta) habitantes por hectare e malha viária implantada e que tenha, no mínimo, 2 (dois) dos seguintes equipamentos de infraestrutura urbana implantados:
a) drenagem de águas pluviais urbanas;
b) esgotamento sanitário
c) abastecimento de água potável
d) distribuição de energia elétrica;
e) limpeza urbana, coleta e manejo de resíduos sólidos".

> IV – de uso predominantemente urbano, caracterizado pela existência de edificações residenciais, comerciais, industriais, institucionais, mistas ou voltadas à prestação de serviços; e
>
> V – com a presença de, no mínimo, três dos seguintes equipamentos de infraestrutura urbana implantados:
>
> a) drenagem de águas pluviais;
>
> b) esgotamento sanitário;
>
> c) abastecimento de água potável;
>
> d) distribuição de energia elétrica; e
>
> e) limpeza urbana, coleta e manejo de resíduos sólidos.

Já o conceito de área rural consolidada consta, expressamente, no inciso IV do artigo 3º da Lei nº 12.651/12, nos seguintes termos: "área de imóvel rural com ocupação antrópica preexistente a 22 de julho de 2008, com edificações, benfeitorias ou atividades agrossilvopastoris, admitida, neste último caso, a adoção do regime de pousio".

Jurisprudência

> Ação civil pública ambiental. Pedido de paralisação da construção de equipamento público de lazer em área urbana na faixa de preservação permanente junto a rio federal. Autorização do DEPRN suspensa em razão de nova vistoria. Dano ambiental comprovado. Obrigação de demolir acessões e recuperar o estado primitivo da área. Sentença de procedência. Recurso oficial e apelação não providos. [...] Voto [...]
>
> *A pista de skate que o apelante quer ver construída em Área de Preservação Permanente não se enquadra em nenhuma das numerosas hipóteses acima enumeradas, não se consubstanciando, portanto, em obra de utilidade pública nem de interesse social.* (Grifo acrescido. TJSP, Apelação nº 9067507-10.2009.8.26.0000, Relator Desembargador Antonio Celso Aguilar Cortez, 1ª Câmara Reservada ao Meio Ambiente. Julgado em 18.04.13)

3.5.2.4 Regularização fundiária de assentamentos urbanos ocupados predominantemente por população de baixa renda em áreas urbanas consolidadas (alínea "d")

A alínea "d" do inciso IX do artigo 3º da Lei nº 12.651/12 qualifica como de interesse social "a regularização fundiária de assentamentos humanos ocupados predominantemente por população de baixa renda em áreas urbanas consolidadas, observadas as condições estabelecidas na Lei nº 11.977, de 7 de julho de 2009".

Acontece que não só o conceito de área urbana consolidada, mas também todo o capítulo que tratava da regularização fundiária de assentamentos humanos, outrora veiculado na Lei nº 11.977/09, foi revogado pela Medida Provisória nº 759/16, recentemente convertida na Lei nº 13.465/17. A mesma Lei nº 13.465/17 passou a disciplinar, nos seus artigos 2º e seguintes, a regularização fundiária rural e urbana.

Interpretando, portanto, de modo sistemático a alínea "d" do inciso IX do artigo 3º da Lei nº 12.651/12 ao ordenamento vigente, deve-se considerar como de interesse social a regularização fundiária de assentamentos humanos que observem as condições estabelecidas na norma que sucede a Lei nº 11.977/09; no caso, que observem as condições estabelecidas na Lei nº 13.465/17.

No que toca às áreas de preservação permanente, a novidade da Lei nº 13.465/17, em relação à revogada parte da Lei nº 11.977/09, está nos §§3º e 4º do artigo 9º, assim vazados:

> Art. 11 [...] §2º Constatada a existência de núcleo urbano informal situado, total ou parcialmente, em área de preservação permanente ou em área de unidade de conservação de uso sustentável ou de proteção de mananciais definidas pela União, Estados ou Municípios, a Reurb observará, também, o disposto nos arts. 64 e 65 da Lei no 12.651, de 25 de maio de 2012, hipótese na qual se torna obrigatória a elaboração de estudos técnicos, no âmbito da Reurb, que justifiquem as melhorias ambientais em relação à situação de ocupação informal anterior, inclusive por meio de compensações ambientais, quando for o caso. ;
>
> §4º Na Reurb cuja ocupação tenha ocorrido às margens de reservatórios artificiais de água destinados à geração de energia ou ao abastecimento público, a faixa da área de preservação permanente consistirá na distância entre o nível máximo operativo normal e a cota máxima maximorum.

Os artigos 64 e 65 da Lei nº 12.651/12 também tiveram sua redação alterada pela Lei nº 13.465/17, nos seguintes termos:

> Art. 64. Na Reurb-S dos núcleos urbanos informais que ocupam Áreas de Preservação Permanente, a regularização fundiária será admitida por meio da aprovação do projeto de regularização fundiária, na forma da lei específica de regularização fundiária urbana.

§1º O projeto de regularização fundiária de interesse social deverá incluir estudo técnico que demonstre a melhoria das condições ambientais em relação à situação anterior com a adoção das medidas nele preconizadas.

§2º O estudo técnico mencionado no §1º deverá conter, no mínimo, os seguintes elementos:

I – caracterização da situação ambiental da área a ser regularizada;

II – especificação dos sistemas de saneamento básico;

III – proposição de intervenções para a prevenção e o controle de riscos geotécnicos e de inundações;

IV – recuperação de áreas degradadas e daquelas não passíveis de regularização;

V – comprovação da melhoria das condições de sustentabilidade urbano-ambiental, considerados o uso adequado dos recursos hídricos, a não ocupação das áreas de risco e a proteção das unidades de conservação, quando for o caso;

VI – comprovação da melhoria da habitabilidade dos moradores propiciada pela regularização proposta; e

VII – garantia de acesso público às praias e aos corpos d'água.

Art. 65. Na Reurb-E dos núcleos urbanos informais que ocupam Áreas de Preservação Permanente não identificadas como áreas de risco, a regularização fundiária será admitida por meio da aprovação do projeto de regularização fundiária, na forma da lei específica de regularização fundiária urbana.

§1º O processo de regularização fundiária de interesse específico deverá incluir estudo técnico que demonstre a melhoria das condições ambientais em relação à situação anterior e ser instruído com os seguintes elementos:

I – a caracterização físico-ambiental, social, cultural e econômica da área;

II – a identificação dos recursos ambientais, dos passivos e fragilidades ambientais e das restrições e potencialidades da área;

III – a especificação e a avaliação dos sistemas de infraestrutura urbana e de saneamento básico implantados, outros serviços e equipamentos públicos;

IV – a identificação das unidades de conservação e das áreas de proteção de mananciais na área de influência direta da ocupação, sejam elas águas superficiais ou subterrâneas;

V – a especificação da ocupação consolidada existente na área;

VI – a identificação das áreas consideradas de risco de inundações e de movimentos de massa rochosa, tais como deslizamento, queda e rolamento de blocos, corrida de lama e outras definidas como de risco geotécnico;

VII – a indicação das faixas ou áreas em que devem ser resguardadas as características típicas da Área de Preservação Permanente com a devida proposta de recuperação de áreas degradadas e daquelas não passíveis de regularização;

VIII – a avaliação dos riscos ambientais;

IX – a comprovação da melhoria das condições de sustentabilidade urbano-ambiental e de habitabilidade dos moradores a partir da regularização; e

X – a demonstração de garantia de acesso livre e gratuito pela população às praias e aos corpos d'água, quando couber.

§2º Para fins da regularização ambiental prevista no caput, ao longo dos rios ou de qualquer curso d'água, será mantida faixa não edificável com largura mínima de 15 (quinze) metros de cada lado.

§3º Em áreas urbanas tombadas como patrimônio histórico e cultural, a faixa não edificável de que trata o §2º poderá ser redefinida de maneira a atender aos parâmetros do ato do tombamento.

A legislação vigente impõe, portanto, a par das exigências da alínea "d" do inciso IX do artigo 3º da Lei nº 12.651/12 (isto é, que o assentamento seja preponderantemente de população de baixa renda e em área urbana consolidada), que a regularização dos assentamentos urbanos informais localizados em área de preservação permanente seja acompanhada de estudos técnicos que justifiquem as melhorias ambientais em relação à situação anterior. Sobre o assunto remetemos o leitor à seção 4 deste livro.

Jurisprudência

[...] 2. O FUNDAMENTO PARA A DEMOLIÇÃO DO IMÓVEL EM QUESTÃO É DE QUE O MESMO NÃO SERIA PASSÍVEL DE REGULARIZAÇÃO FUNDIÁRIA, PORQUE ESTARIA LOCALIZADO EM APP – ÁREA DE PRESERVAÇÃO PERMANENTE. TODAVIA, NÃO HÁ QUALQUER PROVA NOS AUTOS NESSE SENTIDO. 3. *AINDA QUE FOSSE POSSÍVEL CONCLUIR, SEGURAMENTE, QUE O IMÓVEL EM QUESTÃO ESTÁ REALMENTE INSERIDO EM APP – ÁREA DE PRESERVAÇÃO PERMANENTE, TAL FATO, POR SI SÓ, NÃO CONSTITUI OBSTÁCULO INTRANSPONÍVEL À REGULARIZAÇÃO FUNDIÁRIA, POIS O NOVO CÓDIGO FLORESTAL BRASILEIRO, EXCEPCIONALMENTE, PERMITE A REGULARIZAÇÃO FUNDIÁRIA DE OCUPAÇÕES IRREGULARES EM APPS* (LEI 12.651/12 8º, 64 E 65). [...] (Grifo acrescido. TJDF, Apelação Cível nº 0007533-04.2011.8.07.0018,

Relator Desembargador Sérgio Rocha, 2ª Turma Cível. Julgado em 26.06.13)

Agravo regimental. Apelação. Ação demolitória. Construção em APP. Regularização. [...] *O fato de o imóvel estar inserido em APP (Área de Preservação Permanente), por si só, não constitui obstáculo intransponível à regularização fundiária do imóvel, tendo em vista que o novo Código Florestal Brasileiro, excepcionalmente, permite a regularização fundiária de ocupações irregulares em APPs quando observados todos os requisitos técnicos e legais*, que, in casu, não foram observados. Em se tratando de imóvel cuja extensão encontra-se totalmente dentro da área de preservação permanente, devidamente atestada por meio de relatório técnico de fiscalização, a impossibilidade de regularização remanesce evidenciada e a retirada das famílias que ali estão é medida adequada. [...] (Grifo acrescido. TJRO, Agravo nº 0019495-24.2012.822.0001, Relator Desembargador Roosevelt Queiroz Costa, Publicado em 14.03.16)

3.5.2.5 Instalações necessárias à captação e condução de água e de efluentes tratados (alínea "e")

A alínea "e" do inciso IX do artigo 3º da Lei nº 12.651/12 caracteriza como interesse social a "implantação de instalações necessárias à captação e condução de água e de efluentes tratados para projetos cujos recursos hídricos são partes integrantes e essenciais da atividade".

A captação de água para consumo individual ou distribuição pode ser feita, grosso modo, em corpos hídricos *subterrâneos* ou *superficiais*. Se não houver afloramento do corpo hídrico no local de captação, isto é, se a água não fizer contato com a superfície da Terra, é possível que haja captação (de água subterrânea) sem interferência em área de preservação permanente (haja vista que somente as faixas marginais e entorno de corpos hídricos *superficiais* são qualificados como de preservação permanente). Essa condição não descarta, no entanto, eventual necessidade de intervenção em área de preservação permanente para condução, isto é, para o transporte da água captada ao consumo final.

Nos demais casos, isto é, na captação e condução de água superficial, em se tratando de um elemento natural a estrutura necessária para esta atividade em geral deve passar, geograficamente, pelas faixas marginais e entornos de corpos hídricos que são caracterizados, de acordo com os incisos I a IV do artigo 4º da Lei nº 12.651/12, como áreas de preservação permanente.

Situação semelhante ocorre com a condução (e, acrescenta-se, disposição final) de efluentes. Usualmente, os efluentes, uma vez tratados, podem ser infiltrados em valas no solo, reutilizados ou lançados em corpos hídricos receptores. Quando o lançamento do efluente se dá em corpos hídricos (rios, córregos, lagos, lagoas ou reservatórios), a comunicação da estrutura com o corpo receptor também passa, em regra, por suas faixas marginais ou entornos protegidos.

Para, portanto, viabilizar a prestação de pelo menos duas espécies de atividades de saneamento básico[229] essenciais à saúde humana e à própria proteção do meio ambiente, a alínea "e" do inciso IX do artigo 3º da Lei nº 12.651/12 caracteriza a implantação e as próprias estruturas como de *interesse social*, autorizando intervenção em área de preservação permanente.

Anote-se que o dispositivo fala em *implantação de instalações necessárias* à captação e condução de água e de efluentes tratados. Duas interpretações são possíveis. Uma, mais restrita, circunscreve a hipótese de interesse social à implantação dos *equipamentos de captação de água e dos dutos*, propriamente ditos, de condução de água e efluentes *tratados*. Exclui, portanto, a instalação de *estações de tratamento* de água e efluentes, bem como os *dutos* de efluentes *não tratados*.

Outra interpretação possível seria admitir que para conduzir água e efluentes tratados, é necessário conduzir, antes, a água e o efluente não tratados até uma estação de tratamento. Essa interpretação nos parece mais acertada. A instalação de equipamentos para conduzir a água e efluente não tratados, além da própria estação de tratamento (se inexistente alternativa técnica locacional), enquadrar-se-iam no conceito de *instalações necessárias* à condução da água e efluentes tratados.

3.5.2.6 Atividades de pesquisa e extração de areia, argila, saibro e cascalho (alínea "f")

Também são caracterizadas como de interesse social as "atividades de pesquisa e extração de areia, argila, saibro e cascalho, outorgadas pela autoridade competente" (alínea "f" do inciso IX do artigo 3º da Lei nº 12.651/12).

---

[229] Recorde-se que as modalidades de atividades de saneamento básico, previstas no inciso I do artigo 3º da Lei nº 11.445/09, são: a) abastecimento de água potável; b) esgotamento sanitário; c) limpeza urbana e manejo de resíduos sólidos; d) drenagem e manejo das águas pluviais, limpeza e fiscalização preventiva das respectivas redes urbanas.

Cumpre recordar que a mineração é caracterizada como atividade de *utilidade pública*, nos termos da alínea "b" do inciso VIII do artigo 3º da Lei nº 12.651/12. O referido dispositivo excetua, da atividade de mineração, justamente a extração de areia, argila, saibro e cascalho, que passou a ser qualificada, na alínea "f" do inciso seguinte, como de interesse social. A rigor, a extração de areia, argila, saibro e cascalho também é considerada atividade de mineração. Todas deveriam, em tese, ser qualificadas como de utilidade pública.[230]

A distinção entre utilidade pública e interesse social, neste caso, não segue justificativa quanto à natureza da atividade em questão, posto que, como dito, a extração de areia, argila, saibro e cascalho também é atividade de mineração. A diferença para a legislação caracterizar um conjunto de atividades de mineração como de utilidade pública e outro como de interesse social está nos seus efeitos. É dizer que a supressão de vegetação nativa protetora de *nascentes, dunas e restingas* somente poderá ser autorizada em caso de utilidade pública, e não de interesse social (como diz o §1º do artigo 8º da Lei nº 12.651/12). De acordo com referido dispositivo, a intervenção em área de preservação permanente para extração de areia, argila, saibro e cascalho não pode importar supressão de vegetação nativa protetora de *nascentes, dunas e restingas*.

Jurisprudência

APELAÇÃO CÍVEL EM MANDADO DE SEGURANÇA. *SUSPENSÃO DA LICENÇA AMBIENTAL DE OPERAÇÃO – LAO,*

---

230 Este entendimento é compartilhado por Debora Toci, do Departamento de Recursos Minerais da Secretaria de Estado de Desenvolvimento Econômico, Energia, Indústria e Serviços do Estado do Rio de Janeiro. Em comentário às idênticas distinções operadas pela Resolução Conama nº 369/06, a técnica adverte: "Ao estabelecer regras para a autorização das atividades nas áreas permitidas, seja a 'substância mineral' de utilidade pública ou de interesse social, a *situação da efetividade de aplicação dessa Resolução no 369/06 se torna contraditória pelo fato de discriminar as substâncias minerais quando na realidade deveriam pertencer a mesma categoria* (utilidade pública). [...]
À luz do nosso entendimento, a grande polêmica gerada por esta Resolução vem justamente da definição de 'projetos de utilidade pública' e 'projetos de interesse social' constantes do seu Artigo 2º, que discrimina as atividades de extração mineral por substância mineral. Neste contexto, o que se denota resumidamente serem as atividades de extração de areia, cascalho, argila e saibro definidas como de 'interesse social', enquanto a extração de todas as demais substâncias minerais, em destaque brita, é definida como sendo incompreensivelmente classificadas na condição de 'utilidade pública', causando enorme embaraço no trato da questão" (Grifo acrescido. *Parecer Técnico sobre a Resolução Conama 369/2006*. Disponível em: http://www.mma.gov.br/port/Conama/processos/F706825C/ParecerTecnicoDRM369.pdf).

QUE PERMITIA A EXTRAÇÃO DE AREIA QUARTZOSA, SOB O ARGUMENTO DE QUE REFERIDA EXTRAÇÃO ESTARIA OCORRENDO DENTRO DOS LIMITES DEFINIDOS COMO ÁREA DE PRESERVAÇÃO PERMANENTE. RISCO DE DANOS AO MEIO AMBIENTE CARACTERIZADO. DESNECESSIDADE DE PRÉVIA INSTAURAÇÃO DE PROCESSO ADMINISTRATIVO, DIANTE DA POSSIBILIDADE DE DANOS IRREVERSÍVEIS AO MEIO AMBIENTE. SUPREMACIA DO INTERESSE PÚBLICO AO PARTICULAR. RECURSO CONHECIDO E PROVIDO. "Havendo risco de danos irreversíveis ao meio ambiente, a validade do auto de embargo de obra ou atividade e a suspensão do alvará de licença não têm como pressuposto a prévia instauração de processo administrativo" (ACMS n. 2003.016040-0, de São José, rel. Des. Newton Trisotto, j. em 24-11-03). (Grifo acrescido. TJSC, Apelação em Mandado de Segurança nº 2005.011482-3, Relator Desembargador Vanderlei Romer, Primeira Câmara de Direito Público. Julgado em 15.09.05)

3.5.2.7 Outras atividades similares quando inexistir alternativa técnica e locacional (alínea "g")

A alínea "g" do inciso IX do artigo 3º da Lei nº 12.651/12 repete a redação da alínea "e" do inciso precedente (VIII), ao estatuir que são consideradas de interesse social, "outras atividades similares devidamente caracterizadas e motivadas em procedimento administrativo próprio, quando inexistir alternativa técnica e locacional à atividade proposta, definidas em ato do Chefe do Poder Executivo federal".

Em virtude da identidade dos termos dos aludidos dispositivos, faz-se integral remissão aos comentários realizados na seção 3.5.1.5.

Jurisprudência

[...] Vê-se, portanto, que *não consta da descrição do interesse social e das atividades de baixo impacto ambiental a construção da rede elétrica.* [...] (Grifo acrescido. TJMT, Embargos de Declaração nº 01031130220148110000, Relatora Desembargadora Vandymara Zanolo, Terceira Câmara Cível. Julgado em 23.09.14)

> [...] Dessa forma, para o caso pode-se concluir que *não há utilidade pública ou interesse social na manutenção da residência da apelante em área de preservação permanente.* [...] (Grifo acrescido. TJRO, Apelação nº 0024373-89.2012.822.0001, Relator Desembargador Walter Waltenberg Silva Junior, Segunda Câmara Especial. Julgado em 19.11.13)

3.5.3 Atividades eventuais ou de baixo impacto

O inciso X do artigo 3º da Lei nº 12.651/12 enumera atividades eventuais ou de baixo impacto que admitem intervenção na vegetação e supressão dela em área de preservação permanente:

> Art. 3º [...] X – atividades eventuais ou de baixo impacto ambiental:
>
> a) abertura de pequenas vias de acesso interno e suas pontes e pontilhões, quando necessárias à travessia de um curso d'água, ao acesso de pessoas e animais para a obtenção de água ou à retirada de produtos oriundos das atividades de manejo agroflorestal sustentável;
>
> b) implantação de instalações necessárias à captação e condução de água e efluentes tratados, desde que comprovada a outorga do direito de uso da água, quando couber;
>
> c) implantação de trilhas para o desenvolvimento do ecoturismo;
>
> d) construção de rampa de lançamento de barcos e pequeno ancoradouro;
>
> e) construção de moradia de agricultores familiares, remanescentes de comunidades quilombolas e outras populações extrativistas e tradicionais em áreas rurais, onde o abastecimento de água se dê pelo esforço próprio dos moradores;
>
> f) construção e manutenção de cercas na propriedade;
>
> g) pesquisa científica relativa a recursos ambientais, respeitados outros requisitos previstos na legislação aplicável;
>
> h) coleta de produtos não madeireiros para fins de subsistência e produção de mudas, como sementes, castanhas e frutos, respeitada a legislação específica de acesso a recursos genéticos;
>
> i) plantio de espécies nativas produtoras de frutos, sementes, castanhas e outros produtos vegetais, desde que não implique supressão da vegetação existente nem prejudique a função ambiental da área;
>
> j) exploração agroflorestal e manejo florestal sustentável, comunitário e familiar, incluindo a extração de produtos florestais não madeireiros, desde que não descaracterizem a cobertura vegetal nativa existente nem prejudiquem a função ambiental da área;
>
> k) outras ações ou atividades similares, reconhecidas como eventuais e de baixo impacto ambiental em ato do Conselho Nacional do Meio Ambiente – Conama ou dos Conselhos Estaduais de Meio Ambiente;

A primeira observação a se fazer é sobre a locução "atividades eventuais ou de baixo impacto", a qual não deve ser interpretada no sentido de que atividade eventual seja sinônimo de atividade de baixo impacto ambiental porque, efetivamente, não exprimem o mesmo significado. Eventual é aquilo que acontece em certas ocasiões, aquilo que pode ou não acontecer. Já baixo impacto são atividades que, reconhecidamente, não provocam potencial relevante ao meio ambiente. Por não se tratar da mesma coisa, seria possível, em tese, uma atividade eventual provocar impacto relevante, ao passo que também poderia existir, em tese, uma atividade de baixo impacto ser desenvolvida de forma permanente ou continuada.

De todo modo, para os efeitos que são correlatos, a legislação agrupou as duas modalidades de intervenção num mesmo dispositivo, outorgando-lhes idêntico tratamento jurídico que excepciona o regime geral de restrições das áreas de preservação permanente.

As hipóteses arroladas nas onze alíneas do inciso X do artigo 3º da Lei nº 12.651/12 podem, para melhor compreensão, ser agrupadas em seis grandes grupos, a saber: a) implantação de acessos para animais, pessoas e equipamentos; b) infraestrutura de saneamento; c) moradia de agricultores familiares e da população e povos tradicionais; d) benfeitorias para delimitação e segurança da propriedade; e) pesquisa científica; f) atividade agroflorestal e outras atividades definidas pelos Conselhos de Meio Ambiente.

3.5.3.1 Implantação de acessos para animais, pessoas e equipamentos (alíneas "a", "c" e "d")

As alíneas "a", "c" e "d" do inciso X do artigo 3º da Lei nº 12.651/12, qualificam como atividades de baixo impacto: (i) abertura de pequenas vias de acesso interno e suas pontes e pontilhões, quando necessárias à travessia de um curso d'água, ao acesso de pessoas e animais para a obtenção de água ou à retirada de produtos oriundos das atividades de manejo agroflorestal sustentável; (ii) implantação de trilhas para o desenvolvimento do ecoturismo; (iii) construção de rampa de lançamento de barcos e pequeno ancoradouro.

A redação da alínea "a" do inciso X do artigo 3º da Lei nº 12.651/12 é um pouco confusa, podendo dar margem a duas interpretações.

A primeira interpretação possível é a de que a abertura de pequenas vias de acesso interno, pontes e pontilhões é admitida desde que necessária a uma das três hipóteses seguintes previstas na oração:

1. Travessia de um curso d'água; 2. Acesso de pessoas e de animais para obtenção da água; 3. Retirada de produtos oriundos das atividades de manejo agroflorestal sustentável. Sob esta interpretação, estaria vedada a implantação de acessos internos em área de preservação permanente, por exemplo, que não envolvessem travessia de um curso d'água ou acesso das pessoas para obtenção de água. Um acesso interno da propriedade que interferisse em faixa marginal de curso d'água, no entorno de lago/lagoa ou em área de declividade acentuada, mesmo que fosse necessária para se fazer a comunicação de uma residência ao sistema viário público, por exemplo, estaria descartada.

A segunda intepretação possível, que nos parece mais acertada, seria a de distinguir as duas hipóteses iniciais, isto é, distinguir a construção de pequenas vias de acesso interno em relação à construção de pontes e pontilhões. A construção de pequenas vias de acesso interno é uma hipótese independente, não vinculada a nenhum outro requisito. Já a construção de pontes e pontilhões sim, deve ser relacionada: 1. À travessia de um curso d'água; 2. Ao acesso de pessoas e animais para obtenção da água; 3. À retirada de produtos oriundos das atividades de manejo agroflorestal sustentável.

A alínea "c" do inciso X do artigo 3º da Lei nº 12.651/12 caracteriza como de baixo impacto ambiental a implantação de trilhas para o desenvolvimento do ecoturismo. A trilha é uma pista, normalmente um caminho rústico. O dispositivo não menciona o meio de locomoção a ser permitido na referida trilha, isto é, se ela deve ser adstrita ao trânsito de pedestres ou se comporta uso por meio de veículos não motorizados (como bicicletas) ou mesmo motorizados (motos, jipes etc.).

Duas, são, portanto, as interpretações possíveis. A primeira reputa a trilha adstrita ao deslocamento não motorizado, como defende Paulo Affonso Leme Machado: "Na APP a trilha não é destinada a motocicletas e automóveis, quaisquer que sejam os tamanhos, sendo caminho para pedestres respeitosos das matas".[231]

A segunda, que entendemos ser mais acertada, é a de que não há óbice legal para o trânsito de veículos motorizados pela alínea "c" do inciso X do artigo 3º da Lei nº 12.651/12, desde que seja possível assegurar que o uso das trilhas por veículos motorizados não provoque impacto relevante no meio ambiente. Seria o caso, por exemplo, das atividades de ecoturismo que dependem do transporte de turistas a

[231] MACHADO, 2016, p. 920.

pontos de interesse distantes (pense, por exemplo, no deslocamento para a borda de uma chapada ou tabuleiro ou o acesso a topo de morros), por veículos motorizados; quando isso não provoca impacto relevante no meio ambiente, não vemos óbice para que seu uso venha a ser admitido.

A alínea "d" do inciso X do artigo 3º da Lei nº 12.651/12 também considera a construção de rampa de lançamento de barcos e de pequeno ancoradouro como atividade de baixo impacto ambiental. As rampas de lançamento de barcos e os pequenos ancoradouros são espécies de *estruturas de apoio náutico* (as estruturas de apoio náutico compreendem, ainda, atracadouro, trapiche ou píer, cais, garagem náuticas, marinas, instalações acessórias, molhes, entre outras).

No âmbito dos estados de Santa Catarina e de São Paulo, por exemplo, o Conselho Estadual de Meio Ambiente de Santa Catarina e a Secretaria de Meio Ambiente de São Paulo editaram, respectivamente, normativas regulamentando conceitos e procedimentos de licenciamento ambiental de estruturas de apoio náutico (Resolução CONSEMA/SC nº 10/12 e Resolução SMA/SP nº 102/13). De acordo com a Resolução CONSEMA/SC nº 10/12, rampa é a "estrutura destinada ao lançamento de embarcações para o corpo d'água", ao passo que atracadouro é conceituado como:

> Lugar destinado ao estacionamento da embarcação no porto marítimo, fluvial ou lacustre, desde que a embarcação possa ancorar com segurança. O ancoradouro deve ser protegido do vento e do movimento das águas, pelo aspecto apropriado de um ponto da costa, ou pelas edificações construídas especialmente para permitir a ancoragem. Diz-se, também, fundeadouro.

A lei não define o que seria considerado *pequeno* atracadouro, isto é, o tamanho máximo da estrutura e o tamanho máximo dos barcos que a utilizarão. Em virtude do silêncio da Lei, convém que o intérprete se socorra às tipologias definidas pelos Conselhos de Meio Ambiente para fins de licenciamento ambiental, para aferir o porte da estrutura. Paulo Affonso Leme Machado advoga que o dispositivo possuiria uma espécie de zona de certeza negativa, isto é, o dispositivo em questão não permitiria "construir uma marina para guarda e manutenção de embarcações de lazer e esporte náutico".[232]

---

232 MACHADO, 2016, p. 920.

Apesar de o dispositivo referir-se a rampas e pequenos atracadouros como atividades de baixo impacto, urge recordar a jurisprudência já citada, do Tribunal Regional Federal da 4ª Região, que considerou as marinas como atividades de utilidade pública e interesse social, também para a finalidade de permitir intervenção em área de preservação permanente:

> AÇÃO CIVIL PÚBLICA. AMBIENTAL. EDIFICAÇÃO EM ÁREA DE PRESERVAÇÃO PERMANENTE. INTERESSE SOCIAL E UTILIDADE PÚBLICA CONFIGURADOS. 1. Existe, na legislação e jurisprudência, certa tolerância para ocupação de áreas de preservação permanente em situações excepcionais, quando envolver hipóteses de utilidade pública, de interesse social ou de baixo impacto ambiental, conforme o art. 8º da Lei n. 12.651/12, ou ainda nas áreas consolidadas para moradia, conforme os artigos 64 e 65 do mesmo diploma legal. 2. As finalidades do empreendimento qualificam-no como atividade de utilidade pública e de interesse social, a permitir a intervenção em área de preservação permanente, nos termos do art. 3º da Lei n.º 12.651/2012, *tendo sido amplamente justificada pelas autoridades a necessidade de construção de uma marina pública na área sub judice.* (Grifo acrescido. TRF4, Apelação Cível nº 5008051-16.2013.404.7208, Relatora Desembargadora Vivian Josete Pantaleão Caminha, Quarta Turma. Julgado em 14.09.16)

Jurisprudência

> AMBIENTAL. ÁREA DE PRESERVAÇÃO PERMANENTE. *RAMPAS PARA LANÇAMENTO DE BARCOS. BAIXO IMPACTO AMBIENTAL. RAZOABILIDADE DA MANUTENÇÃO. 1. De acordo com a legislação de regência, a construção de rampas para lançamento de barcos é atividade de baixo impacto ambiental, passível de regularização.* 2. A determinação de demolição é medida extrema que, ante as peculiaridades do caso concreto, não se mostra razoável, porque, além de as rampas de acesso caracterizarem-se como obras de baixo impacto ambiental, são utilizadas para o desempenho da atividade laboral do apelado, que é pessoa humilde que vive da pesca artesanal. (Grifo acrescido. TRF4, Apelação e Reexame Necessário nº 5010836-06.2012.404.7201, Relatora Desembargadora Vivian Josete Pantaleão Caminha, Quarta Turma. Julgado em 23.02.16)

> AÇÃO CIVIL PÚBLICA. Lote inserido em Área de Proteção Ambiental de Mananciais do Vale do Paraíba e em APP. Intervenções não autorizadas. Aplicação da Lei nº 12.651/2012 e da Lei nº 6.766/79. Não configurada inconstitucionalidade ou ofensa ao princípio da vedação

do retrocesso. *A rampa de acesso é intervenção de baixo impacto ambiental, nos moldes do Código Florestal e pode ser mantida. A quadra, a casa de barco e a área de bota fora devem ser demolidas/regeneradas.* [...] (Grifo acrescido. TJSP, Apelação nº – 0002611-40.2011.8.26.0292, Relator Desembargador Ruy Alberto Leme Cavalheiro, 1ª Câmara Reservada ao Meio Ambiente. Julgado em 10.12.15)

[...] REEXAME NECESSÁRIO "EX OFFICIO" E APELAÇÃO CÍVEL – AÇÃO CIVIL PÚBLICA – PRELIMINARES – REJEIÇÃO – MÉRITO – ENTORNO DO RESERVATÓRIO ARTIFICIAL DE MIRANDA – ÁREA DE PRESERVAÇÃO PERMANENTE – ART. 2º, 'B', DA LEI 4.771/65 (ANTIGO CÓDIGO FLORESTAL) – *CONSTRUÇÃO DE BENFEITORIAS – BAIXO IMPACTO AMBIENTAL* – POSTERIOR REGULARIZAÇÃO PELO IEF/MG – AUSÊNCIA DE DANO AMBIENTAL – SENTENÇA DE IMPROCEDÊNCIA MANTIDA. 1) As intervenções em área de preservação permanente situadas no entorno de represa artificial, quando realizadas sob a vigência da Lei nº. 4.771/65 (Antigo Código Florestal), devem ser por esta reguladas, não se admitindo a retroação da Lei nº. 12.651/12. 2) *Incorre dano ambiental quando as benfeitorias realizadas em área de preservação permanente, consistentes em uma rampa e uma estrada de concreto de acesso à represa artificial de Miranda, possuem pequeno impacto ambiental,* já tendo sido regularizadas pelo IEF/MG. (Relatora vencida) (Grifo acrescido. TJMG, Apelação nº 10702096166096002, Relatora Desembargadora Teresa Cristina da Cunha Peixoto, Oitava Câmara Cível. Julgado em 03.02.14)

3.5.3.2 Infraestrutura de saneamento (alínea "b")

A alínea "b" do inciso X do artigo 3º caracteriza como de baixo impacto a implantação de "instalações necessárias à captação e condução de água e efluentes tratados, desde que comprovada a outorga do direito de uso da água, quando couber".

De plano, percebe-se que a mesma atividade – captação e condução de água e efluentes tratados – é conceituada pelo mesmo artigo 3º da Lei nº 12.651/12 como de *utilidade pública* (alínea "b" do inciso VIII) e *interesse social* (alínea "e" do inciso IX).

Esta constatação sinaliza um possível equívoco ao se arrolar a implantação de infraestrutura de saneamento como de baixo impacto ambiental, para aquele mesmo fim. Para além da redundância, o equívoco é ressaltado porque a atividade pode não ser, de fato, caracterizada como de baixo impacto ambiental.

Toma-se, por exemplo, a captação da água. Trata-se da explotação de um recurso natural que, acaso não seja realizada de acordo com técnicas, metodologias e nos limites adequados, pode comprometer a capacidade de suporte/recarga do corpo hídrico, levando ao seu esgotamento. A atividade pode, portanto, causar relevante impacto ambiental. O mesmo se diz quanto aos efluentes. Mesmo que a legislação tenha circunscrito a atividade de baixo impacto à condução de efluentes *tratados*, isto é, restringindo a hipótese à estrutura de condução do esgoto *após* a saída de uma estação de tratamento de efluentes, há inegável risco de dano ambiental decorrente da contaminação do solo e de aquíferos freáticos na hipótese de rompimento ou aviaria de dutos.[233]

Assim como a alínea "e" do inciso IX do artigo 3º da Lei nº 12.651/12, a hipótese de atividade de baixo impacto arrolada na alínea "b" do inciso X do artigo 3º fala da implantação de *instalações necessárias* à captação e condução de água e efluentes tratados, o que, numa interpretação restrita, não abraçaria a instalação de dutos de condução de efluentes não tratados, bem como as próprias estações de tratamento. Sobre o assunto, remetemos o leitor à seção 3.5.2.5, com a ressalva de que, acaso se considere subsumida à hipótese normativa dos dutos de esgoto não tratado e das estações de tratamento, é importante ressalvar a possibilidade de a instalação e operação de estações de tratamento de efluentes, a depender do porte, virem a ser consideradas potencialmente causadoras de significativo impacto ambiental pelos órgãos ou Conselhos de Meio Ambiente competentes.

3.5.3.3 Residência de população e povos tradicionais

A alínea "e" do inciso X do artigo 3º da Lei nº 12.651/12 considera de baixo impacto a "construção de moradia de agricultores familiares, remanescentes de comunidades quilombolas e outras populações extrativistas e tradicionais em áreas rurais, onde o abastecimento de água se dê pelo esforço próprio dos moradores".

Moradia significa residência; nas palavras de José Afonso da Silva, "um teto onde se abrigue com a família de modo permanente".[234]

---

[233] Pense-se, por exemplo, no vazamento de esgoto que havia sido tratado para ser lançado em determinado corpo d'água, mas alcança outro. A Resolução Conama nº 357/05 estabelece distintos parâmetros de lançamento para cada espécie de corpo hídrico. Isto poderia fazer com que o efluente que estaria apto a ser lançado em um determinado corpo receptor, alcance outro, com condições de lançamento mais restritivas (por exemplo, abastecimento humano), causando reflexos ao meio ambiente e saúde pública relevantes.

[234] SILVA, 2007, p. 314.

O conceito de *agricultores familiares* é veiculado no artigo 3º da Lei nº 11.326/06 (que estabelece as diretrizes para a formulação da Política Nacional da Agricultura Familiar e Empreendimentos Familiares Rurais), nos seguintes termos:

> Art. 3º Para os efeitos desta Lei, considera-se agricultor familiar e empreendedor familiar rural aquele que pratica atividades no meio rural, atendendo, simultaneamente, aos seguintes requisitos:
>
> I – não detenha, a qualquer título, área maior do que 4 (quatro) módulos fiscais;
>
> II – utilize predominantemente mão-de-obra da própria família nas atividades econômicas do seu estabelecimento ou empreendimento;
>
> III – tenha percentual mínimo da renda familiar originada de atividades econômicas do seu estabelecimento ou empreendimento, na forma definida pelo Poder Executivo;
>
> IV – dirija seu estabelecimento ou empreendimento com sua família.

A definição do conceito de *populações extrativistas* é mais bem realizada a partir da conjunção de dois conceitos legais. O inciso XII do artigo 2º da Lei nº 9.985/00 (Sistema Nacional de Unidades de Conservação) diz que o extrativismo é o "sistema de exploração baseado na coleta e extração, de modo sustentável, de recursos naturais renováveis". Em complemento, aí sim lançando mão, novamente, da Lei nº 11.326/06, o inciso III do §2º do seu artigo 3º diz que, para os fins daquela lei, populações extrativistas são pessoas que "atendam simultaneamente aos requisitos previstos nos incisos II, III e IV do caput deste artigo e exerçam essa atividade artesanalmente no meio rural, excluídos os garimpeiros e faiscadores". Assim, podem-se conceituar as populações extrativistas como aquelas que desenvolvem atividade econômica de exploração baseado na coleta e extração, de modo sustentável, de recursos naturais renováveis (exceto garimpeiros e faiscadores), que utilizam predominantemente mão-de-obra da própria família e dirigem, com ela, suas atividades, além de ter percentual mínimo da renda familiar originada de atividades extrativistas.

Os *remanescentes de comunidades quilombolas*, nos termos do artigo 2º do Decreto Federal nº 4.887/03, são "os grupos étnico-raciais, segundo critérios de autoatribuição, com trajetória histórica própria, dotados de relações territoriais específicas, com presunção de ancestralidade negra relacionada com a resistência à opressão histórica sofrida". A caracterização destas comunidades é atestada, segundo o §1º do mesmo artigo 2º, mediante autodefinição da própria comunidade.

As demais *populações tradicionais* são, como visto na seção 3.5.2.2, os "grupos culturalmente diferenciados e que se reconhecem como tais, que possuem formas próprias de organização social, que ocupam e usam territórios e recursos naturais como condição para sua reprodução cultural, social, religiosa, ancestral e econômica, utilizando conhecimentos, inovações e práticas gerados e transmitidos pela tradição" (conceito veiculado no inciso I do artigo 3º do Decreto Federal nº 6.040/07).

A residência das famílias de pessoas componentes destes grupos (agricultores familiares, extrativistas, remanescentes de comunidades quilombolas e demais populações tradicionais) é qualificada como de baixo impacto, para se admitir sua localização em área de preservação permanente, desde que satisfeitos outros dois requisitos: a) sejam localizadas em *áreas rurais*; b) o acesso à água se dê pelo esforço dos seus moradores.

A definição das áreas rurais, como visto na seção 3.5.2, depende mais da destinação econômica da propriedade (do efetivo desenvolvimento de atividades rurais) do que de sua localização (zoneamento municipal).[235] Pode haver, portanto, imóvel rural (desde que nele se desenvolva, efetivamente, atividade rural) dentro do perímetro urbano ou de expansão urbana.

Por fim, a alínea "e" do inciso X do artigo 3º da Lei nº 12.651/12 exige que o abastecimento de água, nestas localidades, se dê pelo esforço próprio dos moradores. O dispositivo exclui, portanto, de sua hipótese de incidência, os imóveis residenciais de agricultores familiares, extrativistas, remanescentes de comunidades quilombolas e demais populações tradicionais, localizados em áreas rurais, mas eventualmente servidos por sistema público ou solução coletiva de abastecimento de água. A norma nada fala sobre outras comodidades ou serviços públicos, como esgotamento, energia elétrica, telecomunicações etc.

Sobre o esforço dos próprios moradores, duas interpretações são possíveis. A primeira advoga que o esforço deve ser físico. É a posição de Paulo Affonso Leme Machado, "esforço próprio significa esforço físico ou ação física para coleta da água. Do contrário, se houver a possibilidade de captação de água através de bomba elétrica,

---

235 "[...] Mesmo que determinado imóvel esteja em zona municipal urbana, pode ser, dependendo da sua exploração, classificado como rural. [...]" (STJ, Agravo Regimental nº 3.971/GO, Relatora Ministra Denise Arruda, Primeira Seção, julgado em 24.02.10).

não se justifica a construção de moradia no interior de uma APP".[236] A outra interpretação possível é sobre o modo de obtenção da água que, embora mecanizado, seja proveniente de uma solução individual dos moradores da residência.

3.5.3.4 Benfeitorias para delimitação e segurança da propriedade (alínea "f")

A alínea "e" do inciso X do artigo 3º da Lei nº 12.651/12 considera de baixo impacto ambiental a construção e manutenção de cercas na propriedade.

As cercas, como obstáculos artificiais que são, podem, indubitavelmente, dificultar o fluxo gênico e, por isso, a prestação de serviços ambientais da área, na forma preconizada pelo inciso II do artigo 3º da Lei nº 12.651/12.

Neste caso, a fim de minimizar efeitos potencialmente deletérios ao meio ambiente, cumpre emprestar interpretação útil à menção nominal às cercas feita pelo dispositivo, diferenciando-as de obras similares, também destinadas à delimitação e segurança de imóveis, como paredes, muros, tapumes e afins.

As cercas, para a finalidade da alínea "e" do inciso X do artigo 3º da Lei nº 12.651/12, podem ser consideradas como elementos vazados, normalmente estruturados com estacas, estas conectadas por madeiras, bambus, telas ou arames. Estes equipamentos, caracterizados por transparência de forma, não impedem, de modo absoluto, a visualização da paisagem, a colonização de sementes e o deslocamento de pequenos animais entre os espaços (mormente possam causar embaraços ao deslocamento de animais de maior porte).

Muros, paredes e tapumes, por sua vez, são elementos construtivos de vedação, construídos com materiais que impedem a visão, o transporte de sementes e animais, na sua extensão.

Ao, portanto, fazer remissão exclusiva às cercas, a alínea "e" do inciso X do artigo 3º da Lei nº 12.651/12 não admite obras similares que impedem a intercomunicação dos espaços em ecossistemas protegidos, como paredes, muros, tapumes e afins.

---

[236] MACHADO, 2016, p. 920.

3.5.3.5 Pesquisa científica (alínea "g")

A "pesquisa científica relativa a recursos ambientais, respeitados outros requisitos previstos na legislação aplicável", prevista na alínea "g" do inciso X do artigo 3º da Lei nº 12.651/12, pode ser caracterizada tanto como atividade eventual (isto é, caso ela não seja realizada de modo contínua e duradoura) como de baixo impacto (a depender dos efeitos sobre o meio ambiente). Perceba-se que, se para realizar pesquisa científica forem necessárias intervenções relevantes ou se as atividades forem capazes de produzir efeitos igualmente relevantes no meio ambiente, ela pode deixar, em tese, de ser de baixo impacto ambiental.

Por pesquisa científica, para os fins da alínea "g" do inciso X do artigo 3º da Lei nº 12.651/12, pode-se entender a atividade comumente realizada em campo, laboratório ou gabinete, de desenvolvimento teórico, teste, descrição e interpretação de fatos e fenômenos relacionados aos recursos naturais, mediante método científico, destinadas à construção do conhecimento.

Alguns tipos de pesquisa recebem tratamento diferenciado pela legislação vigente. É o caso, por exemplo, da pesquisa com *organismos geneticamente modificados* (OGMs), cujo conceito é diferenciado para estes propósitos (§1º do artigo 1º da Lei nº 11.105/05)[237] e com procedimentos igualmente específicos.

O mesmo se diz quanto à pesquisa do *patrimônio genético e do conhecimento tradicional associado*, que também merece conceituação e procedimentos específicos (inciso X do artigo 2º e artigo 3º da Lei nº 13.123/15).[238]

---

237 "Art. 1º [...] §1º Para os fins desta Lei, considera-se atividade de pesquisa a realizada em laboratório, regime de contenção ou campo, como parte do processo de obtenção de OGM e seus derivados ou de avaliação da biossegurança de OGM e seus derivados, o que engloba, no âmbito experimental, a construção, o cultivo, a manipulação, o transporte, a transferência, a importação, a exportação, o armazenamento, a liberação no meio ambiente e o descarte de OGM e seus derivados".

238 Art. 2º [...] X – pesquisa – atividade, experimental ou teórica, realizada sobre o patrimônio genético ou conhecimento tradicional associado, com o objetivo de produzir novos conhecimentos, por meio de um processo sistemático de construção do conhecimento que gera e testa hipóteses e teorias, descreve e interpreta os fundamentos de fenômenos e fatos observáveis.

Art. 3º O acesso ao patrimônio genético existente no País ou ao conhecimento tradicional associado para fins de pesquisa ou desenvolvimento tecnológico e a exploração econômica de produto acabado ou material reprodutivo oriundo desse acesso somente serão realizados mediante cadastro, autorização ou notificação, e serão submetidos a fiscalização, restrições e repartição de benefícios nos termos e nas condições estabelecidos nesta Lei e no seu regulamento.

3.5.3.6 Atividade agroflorestal e outras atividades definidas pelos Conselhos de Meio Ambiente (alíneas "h", "i", "j" e "k")

A alínea "h" qualifica como atividade eventual e/ou de baixo impacto a "coleta de produtos não madeireiros para fins de subsistência e produção de mudas, como sementes, castanhas e frutos, respeitada a legislação específica de acesso a recursos genéticos". A legislação específica de acessos a recursos genéticos referida ao final do dispositivo é o inciso II do §1º do artigo 225 da Constituição da República, a Convenção sobre Diversidade Biológica aprovada pelo Decreto Legislativo nº 02/94, e as já citadas Leis nº 11.105/05 e nº 13.123/15.

A alínea "i" enquadra no conceito de atividade eventual e/ou de baixo impacto o "plantio de espécies nativas produtoras de frutos, sementes, castanhas e outros produtos vegetais, desde que não implique supressão da vegetação existente nem prejudique a função ambiental da área". Apesar de parecer contra intuitivo, o plantio em excesso de espécies vegetais pode provocar superpopulação e também comprometer a biodiversidade, entre outras funções ambientais.

A alínea "j" do inciso X do artigo 3º da Lei nº 12.651/12 considera atividade eventual e/ou de baixo impacto "a exploração agroflorestal e manejo florestal sustentável, comunitário e familiar, incluindo a extração de produtos florestais não madeireiros, desde que não descaracterizem a cobertura vegetal nativa existente nem prejudiquem a função ambiental da área".

Já foram antecipados, na seção 3.5.2.2, os conceitos de exploração agroflorestal sustentável e de manejo florestal sustentável.

Segundo o inciso VI do artigo 3º da Lei nº 12.651/12, o manejo sustentável é a administração da vegetação natural para a obtenção de benefícios econômicos, sociais e ambientais, respeitando-se os mecanismos de sustentação do ecossistema objeto do manejo e considerando-se, cumulativa ou alternativamente, a utilização de múltiplas espécies madeireiras ou não, de múltiplos produtos e subprodutos da flora, bem como a utilização de outros bens e serviços. Seus requisitos e procedimentos estão veiculados nos artigos 31 e seguintes da Lei nº 12.651/12, que demandam a aprovação de um Plano de Manejo Florestal Sustentável (PMFS).

Já a *exploração agroflorestal sustentável* diz respeito à atividade econômica rural (isto é, à exploração agrícola, extrativa vegetal, florestal), localizada inclusive em áreas não recobertas por florestas nativas e formações sucessoras, desenvolvida de acordo com parâmetros de sustentabilidade, isto é, compatível com a capacidade de suporte ambiental e de reposição dos recursos naturais da área. Para a *exploração agroflorestal sustentável* não se exige a aprovação de *Plano de Manejo Florestal Sustentável (PMFS)*. Neste caso, cumpre registrar, a atividade também é considerada como de interesse social nos termos da alínea "b" do inciso IX do artigo 3º da Lei nº 12.651/12.

A estas duas modalidades de atividade agroflorestal – exploração agroflorestal sustentável e manejo florestal sustentável – o dispositivo acresce a necessidade de elas serem executadas por meio de entidades *comunitárias* ou *familiares*. Da ressalva se extrai a intenção de excluir da previsão as atividades executadas por entidades empresariais estruturadas – onde o auxílio de terceiros não é eventual – e a agroindústria.

Sobre a descaracterização da cobertura vegetal nativa, tal qual foi dito na seção 3.5.2.2, recorde-se que a intenção não é vedar a supressão da cobertura vegetal. A legislação autoriza supressão da vegetação e colonização com outras espécies, cultiváveis, desde que, numa perspectiva macro, esta intervenção não comprometa a cobertura vegetal (que deve permanecer, senão predominante, pelo menos relevante) e a função ambiental na região onde a atividade se desenvolve, isto é, não comprometa os recursos hídricos, a paisagem, a estabilidade geológica a biodiversidade, o fluxo gênico de fauna e flora, o solo e o bem-estar das populações humanas.

Interpretando de forma distinta a impossibilidade de descaracterização da área, Paulo Affonso Leme Machado anota: "Da mesma forma, na alínea "j" a exploração agroflorestal e o manejo sustentável, exclusivamente comunitário e familiar, não podem descaracterizar a cobertura vegetal nativa existente – o que equivale a não permitir a supressão de vegetação nativa existente".[239]

A alínea "k" do inciso X do artigo 3º da Lei nº 12.651/12 abre as hipóteses de atividade eventual e/ou de baixo impacto para "outras ações ou atividades similares, reconhecidas como eventuais e de baixo impacto ambiental em ato do Conselho Nacional do Meio Ambiente (Conama) ou dos Conselhos Estaduais de Meio Ambiente".

Já tivemos oportunidade de discorrer, quando dissertávamos acerca da natureza jurídica da declaração de dispensa de licenciamento ambiental em nosso livro *Processo Administrativo Ambiental*, sobre as

---

[239] MACHADO, 2016, p. 921-922.

relações editadas pelos Conselhos de Meio Ambiente com o rol de atividades não sujeitas ao licenciamento ambiental. Tais listagens discriminam atividades que, independentemente do porte, causam impactos pouco significativos, além daquelas que só o fazem abaixo de certo limite (volume ou quantidade de matéria produzida, área útil utilizada etc.). Nestes casos, quando o impacto de uma ação é reduzido ou irrelevante, não se cogita a necessidade de o particular obter, para seu exercício, a anuência prévia da Administração (nos modelos de autorização ou licença) sob o ponto de vista ambiental. No lugar de submeter o particular a um processo licenciatório ordinário (com elaboração de estudos ambientais sofisticados, pareceres técnicos, vistorias etc.), exige-se dele o cadastro da atividade junto ao órgão ambiental, para controle.[240] Isto não dispensa, cumpre recordar, eventual licenciamento urbanístico da atividade, mas apenas o ambiental.

Além das atividades dispensadas do licenciamento ambiental, os Conselhos de Meio Ambiente também definem a tipologia de atividades que, dado o pequeno potencial de impacto, submetem-se a procedimentos simplificados de licenciamento. Esta hipótese está prevista há mais de vinte anos, no §1º do artigo 12 da Resolução Conama nº 237/07.[241]

Ocorre que estas duas espécies de listagens não são aprovadas pelos Conselhos de Meio Ambiente, para se permitir intervenção em áreas de preservação permanente, mas para balizar os termos da atividade de controle prévio no âmbito do poder de polícia ambiental. Nessas duas listagens de atividades incluem-se, por exemplo, a construção de casas, pequenas indústrias, pequenas atividades comerciais, entre outras. Por evidente que não é o objetivo da alínea "k" do inciso X do artigo 3º da Lei nº 12.651/12 permitir este tipo de intervenção em área de preservação permanente.

Isso significa dizer que a alínea "k" do inciso X do artigo 3º da Lei nº 12.651/12 se refere às atividades eventuais ou de baixo impacto ambiental que são assim declaradas por tipologia previamente aprovada pelos Conselhos de Meio Ambiente, *para a finalidade específica de se autorizar a intervenção e supressão em área de preservação permanente*. Para isso, os Conselhos de Meio Ambiente devem editar listagens específicas,

---

240 NIEBUHR, 2014, p. 218 *et seq*.

241 "Art. 12 [...]§1º Poderão ser estabelecidos procedimentos simplificados para as atividades e empreendimentos de pequeno potencial de impacto ambiental, que deverão ser aprovados pelos respectivos Conselhos de Meio Ambiente".

arrolando atividades similares às demais previstas nas alíneas do inciso X do artigo 3º da Lei nº 12.651/12, com o cuidado de não tornar regra a exceção de não edificabilidade naqueles espaços.

3.5.4 Demais requisitos genéricos relacionados à utilidade pública, interesse social e atividade eventual ou de baixo impacto

O *caput* do artigo 8º da Lei nº 12.651/12 tem a seguinte redação: "Art. 8º A intervenção ou a supressão de vegetação nativa em Área de Preservação Permanente somente ocorrerá nas hipóteses de utilidade pública, de interesse social ou de baixo impacto ambiental previstas nesta Lei".

Percebe-se, portanto, que a exceção em comento arrola duas formas de interferência em área de preservação permanente: a *intervenção* em ou a *supressão de vegetação nativa.*

A intervenção significa qualquer forma de interferência (como o uso ou a fruição) sobre a área de preservação permanente. Algumas hipóteses arroladas nos incisos VIII, IX e X do artigo 3º da Lei nº 12.651/12, como visto acima, não pressupõem a supressão de vegetação nativa. Além do mais, como as áreas de preservação permanente podem ser cobertas ou não por vegetação nativa (vide inciso II do artigo 3º), reitera-se a possibilidade, em tese, do uso de área de preservação permanente sem a necessidade de suprimir vegetação nativa.

A supressão de vegetação nativa significa qualquer forma de retirada de exemplares de vegetação da sua condição natural de vida. Envolve o dano, o pisoteamento, o corte, a queimada etc., através de quaisquer formas (força humana, produtos químicos, objetos cortantes, maquinário etc.). A supressão de vegetação nativa pressupõe intervenção, mas o contrário, como visto, não é verdadeiro.

Da constatação da diferença entre ambas as modalidades de interferência podem decorrer duas interpretações. A primeira é de que o órgão ambiental deva definir, caso a caso, a modalidade de interferência, cabendo, na medida do possível, optar pela preservação da vegetação nativa.

A segunda, que nos parece mais acertada, é a de que a regra geral veicula permissão legal para ambas as modalidades de interferência. Nesses casos, somente será vedada a supressão de vegetação nativa se a exceção assim dispuser, expressamente.

Este é, por exemplo, o caso da supressão de vegetação nativa protetora de nascentes, dunas e restinga. Na forma preconizada pelo §1º do artigo 8º, ela só pode ser autorizada nos casos de utilidade pública (inciso VIII do artigo 3º),[242] e não de interesse social e atividades eventuais ou de baixo impacto (incisos IX e X do artigo 3º).

Apesar desta restrição especial, no caso específico das restingas e dos manguezais, o §2º do artigo 8º faz a seguinte previsão:

> Art. 8º [...] §2º A intervenção ou a supressão de vegetação nativa em Área de Preservação Permanente de que tratam os incisos VI e VII do caput do art. 4º poderá ser autorizada, excepcionalmente, em locais onde a função ecológica do manguezal esteja comprometida, para execução de obras habitacionais e de urbanização, inseridas em projetos de regularização fundiária de interesse social, em áreas urbanas consolidadas ocupadas por população de baixa renda.

Os incisos VI e VII do artigo 4º qualificam como área de preservação permanente as restingas, como fixadoras de dunas ou estabilizadoras de mangues, e os próprios manguezais, em toda sua extensão. Permite-se, assim, a regularização fundiária de interesse social em áreas ocupadas por população de baixa renda, com obras habitacionais e de urbanização, se a função ecológica do manguezal já estiver comprometida.

O §2º do artigo 8º da Lei nº 12.651/12 foi objeto de discussão nos autos das ADIs nºs 4.901, 4.902, 4.903 e 4.937 e da ADC nº 42. O Supremo Tribunal Federal decidiu pela validade da norma nos seguintes termos:

> [...] (j) Art. 8º, §2º (Possibilidade de intervenção em restingas e manguezais para a execução de obras habitacionais e de urbanização em áreas urbanas consolidadas ocupadas por população de baixa renda): Ao possibilitar a intervenção em restingas e manguezais para a execução de obras habitacionais e de urbanização em áreas urbanas consolidadas ocupadas por população de baixa renda, o legislador promoveu louvável compatibilização entre a proteção ambiental e os vetores constitucionais de erradicação da pobreza e da marginalização, e redução das desigualdades sociais (art. 3º, IV, da CRFB); de promoção do direito à moradia (art. 6º da CRFB); de promover a construção de moradias e a melhoria das condições habitacionais e de saneamento básico (art. 23, IX, da CRFB); de combater as causas da pobreza e

[242] "Art. 8º [...] §1º A supressão de vegetação nativa protetora de nascentes, dunas e restingas somente poderá ser autorizada em caso de utilidade pública".

> os fatores de marginalização, promovendo a integração social dos setores desfavorecidos (art. 23, X, da CRFB); e de estabelecer política de desenvolvimento urbano para ordenar o pleno desenvolvimento das funções sociais da cidade e garantir o bem-estar de seus habitantes (art. 182 da CRFB). Ademais, os empreendimentos respectivos devem sempre vir acompanhados de estudos de impacto ambiental e medidas compensatórias, além das medidas de fiscalização administrativa, consoante a determinação constitucional. Ante a previsão legal desses requisitos estritos e plenamente razoáveis, considerados os interesses em jogo, exige-se do Judiciário uma postura de autocontenção, em homenagem à função constitucionalmente garantida ao Legislativo para resolver conflitos de valores na formulação de políticas públicas. CONCLUSÃO: Declaração de constitucionalidade do artigo 8º, §2º, do novo Código Florestal. [...].[243]

O §3º do artigo 8º, por sua vez, trata da dispensa de autorização do órgão ambiental para a intervenção excepcional em área de preservação permanente, nos seguintes termos: "Art. 8º [...] §3º É dispensada a autorização do órgão ambiental competente para a execução, em caráter de urgência, de atividades de segurança nacional e obras de interesse da defesa civil destinadas à prevenção e mitigação de acidentes em áreas urbanas".

Ao dizer que só são dispensadas de autorização do órgão ambiental competente as atividades emergenciais de segurança nacional e as obras de interesse da defesa civil, a norma preceitua, *contrario sensu*, que todas as demais atividades de excepcional interferência em área de preservação permanente necessitam da autorização (ou, acrescenta-se, licença) do órgão ambiental competente.

Trata-se de constatação de relevante monta, porque as exceções arroladas não veiculam normas *procedimentais* para a interferência em área de preservação permanente, mas normas de cunho material que abrandam o regime jurídico geral de não interferência. Isso não significa, todavia, relativizar o exercício do controle prévio atinente ao poder de polícia dos órgãos ambientais (com exceção do disposto no §3º do artigo 8º da Lei nº 12.651/12). Para intervir em área de preservação permanente, nas hipóteses excepcionais admitidas em lei, remanesce a necessidade da autorização/licença do órgão ambiental competente, como preconizava (ou preconiza, a depender do entendimento) o

---

[243] ADIs nºs 4.901, 4.902, 4.903 e 4.937 e ADC nº 42. Relator Ministro Luiz Fux, Tribunal Pleno, julgado em 28.02.2018, publicado em 13.08.2019.

caput da Resolução Conama nº 369/06.[244] Urge apontar, todavia, que nas atividades de agricultura familiar, o artigo 52 da Lei nº 12.651/12 veiculou espécie diferenciada de controle prévio da atividade, a declaração ao órgão ambiental:

> Art. 52. A intervenção e a supressão de vegetação em Áreas de Preservação Permanente e de Reserva Legal para as atividades eventuais ou de baixo impacto ambiental, previstas no inciso X do art. 3º, excetuadas as alíneas b e g, quando desenvolvidas nos imóveis a que se refere o inciso V do art. 3º, dependerão de simples declaração ao órgão ambiental competente, desde que esteja o imóvel devidamente inscrito no CAR.

Assim, nas atividades relacionadas à *agricultura familiar* desenvolvidas na *pequena propriedade rural familiar* (inciso V do artigo 3º), e somente nelas, a prévia autorização/licença é substituída pela prévia declaração ao órgão ambiental competente.

O §4º do artigo 8º da Lei nº 12.651/12 diz que "não haverá, em qualquer hipótese, direito à regularização de futuras intervenções ou supressões de vegetação nativa, além das previstas nesta Lei". O dispositivo reitera a necessidade de aplicação restrita das exceções veiculadas em lei, inadmitindo regularização de intervenções posteriores à edição da Lei nº 12.651/12, em descompasso com as hipóteses nela prevista.

Por fim, o artigo 9º da Lei nº 12.651/12 reitera, aparentemente de modo desnecessário, a "permissão de acesso de pessoas e animais às áreas de preservação permanente para obtenção de água e para realização de atividades de baixo impacto ambiental".

---

[244] "Art. 4º Toda obra, plano, atividade ou projeto de utilidade pública, interesse social ou de baixo impacto ambiental, deverá obter do órgão ambiental competente a autorização para intervenção ou supressão de vegetação em APP, em processo administrativo próprio, nos termos previstos nesta resolução, no âmbito do processo de licenciamento ou autorização, motivado tecnicamente, observadas as normas ambientais aplicáveis".

CAPÍTULO 4

REGIME JURÍDICO ESPECIAL DAS OCUPAÇÕES RURAIS E URBANAS CONSOLIDADAS EM ÁREA DE PRESERVAÇÃO PERMANENTE

Para além das hipóteses excepcionais de intervenção referidas no capítulo precedente, existem pelo menos outras duas situações em que a legislação admite o abrandamento das restrições decorrentes da qualificação de dado espaço como de preservação permanente, criando um regime jurídico próprio, especial. Trata-se dos casos de ocupações rural e urbana consolidadas em área de preservação permanente.

Diferentemente do que ocorre nas situações em que uma ocupação era anterior à superveniente qualificação da área como de preservação permanente referida na seção 2.2.1 (em que defendemos a licitude da ocupação e o direito à sua manutenção e permanência), nos casos de consolidação de usos rurais e urbanos a premissa para se admitir a regularização ambiental (mediante cumprimento de determinados requisitos e condições) repousa na circunstância de a ocupação ser reputada desconforme ao previsto na legislação. Noutros termos, nos usos rurais e urbanos consolidados a área já era considerada ambientalmente protegida ao tempo em que a ocupação se consolidou.

Nessas situações, o caminho normal, a regra geral, seria o retorno ao *status quo ante* mediante o desfazimento das alterações, a recomposição da vegetação e a recuperação da área. Ocorre que por uma operação de balanceamento, ponderação de valores, a ordem jurídica, após a satisfação de determinados critérios, autoriza a continuidade de uso antrópico desses espaços mediante um procedimento administrativo de regularização.

É disso, essencialmente, que se trata quando se fala em manutenção de usos rurais e urbanos em áreas consolidadas: da estipulação (pelo legislador) de critérios (confirmados por meio de análises técnicas) para se abrandar as restrições decorrentes da qualificação de dado espaço como protegido, permitindo-se a manutenção de usos antrópicos em áreas que seriam, pela regra geral, qualificadas como de preservação permanente (e que a princípio não deveriam, nessa condição, ser ocupadas).

Como dito, são duas as principais situações referidas na legislação de regência. As áreas consolidadas, em áreas de preservação permanente, por *usos rurais* (disciplinada pelos artigos 61-A e seguintes da Lei nº 12.651/12) e as áreas consolidadas, em áreas de preservação permanente, por *usos urbanos* (prevista no §2º do artigo 11 da Lei nº 13.465/17, a Lei da Reurb – Regularização Fundiária Urbana, e disciplinada pelos artigos 64 e seguintes da Lei nº 12.651/12).

4.1 Áreas consolidadas, em áreas de preservação permanente, por usos rurais

A propósito da regularização de usos consolidados nas áreas rurais (a rigor, em imóveis rurais), a Lei nº 12.651/12 estabelece critérios que levam em consideração, especialmente, o tamanho da propriedade e a modalidade de área de preservação permanente respectiva.

O *caput* do artigo 61-A da Lei nº 12.651/12 veicula a seguinte regra geral:

> Nas Áreas de Preservação Permanente, é autorizada, exclusivamente, a continuidade das atividades agrossilvipastoris, de ecoturismo e de turismo rural em áreas rurais consolidadas até 22 de julho de 2008.

O *caput* do dispositivo se divide estruturalmente em três partes.

A primeira parte autoriza a *continuidade* de determinados usos antrópicos. A continuidade dos usos pressupõe, por evidência, seu exercício anterior e veda, por ilação, a extensão do regime especial a novos usos ou a alteração do uso anterior por outros (exceto, a nosso ver, a alteração por usos menos impactantes).

A segunda parte do artigo 61-A da Lei nº 12.651/12 discrimina os usos antrópicos a que faz referência – atividades agrossilvopastoris, de ecoturismo e de turismo rural.

Atividades agrossilvopastoris (ou integração lavoura-pecuária-floresta, ILPF) são ações que integram "atividades agrícolas, pecuárias e florestais, realizadas na mesma área, em cultivo consorciado, em sucessão, ou rotacionado, buscando efeitos sinérgicos entre os componentes do agroecossistema".[245]

Ecoturismo é o "segmento da atividade turística que utiliza, de forma sustentável, o patrimônio natural e cultural, incentiva sua conservação e busca a formação de uma consciência ambientalista através da interpretação do ambiente, promovendo o bem-estar das populações envolvidas".[246]

O turismo rural, por sua vez, pode ser entendido como o conjunto de "equipamentos localizados na zona rural que desenvolvem atividades de lazer, recreação, esportivas, de eventos, não apresentando, necessariamente, vínculo com a produção agropecuária e com a cultura rural".[247]

Dois pontos merecem destaque. As atividades agrossilvopastoris, com base na aludida definição técnica, pressupõem exercício *combinado* de atividades distintas (agrícolas, pecuárias e florestais). Isso excluiria, por definição, a monoatividade. Não nos parece, entretanto, que seja essa a intenção da lei, até porque não haveria razão para referido critério de discriminação em relação à monoatividade. Ao fazer referência a atividades agrossilvopastoris, o objetivo da norma deve ser lido no sentido de viabilizar a continuidade de atividades agrícolas, pecuárias e/ou florestais, combinadas ou isoladamente desenvolvidas no imóvel.

Segundo, as atividades ecoturismo não se enquadram, necessariamente, como espécie de atividade rural, que, nos termos definidos no inciso I do artigo 4º da Lei nº 4.504/64 (Estatuto da Terra) seriam a exploração extrativa agrícola, pecuária ou agroindustrial. Nesse ponto, trata-se do exercício de uma opção legislativa de incluir no regime atinente aos imóveis rurais uma atividade que o legislador reputou similar, congênere por natureza à atividade rural e desenvolvida no imóvel rural.

A terceira parte do artigo 61-A da Lei nº 12.651/12 é o marco temporal. As atividades que se permite continuar a serem realizadas em área de preservação permanente devem estar consolidadas em

245 TELLES *et al.*, 2021, p. 65.

246 EMBRATUR, 1994, p. 19.

247 MINISTÉRIO DO DESENVOLVIMENTO AGRÁRIO, 2004.

22 de julho de 2008. Nessa data, insista-se, o uso que se admite continuar já deve estar consolidado, não podendo se beneficiar do regime especial a consolidação de usos posteriores.

O dispositivo teve sua constitucionalidade impugnada perante o Supremo Tribunal Federal ao argumento de que traduziria uma ilegítima anistia a irregularidades ocorridas até aquela data. No julgamento das ADIs nºs 4.901, 4.902, 4.903 e 4.937 e da ADC nº 42, o Supremo Tribunal Federal decidiu pela validade da estipulação do referido marco temporal nos seguintes termos:

> (u) Arts. 61-A, 61-B, 61-C, 63 e 67 (Regime das áreas rurais consolidadas até 22.07.2008): O Poder Legislativo dispõe de legitimidade constitucional para a criação legal de regimes de transição entre marcos regulatórios, por imperativos de segurança jurídica (art. 5º, caput, da CRFB) e de política legislativa (artigos 21, XVII, e 48, VIII, da CRFB). [...] CONCLUSÃO: Declaração de constitucionalidade dos artigos 61-A, 61-B, 61-C, 63 e 67 do Código Florestal. [...].[248]

Em complemento aos requisitos estabelecidos no *caput* do artigo 61-C, a Lei nº 12.651/12 define um conjunto de outras condições para manutenção daquelas atividades em área de preservação permanente.

A primeira delas é a recomposição de pelo menos parte da vegetação em área de preservação permanente composta por *faixas marginais de cursos d'água e no entorno de nascentes, olhos d'água, lagos, lagoas e veredas*. Por recomposição, o §13 do artigo 61-A da Lei nº 12.651/12 se refere a:

> I – condução de regeneração natural de espécies nativas;
>
> II – plantio de espécies nativas;
>
> III – plantio de espécies nativas conjugado com a condução da regeneração natural de espécies nativas;
>
> IV – plantio intercalado de espécies lenhosas, perenes ou de ciclo longo, exóticas com nativas de ocorrência regional, em até 50% (cinquenta por cento) da área total a ser recomposta, no caso dos imóveis a que se refere o inciso V do caput do art. 3º

A exigência de recomposição varia em relação à modalidade da área de preservação permanente referida e ao tamanho do imóvel rural.

[248] ADIs nºs 4.901, 4.902, 4.903 e 4.937 e ADC nº 42. Relator Ministro Luiz Fux, Tribunal Pleno, julgado em 28.02.2018, publicado em 13.08.2019.

Para os *cursos d'água naturais*, exige-se a recomposição de 5 metros das faixas marginais em imóveis de até 1 módulo fiscal;[249] de 8 metros das faixas marginais em imóveis de 1 até 2 módulos fiscais; de 15 metros das faixas marginais em imóveis de 2 a 4 módulos fiscais; e de no mínimo 20 a no máximo 100 metros (de acordo com o determinado no Programa de Recuperação Ambiental) das faixas marginais de imóveis rurais com área superior a 4 módulos fiscais (§§1º a 4º do artigo 61-A da Lei nº 12.651/12).

No *entorno de nascentes e olhos d'água* é obrigatória a recomposição de raio mínimo de 15 metros, independentemente do tamanho da propriedade rural.

No *entorno de lagos e lagoas naturais* exige-se a recomposição de faixa marginal de 5 metros nos imóveis com até 1 módulo fiscal; 8 metros nos imóveis com área entre 1 e 2 módulos fiscais; 15 metros nos imóveis com área entre 2 e 4 módulos fiscais e 30 metros em imóveis com área superior a 4 módulos fiscais (incisos I a IV do §6º do artigo 61-A da Lei nº 12.651/12).

Nas *veredas* exige-se a recomposição de faixa marginal de 30 metros nos imóveis com até 4 módulos fiscais e de 50 metros nos imóveis com mais de 4 módulos fiscais (incisos I e II do §7º do artigo 61-A da Lei nº 12.651/12).

Nos termos do artigo 61-B da Lei nº 12.651/12, essa recomposição, somadas todas as áreas de preservação permanente do imóvel, não pode ultrapassar 10% (dez por cento) da área total do imóvel naqueles com área de até 2 (dois) módulos fiscais, e 20% (vinte por cento) da área total do imóvel naqueles de área superior a 2 (dois) e de até 4 (quatro) módulos fiscais. Supõe-se que a intenção do legislador era deixar de exigir a recomposição nos termos do artigo 61-A da Lei nº 12.651/12 se os percentuais de áreas de preservação permanente ocorrentes no imóvel já estiverem sido excedidos.

Vale dizer que no julgamento das ADIs nºs 4.901, 4.902, 4.903 e 4.937 e da ADC nº 42, o Supremo Tribunal Federal confirmou a constitucionalidade do critério de tamanho do imóvel para definição de medidas diferenciadas de recomposição nos seguintes termos:

---

[249] Segundo exposto na seção 3.2, módulo fiscal é uma unidade de medida, expressa em hectares, de natureza tributária. O módulo fiscal, que traduz a área mínima necessária a uma propriedade rural para que sua exploração seja economicamente viável, é definido pelo INCRA para cada município, levando-se em conta o tipo de exploração predominante e a renda advinda desta exploração, entre outros fatores (§2º do artigo 50 da Lei nº 4.504/64).

> (u) Arts. 61-A, 61-B, 61-C, 63 e 67 (Regime das áreas rurais consolidadas até 22.07.2008): O tamanho do imóvel é critério legítimo para definição da extensão da recomposição das Áreas de Preservação Permanente, mercê da legitimidade do legislador para estabelecer os elementos norteadores da política pública de proteção ambiental, especialmente à luz da necessidade de assegurar minimamente o conteúdo econômico da propriedade, em obediência aos artigos 5º, XXII, e 170, II, da Carta Magna, por meio da adaptação da área a ser recomposta conforme o tamanho do imóvel rural. Além disso, a própria lei prevê mecanismos para que os órgãos ambientais competentes realizem a adequação dos critérios de recomposição para a realidade de cada nicho ecológicoCONCLUSÃO: Declaração de constitucionalidade dos artigos 61-A, 61-B, 61-C, 63 e 67 do Código Florestal. [...][250]

A tabela abaixo sintetiza as atividades cuja continuidade se permite e as exigências de recomposição:

Modalidade de APP	Tamanho imóvel	Área a ser recomposta
Faixa marginal de cursos d'água naturais	Até 1 módulo fiscal	5 metros
	1 a 2 módulos fiscais	8 metros
	2 a 4 módulos fiscais	15 metros
	Mais de 4 módulos fiscais	20 a 100 metros
Nascentes e olhos d'água	Independe tamanho	15 metros
Lagos e lagoas naturais	Até 1 módulo fiscal	5 metros
	1 a 2 módulos fiscais	8 metros
	2 a 4 módulos fiscais	15 metros
	Mais de 4 módulos fiscais	30 metros
Veredas	Até 4 módulos fiscais	30 metros
	Mais de 4 módulos fiscais	50 metros

250 ADIs nºs 4.901, 4.902, 4.903 e 4.937 e ADC nº 42. Relator Ministro Luiz Fux, Tribunal Pleno, julgado em 28.02.2018, publicado em 13.08.2019.

No caso das áreas de preservação permanente por *declividade, bordas de tabuleiros ou chapadas, topo de morros e grandes altitudes* (incisos V, VIII, IX e X do artigo 4º da Lei nº 12.651/12) o tratamento é distinto, já que o artigo 63 não veicula idêntica exigência de recomposição de parte da vegetação. Apenas admite a manutenção de um conjunto distinto de atividades – atividades florestais, culturas de espécies lenhosas, perenes ou de ciclo longo, bem como da infraestrutura física associada ao desenvolvimento de atividades agrossilvopastoris – e veda a conversão de novas áreas para uso alternativo do solo. Em acréscimo, estabelece como condicionante à manutenção das atividades consolidadas a adoção de práticas conservacionistas e boas práticas agronômicas (§§2º e 3º do artigo 63).

Para gozar do direito de manutenção daquelas atividades consolidadas, além da recomposição nos casos acima prescritos, as situações previstas no *caput* do artigo 61-A da Lei nº 12.651/12 (leia-se, o exercício de atividades agrossilvopastoris, de ecoturismo e de turismo rural em áreas rurais consolidadas até 22 de julho de 2008) deve ser informada no Cadastro Ambiental Rural (CAR) para fins de monitoramento, e sua continuidade deve ser contemplada no Programa de Regularização Ambiental (PRA) previsto no artigo 59 e seguintes da lei (§§9º e 15 do artigo 61-A da Lei nº 12.651/12).

4.2 Áreas consolidadas, em áreas de preservação permanente, por usos urbanos

Na redação original da Lei nº 12.651/12 já havia a previsão de um regime jurídico diferenciado para as áreas de preservação permanente ocupadas por usos urbanos consolidados, mas associada à regularização fundiária na forma estipulada pela Lei nº 11.977/09 (Lei do Programa Minha Casa, Minha Vida). Naquela época, a lei se referia aos "assentamentos inseridos em área de ocupação urbana consolidada". Esses assentamentos poderiam ser ocupados por população predominantemente de baixa renda (que fariam jus à regularização fundiária de interesse social) ou por população não enquadrada nesse estrato econômico (que fariam jus à regularização fundiária de interesse específico).

Originalmente, os artigos 64 e 65 da Lei nº 12.651/12, basicamente, permitiam a regularização ambiental dessas ocupações mediante aprovação de projeto de regularização fundiária. A diferença era de que na regularização fundiária de interesse específico admitia-se a ocupação de área de preservação permanente desde que a área não fosse identificada como de risco. Como não havia previsão similar em relação aos projetos de regularização fundiária de interesse social, a conclusão é que a Lei nº 12.651/12 permitia, nesses casos, a regularização de ocupação também em áreas de risco (com determinadas cautelas, registre-se).

Pois bem. A Lei nº 11.977/09 foi revogada pela Medida Provisória nº 759/16, que instituiu a Reurb, e que seria, finalmente, convertida na Lei nº 13.465/17. O que a Lei nº 11.977/09 chamava de "assentamentos urbanos", a Lei nº 13.465/17 passou a se referir como "núcleos urbanos informais". Em acréscimo, a Lei nº 13.465/17 atribuiu nova redação aos artigos 64 e 65 da Lei nº 12.651/12, na forma como atualmente vige.

Antes, os requisitos dos estudos técnicos do projeto de regularização estavam arrolados na Lei nº 11.977/09; agora, foram incorporados à Lei nº 12.651/12. No que toca às áreas de preservação permanente, a Lei nº 13.465/17 cuida apenas de exigir a "elaboração de estudos técnicos, no âmbito da Reurb, que justifiquem as melhorias ambientais em relação à situação de ocupação informal anterior, inclusive por meio de compensações ambientais, quando for o caso" (§2º do artigo 11).

Agora, o artigo 64 da Lei nº 12.651/12 trata dos requisitos e do conteúdo do estudo técnico para regularização ambiental de núcleos urbanos informais ocupados, predominantemente, por população de baixa renda (*Reurb de Interesse Social* – Reurb-S); o artigo 65 da Lei nº 12.651/12 arrola os requisitos e conteúdo do estudo técnico para regularização ambiental de núcleos urbanos informais ocupados por população não qualificada como de baixa renda (*Reurb de Interesse Específico* – Reurb-E).

Para a regularização de núcleos urbanos informais que ocupam área de preservação permanente nas Reurb de Interesse Social, o artigo 64 da Lei nº 12.651/12 veicula exigências mais simples. O estudo técnico, basicamente, deve tratar da caracterização ambiental da área, propor as medidas de intervenção para prevenção e controle de riscos geotécnicos e de inundação e prever a recuperação das áreas não passíveis de regularização, entre outros pontos.

O tratamento é substancialmente distinto da regularização de núcleos urbanos informais que ocupam área de preservação permanente nas Reurb de Interesse Específico. O artigo 65 da Lei nº 12.651/12 exige, em complemento: (i) *que as áreas de preservação permanente não sejam identificadas como de risco* (*caput*); (ii) a indicação das "faixas ou áreas em que devem ser resguardadas as características típicas da Área de Preservação Permanente com a devida proposta de recuperação de áreas degradadas e daquelas não passíveis de regularização" (inciso VII); (iii) que sejam feitas avaliações dos riscos ambientais (inciso VIII); e, especialmente, (iv) a *manutenção de uma faixa não edificável ao longo de qualquer curso d'água de pelo menos 15 metros de largura em cada lado* (§2º).

Fundamentalmente, enquanto na Reurb de Interesse Específico se exige o resguardo de faixa não edificável de pelo menos 15 metros ao longo de cursos d'água e não se admite regularização de ocupação em área (de preservação permanente) que seja considerada como área de risco, na Reurb de Interesse Social não há previsão similar. A legislação, ao não fazer o mesmo filtro para a Reurb de Interesse Social, admite, por consequência, a regularização de ocupação de núcleos urbanos informais constituídos predominantemente por população de baixa renda em extensão maior que na Reurb de Interesse Específico nas faixas marginais de cursos d'água (podendo, em tese, ocupar toda extensão de área de preservação permanente nesses casos) e em áreas de risco.

A previsão na Lei nº 12.651/12 de regularização de ocupações em área de preservação permanente por intermédio da Reurb de Interesse Social e de Interesse Específico não responde, evidentemente, todas controvérsias e dúvidas relacionadas ao assunto. Dessas destaca-se, sobretudo, a questão da finalidade da ocupação e o marco temporal.

Em relação ao uso, para a Reurb de Interesse Social há previsão expressa de que o beneficiário da "legitimação fundiária" não seja proprietário de outra área e de que a finalidade da ocupação seja para fins de moradia, preferencialmente.[251] Já na Reurb de Interesse Específico não há previsão similar.

Após noticiar que esse tratamento diferenciado é objeto de questionamento por meio da Ação Direta de Inconstitucionalidade

[251] "Art. 23. A legitimação fundiária constitui forma originária de aquisição do direito real de propriedade conferido por ato do Poder Público, exclusivamente no âmbito da Reurb, àquele que detiver em área pública ou possuir em área privada, como sua, unidade imobiliária com destinação urbana, integrante de núcleo urbano informal consolidado existente em 22 de dezembro de 2016.
§1º Apenas na Reurb-S, a legitimação fundiária será concedida ao beneficiário, desde que atendidas as seguintes condições:
I – o beneficiário não seja concessionário, foreiro ou proprietário exclusivo de imóvel urbano ou rural;
II – o beneficiário não tenha sido contemplado com legitimação de posse ou fundiária de imóvel urbano com a mesma finalidade, ainda que situado em núcleo urbano distinto; e
III – em caso de imóvel urbano com finalidade não residencial, seja reconhecido pelo Poder Público o interesse público de sua ocupação."

nº 5.883/DF, Cristine Camilo Dagostin Dal Toé, subscrevendo o entendimento de Flávio Tartuce e Michely Freire Fonseca, defende que a Reurb pode se dar para outros fins que não apenas moradia.[252]

Esse não foi, registre-se, o entendimento do Superior Tribunal de Justiça nos autos do Recurso Especial nº 1.782.692. Na ocasião, o Tribunal fez uma interpretação ainda mais restrita dos termos da Lei nº 13.465/17, entendendo que a Reurb não se prestava a regularizar ocupações com fins residenciais se as residências se destinassem a uso temporário, de veraneio:

> PROCESSUAL CIVIL E AMBIENTAL. AÇÃO CIVIL PÚBLICA. CONSTRUÇÕES EM ÁREA DE PRESERVAÇÃO PERMANENTE – APP. MARGEM DE RIO. MANGUEZAL.
>
> PRINCÍPIO DE PRESERVAÇÃO DA INTEGRIDADE DO SISTEMA CLIMÁTICO. CÓDIGO FLORESTAL. ARTS. 1°-A, PARÁGRAFO ÚNICO, I, 3°, II, 8°, CAPUT E §§2°, 4°, 64 e 65 DA LEI 12.651/2012. CRISE HÍDRICA E MUDANÇAS CLIMÁTICAS. ART. 5°, III, E 11 DA LEI 12.187/2009. DIREITO A CIDADE SUSTENTÁVEL. ARTS. 2°, I, DA LEI 10.257/2001. REGULARIZAÇÃO FUNDIÁRIA URBANA. ART. 11, I e II, e §2°, DA LEI 13.465/2017.
>
> *FUNDAMENTO ÉTICO-POLÍTICO DE JUSTIÇA SOCIAL DO DIREITO A MORADIA EXCLUSIVO DE PESSOAS POBRES, MAS APLICADO INDEVIDAMENTE PELO ACÓRDÃO RECORRIDO A CASAS DE VERANEIO E ESTABELECIMENTOS COMERCIAIS.*
>
> AFASTAMENTO DA TEORIA DO FATO CONSUMADO. SÚMULA 613 DO STJ. REGULARIZAÇÃO FUNDIÁRIA URBANA DE INTERESSE SOCIAL. DEVER DO PODER PÚBLICO DE FISCALIZAR. PRINCÍPIO DE VEDAÇÃO DO NON LIQUET. ART. 140, CAPUT, DO CÓDIGO DE PROCESSO CIVIL DE 2015. [...]
>
> DIREITO AO MEIO AMBIENTE ECOLOGICAMENTE EQUILIBRADO E DIREITO A MORADIA 9. Entre os onze imóveis objeto da presente Ação Civil Pública, há casas de veraneio, bar e farmácia. É o conhecido artifício de que se servem grileiros ambientais, pelo qual o ilegal em grau máximo – nas APPs urbanas, verdadeira infantaria precursora de destruição, mas em rigor embrião de gentrificação imediata ou futura do terreno não edificável – lança mão da população de baixíssima renda como anteparo ético e de justiça social, pretexto esperto, mas vazio tanto de equidade como de legitimidade, destinado a sustentar e a reter, em proveito individual, comercial e de lazer, ocupações, construções e usos

[252] DAL TOÉ, Camilo Dagostin. *Regularização fundiária urbana em áreas de preservação permanente:* possibilidades e limites. 2020. Dissertação (Mestrado em Ciência Jurídica) – Universidade do Vale do Itajaí, p. 101 e ss.

irregulares sobre espaços naturais legalmente protegidos em favor da coletividade. Tudo agravado, na espécie dos autos, pela comprovação inequívoca de que várias das construções foram erigidas em violação não só à letra clara da lei, mas também em aberta desobediência a autos de infração e interdição emitidos pelo Ibama.

[...] 14. Na hipótese dos autos, quanto aos carentes de tudo, que construíram suas casas estritamente residenciais antes da autuação e interdição pelo Ibama, caberá ao Município omisso assegurar-lhes apoio material, inclusive "aluguel social", e prioridade em programas habitacionais, dever esse não condicionante nem impeditivo da execução imediata da ordem judicial de remoção das construções ilegítimas.

15. Por último, casas de veraneio e estabelecimentos comerciais não se encaixam, sob nenhum ângulo, no molde estrito de moradia para população de baixa renda. Daí, em Área de Preservação Permanente, ser "totalmente descabida a pretensão de grupos de pessoas que degradam referidas áreas para finalidades recreativas, acarretando ônus desmesurado ao meio ambiente e aos demais indivíduos" (AgInt no REsp 1.760.512/MS, Rel. Min. Regina Helena Costa, Primeira Turma, DJe de 27.2.2019, grifo acrescentado).

POPULAÇÃO DE BAIXA RENDA E REGULARIZAÇÃO FUNDIÁRIA URBANA DE INTERESSE SOCIAL 16. O próprio Código Florestal prevê procedimento administrativo peculiar, sob rigorosos requisitos, para a regularização fundiária urbana (Reurb) de interesse social e de interesse específico (Lei 12.651/2012, arts. 64 e 65), "na forma da lei". Tal fato indica ser descabido ao Poder Judiciário, sem lei e, pior, contra lei existente, regularizar ocupações individualmente – edificação por edificação –, mais ainda na posição de órfão de cautelas e estudos técnicos exigíveis da Administração, quando se propõe a ordenar o caos urbanístico das cidades.

[...] (Grifo acrescido. STJ, REsp 1782692/PB, Rel. Ministro HERMAN BENJAMIN, SEGUNDA TURMA, julgado em 13.08.2019, DJe 05.11.2019).

O precedente, a nosso ver, empreendeu uma interpretação equivocada e *contra legem* da Lei nº 13.465/17.

Primeiro, o próprio inciso III do §1º do artigo 23 da Lei nº 13.465/17 prevê a possibilidade de legitimação fundiária de imóveis não residenciais, o que já depõe contra o entendimento adotado nos autos do REsp nº 1.782.692.

Segundo, a menção à finalidade residencial (de moradia) é feita na Lei nº 13.465/17 para um instrumento específico da regularização fundiária (a *legitimação fundiária*, que é modo originário de aquisição do direito real de propriedade) e não para os demais. A Reurb, como sustenta com razão Cristine Camilo Dagostin Dal Toé, pode se aplicar à correção de irregularidades de titulação (no qual a legitimação fundiária faz sentido, por atribuir um direito real de propriedade ao seu beneficiário) ou não (apenas urbanísticas e/ou ambientais). Não é adequado, portanto, relacionar um instrumento que corrige problema de titulação com questões de outra natureza (notadamente ambiental).

Terceiro, os requisitos para legitimação na posse veiculados no artigo 23 da Lei nº 13.465/17 (destinação preferencial à moradia) estabelecem uma restrição (ao direito de se regularizar) exclusiva à legitimação fundiária. As restrições, como defendido no segundo capítulo, devem ser interpretadas restritivamente. Nessa linha de argumento, o que deveria ser questionado era, justamente, a validade desse requisito para a legitimação fundiária, e não se interpretar extensivamente suas disposições para alcançar outro instrumento e/ou outra modalidade de regularização.

A segunda grande controvérsia diz respeito ao marco temporal. A pergunta consiste em saber se existiria uma data limite para os núcleos urbanos terem se consolidado a fim de se tornarem elegíveis à regularização urbana. Paulo Locatelli pontua de forma bastante clara a discussão:

> Desde 1850 com o Estatuto da Terra convivemos com marcos temporais fixando anistia das ocupações ilegais e permitindo sua permanência. Os arts. 64 e 65 do Código Florestal, quando em consonância com a antiga Lei n.º 11.977/09, que tratava em capítulo próprio da REURB, trazia em seus dispositivos como requisito para sedimentar a ocupação em APP, desde que a ocupação tivesse ocorrido até 31 de dezembro de 2007. Com a edição da nova legislação, alteraram-se esses artigos e, apesar de mantida a possibilidade de REURB-S ou REURB-E em APP, desde que o estudo técnico comprove que a intervenção implique em melhoria das condições ambientais em relação a situação anterior, não foi instituído um marco temporal que delimitasse a partir de qual data as construções seriam passíveis de REURB. Porém a situação se agrava com a retirada da expressão "consolidada" até então prevista no mesmo dispositivo legal, ou seja, a nova redação não exigiu a consolidação do núcleo urbano informal de forma expressa na atual redação conferida pela Lei n.º 12.651/12. Tal fato leva a discussões interpretativas e posicionamentos diversos de ordem prática. Contudo, é inadmissível sob a ótica da sustentabilidade, regularizar núcleos urbanos informais, inseridos total ou parcialmente em APP, que não estejam consolidados.[253]

[253] LOCATELLI, 2021, p. 163.

Diante da omissão da lei, Paulo Locatelli apresenta algumas possibilidades interpretativas. A primeira seria considerar como marco temporal da consolidação do núcleo urbano a se regularizar o dia 28 de maio de 2012, data da entrada em vigência da Lei nº 12.651/12. Essa proposição seria a regra geral para a Reurb de Interesse Específico, justificada a partir da previsão contida no §4º do artigo 8º da Lei nº 12.651/12, no sentido de que "Não haverá, em qualquer hipótese, direito à regularização de futuras intervenções ou supressões de vegetação nativa, além das previstas nesta Lei".[254]

No caso de Reurb de Interesse Social, que trata, como o próprio nome indica, de intervenção fundamentada em interesse social, a regularização estaria prevista na própria Lei nº 12.651/12 (na já citada exceção constante na alínea "d" do inciso IX do artigo 3º), o que afastaria a incidência da vedação contida no §4º do seu artigo 8º. Apesar da ressalva quanto à necessidade de se combinarem outros desestímulos a novas e futuras ocupações (o autor refere à fiscalização), Paulo Locatelli defende que nesse caso, de Reurb de Interesse Social, inexiste marco temporal à regularização ambiental, cabível a qualquer tempo.[255]

Parece-nos controvertida a tese de que para as Reurb de Interesse Específico o marco temporal para consolidação do núcleo urbano a se regularizar seria a data de entrada em vigência da Lei nº 12.651/12. É certo que §4º do artigo 8º da Lei nº 12.651/12 estabelece a impossibilidade de regularização de futuras intervenções de vegetação nativa em área de preservação permanente afora aquelas previstas na própria lei. No entanto, a previsão do regime especial para ocupação de áreas de preservação permanente derivada de regularização fundiária de interesse específico consta na própria Lei nº 12.651/12 (em seu artigo 65). Ou seja, não se trata de uma hipótese extravagante de regularização que ensejasse a incidência do §4º do artigo 8º da Lei nº 12.651/12.

E mesmo que se tratasse de uma modalidade de regularização prevista fora do âmbito da Lei nº 12.651/12, há que se ter em mente que a referida vedação (constante no §4º do artigo 8º da Lei nº 12.651/12) é veiculada em uma lei ordinária, cujo conteúdo poderia, em tese, ser alterado por outra lei (de igual ou superior hierarquia), posterior e específica nessa matéria. Parece ser esse, justamente, o caso da regularização ambiental de ocupações em áreas de preservação permanente nas Reurb, independentemente de sua modalidade. A Lei nº 13.465/17,

---

254 LOCATELLI, 2021, p. 169-170.

255 LOCATELLI, 2021, p. 169-170.

que disciplina a Reurb de Interesse Específico, é de igual hierarquia, posterior e específica nesse assunto (qual seja, a regularização ambiental, inclusive em área de preservação permanente), razão pela qual, dispondo de forma contrária (pelo menos implicitamente) ao disposto no §4º do artigo 8º da Lei nº 12.651/12, ao que tudo indica prevalece sobre este.

Fato é que se quisesse o legislador ter estabelecido um marco temporal para permitir regularizações ambientais em área de preservação permanente por meio de Reurb, teria o feito (como, aliás, acontecia na Lei nº 11.977/09 e como consta no próprio §4º do artigo 8º da Lei nº 12.651/12). O silêncio do legislador, nesse caso, tem um significado próprio, de efetiva inexistência de marco temporal para a consolidação do núcleo urbano em qualquer modalidade de Reurb. Não significa dizer, contudo, que a Lei nº 13.465/17 teria revogado implicitamente o §4º do artigo 8º da Lei nº 12.651/12; este continua válido para demais formas de regularização eventualmente previstas em previsão normativa anterior, hierarquicamente inferior e geral (ou não específica em matéria de área de preservação permanente).

REFERÊNCIAS

AHRENS, Sergio. O Código Florestal Brasileiro e o uso da terra: histórico, fundamentos e perspectivas (uma síntese introdutória). *Revista de Direitos Difusos*, v. 6, n. 31, 2005. p. 81-102.

AMADO, Frederico. *Direito Ambiental esquematizado*. 7. ed. São Paulo: Método, 2016.

ANDREOLI, Cleverson Vitorio; DANTAS, Marcelo Buzaglo. *Código Florestal anotado: observações de ordem técnica e jurídica*. Rio de Janeiro: Lumen Juris, 2017.

ANTUNES, Paulo de Bessa. A recuperação de danos ecológicos no direito brasileiro. *Veredas do Direito: Direito Ambiental e Desenvolvimento Sustentável*, v. 14, n. 29, p. 293-321, 2017.

ANTUNES, Paulo de Bessa. Áreas de Preservação Permanente Urbanas: O Novo Código Florestal eo Judiciário. *Revista de Informação Legislativa*, v. 52, n. 206, p. 83-102, 2015

ANTUNES, Paulo de Bessa. *Comentários ao novo Código Florestal*. 2. ed. São Paulo: Atlas, 2014.

AZEVEDO, Ruy Emmanuel Silva de. O novo Código Florestal e a flexibilização das intervenções excepcionais em Áreas de Preservação Permanente. *Revista Direito Ambiental e Sociedade*, v. 3, 2013.

BAGNOLD, R. A. *Phisycs of Blown Sand and Desert Dunes*. William Morrow: New York, 1943.

BANDEIRA DE MELLO, Celso Antônio Bandeira de. *Curso de Direito Administrativo*. 33. ed. São Paulo: Malheiros, 2016.

BARROS II; Silvio Magalhães; PENHA, Denise Hamú M. de La (org). *Diretrizes para uma política nacional de ecoturismo*. Brasília: Embratur: 1994.

BASTOS, Celso Ribeiro. *Dicionário de Direito Constitucional*. São Paulo: Saraiva, 1994.

BLUTEAU, Raphael. *Vocabulario portuguez e latino*. Coimbra: Collegio das Artes da Companhia de Jesus, 1713.

BRANCO, Paulo Gustavo Gonet; MENDES, Gilmar Ferreira. *Curso de Direito Constitucional*. 6. ed. São Paulo: Saraiva, 2011.

BÜHRING, Márcia Andrea; JOBIM, Marco Felix; ZAVASCKI, Liane Tabarelli. *Diálogos Constitucionais de Direito Público e Direito Privado*, Porto Alegre, Livraria do Advogado, n. 2, 2013.

CALHEIROS, R. de Oliveira *et al*. *Preservação e recuperação das nascentes*. Piracicaba: Comitê das Bacias Hidrográficas dos Rios PCJ-CTRN, 2004.

CANESTRINI, Valéria Giumelli. A revogação da Resolução do CONAMA n. 369 de 28 de março de 2006 com a vigência do Novo Código Florestal – Lei nº 12.651/2012, 2016. Disponível em: http://www.gnmp.com.br/publicacao/284/a-revogacao-da-resolucao-do-Conama-n-369-de-28-de-marco-de-2006-com-a-vigencia-do-novo-codigo-florestal-lei-12-651-2012. Acesso em: 07 fev. 2017.

CANOTILHO, José Joaquim Gomes; LEITE, José Rubens Morato (Org.). *Direito Constitucional Ambiental brasileiro*. São Paulo: Saraiva, 2007.

CARVALHO FILHO, José dos Santos. *Manual de Direito Administrativo*. 26. ed. São Paulo: Atlas, 2017.

CHRISTOFOLETTI, Antônio. *Geomorfologia fluvial*. São Paulo: Edgard Blücher, 1981. v. I.

CORREIA, Fernando Alves. *Manual de Direito do Urbanismo*. Lisboa: Almedina, 2012.

CORTIZO, Sérgio. *Topo de morro na Resolução CONAMA nº 303, Parte II*. Disponível em http://www.mma.gov.br/port/Conama/processos/FBF21C00/apptopodemorroparte2.pdf. Acesso em: 29 mar. 2017.

DANTAS, Marcelo Buzaglo. *Direito Ambiental de conflitos*. Rio de Janeiro: Lumen Juris, 2015.

DANTAS, Marcelo; NIEBUHR, Pedro. *Leading cases ambientais analisados pela doutrina*. Florianópolis: Habitus, 2021

DI PIETRO, Maria Sylvia Zanella. *Direito Administrativo*. 29. ed. São Paulo: Malheiros, 2016.

DURLO, Miguel Antônio; SUTILI, Fabrício Jaques. *Bioengenharia*: manejo biotécnico de cursos d'água. Santa Maria: Edição do Autor, 2012.

FENSTERSEIFER, Thiago; SARLET, Ingo Wolfgang. *Direito Constitucional Ambiental*. São Paulo: Revista dos Tribunais, 2011.

FERRAZ JÚNIOR, Tércio Sampaio. *Introdução ao Estudo do Direito*: técnica, decisão, dominação. 6. ed. São Paulo: Atlas, 2008.

FIGUEIREDO, Guilherme José Purvin de. *Curso de Direito Ambiental*. 4. ed. São Paulo: Revista dos Tribunais, 2011.

FIORILLO, Celso Antônio Pacheco. *Curso de Direito Ambiental Brasileiro*. 14. ed. São Paulo: Saraiva, 2013.

FRIEDE, Reis. Interpretação da Norma Jurídica. *Revista Tributária e de Finanças Públicas*, vol. 15, p. 9-14, abr./jun. 1996.

FREITAS, Juarez. *A interpretação sistemática do Direito*. 5. ed. São Paulo: Malheiros, 2010.

FREITAS, Leandro; RIBEIRO, Katia Torres. Impactos potenciais das alterações no Código Florestal sobre a vegetação de campos rupestres e campos de altitude. *Biota Neotrop*, v. 10, n. 4, oct./dec. 2010. Disponível em: http://dx.doi.org/10.1590/S1676-06032010000400029. Acesso em: 29 mar. de 2017.

GASPARINI, Diogenes. *Poder regulamentar*. São Paulo: José Bushatsky, 1978.

GASS, Sidnei Luís Bohn et al. Áreas de preservação permanente (APPs) no Brasil e na França: um comparativo. *Confins. Revue franco-brésilienne de géographie/Revista franco-brasilera de geografia*, n. 27, 2016.

GERMANO, Rachel Medeiros; SILVEIRA, Raquel Maria da Costa. As dunas móveis como área de preservação permanente à luz da Lei nº 12.651/2012. Breves considerações sobre a vigência da Resolução Conama nº 303/2002 *Revista Jurídica do Ministério Público do Estado do Rio Grande do Norte*, n. 2, 2013.

GOUVEIA, Celia Regina de *et al*. *Restinga*: conceitos e empregos do termo no Brasil e na legislação ambiental. São Paulo: Instituto Geológico, 2008.

GRANZIERA, Maria Luiza Machado. *Direito Ambiental*. 3. ed. São Paulo: Atlas, 2014.

GUERRA, Antônio Teixeira; GUERRA, Antônio José Teixeira. *Novo dicionário geológico-geomorfológico*. 6. ed. Rio de Janeiro: Bertrand Brasil, 2008.

GUERRA, Laís Batista; MONTEIRO, Rayanny Silva Siqueira. Direito ao meio ambiente ecologicamente equilibrado e à propriedade privada: a exigibilidade de reserva florestal legal em área urbana e de expansão urbana. *Revista de Direito Urbanístico, Cidade e Alteridade*, v. 1, n. 2, p. 128-149, jul./dez. 2015.

HESCHKE, Pedro Henrique; SAES, Marcos André Bruxel. Decisão do STJ em faixa não edificável em cursos d'água nas áreas urbanas: obras que eram regulares até ontem, hoje deixaram de ser. Disponível em: https://direitoambiental.com/tema1010/. Acesso em: 31 maio 2021.

INSTITUTO BRASILEIRO DE GEOGRAFIA E ESTATÍSTICA (IBGE). Coordenação de Recursos Naturais e Estudos Ambientais. *Manual técnico de geomorfologia*. 2. ed. Rio de Janeiro: IBGE, 2009.

INSTITUTO BRASILEIRO DE GEOGRAFIA E ESTATÍSTICA (IBGE). Mapa de Vegetação do Brasil 1:5.000.000. 3. ed. Brasília: IBGE, 2004a.

INSTITUTO BRASILEIRO DE GEOGRAFIA E ESTATÍSTICA (IBGE). *Vocabulário básico de recursos naturais e meio ambiente*. 2. ed. IBGE: Rio de Janeiro, 2004b.

INSTITUTOBRASILRURAL. Familiar 2004/2007. Disponível em: http://www.institutobrasilrural.org.br/download/20120220101524.pdf. Acesso em: 21 jun. 2021.

JUSTEN FILHO, Marçal. *Curso de Direito Administrativo*. 12. ed. São Paulo: RT, 2016

LEITE, José Rubens Morato *et al*. *Manual de Direito Ambiental*. São Paulo: Saraiva, 2015.

LEITE, José Rubens Morato. *Dano ambiental*: do individual ao coletivo extrapatrimonial. 2. ed. São Paulo: Revista dos Tribunais, 2003.

LOCATELLI, Paulo Antonio. *Elementos para a sustentabilidade da regularização fundiária urbana nas áreas de preservação permanente*. Rio de Janeiro: Lumen Juris, 2021.

LOPES, João Eduardo G; SANTOS, Raquel Chinaglia P. *Capacidade de reservatórios*. São Paulo: Escola Politécnica da Universidade de São Paulo, 2002. Disponível em: http://www.leb.esalq.usp.br/disciplinas/Fernando/leb1440/Aula%206/Capacidade%20de%20Reservatorios. pdf. Acesso em: 22 fev. 2017.

LOPES, Pedro Moniz. *O existente tem direitos*? Uma análise normativa do destino da edificação consumada. Lisboa: Faculdade de Direito da Universidade de Lisboa. Seminário de Mestrado de Direito Administrativo. Professora Regente Doutora Maria da Gloria Garcia, ano 2006/2007.

MACHADO, Paulo Affonso Leme. *Direito Ambiental brasileiro*. 19. ed. São Paulo: Malheiros, 2011.

MACHADO, Paulo Affonso Leme. *Direito Ambiental brasileiro*. 24. ed. São Paulo: Malheiros, 2016.

MAIA, Leonardo de Castro. Hidrelétricas e espaços protegidos no novo Código Florestal. *Revista de Direito Ambiental*, v. 75, 2014.

MAXIMILIANO, Carlos. *Hermenêutica e aplicação do Direito*. Rio de Janeiro: Forense, 1941.

MAXIMILIANO. Carlos. *Hermenêutica e aplicação do direito*. 18. ed. Rio de Janeiro: Forense, 2000.

MILARÉ, Édis. *Direito do Ambiente*. 10. ed. São Paulo: Revista dos Tribunais, 2015.

MONTEIRO, Cláudio. *O embargo e a demolição de obras no direito do urbanismo*. Dissertação (Mestrado em Ciências Jurídico-Políticas) – Faculdade de Direito de Lisboa, Lisboa,1995.

MORAES, Luís Carlos Silva de. *Código florestal comentado*. 4. ed. São Paulo: Atlas, 2009.

NERY JUNIOR, Nelson. O benefício da dilatação do prazo para o ministério público no direito processual civil brasileiro (interpretação do art. 188 do Código de Processo Civil). *Revista de Processo*, vol. 30, p. 109-126, abr./jun. 1983.

NIEBUHR, Joel de Menezes. As restingas como área de preservação permanente. *Revista da Escola Superior da Magistratura do Estado de Santa Catarina*, v. 15, 2003.

NIEBUHR, Joel de Menezes. Terrenos de marinha: aspectos destacados. *Revista de Doutrina do Tribunal Regional Federal da 4ª Região*, Porto Alegre, n. 2, ago. 2004.

NIEBUHR, Pedro de Menezes. *Processo administrativo ambiental*. Rio de Janeiro: Lumen Juris, 2014.

RAMOS, Alessander Marcondes França. A visão sistêmica e o poder regulamentar do CONAMA nas Resoluções 302 e 303: uma análise da divergência doutrinária. In: MILARÉ, Édis. *Doutrinas essenciais de Direito Ambiental*. São Paulo: Revista dos Tribunais, 2011. v. 4.

RIZZINI, C. T. *Tratado de fitogeografia do Brasil*: aspectos ecológicos, sociológicos e florísticos. Rio de Janeiro: Âmbito Cultural, 1997. p. 332.

RUFINO, Gilberto D'Ávila. *Proteção jurídica do litoral*: o caso dos mangues brasileiros. Dissertação (Mestrado) – Universidade Federal de Santa Catarina, 1981.

SANTOS, Álvaro Rodrigues dos. As APPs associadas a nascentes: O que é uma nascente? Como identifica-la? *Eco Debate*, 2009. Disponível em: https://www.ecodebate.com.br/2009/07/21/as-apps-associadas-a-nascentes-o-que-e-uma-nascente-como-identifica-la-artigo-de-alvaro-rodrigues-dos-santos/. Acesso em: 20 fev. 2024.

SANTOS, Cláudio João Barreto dos. *Estudo sobre a ocorrência na denominação dos termos genéricos de cursos d'água no território brasileiro*. Disponível em http://www.cartografia.org.br/cbc/trabalhos/1/793/CT01-42_1404394588.pdf. Acesso em: 20 fev. 2017.

SERAFINI, Leonardo Zagonel. Os manguezais, seu regime jurídico e sua proteção socioambiental. *Revista de Direito Ambiental*, São Paulo, v. 51, p. 110 *et seq.*, 2008.

SILVA, Antonio de Moraes. *Diccionario da lingua portuguesa*: recompilado dos vocabularios impressos ate agora, e nesta segunda edição novamente emendado e muito acrescentado. Lisboa: Typographia Lacerdina, 1789.

SILVA, José Afonso da. *Curso de Direito Constitucional Positivo*. 28. ed. São Paulo: Malheiros, 2007.

SILVA, José Afonso da. *Direito Ambiental Constitucional*. 9. ed. São Paulo: Malheiros, 2011.

SIRVINSKAS, Luís Paulo. *Manual de Direito Ambiental*. 14. ed. São Paulo: Saraiva, 2016.

SOUZA, Celia Regina de Gouveia *et al*. *Restinga*: conceitos e empregos do termo no Brasil e na legislação ambiental. São Paulo: Instituto Geológico, 2008.

SOUZA, Lucas Dantas Evaristo de. *Novo Código Florestal e a revogação tácita da Resolução CONAMA n. 303/02*, 2013. Disponível em: http://www.gazetadopovo.com.br/blogs/giro-sustentavel/novo-codigo-florestal-e-a-revogacao-tacita-da-resolucao-Conama-n-30302. Acesso em: 07 fev. 2017.

TELLES, M. A. *et al*. Glossário ILPF: Integração Lavoura-Pecuária-Floresta= ICLF Glossary: Integrated Crop-Livestock-Forestry= Glosario ILPF: Integración Agricultura-Ganadería-Bosque. *Embrapa Florestas-Documentos* (INFOTECA-E), 2021.

THOMÉ, Romeu. *Manual de Direito Ambiental*. 6. ed. Salvador: JusPodivm, 2016.

TORRES, Marcos Abreu. Críticas à recente revogação das resoluções do Conama são injustas. Disponível em: https://www.conjur.com.br/2020-out-08/torres-criticas-injustas-revogacao-resolucoes-conama. Acesso em: 8 out. 2020

TRANSTAGANO, Antônio Vieira. *A Dictionary of the Portuguese and English Languages*. Londres: J. Nourse, 1773.

VIEIRA, Eriton Geraldo; GONÇALVES, Daniela Oliveira; BOEING, José. Áreas de preservação permanente: peculiaridades do tema no Brasil, Estados Unidos, Portugal e Espanha. *Lex Humana*, Petrópolis, v. 6, n. 1, p. 44-69, 2014.

Esta obra foi composta em fonte Palatino Linotype, corpo 10
e impressa em papel Pólen Bold 70g (miolo) e Supremo 250g (capa)
pela Gráfica Star7.

PARTIDOS POLÍTICOS E *COMPLIANCE*

Daniel Castro Gomes da Costa

Prefácio
Luís Roberto Barroso

Apresentação
António Eduardo Baltar Malheiro de Magalhães

PARTIDOS POLÍTICOS E *COMPLIANCE*

2ª edição ampliada e atualizada

Belo Horizonte
FÓRUM
CONHECIMENTO JURÍDICO
2022

FÓRUM
CONHECIMENTO JURÍDICO

Luís Cláudio Rodrigues Ferreira
Presidente e Editor

Coordenação editorial: Leonardo Eustáquio Siqueira Araújo
Aline Sobreira de Oliveira

Rua Paulo Ribeiro Bastos, 211 – Jardim Atlântico – CEP 31710-430
Belo Horizonte – Minas Gerais – Tel.: (31) 2121.4900
www.editoraforum.com.br – editoraforum@editoraforum.com.br

Técnica. Empenho. Zelo. Esses foram alguns dos cuidados aplicados na edição desta obra. No entanto, podem ocorrer erros de impressão, digitação ou mesmo restar alguma dúvida conceitual. Caso se constate algo assim, solicitamos a gentileza de nos comunicar através do *e-mail* editorial@editoraforum.com.br para que possamos esclarecer, no que couber. A sua contribuição é muito importante para mantermos a excelência editorial. A Editora Fórum agradece a sua contribuição.

Dados Internacionais de Catalogação na Publicação (CIP) de acordo com a AACR2

C837p Costa, Daniel Castro Gomes da
Partidos políticos e compliance / Daniel Castro Gomes da Costa. 2ª edição. – Belo Horizonte : Fórum, 2022.

354p.; 14,5x21,5cm

ISBN: 978-65-5518-361-0

1. Direito Eleitoral. 2. Direito Internacional Público. 3. Direito Administrativo. I. Título.

CDD 324.63
CDU 342.8

Elaborado por Daniela Lopes Duarte – CRB-6/3500

Informação bibliográfica deste livro, conforme a NBR 6023:2018 da Associação Brasileira de Normas Técnicas (ABNT):

COSTA, Daniel Castro Gomes da. *Partidos políticos e compliance*. 2. ed. Belo Horizonte: Fórum, 2022. 354p. ISBN 978-65-5518-361-0.

If there's an ideal within the concept either of democracy, it is that citizens are equal. That principle either means that at each stage of a democratic election, citizens should have equal weight in the decision of that stage.

(Lawrence Lessig)

A corrupção não é uma nota de pé de página na história. Ela desvia recursos que não irão para serviços públicos. Ela cria uma relação pervertida entre a cidadania e o Estado e um ambiente generalizado de desconfiança em que todo mundo acha que pode passar o outro para trás

(Luís Roberto Barroso)

LISTA DE ABREVIATURAS E SIGLAS

ADI – Ação Direta de Inconstitucionalidade
AP – Ação Popular
ARE – Agravo em Recurso Extraordinário
ARENA – Aliança Renovadora Nacional
Art. – Artigo
AEC – *Australian Electoral Commission*
CPF – Cadastro Nacional de Pessoa Físicas
CNPJ – Cadastro Nacional de Pessoa Jurídica
CF – Constituição Federal
CGU – Controladoria-Geral da União
DOU – Diário Oficial da União
EC – Emenda Constitucional
FCPA – *Foreign Corrupt Practice Act*
FEFC – Fundo Especial de Financiamento de Campanha
FP – Fundo Partidário
GRECO – Grupo de Estados Contra a Corrupção
LGPD – Lei de Geral de Proteção de Dados
LOPP – Lei Orgânica dos Partidos Políticos
MDB – Movimento Democrático Brasileiro
OCDE – Organização para a Cooperação e Desenvolvimento Econômico
PC – Prestação de Contas
PGR – Procuradoria-Geral da República
PL – Projeto de Lei
PLS – Projeto de Lei do Senado
RE – Recurso Extraordinário
SAPF – Sistema de Apoio a Partidos em Formação
STF – Supremo Tribunal Federal
TRE – Tribunal Regional Eleitoral
TSE – Tribunal Superior Eleitoral

LISTA DE TABELAS E FIGURAS

SUMÁRIO

ANEXOS

EM BUSCA DE INTEGRIDADE

1 O autor e a sua trajetória

Em pouco tempo de convivência, pude identificar algumas virtudes que tornam Daniel Castro Gomes da Costa um jovem jurista diferenciado: conhecimento da matéria eleitoral, dedicação ao trabalho e grande capacidade de relacionamento humano. Tais atributos têm proporcionado a ele um precoce protagonismo no Direito Eleitoral brasileiro, âmbito no qual se destacou, primeiro como advogado e, posteriormente, como juiz. Ao ser eleito Presidente do Tribunal Superior Eleitoral (TSE), convidei-o para ser vice-diretor da Escola Judiciária Eleitoral (EJE), onde atuará ao lado de um dos expoentes do ramo, que é o seu diretor, Ministro Tarcisio Vieira de Carvalho Neto.

O presente livro revela algumas outras qualidades acadêmicas dignas de nota: capacidade de pesquisa, escrita clara, bem como ideias organizadas e no lugar. O currículo de Daniel demonstra sua habilidade em conciliar formação acadêmica e intensa atividade profissional. Entre o doutorado e o mestrado, andou pelas universidades de Lisboa, Coimbra e Harvard. Advogado e membro do Tribunal Regional Eleitoral de Mato Grosso do Sul, em vaga reservada a juristas, Daniel Castro é autor de diversas obras especializadas, além de estar à frente do Congresso Internacional de Direito Eleitoral, evento que já avança para sua terceira edição, com grande prestígio.

Por todas essas razões, tenho muito gosto em apresentar este livro e fazer as reflexões e os comentários que se seguem.

2 Breve reflexão sobre os temas desta obra

A presente obra faz a conexão entre dois temas de grande relevância: de um lado, a ideia de integridade e *compliance*; e, de outro, a questão dos partidos políticos. Compartilho aqui algumas reflexões sobre ambos.

Nos últimos tempos, o Brasil tem vivido uma tempestade política, econômica e ética que mudou a percepção da sociedade em relação a muitas questões, inclusive e notadamente, aquelas associadas ao cumprimento da lei e ao combate à corrupção. Entre nós, a situação era tão ruim em termos de respeito às normas jurídicas e submissão a regras éticas que não havia em vernáculo sequer uma palavra que expressasse, com precisão, o sentido de *compliance*. Em suma, esse é um conceito que identifica a observância das normas legais e regulamentares aplicáveis, bem como dos valores éticos gerais, dos códigos de conduta específicos de determinado ramo de atividade e das expectativas legítimas da sociedade.

O Brasil vive um processo profundo de transformação. Sairemos da crise atual melhores do que entramos. A sociedade já mudou e deixou de aceitar o inaceitável. A iniciativa privada, que pagou preço altíssimo pelos desatinos dos últimos tempos, está mudando rapidamente. O Judiciário vai mudando lentamente. A política ainda não mudou, mas vai mudar. E aí chegamos ao tema do sistema político e, dentro dele, da questão partidária.

O sistema político brasileiro é formado pelo sistema de governo, pelo sistema eleitoral e pelo sistema partidário. Temos problemas em relação a todos eles. No sistema de governo, temos tido, historicamente, um modelo que ora desborda para um hiperpresidencialismo autoritário, ora para um presidencialismo de coalizão tragado por um código de relação com o Congresso que nem sempre é republicano. Sou defensor, de longa data, do semipresidencialismo.[1] Não é o caso de se explorar o tema aqui. No sistema eleitoral, o modelo de voto proporcional em lista aberta é extremamente caro, de baixa representatividade e dificulta a governabilidade. Uma fórmula em que o eleitor não sabe quem ele elegeu, e o candidato não sabe por quem foi eleito. Um não tem de quem cobrar, e o outro não tem a quem prestar contas. Penso que o país deveria experimentar a alternativa do voto distrital misto. Mas tampouco é esta a ocasião para explorar o tema.

---

[1] Luís Roberto Barroso. A reforma política: uma proposta de sistema de governo, eleitoral e partidário. *Revista de Direito do Estado*, 3:287, p. 290 e 292-312.

E, por fim, o sistema partidário, objeto dessa instigante obra. Existem hoje, no Brasil, 33 partidos políticos registrados no TSE e 76 em fase de formação. O atual sistema partidário tem sido objeto de fundadas críticas relativas à sua fragilidade programática, à fragmentação do quadro partidário, ao déficit de democracia interna, à falta de transparência e à dependência do dinheiro público. Duas mudanças recentes na Constituição têm o potencial de produzir resultados positivos nessa matéria: o fim das coligações nas eleições proporcionais e a cláusula de barreira.

O trabalho de Daniel lança luz sobre muitos desses temas. Há demanda urgente pelo aprimoramento do funcionamento dos partidos. O conjunto de vicissitudes do sistema político brasileiro, brevemente apontadas acima, produziu um descolamento entre a classe política e a sociedade civil. Não é bom que seja assim. Não há Estado democrático sem atividade política intensa e saudável, nem tampouco sem parlamento atuante e investido de credibilidade. Nossa missão, portanto, é contribuir para o fortalecimento dos partidos, com integridade, restituir ao Congresso Nacional o papel central que lhe cabe na democracia brasileira e assegurar a dignidade da política.

3 O livro e a sua relevância

O convite para prefaciar este livro chegou a mim em novembro de 2019. Nesse período, estava eu encarregado, na condição de Vice-Presidente do TSE, da elaboração das resoluções aplicáveis às Eleições 2020 e aos pleitos subsequentes. O desempenho dessa tarefa havia descortinado para mim os bastidores da função regulamentar da Justiça Eleitoral. Um trabalho tão meticuloso quanto indispensável para aprimorar a experiência democrática no Brasil: dizer como operar, na prática, os milhares de atos sem os quais a liberdade do voto e a legitimidade das eleições não seriam mais que abstrações.

Ao ter contato com a obra, nesse específico contexto, não pude deixar de notar que o autor se apresentava para desbravar, com o mesmo espírito, um tema essencial para a democracia: a autonomia partidária. Ela é desses conceitos que correm o risco de se tornar por demais abstratos e, com isso, *supertrunfos* em discussões sem caráter propositivo. É pouco dizer que a Constituição assegurou autonomia aos partidos políticos. Precisamos de pessoas, como Daniel, dispostas a indagar como tornar operacional aquele conceito e, mais ainda, a formular essa indagação tendo em vista o aprimoramento da democracia.

Na primeira folheada, notei mais uma característica do livro que o ambientava bem naquele final de 2019: um otimismo inspirador. Não há dúvida da magnitude dos desafios que se apresentam à concretização dos princípios constitucionais eleitorais. Para lidar com eles, precisamos de diagnósticos sobre os pontos vulneráveis do sistema jurídico e das instituições, mas é preciso estarmos dispostos a dar o passo adiante e mais arriscado, de propor soluções.

Mas a solução buscada por Daniel guarda um traço distintivo daquilo que é possível obter pelo exercício da atividade regulamentar da Justiça Eleitoral. De forma coerente com a ideia da autonomia, o autor apresenta a autorregulamentação como saída possível para a crise partidária. O *compliance,* "conjunto de mecanismos interdependentes" que busca "tornar a observância da lei parte da cultura corporativa", é pensado como uma via de reconciliação dos partidos políticos com seu fundamental papel na construção da democracia. Otimista que sou, deixei-me confortavelmente ser inspirado pelas ideias do autor.

Os três capítulos do livro têm objetivos bem delimitados. No primeiro, é feito um panorama do direito partidário, útil para promover a ambientação e o nivelamento da leitura. No segundo, o autor destaca as principais questões relacionadas à autonomia partidária tratadas, em tempos recentes, pelas reformas legislativas e pelas decisões do Supremo Tribunal Federal e do Tribunal Superior Eleitoral. No terceiro, Daniel apresenta sua contribuição ao tema, pautada pela "exigência de um padrão de conduta mais elevado por parte das agremiações, que devem atender aos preceitos de integridade, consenso ao interesse público, *accountability* e transparência, com o objetivo de conferir maior higidez e confiabilidade ao processo eleitoral e de demonstrá-la à sociedade civil". Em seu entendimento, a incorporação do *compliance* ao sistema partidário pode se tornar um "mecanismo eficiente de combate à corrupção e a condutas ilícitas, com o consequente incremento de um pensamento organizacional abalizado na ética".

De fato, o Brasil lida, ainda, com o enfrentamento da corrupção endêmica, e muito dela flui pelas estruturas partidárias. Até aqui, a mudança de cenário tem se apoiado fortemente na atuação judicial. Nos âmbitos legislativos e intrapartidários, ainda há relutância na adoção de medidas que conduzam à renovação de práticas que precisam ser superadas. O efeito mais grave desse comportamento é o reforço da percepção da sociedade de que os partidos políticos, em si, sejam parte do problema, e não da solução. Para o bem do sistema partidário e do Poder Legislativo, portanto, são necessárias mudanças normativas e de mentalidade, para tornar os partidos mais democráticos, mais republicanos e mais alinhados com as demandas da sociedade. Isso irá libertá-los, igualmente, de uma série de mecanismos burocráticos de tutela, que entravam a vida partidária. Um cenário em que todos perdem.

Daniel nos relembra que o cumprimento da lei deve interessar a todas as instituições democráticas. A natureza privada dos partidos políticos não autoriza que se afastem desse objetivo. Mesmo porque a Constituição, ao lhes conceder autonomia para definir sua estrutura, sua organização e suas estratégias eleitorais (art. 17, §1º), fê-lo de forma subordinada à preservação da soberania nacional, do regime democrático, do pluripartidarismo e dos direitos fundamentais da pessoa humana (art. 17).

Assim, quando a exposição do autor nos leva à ideia de que a boa governança corporativa deve se orientar pela "preservação e otimização do valor da organização", parece inevitável concluir que o bom exercício da autonomia partidária exige que as agremiações assumam aqueles princípios constitucionais como seus próprios valores. As prerrogativas partidárias, como o acesso a recursos públicos e o monopólio das candidaturas, são concedidas para que façam política como a melhor forma de realizar o interesse público e o bem comum. Não podem, portanto, servir como ferramentas para obter resultados típicos de negócios privados.

4 Conclusão

Como costumo afirmar, nas democracias, política é gênero de primeira necessidade. Se há problemas estruturais nos sistemas político, partidário e eleitoral, as soluções buscadas devem também ser estruturais. Não se pode permitir que o indispensável enfrentamento da corrupção conduza à criminalização da política, tampouco é possível aceitar passivamente que a nobreza da política sirva para encobrir comportamentos inaceitáveis.

Integridade, cumprimento das leis e preservação de valores republicanos devem ser, idealmente, comportamentos espontâneos. Autorregulação responsável é, por certo, muito mais desejável que a repressão estatal, mesmo pela via da Justiça Eleitoral. Para superar o descrédito predominante, os partidos políticos precisam se reinventar, mudando práticas internas, aumentando sua identificação com a sociedade e, sobretudo, atraindo novos quadros. Há, na sociedade brasileira, uma imensa demanda por integridade, idealismo e patriotismo. As instituições têm de ser capazes de atendê-la.

Deixo o leitor na boa companhia do trabalho de Daniel Castro Gomes da Costa, uma contribuição valiosa para as mudanças de paradigma que estamos precisando concretizar no Brasil.

Luís Roberto Barroso
Ministro do Supremo Tribunal Federal.
Presidente do Tribunal Superior Eleitoral.
Professor Titular da Universidade do Estado do Rio de Janeiro.

APRESENTAÇÃO DA PRIMEIRA EDIÇÃO

Quis o Senhor Professor Doutor Daniel Castro Gomes da Costa – Académico Ilustre e titular de obra jurídica sobejamente conhecida – conceder-nos o *honroso mister de apresentar* a sua Tese de Pós-Doutoramento em Democracia e Direitos Humanos, ora publicada, apresentada no *Ius Gentium Conimbrigae* – Centro de Direitos Humanos da Universidade de Coimbra –, e intitulada *Partidos Políticos Brasileiros – Instituição de Programa de Integridade como Forma de Legitimar suas Atividades e Consolidar a Democracia Representativa.*

Primo, impõe-se expressar o nosso *vincado orgulho e profundo reconhecimento diante de tão elevado convite,* o qual só poderá imputar-se, por certo, à *excessiva bondade do autor,* posto que a nossa participação no âmbito da realização da Tese em presença *confinou-se,* tão só e apenas, a *prestar o apoio e a fornecer as orientações minimamente exigíveis* para o cumprimento institucional de uma *modesta tarefa* que, mau grado, em boa hora, o *Ius Gentium Conimbrigae* nos cometeu.

Secundo, também *não olvidamos o prazer* que representa, para nós, *esta oportunidade de elogiar – sim, sem delongas, de elogiar –* um *trabalho académico brilhante,* indiscutivelmente *merecedor dos mais exigentes atributos,* tais como o são a *laboriosa e exaustiva investigação,* tanto normativa, como doutrinal, como jurisprudencial, a *novidade e pertinência da temática* escolhida e desenvolvida, bem como *o frutuoso interesse prático* que dele resulta.

Tertium, cuidando agora da *especificidade da matéria jurídico-pública* tratada nesta obra, não devemos deixar de expressar, *hic et nunc,* que, em nosso entendimento, *mais do que uma análise jurídico-dogmática,* de e para a Academia, ela representa, sim, *um verdadeiro alerta implacavelmente dirigido aos operadores,* ou, como hoje sói dizer-se, aos *Atores do Sistema Político Democrático,* tal como concebido e plasmado na Constituição Federal brasileira de 1988, *maxime* no respeitante às *exigências jurídico-constitucionais de legitimação institucional "interna" e comportamental dos partidos políticos.*

Em boa verdade, na senda dos nossos Mestres da Faculdade de Direito da Universidade de Coimbra, Gomes Canotilho e Vital Moreira, também Daniel Castro Gomes da Costa acaba por apontar no sentido

– aliás, tal como nós – de que *a* "posição constitucional dos partidos políticos não é a de mera licitude, mas de verdadeira funcionalização constitucional (incorporação constitucional dos partidos políticos), que os transforma de associações meramente lícitas, em associações necessárias, caracterizadoras do sistema político-constitucional".[2]

Basta, pois, atentar na *estrutura da obra*, para, sem grandes dificuldades, retirar daí esta conclusão. Ora, se no Capítulo 1, o autor procede a uma *análise e caracterização exaustiva acerca da importância, natureza, função e regime jurídico "específico" dos partidos políticos no sistema político-constitucional brasileiro*, no Capítulo 2, vem desfiar, paulatinamente, um *elenco de "perigos" intrassistemáticos*, que hodiernamente se revelam no *funcionamento do (Sub)Sistema Eleitoral*, mais propriamente ao nível de uma *deficiente actuação "interna" dos partidos políticos, vindo a transmutar-se numa avassaladora ameaça que resvala sobre a própria subsistência dos sistemas políticos democráticos.*

Assim sucede com o que designamos por *"fenómenos" políticos contaminadores da Democracia*, tais como a *corrupção* versus *financiamento partidário*, a *violação das "cotas de género"*, *o uso e abuso das "fake news"*, a *utilização ilícita de "dados pessoais"*, assim como com a *"falta de transparência democrática"* – os quais são *detalhadamente analisados e questionados* pelo autor.

Destarte, entre as *soluções* propostas, no Capítulo 3, para o necessário *combate a essas distorções* ao *sistema pluralista, partidário e eleitoral*, o ilustre autor defende, preferencialmente, o "*Compliance*", formulando, *por um lado, um apelo à atuação e à prudência do legislador*, para que, *atentando na realidade político-administrativa específica brasileira* e *colhendo as mais-valias que lhe podem ser facultadas pelas experiências legislativas estrangeiras*, venha a *produzir uma legislação adequada a fazer valer imperativamente a ética no comportamento "interno" e "externo" dos partidos políticos*, sem descurar, entretanto, *por outro lado*, a necessidade de os *incentivar* a uma atitude de *autocontenção e de contrição, perante uma iminente adoção de condutas contrárias ao princípio democrático, em que se alicerça o sistema jurídico-constitucional vigente.*

É que, relembrando, uma vez mais, o ensinamento de Gomes Canotilho e de Vital Moreira, *a* "liberdade partidária articula-se com a ideia de estadualidade partidária (inserção e relevância jurídico-constitucional dos partidos na estrutura do Estado Democrático), o que

[2] Cfr. J. J. Gomes Canotilho e Vital Moreira, *Constituição da República Portuguesa Anotada*, Volume I, 4.ª Edição Revista, Coimbra Editora, Coimbra, 2006, p. 682.

significa o dever de observância, por parte dos partidos, no plano da organização e funcionamento internos, dos princípios estruturantes da Democracia, como são os princípios da transparência, da organização e gestão democrática e da participação de todos os seus membros".[3]

Em guisa de síntese, para além de tudo quanto se expendeu, o *mais elevado préstimo dogmático da Tese* em presença assenta numa *ambiciosa e fundada proposta reformista da "Democracia Intrapartidária Brasileira"*. O autor consegue *transmitir essa sua mensagem* com o *realismo típico de um conhecedor exímio da* ambience *jurídico-política* em que se integra, mormente quando *diagnostica os seus "vícios" concretos, para além das suas abstractas "virtudes"*, bem como *com os olhos de um douto e interessado Cultor do Direito Público* que *pensa e formula os "remédios" jurídicos adequados e justos* a serem *necessariamente prescritos como terapêutica de reabilitação e de aperfeiçoamento de um sistema político democrático*, como o é e será aquele que emerge da Constituição da República Federativa do Brasil de 1988.

Agradecidos e reconhecidos ao Senhor Professor Doutor Daniel Castro Gomes da Costa, terminamos estas nossas palavras de prévio apreço e de constante felicitação, *por e exclusivamente ser delas merecedor*, recordando que a sua obra faz *jus* às sempre e eternamente *sábias palavras* do nosso mui saudoso Mestre, Doutor Rogério Ehrhardt Soares, para quem, *ao jurista* "não se lhe pede que deixe de ser jurista; apenas que, sendo-o, vá acreditar que a sua missão é mais ampla e digna que a de prestar homenagem passiva a tudo aquilo que se fornece como sendo direito".[4]

Por fim, com a *mais elevada estima e consideração*, peço a V.ª Ex.ª se digne aceitar um *abraço Amigo* do

António Eduardo Baltar Malheiro de Magalhães
Doutor em Direito Público. Professor da Faculdade de Direito da Universidade de Coimbra.

Faculdade de Direito da Universidade de Coimbra,
Paço das Escolas, a 17 de Abril de 2020.

---

3 *Idem, Ibidem*, p. 686.

4 Cfr. Rogério Guilherme Ehrhardt Soares, *Direito Público e Sociedade Técnica*, Tenacitas, Coimbra, 2008, p. 162.

INTRODUÇÃO

O ideal de Estado Democrático de Direito apregoa que a participação do povo é indispensável para a sustentação do Estado. É nesse contexto que surgem os partidos políticos, constituindo-se como um grupo de pessoas com ideologias análogas, com vistas a participar do processo democrático de escolha de representantes.

Os partidos políticos adquiriram um importante papel na esfera internacional, principalmente após a 2ª Guerra Mundial, porquanto se manifestam como entes intermediários no sistema democrático, ao representarem os mais distintos segmentos sociais, organizados de forma mínima, tornando-se instrumentos de despersonificação do poder.

Esse quadro é igualmente observado no Brasil, especialmente após o fim do regime militar e com o advento da Constituição Federal de 1988, que inseriu o regramento dos partidos políticos no título relacionado aos direitos e garantias fundamentais, reforçando a importância das agremiações para a consolidação do sistema representativo democrático estabelecido pelo legislador originário.

Nesse cenário, destaca-se que a Carta Constitucional brasileira apregoa aos partidos políticos autonomia para definir sua estrutura interna, organização e funcionamento, bem como para adotar os critérios de escolha e o regime de suas coligações nas eleições majoritárias. Ademais, os partidos brasileiros recebem recursos públicos (Fundo Partidário e Fundo Especial de Financiamento de Campanha) para financiarem, respectivamente, as atividades partidárias e as campanhas, e têm acesso gratuito ao rádio e à televisão, na forma da legislação infraconstitucional.

Não obstante a imensa estrutura e a gama de direitos proporcionados aos partidos políticos e candidatos, observa-se hoje no Brasil um grande descrédito na classe política e nas agremiações partidárias.

Muitos são os casos de fraudes, má gestão, denúncias de corrupção, mau uso dos recursos públicos, emprego de *fake news* e falta de transparência, o que enseja a percepção de insegurança e desconfiança.

Essa insatisfação generalizada foi evidenciada tanto no resultado da última eleição geral (2018), na qual houve uma das maiores renovações de cargos em todas as esferas dos poderes Legislativo e Executivo, quanto nas várias manifestações populares ocorridas nos últimos anos.

Desse modo, sopesadas as problemáticas hodiernas dos partidos políticos brasileiros concebidas pela crise de credibilidade em face do desrespeito às regras eleitorais e, por conseguinte, a carência de confiabilidade da população, objetiva-se neste estudo identificar as consecuções necessárias para gerar mais estabilidade no cenário político e harmonizar o sistema eleitoral e a atividade partidária com os princípios e postulados empregados no ideal do Estado Democrático de Direito.

Para alcançar a avaliação pretendida, utilizou-se da metodologia de análise bibliográfica sobre o tema, consubstanciada na legislação brasileira e internacional (EUA, União Europeia, Austrália, Canadá, entre outros), acórdãos de julgamentos de tribunais administrativos e jurisdicionais, periódicos, dissertações, teses, doutrina, reportagens e outros estudos sobre o assunto. Ao mesmo tempo, a pesquisa também se pauta no método exploratório, com vistas a compreender a possibilidade de implementação de programas de *Compliance* nas agremiações partidárias e nas eleições (candidaturas).

Nesse contexto, parte-se, no Capítulo 1, de uma análise contemporânea dos partidos políticos brasileiros, desde sua natureza jurídica, função e importância, até a identificação dos direitos e deveres perpetrados pela Constituição e pela legislação infraconstitucional, considerando, consecutivamente, o entendimento jurisprudencial do Tribunal Superior Eleitoral e do Supremo Tribunal Federal.

Ato contínuo, identificadas as características essenciais dos partidos no espectro normativo e social, realiza-se, no Capítulo 2, um diagnóstico atual e minucioso da realidade política brasileira, indicando as principais dificuldades encontradas no sistema eleitoral – tanto nos partidos quanto nas candidaturas –, com o concomitante exame no contexto legal, jurisprudencial e socioeconômico.

Ademais, questões como a inobservância das novas perspectivas sobre as cotas de gênero, respeito às minorias, candidaturas avulsas, efeitos da mídia e propagação de notícias falsas no cenário eleitoral (*fake news*), financiamento público, caixa 2, prática de nepotismo na aplicação de recursos de origem pública, são alguns dos tópicos avaliados dentro de um conjunto crítico da ciência político-jurídica.

Por fim, o Capítulo 3 é palco de investigação dos modelos adotados em outros países para o combate a fraudes, corrupção e ausência de transparência, tanto nas relações privadas com o poder público quanto, especificadamente, nas eleições e nas atividades partidárias, com o escopo de examinar como o *Compliance – in casu*, o eleitoral – poderia colaborar no combate aos problemas enfrentados pelo sistema político brasileiro.

Nessa perspectiva, avaliam-se temas de destaque para a consolidação da democracia representativa, tais como: as legislações anticorrupção, de transparência e de proteção de dados e os projetos de lei em tramitação no Congresso Nacional que versam sobre a admissão do *Compliance* partidário (PLS nºs 60/2017 e 429/2017). Além disso, propostas de como poderiam ser implementados programas de integridade e suas limitações e as formas de revisão do atual modelo de democracia intrapartidária também são alinhavadas e analisadas sob uma visão comparada e realística.

PARTIDOS POLÍTICOS

1.1 Conceito

O conceito de partido político sofreu diversas modificações ao longo do tempo. Em sua origem, segundo Maurice Duverger, os partidos políticos eram compreendidos como facções que dividiam as repúblicas antigas, seja em clãs que se agrupavam ao redor de um líder na Itália renascentista, seja em clubes onde se reuniam os deputados das assembleias revolucionárias, nos comitês que preparavam as eleições censitárias das monarquias constitucionais ou em vastas organizações populares que formavam a opinião pública nas democracias modernas.[1]

Essa noção primitiva dos partidos políticos evidenciava uma ideia negativa de divisão, ao apontá-los como óbice ao regime democrático, por enfraquecerem a administração pública e os governos constituídos, bem como por representarem uma barreira entre governantes e governados. As referidas facções, clãs e clubes, todavia, não se confundem com os partidos políticos da forma como concebidos atualmente – tal conformação moderna é derivada da criação de grupos parlamentares após a constituição dos comitês eleitorais, assim como da constante inter-relação entre ambos, que se estabeleceram como instituições essenciais ao desenvolvimento da democracia, da ampliação do sufrágio universal e das prerrogativas parlamentares.[2]

---

1 DUVERGER, Maurice. *Los partidos políticos*. 18. ed. México: Fondo de Cultura Económica, 2002, p. 15.

2 ARAS, Augusto. *Fidelidade partidária*: efetividade e aplicabilidade. 1. ed. Rio de Janeiro: LMJ Mundo Jurídico, 2016, p. 128.

Destarte, a origem e o desenvolvimento dos partidos políticos remetem à demanda crescente de participação de setores amplos da sociedade civil no processo de elaboração das decisões políticas, contexto em que se tornaram componente indispensável à dinâmica do sistema representativo.[3]

Nesse sentido, ao definir o termo "partido político", Max Weber asseverou tratar-se de associações motivadas tanto pela realização de um plano objetivo com pretensões materiais ou ideais de determinado grupo, quanto pelo fim pessoal de participar da gestão do poder político e da obtenção de benefícios.[4]

Doutro vértice, para José Afonso da Silva, os partidos políticos representam uma forma de agremiação social que se propõe a organizar, a coordenar e a instrumentalizar a vontade popular com o fim de assumir o poder para realizar seu programa de governo.[5]

Ainda, segundo Dieter Grimm, os partidos políticos são importantes instituições que exercem uma função de mediação entre povo e Estado no processo de formação da vontade política, especialmente no que concerne ao processo eleitoral, na medida em que apresentam lideranças pessoais e programas para a eleição e procuram organizar as decisões do Estado consoante as exigências e as opiniões da sociedade.[6]

Flávia Ribeiro, por sua vez, considera o partido político como um grupo social de relevante amplitude, destinado à agremiação coletiva em torno de ideias e interesses, com a finalidade de promover o compartilhamento do poder decisório nas instâncias governamentais. A partir disso, enumera seus elementos de identificação, quais sejam: (i) o grupo social (dirigentes, líderes, filiados e adeptos que compõem o partido político); (ii) a relação de solidariedade entre seus membros (união em prol de um objetivo comum, a conquista do poder político) e a disposição competitiva com grupos diferentes; (iii) o programa político (propostas e diretrizes que devem guiar a atividade partidária);

---

3 OPPO, Anna *apud* BOBBIO, Norberto; MATTEUCCI, Nicola; PASQUINO, Gianfranco. Tradução de Carmen C., Varriale *et al. Dicionário de política*. v. 1. 11. ed. Brasília: Editora Universidade de Brasília, 1998, p. 898-905.

4 WEBER, M. *Economia e società. v.* II. Milão: Edizioni di Comunità. 1961, p. 241-42; BOBBIO, Norberto; MATTEUCCI, Nicola; PASQUINO, Gianfranco. Tradução de Carmen C., Varriale *et al. Dicionário de política*. v. 1. 11. ed. Brasília: Editora Universidade de Brasília, 1998, p. 898-899.

5 SILVA, José Afonso da. *Curso de direito constitucional positivo*. 22. ed. rev. e atual. São Paulo: Malheiros, 2003, p. 393.

6 GRIMM, Dieter. Politische Parteien. *In:* BENDA, Ernst; MAIHOFER, Werner; VOGEL, Hans-Jochen (Hrsg.). *Handbuch des Verfassungsrechts*. Berlin/New York: [s.n.], 1995. Band 1, p. 599.

e (iv) a organização estável (existência de sistemas de controle interno e externo).[7]

Sobre o tema, Carlos B. de Morais[8] aduz:

> Um regime democrático caracteriza-se por uma pluralidade de tendências políticas ligadas a opções alternativas de poder oferecidas aos cidadãos eleitores, as quais se organizam sob a forma de partidos políticos que concorrem eleitoralmente entre si no processo de designação de titulares os órgãos de poder político, a nível nacional, regional e local.

E Isabella Razzuoli[9] anota:

> A função primaria, a efectiva razão de ser dos partidos, é a representação dos interesses, dos pedidos e das orientações ideológicas dos cidadãos, da colectividade. A competição na arena política é a função dinámica exercida pelos partidos uma vez canalizada a vontade popular: concorrer democraticamente em determinar a política nacional, uma fórmula essa que as duas constituições acolhem e que mostra a evidente influência exercida pelo constitucionalismo italiano na constituição portuguesa.

Considerando as definições apresentadas, compreende-se, em síntese, que os partidos políticos constituem grupos sociais que se unem em prol da disputa, da conquista, do exercício e da conservação do poder, apresentando ideologias e programas próprios como incentivo à reunião de filiados e adeptos, a fim de atender seus anseios.

Ressalta-se que a posição dos partidos políticos continua a ser intermediária entre governantes e governados e, tal como já analisado, agrupamentos sociais incipientes que dão origem às agremiações. Contudo, abandonou-se a visão antagonista de segmentação social em prol de um entendimento harmonioso no qual os partidos políticos consistem em relevante *approach* do sistema democrático representativo.

---

[7] RIBEIRO, Flávia. *Direito eleitoral*. 4. ed. rev. e ampl. Rio de Janeiro: Forense, 1996, p. 267/291.

[8] MORAIS, Carlos Blanco de. *O sistema político*: no contexto da erosão da democracia representativa. 1 ed. Coimbra: Almedina, 2017.

[9] RAZZUOLI, Isabella. *Os partidos políticos na Constituição da República italiana e portuguesa*: uma análise dos artigos constitucionais. Faculdade de Direito da Universidade de Lisboa, Instituto de Ciências Jurídico-Políticas. 2010. p. 24. Disponível em: https://www.icjp.pt/sites/default/files/media/652-970.pdf. Acesso em: 17 mar. 2022.

1.1.1 Natureza jurídica

Considerando o abreviado histórico apresentado acerca da criação e do desenvolvimento dos partidos políticos, bem como sua definição técnica, procede-se à compreensão de sua fundamentação e forma jurídica, à luz dos preceitos democráticos constitucionais.

O sistema democrático de governo pressupõe o direito de reunião e de associação, como efetiva manifestação da opinião pública e exercício da liberdade de expressão. Nesse sentido, a liberdade de reunião e de associação, expressa no art. 5º, incisos XVI a XXI, da Constituição,[10] pode ser compreendida como uma dimensão coletiva do direito à liberdade de expressão.[11]

Segundo Gilmar Mendes, o direito de reunião pode ser compreendido como um agrupamento de pessoas (elemento subjetivo) em uma área específica (elemento espacial), que deve ostentar um mínimo de organização (elemento formal), com vistas à consecução de determinado objetivo (elemento teleológico), de caráter transitório (elemento temporal) e pacífico (elemento objetivo).[12]

De forma diversa, o direito de associação compreende a coligação voluntária de pessoas sob uma direção comum, em caráter estável, tendo por objetivo somar esforços a partir da cooperação e expandir as possibilidades de autoexpressão. Tal direito abrange faculdades distintas, como a possibilidade de (i) constituição de associações, (ii) ingresso, (iii) abandono ou não associação, e (iv) auto-organização dos sócios e desenvolvimento de suas atividades associativas. Destaca-se que a liberdade de associação tem autonomia em relação aos fins a

---

[10] "Art. 5º [...] XVI – todos podem reunir-se pacificamente, sem armas, em locais abertos ao público, independentemente de autorização, desde que não frustrem outra reunião anteriormente convocada para o mesmo local, sendo apenas exigido prévio aviso à autoridade competente;
XVII – é plena a liberdade de associação para fins lícitos, vedada a de caráter paramilitar;
XVIII – a criação de associações e, na forma da lei, a de cooperativas independem de autorização, sendo vedada a interferência estatal em seu funcionamento;
XIX – as associações só poderão ser compulsoriamente dissolvidas ou ter suas atividades suspensas por decisão judicial, exigindo-se, no primeiro caso, o trânsito em julgado;
XX – ninguém poderá ser compelido a associar-se ou a permanecer associado;
XXI – as entidades associativas, quando expressamente autorizadas, têm legitimidade para representar seus filiados judicial ou extrajudicialmente". BRASIL. (1988) *Constituição da República Federativa do Brasil*. Disponível em: http://www.planalto.gov.br/ccivil_03/constituicao/constituicao.htm. Acesso em: 17 mar. 2022.

[11] GAVARA DE CARA, Juan Carlos. *Derechos fundamentales y desarollo legislativo*. Madrid: Centro de Estudios Políticos y Constitucionales, 1994, p. 4.

[12] MENDES, Gilmar Ferreira; BRANCO, Paulo Gustavo Gonet. *Curso de direito constitucional*. 13. ed. São Paulo: Saraiva, 2018, p. 301-303.

que se propõe – protege-se a liberdade de criação de grupos em si, independentemente de seus objetivos, desde que lícitos.[13]

Especificamente, a constituição dos partidos políticos tem por fundamento geral o direito de associação, a despeito de apresentar disciplina constitucional específica, contida no art. 17.[14] Isso porque, ao assegurar o direito de associação e de formação de um grupo de caráter permanente para atingir determinado fim lícito, que pode estar relacionado à política, a Constituição Federal de 1988 garante a possibilidade de fundação de um partido, instrumento essencial ao pleno funcionamento da democracia representativa.

Para a realização desses objetivos, a forma jurídica assumida pelos partidos políticos no Brasil é a de associação *stricto sensu*, como pessoa jurídica de direito privado sem fins econômicos, nos termos do Código Civil.[15] Além disso, após adquirirem personalidade jurídica, as agremiações devem registrar seus estatutos[16] no Tribunal Superior Eleitoral (TSE), conforme previsto no texto constitucional.[17]

---

[13] MENDES, Gilmar Ferreira; BRANCO, Paulo Gustavo Gonet. *Curso de direito constitucional.* 13. ed. São Paulo: Saraiva, 2018, p. 307-309.

[14] "Art. 17. É livre a criação, fusão, incorporação e extinção de partidos políticos, resguardados a soberania nacional, o regime democrático, o pluripartidarismo, os direitos fundamentais da pessoa humana e observados os seguintes preceitos:
I – caráter nacional;
II – proibição de recebimento de recursos financeiros de entidade ou governo estrangeiros ou de subordinação a estes;
III – prestação de contas à Justiça Eleitoral;
IV – funcionamento parlamentar de acordo com a lei". BRASIL. (1988) *Constituição da República Federativa do Brasil.* Disponível em: http://www.planalto.gov.br/ccivil_03/constituicao/constituicao.htm. Acesso em: 17 mar. 2022.

[15] "Art. 53. Constituem-se as associações pela união de pessoas que se organizem para fins não econômicos". BRASIL. *Lei nº 10.406, de 10 de janeiro de 2002.* Institui o Código Civil. Disponível em: http://www.planalto.gov.br/ccivil_03/leis/2002/l10406.htm. Acesso em: 17 mar. 2022.

[16] "Art. 54. Sob pena de nulidade, o estatuto das associações conterá:
I – a denominação, os fins e a sede da associação;
II – os requisitos para a admissão, demissão e exclusão dos associados;
III – os direitos e deveres dos associados;
IV – as fontes de recursos para sua manutenção;
V – o modo de constituição e de funcionamento dos órgãos deliberativos;
VI – as condições para a alteração das disposições estatutárias e para a dissolução.
VII – a forma de gestão administrativa e de aprovação das respectivas contas". BRASIL. *Lei nº 10.406, de 10 de janeiro de 2002.* Institui o Código Civil. Disponível em: http://www.planalto.gov.br/ccivil_03/leis/2002/l10406.htm. Acesso em: 17 mar. 2022.

[17] "Art. 17. É livre a criação, fusão, incorporação e extinção de partidos políticos, resguardados a soberania nacional, o regime democrático, o pluripartidarismo, os direitos fundamentais da pessoa humana e observados os seguintes preceitos: [...] §2º Os partidos políticos, após adquirirem personalidade jurídica, na forma da lei civil, registrarão seus estatutos no Tribunal Superior Eleitoral. [...]. BRASIL. (1988) *Constituição da República Federativa do*

1.1.2 Função e importância dos partidos políticos

Tendo em vista o entendimento sobre o conceito e a natureza jurídica dos partidos políticos, é possível compreender a função que lhes cabe na sociedade. A importância dessas instituições reside essencialmente na formação da vontade política em torno de atividade formal e organizada, isto é, no processo de intermediação entre povo e Estado em prol da ordenação da ação política.

No âmbito do Estado Democrático de Direito, faz-se extremamente relevante a organização político-partidária para a realização do princípio da representação, dada sua capacidade de mediar a convivência entre interesses heterogêneos da sociedade. Em meio às demandas sociais pulverizadas, a necessária distribuição e operacionalização do poder é realizada por meio de sua segregação em partidos políticos, cujo objetivo central é a conquista da parcela decisória do poder no âmbito governamental para conferir efetividade aos interesses de determinada fração da coletividade.

Nesse passo, José Fontes[18] conclui:

> Os partidos políticos são organizações estruturadas de pessoas, com uma duração razoável de organização, com uma implantação local generalizada e que lutam pela aquisição, manutenção e exercício do poder. A sua vocação é a ocupação do poder político, o que desde logo os distingue de outras formas de organização ou associativismo político, como é o caso das meras associações políticas.

Se o ato de votar pode ser definido como a realização formal de um ato político[19] e cada indivíduo pode ser observado como titular de uma parcela igualmente distribuída desse poder, a função dos partidos políticos, portanto, se traduz essencialmente na criação de um ambiente de escolha para os cidadãos, capaz de gerar autenticidade

Brasil. Disponível em: http://www.planalto.gov.br/ccivil_03/constituicao/constituicao.htm. Acesso em: 17 mar. 2022.

[18] FONTES, José. Da função eleitoral dos partidos políticos no direito português e sua natureza político-jurídica. *Eleições: Revista de Assuntos Eleitorais*, n. 13, 2010, p. 4. Disponível em: https://repositorioaberto.uab.pt/bitstream/10400.2/1746/1/FUN%C3%87%C3%83O%20ELEITORAL.pdf. Acesso em: 17 mar. 2022.

[19] SILVA, José Afonso. *Curso de direito constitucional positivo*. 10. ed. São Paulo: Malheiros Editores, 1995, p. 138.

para o sistema representativo[20] e promover a institucionalização das formas de pensamento.[21]

Nesse sentido, a ordem jurídica brasileira ainda confere aos partidos políticos a atribuição de resguardar a soberania nacional, o regime democrático, o pluripartidarismo e os direitos fundamentais da pessoa humana, visando assegurar a autenticidade do sistema representativo quando da institucionalização do poder.[22]

---

[20] AGRA, Walber de Moura. Financiamento eleitoral no Brasil. *In*: CAMPILONGO, Celso Fernandes; GONZAGA, Alvaro de Azevedo; FREIRE, André Luiz (Coord.). *Enciclopédia jurídica da PUC-SP*. Tomo Direito Administrativo e Constitucional. 1. ed. São Paulo: Pontifícia Universidade Católica de São Paulo, 2017.

[21] Voto condutor da Prestação de Contas n. 0601182-03.2018.6.12.0000 – Tribunal Regional Eleitoral de Mato Grosso do Sul. Vide ementa: PRESTAÇÃO DE CONTAS. ELEIÇÕES 2018. AUSÊNCIA DE COMPROVAÇÃO DA UTILIZAÇÃO DE RECURSOS DO FUNDO ESPECIAL DE FINANCIAMENTO DE CAMPANHA. DEVOLUÇÃO AO TESOURO NACIONAL. USO IRREGULAR DE RECURSOS DO FUNDO ESPECIAL DE FINANCIAMENTO DE CAMPANHA (FEFC) COM A CONTRATAÇÃO DE FAMILIARES DA CANDIDATA PRESTADORA. INTERPRETAÇÃO SISTEMÁTICA DE ACORDO COM A CONSTITUIÇÃO FEDERAL. OFENSA AOS PRINCÍPIOS CONSTITUCIONAIS DA MORALIDADE E DA IMPESSOALIDADE. ART. 37 DA CONSTITUIÇÃO FEDERAL. SÚMULA VINCULANTE N. 13. CONTAS DESAPROVADAS. REMESSA DOS AUTOS AO MINISTÉRIO PÚBLICO ELEITORAL PARA APURAR POSSÍVEL CRIME ELEITORAL.1. A despeito de não haver restrição legal expressa, a contratação de familiares da prestadora como cabos eleitorais para campanha, com a utilização de recursos públicos oriundos do Fundo Partidário (FP) ou Fundo Especial de Financiamento de Campanha (FEFC) é incompatível com o conjunto jurídico-constitucional brasileiro, com nítida sobreposição de interesses privados em detrimento de interesses públicos, em dissonância com os princípios da impessoalidade, da moralidade e isonomia, insculpidos no art. 37 da Constituição Federal. 2. Considerando o novo regime jurídico de financiamento, o processo de prestação de contas, apesar de se limitar à averiguação da regularidade contábil da campanha, deve ser analisado de acordo com o sistema constitucional vigente, com censura da justiça eleitoral quando recursos públicos são direcionados a cônjuges, companheiros ou parentes de candidato, em linha reta, colateral ou por afinidade, até o terceiro grau, inclusive, segundo inteligência do que prevê a Súmula Vinculante n. 13 do STF. 3. In casu, a candidata prestadora utilizou-se de, aproximadamente, 50% (cinquenta por cento) dos recursos financeiros movimentados (provenientes do FEFC) para contratar os serviços de dois filhos, sendo que, um deles, para ser coordenador de campanha, em período que estava de licença médica no cargo de servidor público municipal. 4. Contas desaprovadas. 5. Devolução dos recursos do Fundo Especial de Financiamento de Campanha sem a devida comprovação de sua utilização, a teor do art. 82, §1º, da Resolução TSE n. 23.553/2017. Do mesmo modo, restituição de recursos do Fundo Especial de Financiamento de Campanha utilizados com contratação de parentes em até 3º grau para a campanha eleitoral. 6. Remessa de cópia dos autos à Procuradoria Regional Eleitoral para apurar a ocorrência de possível crime de apropriação indébita eleitoral, tipificado no art. 354-A do Código Eleitoral. (PRESTAÇÃO DE CONTAS n 060118203, ACÓRDÃO n 060118203 de 23/07/2019, Relator DANIEL CASTRO GOMES DA COSTA, Publicação: *DJE* – Diário da Justiça Eleitoral, Tomo 2237, Data 26/07/2019, p. 15-28).

[22] "Art. 2º. É livre a criação, fusão, incorporação e extinção de partidos políticos cujos programas respeitem a soberania nacional, o regime democrático, o pluripartidarismo e os direitos fundamentais da pessoa humana". BRASIL. *Lei nº 9.096, de 19 de setembro de 1995*. (Lei dos Partidos Políticos). Disponível em: http://www.planalto.gov.br/ccivil_03/leis/l9096.htm. Acesso em: 17. mar. 2022.

1.2 Sistema constitucional brasileiro – Pluripartidarismo

Com a constitucionalização dos partidos políticos no texto de 1988, a organização do sistema partidário pelo constituinte originário envolveu a escolha entre os distintos mecanismos de organização partidária: sistema de partido único, bipartidarismo e pluripartidarismo.

Típica de Estados totalitários, a expressão "partido único" denota em si mesma uma contradição, já que a palavra partido se refere à parte ou à divisão de uma totalidade política. Nesse seguimento, a existência de um único partido político provoca situação em que a parte se confunde com o todo,[23] não sendo possível falar em sistema partidário pela ausência de um conjunto organizado de partes relacionadas entre si e postas em mútua dependência.[24]

O bipartidarismo, de outro lado, tem por fundamento a constante alternância de poder entre dois partidos políticos. A despeito da possibilidade de existência de mais partidos políticos, tem-se uma estrutura rígida do sistema, permitindo, na prática, que apenas dois apresentem condições de disputar o poder. Atualmente, alguns países ainda adotam esse sistema, como *v.g.*, a Inglaterra (conservadores e trabalhistas), os Estados Unidos (democratas e republicanos) e a Nova Zelândia (nacionais e trabalhistas).

Por fim, o pluripartidarismo remete à existência de mais de dois partidos políticos com possibilidades reais de atingir o poder. Nesse sistema, subsiste a intenção de proporcionar a representação do pensamento de diversas correntes de opinião, concedendo às minorias políticas o peso de uma influência que naturalmente não lhes pertenceria no sistema bipartidário ou unipartidário.[25]

Traçadas as referidas premissas teóricas, há de se constatar que, após um período de bipartidarismo rígido que sustentou o regime militar brasileiro (1964-1985), a estabilização do pluralismo político pelo poder constituinte ocorreu, de forma esperada, em oposição a qualquer ideologia social, política, cultural ou economicamente monopolista.[26]

---

[23] SEILER, Daniel-Louis. *Os partidos políticos*. Brasília: Editora Universidade de Brasília, 2000, p. 138.

[24] BONAVIDES, Paulo. *Curso de direito constitucional*. 11. ed. São Paulo: Malheiros, 2001, p. 89.

[25] BONAVIDES, Paulo. *Ciência política*. 10. ed. São Paulo: Malheiros, 2001, p. 363.

[26] MEZZAROBA, Orides. *O partido político no Brasil*: princípios constitucionais balizadores para criação e funcionamento. *In*: GONÇALVES, Guilherme de Salles; PEREIRA, Luiz Fernando Casagrande; STRAPAZZON, Carlos Luiz (Coord.). *Direito eleitoral contemporâneo*. Belo Horizonte: Fórum, 2008, p. 53.

Por esse motivo, consagrado pela Constituição Federal[27] nos artigos 1º, V, e 17, *caput*, e corroborado pelo legislador ordinário, nos termos do art. 2º da Lei dos Partidos Políticos[28] (Lei nº 9.096/1995), o pluripartidarismo representa um dos pilares do sistema político-eleitoral brasileiro, alicerçado pela liberdade de criação, fusão, incorporação e extinção de partidos, como expressão da visão pluralista que motivou o processo de redemocratização do país.[29]

Manifesta-se, desse modo, que a escolha pelo pluralismo político demonstra a preocupação do legislador constituinte em afirmar a ampla e livre participação popular nas decisões políticas do país, garantindo a liberdade de convicção filosófica e política, igualmente, a irrestrita possibilidade de organização e participação em partidos políticos.[30]

1.3 Histórico dos partidos políticos no Brasil

A despeito de a Constituição de 1988 conferir extrema relevância à participação dos partidos políticos no processo eleitoral e na formação da vontade política de modo organizado na sociedade, exercendo a função de intercessão entre povo e Estado, a história político-partidária do Brasil não foi sempre linear.

---

27 "Art. 1º A República Federativa do Brasil, formada pela união indissolúvel dos Estados e Municípios e do Distrito Federal, constitui-se em Estado Democrático de Direito e tem como fundamentos:
I – a soberania;
II – a cidadania;
III – a dignidade da pessoa humana;
IV – os valores sociais do trabalho e da livre iniciativa;
V – o pluralismo político.
[...] BRASIL. (1988) *Constituição da República Federativa do Brasil*. Disponível em: http://www.planalto.gov.br/ccivil_03/constituicao/constituicao.htm. Acesso em: 17 mar. 2022.
"Art. 17. É livre a criação, fusão, incorporação e extinção de partidos políticos, resguardados a soberania nacional, o regime democrático, o pluripartidarismo, os direitos fundamentais da pessoa humana e observados os seguintes preceitos". BRASIL. (1988) *Constituição da República Federativa do Brasil*. Disponível em: http://www.planalto.gov.br/ccivil_03/constituicao/constituicao.htm. Acesso em: 17 mar. 2022.

28 "Art. 2º É livre a criação, fusão, incorporação e extinção de partidos políticos cujos programas respeitem a soberania nacional, o regime democrático, o pluripartidarismo e os direitos fundamentais da pessoa humana". BRASIL. *Lei nº 9.096, de 19 de setembro de 1995*. (Lei dos Partidos Políticos). Disponível em: http://www.planalto.gov.br/ccivil_03/leis/l9096.htm. Acesso em: 17. mar. 2022.

29 NETO, Admar Gonzaga. A criação de partidos políticos no Brasil. *In:* WAGNER, L. G. Costa; CALMON, Petrônio (Coord.). *Direito eleitoral*. Brasília: Gazeta Jurídica, 2014, p. 31.

30 BERNARDINO, Laerty. O declínio do pluripartidarismo a partir da reforma política. *In:* FUX, Luiz; PEREIRA, Luiz Fernando Casagrande; AGRA, Walber de Moura (Coord.); PECCINI, Luiz Eduardo (Org.). *Direito partidário*. Belo Horizonte: Fórum, 2018, p. 59-70. (Tratado de Direito Eleitoral, v. 2).

Até o ano 1831, não havia partidos políticos, apenas facções: governo e oposição. Nesse período, ainda no Brasil Império, surgiram os primeiros partidos políticos: Restaurador, Republicano e Liberal.[31] Esses deram origem à divisão entre duas grandes frentes: Partido Liberal e Partido Conservador, que dominaram o contexto político do Segundo Império.

No período entre 1862 e 1864, formou-se o Partido Progressista, proveniente da cisão de uma parcela liberal do Partido Conservador; em 1868, criou-se o novo Partido Liberal, reunindo progressistas e liberais radicais; e, em 1870, fundou-se o Partido Republicano.[32]

Após a proclamação da República, a Constituição de 1891 determinou o sufrágio universal, direto e aberto, em modelo que possibilitava práticas de fraude eleitoral e suprimia a liberdade de voto de parcela da população, promovendo a manutenção do poder oligárquico dos coronéis.[33] Por ser o sistema majoritário e dividido em distritos, inexistindo organizações partidárias nacionais, tinha-se um contexto ainda mais propício ao domínio de forças partidárias locais ou partidos regionais.

A Revolução de 1930, em oposição à política do café com leite[34] que predominou na República Velha, promoveu uma tentativa de reorganização partidária e formação de grupos de opinião relevantes, que deu origem ao Partido Comunista Brasileiro e à Aliança Integralista Brasileira.

A ascensão de Getúlio Vargas, contudo, representou o enfraquecimento das estruturas oligárquicas regionais em prol do fortalecimento do governo central, em uma perspectiva centralizadora.[35] Nesse contexto, de pensamento preponderantemente antipartidário, vislumbravam-se os partidos políticos como desagregadores, representantes de interesses oligárquicos e propiciadores da ampliação da luta de classes.[36]

---

31 FERREIRA, Manoel Rodrigues. *A evolução do sistema eleitoral brasileiro*. Brasília: Conselho Editorial do Senado Federal, 2001, p. 167.

32 MENDES, Gilmar Ferreira; BRANCO, Paulo Gustavo Gonet. *Curso de direito constitucional*. 13. ed. São Paulo: Saraiva, 2018, p. 817.

33 SILVA, José Afonso da. Partidos políticos e sistemas eleitorais: o caso brasileiro. *Revista da Procuradoria-Geral do Estado de São Paulo*, n. 17, p. 287.

34 Período em que os Estados de São Paulo e Minas Gerais dominavam a política brasileira.

35 VIEIRA, Reginaldo de Souza. *Partidos políticos brasileiros*: das origens ao princípio da autonomia político-partidária. 2002. Dissertação (Mestrado em Direito) – Universidade Federal de Santa Catarina, Centro de Ciências Jurídicas, Florianópolis, 2002, p. 84.

36 SOUZA, Maria do Carmo Campello de. *Estado e partidos políticos no Brasil (1930-1964)*. 3. ed. São Paulo: Alfa-Omega, 1990, p. 65-66.

A Constituição de 1934 absorveu parte desse pensamento, não entendendo necessária a existência de partidos políticos nacionais, mas previu que a Câmara de Deputados seria composta por representantes do povo, eleitos mediante voto direto, universal e secreto, bem como de representantes eleitos pelas organizações profissionais. Tal modelo, no entanto, não chegou a ser implementado devido ao Golpe de 1937, que deu início à ditadura de Getúlio Vargas, sem participação das organizações partidárias. Nesse período foi vedada a existência de partidos políticos e entidades sindicais e populares que não estivessem sob controle do Estado.

Por efeito do declínio do regime ditatorial, Vargas editou o Decreto-Lei nº 7.586, de 1945, que convocava novas eleições parlamentares e continha regras sobre alistamento e processo eleitoral, versando, igualmente, sobre a formação de instituições partidárias. Com o fim do primeiro governo Vargas, iniciou-se um processo de democratização no Brasil, contexto que propiciou o surgimento da União Democrática Nacional (UDN), composta por forças de oposição à ditadura, do Partido Social Democrático (PSD) e do Partido Trabalhista Brasileiro (PTB), ambos pró-Vargas.[37]

Ademais, outras organizações partidárias se organizaram ou se reestruturaram nesse período, como o Partido Comunista Brasileiro (PCB), o Partido Democrata Cristão (PDC) e o Partido Libertador (PL).[38] A Constituição de 1946 previu o sufrágio universal e direto, o voto secreto e o sistema proporcional para eleição de representantes de partidos nacionais à Câmara dos Deputados, o que, entre outros fatores, contribuiu para o surgimento de diversos partidos políticos.

Após a instauração do regime militar, contudo, foi editada a Lei nº 4.740, de 1965, denominada de Lei Orgânica dos Partidos Políticos, que estabeleceu critérios mais rígidos para a criação de novas organizações partidárias.[39] No mesmo ano, o Ato Institucional nº 2 extinguiu os partidos políticos existentes, e o Ato Complementar nº 4 impôs o bipartidarismo, aglutinando as tendências políticas na Aliança Renovadora Nacional (ARENA), a favor do governo, e no Movimento Democrático Brasileiro (MDB), que representava a oposição. Nesse

---

37 BRASIL. Decreto-Lei nº 7.586, de 28 de maio de 1945. Disponível em: http://www.planalto.gov.br/ccivil_03/Decreto-Lei/1937-1946/Del7586.htm. Acesso em: 17 mar. 2022.

38 SILVA, José Afonso da. Partidos políticos e sistemas eleitorais: o caso brasileiro. Revista da Procuradoria-Geral do Estado de São Paulo, n. 17, p. 287.

39 BRASIL. Lei nº 4.740, de 15 de julho de 1965. Disponível em: http://www.planalto.gov.br/ccivil_03/LEIS/1950-1969/L4740.htm. Acesso em: 17 mar. 2022.

período, não houve alterações significativas quanto à liberdade de organização partidária até o ano de 1979, em que se extinguiu o modelo bipartidário vigente, nos termos da Lei nº 6.767/1979,[40] e se iniciou a reorganização das agremiações.

Nesse contexto, surgiram seis partidos políticos: o Partido Democrata Social (PDS), em substituição à ARENA, representando o governo; o Partido do Movimento Democrático Brasileiro (PMDB), substituindo o MDB; o Partido Popular (PP), composto por representantes da ARENA e do MDB; o Partido Trabalhista Brasileiro (PTB); o Partido Democrático Brasileiro (PDT), composto por parte dos ex-petebistas; e o Partido dos Trabalhadores (PT), ligado ao crescente movimento sindical paulista.[41]

O fim do regime militar e o início do governo Sarney, em 1985, traduziram-se na flexibilização da criação de partidos políticos, exigindo-se desses, para fins de representação no Congresso Nacional, pelo menos 3% dos votos do eleitorado que havia participado do último pleito para a Câmara dos Deputados, distribuídos no mínimo em cinco Estados da federação e com percentual mínimo em cada um deles de 2%. Além disso, facultou-se aos parlamentares eleitos por agremiações que não auferissem o quociente estipulado em lei o prazo de sessenta dias para se filiarem a outra legenda.

Considerando os períodos históricos abordados, a promulgação da Constituição de 1988 representou, para a organização político-partidária brasileira, a superação de um ambiente autoritário no qual a própria composição dos partidos era artificial e constituía mera formalidade.[42] Nesse espírito, ressalta-se que a Constituição Federal de 1988, em seu art. 1º, consagrou o Brasil como Estado Democrático de Direito, tendo como pilares a soberania, a cidadania, a dignidade da pessoa humana, os valores sociais do trabalho e da livre iniciativa e o pluralismo político.

Sobre o tema, assinala Mezzaroba:

> [...] a Carta Constitucional de 1988 consigna o instituto da representação política como recurso no processo de formação da vontade política do Povo. Desse ponto de vista, pelo menos dois dos requisitos necessários

---

[40] BRASIL. Lei nº 6.767, de 20 de dezembro de 1979. Disponível em: http://www.planalto.gov.br/ccivil_03/leis/1970-1979/L6767.htm. Acesso em: 17 mar. 2022.

[41] MEZZAROBA, Orides. *Da representação política liberal ao desafio de uma democracia partidária*: o impasse constitucional da democracia representativa brasileira. 2000. Tese (Doutorado em Direito) – CPGD, Universidade Federal de Santa Catarina, Florianópolis, 2000.

[42] MEZZAROBA, Orides. O regime jurídico dos partidos políticos no Brasil. *In:* SALGADO, Eneida Desiree; DANTAS, Ivo (Coord.). *Partidos políticos e seu regime jurídico*. Curitiba: Juruá, 2013, p. 167-189.

à fundamentação do Estado Democrático de Direito brasileiro guardam relação direta com a noção político-representativa constitucional: a soberania e o pluralismo político.[43]

A partir das premissas delineadas, entende-se a soberania como a noção de que o Estado é maior que o poder dos indivíduos considerados em sua singularidade e de grupos sociais. O pluralismo político, por outro lado, encerra a ideia de representatividade política e partidária.[44]

Desse modo, consagrada a democracia interna, a autonomia partidária e os princípios que devem guiar a atuação das agremiações, verifica-se que a Constituição Federal de 1988 representou marco significativo para o histórico das organizações partidárias, conferindo-lhes elevado grau de liberdade de conformação e alta relevância em termos de representatividade e formação da opinião pública.

Atualmente, existem 32 partidos políticos regularmente registrados no Tribunal Superior Eleitoral (TSE),[45] nos termos da legislação constitucional e infraconstitucional, submetidos às regras que lhes foram prescritas sob a nova ordem jurídica. Nos tópicos seguintes deste capítulo, analisam-se os principais aspectos ligados à regulamentação dos referidos partidos políticos.

1.4 Princípios e postulados que conduzem a atuação dos partidos políticos

Esclarecido o mister constitucional dos partidos políticos, cabe compreender os princípios e postulados que conduzem sua atuação enquanto representantes políticos de determinada fração social e formadores da opinião pública.

No estudo do Direito, os princípios consistem nos valores a partir dos quais se concebe um sistema jurídico de normas e com base nos quais devem ser interpretadas as demais regras jurídicas no ordenamento.[46]

---

[43] MEZZAROBA, Orides. *O partido político no Brasil*: princípios constitucionais balizadores para criação e funcionamento. *In*: GONÇALVES, Guilherme de Salles; PEREIRA, Luiz Fernando Casagrande; STRAPAZZON, Carlos Luiz (Coord.). *Direito eleitoral contemporâneo*. Belo Horizonte: Fórum, 2008, p. 45.

[44] CAMPOS NETO, Raymundo. *A democracia interna nos partidos políticos brasileiros*. Belo Horizonte: D'Plácido, 2017, p. 61.

[45] Fonte: Tribunal Superior Eleitoral. Disponível em: http://www.tse.jus.br/partidos/partidos-politicos/registrados-no-tse. Acesso em: 17 mar. 2022.

[46] COSTA, Daniel Castro Gomes da. *Segurança jurídica e as alterações na jurisprudência tributária*. São Paulo: Pillares, 2016, p. 31.

Segundo Alexy, os princípios se caracterizam pela possibilidade de satisfação em graus variados e pelo fato de que a medida de sua satisfação não depende somente das possibilidades fáticas, mas também das possibilidades jurídicas.[47] Diferentemente das regras legais, que vislumbram apenas a possibilidade de serem ou não cumpridas, em uma dimensão de tudo ou nada, os princípios apresentam maior generalidade, sendo possível sua ponderação.[48]

Considerando o entendimento exposto acima e a despeito da existência de regulamentação própria voltada aos partidos políticos em sede de legislação infralegal, a ser minudenciada nos capítulos seguintes, faz-se essencial compreender os princípios constitucionais aplicáveis às organizações partidárias, enquanto normas autênticas definidas pelo legislador originário.

Da leitura do art. 17, *caput*, da Constituição Federal,[49] extrai-se que os princípios balizadores dos partidos políticos, os quais devem ser observados em sua criação, são: (i) o princípio da soberania nacional; (ii) o princípio do regime democrático; (iii) o princípio do pluripartidarismo; e (iv) os direitos fundamentais da pessoa humana.[50]

---

47 ALEXY, Robert. *Teoria dos direitos fundamentais*. Tradução de Virgílio Afonso da Silva São Paulo: Malheiros, 2011.

48 DWORKIN, Ronald. *Taking rights seriously*. Cambridge: Harvard University Press, 1977, p. 24-26.

49 "Art. 17. É livre a criação, fusão, incorporação e extinção de partidos políticos, resguardados a soberania nacional, o regime democrático, o pluripartidarismo, os direitos fundamentais da pessoa humana e observados os seguintes preceitos". BRASIL. (1988) *Constituição da República Federativa do Brasil*. Disponível em: http://www.planalto.gov.br/ccivil_03/constituicao/constituicao.htm. Acesso em: 18 mar. 2022.

50 "Direito eleitoral. Registro de partido político. Partido da mulher brasileira – PMB. Anotação de alteração estatutária. Deferimento parcial. Hipótese [...] III. Duração dos mandatos dos integrantes do conselho gestor nacional 9. O estatuto partidário prevê mandato de 10 anos para os dirigentes do Conselho Gestor Nacional, com possibilidade de reeleição, prazo muito superior aos mandatos estabelecidos pela Constituição Federal para os cargos eletivos. Tal previsão afronta os princípios democrático e republicano, uma vez que restringe o exercício do direito de voto e limita, de forma desproporcional, a alternância de poder. [...]" (TSE - Registro de Partido Político n. 155473, Acórdão, Relator(a) Min. Luís Roberto Barroso, Publicação: *DJe – Diário de Justiça Eletrônico*, Data 09/05/2019). Disponível em: http://www.tse.jus.br/jurisprudencia/decisoes/jurisprudencia. Acesso em: 18 mar. 2022. "PEDIDO DE RECONSIDERAÇÃO. REGISTRO DE PARTIDO POLÍTICO. APOIAMENTO MÍNIMO. REQUISITO NÃO PREENCHIDO NA DATA DE PROTOCOLO DO PEDIDO NO TSE: PREMATURIDADE RECONHECIDA PELA SIGLA. NÃO CONHECIMENTO. LEADING CASE: QO-RPP N. 153-05/DF (*DJE* DE 16.9.2015). ENTENDIMENTO REAFIRMADO EM OUTROS PEDIDOS DE REGISTRO PARTIDÁRIO E NA APROVAÇÃO, POR UNANIMIDADE, DA RES.-TSE N. 23.465/2015. APROVEITAMENTO DE CERTIDÕES ANTERIORES E EM DESALINHO COM OS NOVOS PRECEITOS. IMPOSSIBILIDADE. NECESSIDADE DE ATENDIMENTO DA LEGISLAÇÃO VIGENTE. PARTIDOS POLÍTICOS. PAPEL FUNDAMENTAL NO RESGUARDO DO REGIME DEMOCRÁTICO. ANÁLISE RIGOROSA E OBJETIVA QUANTO AO PREENCHIMENTO

DOS REQUISITOS LEGAIS. NORMAS QUE FORTALECEM O CONTROLE QUANTITATIVO E QUALITATIVO DOS PARTIDOS. VISÃO CONSENTÂNEA E CONTEMPORÂNEA COM A ÓTICA DO SUPREMO TRIBUNAL FEDERAL (MC-ADI N. 5311/DF). PRINCÍPIO DA SEGURANÇA JURÍDICA. OFENSA NÃO CONFIGURADA. PEDIDO DE RECONSIDERAÇÃO INDEFERIDO. 1. *In casu*, conforme admitido pelo partido, o seu pedido de registro no TSE foi prematuramente formulado, quando ainda não dispunha do quantitativo mínimo legal de apoiamento do eleitorado. O objetivo da sigla foi o de assegurar a aplicação do regramento então vigente, relativamente às certidões colhidas, ante a iminência da Res.-TSE n. 23.465/2015, a qual, entre outras providências, incorporou as disposições contidas na Lei nº 13.107/2015, e que foram posteriormente mantidas na Lei nº 13.165/2015. 2. Na sessão de 5.10.2017, este Tribunal Superior, aplicando ao presente caso o que decidido na QO-RPP n. 153-05/DF (de minha relatoria, *DJe* de 16.9.2015), deliberou, por maioria de votos, pelo não conhecimento do pedido, uma vez que "os requisitos legais para conhecimento e regular processamento do pedido de registro partidário devem estar preenchidos no momento da formalização da peça, reservando-se eventuais diligências (art. 9º, §3º, da Lei nº 9.096/95) para correção de erros meramente formais, ou seja, de natureza não essencial". 3. Esse entendimento foi reafirmado nos RPP nos 345-35 e 428-51, relatados pelo Ministro Henrique Neves, e julgados nas sessões de 22.9.2015 e 24.9.2015, respectivamente, bem como nos debates havidos por ocasião da aprovação da Res.-TSE n. 23.465/2015, oportunidade em que ficou assentada, inclusive, a impossibilidade de aproveitamento dos atos pretéritos, desalinhados com o novo regramento, até mesmo em razão da sólida jurisprudência do STF no sentido de inexistir direito adquirido a regime jurídico. 4. A adoção de mecanismos que aperfeiçoem, sem desnaturar, o pluripartidarismo, resguardado pelo art. 17 da Constituição Federal, com o estabelecimento de critérios mais densos, de aplicação imediata, no âmbito da criação dos partidos políticos, atende ao interesse coletivo, o qual se sobrepõe àqueles formalmente tirados de grupos que, ideologicamente organizados, buscam fundar uma nova legenda. Não se cuida de embaraçar a legítima formação de siglas partidárias, mas de dar cobro ao texto constitucional que exige sua autêntica representatividade. 5. A aplicação mais firme e rigorosa dos preceitos que regem a criação de partidos políticos encontra guarida na posição contemporânea adotada pelo Supremo Tribunal Federal, por exemplo, na análise da Medida Cautelar na ADI n. 5311/DF, relatada pela Ministra Cármen Lúcia, sessão de 30.9.2015. 6. A deliberada postura do partido requerente em protocolizar prematuramente o seu pedido de registro nesta Corte Superior implica *distinguishing* que afasta a tese de violação ao princípio da segurança jurídica, articulada em face de precedentes por ele invocados, nos quais o contexto fático-jurídico era diverso. Aliás, ao contrário do que se possa pretender extrair de apressada e equivocada leitura, o princípio da segurança jurídica não interdita a evolução do entendimento jurisprudencial, que é própria dos tribunais. O que não se tem como legitimado pelo texto constitucional é a flutuação jurisprudencial, por exemplo, dentro de um mesmo pleito, a sugerir verdadeiro casuísmo pretoriano, nefasto ao postulado isonômico, o qual, inclusive, foi reforçado no novo Código de Processo Civil (NCPC/2015), especialmente no art. 926, assim redigido: "os tribunais devem uniformizar sua jurisprudência e mantê-la estável, íntegra e coerente". No mais, aplicável, fosse esse o caso dos autos, o posicionamento de que "a mutabilidade é própria do entendimento jurisprudencial, o que não implica, por si só, violação a direitos e garantias consagrados no ordenamento jurídico" (AgR-AI n. 71-47/MG, Relator o Ministro Cezar Peluso, *DJ* de 1º.2.2008). 7. Pedido de reconsideração indeferido. (TSE - Registro de Partido Político n. 58354, Acórdão, Relator(a) Min. Tarcisio Vieira de Carvalho Neto, Publicação: *DJe – Diário de Justiça Eletrônico*, Data 27/03/2018) Disponível em: http://www.tse.jus.br/jurisprudencia/decisoes/jurisprudencia. Acesso em: 18 mar. 2022.

"Registro de Partido Político. Estatuto. Alteração. Anotação. Requerimento. Art. 10 Da Lei N. 9.096/95. Parte Um: Comissões Provisórias. Vigência. Prazo Elastecido. Emenda Constitucional N. 97/2017. Parágrafo 1º Do Art. 17 Da Cf. Nova Redação. Autonomia Partidária. *Caput*. Resguardo Do Regime Democrático. Previsão Expressa. Interpretação Sistemática. Condição Subordinante Sobre Parágrafos. Leitura Fragmentada Do Texto.

Com efeito, o respeito à soberania nacional implica a impossibilidade de os estatutos partidários adotarem princípios programáticos que proponham a submissão do partido ou do país a qualquer Estado ou organismo internacional. O princípio do regime democrático, por sua vez, pressupõe que todo partido deve respeitar, interna e externamente, os princípios democráticos, relativos à representatividade popular e à divisão de poderes, principalmente quanto ao seu funcionamento. O pluripartidarismo, conforme já explanado, se opõe ao monopólio de determinada corrente social, política, cultural, econômica ou de comunicação. Por último, a observância dos direitos fundamentais se refere ao necessário respeito à vida, à igualdade, à liberdade de expressão, à crença, à convicção filosófica ou à política, etc.[51]

Dos princípios centrais supradescritos, decorrem outras normas principiológicas norteadoras do Direito Eleitoral e, por conseguinte, das atividades partidárias, como (i) o princípio constitucional da necessária participação das minorias no debate público e nas instituições políticas; (ii) o princípio da máxima igualdade na disputa eleitoral; e (iii) o princípio da moralidade eleitoral.

Considerando o contorno constitucional da democracia brasileira, pautado no ideal republicano e na exigência de tratamento isonômico em relação a todos os cidadãos, constata-se uma escolha política fundamental decorrente do princípio do pluralismo político: a ênfase na participação das minorias no debate público e na composição das instituições políticas.[52]

Impossibilidade. Seara Administrativa. Ausência de Óbice Ao Emprego das Técnicas de Hermenêutica Que Não Resultam Em Invalidação Da Norma. Autonomia Partidária Absoluta. Inexistência. Organização Interna. Regime Democrático. Dever de Sujeição. Doutrina E Jurisprudência Consagradas. Resolução-TSE N. 23.465/2015. Higidez Reconhecida. Órgãos Provisórios. Validade. 120 (Cento E Vinte) Dias Ou Prazo Razoável Diverso. Descumprimento. Reiteração. Parte Dois: Órgãos Partidários Provisórios. Substituição, Alteração E Extinção. Interesse Partidário. Peculiaridades Políticas E Partidárias de Cada Localidade. Balizas Que Não Eximem O Partido de Observar, No Que Aplicável, Os Direitos Fundamentais Dos Filiados. Horizontalidade. Reconhecimento. Devido Processo Legal. Incidência No Trato Com Os Órgãos de Hierarquia Inferior (Sobretudo Provisórios). Precedentes Do TSE. Ausência de Garantias Mínimas No Texto Ora Submetido À Anotação. Adequação. Imprescindibilidade. Parte Três: Ajustes Pontuais Do Texto. Possibilidade. Conclusão: Indeferimento. Anotação. Arts. 41 E 42. Deferimento. Anotação. Arts. 14, 38, 39, 40, 43, 59 E 72. Providências". (TSE - Registro de Partido Político n. 141796, Acórdão, Relator(a) Min. Herman Benjamin, Publicação: *DJe – Diário de Justiça Eletrônico*, Data 15/03/2018, p. 20-22). Disponível em: http://www.tse.jus.br/jurisprudencia/decisoes/jurisprudencia. Acesso em: 18 mar. 2022.

51 CAMPOS NETO, Raymundo. *A democracia interna nos partidos políticos brasileiros*. Belo Horizonte: D'Plácido, 2017, p. 62.

52 SALGADO, Eneida Desiree. *Princípios constitucionais eleitorais*. Belo Horizonte: Fórum, 2010, p. 145.

Se a Constituição privilegia a participação política e o debate de opiniões e ideologias, não há sentido em se corroborar a exclusão, visto que um meio excludente, em verdade, não é propriamente um espaço público.[53] Nesse sentido, o princípio da necessária participação das minorias impõe não apenas que o Estado crie mecanismos para proporcionar uma presença mais efetiva das minorias sociais no processo político-democrático, mas também que os partidos políticos o façam, incentivando a participação desses grupos e concedendo-lhes espaço no processo de formação de opinião.

Por sua vez, o princípio da máxima igualdade na disputa eleitoral decorre dos princípios constitucionais republicano e da isonomia, impondo uma regulação estatal das campanhas eleitorais no intuito de promover uma disputa mais equilibrada.[54] [55] Em relação aos parti-

---

53 HABERMAS, Jügen. *Mudança estrutural da esfera pública*. Tradução de Flávio R. Kothe. Rio de Janeiro: Tempo Brasileiro. 1984 [1961]. p. 105.

54 TUESTA SOLDEVILLA, Fernando. Campaña electoral. *In: Diccionario electoral*. San José: Instituto Interamericano de Derechos Humanos, 2000, p. 121-126.

55 "AGRAVO INTERNO EM AGRAVO. CONTAS DE PARTIDO POLÍTICO DESAPROVADAS. DIRETÓRIO ESTADUAL. EXERCÍCIO DE 2004. RESSARCIMENTO AO ERÁRIO. EXECUÇÃO. PRETENSÃO DE DESCONTO DO DÉBITO NAS COTAS FUTURAS DO FUNDO PARTIDÁRIO. INADMISSIBILIDADE. PAGAMENTO POR MEIO DE RECURSOS PRÓPRIOS. NECESSIDADE. ART. 37, §3º, DA LEI N. 9.096/1995, ALTERADO PELA LEI N. 13.165/2015. INAPLICABILIDADE. PRINCÍPIO DO *TEMPUS REGIT ACTUM*. IRRETROATIVIDADE DAS NORMAS DE NATUREZA MATERIAL E NÃO PENAIS. ART. 55-D DA LEI N. 9.096/1995, INCLUÍDO PELA LEI N. 13.831/2019. INCIDÊNCIA. PEDIDO A SER FEITO NA INSTÂNCIA ORIGINÁRIA FUNDAMENTOS NÃO AFASTADOS. AGRAVO INTERNO NÃO PROVIDO. 1. Os dispositivos legais de natureza não processual que devem reger a prestação de contas são aqueles vigentes ao tempo dos fatos ocorridos, consoante o princípio *tempus regit actum* e o art. 6º da LINDB. 2. A Lei nº 13.165/2015, que alterou a redação do art. 37 da Lei nº 9.096/1995, não pode ser aplicada retroativamente, ainda que as normas sejam mais benéficas aos partidos políticos. Precedentes. 3. O art. 37, §3º, da Lei nº 9.096/1995, modificado pela Lei nº 13.165/2015, somente pode ter incidência a partir das contas do exercício de 2016. Irretroatividade das normas de direito material sobre finanças e contabilidade dos partidos políticos, uma vez que não ostentam índole penal. Concretização dos princípios da isonomia e da segurança jurídica. 4. Nas prestações de contas referentes ao exercício financeiro de 2004, é indevido o uso de cotas do Fundo Partidário para ressarcir ao erário os valores de origem não identificada e de aplicação irregular reconhecidos no acórdão de desaprovação transitado em julgado. Na hipótese, o ressarcimento deve ser feito, necessariamente, por meio de recursos próprios do diretório do partido político. 5. O pedido de aplicação do art. 55-D da Lei nº 9.096/1995, incluído pela Lei nº 13.831/2019 norma que anistiou a penalidade de devolução de recursos, cuja causa foi a doação ou a contribuição feita em anos anteriores por servidores públicos filiados a partido político que exerciam função ou cargo público de livre nomeação e exoneração, além de consistir em indevida inovação recursal, deve ser dirigido, por primeiro, à instância originária, qualificando-se como incidente da execução. 6. Negado provimento ao agravo interno". (TSE - Agravo de Instrumento n. 179203809, Acórdão, Relator(a) Min. Og Fernandes, Publicação: *DJE – Diário de Justiça Eletrônico*, Tomo 173, Data 06/09/2019, p. 73). Disponível em: http://www.tse.jus.br/jurisprudencia/decisoes/jurisprudencia. Acesso em: 18 mar. 2022.

dos políticos, o princípio se manifesta na vedação ao abuso de poder econômico, político ou funcional, de modo a evitar a produção de vantagens artificiais e o consequente desequilíbrio do ambiente eleitoral, preservando-se a legitimidade das eleições e da própria atuação das agremiações partidárias.

Por último, o princípio da moralidade eleitoral tem por alicerce a exigibilidade de um padrão ético-moral mais elevado por parte de instituições partidárias que se propõem a representar uma parcela da sociedade e disputar o poder político dentro das esferas de governo.

Destaca-se que a moralidade eleitoral é expressa na Constituição Federal em seu art. 14, §9º:

> [...] §9º Lei complementar estabelecerá outros casos de inelegibilidade e os prazos de sua cessação, a fim de proteger a probidade administrativa, a moralidade para exercício de mandato considerada vida pregressa do candidato, e a normalidade e legitimidade das eleições contra a influência do poder econômico ou o abuso do exercício de função, cargo ou emprego na administração direta ou indireta.[56]

É certo que a moralidade repele a má-fé, a fraude e o desvio de finalidade, exigindo que os atores eleitorais demonstrem boa conduta, como possíveis lideranças políticas. Nesse sentido, além de fundamentar inelegibilidades, a moralidade eleitoral tem papel amplo e genérico na interpretação e aplicação das normas eleitorais, apresentando duas faces: a moralidade do candidato e a moralidade do pleito.[57]

A moralidade do candidato remete à candidatura, à moralidade *stricto sensu* para o exercício do mandato. Aqui, subsiste a imposição de um padrão moral mais elevado para se admitir a postulação de candidaturas, sendo necessário comprovar que o candidato tem condições morais de assumir o cargo pleiteado – é possível, portanto, exigir que os candidatos se pautem por padrões morais mais rigorosos que os comumente exigidos da sociedade, inadmitindo-se, de plano, condutas fraudulentas e antiéticas.

---

[56] BRASIL. (1988) *Constituição da República Federativa do Brasil*. Disponível em: http://www.planalto.gov.br/ccivil_03/constituicao/constituicao.htm. Acesso em: 18 mar. 2022.

[57] VARGAS, Alexis Galiás de Souza. *Princípios constitucionais de direito eleitoral*. 2009. Tese (Doutorado em Direito) – Pontifícia Universidade Católica de São Paulo, São Paulo, 2009, p. 178-179.

A moralidade do pleito, por outro lado, se refere à integridade das eleições. Conforme ensina Djalma Pinto:

> O bem protegido pelo Direito Eleitoral é, acima de tudo, a lisura do processo para a escolha dos representantes do povo. Não é o interesse específico dos participantes das disputas eleitorais, mas, exclusivamente, o interesse superior da coletividade em realizar eleições limpas.[58]

Além dos princípios constitucionais que se referem ao Direito Eleitoral de forma específica, é possível mencionar ainda os princípios expressos no art. 37, *caput*, da Constituição brasileira, que regem a Administração Pública, quais sejam: legalidade, impessoalidade, moralidade, publicidade e eficiência.[59]

Em primeiro lugar, a legalidade compreende o limite da atuação administrativa, implicando a subordinação do administrador à lei. Desse modo, a legitimidade da ação do administrador público depende de sua conformidade às normas legais.

A impessoalidade pode ser compreendida a partir de duas perspectivas: (i) dever de isonomia por parte da Administração Pública, que remete à necessidade de se conferir tratamento isonômico[60] aos particulares; e (ii) dever de conformidade ao interesse público,[61] relativo ao dever de realizá-lo com base na noção de bem coletivo.

Já o princípio da moralidade, por sua vez, traduz o dever do administrador de agir conforme os preceitos éticos, de modo que se paute não só pelos critérios de oportunidade, conveniência e justiça, sendo necessário também um juízo de honestidade em sua conduta, no intuito de se evitarem práticas imorais na esfera pública.[62]

---

[58] PINTO, Djalma. *Direito eleitoral*: improbidade administrativa e responsabilidade fiscal – noções gerais. 3. ed. São Paulo: Atlas, 2006, p. 25.

[59] BRASIL. (1988) *Constituição da República Federativa do Brasil*. Disponível em: http://www.planalto.gov.br/ccivil_03/constituicao/constituicao.htm. Acesso em: 18 mar. 2022.

[60] BANDEIRA DE MELLO, Celso Antônio. *Curso de direito administrativo*. 10. ed. São Paulo: Malheiros, 1998, p. 70.

[61] FURTADO, Lucas Rocha. *Curso de direito administrativo*. 5. ed. rev. e atual. Belo Horizonte: Fórum, 2016, p. 87.

[62] Segundo Lucas Furtado, o princípio da moralidade consiste em instrumento constitucional apto a exigir, sob pena de ilegitimidade dos atos, comportamento que, além de preencher as exigências previstas em lei, seja ético, observe os padrões de boa-fé e honestidade e não incorra em desvio de finalidade. (FURTADO, Lucas Rocha. *Curso de direito administrativo*. 5. ed. rev. e atual. Belo Horizonte: Fórum, 2016, p. 88)

A publicidade alude ao dever de transparência, indicando:

> [...] que os atos da Administração devem merecer a mais ampla divulgação possível entre os administrados, e isso porque constitui fundamento do princípio propiciar-lhes a possibilidade de controlar a legitimidade da conduta dos agentes administrativos.[63]

Por último, a eficiência remete à produtividade e à economicidade, visando ao bom aproveitamento dos recursos públicos, em oposição a ações de ineficiência, desperdício ou obtenção de vantagens pessoais por parte dos administradores públicos.[64]

---

[63] CARVALHO FILHO, José dos Santos. *Manual de direito administrativo*. 30. ed. rev. atual. e ampl. São Paulo: Atlas, 2016, p. 26.

[64] "PRESTAÇÃO DE CONTAS. PARTIDO DA REPÚBLICA (PR). DIRETÓRIO NACIONAL. EXERCÍCIO DE 2012. IRREGULARIDADE GRAVE. INDÍCIO DO USO DE DOCUMENTOS FALSOS. DESAPROVAÇÃO. SUSPENSÃO DE UMA ÚNICA COTA DO FUNDO PARTIDÁRIO. RAZOABILIDADE E PROPORCIONALIDADE. RESSARCIMENTO AO ERÁRIO. RECURSOS PRÓPRIOS. [...] 11. É de se ter enraizada nas estruturas partidárias a consciência da transparência, da moralidade, da economicidade, da razoabilidade, da boa-fé, da cooperação e de outros importantes princípios norteadores das despesas com recursos públicos, exatamente para que os gastos com o Fundo Partidário não percam a natureza de sustentação do modelo republicano brasileiro." [...] (TSE - Prestação de Contas n. 22997, Acórdão, Relator(a) Min. Tarcisio Vieira de Carvalho Neto, Publicação: *DJe* 19/04/2018). Disponível em: http://www.tse.jus.br/jurisprudencia/decisoes/jurisprudencia. Acesso em: 18 mar. 2022.
ELEIÇÕES 2018. RECURSO ESPECIAL. PRESTAÇÃO DE CONTAS DE CAMPANHA. DESAPROVAÇÃO. CANDIDATA. DEPUTADO ESTADUAL. CONTRATAÇÃO. PRESTADOR DE SERVIÇO. PERÍODO EXÍGUO. VALOR EXPRESSIVO. RECURSOS. FUNDO ESPECIAL DE FINANCIAMENTO DE CAMPANHA (FEFC). PRINCÍPIOS NORTEADORES DAS DESPESAS COM RECURSOS PÚBLICOS. RAZOABILIDADE. ECONOMICIDADE. MORALIDADE. IMPESSOALIDADE. TRANSPARÊNCIA. INOBSERVÂNCIA. VERBETES SUMULARES 24 E 27 DO TSE. INCIDÊNCIA. APROVAÇÃO DAS CONTAS COM RESSALVAS. IMPOSSIBILIDADE. PRINCÍPIOS DA RAZOABILIDADE E DA PROPORCIONALIDADE. INAPLICABILIDADE. SÍNTESE DO CASO [...] 4. A hipótese dos autos versa sobre a aplicação de recursos do Fundo Especial de Financiamento de Campanha, os quais, por ostentarem caráter público, devem ter a sua utilização fundada, dentre outros, nos princípios da moralidade, da impessoalidade, da transparência, da razoabilidade e da economicidade, os quais são postulados norteadores da realização de despesas com dinheiro público, conforme já se decidiu no julgamento de contas anuais de partidos e a respeito de verba do Fundo Partidário. Nesse sentido: PC 247–55, rel. Min. Luiz Fux, DJE de 1º.3.2018, e ED–PC 267–46, rel. Min. Tarcisio Vieira de Carvalho Neto, DJE de 22.9.2017. 5. Firmou–se nesta Corte Superior a compreensão de que a observância do princípio da economicidade na aplicação de recursos públicos pode ser objeto de controle em processo de prestação de contas, assim como se assentou que é possível considerar irregular a despesa que tenha caráter antieconômico. Nesse sentido, confiram–se os seguintes precedentes alusivos ao emprego de verbas do Fundo Partidário por partidos políticos: PC 305–87, rel. Min. Luís Roberto Barroso, DJE de 12.8.2019; PC 290–21, rel. Min. Luís Roberto Barroso, DJE de 21.6.2019; e PC 268–60, rel. Min. Admar Gonzaga, DJE de 6.6.2019. 6. Inexiste óbice a que, na análise das prestações de contas, a Justiça Eleitoral exerça o controle da observância dos princípios norteadores da realização de despesas com recursos

públicos, sejam eles provenientes do Fundo Partidário ou do Fundo Especial de Financiamento de Campanha. 7. Quanto aos argumentos recursais de que a análise da prestação de contas deveria se limitar à escrituração contábil e de que eventual indício da irregularidade versada nos autos deveria ser apurado em procedimento autônomo, cumpre observar que a aplicação antieconômica de recursos públicos pode ser objeto de controle da Justiça Eleitoral no processo de prestação de contas, o que igualmente ocorre quanto aos gastos efetuados com inobservância aos princípios da transparência, da moralidade e da razoabilidade. 8. Na espécie, a Corte de origem, soberana no exame do conjunto fático–probatório dos autos, afirmou a irregularidade da despesa realizada, pelos seguintes fundamentos: a) a prestadora das contas contratou a namorada/noiva de seu filho para prestar serviços como coordenadora–geral de campanha, pelo período de apenas dez dias e pela expressiva quantia de R$30.000,00, equivalente a cerca de 46% do total das receitas da campanha (R$65.860,00), com a utilização de recursos do Fundo Especial de Financiamento de Campanha; b) a referida contratação, realizada mediante pagamento com recursos públicos, embora não seja objeto de restrição legal expressa, configurou a sobreposição de interesses privados em detrimento de interesses públicos e afrontou os princípios da moralidade e da impessoalidade, assim como revelou gasto expressivo e exageradamente desproporcional, de modo a comprometer a higidez das contas; c) a alegação de que a pessoa contratada para prestar serviço na campanha teria se casado com o filho da candidata após a prestação dos serviços não afasta a irregularidade, pois, embora a relação de namoro ou noivado não configure parentesco, a contratação de pessoas nessas circunstâncias não se conforma ao significado nem ao alcance dos princípios constitucionais da impessoalidade, da moralidade e da isonomia; d) a prestadora das contas confirmou ser sua nora a pessoa contratada como coordenadora–geral de campanha; e) a candidata não comprovou devidamente os gastos realizados com a aludida contratação. 9. Para alterar as conclusões às quais chegou o Tribunal de origem, a fim de acolher as alegações recursais, seria necessário o revolvimento do acervo fático–probatório dos autos, o que não se admite em recurso especial eleitoral, nos termos do verbete sumular 24 do TSE. 10. Embora não haja vedação expressa à contratação de futuros parentes (ou ate mesmo de parentes) para prestação de serviços de campanha, é necessário que haja razoabilidade em tal prática e que sejam observados os preceitos éticos e morais que devem nortear a conduta dos candidatos e dos partidos políticos, notadamente quanto ao uso de recursos públicos, evitando–se o favorecimento pessoal de qualquer natureza e o prejuízo à economicidade que pode decorrer de tais contratações. Nesse sentido, destaca–se que é dever do candidato ou do partido político garantir o bom uso dos recursos públicos, buscando obter o melhor resultado pelo menor custo possível, em atenção ao princípio da economicidade. 11. A contratação de parente do candidato – ou mesmo de pessoa que mantenha relação de noivado ou namoro com o candidato ou com parente do candidato – para a prestação de serviço na campanha enseja atenção da Justiça Eleitoral, dada a possibilidade de conflito de interesses e de desvio de finalidade na aplicação de recursos públicos, com vistas a, eventualmente, favorecer financeiramente a pessoa contratada. Assim, tal contratação, caso seja realizada, deve observar rigorosamente os princípios constitucionais da razoabilidade, da moralidade e da economicidade, assim como deve evidenciar elevado grau de transparência, a fim de que sejam, de forma satisfatória, demonstradas as peculiaridades da transação, as atividades efetivamente desenvolvidas e a compatibilidade dos custos com valores de mercado. Cumpre à Justiça Eleitoral atuar com maior rigor em tais situações. 12. No caso sob exame, é induvidosa a falta de transparência na contratação da coordenadora–geral de campanha, pois, conforme consignado no acórdão regional, a prestadora das contas não comprovou devidamente os gastos realizados com a contratação por exíguo intervalo de tempo e por quantia expressiva de recursos públicos, de modo a comprometer a higidez das contas. 13. A ausência de comprovação de despesas de campanha é, em regra, motivo suficiente para ensejar a desaprovação das contas. Nesse sentido AgR–AI 0606203–67, rel. Min. Tarcisio Vieira de Carvalho Neto, DJE de 7.5.2020, AgR–PC 218–97, da rel. Min. Sérgio Banhos, DJE

A despeito de os partidos políticos não constituírem entes estatais, entende-se que as orientações direcionadas ao modo de agir da esfera pública devem ser estendidas à instância eleitoral e partidária, tendo em vista seu papel essencial na concretização das premissas da democracia representativa brasileira, na materialização de pensamentos políticos e na ocupação de espaços públicos.

Nessa perspectiva, seria incoerente afastar a incidência das normas que regem o poder público na medida em que as organizações partidárias têm por objetivo ingressar nos quadros da Administração Pública, ainda que representados por seus filiados.

Quanto ao tema, ressaltam-se as lições de José Fontes:

> Em nosso entender, não podemos afastar a natureza privada destas instituições político-jurídicas que são os partidos políticos, mas não podemos ignorar que nos encontramos no âmbito específico do exercício privado de funções públicas, logo podemos considerar que estes integram, de forma *sui generis*, uma Administração eleitoral independente do Estado da qual não é o Governo o órgão de topo, ou seja, uma Administração que, pela sua natureza, pelas entidades que a integram e pelos fins que prosseguem, é obrigatoriamente independente de qualquer outro poder, sindicável pelo poder jurisdicional, como é usual em qualquer Estado de Direito democrático.[65]

---

de 28.4.2020, PC 1008–18, rel. Min. Luís Roberto Barroso, DJE de 29.8.2019, e AgR–AI 174–43, rel. Min. Admar Gonzaga, DJE de 22.3.2018. 14. A Corte de origem agiu com acerto ao assentar que a contratação, no caso dos autos, ocorreu em desacordo com os princípios da moralidade e da impessoalidade na aplicação dos recursos do Fundo Especial de Financiamento de Campanha. Ademais, os fundamentos do acórdão recorrido realçam também o caráter antieconômico da despesa efetuada com recursos públicos do FEFC, na medida em que a candidata pagou a uma única pessoa contratada, por serviços supostamente prestados no período de apenas dez dias, a quantia de R$30.000,00, equivalente a cerca de 46% do total das receitas da campanha (R$65.860,00), revelando–se tal gasto "exageradamente desproporcional" e "efetivamente expressivo", nas palavras do Tribunal de origem. 15. Na espécie, não é possível a aplicação dos princípios da razoabilidade e da proporcionalidade para aprovar as contas com ressalvas, tendo em vista que a irregularidade constatada corresponde a quantia expressiva, em valor absoluto e em termos percentuais, em relação ao total de recursos arrecadados. Nesse sentido: AgR–AI 181–42, rel. Min. Luís Roberto Barroso, DJE de 3.12.2018. CONCLUSÃO Recurso especial eleitoral a que se nega provimento. (TSE - RECURSO ESPECIAL ELEITORAL nº 060116394, Acórdão, Relator(a) Min. Sergio Silveira Banhos, Publicação: DJE - Diário da justiça eletrônica, Tomo 216, Data 27/10/2020) Disponível em: http://www.tse.jus.br/jurisprudencia/decisoes/jurisprudencia. Acesso em: 18 mar. 2022.

65 FONTES, José. Da função eleitoral dos partidos políticos no direito português e sua natureza político-jurídica. *Eleições: Revista de Assuntos Eleitorais*, n. 13, 2010, p. 19. Disponível em: https://repositorioaberto.uab.pt/bitstream/10400.2/1746/1/FUN%C3%87%C3%83O%20ELEITORAL.pdf. Acesso em: 18 mar. 2022, p. 19.

Por esse viés, é preciso que esses princípios e postulados não constituam mero norte programático previsto em estatuto, mas efetiva política interna dos partidos, os quais devem adotar internamente uma postura ética pautada pela moralidade para que, *a posteriori*, sejam capazes de projetá-la para a sociedade, quando da realização de sua finalidade democrática.

Destaca-se, ao mesmo tempo, a relevância da concretização dessas normas na gestão dos recursos públicos repassados aos partidos políticos, permitindo seu funcionamento apropriado. Dessa forma, constituindo a Administração Pública autêntico meio de realização e fim da atividade partidária, faz-se fundamental que se paute nos princípios administrativos para realização adequada de suas funções.

1.5 Autonomia dos partidos políticos

Conforme alinhavado, as eleições e os partidos políticos constituem autênticas marcas do fenômeno democrático. Sob tal perspectiva, entende-se necessário não apenas que os cidadãos tenham resguardada a liberdade de escolha de seus representantes, mas também que os partidos políticos tenham espaço de autonomia para identificar e defender seus propósitos.[66] Dessa forma, além de prever a natureza jurídica dos partidos políticos e os princípios que devem nortear sua atuação, a Constituição também dispõe sobre a autonomia partidária:

> Art. 17. [...] §1º É assegurada aos partidos políticos autonomia para definir sua estrutura interna e estabelecer regras sobre escolha, formação e duração de seus órgãos permanentes e provisórios e sobre sua organização e funcionamento e para adotar os critérios de escolha e o regime de suas coligações nas eleições majoritárias, vedada a sua celebração nas eleições proporcionais, sem obrigatoriedade de vinculação entre as candidaturas em âmbito nacional, estadual, distrital ou municipal, devendo seus estatutos estabelecer normas de disciplina e fidelidade partidária.[67]

---

[66] KNOERR, Fernando Gustavo. Mandato, autonomia partidária e representatividade política. *In*: FUX, Luiz; PEREIRA, Luiz Fernando Casagrande; AGRA, Walber de Moura (Coord.). PECCININ, Luiz Eduardo (Org.). *Direito constitucional eleitoral*. Belo Horizonte: Fórum, 2018, p. 415-430. (Tratado de Direito Eleitoral, v. 1.)

[67] BRASIL. (1988) *Constituição da República Federativa do Brasil*. Disponível em: http://www.planalto.gov.br/ccivil_03/constituicao/constituicao.htm. Acesso em: 18 mar. 2022.

É evidente que a regra da autonomia partidária, somada à liberdade de criação dos partidos políticos, tem por objetivo fortalecer o regime democrático representativo, afastando a interferência estatal em sua atuação, criação e extinção, com exceção das vedações expressamente estabelecidas no texto constitucional.[68]

Destaca-se que a referida ausência de intervenção do Estado se manifesta, primordialmente, na exclusividade de regulamentação de matérias *interna corporis* pelos próprios partidos, não sendo possível que eventual legislação eleitoral interfira no assunto, salvo se houver reflexos no processo eleitoral, hipótese em que a autonomia partidária resta mitigada.[69]

---

[68] ARAS, Augusto. *Fidelidade partidária*: efetividade e aplicabilidade. 1. ed. Rio de Janeiro: LMJ Mundo Jurídico, 2016, p. 143.

[69] "Agravo regimental. Ação declaratória de justa causa para desfiliação partidária. Grave discriminação pessoal no processo de escolha de representante partidário. *Matéria interna corporis*. Incompetência da Justiça Eleitoral. Mera divergência intrapartidária. Não configuração. Desprovimento. 1. De acordo com a jurisprudência do TSE, não compete à Justiça Eleitoral apreciar matéria relativa à dissidência interna dos partidos políticos na eleição de seus dirigentes. Precedentes. 2. Na espécie, a alegada ausência de debate no processo de escolha do novo presidente estadual do partido agravado revela a existência de mera disputa intrapartidária entre filiados, tendo por objetivo o alcance de posição política mais elevada dentro da agremiação, circunstância que não constitui justa causa para a desfiliação do agravante [...]". (TSE - Petição n. 4459, Acórdão, Relator(a) Min. Castro Meira, Publicação: *DJe – Diário de Justiça Eletrônico*, Data 20/08/2013, p. 65). Disponível em: http://www.tse.jus.br/jurisprudencia/decisoes/jurisprudencia. Acesso em: 18 mar. 2022.
"ELEIÇÕES SUPLEMENTARES. (2018). GOVERNADOR. VICE-GOVERNADOR. ESTADO DO TOCANTINS. RECURSO ORDINÁRIO RECEBIDO COMO ESPECIAL. PRINCÍPIO DA FUNGIBILIDADE. PARTIDO DOS TRABALHADORES. DEMONSTRATIVO DE REGULARIDADE DOS ATOS PARTIDÁRIOS (DRAP). FORMAÇÃO DE COLIGAÇÃO. DEFERIMENTO PELO TRIBUNAL REGIONAL ELEITORAL. (TRE/TO). CONVENÇÃO PARTIDÁRIA. PARTIDO DOS TRABALHADORES (PT). ANULAÇÃO PELO DIRETÓRIO NACIONAL. TUTELA DE URGÊNCIA. ANTECIPAÇÃO DOS EFEITOS RECURSAIS. INDEFERIMENTO. DEFICIÊNCIA DAS RAZÕES RECURSAIS. REEXAME DE FATOS E PROVAS. NÃO CONHECIMENTO. [...] Na linha da remansosa jurisprudência desta Corte, 'compete a esta Justiça Especializada apreciar matéria interna corporis de partido político sempre que houver reflexo no processo eleitoral, circunstância que mitiga o postulado fundamental da autonomia partidária (art. 17, §1º, da CF/88)' (REspe nº 448-33/MA, Rel. Min. Herman Benjamin, DJe de 24.5.2018). Sem reparos, na espécie, o acórdão recorrido.5. Mérito:– Consta da moldura fática do acórdão regional que: a) a impugnação foi feita de forma genérica, sem mencionar como teria sido descumprida a suposta diretriz partidária, limitando-se a consignar que a direção nacional decidiu apoiar a candidatura da senadora Kátia Abreu ao cargo do Executivo estadual; b) o ora recorrente 'não trouxe aos autos qualquer prova no sentido de que essas diretrizes tenham sido publicadas como determina a legislação'; c) ficou demonstrado que o cabeça de chapa se posicionou desfavoravelmente ao processo de impeachment da ex-presidente, o que afastaria, portanto, a alegada desobediência às diretivas instituídas pelo órgão nacional; d) não há comprovação de que o diretório nacional do partido tenha observado os princípios constitucionais do contraditório e da ampla defesa.– Para alterar as premissas consignadas

Nessa linha, compreende-se a autonomia partidária, para além da organização e gestão internas, como a busca da livre construção de pensamento político-ideológico por parte da legenda, da defesa de políticas públicas e, principalmente, da autonomia financeira e orçamentária dos partidos políticos quanto ao financiamento de seus candidatos e campanhas eleitorais, uma vez que a liberdade de gestão de recursos permite a destinação da verba de forma estratégica, de acordo com o planejamento previamente definido por seus membros.

Sobre o tema, pontua José Afonso da Silva:

> Destaque-se aí o princípio da autonomia partidária, que é uma conquista sem precedente, de tal sorte que a lei tem muito pouco a fazer em matéria de estrutura interna, organização e funcionamento dos partidos. Estes podem estabelecer os órgãos internos que lhe aprouverem. Podem estabelecer as regras que quiserem sobre seu funcionamento. Podem escolher o sistema que melhor lhes parecer para a designação de seus candidatos: convenção mediante delegados eleitos apenas para o ato, ou com mandatos, escolha de candidatos mediante votação da militância. Podem estabelecer os requisitos que entenderem sobre filiação e militância. Podem disciplinar do melhor modo, a seu juízo, seus órgãos dirigentes. [...] A ideia que sai do texto constitucional é a de que os partidos hão que se organizar e funcionar em harmonia com o regime democrático e que sua estrutura interna também fica sujeita ao mesmo princípio. A autonomia é conferida na suposição de que cada partido busque, de acordo com suas concepções, realizar uma estrutura interna democrática.[70]

Conforme se extrai do trecho acima, a autonomia dos partidos, embora de fundamental relevância para o processo democrático, não é absoluta, visto que submissa aos princípios do art. 17, abordados no tópico anterior, e aos demais preceitos constitucionais. Há, portanto, um recorte na capacidade de auto-organização e funcionamento da agremiação, impondo-se a observância da soberania nacional, do

no acórdão recorrido no tocante à ausência de desconformidade da convenção partidária regional com as diretrizes nacionais, seria necessário adentrar o acervo probatório dos autos, providência incompatível com a via estreita do recurso especial. Incide, na espécie, o óbice previsto na Súmula nº 24/TSE.6. Recurso especial não conhecido. (TSE - Recurso Ordinário nº 060008548, Acórdão, Relator(a) Min. Tarcisio Vieira de Carvalho Neto, Publicação: PSESS - Publicado em Sessão, Data 29/05/2018). Disponível em: http://www.tse.jus.br/jurisprudencia/decisoes/jurisprudencia. Acesso em: 18 mar. 2022.

70 SILVA, José Afonso da. *Curso de direito constitucional positivo*. 22. ed. São Paulo: Malheiros, 2003, p. 404-405.

regime democrático, do pluripartidarismo e dos direitos fundamentais da pessoa humana.[71]

Ressalta-se que, embora o partido apresente a capacidade de se autogovernar – definindo regras de filiação e desligamento de seus membros, direitos e deveres dos filiados, fidelidade e disciplina partidária, condições e forma de escolha dos candidatos às funções eletivas e critérios de distribuição de recursos do Fundo Partidário –,[72] sua autonomia organizatória não deve se realizar com o sacrifício das premissas democráticas.[73]

A própria função de mediação e formação da vontade popular exige que o partido assegure plena participação a seus membros nos processos decisórios, em observância estrita ao princípio da democracia interna, sob pena de prejuízo à autenticidade da dinâmica partidária.[74]

Nessa perspectiva, entende-se que a restrição imposta aos partidos tem por objetivo (i) possibilitar ao Estado a fiscalização dos partidos

---

[71] SALGADO, Eneida Desiree. Os partidos políticos e o estado democrático: a tensão entre a autonomia partidária e a exigência da democracia interna. *In:* SALGADO, Eneida Desiree; DANTAS, Ivo (Coord.). *Partidos políticos e seu regime jurídico*. Curitiba: Juruá, 2013, p. 145.

[72] CAMPOS NETO, Raymundo. *A democracia interna nos partidos políticos brasileiros*. Belo Horizonte: D'Plácido, 2017, p. 81.

[73] "Registro de Partido Político. Estatuto. Alteração. Anotação. Requerimento. Art. 10 Da Lei N. 9.096/95. Parte Um: Comissões Provisórias. Vigência. Prazo Elastecido. Emenda Constitucional N. 97/2017. Parágrafo 1º Do Art. 17 Da Cf. Nova Redação. Autonomia Partidária. *Caput*. Resguardo Do Regime Democrático. Previsão Expressa. Interpretação Sistemática. Condição Subordinante Sobre Parágrafos. Leitura Fragmentada Do Texto. Impossibilidade. Seara Administrativa. Ausência de Óbice Ao Emprego Das Técnicas de Hermenêutica Que Não Resultam Em Invalidação Da Norma. Autonomia Partidária Absoluta. Inexistência. Organização Interna. Regime Democrático. Dever de Sujeição. Doutrina E Jurisprudência Consagradas. Resolução-TSE N. 23.465/2015. Higidez Reconhecida. Órgãos Provisórios. Validade. 120 (cento e vinte) dias ou prazo razoável diverso. Descumprimento. Reiteração. Parte Dois: Órgãos Partidários Provisórios. Substituição, Alteração E Extinção. Interesse Partidário. Peculiaridades Políticas e Partidárias de cada Localidade. Balizas que não eximem o partido de observar, no que aplicável, os direitos fundamentais dos filiados. Horizontalidade. Reconhecimento. Devido Processo Legal. Incidência no trato com os órgãos de hierarquia inferior (sobretudo provisórios). Precedentes do TSE. Ausência de garantias mínimas no texto ora submetido à anotação. Adequação. Imprescindibilidade. Parte Três: Ajustes pontuais do texto. Possibilidade. Conclusão: Indeferimento. Anotação. Arts. 41 e 42. Deferimento. Anotação. Arts. 14, 38, 39, 40, 43, 59 e 72. Providências. [...] 6. Não obstante a redação conferida pela EC n. 97/2017 ao §1º do art. 17 da CF, naquilo que assegura a autonomia dos partidos políticos para estabelecer a duração de seus órgãos provisórios, tem-se que a liberdade conferida não é absoluta, dada a previsão expressa do *caput* no sentido de que as agremiações partidárias devem resguardar o regime democrático." [...] (TSE - Registro de Partido Político n. 141796, Acórdão, Relator(a) Min. Herman Benjamin, Publicação: *DJe – Diário de Justiça Eletrônico*, Data 15/03/2018, p. 20-22). Disponível em: http://www.tse.jus.br/jurisprudencia/decisoes/jurisprudencia. Acesso em: 18 mar. 2022.

[74] MENDES, Gilmar Ferreira; BRANCO, Paulo Gustavo Gonet. *Curso de direito constitucional*. 13. ed. São Paulo: Saraiva, 2018, p. 821.

políticos e a exigência do cumprimento das regras legais; e (ii) assegurar às agremiações condições efetivas de realizarem suas atividades no sistema democrático representativo brasileiro, no intuito de preservar o núcleo da autonomia partidária enquanto garantia.

1.6 Criação e registro dos partidos políticos

A liberdade de criação de partidos políticos determinada pela Constituição, pelo ordenamento jurídico infraconstitucional, por meio da Lei nº 9.096/1995 e pela Resolução TSE nº 23.571/2018 (alterada pela Resolução TSE nº 23.654/2021), estabeleceu uma série de requisitos para seu registro e concepção, no intuito de conferir sistematicidade e organização à dinâmica das instituições partidárias.

Segundo a legislação vigente, o procedimento de criação partidária envolve essencialmente quatro etapas: (i) registro civil; (ii) apoiamento de eleitores; (iii) registro dos órgãos partidários nos Tribunais Regionais Eleitorais; e (iv) registro do estatuto e do órgão de direção nacional no Tribunal Superior Eleitoral.[75]

Conforme mencionado, após elaborar seu programa e adquirir personalidade jurídica na forma de associação, o partido político deve registrar seu estatuto no Tribunal Superior Eleitoral.[76] Não obstante, só é admitido o registro do estatuto de partido político que tenha caráter nacional, considerando-se como tal aquele que comprove, no período de dois anos, o apoio de eleitores não filiados a partido político correspondente a pelo menos 0,5% dos votos válidos da última eleição geral para a Câmara dos Deputados, distribuídos por um terço ou mais dos Estados, com um mínimo de 0,1% do eleitorado que tenha votado em cada um deles.[77] Na prática, o quantitativo do apoio mínimo é informado pelo Sistema de Apoio a Partidos em Formação (SAPF).

---

75 BRASIL. Lei nº 9.096, de 19 de setembro de 1995. (Lei dos Partidos Políticos). Disponível em: http://www.planalto.gov.br/ccivil_03/leis/l9096.htm. Acesso em: 20.mar. 2022.

76 BRASIL. (1988) *Constituição da República Federativa do Brasil*. Disponível em: http://www.planalto.gov.br/ccivil_03/constituicao/constituicao.htm. Acesso em: 20 mar. 2022.

77 "Art. 7º, §1º Só é admitido o registro do estatuto de partido político que tenha caráter nacional, considerando-se como tal aquele que comprove, no período de dois anos, o apoiamento de eleitores não filiados a partido político, correspondente a, pelo menos, 0, 5% (cinco décimos por cento) dos votos dados na última eleição geral para a Câmara dos Deputados, não computados os votos em branco e os nulos, distribuídos por um terço, ou mais, dos Estados, com um mínimo de 0, 1% (um décimo por cento) do eleitorado que haja votado em cada um deles.". BRASIL. *Lei nº 9.096, de 19 de setembro de 1995.* (Lei dos Partidos Políticos). Disponível em: http://www.planalto.gov.br/ccivil_03/leis/l9096.htm. Acesso em: 20 mar. 2022.

Com efeito, entende-se que a necessidade de comprovação do apoio mínimo deriva da própria noção de representatividade: o partido político deve demonstrar que tem expressão nacional e que retrata ideologia significativa para parcela considerável da população brasileira, apresentando condições reais de disputar o poder.

O apoiamento mínimo deve ser obtido no prazo de dois anos[78] a partir da data da aquisição da personalidade jurídica, mediante a assinatura de eleitor não filiado a partido político em lista ou formulário organizado pela agremiação em formação, de acordo com os modelos disponibilizados pela Justiça Eleitoral, que deve conter: (i) denominação do partido político, sua sigla e o seu número de inscrição no CNPJ; (ii) declaração de que o(s) subscritor(es) não é(são) filiado(s) a partido político e apoia(m) a criação do partido político em formação; (iii) o nome completo do eleitor que manifesta seu apoio à criação do partido político, com indicação de número de seu título de eleitor; (iv) a data do apoio manifestado; (v) a assinatura ou, no caso de eleitor analfabeto, a impressão digital do eleitor, de acordo com o cadastro na Justiça Eleitoral; (vi) informação de que a assinatura da lista de apoio não caracteriza ato de filiação partidária; e (vii) o nome e o número do título de eleitor de quem coletou a assinatura do apoiador, com declaração, devidamente assinada, de quem pessoalmente a colheu.[79]

Nesse ponto, insta registrar que, em 2021, o Tribunal Superior Eleitoral editou as resoluções nºs 23.647/2021 e 23.654/2021, promovendo alterações na Resolução TSE nº 23.571/2018, que estabelece as regras para criação, organização, fusão, incorporação e extinção de partidos políticos, alterando substanciamente o seu conteúdo e trazendo novidades no apoiamento à criação de partidos, tais quais a possibilidade de coleta de assinaturas eletrônicas em apoio à criação de partido, bem como formas diversas de autenticação digital dessas assinaturas.

---

78 "Consulta. Criação. Partido político. Prazo. Apoiamento de eleitores [...] 2. O prazo de dois anos para comprovação do apoiamento de eleitores não se aplica aos pedidos de criação de partidos protocolados até a data de publicação da Lei nº 13.165/2015 [...] 4. O prazo de dois anos para a comprovação do apoiamento mínimo, requisito indispensável no procedimento de criação de partido político, é contado a partir do registro da agremiação partidária no cartório competente do registro civil das pessoas jurídicas". (Consulta n. 38580, Acórdão, Relator(a) Min. Henrique Neves Da Silva, Publicação: *DJe – Diário de Justiça Eletrônico*, Data 02/08/2017). Disponível em: http://www.tse.jus.br/jurisprudencia/decisoes/jurisprudencia. Acesso em: 20 mar. 2022.

79 BRASIL. Tribunal Superior Eleitoral. Resolução nº 23.571, de 29 de maio de 2018. Disponível em: http://www.tse.jus.br/legislacao-tse/res/2018/RES235712018.html. Acesso em: 20 mar. 2022.

Nessa consecução, apoio à formação de partido pode, a partir de 2021, ser firmado por assinatura eletrônica, a ser captada pelo sistema de coleta de apoiamento, ou por assinatura manuscrita e, se analfabeto o eleitor, impressão digital a serem apostas em listas ou fichas individuais.[80] Preenchidos os dados do pré-cadastramento, os responsáveis credenciados devem apresentar, em duas vias, os formulários, listas ou fichas individuais de apoiamento ao cartório da respectiva zona eleitoral para conferência das assinaturas.[81]

Após a conferência das assinaturas e dos números dos títulos eleitorais, o chefe de cartório deve lavrar atestado nas listas ou formulários, e os dados desses devem ser publicados no *site* do TSE, podendo ser impugnados por qualquer interessado, no prazo de cinco dias contados da publicação.[82]

Obtido o apoio mínimo de eleitores na Unidade da Federação, o partido político em formação deve constituir definitivamente, na forma do seu estatuto, órgãos de direção estaduais e municipais, designando os seus dirigentes, organizados em, no mínimo, 1/3 dos estados, e o seu órgão de direção nacional.[83]

Feita a constituição definitiva e a designação dos órgãos de direção regional e municipal, o presidente regional do partido político em formação deve solicitar o registro no respectivo Tribunal Regional Eleitoral por meio de requerimento.[84] Ressalta-se que as certidões

---

80 "Art. 13-B. O apoio à formação de partido poderá ser firmado por assinatura eletrônica, a ser captada pelo sistema de coleta de apoiamento, previsto no §5º do art. 10 desta Resolução, ou por assinatura manuscrita e, se analfabeto o eleitor, impressão digital a serem apostas em listas ou fichas individuais. §1º A coleta de assinaturas, independentemente do meio pelo qual seja firmada pelo eleitor, constitui ato atribuído ao partido em formação, cabendo à Justiça Eleitoral, nos termos da legislação e desta Resolução: I – a recepção dos dados remetidos pelo partido por sistema próprio; II – a conferência das listas e fichas de apoiamento; III – a verificação da assinatura, observadas as regras aplicáveis a cada modalidade; e IV – a verificação da aptidão dos eleitores para manifestar o apoio". BRASIL. Tribunal Superior Eleitoral. *Resolução nº 23.571, de 29 de maio de 2018*. Disponível em: http://www.tse.jus.br/legislacao-tse/res/2018/RES235712018.html. Acesso em: 20 mar. 2022.

81 BRASIL. Tribunal Superior Eleitoral. Resolução nº 23.571, de 29 de maio de 2018. Disponível em: http://www.tse.jus.br/legislacao-tse/res/2018/RES235712018.html. Acesso em: 20 mar. 2022.

82 BRASIL. Tribunal Superior Eleitoral. Resolução nº 23.571, de 29 de maio de 2018. Disponível em: http://www.tse.jus.br/legislacao-tse/res/2018/RES235712018.html. Acesso em: 20 mar. 2022.

83 BRASIL. Tribunal Superior Eleitoral. Resolução nº 23.571, de 29 de maio de 2018. Disponível em: http://www.tse.jus.br/legislacao-tse/res/2018/RES235712018.html. Acesso em: 20 mar. 2022.

84 "Art. 20. Feita a constituição definitiva e a designação dos órgãos de direção estadual e, se houver, municipal, o presidente nacional ou o presidente estadual do partido político em formação deve solicitar o seu registro no respectivo Tribunal Regional Eleitoral, por meio de requerimento acompanhado de:

comprobatórias do apoiamento mínimo são impressas diretamente em sistema específico e juntadas aos autos pelo respectivo Tribunal Regional Eleitoral, sendo dispensada sua apresentação pelo partido em formação.

O pedido de registro, após o protocolo, deve ser autuado e distribuído, na classe própria, a um relator, no prazo de até 48 horas, devendo a secretaria do tribunal, imediatamente, publicar edital no Diário da Justiça Eletrônico, para ciência dos interessados.[85] Qualquer interessado pode impugnar, no prazo de cinco dias, contados da publicação do edital, o pedido de registro.[86]

Não havendo impugnação ou finda a instrução do feito, o relator deve ouvir o Ministério Público Eleitoral no prazo de dez dias e determinar, em igual prazo, as diligências para sanar eventuais falhas do processo. Ouvido o Ministério Público, os autos são conclusos ao relator, que os apresentará para julgamento perante o Plenário do Tribunal no prazo de até 30 dias.[87]

Por fim, registrados os órgãos de direção regional em pelo menos 1/3 dos estados, o presidente do partido político em formação deve solicitar o registro do estatuto e do respectivo órgão de direção nacional no Tribunal Superior Eleitoral mediante requerimento.[88] O partido político

---

I – exemplar autenticado do inteiro teor do programa e do estatuto partidários, inscritos no registro civil;

II – certidão do Cartório do Registro Civil das Pessoas Jurídicas a que se refere o §2º do art. 10 desta resolução;

III – cópia da(s) ata(s) de escolha e designação, na forma do respectivo estatuto, dos dirigentes dos órgãos partidários estaduais e, se houver, municipais, com a indicação do respectivo nome, endereço, número de telefone e de fac-símile e e-mail". BRASIL. Tribunal Superior Eleitoral. *Resolução nº 23.571, de 29 de maio de 2018*. Disponível em: http://www.tse.jus.br/legislacao-tse/res/2018/RES235712018.html. Acesso em: 20 mar. 2022.

85 Resolução TSE n. 23.571/2018, art. 21. BRASIL. Tribunal Superior Eleitoral. Resolução nº 23.571, de 29 de maio de 2018. Disponível em: http://www.tse.jus.br/legislacao-tse/res/2018/RES235712018.html. Acesso em: 20 mar. 2022.

86 Resolução TSE n. 23.571/2018, art. 22. BRASIL. Tribunal Superior Eleitoral. Resolução nº 23.571, de 29 de maio de 2018. Disponível em: http://www.tse.jus.br/legislacao-tse/res/2018/RES235712018.html. Acesso em: 20 mar. 2022.

87 Resolução TSE n. 23.571/2018, art. 25. BRASIL. Tribunal Superior Eleitoral. Resolução nº 23.571, de 29 de maio de 2018. Disponível em: http://www.tse.jus.br/legislacao-tse/res/2018/RES235712018.html. Acesso em: 20 mar. 2022.

88 "Art. 26. Registrados os órgãos de direção estadual em, pelo menos, 1/3 (um terço) dos estados, o presidente nacional do partido político em formação deve solicitar o registro do estatuto e do respectivo órgão de direção nacional no Tribunal Superior Eleitoral, por meio de requerimento acompanhado de:

I – cópia da ata da reunião de fundação do partido político autenticada por tabelião de notas;

em formação deve indicar, no pedido de registro, o nome, a sigla e o número da legenda pretendidos, sendo vedada a utilização do número da agremiação juntamente com a sigla partidária.[89]

Protocolizado o pedido de registro, ele é autuado e distribuído a um relator no prazo de 48 horas, devendo a secretaria do tribunal, imediatamente, publicar edital no Diário da Justiça Eletrônico, para ciência dos interessados,[90] cabendo a qualquer um deles impugnar, no prazo de cinco dias contados da publicação do edital, o pedido de registro.[91]

Não havendo impugnação ou finda a instrução do feito, o relator deve ouvir o Ministério Público Eleitoral no prazo de dez dias e determinar, em igual prazo, as diligências para sanar eventuais falhas do processo. Ouvido o Ministério Público, os autos são conclusos ao relator, que deve levá-los a julgamento perante o Plenário do Tribunal no prazo de até 30 dias.[92]

Deferido ou não o registro do estatuto e do órgão de direção nacional, o tribunal deve comunicar imediatamente o resultado aos Tribunais Regionais Eleitorais, e estes, da mesma forma, aos juízos eleitorais.[93] Caso indeferido o pedido de registro pelo Tribunal Superior Eleitoral, haverá o bloqueio das senhas de acesso ao Sistema

---

II – exemplar autenticado do inteiro teor do programa e do estatuto partidários, inscritos no cartório competente do Registro Civil das Pessoas Jurídicas da Capital Federal;
III – relação de todos os fundadores com o nome completo, naturalidade, número do título eleitoral com a zona, seção, município e Unidade da Federação, profissão e endereço da residência;
IV – certidão do Cartório do Registro Civil das Pessoas Jurídicas a que se refere o §2º do art. 9º desta resolução; e
V – cópia da ata da reunião que comprova a constituição definitiva do órgão de direção nacional, com a designação de seus dirigentes, autenticada por tabelião de notas". BRASIL. Tribunal Superior Eleitoral. Resolução nº 23.571, de 29 de maio de 2018. Disponível em: http://www.tse.jus.br/legislacao-tse/res/2018/RES235712018.html. Acesso em: 20 mar. 2022.

89 Resolução TSE n. 23.571/2018, art. 26, §2º. BRASIL. Tribunal Superior Eleitoral. Resolução nº 23.571, de 29 de maio de 2018. Disponível em: http://www.tse.jus.br/legislacao-tse/res/2018/RES235712018.html. Acesso em: 20 mar. 2022.

90 Resolução TSE n. 23.571/2018, art. 27. BRASIL. Tribunal Superior Eleitoral. Resolução nº 23.571, de 29 de maio de 2018. Disponível em: http://www.tse.jus.br/legislacao-tse/res/2018/RES235712018.html. Acesso em: 20 mar. 2022.

91 BRASIL. Tribunal Superior Eleitoral. Resolução nº 23.571, de 29 de maio de 2018. Disponível em: http://www.tse.jus.br/legislacao-tse/res/2018/RES235712018.html. Acesso em: 20 mar. 2022.

92 BRASIL. Tribunal Superior Eleitoral. Resolução nº 23.571, de 29 de maio de 2018. Disponível em: http://www.tse.jus.br/legislacao-tse/res/2018/RES235712018.html. Acesso em: 20 mar. 2022.

93 BRASIL. Tribunal Superior Eleitoral. Resolução nº 23.571, de 29 de maio de 2018. Disponível em: http://www.tse.jus.br/legislacao-tse/res/2018/RES235712018.html. Acesso em: 20 mar. 2022.

de Apoiamento a Partido em Formação (SAPF), bem como o nome da agremiação será retirado da relação de partidos em formação.[94]

Destaca-se que somente o partido político que tiver registrado o seu estatuto no Tribunal Superior Eleitoral pode participar do processo eleitoral, receber recursos do Fundo Partidário e ter acesso gratuito ao rádio e à televisão, nos termos da Lei nº 9.096/1995, art. 7º, §2º.[95]

No entanto, para participar das eleições, o registro deve ser aprovado pelo TSE até seis meses antes do pleito, e a legenda deve constituir órgão de direção na circunscrição em que pretende concorrer até a data da convenção partidária para a escolha dos seus candidatos.

Além disso, o registro do estatuto na Corte Eleitoral também assegura a exclusividade da denominação do partido, bem como de sua sigla e símbolos, vedada a utilização, por outras agremiações, de variações que possam induzir os eleitores a erro ou confusão.

1.6.1 Extinção, incorporação e fusão de partidos políticos

A possibilidade de fusão, incorporação e extinção de partidos políticos está prevista no art. 2º da Lei dos Partidos Políticos (Lei nº 9.096/1995), segundo o qual "é livre a criação, fusão, incorporação e extinção de partidos políticos cujos programas respeitem a soberania nacional, o regime democrático, o pluripartidarismo e os direitos fundamentais da pessoa humana".[96]

De acordo com a lei, por decisão de seus órgãos nacionais de deliberação, dois ou mais partidos podem fundir-se em um só ou incorporar-se um ao outro.[97] No caso da fusão, os órgãos de direção dos partidos políticos elaboram projetos comuns de estatuto e programa, e

---

[94] BRASIL. Tribunal Superior Eleitoral. Resolução nº 23.571, de 29 de maio de 2018. Disponível em: http://www.tse.jus.br/legislacao-tse/res/2018/RES235712018.html. Acesso em: 20 mar. 2022.

[95] "Art. 7º O partido político, após adquirir personalidade jurídica na forma da lei civil, registra seu estatuto no Tribunal Superior Eleitoral. [...]§2º Só o partido que tenha registrado seu estatuto no Tribunal Superior Eleitoral pode participar do processo eleitoral, receber recursos do Fundo Partidário e ter acesso gratuito ao rádio e à televisão, nos termos fixados nesta Lei. BRASIL. Lei nº 9.096, de 19 de setembro de 1995. (Lei dos Partidos Políticos). Disponível em: http://www.planalto.gov.br/ccivil_03/leis/l9096.htm. Acesso em: 19. jun. 2019.

[96] BRASIL. Lei nº 9.096, de 19 de setembro de 1995. (Lei dos Partidos Políticos). Disponível em: http://www.planalto.gov.br/ccivil_03/leis/l9096.htm. Acesso em: 20 mar. 2022.

[97] Lei nº 9.096/1995, art. 29, caput. BRASIL. Lei nº 9.096, de 19 de setembro de 1995. (Lei dos Partidos Políticos). Disponível em: http://www.planalto.gov.br/ccivil_03/leis/l9096.htm. Acesso em: 20 mar. 2022.

depois os órgãos nacionais de deliberação desses partidos em processo de fusão votam em reunião conjunta e, por maioria absoluta, elegem o órgão de direção nacional que promoverá o registro do novo partido político.[98] Deferido o registro, devem ser cancelados, de ofício, os registros dos órgãos de direção estaduais e municipais dos partidos políticos extintos – em síntese, os partidos envolvidos se "extinguem" e dão origem a um novo partido.

Doutro vértice, na incorporação[99] cabe ao partido político que será incorporado deliberar, por maioria absoluta de votos, em seu órgão de direção nacional, sobre a adoção do estatuto e do programa da outra agremiação partidária, nos termos do Código Civil. Adotados o estatuto e o programa do partido político incorporador, realiza-se, em reunião conjunta dos órgãos nacionais de deliberação, a eleição do novo órgão de direção nacional.[100] Nessa situação, o partido incorporador permanece com o mesmo nome e sigla, se desejar.

Ressalta-se que somente é admitida a fusão ou a incorporação de partidos políticos que tenham obtido o registro definitivo do Tribunal Superior Eleitoral há pelo menos cinco anos[101] e que o novo estatuto

---

98 Lei nº 9.096/1995, art. 29, §1º, I e II. BRASIL. Lei nº 9.096, de 19 de setembro de 1995. (Lei dos Partidos Políticos). Disponível em: http://www.planalto.gov.br/ccivil_03/leis/l9096.htm. Acesso em: 20 mar. 2022.

99 "PETIÇÃO. PARTIDO POLÍTICO. PATRIOTA. PARTIDO REPUBLICANO PROGRESSISTA (PRP). INCORPORAÇÃO. DEFERIMENTO. ALTERAÇÕES ESTATUTÁRIAS. AQUIESCÊNCIA DA LEGENDA COM AS GLOSAS DO MINISTÉRIO PÚBLICO. DEFERIMENTO PARCIAL. 1. O PATRIOTA requereu o registro da incorporação do Partido Republicano Progressista (PRP) à sua legenda, alem de anotação das alterações estatutárias correspondentes. 2. Impõe–se deferir a incorporação, na linha do parecer ministerial e da documentação trazida (Lei 9.096/95 e Res.–TSE 23.751/2018). 3. O partido incorporador faz jus aos votos do incorporado na última eleição para Câmara dos Deputados, com repercussão sobre as verbas do Fundo Partidário (art. 29, §7º, da Lei 9.096/95). Entretanto, incabível declarar nesta oportunidade o cumprimento ou não da cláusula de barreira pela legenda, o que será verificado quando do repasse dos recursos pela Justiça Eleitoral. 4. No tocante às alterações estatutárias, o Ministério Público opinou por se deferir a designação do partido apenas pelo nome (sem a respectiva sigla) e por se readequarem os arts. 60, VII, b; 61, §1º; 62, *caput* e §2º; 73, §3º; 74 e 87. Todavia, *a posteriori*, a própria legenda aquiesceu com a supressão de tais dispositivos, não mais subsistindo controvérsia no particular. 5. Incorporação deferida. Alterações estatutárias parcialmente deferidas, excluindo–se os mencionados artigos." (TSE - Petição n. 060195314, Acórdão, Relator(a) Min. Jorge Mussi, Publicação: *DJe – Diário de Justiça Eletrônico*, Tomo 87, Data 10/05/2019). Disponível em: http://www.tse.jus.br/jurisprudencia/decisoes/jurisprudencia. Acesso em: 20 mar. 2022.

100 Lei nº 9.096/1995, art. 29, §2º e §3º. BRASIL. Lei nº 9.096, de 19 de setembro de 1995. (Lei dos Partidos Políticos). Disponível em: http://www.planalto.gov.br/ccivil_03/leis/l9096.htm. Acesso em: 20 mar. 2022.

101 Lei nº 9.096/1995, art. 29, §9º. BRASIL. Lei nº 9.096, de 19 de setembro de 1995. (Lei dos Partidos Políticos). Disponível em: http://www.planalto.gov.br/ccivil_03/leis/l9096.htm. Acesso em: 20 mar. 2022.

(em caso de fusão) ou instrumento de incorporação deve ser registrado no Ofício Civil e averbado no TSE, respectivamente.[102]

Por sua vez, a extinção dos partidos políticos se dá em duas hipóteses distintas: por decisão do partido ou por determinação da Justiça Eleitoral. Na primeira situação, tem-se o cancelamento, junto ao Ofício Civil e ao Tribunal Superior Eleitoral, do registro de partido que, na forma de seu estatuto, se dissolva, se incorpore ou venha a se fundir a outro, nos termos do art. 27 da Lei dos Partidos Políticos.

No segundo caso, o Tribunal Superior Eleitoral, após trânsito em julgado de decisão, determina o cancelamento do registro civil e do estatuto do partido contra o qual fique comprovado: (i) o recebimento de recursos financeiros de procedência estrangeira; (ii) a subordinação a entidade ou governo estrangeiros; (iii) a não prestação de contas à Justiça Eleitoral, nos termos da lei; ou (iv) a manutenção de organização paramilitar.[103] [104] Aqui, o processo de cancelamento é iniciado pelo Tribunal a partir de denúncia de eleitor ou representante de partido,

---

[102] Lei nº 9.096/1995, art. 29, §8º. BRASIL. Lei nº 9.096, de 19 de setembro de 1995. (Lei dos Partidos Políticos). Disponível em: http://www.planalto.gov.br/ccivil_03/leis/l9096.htm. Acesso em: 20 mar. 2022.

[103] Lei nº 9.096/1995, art. 28. BRASIL. Lei nº 9.096, de 19 de setembro de 1995. (Lei dos Partidos Políticos). Disponível em: http://www.planalto.gov.br/ccivil_03/leis/l9096.htm. Acesso em: 20 mar. 2022.

[104] "Petição. Partido Políticos. Art. 42, *caput*, da Res.-TSE n. 23.465. Pedidos. Revogação ou sustação do dispositivo. Indeferimento. [...] 2. Consoante dispõe o art. 17, III, da Constituição da República, os Partidos Políticos são obrigados a prestar contas à Justiça Eleitoral. 3. A disposição contida no art. 42 da Res.-TSE n. 23.465, ao prever que 'será suspenso o registro ou a anotação do órgão de direção estadual ou municipal que tiver suas contas partidárias julgadas como não prestadas", não é inovadora no âmbito deste Tribunal, pois dispositivo semelhante já constava da Res.-TSE n. 23.432/2014. 4. As hipóteses de desaprovação de contas e de julgamento destas como não prestadas não se confundem. Na primeira, por disposição legal, o registro dos órgãos partidários não pode ser suspenso (Lei nº 9.096/95, arts. 31, §5º, e 37, *caput* c.c §2º). No entanto, a ausência de prestação de contas é motivo de extinção do partido político (Lei nº 9.096/95, art. 28, III) e implica a suspensão do recebimento das quotas do Fundo Partidário enquanto perdurar a inadimplência e sujeita seus responsáveis às penas da lei (Lei nº 9.096/95, art. 37-A). 5. A situação de inadimplência dos órgãos partidários que não prestam contas à Justiça Eleitoral somente se caracteriza quando as contas são julgadas como não prestadas em processo judicial que se inicia com a intimação dos órgãos partidários e seus responsáveis para suprir a omissão, e, mesmo após a decisão judicial, a agremiação pode requerer a regularização da sua situação de inadimplência, nos termos da Res.-TSE n. 23.464/2015. 6. O art. 42 da Res.-TSE n. 23.465 traz efetividade ao comando constitucional que impõe a obrigação de o órgão partidário prestar contas à Justiça Eleitoral e somente perdura até que a situação seja regularizada. A transitoriedade da inadimplência depende exclusivamente do respeito à obrigação constitucional de prestar contas. [...]" (TSE - INSTRUÇÃO n. 3, Acórdão, Relator(a) Min. Henrique Neves Da Silva, Publicação: *DJe – Diário de Justiça Eletrônico*, Data 30/06/2016, p. 34-36). Disponível em: http://www.tse.jus.br/jurisprudencia/decisoes/jurisprudencia. Acesso em: 20 mar. 2022.

ou de representação do Procurador-Geral Eleitoral, sendo que a decisão judicial deve ser precedida de processo regular, assegurada a ampla defesa.

1.6.2 Renomeação dos partidos políticos

Além das possibilidades de mudança descritas no item antecedente, os partidos políticos também podem solicitar alteração de nome e sigla. Em relação ao procedimento, verifica-se que as alterações programáticas ou estatutárias, depois de registradas no Ofício Civil, devem ser encaminhadas ao TSE. Em seguida, o pedido com as alterações é anexado aos respectivos autos do processo de registro do partido político ou, se for o caso, aos da petição que deferiu o registro do estatuto partidário adaptado à Lei nº 9.096/1995, obedecido, no que couber, o procedimento previsto nos arts. 26 a 31 da Resolução TSE nº 23.571/2018.[105]

Deferida a modificação, o Tribunal Superior Eleitoral deve comunicar imediatamente o trânsito em julgado da decisão que determinar a alteração de denominação e sigla partidárias à Câmara dos Deputados, ao Senado Federal, ao cartório competente do Registro Civil das Pessoas Jurídicas e aos Tribunais Regionais Eleitorais, devendo esses, da mesma forma, informar os juízos eleitorais.[106]

Segundo dados divulgados pelo TSE, nos últimos cinco anos, pelo menos dez partidos alteraram suas nomenclaturas. Em 2018, os ministros do TSE aprovaram a troca do nome e da sigla do Partido Ecológico Nacional (PEN) para Patriota (PATRI);[107] o Partido do Movimento

---

[105] BRASIL. Tribunal Superior Eleitoral. Incorporação e fusão de partidos políticos – você conhece a diferença?. Disponível em http://www.tse.jus.br/imprensa/noticias-tse/2019/Abril/incorporacao-e-fusao-de-partidos-politicos-voce-conhece-a-diferenca. Acesso em: 20 mar. 2022.

[106] Resolução TSE n. 23.571/2018, art. 54. BRASIL. Tribunal Superior Eleitoral. Resolução nº 23.571, de 29 de maio de 2018. Disponível em: http://www.tse.jus.br/legislacao-tse/res/2018/RES235712018.html. Acesso em: 20 mar. 2022.

[107] "REQUERIMENTO. PARTIDO ECOLOGICO NACIONAL (PEN). REGISTRO DE ALTERAÇÕES ESTATUTÁRIAS. IMPUGNAÇÕES. PARECER. MINISTÉRIO PÚBLICO ELEITORAL. ADEQUAÇÃO. DISPOSITIVOS. 1. O Partido Ecológico Nacional (PEN) requer o registro de alterações promovidas em seu estatuto, aprovadas em reunião do Diretório Nacional ocorrida em 26.8.2017. 2. Impugnações, dentre elas do Patriotas (PATRI), legenda em formação e sem estatuto registrado nesta Corte. 3. Parecer da d. Procuradoria-Geral Eleitoral pelo deferimento parcial, excluindo-se, porém, dispositivos atinentes às prerrogativas e competências do cargo de presidente de honra. HOMOLOGAÇÃO. DESISTÊNCIA. IMPUGNAÇÕES. 4. Homologam-se as desistências das impugnações da Comissão Executiva Estadual, de Walney da Rocha Cavalcante (filiado) e de Antônio da Cruz

Democrático Brasileiro (PMDB) voltou a se chamar Movimento Democrático Brasileiro (MDB);[108] e o partido Solidariedade passou a

Filgueira Júnior (filiado). INTEMPESTIVIDADE. IMPUGNAÇÃO. OBITER DICTUM. ART. 7º, §3º, DA LEI 9.096/95. USO EXCLUSIVO. NOME. SIGLA. SÍMBOLOS. ESTATUTO. REGISTRO.5. O Patriotas – sem estatuto registrado nesta Corte – impugnou a mudança do nome do PEN para Patriota (sigla PATRI).6. Impugnação intempestiva, porquanto protocolada após o prazo de cinco dias do art. 28 da Res.-TSE 23.465/2015.7. De toda forma, ressalte-se que apenas a legenda com estatuto registrado neste Tribunal possui exclusividade no uso de sua denominação, sigla e símbolos (art. 7º, §3º, da Lei 9.096/95). COMPETÊNCIA. JUSTIÇA ELEITORAL EXAME. ATOS INTERNA CORPORIS. PARTIDOS POLÍTICOS. POTENCIAL AMEAÇA. REGIME DEMOCRÁTICO. CASO DOS AUTOS. CARGO. PRESIDENTE DE HONRA. PRERROGATIVAS. IMUNIDADES. ATOS UNILATERAIS. IMPOSSIBILIDADE.8. Cabe à Justiça Eleitoral, no exercício de suas funções jurisdicionais e administrativas, o controle de atos interna corporis editados pelos partidos políticos que revelem potenciais ameaças ao regime democrático.9. O regime democrático manifesta-se pela livre escolha de candidatos, mediante voto universal e secreto, e também é intrínseco ao próprio funcionamento dos partidos, cujos filiados detêm legítimas pretensões políticas.10. Os arts. 29, §§5 e 6º, e 33, parágrafo único, do estatuto atribuem amplos e irrestritos poderes ao presidente de honra que se sobrepõem às próprias deliberações da legenda: a) veto a filiações; b) expulsão de filiados; c) veto à nomeação para cargos nos órgãos da grei; d) destituição de membros de órgão diretivo; e) veto a coligações; f) escolha dos candidatos a presidente e vice-presidente da República; g) veto a candidaturas.11. Os poderes conferidos ao presidente de honra revestem-se de natureza autoritária e unilateral, colidindo com o princípio democrático que norteia a Constituição Federal.12. Assegurar a possibilidade de filiação, de escolha em convenção partidária e com quem a grei deve se coligar é essencial ao equilíbrio interno das legendas e à transparência do processo eleitoral, evitando-se, assim, deliberações ilegítimas.13. Também fere a democracia interna das legendas a possibilidade de o presidente de honra, de modo absolutamente unilateral, admitir ou expulsar qualquer filiado ou, ainda, nomear ou destituir membro de órgão partidário. 14. Impõe-se glosa ao art. 29, §4º, segundo o qual o presidente de honra pode migrar para outro partido a qualquer tempo e sem nenhuma penalidade, ainda que exerça cargo eletivo. Permite-se a desfiliação partidária sem perda de mandato apenas nas hipóteses taxativas do art. 22-A da Lei 9.096/95. CONCLUSÃO. DEFERIMENTO PARCIAL. 15. Pedido deferido parcialmente, excluindo-se, porém, os arts. 29, §§4º, 5º e 6º, e 33, parágrafo único, do estatuto." (TSE - Registro de Partido Político n. 153572, Acórdão, Relator(a) Min. Jorge Mussi, Publicação: *DJe – Diário de Justiça Eletrônico*, Tomo 97, Data 17/05/2018, p. 25-26). Disponível em: http://www.tse.jus.br/jurisprudencia/decisoes/jurisprudencia. Acesso em: 20 mar. 2022.

108 "PARTIDO DO MOVIMENTO DEMOCRÁTICO BRASILEIRO (PMDB). ALTERAÇÕES ESTATUTÁRIAS. 1. À exceção dos dispositivos referentes aos arts. 1º e 77, XI e XII, do estatuto partidário, incide o art. 28 da Res.-TSE 23.465, no sentido de que "a impugnação deve ser formulada em petição fundamentada dirigida ao relator, com a clara identificação dos fatos e dos fundamentos jurídicos do pedido", razão pela qual se afigura incabível o conhecimento da impugnação, em relação às demais disposições, à míngua de fundamentação. 2. Os convencionais foram devidamente cientificados para a convenção partidária que tinha como um dos pontos de deliberação a alteração do nome da agremiação para Movimento Democrático Brasileiro (MDB), tendo sido a mudança aprovada pela maioria dos presentes, conforme análise de farta prova documental, inclusive dos registros de áudio e vídeo do ato convencional, não havendo contrariedade à Constituição Federal nem à legislação infraconstitucional, circunscrevendo-se a deliberação no âmbito da autonomia do partido. 3. No tocante à alteração do art. 77, não houve mudança quanto às competências do Conselho Nacional atribuídas à Comissão Executiva Nacional, que já constavam da anterior redação do estatuto não questionada anteriormente pelos impugnantes e cujo

não mais utilizar a sigla SD,[109] sendo representado apenas pelo nome.

---

pedido de homologação fora deferido por este Tribunal Superior. Em suma, as mesmas competências atribuídas anteriormente à Comissão Executiva Nacional constam do novo estatuto apresentado, que foi apenas atualizado, tendo sido inseridos, efetivamente, apenas os incisos XIII e XIV não impugnados efetivamente e que se referem ao Fundo Especial de Financiamento de Campanha (FEFC) e às eventuais coligações. 4. No que concerne à competência do Conselho Nacional alusiva à regulamentação, por resoluções, de disposições do Estatuto, o Ministério Público identificou que ela não constava anteriormente. Na verdade, em versões anteriores do estatuto, sempre foi prevista tal competência, mas, na última retificação sucedida, a agremiação não fez referência a ela no art. 76, XI, apenas corrigindo o erro material do art. 73, II, devidamente homologado por este Tribunal. 5. Não obstante, fato é que tal competência regulamentadora foi novamente referida no texto apresentado pela agremiação, ressaltando-se que sempre se previram quatro competências do Conselho Nacional à Comissão Executiva Nacional e não há notícia de deliberação a respeito de eventual mudança. Assim, também merece homologação o art. 77, XI, quanto à referência feita ao art. 74, VII, diante da mera correção do erro apurado pelo diretório. Impugnação que se julga improcedente. Pedido de alterações estatutárias deferido". (TSE - Petição n. 128, Acórdão, Relator(a) Min. Admar Gonzaga, Publicação: *DJe – Diário de Justiça Eletrônico*, Tomo 097, Data 17/05/2018, p. 2-3). Disponível em: http://www.tse.jus.br/jurisprudencia/decisoes/jurisprudencia. Acesso em: 20 mar. 2022.

109 "REGISTRO DE PARTIDO POLÍTICO. SOLIDARIEDADE. ALTERAÇÃO ESTATUTÁRIA. NÃO UTILIZAÇÃO DA SIGLA "SD". POSSIBILIDADE. USO DO NOME "SOLIDARIEDADE77". IMPOSSIBILIDADE. CONTRIBUIÇÃO OBRIGATÓRIA DE FILIADOS E MULTA EM CASO DE DESFILIAÇÃO. IMPOSSIBILIDADE. COMISSÕES PROVISÓRIAS. PRAZO. VIGÊNCIA. EXTINÇÃO DO PARTIDO POLÍTICO. DESTINAÇÃO DO PATRIMÔNIO. DISSOLUÇÃO DE ÓRGÃO PARTIDÁRIO. OBSERVÂNCIA DOS PRINCÍPIOS CONSTITUCIONAIS. ADEQUAÇÃO. DEFERIMENTO PARCIAL. 1. Trata-se de requerimento do Solidariedade de anotação de alteração estatutária. Da substituição da sigla partidária para "SOLIDARIEDADE77" ou "SOLIDARIEDADE" 2. Inviabilizada a utilização do nome da legenda com a respectiva indicação numérica, coincidente com o número de candidaturas às eleições majoritárias, sob pena de, na via transversa, malferir o disposto art. 6º, §1º-A, da Lei nº 9.504/1997. Precedentes. 3. Possibilitada a utilização do nome SOLIDARIEDADE, sem sigla – presentes as manifestações favoráveis das Secretarias Judiciária (SJD) e de Tecnologia da Informação (STI) para fins de utilização em boletim de urna –, não vislumbro qualquer prejuízo à identificação da grei ou repercussão na seara eleitoral que impeça a pretensão do Partido. Da contribuição obrigatória de filiados 4. À luz do art. 15, VII, da Lei nº 9.096/1995, a doação "consubstancia ato de liberalidade e, portanto, não pode ser imposta obrigatoriamente ao filiado" (Cta n. 356-64/DF, Rel. Min. Henrique Neves da Silva, *DJe* de 2.12.2015). 5. Impossibilidade de regra de doação vinculada ao exercício do mandato eletivo, por se tratar o ato da contribuição de mera liberalidade, não podendo ser obrigatória ao filiado. Precedentes. Da multa no caso de desfiliação 6. A fidelidade partidária que se exige do filiado em nada se coaduna à relação contratual, apta a produzir efeitos sancionatórios pecuniários, tal como a multa. Precedentes. Da vigência dos órgãos provisórios 7. Vinculados os Partidos Políticos à observância do regime democrático estabelecido no art. 17, *caput*, da Constituição Federal, imperiosa a adoção de medidas que promovam a democracia interna, razão pela qual inviável a anotação de alteração estatutária que não fixa prazo determinado para a duração das comissões provisórias, devendo a legenda se adequar ao entendimento desta Corte Superior Eleitoral (RPP n. 1417-96 – DF, Redator para o acórdão Min. Tarcisio Vieira, *DJe* de 15.3.2018). Das doações de pessoas jurídicas 8. Por ocasião do julgamento da ADI 4.650/DF, o Supremo Tribunal Federal asseverou "ser vedado aos partidos políticos o recebimento, direta ou indiretamente, de qualquer auxílio pecuniário ou estimável em dinheiro proveniente de pessoa jurídica, não registrando nenhuma exceção", devendo ser ajustado o estatuto para

Em 2017, o Partido Trabalhista do Brasil (PTdoB) obteve a mudança de nome para AVANTE; o Partido Trabalhista Nacional (PTN), para Podemos (PODE); e o Partido Social Democrata Cristão (PSDC) para Democracia Cristã.[110]

1.6.3 Atuais partidos políticos brasileiros

Analisados os principais aspectos procedimentais relativos à constituição e à modificação da estrutura dos partidos políticos, procede-se à descrição do panorama político-partidário atual. Segundo o Tribunal Superior Eleitoral, existem hoje 32 partidos registrados e, portanto, dotados de capacidade eleitoral, os quais estão listados abaixo com nome, sigla e número da legenda, ordenados da data de deferimento mais antiga para a mais recente:[111]

---

a exclusão do dispositivo que contenha tal previsão (Pet n. 167, Rel. Min. Napoleão Nunes Maia Filho, *DJe* de 10.8.2017, destaquei). Da destinação do patrimônio do partido na hipótese de sua extinção 9. Extinto o Partido, devem ser devolvidos ao Fundo Partidário todos os recursos dele provenientes e revertidos à União os bens e ativos com eles adquiridos. Precedentes. Da observância dos princípios constitucionais para a dissolução de órgão partidário. 10. Nos termos da orientação desta Casa (MS n. 0601453-16, Rel. Min. Luiz Fux, PSESS de 29.9.2016), há de se observar a "vinculação das legendas partidárias aos direitos fundamentais, inclusive em razão da eficácia horizontal desses postulados, com aplicação plena e imediata, havendo que se estabelecer, no trato com os órgãos de hierarquia inferior, roteiros seguros para o exercício do contraditório e da ampla defesa, em homenagem ao princípio do devido processo legal". (RPP n. 1417-96/DF, Redator para o acórdão Min. Tarcisio Vieira, *DJe* de 15.3.2018), daí porque necessária a adequação do Capítulo III do Estatuto (art. 94), que disciplina a dissolução de órgãos partidários. Parcialmente deferido o pedido de anotação de alteração estatutária relativa ao art. 1º, devendo o partido providenciar o ajuste necessário em seu §4º, para fins de exclusão do nome SOLIDARIEDADE77; determinada, ainda, (i) a supressão das anotações estatutárias relativas aos incs. VII e VIII do art. 9º e incisos III e inc. VI do art. 85, que versam sobre contribuições obrigatórias de filiados, filiados eleitos, multa em caso de desfiliação e doações de pessoas jurídicas; e (ii) a adequação dos arts. 29, §2º, 55, III, e 56, III – relativos ao prazo de duração das comissões provisórias –, 94 – atinente à dissolução de órgãos partidários – e 102 – sobre o inventário decorrente da extinção do Partido Político." (TSE - Registro de Partido Político n. 40309, Acórdão, Relator(a) Min. Rosa Weber, Publicação: *DJe – Diário de Justiça Eletrônico*, Data 13/08/2018). Disponível em: http://www.tse.jus.br/jurisprudencia/decisoes/jurisprudencia. Acesso em: 20 mar. 2022.

[110] BRASIL. Tribunal Superior Eleitoral. Incorporação e fusão de partidos políticos – você conhece a diferença?. Disponível em http://www.tse.jus.br/imprensa/noticias-tse/2019/Abril/incorporacao-e-fusao-de-partidos-politicos-voce-conhece-a-diferenca. Acesso em: 20 mar. 2022.

[111] BRASIL. Tribunal Superior Eleitoral. Partidos políticos registrados no TSE. Disponível em http://www.tse.jus.br/partidos/partidos-politicos/registrados-no-tse. Acesso em: 3 mar. 2022.

TABELA 1

Partidos brasileiros: nome – sigla – nº legenda

NOME DO PARTIDO	SIGLA	Nº LEGENDA
Movimento Democrático Brasileiro	MDB	15
Partido Trabalhista Brasileiro	PTB	14
Partido Democrático Trabalhista	PDT	12
Partido dos Trabalhadores	PT	13
Partido Comunista do Brasil	PCdoB	65
Partido Socialista Brasileiro	PSB	40
Partido da Social Democracia Brasileira	PSDB	45
Partido Trabalhista Cristão	PTC	36
Partido Social Cristão	PSC	20
Partido da Mobilização Nacional	PMN	33
Cidadania	CIDADANIA	23
Partido Verde	PV	43
Avante	AVANTE	70
Progressistas	PP	11
Partido Socialista dos Trabalhadores Unificado	PSTU	16
Partido Comunista Brasileiro	PCB	21
Partido Renovador Trabalhista Brasileiro	PRTB	28
Democracia Cristã	DC	27
Partido da Causa Operária	PCO	29
Podemos	PODE	19
Republicanos	REPUBLICANOS	10
Partido Socialismo e Liberdade	PSOL	50
Partido Liberal	PL	22
Partido Social Democrático	PSD	55
Patriota	PATRIOTA	51
Partido Republicano da Ordem Social	PROS	90
Solidariedade	SOLIDARIEDADE	77
Partido Novo	NOVO	30
Rede Sustentabilidade	REDE	18
Partido da Mulher Brasileira	PMB	35
Unidade Popular	UP	80
União Brasil	UNIÃO	44

Dos partidos supramencionados, atualmente 23 possuem representação na Câmara dos Deputados e 15 no Senado, sendo que apenas nove não têm candidatos eleitos em nenhuma das Casas do Congresso Nacional, a saber: PTC, PMN, PSTU, PCB, PRTB, DC, PCO, PMB e UP.[112] [113] Além disso, existem 87 partidos em processo de formação no Brasil, ou seja, que já apresentaram requerimento, mas ainda não obtiveram registro perante o Tribunal Superior Eleitoral e, por conseguinte, não têm atuação regularizada para o exercício das atividades político-partidárias descritas em lei.

1.7 Cláusula de barreira

Também denominada cláusula de exclusão ou cláusula de desempenho, a cláusula de barreira é uma norma que impede ou restringe o funcionamento parlamentar ao partido que não alcançar determinado percentual de votos. Em síntese, estabeleceram-se condições alternativas – atualmente, percentual mínimo de votos ou quantidade mínima de candidatos eleitos nas últimas eleições – para que o partido tenha direito a receber recursos do Fundo Partidário[114] e acesso gratuito ao rádio e à televisão.

No Brasil, a cláusula de barreira foi primeiramente instituída pela Constituição de 1967:

> Art. 149 – A organização, o funcionamento e a extinção dos Partidos Políticos serão regulados em lei federal, observados os seguintes princípios:
> [...] VII – exigência de dez por cento do eleitorado que haja votado na última eleição geral para a Câmara dos Deputados, distribuídos em dois terços dos Estados, com o mínimo de sete por cento em cada um deles, bem assim dez por cento de Deputados, em, pelo menos, um terço dos Estados, e dez por cento de Senadores.[115]

---

[112] BRASIL. Senado Federal. Senadores em exercício. Disponível em: https://www25.senado.leg.br/web/senadores/em-exercicio/-/e/por-partido. Acesso em: 3 mar. 2022.

[113] BRASIL. Câmara dos Deputados. Deputados – bancada atual. Disponível em https://www.camara.leg.br/deputados/bancada-atual. Acesso em: 3 mar. 2022.

[114] O Fundo Partidário (FP) constitui uma das fontes públicas de financiamento eleitoral no Brasil, cujos recursos são distribuídos aos partidos registrados no TSE de acordo com os critérios fixados em lei.

[115] Constituição Federal de 1967, art. 149, VII. BRASIL. (1967) *Constituição da República Federativa do Brasil*. Disponível em: http://www.planalto.gov.br/ccivil_03/constituicao/constituicao67.htm. Acesso em: 20 mar. 2022.

À época, a própria manutenção do partido político era condicionada aos requisitos descritos acima, sendo a cláusula de barreira efetivo impedimento ao funcionamento da agremiação.

Embora com percentuais reduzidos, a cláusula de barreira foi mantida pela Emenda Constitucional nº 1/1969, com exigência de 5% do eleitorado que houvesse votado na última eleição geral para a Câmara dos Deputados, distribuídos em pelo menos sete estados, com o mínimo de 7% em cada um deles.

Posteriormente, a Emenda nº 11, de 1978, reduziu a exigência constitucional para 5% do eleitorado que tivesse votado na última eleição geral para a Câmara dos Deputados, distribuídos, pelo menos, por nove estados, com o mínimo de 3% em cada um deles.[116] Em 1985, a EC nº 25 vedou representação aos partidos com percentual de votos inferior a 5% do eleitorado, distribuídos, pelo menos, por nove estados, com o mínimo de 3% em cada.

De forma diversa, a Constituição Federal de 1988, em sua redação original, não previu cláusula de exclusão. Por outro lado, embora a Lei dos Partidos Políticos tenha estabelecido disposição nesse sentido, no art. 13,[117] esse foi considerado inconstitucional por unanimidade no Supremo Tribunal Federal, sob o argumento de que prejudicaria os pequenos partidos e, portanto, teria caráter antidemocrático:

> PARTIDO POLÍTICO – FUNCIONAMENTO PARLAMENTAR – PROPAGANDA PARTIDÁRIA GRATUITA – FUNDO PARTIDÁRIO. Surge conflitante com a Constituição Federal lei que, em face da gradação de votos obtidos por partido político, afasta o funcionamento parlamentar e reduz, substancialmente, o tempo de propaganda partidária gratuita e a participação no rateio do Fundo Partidário.[118]

---

[116] KNOERR, Fernando Gustavo. Mandato, autonomia partidária e representatividade política. *In*: FUX, Luiz; PEREIRA, Luiz Fernando Casagrande; AGRA, Walber de Moura (Coord.). PECCININ, Luiz Eduardo (Org.). *Direito constitucional eleitoral*. Belo Horizonte: Fórum, 2018, p. 415-430. (Tratado de Direito Eleitoral, v. 1.)

[117] "Art. 13. Tem direito a funcionamento parlamentar, em todas as Casas Legislativas para as quais tenha elegido representante, o partido que, em cada eleição para a Câmara dos Deputados obtenha o apoio de, no mínimo, cinco por cento dos votos apurados, não computados os brancos e os nulos, distribuídos em, pelo menos, um terço dos Estados, com um mínimo de dois por cento do total de cada um deles". BRASIL. Lei nº 9.096, de 19 de setembro de 1995. (Lei dos Partidos Políticos). Dispõe sobre partidos políticos, regulamenta os arts. 17 e 14, §3º, inciso V, da Constituição Federal. Disponível em: http://www.planalto.gov.br/ccivil_03/leis/l9096.htm. Acesso em: 20 mar. 2022.

[118] ADI nº 1351, Relator: Min. MARCO AURÉLIO, Tribunal Pleno, julgado em 07/12/2006, *DJ* 30-03-2007 PP-00068 EMENT VOL-02270-01 PP-00019 REPUBLICAÇÃO: *DJ* 29-06-2007 PP-00031 RTJ VOL-00207-01 PP-00116. Disponível em: https://portal.stf.jus.br/processos/detalhe.asp?incidente=1625725. Acesso em: 20 mar. 2022.

Por conseguinte, do exame do acórdão da supracitada ADI, confere-se a preocupação do STF com a manutenção da atividade partidária e com a igualdade de condições na disputa eleitoral, bem como a rejeição de posturas autoritárias que remetessem às políticas do período ditatorial. Isso porque, na prática, o dispositivo declarado inconstitucional impedia o funcionamento de partidos políticos menores ao determinar que os partidos com menos de 5% dos votos nacionais não teriam direito a representação partidária, não poderiam indicar titulares para as comissões – incluindo Comissões Parlamentares de Inquérito (CPIs) –, não teriam direito à liderança ou a cargos na Mesa Diretora e, ainda, perderiam recursos do Fundo Partidário, bem como ficariam com tempo restrito de propaganda eleitoral em rede nacional de rádio e TV.[119]

Em 2017, contudo, a Emenda Constitucional nº 97 reintroduziu a cláusula de barreira, a ser implementada de forma progressiva. Nesse sentido, a partir das eleições de 2030, somente terão acesso a recursos do Fundo Partidário e à propaganda gratuita em rádio e televisão, nos termos da lei, os partidos políticos que, alternativamente, (i) obtiverem, nas eleições para a Câmara dos Deputados, no mínimo 3% dos votos válidos, distribuídos em pelo menos um terço das unidades da Federação, com um mínimo de 2% dos votos válidos em cada uma delas; ou (ii) tiverem eleito pelo menos quinze deputados federais, distribuídos em pelo menos um terço das unidades da Federação.[120]

No período anterior às eleições de 2030, será aplicada escala progressiva da seguinte forma:

> Art. 3º [...] Parágrafo único. Terão acesso aos recursos do fundo partidário e à propaganda gratuita no rádio e na televisão os partidos políticos que:
>
> **I – na legislatura seguinte às eleições de 2018:**
> a) obtiverem, nas eleições para a Câmara dos Deputados, no mínimo, 1,5% (um e meio por cento) dos votos válidos, distribuídos em pelo menos um terço das unidades da Federação, com um mínimo de 1% (um por cento) dos votos válidos em cada uma delas; ou
> b) tiverem elegido pelo menos nove Deputados Federais distribuídos em pelo menos um terço das unidades da Federação;

---

[119] BRASIL. Senado Federal. Cláusula de barreira. Disponível em: https://www12.senado.leg.br/noticias/glossario-legislativo/clausula-de-barreira. Acesso em: 20 mar. 2022.

[120] Constituição Federal de 1988, art. 17, §3º. BRASIL. (1988) *Constituição da República Federativa do Brasil*. Disponível em: http://www.planalto.gov.br/ccivil_03/constituicao/constituicao.htm. Acesso em: 20 mar. 2022.

II – na legislatura seguinte às eleições de 2022:

a) obtiverem, nas eleições para a Câmara dos Deputados, no mínimo, 2% (dois por cento) dos votos válidos, distribuídos em pelo menos um terço das unidades da Federação, com um mínimo de 1% (um por cento) dos votos válidos em cada uma delas; ou

b) tiverem elegido pelo menos onze Deputados Federais distribuídos em pelo menos um terço das unidades da Federação;

III – na legislatura seguinte às eleições de 2026:

a) obtiverem, nas eleições para a Câmara dos Deputados, no mínimo, 2,5% (dois e meio por cento) dos votos válidos, distribuídos em pelo menos um terço das unidades da Federação, com um mínimo de 1,5% (um e meio por cento) dos votos válidos em cada uma delas; ou

b) tiverem elegido pelo menos treze Deputados Federais distribuídos em pelo menos um terço das unidades da Federação[121]. (Grifos ausentes no original)

Em dezembro 2018, o TSE deliberou sobre petição apresentada pelo Diretório Nacional do Partido Rede Sustentabilidade para manifestação da Corte acerca da data a ser considerada para efeito da exclusão do acesso aos recursos do Fundo Partidário pelos partidos políticos que não alcançaram os requisitos estabelecidos no referido inciso I do art. 3º da Emenda Constitucional nº 97, ou seja, a data-limite de acesso ao Fundo Partidário.

Na sessão, ficou decidido, de forma unânime, que os partidos políticos que não alcançaram o patamar da cláusula de barreira nas eleições de 2018 ficariam impossibilitados de receber recursos do Fundo Partidário a partir de 1º de fevereiro de 2019. Nessa linha, o resultado obtido nas eleições de 2018 para a composição da Câmara dos Deputados seria considerado para aplicação da cláusula de barreira na legislatura de 2019 a 2022.[122]

1.8 Órgãos partidários

Assimilados os principais aspectos concernentes aos partidos políticos, procede-se ao entendimento de sua organização interna, no fito de compreender sua estrutura e funcionamento.

---

[121] BRASIL. Emenda Constitucional n. 97, de 4 de outubro de 2017. Disponível em: http://www.planalto.gov.br/ccivil_03/Constituicao/Emendas/Emc/emc97.htm. Acesso em: 20 mar. 2022.

[122] BRASIL. Tribunal Superior Eleitoral. Petição n. 0601892-56.2018.6.00.0000. Acórdão, Relator Min. Tarcisio Vieira de Carvalho Neto, Acórdão de 19/12/2018, Publicação: *DJE – Diário de Justiça Eletrônico*, Tomo 24, Data 04/02/2019. Disponível em: http://www.tse.jus.br/jurisprudencia/decisoes/jurisprudencia. Acesso em: 20 mar. 2022.

A antiga Lei Orgânica dos Partidos Políticos (Lei nº 5.682/1971 – LOPP), promulgada durante o regime militar, continha disposições rígidas sobre a organização e o funcionamento dos partidos políticos, definindo detalhadamente sua estrutura decisória. Seu art. 22, *v.g.*, definia como órgãos partidários: (i) as Convenções Municipais, Regionais e Nacional, para deliberação; (ii) os Diretórios Municipais, Regionais e Nacional, de direção; (iii) os Diretórios Distritais, de ação; e (iv) os conselhos fiscais e consultivos, os departamentos trabalhista, estudantil, feminino e outros com a mesma finalidade, para fins de cooperação. Nesse contexto, a seção municipal era considerada a unidade orgânica e fundamental do partido,[123] e a convenção nacional era o órgão supremo do partido.[124]

Além disso, a lei concedia poderes de intervenção e veto aos órgãos hierarquicamente superiores. Logo, um diretório poderia intervir em outro hierarquicamente inferior para assegurar a disciplina partidária e preservar normas estatutárias, a ética partidária ou a linha político-partidária fixada por instâncias superiores, entre outras justificativas genéricas. Ao mesmo tempo, a dissolução de diretório e a destituição de comissão executiva eram possibilidades previstas nos casos de indisciplina partidária e de desrespeito ao estatuto, ao programa ou a deliberações tomadas pelos órgãos superiores. Em todas essas intervenções, a decisão deveria ser tomada pela maioria absoluta de membros do diretório interventor.[125]

A LOPP também apresentava regras sobre (i) a participação em convenções, restrita aos eleitores inscritos nos partidos; (ii) a forma de eleição de seus órgãos; (iii) o tempo de mandato dos membros dos diretórios; (iv) o quórum necessário para deliberação; (v) o número mínimo de filiados para a constituição de diretório; (vi) as datas de realização de convenções que versassem sobre temas específicos, etc.

Verifica-se que, *in casu*, a legislação apenas institucionalizou um arranjo que já vigorava nos partidos ARENA e MDB: a autonomia concedida às seções estaduais era mitigada pela centralização das decisões nacionais relevantes nas bancadas do Congresso Nacional.

[123] Lei nº 5.682/1971, art. 23. BRASIL. Lei nº 5.682, de 21 de julho de 1971. Lei Orgânica dos Partidos Políticos. Disponível em: http://www.planalto.gov.br/ccivil_03/leis/1970-1979/L5682.htm. Acesso em: 20 mar. 2022.

[124] Lei nº 5.682/1971, art. 24. BRASIL. Lei nº 5.682, de 21 de julho de 1971. Lei Orgânica dos Partidos Políticos. Disponível em: http://www.planalto.gov.br/ccivil_03/leis/1970-1979/L5682.htm. Acesso em: 3 out. 2019.

[125] RIBEIRO, Pedro Floriano. Organização e poder nos partidos brasileiros: uma análise dos estatutos. *Revista Brasileira de Ciência Política*, n. 10, abr. 2013, Brasília, p. 233.

A ação política em nível nacional, assim como as instâncias regionais, era controlada mais pelos parlamentares federais do que pelos órgãos partidários nacionais.[126]

Nessa linha, pontua Pedro Floriano Ribeiro:

> Até 1995, a estrutura decisória dos partidos brasileiros era detalhadamente configurada pela LOPP. A reforma partidária de 1979, que dissolveu a ARENA e o MDB, também revogou e modificou importantes pontos da LOPP, afrouxando quase todas as restrições organizativas e eleitorais que então inviabilizavam a criação de novos partidos. No entanto, a reforma mantinha quase intacta a regulamentação acerca do arcabouço institucional das agremiações; dessa forma, a LOPP continuou moldando as estruturas partidárias até 1995. Era uma regulamentação rígida, o que fazia com que estatutos e regras formais dos partidos fossem muito semelhantes.[127]

Conforme se verifica do trecho mencionado acima, apesar de o art. 17, §1º, da Constituição Federal de 1988 ter assegurado aos partidos políticos autonomia para definir sua estrutura interna, organização e funcionamento, para adotar os critérios de escolha e o regime de suas coligações eleitorais e para estabelecer normas de disciplina e fidelidade partidária, tais disposições só se tornaram efetivas com a edição da Lei nº 9.096, em 1995, e a consequente revogação da antiga Lei Orgânica dos Partidos Políticos.

Embora a autonomia concedida às organizações partidárias seja mitigada, porquanto subordinada aos princípios, postulados e normas constitucionais abordados neste capítulo, a Lei dos Partidos Políticos lhes concede liberdade para fixar, em seu programa, seus objetivos políticos e para estabelecer, no estatuto, sua estrutura interna, organização e funcionamento.

Segundo o art. 15 da referida lei, o partido deve dispor em seu estatuto sobre: (i) nome, denominação abreviada e estabelecimento da sede no território nacional; (ii) filiação e desligamento de seus membros; (iii) direitos e deveres dos filiados; (iv) modo de organização e administração, com definição de sua estrutura geral e identificação, composição e competências dos órgãos partidários nos níveis municipal, estadual e nacional, duração dos mandatos e processo de eleição

[126] RIBEIRO, Pedro Floriano. Organização e poder nos partidos brasileiros: uma análise dos estatutos. *Revista Brasileira de Ciência Política*, n. 10, abr. 2013, Brasília, p. 234.

[127] RIBEIRO, Pedro Floriano. Organização e poder nos partidos brasileiros: uma análise dos estatutos. *Revista Brasileira de Ciência Política*, n. 10, abr. 2013, Brasília, p. 231.

dos seus membros; (v) fidelidade e disciplina partidárias, processo para apuração das infrações e aplicação das penalidades, assegurado amplo direito de defesa; (vi) condições e forma de escolha de seus candidatos a cargos e funções eletivas; (vii) finanças e contabilidade, estabelecendo, inclusive, normas que os habilitem a apurar as quantias que os seus candidatos possam despender com a própria eleição, que fixem os limites das contribuições dos filiados e definam as diversas fontes de receita do partido, além das previstas em lei; (viii) critérios de distribuição dos recursos do Fundo Partidário entre os órgãos de nível municipal, estadual e nacional que compõem o partido; (ix) procedimento de reforma do programa e do estatuto; e (x) prevenção, repressão e combate à violência política contra a mulher.[128]

Constata-se, portanto, a dissolução da estrutura partidária rígida vigente durante o regime militar, que constituía significativa barreira à constituição de novos partidos e autêntico engessamento das agremiações, sob a nova ordem constitucional. A liberdade de organização dos partidos, nesse contexto, consiste em legítima manifestação do princípio da autonomia partidária, possibilitando o exercício da democracia interna ao definir seus órgãos e suas respectivas incumbências. A ideia é fundamentalmente permitir a vigência de uma estrutura democrática interna ao partido, que evite a concentração de poder e seja baseada em *accountability* – prestação de contas a instâncias controladoras ou a seus representados, incluindo-se a possibilidade de sanção.[129]

Validamente, de modo geral, é possível afiançar que os partidos brasileiros deveriam possuir, tradicionalmente, os órgãos seguintes:

> [...] a) órgãos de deliberação, representados pelas convenções municipais, regionais e nacional; b) órgãos de direção, formados pelos diretórios municipais, distritais, regionais e nacional; c) órgãos de ação ou de execução, constituído pelas comissões executivas distritais, municipais, regionais e nacional; d) órgãos de cooperação, compostos pelos conselhos fiscais, de ética, institutos de doutrinação política, movimentos sociais, departamentos de jovens e mulheres e outros; e) órgão de ação parlamentar, composto pelas bancadas de representantes do partido nas Câmaras Municipais, nas Assembleias Legislativas, na Câmara Federal e no Senado Federal.[130]

---

[128] BRASIL. Lei nº 9.096, de 19 de setembro de 1995. (Lei dos Partidos Políticos). Disponível em: http://www.planalto.gov.br/ccivil_03/leis/l9096.htm. Acesso em: 20 mar. 2022.

[129] CAMPOS NETO, Raymundo. *A democracia interna nos partidos políticos brasileiros*. Belo Horizonte: D'Plácido, 2017, p. 107.

[130] MEZZAROBA, Orides. *A democracia, os partidos políticos e o estado*. Disponível em https://dialnet.unirioja.es/descarga/articulo/4818590.pdf. Acesso em: 14 set. 2019.

Entretanto, é evidente que nem todos os partidos da atualidade apresentam a mencionada estrutura de forma completa. Todavia, todo partido, para se constituir como tal, deve designar minimamente órgãos de direção estadual e um diretório nacional, sendo facultada, ainda, a constituição de órgãos municipais, conforme as disposições da Resolução TSE nº 23.571/2018. Dessa forma, fica a cargo do partido instituir outras estruturas que desejar, bem como definir suas respectivas funções, uma vez respeitados os limites legais.

1.8.1 Diretórios nacional, estadual e municipal

Considerando a função do partido político de estabelecer um elo entre o cidadão e o Estado, em uma perspectiva de desinstitucionalização do poder político, é necessário que a representação seja efetiva, no intuito de garantir o cumprimento dos direitos fundamentais expressos na Constituição.

Partindo dessa premissa, o ordenamento jurídico brasileiro prevê a criação dos diretórios, os quais consistem em órgãos de administração e funcionam como ponto de consolidação das vontades específicas dos filiados, para que o partido exerça sua função democrática em prol da sociedade civil.

Como o Brasil adota o pacto federativo, a conformação da vontade popular perpassa pelo alcance de todas as unidades da federação, no intento de angariar apoio local e buscar o envolvimento com as mais diversas realidades do Brasil. Nesse sentido, entende-se relevante a formação de diretórios em âmbito estadual e municipal, os quais são centralizados na figura do diretório nacional, promovendo a unicidade do partido.

Ressalta-se que a composição do diretório é definida por votação entre as pessoas filiadas ao respectivo partido, de acordo com o procedimento previsto no estatuto partidário, sendo que o órgão de direção nacional ou estadual deve comunicar ao respectivo tribunal eleitoral, no prazo de 30 dias contados da deliberação, a constituição de seus órgãos de direção partidária estaduais e municipais, o início e o fim de sua vigência, e os dados de seus integrantes, para fins de anotação.[131]

---

[131] BRASIL. Tribunal Superior Eleitoral. Resolução nº 23.571, de 29 de maio de 2018. Disponível em: http://www.tse.jus.br/legislacao-tse/res/2018/RES235712018.html. Acesso em: 22 mar. 2022.

Após a referida anotação, o partido político deve, no prazo de 30 dias, informar aos Tribunais Regionais Eleitorais os números de inscrição no Cadastro Nacional da Pessoa Jurídica (CNPJ) dos órgãos de direção estaduais e municipais que houver, sob pena de suspensão da anotação, impedidas novas anotações até a regularização.[132] O diretório nacional, por sua vez, deve realizar o mesmo procedimento perante o Tribunal Superior Eleitoral.

Em princípio, os diretórios são independentes, não comunicando obrigações e sanções ou intervindo entre si. As exceções devem ser expressamente previstas no estatuto de cada partido – algumas agremiações, por exemplo, reservam determinadas matérias à decisão pelo órgão partidário nacional. Em suma, a existência de diretórios nas esferas municipal, estadual e nacional dos partidos é muito relevante para a democracia intrapartidária, sendo sua composição dependente da vontade de seus filiados, e as hipóteses de extinção, modificação e limitação determinadas pelo próprio estatuto partidário.

1.8.2 Intervenções e comissões provisórias nos partidos políticos

A despeito do objetivo essencialmente democrático da constituição de diretórios municipais, estaduais e nacionais, os partidos políticos, no exercício de sua autonomia, podem definir hipóteses de intervenção de órgãos hierarquicamente superiores nos inferiores, de modo semelhante às previsões da antiga Lei Orgânica dos Partidos Políticos.

No caso do Movimento Democrático Brasileiro, por exemplo, o estatuto permite a intervenção para: (i) manter a integridade partidária; (ii) assegurar o exercício dos direitos das minorias; (iii) reorganizar as finanças e regularizar as transferências de recursos para outros órgãos partidários, previstas no estatuto ou em resoluções; (iv) assegurar a disciplina e a democracia internas; (v) garantir o desempenho político-eleitoral do partido; (vi) impedir acordo ou coligação com outros partidos em desconformidade com as decisões superiores; (vii) preservar as normas estatutárias, a ética partidária, os princípios programáticos ou a linha político-partidária fixada pelos órgãos superiores e a linha

---

[132] BRASIL. Tribunal Superior Eleitoral. Resolução nº 23.571, de 29 de maio de 2018. Disponível em: http://www.tse.jus.br/legislacao-tse/res/2018/RES235712018.html. Acesso em: 22 mar. 2022.

política fixada pelos órgãos competentes; e (viii) regularizar o controle das filiações partidárias.[133]

É previsto, ainda, um procedimento prévio que assegura a ampla defesa, de modo que a intervenção apenas seja decretada pelo voto em maioria absoluta do órgão hierarquicamente superior. Decretada a intervenção, a comissão interventora inicia o exercício pleno de suas funções, com a publicação do ato de designação e a promoção das anotações na Justiça Eleitoral.

De forma semelhante, o Democratas, antes de fundir-se ao Partido Social Liberal para formar, em 2022, o União Brasil, previa como casos que permitiam a intervenção: (i) garantir o direito das minorias; (ii) manter a integridade partidária; (iii) assegurar o desempenho político-eleitoral do partido; (iv) preservar as normas estatutárias, a ética partidária, os princípios programáticos ou a linha político-partidária fixada pelos órgãos superiores; (v) assegurar a disciplina partidária; (vi) normalizar a gestão financeira; e (vii) normalizar o controle das filiações partidárias. Aqui, a intervenção também era decretada pelo voto da maioria absoluta da executiva hierarquicamente superior.[134]

Verifica-se, nessa baliza, que diversos partidos têm previsões semelhantes, e privilegiam o poder hierárquico ao buscarem a defesa da integridade da legenda e a preservação da linha político-partidária estabelecida pelos órgãos superiores, desencorajando eventuais tentativas de dissensão de órgãos inferiores com a possibilidade de intervenção.

Outra questão relevante diz respeito à possibilidade de instituição de comissões provisórias nos partidos políticos. As comissões provisórias consistem em representações temporárias dos partidos, que devem vigorar até a constituição regular de um diretório, mediante eleição interna na esfera da agremiação. Na ausência dos diretórios definitivos, portanto, cabe a elas promover as convenções para a escolha de candidatos.

As comissões provisórias podem ser necessárias em caso de intervenção ou dissolução dos órgãos partidários pelas instâncias hierarquicamente superiores nas hipóteses previstas no estatuto do partido político, situação em que o órgão interventor deve comunicar ao TRE competente as pessoas designadas para compor o órgão ou a comissão provisória, bem como o prazo designado para a constituição do novo

---

133 MDB. *Estatuto 2018*. Disponível em http://www.justicaeleitoral.jus.br/arquivos/tse-estatuto-partido-movimento-democratico-brasileiro. Acesso em: 22 mar. 2022.

134 DEM. *Estatuto 2018*. Disponível em: http://www.tse.jus.br/partidos/partidos-politicos/arquivos/tse-estatuto-dem-de-8-3-2018-deferido-em-29-4-2019. Acesso em: 22 mar. 2022.

órgão definitivo do partido. Por outro lado, também constituem simples alternativa à constituição imediata de órgão partidário permanente, nos termos do estatuto de cada partido político.

A Resolução TSE nº 23.571/2018 previa o prazo de 180 dias de validade da anotação do órgão provisório, período em que o partido deveria constituir órgão definitivo.[135] Tal disposição foi aprovada pelo Plenário do TSE em junho de 2018, tendo os ministros entendido que estabelecer um tempo de vigência para os órgãos provisórios seria um meio de ampliar a democracia interna nas agremiações.

Contudo, em maio de 2019, o Congresso Nacional aprovou a Lei nº 13.831, que promoveu algumas modificações na Lei dos Partidos Políticos, com ênfase para a inclusão dos seguintes dispositivos:

> Art. 3º [...]
> §2º É assegurada aos partidos políticos autonomia para definir o prazo de duração dos mandatos dos membros dos seus órgãos partidários permanentes ou provisórios.
> §3º O prazo de vigência dos órgãos provisórios dos partidos políticos poderá ser de até 8 (oito) anos.
> §4º Exaurido o prazo de vigência de um órgão partidário, ficam vedados a extinção automática do órgão e o cancelamento de sua inscrição no Cadastro Nacional da Pessoa Jurídica (CNPJ). [136]

Evidencia-se, destarte, de maneira indubitável, a expressiva dilação do prazo de vigência dos órgãos provisórios, esvaída a tentativa do TSE de evitar o prolongamento excessivo das comissões provisórias no tempo e coagir as agremiações a constituir órgãos permanentes. Isso se mostra prejudicial ao processo democrático na medida em que a ausência de diretórios permanentes implica a assunção de suas funções pelas comissões provisórias, especialmente a realização de convenções.

Não por outro motivo, a despeito da nova disposição legal, o Tribunal Superior Eleitoral, em outubro de 2019, ao julgar a Petição nº 18, sob relatoria do Ministro Sérgio Banhos, a literalidade do §3º do art. 3º da Lei dos Partidos Políticos foi afastada no que concerne à vigência dos órgãos provisórios, uma vez que determinou a adequação do

---

[135] BRASIL. Tribunal Superior Eleitoral. Resolução nº 23.571, de 29 de maio de 2018. Disponível em: http://www.tse.jus.br/legislacao-tse/res/2018/RES235712018.html. Acesso em: 22 mar. 2022.

[136] BRASIL. Lei nº 13.831, de 17 de maio de 2019. Disponível em: http://www.planalto.gov.br/ccivil_03/_ato2019-2022/2019/lei/L13831.htm. Acesso em: 22 mar. 2022.

estatuto do então Partido Social Liberal ao texto do art. 39 da Resolução TSE nº 23.571/2019 e expressamente consignou, na ementa do julgado, que "a possibilidade de renovações reiteradas e indefinidas de comissões provisórias conflita com o princípio democrático". Em ambos os casos – intervenção e constituição de comissões provisórias –, identificam-se sérios problemas relativos à democracia intrapartidária.

No primeiro caso, isso se dá se o órgão partidário hierarquicamente superior abusar do direito de intervenção, visando à mitigação da autonomia regional em sua formação de opinião e à consequente concentração do poder decisório, o que prejudica a noção democrática e federativa que deve nortear as agremiações.

Da mesma forma, a instituição de comissões provisórias também pode representar um modo de o diretório nacional influir diretamente no processo de tomada de decisão nos âmbitos estadual e municipal, conforme ressalta Pedro Floriano Ribeiro:

> A dissolução de diretórios e executivas pelos órgãos hierarquicamente superiores se tornou uma prática extensamente utilizada pelas cúpulas dos principais partidos, que substituem as instâncias por comissões provisórias locais ou estaduais compostas exclusivamente por membros indicados a partir de cima.[137]

Nesse sentido, a possibilidade de abuso dos institutos referidos por parte dos dirigentes dos partidos políticos pode representar verdadeiro prejuízo à representatividade partidária, por centralizar a capacidade decisória em órgãos de hierarquia superior, dando espaço ao fenômeno da oligarquização partidária. Por esse viés, o partido se afastaria do ideal de representatividade e do objetivo de reunir pessoas em torno de uma ideologia definida, para dar azo a interesses privados, em nada compatíveis com as premissas constitucionais político-partidárias.

1.8.3 Responsabilidade dos órgãos partidários

Considerando a função basilar dos órgãos partidários no que diz respeito à concretização das incumbências constitucionais conferidas aos partidos políticos enquanto entes de representatividade e formação da vontade popular no sistema democrático representativo, é manifesto

---

137 RIBEIRO, Pedro Floriano. Organização e poder nos partidos brasileiros: uma análise dos estatutos. *Revista Brasileira de Ciência Política*, n. 10, abr. 2013, Brasília, p. 252.

que o ordenamento jurídico brasileiro fixou responsabilidades condizentes com a relevância institucional das agremiações partidárias.

De início, ressalta-se a necessidade de os órgãos partidários zelarem pela observância dos princípios constitucionais direcionados aos partidos políticos, como a proteção ao regime democrático e representativo. Do mesmo modo, é fundamental a obediência às normas fixadas em estatuto, em respeito à estrutura programática definida pela agremiação.

Além disso, é de responsabilidade dos órgãos partidários promover as deliberações necessárias à atividade decisória dos partidos, seja por meio da organização de convenções, seja por reuniões deliberativas *lato sensu*, a fim de promover um ambiente democrático e participativo entre os filiados, nos termos das previsões estatutárias. Cabe também aos órgãos partidários apurar irregularidades, como casos de indisciplina e infidelidade partidária ou intervenção, seguindo os procedimentos previstos nos estatutos e assegurando o devido processo legal, o contraditório e a ampla defesa.

Os diretórios ainda são incumbidos de gerenciar os recursos do partido, de acordo com as previsões legais e estatutárias, observados, ininterruptamente, os princípios da moralidade e da eficiência. Em contrapartida, também se observa a obrigação de prestar contas, que envolve a manutenção de escrituração contábil contendo a origem de suas receitas e a destinação de suas despesas para posterior apresentação à Justiça Eleitoral, conforme arts. 30 e 32 da Lei nº 9.096/1995.[138] [139]

---

[138] "Art. 30. O partido político, através de seus órgãos nacionais, regionais e municipais, deve manter escrituração contábil, de forma a permitir o conhecimento da origem de suas receitas e a destinação de suas despesas. BRASIL. Lei nº 9.096, de 19 de setembro de 1995. (Lei dos Partidos Políticos). Disponível em: http://www.planalto.gov.br/ccivil_03/leis/l9096.htm. Acesso em: 22 mar. 2022.

[139] "Art. 32. O partido está obrigado a enviar, anualmente, à Justiça Eleitoral, o balanço contábil do exercício findo, até o dia 30 de junho do ano seguinte. §1º O balanço contábil do órgão nacional será enviado ao Tribunal Superior Eleitoral, o dos órgãos estaduais aos Tribunais Regionais Eleitorais e o dos órgãos municipais aos Juízes Eleitorais. §2º A Justiça Eleitoral determina, imediatamente, a publicação dos balanços na imprensa oficial, e, onde ela não exista, procede à afixação dos mesmos no Cartório Eleitoral. §3º (Revogado). §4º Os órgãos partidários municipais que não haja movimentado recursos financeiros ou arrecadado bens estimáveis em dinheiro ficam desobrigados de prestar contas à Justiça Eleitoral e de enviar declarações de isenção, declarações de débitos e créditos tributários federais ou demonstrativos contábeis à Receita Federal do Brasil, bem como ficam dispensados da certificação digital, exigindo-se do responsável partidário, no prazo estipulado no *caput* deste artigo, a apresentação de declaração da ausência de movimentação de recursos nesse período. §5º A desaprovação da prestação de contas do partido não ensejará sanção alguma que o impeça de participar do pleito eleitoral. §6º A Secretaria Especial da Receita

1.9 Privilégios e vedações aos partidos políticos

Considerando a relevância outorgada aos partidos políticos pelo ordenamento jurídico brasileiro, enquanto autênticas instituições democráticas de representação dos interesses e ideologias viventes na sociedade, é decorrência lógica a concessão de privilégios às agremiações que permitam seu efetivo e adequado funcionamento. Por outro lado, a responsabilidade das instituições partidárias no processo democrático-constitucional torna plenamente razoável a imposição de limites às suas atividades, dada a necessidade de se conferir higidez à esfera eleitoral.

Nesse sentido, é possível citar como privilégios: (i) a concessão de recursos públicos aos partidos políticos, seja para o custeio de suas atividades ordinárias (Fundo Partidário)[140] ou para o financiamento de campanha eleitoral (Fundo Especial de Financiamento de Campanha);[141] (ii) horário eleitoral gratuito em rádio e televisão para candidatos;[142] (iii) a possibilidade de utilização gratuita de escolas públicas ou casas legislativas para a realização de suas reuniões ou convenções;[143] (iv) a impossibilidade de imposição de sanção que impeça o partido

---

Federal do Brasil reativará a inscrição dos órgãos partidários municipais referidos no §4º deste artigo que estejam com a inscrição baixada ou inativada, mediante requerimento dos representantes legais da agremiação partidária à unidade descentralizada da Receita Federal do Brasil da respectiva circunscrição territorial, instruído com declaração simplificada de que não houve movimentação financeira nem arrecadação de bens estimáveis em dinheiro. §7º O requerimento a que se refere o §6º deste artigo indicará se a agremiação partidária pretende a efetivação imediata da reativação da inscrição pela Secretaria Especial da Receita Federal do Brasil ou a partir de 1º de janeiro de 2020, hipótese em que a efetivação será realizada sem a cobrança de quaisquer taxas, multas ou outros encargos administrativos relativos à ausência de prestação de contas. §8º As decisões da Justiça Eleitoral nos processos de prestação de contas não ensejam, ainda que desaprovadas as contas, a inscrição os dirigentes partidários no Cadastro Informativo dos Créditos não Quitados do Setor Público Federal (Cadin)". BRASIL. Lei nº 9.096, de 19 de setembro de 1995. (Lei dos Partidos Políticos). Disponível em: http://www.planalto.gov.br/ccivil_03/leis/l9096.htm. Acesso em: 22 mar. 2022.

140 BRASIL. Lei nº 9.096, de 19 de setembro de 1995. (Lei dos Partidos Políticos). Disponível em: http://www.planalto.gov.br/ccivil_03/leis/l9096.htm. Acesso em: 22 mar. 2022.

141 Lei nº 9.504/1997, art. 16-C. BRASIL. Lei nº 9.504, de 30 de setembro de 1997. Estabelece normas para as eleições. Disponível em: http://www.planalto.gov.br/ccivil_03/leis/l9504.htm. Acesso em: 22 mar. 2022.

142 Lei nº 9.504/1997, art. 16-A. BRASIL. Lei nº 9.504, de 30 de setembro de 1997. Estabelece normas para as eleições. Disponível em: http://www.planalto.gov.br/ccivil_03/leis/l9504.htm. Acesso em: 22 mar. 2022.

143 BRASIL. Lei nº 9.096, de 19 de setembro de 1995. (Lei dos Partidos Políticos). Disponível em: http://www.planalto.gov.br/ccivil_03/leis/l9096.htm. Acesso em: 22 mar. 2022.

de participar do pleito eleitoral;[144] (v) autonomia para definir sua estrutura interna, organização e funcionamento;[145] (vi) imunidade tributária quanto a patrimônio, renda ou serviços;[146] e, novamente, (vii) propaganda partidária gratuita por meio de inserções mediante transmissão no rádio e na televisão.[147]

Em contrapartida, a Constituição Federal de 1988 e a legislação ordinária estabelecem algumas vedações aos partidos, a saber: (i) impedimento de subordinação a governo estrangeiro;[148] (ii) vedação de ministrar instrução de caráter militar ou paramilitar;[149] (iii) impossibilidade de utilização indiscriminada dos recursos públicos, com exceções delimitadas por lei e obrigação de prestar contas;[150] e (iv) vedação ao recebimento de recursos financeiros de origem estrangeira, entes públicos e pessoas jurídicas de qualquer natureza, entidades de classe ou sindical ou pessoas físicas que exerçam função ou cargo público de livre nomeação e exoneração, cargo ou emprego público temporário, ressalvados os filiados a partido político.[151]

Quanto aos mencionados privilégios, observa-se relação imediata com as funções essenciais dos partidos – as prerrogativas têm por objetivo possibilitar substancialmente o melhor exercício de suas atividades, seja quanto ao financiamento material, seja por proteção contra possíveis arbitrariedades. As vedações, por outro lado, buscam coibir eventuais abusos relativos à utilização irregular de recursos públicos ou interferências indevidas no processo brasileiro de formação da opinião pública e de conformação pública.

---

144 BRASIL. Lei nº 9.096, de 19 de setembro de 1995. (Lei dos Partidos Políticos). Disponível em: http://www.planalto.gov.br/ccivil_03/leis/l9096.htm. Acesso em: 22 mar. 2022.

145 BRASIL. Lei nº 9.096, de 19 de setembro de 1995. (Lei dos Partidos Políticos). Disponível em: http://www.planalto.gov.br/ccivil_03/leis/l9096.htm. Acesso em: 19. jun. 2019.

146 Constituição Federal, art. 150, inciso VI, alínea "c". BRASIL. Lei nº 9.096, de 19 de setembro de 1995. (Lei dos Partidos Políticos). Disponível em: http://www.planalto.gov.br/ccivil_03/leis/l9096.htm. Acesso em: 22 mar. 2022.

147 BRASIL. Lei nº 9.096, de 19 de setembro de 1995. (Lei dos Partidos Políticos). Disponível em: http://www.planalto.gov.br/ccivil_03/leis/l9096.htm. Acesso em: 22 mar. 2022.

148 BRASIL. Lei nº 9.096, de 19 de setembro de 1995. (Lei dos Partidos Políticos). Disponível em: http://www.planalto.gov.br/ccivil_03/leis/l9096.htm. Acesso em: 22 mar. 2022.

149 BRASIL. Lei nº 9.096, de 19 de setembro de 1995. (Lei dos Partidos Políticos). Disponível em: http://www.planalto.gov.br/ccivil_03/leis/l9096.htm. Acesso em: 22 mar. 2022.

150 BRASIL. Lei nº 9.096, de 19 de setembro de 1995. (Lei dos Partidos Políticos). Disponível em: http://www.planalto.gov.br/ccivil_03/leis/l9096.htm. Acesso em: 22 mar. 2022.

151 BRASIL. Lei nº 9.096, de 19 de setembro de 1995. (Lei dos Partidos Políticos). Disponível em: http://www.planalto.gov.br/ccivil_03/leis/l9096.htm. Acesso em: 22 mar. 2022.

1.10 Filiação partidária

Como desdobramento da liberdade dos partidos políticos, a filiação partidária consiste na possibilidade de o cidadão se juntar à agremiação com a qual se identifica, estabelecendo um vínculo político-jurídico que produz deveres e direitos fixados no estatuto e no programa do partido, bem como na respectiva legislação de regência.[152] Ressalta-se que, segundo a Lei dos Partidos Políticos, a filiação só é possível ao cidadão que esteja em pleno gozo de seus direitos políticos.[153]

É evidente que o filiado não pode ser compelido a se associar ou a se manter associado,[154] no entanto, uma vez estabelecido voluntariamente o vínculo com determinada instituição partidária, deve haver obediência às regras de fidelidade e disciplina partidárias, sob pena de incorrer nas sanções previstas pelo estatuto. Doutro vértice, passa a deter direito de participação em reuniões e demais encontros e direito a voto no âmbito intrapartidário, podendo escolher dirigentes ou mesmo se habilitar para tais cargos.

O processo de filiação partidária varia de acordo com o partido político, já que é regulamentado pelos próprios estatutos, em consonância com a noção de autonomia partidária que permite à agremiação definir sua estrutura, organização e funcionamento.[155] Consequentemente, independe de controle judicial prévio, sendo de responsabilidade dos partidos políticos, por meio de seus diretórios, enviar à Justiça Eleitoral, duas vezes ao ano, a relação de nomes de todos os filiados para fins de verificação do prazo de filiação, indispensável à candidatura.

Isso porque a própria CF/88, em seu art. 14,[156] define a filiação partidária como requisito de elegibilidade, não se admitindo, conforme interpretação hodierna do Supremo Tribunal Federal, a candidatura

---

[152] ARAS, Augusto. *Fidelidade partidária*: efetividade e aplicabilidade. 1. ed. Rio de Janeiro: LMJ Mundo Jurídico, 2016, p. 140.

[153] BRASIL. Lei nº 9.096, de 19 de setembro de 1995. (Lei dos Partidos Políticos). Disponível em: http://www.planalto.gov.br/ccivil_03/leis/l9096.htm. Acesso em: 22 mar. 2022.

[154] Constituição Federal de 1988, art. 5º, XX. BRASIL. (1988) *Constituição da República Federativa do Brasil*. Disponível em: http://www.planalto.gov.br/ccivil_03/constituicao/constituicao.htm. Acesso em: 22 mar. 2022.

[155] Constituição Federal de 1988, art. 17, §1º. BRASIL. (1988) *Constituição da República Federativa do Brasil*. Disponível em: http://www.planalto.gov.br/ccivil_03/constituicao/constituicao.htm. Acesso em: 22 mar. 2022.

[156] "Art. 14. A soberania popular será exercida pelo sufrágio universal e pelo voto direto e secreto, com valor igual para todos, e, nos termos da lei, mediante: [...] §3º São condições de elegibilidade, na forma da lei: [...] V – a filiação partidária." BRASIL. (1988) *Constituição da República Federativa do Brasil*. Disponível em: http://www.planalto.gov.br/ccivil_03/constituicao/constituicao.htm. Acesso em: 22 mar. 2022.

avulsa, assim como o art. 9º da Lei das Eleições[157] dispõe sobre a exigência de que o cidadão, para concorrer a um cargo eletivo, deve possuir domicílio eleitoral na respectiva circunscrição pelo prazo de seis meses e estar com a filiação deferida pelo partido no mesmo prazo.

Ao mesmo tempo, o art. 20[158] da Lei nº 9.096/1995 faculta a imposição, pelos partidos políticos, de prazos mais extensos de filiação para candidatura a cargos eletivos, os quais não podem ser alterados em ano de eleição.

Não obstante a liberdade interna para fixar suas próprias limitações, cabe ressaltar que o partido político exerce importante função pública, promovendo a intermediação entre candidatos e povo. Tendo isso em vista, é certo que o partido não pode dar espaço a perseguições políticas ou privilégios indevidos, impedindo que alguém venha a pleitear-se como filiado ou candidato a cargo eletivo de forma ilegítima.

Nesse sentido, Jorge, Liberato e Rodrigues ressaltam:

> Por isso, ainda que não possa intervir nas suas regras internas, não fica o partido imune ao controle jurisdicional quando, por exemplo, o processo de exclusão de um filiado for marcado por violação do devido processo legal. Todo processo, administrativo ou jurisdicional, deve respeitar tal princípio e se houve ou há falhas nos procedimentos internos do partido que violam as referidas garantias, é perfeitamente possível que sejam utilizadas técnicas processuais que fulminem as referidas ilegalidades. No caso da filiação partidária, havendo, por exemplo, restrição irrazoável e inconstitucional, seja sob o aspecto material ou processual, que culmine com o indeferido do pedido, é perfeitamente possível que se utilize de técnica processual para obter a tutela de um direito fundamental do cidadão que é filiar-se a um partido político, quando nele encontre uma identidade ideológica.[159]

Compreende-se, portanto, perfeitamente possível a interferência da Justiça Eleitoral no processo de filiação caso verificada irregularidade

[157] "Art. 9º. Para concorrer às eleições, o candidato deverá possuir domicílio eleitoral na respectiva circunscrição pelo prazo de seis meses e estar com a filiação deferida pelo partido no mesmo prazo". BRASIL. Lei nº 9.504, de 30 de setembro de 1997. Estabelece normas para as eleições. Disponível em: http://www.planalto.gov.br/ccivil_03/leis/l9504.htm. Acesso em: 22 mar. 2022.

[158] "Art. 20. É facultado ao partido político estabelecer, em seu estatuto, prazos de filiação partidária superiores aos previstos nesta Lei, com vistas a candidatura a cargos eletivos. Parágrafo único. Os prazos de filiação partidária, fixados no estatuto do partido, com vistas a candidatura a cargos eletivos, não podem ser alterados no ano da eleição." BRASIL. Lei nº 9.096, de 19 de setembro de 1995. (Lei dos Partidos Políticos). Disponível em: http://www.planalto.gov.br/ccivil_03/leis/l9096.htm. Acesso em: 22. mar. 2022.

[159] JORGE, Flávio Cheim; LIBERATO, Ludgero; RODRIGUES, Marcelo Abelha. *Curso de direito eleitoral*. 2. ed. Salvador: JusPodivm, 2017, p. 180.

quanto ao cumprimento das obrigações de determinado partido político, visando à concretização do exercício do direito de associação e, por conseguinte, de filiação partidária.

1.11 Espécies de desfiliação partidária

Sendo livre a filiação, também o é a desfiliação partidária, que pode ocorrer por desligamento ou por cancelamento. O desligamento constitui ato voluntário, em que o filiado notifica por escrito o órgão de direção municipal e o juiz da Zona Eleitoral em que for inscrito, nos termos do art. 21[160] da Lei dos Partidos Políticos. Decorridos dois dias da data da entrega da comunicação, o vínculo torna-se extinto, para todos os efeitos.

O cancelamento, por outro lado, é automático e compulsório, resultando de (i) morte, (ii) perda de direitos políticos, (iii) expulsão, (iv) filiação a outro partido, desde que se comunique o fato ao juiz da respectiva Zona Eleitoral, ou (v) outras causas previstas no estatuto partidário, com comunicação obrigatória ao atingido no prazo de 48 horas da decisão do cancelamento de sua filiação.[161] Havendo duplicidade de filiação partidária, prevalece o vínculo mais recente, devendo a Justiça Eleitoral cancelar os anteriores.[162]

1.12 Fidelidade partidária

No intuito de resguardar a autonomia dos partidos políticos, a Constituição Federal de 1988 assegurou a possibilidade de os estatutos estabelecerem normas de fidelidade e disciplina partidária, incluindo sanções por condutas contrárias aos ideais programáticos dos partidos políticos e das regras estatutárias.[163]

---

160 "Art. 21. Para desligar-se do partido, o filiado faz comunicação escrita ao órgão de direção municipal e ao Juiz Eleitoral da Zona em que for inscrito. Parágrafo único. Decorridos dois dias da data da entrega da comunicação, o vínculo torna-se extinto, para todos os efeitos". BRASIL. Lei nº 9.096, de 19 de setembro de 1995. (Lei dos Partidos Políticos). Disponível em: http://www.planalto.gov.br/ccivil_03/leis/l9096.htm. Acesso em: 22 mar. 2022.

161 Lei nº 9.096/1995, art. 22. BRASIL. Lei nº 9.096, de 19 de setembro de 1995. (Lei dos Partidos Políticos). Disponível em: http://www.planalto.gov.br/ccivil_03/leis/l9096.htm. Acesso em: 22 mar. 2022.

162 BRASIL. Lei nº 9.096, de 19 de setembro de 1995. (Lei dos Partidos Políticos). Disponível em: http://www.planalto.gov.br/ccivil_03/leis/l9096.htm. Acesso em: 22 mar. 2022.

163 ARAS, Augusto. *Fidelidade partidária*: efetividade e aplicabilidade. 1. ed. Rio de Janeiro: LMJ Mundo Jurídico, 2016, p. 153.

É importante ressaltar que o ordenamento jurídico brasileiro dispõe acerca da fidelidade e da disciplina partidárias como figuras distintas e autônomas, sendo necessário diferenciá-las. Segundo o Glossário de Termos Parlamentares da Assembleia Legislativa do Estado de Minas Gerais, a fidelidade partidária remete, sobretudo, à lealdade ao partido político e à observância do programa partidário e das decisões tomadas em deliberação pelos filiados de modo geral e pelos membros que ocupam cargos públicos.[164]

A disciplina partidária, de outro vértice, tem conteúdo mais amplo, pois engloba os atos de infidelidade. Enquanto a infidelidade está relacionada a um ato de desacordo com o ideário político-programático do partido, a indisciplina pode surgir de qualquer transgressão de norma estatutária ou decisão, mesmo que sem ofensa aos ideais da agremiação. Logo, todo ato de infidelidade implica indisciplina partidária, mas o contrário não é verdadeiro.

Segundo Pinto Ferreira, os partidos dependem da manutenção da disciplina entre seus membros frente a sua ideologia. O descumprimento de deveres partidários, portanto, pode levar à instauração de procedimento disciplinar e à imposição de sanção ao filiado, de acordo com a gravidade do ato praticado. Para isso, é preciso que a infração e a sanção correspondente estejam previstas de forma expressa no estatuto partidário, em atenção ao princípio da legalidade.[165]

1.12.1 Diferenças entre os sistemas majoritário e proporcional

A fidelidade partidária se manifesta de forma distinta entre os sistemas eleitorais majoritário e proporcional. Preliminarmente, cabe ressaltar que a expressão "sistema eleitoral" identifica as diferentes técnicas e procedimentos pelos quais se dá o exercício do direito de voto, quanto à organização do eleitorado e à escolha dos representantes políticos.

[164] MINAS GERAIS. Assembleia Legislativa – Escola do Legislativo. *Glossário de termos parlamentares*: português, inglês. Belo Horizonte: Assembleia Legislativa do Estado de Minas Gerais, 1997, p. 33.

[165] "Art. 5º [...] XXXIX – não há crime sem lei anterior que o defina, nem pena sem prévia cominação legal". BRASIL. (1988) *Constituição da República Federativa do Brasil*. Disponível em: http://www.planalto.gov.br/ccivil_03/constituicao/constituicao.htm. Acesso em: 22 mar. 2022.

Nesse sentido, define-se a forma como a vontade de escolha dos eleitores, a qual se traduz em resultado final. Atualmente, existem dois tipos de sistema – majoritário e proporcional –, ambos adotados pelo Brasil.

O sistema majoritário implica a eleição do candidato que obtiver o maior contingente de votos, em uma regra da maioria. Apresenta, apesar disso, duas variáveis: (i) o sistema da maioria relativa ou simples e (ii) o da maioria absoluta. Na lógica da maioria simples, é eleito o candidato que obtiver o maior número de votos, independentemente do percentual de votação por ele alcançado, havendo apenas um turno – em suma, basta que se obtenham mais votos do que o(s) concorrente(s).

Já no sistema de maioria absoluta, a eleição do candidato é condicionada à obtenção de um número de votos equivalente ao primeiro número inteiro acima da metade dos votos, isto é, 50% dos votos mais um. Se esse percentual não for alcançado em primeiro turno, procede-se ao segundo turno entre os dois candidatos mais votados no primeiro, com decisão pelo sistema de maioria simples.

Por sua vez, o sistema proporcional se aplica necessariamente a situações em que existam mais de dois cargos a serem preenchidos, visto que a proporcionalidade pressupõe a pluralidade de eleitos. Esse sistema comporta tradicionalmente dois modelos: (i) sistema de número uniforme e (ii) sistema de quociente eleitoral.

No primeiro, é determinado previamente o número de votos a ser obtido para a conquista de uma vaga, de modo que o partido eleja tantos candidatos quantas vezes obtiver a quantidade estabelecida. O segundo funciona de forma semelhante, a diferença está no número de votos, que não é fixado de forma prévia, mas depende de um quociente eleitoral calculado a partir da divisão do número de votos válidos pelo número de vagas a serem preenchidas em cada circunscrição eleitoral. Obtido o quociente eleitoral, calcula-se o quociente partidário, isto é, o número de cadeiras que cada partido deve ocupar no parlamento, com a divisão do número de votos válidos recebidos pelo partido pelo quociente eleitoral, desprezada a fração.

De tal modo, constata-se que, enquanto o sistema majoritário se utiliza da lógica da maioria, em um modelo de imposição política, o sistema proporcional tem por objetivo proteger politicamente os interesses das minorias, no desígnio de fortalecer o regime democrático e garantir aos partidos políticos representação condizente com sua força.[166]

---

166 FERREIRA, Pinto. *Código eleitoral comentado*. 2. ed. atual. e ampl. São Paulo: Saraiva, 1990, p. 357.

Com efeito, no Brasil adota-se o sistema majoritário para a eleição de prefeitos, governadores, senadores e presidente, sendo majoritário simples para a eleição de senadores e prefeitos em municípios com até 200 mil eleitores, e majoritário em dois turnos para os demais casos. O sistema proporcional é utilizado para a eleição de vereadores, deputados estaduais e deputados federais, aderindo-se ao modelo de quociente eleitoral, em que a eleição do candidato depende diretamente dos votos obtidos pelo partido.

Nesse panorama, entende-se que as características do sistema proporcional tornam a fidelidade partidária mais relevante para a preservação de sua legitimidade no sentido de garantir que as opções políticas feitas pelo eleitor no exercício de seu poder de voto sejam mantidas.

Assim, considerando a centralidade dos partidos políticos no sistema democrático vigente no Brasil, a observância de suas diretrizes programáticas adquire grande importância quando o voto do cidadão é sistematicamente direcionado à agremiação, o que implica consequências mais específicas em relação à infidelidade partidária, assunto a ser abordado em subtópico porvindouro.

1.12.2 Possibilidade de migração de legendas e janela partidária

Considerando a adoção do sistema proporcional para eleição de deputados e vereadores e a consequente dependência dos candidatos em relação ao poder de influência dos partidos políticos, é evidente que o fenômeno da migração entre legendas é recorrente, principalmente devido à pulverização partidária existente no Brasil.

Era comum, portanto, que candidatos e parlamentares, às vésperas do encerramento do prazo de filiação partidária para fins de candidatura (seis meses antes da eleição), migrassem de partido em busca de legendas que potencializassem suas chances de eleição, não havendo comprometimento ideológico algum.

Até 2007, a troca de partido poderia ser feita a qualquer momento, ocorrendo com elevada frequência no período pré-eleitoral, na busca de melhores chances de elegibilidade, e no início do mandato, com vistas a obter benefícios por aproximação com os novos governos.[167]

---

[167] FGV. *Entenda a história por detrás da lei da janela partidária*. Disponível em https://direitorio.fgv.br/noticia/entenda-a-historia-por-detras-da-lei-da-janela-partidaria. Acesso em: 15 set. 2019.

Tal situação era muito criticada, especialmente em relação a cargos de eleição proporcional, por haver prejuízo tanto ao partido original do candidato, que perdia uma cadeira no parlamento, quanto ao eleitor que havia destinado seu voto àquela legenda.

Com a intenção de solucionar esse problema, o TSE reconheceu, em 2007, que a mudança de legenda feria a fidelidade partidária, estabelecendo como punição a perda de mandato. Ato contínuo, foram estabelecidas também as hipóteses de justa causa, que permitiriam, mediante devida comprovação, a mudança de partido sem perda de mandato, a saber: incorporação ou fusão do partido, criação de novo partido, mudança substancial ou desvio reiterado do programa partidário ou grave discriminação pessoal.[168]

Diante dessa nova interpretação, o STF revisitou seu antigo posicionamento[169] e concluiu que o mandato pertence ao partido, e não ao eleito, de modo que seria constitucional a perda de mandato por desfiliação sem justa causa como consequência legal decorrente dos princípios da fidelidade e da representação partidária.

Adiante, em 2015, a então Minirreforma Eleitoral, visando contornar a emergência exacerbada de novos partidos políticos e a resultante hiperfragmentação, que representava significativo prejuízo à ordem democrática, eliminou a exceção para novos partidos, de modo que não seria mais possível mudar para um novo partido sem perder o mandato. A redação do texto legal passou a ser a seguinte:

> Art. 22-A. Perderá o mandato o detentor de cargo eletivo que se desfiliar, sem justa causa, do partido pelo qual foi eleito.
> Parágrafo único. Consideram-se justa causa para a desfiliação partidária somente as seguintes hipóteses:
> I – mudança substancial ou desvio reiterado do programa partidário;
> II – grave discriminação política pessoal; e
> III – mudança de partido efetuada durante o período de trinta dias que antecede o prazo de filiação exigido em lei para concorrer à eleição, majoritária ou proporcional, ao término do mandato vigente[170].

---

[168] Resolução TSE n. 22.610/2007, art. 1º, §1º. BRASIL. Tribunal Superior Eleitoral. *Resolução nº* 22.610, de 25 de outubro de 2007. Disponível em: http://www.tse.jus.br/legislacao-tse/res/2007/RES226102007.htm. Acesso em: 22 mar. 2022.

[169] Quando do julgamento do MS n. 20.927/DF, o Tribunal firmou entendimento sobre a inaplicabilidade do princípio da infidelidade partidária aos candidatos eleitos e aos suplentes, concluindo-se que o mandato pertencia ao indivíduo eleito, o qual poderia trocar de legenda sem perder seu cargo.

[170] BRASIL. Lei nº 9.096, de 19 de setembro de 1995. (Lei dos Partidos Políticos). Disponível em: http://www.planalto.gov.br/ccivil_03/leis/l9096.htm. Acesso em: 22 mar. 2022.

Nesse contexto, foi instituída a figura da janela partidária (inciso III), a qual consiste em um período de trinta dias corridos, antes do prazo de filiação, em que os parlamentares, ocupantes de quaisquer cargos, são autorizados a mudar de legenda sem perder o mandato, desde que ao término do mandato vigente. Durante esse intervalo, ocorrem diversas negociações sobre troca de partido, envolvendo promessas de recursos para campanha e possibilidades de candidatura nas eleições subsequentes. Especialmente após a fixação da cláusula de barreira, a janela partidária se tornou uma oportunidade de avaliação das perspectivas futuras dos partidos políticos, inclusive em termos de recursos financeiros.

Ressalta-se, no entanto, que a migração para outro partido não altera a distribuição do Fundo Partidário[171] e do acesso gratuito ao tempo de rádio e televisão,[172] já que esse cálculo é proporcional ao número de deputados federais de cada legenda. A única exceção prevista na legislação tratava do caso de deputados que mudaram para uma agremiação recém-criada, no prazo de 30 dias contados da promulgação da Emenda Constitucional nº 91, de 2016.[173]

---

[171] Lei nº 9.096/1995: "Art. 41-A. Do total do Fundo Partidário:
I – 5% (cinco por cento) serão destacados para entrega, em partes iguais, a todos os partidos que atendam aos requisitos constitucionais de acesso aos recursos do Fundo Partidário; e
II – 95% (noventa e cinco por cento) serão distribuídos aos partidos na proporção dos votos obtidos na última eleição geral para a Câmara dos Deputados.
Parágrafo único. Para efeito do disposto no inciso II, serão desconsideradas as mudanças de filiação partidária em quaisquer hipóteses". BRASIL. Lei nº 9.096, de 19 de setembro de 1995. (Lei dos Partidos Políticos). Disponível em: http://www.planalto.gov.br/ccivil_03/leis/l9096.htm. Acesso em: 22 mar. 2022.

[172] Lei nº 9.504/1997, art. 47, §7º. BRASIL. Lei nº 9.504, de 30 de setembro de 1997. Estabelece normas para as eleições. Disponível em: http://www.planalto.gov.br/ccivil_03/leis/l9504.htm. Acesso em: 22 mar. 2022.

[173] "[...] 5. Ao promulgar a EC 91/2016, o Congresso Nacional externou opção de o Poder Constituinte Derivado flexibilizar o princípio constitucional da fidelidade partidária. Facultou ao detentor de mandato eletivo o desligamento do Partido pelo qual foi eleito, sem prejuízo do mandato, em janela única criada nos 30 dias seguintes à promulgação da referida emenda constitucional. Em contrapartida, como forma de salvaguardar a soberania popular e o sistema eleitoral representativo proporcional, a referida desfiliação não foi considerada para fins de distribuição dos recursos do Fundo Partidário e de acesso gratuito ao tempo de rádio e televisão, assegurados aos Partidos Políticos, e não aos Parlamentares, na forma da lei, conforme expresso pela Constituição da República (art. 17, §3º). 6. O entendimento consolidado no julgamento das ADIs 4.430/DF, 4.795/DF, e ADI 5.105/DF não se aplica ao disposto na Emenda Constitucional 91/2016, visto que nas ADIs é tratada a hipótese de criação de um novo Partido e, na EC 91/2016, foi criada hipótese excepcional de migração, independentemente da criação de novo Partido ou da causa da desfiliação. 7. A EC 91/2016 configurou causa nova, excepcional, que possibilitou a saída dos Parlamentares que se encontravam recém filiados ao novo Partido, PMB, transformando-o em mera rota de passagem. Dessa forma, o PMB não se enquadra na hipótese prevista na emenda constitucional de Partido pelo qual foi eleito o Parlamentar, mas unicamente intermediário para se chegar a

1.12.3 Infidelidade partidária

Compreendido o conceito de fidelidade partidária, extrai-se que a infidelidade remete à violação do dever de lealdade do filiado para com o partido político e à inobservância dos ideais programáticos pelos filiados e demais membros que ocupam cargos públicos. Tendo em vista a necessidade de manutenção da integridade representativa das agremiações, a própria Lei dos Partidos Políticos prevê, em seu art. 24, que, "na Casa Legislativa, o integrante da bancada de partido deve subordinar sua ação parlamentar aos princípios doutrinários e programáticos e às diretrizes estabelecidas pelos órgãos de direção partidários, na forma do estatuto".[174]

Por esse motivo, responsabiliza-se o filiado por eventual violação dos deveres partidários, situação que deve ser apurada pelo órgão

Partido já existente, sem que a referida transferência pudesse resultar em prejuízo ao seu mandato Parlamentar. 8. No caso, deve prevalecer a orientação tal como defendida pela eminente Ministra MARIA THEREZA em seu decisum liminar de que permanece a representatividade política com as agremiações que elegeram os Parlamentares que migraram para o PMB no momento de sua criação e, logo em seguida, o deixaram, pela janela da EC 91/2016. Não se trata de presunção de fraude das filiações partidárias ao PMB, mas de reconhecimento e aplicação da realidade fática e jurídica advinda com a promulgação da EC 91/2016 e a efetiva desfiliação em massa dos Parlamentares que inicialmente haviam migrado para o PMB.9. Aplica-se o entendimento sufragado na Res.-TSE 23.485, de 1º.7.2016, de que a nova desfiliação, como fato superveniente, anula os motivos autorizadores da transferência da representatividade dos votos conquistados pelo Parlamentar para o Partido recém-criado, pois a vinculação do Parlamentar com a agremiação deixa de existir de fato e de direito. 10. Assim como na divisão do tempo de rádio e TV (parte variável 90%), o acesso aos recursos do Fundo Partidário, em sua cota mais expressiva (parte variável 95%), também deve levar em conta a respectiva representatividade Parlamentar, não cabendo contemplar agremiações desprovidas de tal elemento representativo situação do PMB, o que converteria a atribuição de tais valores em aparente doação ou premiação ex gratia. 11. Nem se diga que o referido entendimento configuraria ameaça à subsistência do PMB no cenário político-partidário nacional, pois, mesmo não dispondo de representatividade Parlamentar atual na Câmara dos Deputados, a lei assegura à referida grei, em pé de igualdade com as demais agremiações, um direito mínimo de acesso tanto ao tempo de rádio e TV, como também aos recursos do Fundo Partidário (parte uniforme), nos termos do que disposto, respectivamente, nos arts. 47, §2º, inciso II, da Lei 9.504/97 e 41-A, inciso I, da Lei 9.096/95. 12. Pedido do PMB julgado improcedente, em consonância com o pronunciamento ministerial, a fim de declarar que a parcela do fundo partidário referente à representatividade política por ele obtida com base no número de Deputados que migraram para os seus quadros à época de sua criação, mas que dele já se desfiliaram, pertence, proporcionalmente, às respectivas agremiações pelas quais foram eleitos para os cargos na Câmara dos Deputados. 13. Fica prejudicado, outrossim, o Agravo Interno interposto do decisum que indeferiu o requerimento de tutela de evidência formulado pelo PMB nos presentes autos." (Petição n. 57225, Acórdão, Relator(a) Min. Napoleão Nunes Maia Filho, Publicação: *DJe – Diário de Justiça Eletrônico*, Data 10/08/2018, p. 78-80). Disponível em: http://www.tse.jus.br/jurisprudencia/decisoes/jurisprudencia. Acesso em: 22 mar. 2022.

174 BRASIL. Lei nº 9.096, de 19 de setembro de 1995. (Lei dos Partidos Políticos). Disponível em: http://www.planalto.gov.br/ccivil_03/leis/l9096.htm. Acesso em: 22 mar. 2022.

competente, segundo as disposições do estatuto de cada partido. Ressalta-se que não é possível a punição ou aplicação de medida disciplinar por conduta não tipificada no estatuto, sempre assegurado o devido processo legal, o contraditório e a ampla defesa.

Nesse sentido é a previsão do art. 25 da Lei nº 9.096/1995:

> O estatuto do partido poderá estabelecer, além das medidas disciplinares básicas de caráter partidário, normas sobre penalidades, inclusive com desligamento temporário da bancada, suspensão do direito de voto nas reuniões internas ou perda de todas as prerrogativas, cargos e funções que exerça em decorrência da representação e da proporção partidária, na respectiva Casa Legislativa, ao parlamentar que se opuser, pela atitude ou pelo voto, às diretrizes legitimamente estabelecidas pelos órgãos partidários.[175]

Com efeito, verifica-se que a penalidade mais grave por conduta de infidelidade partidária é a perda de função ou cargo eletivo, sanção aplicada ao parlamentar que deixa o partido sob cuja legenda tenha sido eleito.[176]

Nesse sentido, cogente destacar que, em 2015, no julgamento da ADI nº 5.081, seguindo o entendimento do relator, Ministro Luís Roberto Barroso, o Supremo Tribunal Federal definiu que a perda de mandato por mudança de partido político não atinge cargos de eleição por sistema majoritário, apenas por sistema proporcional.[177]

---

175 BRASIL. Lei nº 9.096, de 19 de setembro de 1995. (Lei dos Partidos Políticos). Disponível em: http://www.planalto.gov.br/ccivil_03/leis/l9096.htm. Acesso em: 22 mar. 2022.

176 BRASIL. Lei nº 9.096, de 19 de setembro de 1995. (Lei dos Partidos Políticos). Disponível em: http://www.planalto.gov.br/ccivil_03/leis/l9096.htm. Acesso em: 22 mar. 2022.

177 "DIREITO CONSTITUCIONAL E ELEITORAL. AÇÃO DIRETA DE INCONSTITUCIONALIDADE. RESOLUÇÃO Nº 22.610/2007 DO TSE. INAPLICABILIDADE DA REGRA DE PERDA DO MANDATO POR INFIDELIDADE PARTIDÁRIA AO SISTEMA ELEITORAL MAJORITÁRIO. 1. Cabimento da ação. Nas ADIs 3.999/DF e 4.086/DF, discutiu-se o alcance do poder regulamentar da Justiça Eleitoral e sua competência para dispor acerca da perda de mandatos eletivos. O ponto central discutido na presente ação é totalmente diverso: saber se é legítima a extensão da regra da fidelidade partidária aos candidatos eleitos pelo sistema majoritário. 2. As decisões nos Mandados de Segurança 26.602, 26.603 e 26.604 tiveram como pano de fundo o sistema proporcional, que é adotado para a eleição de deputados federais, estaduais e vereadores. As características do sistema proporcional, com sua ênfase nos votos obtidos pelos partidos, tornam a fidelidade partidária importante para garantir que as opções políticas feitas pelo eleitor no momento da eleição sejam minimamente preservadas. Daí a legitimidade de se decretar a perda do mandato do candidato que abandona a legenda pela qual se elegeu. 3. O sistema majoritário, adotado para a eleição de presidente, governador, prefeito e senador, tem lógica e dinâmica diversas da do sistema proporcional. As características do sistema majoritário, com sua ênfase na figura do candidato, fazem com que a perda do mandato, no caso de mudança de partido, frustre

In casu, o partido político, por meio do presidente do respectivo diretório ou comissão provisória, tem legitimidade ativa para requisitar, perante a Justiça Eleitoral, a decretação da perda do cargo eletivo em decorrência de desfiliação partidária sem justa causa. Observa-se que os diretórios nacionais e regionais dos partidos também podem reivindicar o mandato municipal, considerando que a estrutura e o funcionamento dos partidos seguem a lógica do princípio federativo.[178]

A legitimidade ativa do partido foi definida pelo STF, nos julgados em que se assentou que o mandato eletivo tem por titular a legenda, e não o indivíduo, em decorrência da necessidade de fortalecimento da democracia representativa e partidária.[179] Contudo, ante a possibilidade

a vontade do eleitor e vulnere a soberania popular (CF, art. 1º, parágrafo único; e art. 14, *caput*). 4. Procedência do pedido formulado em ação direta de inconstitucionalidade". (ADI 5081, Relator(a): Min. ROBERTO BARROSO, Tribunal Pleno, julgado em 27/05/2015, PROCESSO ELETRÔNICO *DJe*-162 DIVULG 18-08-2015 PUBLIC 19-08-2015). Disponível em: http://stf.jus.br/portal/jurisprudencia/listarJurisprudencia.asp?s1=%28ADI%24%2ESCLA%2E+E+5081%2ENUME%2E%29+OU+%28ADI%2EACMS%2E+ADJ2+5081%2EACMS%2E%29&base=baseAcordaos&url=http://tinyurl.com/nolskrt. Acesso em: 23 out. 2019.

[178] ARAS, Augusto. *Fidelidade partidária*: efetividade e aplicabilidade. 1. ed. Rio de Janeiro: LMJ Mundo Jurídico, 2016, p. 478-479.

[179] "EMENTA: CONSTITUCIONAL. ELEITORAL. MANDADO DE SEGURANÇA. FIDELIDADE PARTIDÁRIA. DESFILIAÇÃO. PERDA DE MANDATO. ARTS. 14, §3º, V E 55, I A VI DA CONSTITUIÇÃO. CONHECIMENTO DO MANDADO DE SEGURANÇA, RESSALVADO ENTENDIMENTO DO RELATOR. SUBSTITUIÇÃO DO DEPUTADO FEDERAL QUE MUDA DE PARTIDO PELO SUPLENTE DA LEGENDA ANTERIOR. ATO DO PRESIDENTE DA CÂMARA QUE NEGOU POSSE AOS SUPLENTES. CONSULTA, AO TRIBUNAL SUPERIOR ELEITORAL, QUE DECIDIU PELA MANUTENÇÃO DAS VAGAS OBTIDAS PELO SISTEMA PROPORCIONAL EM FAVOR DOS PARTIDOS POLÍTICOS E COLIGAÇÕES. ALTERAÇÃO DA JURISPRUDÊNCIA DO SUPREMO TRIBUNAL FEDERAL. MARCO TEMPORAL A PARTIR DO QUAL A FIDELIDADE PARTIDÁRIA DEVE SER OBSERVADA [27.3.07]. EXCEÇÕES DEFINIDAS E EXAMINADAS PELO TRIBUNAL SUPERIOR ELEITORAL. DESFILIAÇÃO OCORRIDA ANTES DA RESPOSTA À CONSULTA AO TSE. ORDEM DENEGADA. 1. Mandado de segurança conhecido, ressalvado entendimento do Relator, no sentido de que as hipóteses de perda de mandato parlamentar, taxativamente previstas no texto constitucional, reclamam decisão do Plenário ou da Mesa Diretora, não do Presidente da Casa, isoladamente e com fundamento em decisão do Tribunal Superior Eleitoral. 2. A permanência do parlamentar no partido político pelo qual se elegeu é imprescindível para a manutenção da representatividade partidária do próprio mandato. Daí a alteração da jurisprudência do Tribunal, a fim de que a fidelidade do parlamentar perdure após a posse no cargo eletivo. 3. O instituto da fidelidade partidária, vinculando o candidato eleito ao partido, passou a vigorar a partir da resposta do Tribunal Superior Eleitoral à Consulta n. 1.398, em 27 de março de 2007. 4. O abandono de legenda enseja a extinção do mandato do parlamentar, ressalvadas situações específicas, tais como mudanças na ideologia do partido ou perseguições políticas, a serem definidas e apreciadas caso a caso pelo Tribunal Superior Eleitoral. 5. Os parlamentares litisconsortes passivos no presente mandado de segurança mudaram de partido antes da resposta do Tribunal Superior Eleitoral. Ordem denegada. (MS 26602, Relator(a): Min. EROS GRAU, Tribunal Pleno, julgado em 04/10/2007, *DJe*-197 DIVULG 16-10-2008 PUBLIC

de inércia do partido político em reivindicar o mandato de que é titular e, compreendendo o TSE a legítima expectativa de direito por parte de suplentes,[180] fixou-se a legitimidade sucessiva.

Assim, quando a legenda não formular o pedido dentro do prazo de 30 dias, contados a partir da data da desfiliação, terceiro interessado (suplente)[181] ou o Ministério Público pode fazê-lo, em nome próprio, no prazo de 30 dias subsequentes.[182] O fundamento para isso está justamente relacionado ao sistema proporcional: se o candidato é eleito por determinada legenda, não faz sentido, em princípio, que permaneça no cargo sem representar os ideais partidários desse partido específico, situação que prejudicaria não só a representação política da agremiação, mas também a do eleitor, que destinou seu voto ao candidato, e do vice ou suplente, que poderiam ocupar seu lugar. Nesse sentido, é justo que se conceda ao Ministério Público e ao suplente a possibilidade de requerer a perda do mandato, no fito de se proteger a representatividade partidária.

Aqui, a legitimidade passiva é reconhecida ao mandatário que se desligou do partido político. Se ele se filiar a outra legenda, essa também deve ser citada para integrar o processo como litisconsorte.[183]

Por outro lado, pode o mandatário que se desfiliou ou que pretenda se desfiliar pedir a declaração de existência de justa causa, fazendo citar o partido. A existência de justa causa, abordada no subtópico anterior, remete às exceções legais à aplicação de penalidade por

---

17-10-2008 EMENT VOL-02337-02 PP-00190 RTJ VOL-00208-01 PP-00072)". Disponível em: http://stf.jus.br/portal/jurisprudencia/listarJurisprudencia.asp?s1=%28MS%24%2ESCLA%2E+E+26602%2ENUME%2E%29+OU+%28MS%2EACMS%2E+ADJ2+26602%2EACMS%2E%29&base=baseAcordaos&url=http://tinyurl.com/blyxesx. Acesso em: 23 out. 2019.

180 A legítima expectativa, *in casu*, se refere à possibilidade de sucessão imediata, posse e exercício de cargo eletivo frente à perda de mandato do infiel.

181 No caso do suplente, o TSE entendeu que apenas o primeiro suplente teria direito de ação, a ser exercido no prazo decadencial de 30 dias. Conforme: "AGRAVO REGIMENTAL. AÇÃO DE PERDA DE CARGO ELETIVO. DESFILIAÇÃO PARTIDÁRIA. ILEGITIMIDADE DO AGRAVANTE. TERCEIRO SUPLENTE. DESPROVIMENTO. 1. Nas ações por infidelidade partidária, tão somente o primeiro suplente do partido detém legitimidade para pleitear a perda do cargo eletivo de parlamentar infiel à agremiação pela qual foi eleito, visto que a legitimidade ativa do suplente fica condicionada à possibilidade de sucessão imediata. 2. Agravo regimental desprovido. (Petição n. 177391, Acórdão, Relator(a) Min. Laurita Vaz, Publicação: *DJe – Diário de Justiça Eletrônico*, Data 26/08/2013, p. 135/136)". Disponível em: http://www.tse.jus.br/jurisprudencia/decisoes/jurisprudencia. Acesso em: 23 out. 2019.

182 Resolução TSE n. 22.610/2007, art. 1º, *caput* e §1º. BRASIL. Tribunal Superior Eleitoral. Resolução nº 22.610, de 25 de outubro de 2007. Disponível em: http://www.tse.jus.br/legislacao-tse/res/2007/RES226102007.htm. Acesso em: 14 set. 2019.

183 GOMES, José Jairo. *Direito eleitoral*. 12. ed. São Paulo: Atlas, 2016, p. 131.

desfiliação, quais sejam: (i) mudança substancial ou desvio reiterado do programa partidário, (ii) grave discriminação política pessoal, e (iii) mudança de partido efetuada durante o período da janela partidária.[184] Além disso, a EC nº 97/2017, em decorrência da instituição de cláusula de barreira, previu a possibilidade de o eleito por partido que não preencher os requisitos mínimos do §3º do art. 17[185] da Constituição se filiar a outro partido que os tenha atingido, sem perda do mandato. Comprovada uma dessas circunstâncias, portanto, isenta-se o desfiliado da penalidade legal.

Situação diversa, porém, ocorre quando o desligamento é provocado por ato do partido (expulsão), não havendo se falar de ajuizamento de ação de perda de mandato. Nesse caso, a agremiação não pode postular a perda do cargo eletivo do expulso, tendo o TSE entendido ser "incabível a propositura de ação de perda de cargo eletivo por desfiliação partidária se o partido expulsa o mandatário da legenda, pois a questão alusiva à infidelidade partidária envolve o desligamento voluntário da agremiação".[186]

A fidelidade partidária ganhou novos contornos de natureza constitucional com o advento da Emenda Constitucional nº 111/2021, que inseriu o §6º no art. 17 da Carta de 1988, para expressamente dispor que os detentores de cargos obtidos por meio de eleições proporcionais perderão o mandato caso se desliguem do partido, salvo nos casos de anuência do partido – nova situação de justa causa – ou outras hipóteses legalmente previstas.[187]

---

[184] Lei nº 9.096/1995, art. 22-A. BRASIL. Lei nº 9.096, de 19 de setembro de 1995. (Lei dos Partidos Políticos). Disponível em: http://www.planalto.gov.br/ccivil_03/leis/l9096.htm. Acesso em: 22 mar. 2022.

[185] " Art. 17, §3º. Somente terão direito a recursos do fundo partidário e acesso gratuito ao rádio e à televisão, na forma da lei, os partidos políticos que alternativamente: I – obtiverem, nas eleições para a Câmara dos Deputados, no mínimo, 3% (três por cento) dos votos válidos, distribuídos em pelo menos um terço das unidades da Federação, com um mínimo de 2% (dois por cento) dos votos válidos em cada uma delas; ou II – tiverem elegido pelo menos quinze Deputados Federais distribuídos em pelo menos um terço das unidades da Federação". BRASIL. Lei nº 10.406, de 10 de janeiro de 2002. Institui o Código Civil. Disponível em: http://www.planalto.gov.br/ccivil_03/leis/2002/l10406.htm. Acesso em: 17 jul. 2019.

[186] BRASIL. Tribunal Superior Eleitoral. Agravo de Instrumento n. 20556, Acórdão, Relator(a) Min. Arnaldo Versiani, Publicação: *DJE – Diário de justiça eletrônico*, Tomo 205, Data 23/10/2012, p. 3. Disponível em: http://www.tse.jus.br/jurisprudencia/decisoes/jurisprudencia. Acesso em: 1 out. 2019.

[187] "Art. 17. [...] §6º Os Deputados Federais, os Deputados Estaduais, os Deputados Distritais e os Vereadores que se desligarem do partido pelo qual tenham sido eleitos perderão o mandato, salvo nos casos de anuência do partido ou de outras hipóteses de justa causa estabelecidas em lei, não computada, em qualquer caso, a migração de partido para fins

1.13 Competência e procedimento

Em relação à competência, cabe ao Tribunal Superior Eleitoral processar e julgar o pedido relativo a mandato federal e, nos demais casos (estadual e municipal), ao Tribunal do respectivo estado.[188] Em ambos, o procedimento é o mesmo, previsto na Resolução TSE nº 22.610/2007 e descrito a seguir.

Primeiramente, na inicial, o requerente deve expor o fundamento do pedido e juntar a prova documental da desfiliação, podendo arrolar até três testemunhas e requerer, justificadamente, outras provas, inclusive documentos em poder de terceiros ou de repartições públicas.[189] Após, o mandatário que se desfiliou e o eventual partido em que esteja inscrito devem ser citados para responder a ação, no prazo de cinco dias, sendo advertidos de forma expressa que, em caso de revelia, os fatos afirmados na inicial são presumidos verdadeiros.[190]

Em resposta, o requerido deve juntar prova documental, também podendo arrolar até três testemunhas e requerer, justificadamente, a produção de outras provas, inclusive documentos em poder de terceiros ou de repartições públicas.[191] Decorrido o prazo de resposta, o tribunal deve ouvir o representante do Ministério Público no prazo de 48 horas, quando este não for requerente, para, em seguida, julgar o pedido, se não houver necessidade de dilação probatória.[192]

Quando houver necessidade de produção de provas, o relator deve deferi-las, designando o quinto dia útil subsequente para, em uma única oportunidade, tomar depoimentos pessoais e inquirir testemunhas, as quais devem ser trazidas pela parte que as arrolou. Encerrada a instrução, o relator deve intimar as partes e o representante do Ministério Público para apresentarem, em 48 horas, alegações finais por escrito.[193] Ressalta-se que incumbe ao(s) requerido(s) o ônus da prova de fato extintivo, impeditivo ou modificativo da eficácia do pedido.[194]

---

de distribuição de recursos do fundo partidário ou de outros fundos públicos e de acesso gratuito ao rádio e à televisão". BRASIL. (1988) Constituição da República Federativa do Brasil. Disponível em: http://www.planalto.gov.br/ccivil_03/constituicao/constituicao.htm. Acesso em: 22 mar. 2022.

[188] Resolução TSE n. 22.610/2007, art. 2º.

[189] Resolução TSE n. 22.610/2007, art. 3º.

[190] Resolução TSE n. 22.610/2007, art. 4º, *caput* e parágrafo único.

[191] Resolução TSE n. 22.610/2007, art. 5º.

[192] Resolução TSE n. 22.610/2007, art. 6º.

[193] Resolução TSE n. 22.610/2007, art. 7º, *caput* e §único.

[194] Resolução TSE n. 22.610/2007, art. 8º.

Para o julgamento, o relator deve preparar voto e solicitar a inclusão do processo na pauta da sessão seguinte, observada a antecedência de 48 horas e facultada a sustentação oral pelos procuradores das partes por quinze minutos.[195] Julgado procedente o pedido, o tribunal deve decretar a perda do cargo e comunicar a decisão ao presidente do órgão legislativo competente para que empossee, conforme o caso, o suplente ou o vice, no prazo de dez dias.[196]

Ainda, segundo a referida resolução, o processo descrito tem preferência, devendo ser encerrado no prazo de 60 dias.[197] Além disso, são irrecorríveis as decisões interlocutórias do relator, que podem ser revistas no julgamento final, cabendo apenas o recurso previsto no art. 121, §4º, da Constituição[198] contra o acórdão.[199]

1.14 Convenções partidárias

Como visto, a filiação a partido político é condição de elegibilidade no âmbito do ordenamento jurídico brasileiro. No entanto, para fins de registro de candidatura, também é necessária a intermediação dos partidos, os quais são responsáveis por registrar seus candidatos perante a Justiça Eleitoral em ano de eleição.[200]

Em princípio, todos que estejam filiados a uma legenda têm o direito subjetivo político de concorrer a cargos eleitorais. Contudo, por haver sempre mais interessados que vagas a preencher, deve-se utilizar de método transparente e democrático para selecionar os que serão indicados pelo partido para se tornarem candidatos e concorrerem oficialmente ao pleito, qual seja, a convenção, que constitui uma reunião ou assembleia formada pelos filiados de um partido político, cuja

---

[195] Resolução TSE n. 22.610/2007, art. 9º.

[196] Resolução TSE n. 22.610/2007, art. 10.

[197] Resolução TSE n. 22.610/2007, art. 12.

[198] "Art. 121. [...] §4º – Das decisões dos Tribunais Regionais Eleitorais somente caberá recurso quando:
I – forem proferidas contra disposição expressa desta Constituição ou de lei;
II – ocorrer divergência na interpretação de lei entre dois ou mais tribunais eleitorais;
III – versarem sobre inelegibilidade ou expedição de diplomas nas eleições federais ou estaduais;
IV – anularem diplomas ou decretarem a perda de mandatos eletivos federais ou estaduais;
V – denegarem *habeas corpus*, mandado de segurança, *habeas data* ou mandado de injunção". BRASIL. (1988) *Constituição da República Federativa do Brasil*. Disponível em: http://www.planalto.gov.br/ccivil_03/constituicao/constituicao.htm. Acesso em: 22 mar. 2022.

[199] Resolução TSE n. 22.610/2007, art. 11.

[200] Lei nº 9.504/1997, arts. 10 e 11.

finalidade é eleger os que irão concorrer ao pleito, ou seja, é o meio pelo qual os partidos escolhem os candidatos que disputarão as eleições.[201]

Em decorrência do princípio da autonomia partidária, as regras relativas aos requisitos e formalidades para escolha e substituição de candidatos, realização de convenções, prazos, forma de convocação e quórum para instalação da assembleia e deliberação estão previstas no estatuto de cada partido e são de natureza *interna corporis*. Conforme previsão do §1º do art. 7º da Lei das Eleições, em caso de omissão do estatuto, cabe ao órgão de direção nacional do partido (diretório nacional) estabelecer as normas sobre a formação de coligações para fins de escolha e substituição dos candidatos, publicando-as no *Diário Oficial da União* (*DOU*) até 180 dias antes das eleições.[202]

É importante destacar que as convenções são alinhadas às eleições, de modo que existem as modalidades nacional, estadual ou regional e municipal. A nacional é a que se presta à seleção dos candidatos a presidente e vice-presidente da República; a estadual, dos candidatos a governador, vice-governador, senador e respectivos suplentes, deputado federal, estadual e distrital; já a municipal, dos candidatos a prefeito, vice-prefeito e vereador.

Apesar disso, diante do necessário caráter nacional[203] que os partidos devem apresentar, conforme o art. 17, inciso I, da Constituição, a deliberação nacional prevalece em relação às instâncias estadual e municipal. Nesse sentido, a inobservância das diretrizes e orientações fixadas em âmbito nacional sobre a escolha de candidatos e a formação de coligações enseja a intervenção, nos termos do estatuto, do diretório nacional nas demais esferas, para invalidar suas deliberações e os atos dela decorrentes.[204]

Os atos de intervenção e invalidação de deliberações devem ser comunicados à Justiça Eleitoral até 30 dias após o prazo para registro de candidatura.[205] Se houver necessidade de registro de novos candidatos, em face da invalidação, esse deve ser requerido em até dez dias da deliberação invalidatória, respeitado o prazo de até 20 dias antes das eleições.[206]

---

[201] GOMES, José Jairo. *Direito eleitoral*. 14. ed. rev., atual. e ampl. São Paulo: Atlas, 2018, p. 372.

[202] Lei nº 9.504/1997, art. 7º, §1º.

[203] Constituição Federal, art. 17, inciso I.

[204] Lei nº 9.504/1997, Art. 7º, §2º.

[205] Lei nº 9.504/1997, Art. 7º, §3º.

[206] Lei nº 9.504/1997, Art. 7º, §4º.

É admitido ao órgão estadual intervir no municipal, desde que o faça para garantir o cumprimento das diretrizes nacionalmente estabelecidas, já que a possibilidade de anular eventual deliberação sobre coligações foi expressamente conferida ao órgão de direção nacional do partido, conforme disposto no art. 7º, §2º, da Lei das Eleições.

Em relação ao local, entende-se que a convenção nacional pode ser realizada fora da capital, em qualquer estado da Federação, e a regional pode ocorrer em local diverso da capital do Estado, e a municipal deve ser realizada dentro do território do município. Seguindo essas disposições, é facultada aos partidos a utilização gratuita de prédios públicos, como escolas, ginásios desportivos e casas legislativas, desde que as atividades desenvolvidas nos locais não sejam prejudicadas e os partidos se responsabilizem por eventuais danos causados em decorrência do evento.[207] Para tanto, é necessário que o respectivo diretório solicite o uso do local à autoridade responsável, expondo os motivos e indicando a data em que pretende utilizá-lo.

Ressalta-se que a convenção deve ser convocada pelo respectivo diretório, sendo nula aquela feita por quem não seja filiado ao partido.[208] A convocação é normalmente feita por edital, o qual deve conter o dia, o horário e a matéria objeto de deliberação, podendo ser publicado na imprensa. Não havendo órgão de imprensa na localidade, admite-se sua publicação mediante afixação no lugar de costume no cartório de sua respectiva zona eleitoral. Entre a data da convocação e a realização da convenção, deve mediar prazo razoável, sob pena de inviabilizar-se o ato, o que enseja sua invalidação. A lei não prevê prazo específico, tal matéria deve ser disciplinada no estatuto, como manifestação da autonomia partidária.[209]

A convenção deve ser presidida por quem o estatuto indicar, não sendo possível, evidentemente, que seja por indivíduo estranho aos quadros do partido. Em relação ao prazo, a convenção para a escolha de candidatos deve ser realizada no período entre 20 de julho a 5 de agosto do ano e requisição de eleitoral, conforme art. 8º, *caput*, da Lei das Eleições. Embora em princípio possa ser realizada em qualquer

---

[207] Lei nº 9.096/1995, art. 51; Lei nº 9.504/1997, art. 8º, §2º.

[208] Conforme precedente do TSE, "Convenção municipal: nulidade. Convocada e presidida por quem não é filiado, nula será a convenção, e sem efeito a escolha de candidatos" (Recurso Especial Eleitoral n. 10576, Acórdão de Relator(a) Min. Torquato Jardim, Publicação: PSESS – Publicado em Sessão, Data 21/09/1992, p. 1). Disponível em: http://www.tse.jus.br/jurisprudencia/decisoes/jurisprudencia. Acesso em: 20.09.2019.

[209] GOMES, José Jairo. *Direito eleitoral*. 14. ed rev., atual. e ampl. São Paulo: Atlas, 2018, p. 374.

dia da semana, é recomendável que ocorra em domingo ou feriado, de modo a permitir maior participação dos convencionais.

1.15 Registro de candidatos

Escolhidos os candidatos que irão disputar as eleições por meio de convenção, é necessário que o partido formalize na Justiça Eleitoral o requerimento dos registros de candidatura dos filiados selecionados. Para isso, é instaurado um processo cujo objeto é o próprio registro de candidatos no pleito político-eleitoral.

Nesse contexto, cabe ao Juízo ou Tribunal eleitoral conhecer *ex officio* todas as questões envolvidas nesse processo, em relação às condições de elegibilidade,[210] eventuais causas de inelegibilidade e

[210] Art. 14 [...] §3º São condições de elegibilidade, na forma da lei:
I – a nacionalidade brasileira;
II – o pleno exercício dos direitos políticos;
III – o alistamento eleitoral;
IV – o domicílio eleitoral na circunscrição;
V – a filiação partidária;
VI – a idade mínima de:
a) trinta e cinco anos para Presidente e Vice-Presidente da República e Senador;
b) trinta anos para Governador e Vice-Governador de Estado e do Distrito Federal;
c) vinte e um anos para Deputado Federal, Deputado Estadual ou Distrital, Prefeito, Vice-Prefeito e juiz de paz;
d) dezoito anos para Vereador.
§4º São inelegíveis os inalistáveis e os analfabetos.
§5º O Presidente da República, os Governadores de Estado e do Distrito Federal, os Prefeitos e quem os houver sucedido, ou substituído no curso dos mandatos poderão ser reeleitos para um único período subsequente.
§6º Para concorrerem a outros cargos, o Presidente da República, os Governadores de Estado e do Distrito Federal e os Prefeitos devem renunciar aos respectivos mandatos até seis meses antes do pleito.
§7º São inelegíveis, no território de jurisdição do titular, o cônjuge e os parentes consanguíneos ou afins, até o segundo grau ou por adoção, do Presidente da República, de Governador de Estado ou Território, do Distrito Federal, de Prefeito ou de quem os haja substituído dentro dos seis meses anteriores ao pleito, salvo se já titular de mandato eletivo e candidato à reeleição.
§8º O militar alistável é elegível, atendidas as seguintes condições:
I – se contar menos de dez anos de serviço, deverá afastar-se da atividade;
II – se contar mais de dez anos de serviço, será agregado pela autoridade superior e, se eleito, passará automaticamente, no ato da diplomação, para a inatividade.
§9º Lei complementar estabelecerá outros casos de inelegibilidade e os prazos de sua cessação, a fim de proteger a probidade administrativa, a moralidade para exercício de mandato considerada vida pregressa do candidato, e a normalidade e legitimidade das eleições contra a influência do poder econômico ou o abuso do exercício de função, cargo ou emprego na administração direta ou indireta.
§10 – O mandato eletivo poderá ser impugnado ante a Justiça Eleitoral no prazo de quinze dias contados da diplomação, instruída a ação com provas de abuso do poder econômico, corrupção ou fraude.
§11 – A ação de impugnação de mandato tramitará em segredo de justiça, respondendo o autor, na forma da lei, se temerária ou de manifesta má-fé.
§12 – Serão realizadas concomitantemente às eleições municipais as consultas populares

requisitos formais do pedido de registro, resguardados o contraditório e a ampla defesa.

Conforme aduz a Lei das Eleições, "as condições de elegibilidade e as causas de inelegibilidade devem ser aferidas no momento da formalização do pedido de registro da candidatura".[211] A despeito de serem aferidas, nem todas as condições devem estar perfeitas na data-limite para o pedido de registro de candidatura, algumas podem ser atendidas apenas na data da posse, como, *v.g.*, a idade do candidato.[212]

Logo, não se deve confundir o momento de averiguação com o momento de existência das condições de elegibilidade ou causas de inelegibilidade, porquanto o que realmente importa para o exercício do direito fundamental de sufrágio é que, no dia do pleito, o candidato seja elegível.

Por esse motivo, a causa de inelegibilidade ou a ausência de condição de elegibilidade inicialmente detectada pode ser afastada por

---

sobre questões locais aprovadas pelas Câmaras Municipais e encaminhadas à Justiça Eleitoral até 90 (noventa) dias antes da data das eleições, observados os limites operacionais relativos ao número de quesitos.

§13 – As manifestações favoráveis e contrárias às questões submetidas às consultas populares nos termos do §12 ocorrerão durante as campanhas eleitorais, sem a utilização de propaganda gratuita no rádio e na televisão". BRASIL. (1988) *Constituição da República Federativa do Brasil*. Disponível em: http://www.planalto.gov.br/ccivil_03/constituicao/constituicao.htm. Acesso em: 23 mar. 2022.

[211] Lei nº 9.504/1997, art. 11, §10º.

[212] "ELEIÇÕES 2016. AGRAVO REGIMENTAL EM RECURSO ESPECIAL. REGISTRO DE CANDIDATURA AO CARGO DE VEREADOR. IDADE MÍNIMA DE 18 ANOS. CONDIÇÃO DE ELEGIBILIDADE. ALÍNEA D DO INCISO VI DO §3º DO ART. 14 DA CF. AFERIÇÃO ATÉ A DATA-LIMITE PARA O PEDIDO DE REGISTRO. AUSÊNCIA DE ARGUMENTOS HÁBEIS PARA MODIFICAR A DECISÃO AGRAVADA. AGRAVO REGIMENTAL DESPROVIDO. 1. É vedada a inovação de tese recursal em Agravo Interno. Precedente: AgR-REspe 4190-49/MG, Rel. Min. MARIA THEREZA DE ASSIS MOURA, *DJe* 31.3.2016. 2. Conforme disposto no art. 16 da CF, a lei que alterar o processo eleitoral entrará em vigor na data de sua publicação, não se aplicando à eleição que ocorra até um ano da data de sua vigência. Visto que a Lei 13.165/2015 entrou em vigor na data de sua publicação, 29.9.2015, e o 1º turno das eleições ocorreu em 2.10.2016, nota-se que foi atendido o princípio da anterioridade constitucional em matéria eleitoral. 3. Aplicam-se as novidades trazidas pela Lei 13.165/2015 aos desdobramentos relacionados às eleições de 2016. Nesse sentido: Cta 519-44/DF, Rel. Min. HERMAN BENJAMIN, *DJe* 14.3.2016. 4. O Legislador ordinário houve por bem alterar a redação do §2º do art. 11 da Lei 9.504/97, conferindo-lhe a redação dada pela Lei 13.165/2015, impondo que a idade mínima do candidato, quando fixada em 18 anos, deverá ser atingida até a data-limite para o pedido do registro. 5. Tendo o agravante, candidato ao cargo de Vereador, completado 18 anos tão somente em 26.9.2016, em data, portanto, posterior ao prazo limítrofe para a formulação de Requerimento de Registro de Candidatura, considera-se não satisfeita a condição de elegibilidade fixada na alínea d do inciso VI do §3º do art. 14 da CF. 6. Agravo Regimental a que se nega provimento". (Recurso Especial Eleitoral n. 5635, Acórdão, Relator(a) Min. Napoleão Nunes Maia Filho, Publicação: PSESS – Publicado em Sessão, Data 13/12/2016). Disponível em: http://www.tse.jus.br/jurisprudencia/decisoes/jurisprudencia. Acesso em: 23 mar. 2022.

alterações supervenientes, o que significa que o indeferimento inicial do pedido de registro pode ser revertido se, até o dia da eleição, o candidato reestabelecer sua elegibilidade (elegibilidade superveniente). Em algumas situações, o contrário também pode ocorrer, caso, em virtude de mudanças posteriores, o candidato se torne inelegível.

Ressalta-se que o *status* de candidato apenas é obtido com a efetivação do registro de candidatura, que se dá com o trânsito em julgado da decisão que defere o pedido. O rito que lhe antecede pode ser compendiado nas etapas seguintes: (i) pedido tempestivo de registro de candidatura; (ii) publicação do edital; (iii) abertura do prazo de cinco dias para impugnação via Ação de Impugnação de Registro de Candidatura por candidato, partido, coligação ou Ministério Público; (iv) abertura do prazo de três dias para a realização de diligências, caso necessário; (v) conclusão dos autos ao juiz eleitoral ou juiz relator, para que profira decisão no prazo de três dias após o encerramento das diligências (se não houver impugnação, é facultado ao juiz relator decidir monocraticamente).

A decisão prolatada pode deferir ou indeferir o pedido de registro de candidatura. Caso ocorra o indeferimento, tem-se sentença meramente declaratória – apenas se reconhece e se afirma a inelegibilidade. Da sentença, cabe recurso ao TRE no prazo de três dias e, sucessivamente, ao TSE e ao STF. Havendo ação de impugnação, a sentença deve ser comum à do processo de registro, de modo que lhes sejam cabíveis os mesmos recursos.

Destaca-se que, devido ao caráter de urgência da ação, prioriza-se o princípio da celeridade, de modo que, em até 20 dias antes da data do pleito, todos os registros de candidatos e seus respectivos recursos em instâncias ordinárias devem estar julgados e publicadas as decisões relativas.[213]

1.15.1 Coligações

Segundo a Lei nº 9.504/1997, a deliberação sobre eventual coligação deve ocorrer na convenção para escolha de candidatos,[214] sendo específica para cada eleição e circunscrição. Nesse sentido, mediante deliberação, podem ser formadas coligações com partidos diversos no

---

213 Lei nº 9.504/1997, art. 16, §1º.

214 Lei nº 9.504/1997, art. 8º, *caput*.

âmbito de uma circunscrição, independentemente das celebradas por diretórios de outras circunscrições.

A coligação consiste no consórcio de partidos políticos formado com o objetivo de atuação conjunta e cooperativa na disputa eleitoral, possibilidade expressa pela Constituição Federal no §1º do art. 17, que lhes confere autonomia para "adotar os critérios de escolha e o regime de suas coligações nas eleições majoritárias, vedada a sua celebração nas eleições proporcionais, sem obrigatoriedade de vinculação entre as candidaturas em âmbito nacional, estadual, distrital ou municipal".[215]

Ressalta-se, por oportuno, que a vedação para coligação em eleições proporcionais (deputado federal e estadual/distrital e vereador) foi estabelecida pela EC nº 97/2017 e é aplicada a partir das eleições de 2020.

Com efeito, a coligação deve ter denominação própria, que não pode "coincidir, incluir ou fazer referência a nome ou número de candidato, nem conter pedido de voto para partido político".[216] O nome escolhido deve coincidir com a forma de apresentação perante o eleitorado, principalmente no espaço dedicado à propaganda eleitoral. Ressalta-se que, embora a ata da convenção deva ser registrada e homologada pela Justiça Eleitoral, a coligação não nasce desse ato, e sim da manifestação de vontade emanada das agremiações.

Observa-se que, a despeito de não se confundir com os partidos que a integram, a coligação não tem personalidade jurídica, apenas judiciária. Nos termos do art. 6º, §1º, da Lei das Eleições, no entanto, a coligação detém as mesmas prerrogativas e obrigações de um partido político relativamente ao processo eleitoral, de modo que deve funcionar como um partido único perante a Justiça Eleitoral e a organização dos interesses partidários.

A partir disso, surge a necessidade de se designar um representante, cargo equivalente ao de presidente de partido político em relação ao trato dos interesses e à representação da coligação no processo eleitoral.[217]

Em face da Justiça Eleitoral, a coligação deve se reportar por seu representante, possuindo legitimidade ativa e passiva para atuar junto ao Poder Judiciário. Não é admitido, logo, que os partidos integrantes da coligação venham a praticar atos no processo eleitoral de forma isolada, como requerer registro de candidatura ou impugnar pedido de registro.

---

[215] Constituição Federal, art. 17º, §1º.

[216] Lei nº 9.504/1997, art. 6º, §1º-A.

[217] Lei nº 9.504/1997, art. 6º, §3º, III.

1.15.2 Preenchimento da cota de gênero

No âmbito das ações afirmativas, visando garantir maior igualdade de participação para mulheres, implementou-se no Brasil a cota eleitoral de gênero, que consiste na reserva de um número de vagas que os partidos devem lançar para eleições proporcionais (deputados e vereadores) às filiadas. A ideia é essencialmente resguardar a posição de mulheres que, tradicionalmente, não ocupam espaço relevante na política brasileira, no intuito de reduzir discriminações.

Primeiramente, a referida política foi implementada pela Lei nº 9.100/1995, que determinava, em seu art. 11, §3º, o percentual mínimo de 20% das vagas de cada partido ou coligação para candidaturas femininas. Posteriormente, em 2009, a Lei nº 12.034 alterou a Lei das Eleições, instituindo que a cota mínima fosse elevada para 30%, além disso adotou disposição genérica ao dispor que, nas eleições proporcionais, cada partido deve preencher o mínimo de 30% e o máximo de 70% para candidaturas "de cada sexo".[218]

Os citados percentuais devem ser atendidos no momento de formalização do pedido de registro de candidatura perante a Justiça Eleitoral. Caso o partido não atenda à determinação, entende-se que os autos devem retornar ao Tribunal Regional Eleitoral respectivo, para que se proceda à regulação na forma da lei.

No entanto, caso fato posterior prejudique o percentual de candidaturas por razões alheias ao partido, entende-se que a cota legal será inevitavelmente afetada, sem responsabilidade da agremiação. Nesse sentido, o TSE já decidiu que o indeferimento posterior de candidaturas[219] ou a renúncia por parte de candidatas[220] não violam o mínimo

---

[218] "Art. 10, §3º Do número de vagas resultante das regras previstas neste artigo, cada partido ou coligação preencherá o mínimo de 30% (trinta por cento) e o máximo de 70% (setenta por cento) para candidaturas de cada sexo". BRASIL. *Lei nº 9.504, de 30 de setembro de 1997*. Estabelece normas para as eleições. Disponível em: http://www.planalto.gov.br/ccivil_03/leis/l9504.htm. Acesso em: 23 mar. 2022.

[219] ELEIÇÕES PROPORCIONAIS – COTA DE GÊNERO – ATENDIMENTO – OPORTUNIDADE. Possível é o atendimento da exigência do §3º do art. 10 da Lei nº 9.504/1997 em data posterior à do limite para requerimento de candidaturas, desde que isso se faça tendo em vista o espaço de tempo assinado no art. 10, §5º, da citada Lei, para a complementação, consideradas as vagas remanescentes, sendo certo que o indeferimento posterior de candidaturas não infirma a observância do sistema de cotas pelo Partido. (Recurso Especial Eleitoral n. 107079, Acórdão, Relator(a) Min. Marco Aurélio, Publicação: PSESS – Publicado em Sessão, Data 11/12/2012). Disponível em: http://www.tse.jus.br/jurisprudencia/decisoes/jurisprudencia. Acesso em: 23 mar. 2022.

[220] Representação. Eleição proporcional. Percentuais legais por sexo. Alegação. Descumprimento posterior. Renúncia de candidatas do sexo feminino. 1. Os percentuais de gênero previstos no art. 10, §3º, da Lei nº 9.504/97 devem ser observados tanto no momento do

de 30% previsto em lei, uma vez que atendido o requisito pelo partido no momento do registro.

Ainda nesse contexto, convém destacar a circunstância dos transgêneros no Brasil. Conforme salientado, a atual legislação brasileira prevê um número mínimo de candidaturas femininas com vistas a incentivar a participação das mulheres na política. Ocorre que a norma não é específica quanto à referência biológica ou social dos candidatos. Assim sendo, questionou-se, por exemplo, se um homem – biológico – mas que se considera mulher – com ou sem cirurgia de alteração de sexo – poderia concorrer às vagas destinadas ao sexo feminino.

Sob a perspectiva dos Direitos Humanos e considerando o sentimento do candidato quanto a sua situação social, e não biológica, o Tribunal Superior Eleitoral compreendeu que o escopo da norma era observar o efetivo gênero do indivíduo e não o fator biológico. Dessa maneira, transgêneros podem concorrer ao pleito nas vagas destinadas a homens ou mulheres, de acordo com o gênero que compreendem ser o seu.

Esse entendimento foi exarado no acórdão transcrito a seguir, de relatoria do Ministro Tarcísio Vieira de Carvalho Neto:

> CONSULTA. REQUISITOS. LEGITIMIDADE. SENADORA. EXAME. EXPRESSÃO "CADA SEXO". REFERÊNCIA. TRANSGÊNEROS. OMISSÃO LEGISLATIVA. NOME SOCIAL. CADASTRO ELEITORAL. PRINCÍPIOS DA DIGNIDADE DA PESSOA HUMANA. IGUALDADE. NÃO DISCRIMINAÇÃO. INTIMIDADE. DIREITO À FELICIDADE. BEM-ESTAR OBJETIVO. VALORES DE JUSTIÇA. FINS SOCIAIS. EXIGÊNCIAS DO BEM COMUM. COTAS FEMININA E MASCULINA. CONTABILIZAÇÃO. PERCENTUAIS. ART. 10, §3º, DA LEI N. 9.504/97. PEDIDO DE REGISTRO DE CANDIDATURA. NOME COMPLETO. ART. 12, *CAPUT*, DA LEI DAS ELEIÇÕES. NOME CIVIL. DETERMINAÇÃO. NOME SOCIAL. URNAS ELETRÔNICAS. POSSIBILIDADE. EXPRESSÃO "NÃO ESTABELEÇA DÚVIDA QUANTO A SUA IDENTIDADE". CANDIDATURAS PROPORCIONAIS E MAJORITÁRIAS.

---

registro da candidatura, quanto em eventual preenchimento de vagas remanescentes ou na substituição de candidatos, conforme previsto no §6º do art. 20 da Res.-TSE n. 23.373. 2. Se, no momento da formalização das renúncias por candidatas, já tinha sido ultrapassado o prazo para substituição das candidaturas, previsto no art. 13, §3º, da Lei nº 9.504/97, não pode o partido ser penalizado, considerando, em especial, que não havia possibilidade jurídica de serem apresentadas substitutas, de modo a readequar os percentuais legais de gênero. Recurso especial não provido. (Recurso Especial Eleitoral n. 21498, Acórdão, Relator(a) Min. Henrique Neves Da Silva, Publicação: *DJe – Diário de Justiça Eletrônico*, Tomo 117, Data 24/06/2013, p. 56). Disponível em: http://www.tse.jus.br/jurisprudencia/decisoes/jurisprudencia. Acesso em: 23 mar. 2022.

IDÊNTICOS REQUISITOS. ART. 11 DA LEI DAS ELEIÇÕES. I. Cabimento. 1. É cabível consulta formulada em tese, sobre matéria eleitoral (pertinência temática), por Senadora da República (autoridade com jurisdição federal), estando preenchidos, portanto, os requisitos exigidos pelo art. 23, XII, do CE. II. Premissas teóricas. a) Malgrado inexista menção ao sexo feminino no art. 10, §3º, da Lei n. 9.504/97, é evidente tratar-se de ação afirmativa que visa à superação do déficit democrático oriundo da sub-representação das mulheres nas casas legislativas, o que não guarda nenhuma incompatibilidade com o reconhecimento dos direitos dos(as) candidatos(as) a serem computados nas cotas feminina ou masculina, de acordo com sua identidade de gênero. b) O cerne das questões ora apresentadas denota a lacuna do mencionado dispositivo legal, porquanto a expressão "cada sexo" não contempla a diversidade de gênero com seus marcadores sociais singulares e diferenciados. Com efeito, a construção do gênero representa fenômeno sociocultural que exige abordagem multidisciplinar a fim de conformar uma realidade ainda impregnada por preconceitos e estereótipos – geralmente de caráter moral e religioso – aos valores e às garantias constitucionais. É imperioso, pois, avançar e adotar medidas que denotem respeito à diversidade, ao pluralismo, à subjetividade e à individualidade como expressões do postulado supremo da dignidade da pessoa humana. Ademais, um dos objetivos fundamentais da República Federativa do Brasil consiste em "promover o bem de todos, sem preconceitos de origem, raça, sexo, cor, idade e quaisquer outras formas de discriminação", nos termos do art. 3º, IV, da Carta Magna. c) O princípio da imutabilidade do nome vem sendo mitigado pela jurisprudência do STF e do STJ, e pode implicar, inclusive, na possibilidade de alteração do registro civil independentemente de prévia autorização judicial, conforme, aliás, vem sendo discutido no bojo na ADI n. 4275. Cabe a esta Justiça especializada, nos limites de suas atribuições e competências, adotar as providências necessárias para que o exercício do sufrágio seja consentâneo e sensível às questões de gênero ora examinadas. III. Com base nesses fundamentos, adotam-se as seguintes orientações para as questões veiculadas na presente Consulta. 1. A expressão "cada sexo" mencionada no art. 10, §3º, da Lei n. 9.504/97 refere-se ao gênero, e não ao sexo biológico, de forma que tanto os homens como as mulheres transexuais e travestis podem ser contabilizados nas respectivas cotas de candidaturas masculina ou feminina. Para tanto, devem figurar como tal nos requerimentos de alistamento eleitoral, nos termos estabelecidos pelo art. 91, *caput*, da Lei das Eleições, haja vista que a verificação do gênero para o efeito de registro de candidatura deverá atender aos requisitos previstos na Res.-TSE n. 21.538/2003 e demais normas de regência. 2. A expressão contida no art. 12, *caput*, da Lei n. 9.504/97, de que o candidato deve "indicar seu nome completo" no pedido de registro candidatura, refere-se ao nome civil, constante do cadastro eleitoral, por ser imprescindível ao exame das certidões negativas exigidas no pedido de registro de candidatura, o qual deverá ser restrito

> ao âmbito interno da Justiça Eleitoral, enquanto o nome social deverá ser utilizado nas divulgações públicas. 3. É possível o uso exclusivo do nome social nas urnas eletrônicas, observados os parâmetros do art. 12 da Lei n. 9.504/97, que permite o registro do "prenome, sobrenome, cognome, nome abreviado, apelido ou nome pelo qual é mais conhecido, desde que não se estabeleça dúvida quanto à sua identidade, não atente contra o pudor e não seja ridículo ou irreverente". 4. A expressão "não estabeleça dúvida quanto à sua identidade", prevista no *caput* do art. 12 da Lei n. 9.504/97, refere-se à identificação do(a) candidato(a) conforme seja conhecido(a), inclusive quanto à identidade de gênero. 5. O nome social poderá ser utilizado tanto nas candidaturas proporcionais como nas majoritárias, haja vista que o art. 11 da Lei n. 9.504/97, ao estabelecer o rol de dados e documentos que devem instruir o pedido de registro, não faz nenhuma distinção nesse sentido. 6. Acolhe-se a manifestação da Assessoria Consultiva no sentido de que a autodeclaração de gênero deve ser manifestada por ocasião do alistamento eleitoral ou da atualização dos dados do cadastro eleitoral, ou seja, até cento e cinquenta e um dia antes da data das eleições, nos termos do art. 91, *caput*, da Lei n. 9.504/97, razão pela qual se propõe a edição de regras específicas sobre o tema. 7. Consulta conhecida. (Consulta n. 060405458, Acórdão, Relator(a) Min. Tarcisio Vieira de Carvalho Neto, Publicação: DJe – Diário de Justiça eletrônico, Tomo 63, Data 03/04/2018).[221]

Na prática, porém, a obrigação quanto à quota de gênero no Brasil não tem se mostrado tão eficaz, conforme pontua Rodrigo López Zílio:

> Essa obrigação imposta aos partidos e coligações não tem surtido o efeito esperado pela Justiça Eleitoral. De fato, a realidade apresentada nas eleições municipais de 2012 indica a existência de um preenchimento de vagas meramente formal, no momento do registro da candidatura, principalmente por candidatas mulheres, sendo os registros sucedidos por renúncias coletivas dessas candidaturas – mormente quando já expirado o prazo para eventual indicação de substituto.[222]

Ademais, conforme se verifica em recentes denúncias e julgados sobre a matéria, alguns partidos frequentemente se utilizam de meios para fraudar a obrigação, através, *v.g.*, de inclusão de "candidatas laranjas", o que tem ensejado um grande debate na Justiça Eleitoral no que se refere aos efeitos dessas candidaturas para a chapa – assunto a ser abordado no capítulo subsequente.

---

221 Disponível em: http://www.tse.jus.br/jurisprudencia/decisoes/jurisprudencia. Acesso em: 23 mar. 2022.

222 ZILIO, Rodrigo López. *Direito eleitoral*. 5. ed. Porto Alegre: Verbo Jurídico, 2016. p. 304.

1.16 Financiamento dos partidos políticos

Considerando a importância da organização político-partidária para a ordem democrática brasileira, em termos de harmonização e expressão dos interesses heterogêneos da sociedade, é evidente a necessidade de se promover um ambiente propício para a escolha legítima por parte dos cidadãos, capaz de gerar autenticidade para o sistema representativo[223] e promover a institucionalização das formas de pensamento.

Na prática, porém, a atuação política e as campanhas eleitorais importam custos elevados, o que gera manifesta necessidade de arrecadação de recursos financeiros por parte das agremiações para sua manutenção e participação nos respectivos pleitos. Nesse contexto, compreende-se por sistema de financiamento político-partidário o contexto jurídico que confere aos partidos políticos legítimas condições para agir, no intuito de proporcionar o exercício de sua incumbência constitucional de representação de segmentos da sociedade civil.[224]

Desse modo, considerando a relevância do fator financeiro para a efetiva projeção dos anseios e interesses da sociedade, verificam-se três modelos possíveis de financiamento político-partidário: público, privado ou misto.

O financiamento público se refere à disponibilização de recursos financeiros pelo Estado para os partidos políticos, direta ou indiretamente, por meio de serviços e bens. Tal modalidade tem por objetivo limitar o poder de influência de interesses pessoais nas funções partidárias e na política de modo geral, fortalecendo o pluripartidarismo, criando incentivos à observância das regras eleitorais e garantindo que as forças políticas relevantes consigam atingir o eleitorado. Em suma, a ideia é possibilitar um ambiente eleitoral de justa competitividade entre candidatos e partidos, bem como um processo de maior transparência em relação aos gastos.[225]

---

[223] AGRA, Walber de Moura. Financiamento eleitoral no Brasil. *In*: CAMPILONGO, Celso Fernandes; GONZAGA, Alvaro de Azevedo; FREIRE, André Luiz (Coord.). *Enciclopédia jurídica da PUC-SP*. Tomo Direito Administrativo e Constitucional. 1. ed. São Paulo: Pontifícia Universidade Católica de São Paulo, 2017.

[224] CASAS-ZAMORA, Kevin. *Political Finance and state funding systems*: an overview. Brookings institutions/University of Costa Rica, May 2008, p. 5. Disponível em: https://ifes.org/sites/default/files/politicalfinanceandstatefundingsystems_english_0.pdf. Acesso em: 27 set. 2019.

[225] ZOVATTO, Daniel. Financiamento de partidos e campanhas eleitorais na América Latina: uma análise comparada. *Opinião Pública*, v. XI, n. 2, p. 287-336. Campinas: CESOP, 2005, p. 299-300.

Por outro lado, o financiamento privado diz respeito ao recebimento de subsídios particulares e representa fonte democrática de contribuição, por consistir meio de participação política do cidadão. A doação, aqui, é entendida como demonstração de proximidade ideológica em relação a determinado partido.

Nesse ponto, cumpre registrar a possibilidade de as agremiações receberem doações privadas. *In verbis*:

> Art. 39. Ressalvado o disposto no art. 31, o partido político pode receber doações de pessoas físicas e jurídicas para constituição de seus fundos.
>
> §1º As doações de que trata este artigo podem ser feitas diretamente aos órgãos de direção nacional, estadual e municipal, que remeterão, à Justiça Eleitoral e aos órgãos hierarquicamente superiores do partido, o demonstrativo de seu recebimento e respectiva destinação, juntamente com o balanço contábil.
>
> §2º Outras doações, quaisquer que sejam, devem ser lançadas na contabilidade do partido, definidos seus valores em moeda corrente.
>
> §3º As doações de recursos financeiros somente poderão ser efetuadas na conta do partido político por meio de:
>
> I – cheques cruzados e nominais ou transferência eletrônica de depósitos;
>
> II – depósitos em espécie devidamente identificados;
>
> III – mecanismo disponível em sítio do partido na internet que permita o uso de cartão de crédito, cartão de débito, emissão on-line de boleto bancário ou, ainda, convênios de débitos em conta, no formato único e no formato recorrente, e outras modalidades, e que atenda aos seguintes requisitos:
>
> a) identificação do doador;
>
> b) emissão obrigatória de recibo eleitoral para cada doação realizada.
>
> [...]
>
> §5º Em ano eleitoral, os partidos políticos poderão aplicar ou distribuir pelas diversas eleições os recursos financeiros recebidos de pessoas físicas e jurídicas, observando-se o disposto no §1º do art. 23, no art. 24 e no §1o do art. 81 da Lei no 9.504, de 30 de setembro de 1997, e os critérios definidos pelos respectivos órgãos de direção e pelas normas estatutárias[226].

Por último, o financiamento misto diz respeito à arrecadação de recursos públicos e privados, modelo atualmente compreendido como alternativa adequada à construção de um processo eleitoral equilibrado e saudável. A ideia é essencialmente combinar as duas modalidades, no intuito de se atingir a proporção adequada de cada uma.

---

[226] BRASIL. Lei nº 9.096, de 19 de setembro de 1995. (Lei dos Partidos Políticos). Disponível em: http://www.planalto.gov.br/ccivil_03/leis/l9096.htm. Acesso em: 23 mar. 2022.

Adota-se, no Brasil, o modelo de financiamento misto, regulamentado pela Lei das Eleições e pela Lei dos Partidos Políticos. Atualmente, a parcela pública dos recursos compreende, além da propaganda eleitoral gratuita, o Fundo Partidário (FP) e o Fundo Especial de Financiamento de Campanha (FEFC), para custeio dos gastos em campanha eleitoral, ao passo que a parcela privada é constituída por doações de pessoas físicas.

O Fundo Partidário, destinado ao subsídio das atividades ordinárias dos partidos, é constituído por (i) multas e penalidades pecuniárias aplicadas nos termos do Código Eleitoral e leis conexas; (ii) recursos financeiros que lhe forem destinados por lei, em caráter permanente ou eventual; (iii) doações de pessoas físicas, efetuadas diretamente na conta do Fundo Partidário; e (iv) dotações orçamentárias da União.[227]

No que tange à divisão do montante total, verifica-se que 95% são distribuídos conforme a proporção de votos obtidos por cada legenda na última eleição para a Câmara dos Deputados; e 5% são divididos igualmente entre todas as siglas.

O Fundo Eleitoral, por sua vez, é provido por recursos do Tesouro Nacional e integra o Orçamento Geral da União, tendo por objetivo financiar as campanhas eleitorais dos partidos brasileiros durante as eleições. Do valor total do FEFC, 2% são divididos igualmente entre todos os partidos com estatuto registrado no TSE; 35% entre os partidos com ao menos um representante na Câmara dos Deputados, na proporção dos votos obtidos pelos deputados na última eleição; 48% conforme o número de deputados de cada partido na Câmara; e 15% conforme o número de senadores de cada sigla.[228]

Para receber os recursos do Fundo Eleitoral, os diretórios nacionais dos partidos têm de aprovar em votação, por maioria absoluta de seus membros, os critérios para distribuição do dinheiro e, em seguida, devem enviar um ofício à Presidência do TSE com as informações sobre os critérios fixados.[229] Além disso, todos os recursos não utilizados pelos partidos devem ser devolvidos ao Tesouro Nacional.

No exercício de 2021, por exemplo, os partidos políticos registrados no Tribunal Superior Eleitoral receberam, em conjunto, R$939.172.697,26. Além disso, para as eleições de 2022, o valor total do FEFC que será disponibilizado é de R$4,9 bilhões. Logo, nota-se que a parcela pública no financiamento das Eleições de 2022 perfará quase R$6 bilhões.

---

[227] BRASIL. Lei nº 9.096, de 19 de setembro de 1995. (Lei dos Partidos Políticos). Disponível em: http://www.planalto.gov.br/ccivil_03/leis/l9096.htm. Acesso em: 23 mar. 2022.

[228] Lei nº 9.504/1997, art. 16-D.

[229] Lei nº 9.504/1997, art. 16-C, §7º.

Doutro vértice, em relação às doações privadas, destaca-se que a Lei dos Partidos Políticos veda o recebimento, direto ou indireto, de qualquer contribuição procedente de (i) entidade ou governo estrangeiros; (ii) entes públicos e pessoas jurídicas de qualquer natureza; (iii) entidade de classe ou sindical; e (iv) pessoas físicas que exerçam função ou cargo público de livre nomeação e exoneração, ou cargo ou emprego público temporário, ressalvados os filiados a partido político.[230]

Destaca-se que a vedação a subsídios de pessoas jurídicas é recente e decorre do julgamento da Ação Direta de Inconstitucionalidade nº 4.650/DF pelo Supremo Tribunal Federal, que decidiu, em 2015, pela inconstitucionalidade das doações de pessoas jurídicas a partidos políticos.[231] A fundamentação utilizada se baseou na proteção aos

---

[230] Lei nº 9.096/1995, art. 31.

[231] "DIREITO CONSTITUCIONAL E ELEITORAL. MODELO NORMATIVO VIGENTE DE FINANCIAMENTO DE CAMPANHAS ELEITORAIS. LEI DAS ELEIÇÕES, ARTS. 23, §1º, INCISOS I e II, 24 e 81, *CAPUT* e §1º. LEI ORGÂNICA DOS PARTIDOS POLÍTICOS, ARTS. 31, 38, INCISO III, e 39, *CAPUT* e §5º. CRITÉRIOS DE DOAÇÕES PARA PESSOAS JURÍDICAS E NATURAIS E PARA O USO DE RECURSOS PRÓPRIOS PELOS CANDIDATOS. PRELIMINARES. IMPOSSIBILIDADE JURÍDICA DO PEDIDO. REJEIÇÃO. PEDIDOS DE DECLARAÇÃO PARCIAL DE INCONSTITUCIONALIDADE SEM REDUÇÃO DE TEXTO (ITENS E.1.e E.2). SENTENÇA DE PERFIL ADITIVO (ITEM E.5). TÉCNICA DE DECISÃO AMPLAMENTE UTILIZADA POR CORTES CONSTITUCIONAIS. ATUAÇÃO NORMATIVA SUBSIDIÁRIA E EXCEPCIONAL DO TRIBUNAL SUPERIOR ELEITORAL, SOMENTE SE LEGITIMANDO EM CASO DE INERTIA DELIBERANDI DO CONGRESSO NACIONAL PARA REGULAR A MATÉRIA APÓS O TRANSCURSO DE PRAZO RAZOÁVEL (IN CASU, DE DEZOITO MESES). INADEQUAÇÃO DA VIA ELEITA. IMPROCEDÊNCIA. PRETENSÕES QUE VEICULAM ULTRAJE À LEI FUNDAMENTAL POR AÇÃO, E NÃO POR OMISSÃO. MÉRITO. OFENSA AOS PRINCÍPIOS FUNDAMENTAIS DEMOCRÁTICO E DA IGUALDADE POLÍTICA. CUMULAÇÃO DE PEDIDOS DE ADI E DE ADI POR OMISSÃO EM UMA ÚNICA DEMANDA DE CONTROLE CONCENTRADO DE CONSTITUCIONALIDADE. VIABILIDADE PROCESSUAL. PREMISSAS TEÓRICAS. POSTURA PARTICULARISTA E EXPANSIVA DA SUPREMA CORTE NA SALVAGUARDA DOS PRESSUPOSTOS DEMOCRÁTICOS. SENSIBILIDADE DA MATÉRIA, AFETA QUE É AO PROCESSO POLÍTICO-ELEITORAL. AUTOINTERESSE DOS AGENTES POLÍTICOS. AUSÊNCIA DE MODELO CONSTITUCIONAL CERRADO DE FINANCIAMENTO DE CAMPANHAS. CONSTITUIÇÃO-MOLDURA. NORMAS FUNDAMENTAIS LIMITADORAS DA DISCRICIONARIEDADE LEGISLATIVA. PRONUNCIAMENTO DO SUPREMO TRIBUNAL FEDERAL QUE NÃO ENCERRA O DEBATE CONSTITUCIONAL EM SENTIDO AMPLO. DIÁLOGOS INSTITUCIONAIS. ÚLTIMA PALAVRA PROVISÓRIA. MÉRITO. DOAÇÃO POR PESSOAS JURÍDICAS. INCONSTITUCIONALIDADE DOS LIMITES PREVISTOS NA LEGISLAÇÃO (2% DO FATURAMENTO BRUTO DO ANO ANTERIOR À ELEIÇÃO). VIOLAÇÃO AOS PRINCÍPIOS DEMOCRÁTICO E DA IGUALDADE POLÍTICA. CAPTURA DO PROCESSO POLÍTICO PELO PODER ECONÔMICO. "PLUTOCRATIZAÇÃO" DO PRÉLIO ELEITORAL. LIMITES DE DOAÇÃO POR NATURAIS E USO DE RECURSOS PRÓPRIOS PELOS CANDIDATOS. COMPATIBILIDADE MATERIAL COM OS CÂNONES DEMOCRÁTICO, REPUBLICANO E DA IGUALDADE POLÍTICA. AÇÃO DIRETA DE INCONSTITUCIONALIDADE JULGADA PARCIALMENTE PROCEDENTE. (ADI 4650, Relator(a): Min. LUIZ FUX, Tribunal Pleno, julgado em 17/09/2015, PROCESSO ELETRÔNICO *DJe*-034 DIVULG 23-02-2016 PUBLIC 24-02-2016). Disponível em: https://redir.stf.jus.br/paginadorpub/paginador.jsp?docTP=TP&docID=10329542. Acesso em: 23 mar. 2022.

princípios democrático, republicano e da isonomia, sob o argumento de que o exercício da cidadania, em sentido estrito, é incompatível com a essência das pessoas jurídicas, de modo que eventual autorização para sua interferência na vida política brasileira seria contrária à própria natureza do regime democrático.

Assim, por entender que o desenho do sistema vigente permitia que empresas privadas, com interesses majoritariamente lucrativos, fossem doadoras protagonistas do processo eleitoral – em detrimento de pessoas físicas, entidades sem fins lucrativos e sindicatos –, o Tribunal concluiu pela sua inconstitucionalidade, admitindo apenas doações de pessoas físicas.

Ademais, importante destacar que a Lei nº 13.878/2019 introduziu alteração por meio da qual, nas eleições municipais de 2020, os candidatos poderiam "usar recursos próprios em sua campanha até o total de 10% (dez por cento) dos limites previstos para gastos de campanha no cargo em que concorrer". Tratou-se, *in casu*, de nova hipótese de autofinanciamento (antes os candidatos poderiam financiar a totalidade do limite previsto para o cargo que concorriam).[232]

1.17 Aplicação mínima obrigatória em políticas públicas para as mulheres

Além da cota de gênero estabelecida a partir do mínimo de 30% de candidaturas, a legislação fixou o percentual mínimo de 5% dos recursos do Fundo Partidário a ser utilizado em campanhas eleitorais de mulheres, no intento de fomentar a participação política feminina.[233]

A Minirreforma Eleitoral de 2015 trouxe a seguinte previsão:

> Art. 9º Nas três eleições que se seguirem à publicação desta Lei, os partidos reservarão, em contas bancárias específicas para este fim, no mínimo 5% (cinco por cento) e no máximo 15% (quinze por cento) do montante do Fundo Partidário destinado ao financiamento das campanhas eleitorais para aplicação nas campanhas de suas candidatas, incluídos nesse valor os recursos a que se refere o inciso V do art. 44 da Lei n. 9.096, de 19 de setembro de 1995.[234]

---

[232] BRASIL. Lei nº 13.878, de 3 de outubro de 2019. Disponível em: http://www.planalto.gov.br/ccivil_03/_Ato2019-2022/2019/Lei/L13878.htm. Acesso em: 23 mar. 2022.

[233] Lei nº 9.096/1995, art. 44, V.

[234] BRASIL. Lei nº 13.165, de 29 de setembro de 2015. Disponível em: http://www.planalto.gov.br/ccivil_03/_ato2015-2018/2015/lei/l13165.htm. Acesso em: 23 mar. 2022.

Em face do referido dispositivo, a Procuradoria-Geral da República (PGR) ajuizou Ação Direta de Inconstitucionalidade perante o STF, alegando contradição com o princípio fundamental da igualdade. Especialmente em relação ao limite máximo de 15%, afirmou-se o reforço das desigualdades e a redução do pluralismo nas posições de gênero – se não existiam limites máximos para o financiamento de campanhas masculinas, não seria coerente fixar limites máximos para mulheres. Sustentou a PGR que o patamar de 5% representaria proteção deficiente aos direitos políticos das mulheres, sugerindo a adoção do percentual mínimo de 30%.[235]

Em março de 2018, o Supremo Tribunal Federal decidiu, por maioria de votos, que a distribuição de recursos do Fundo Partidário destinado ao financiamento de campanhas eleitorais de mulheres deve ser feita na exata proporção das candidaturas de ambos os sexos, respeitado o patamar mínimo de 30% de candidatas de gênero, no caso, mulheres, em harmonia com o sopesado na Lei das Eleições. A Corte

---

[235] "Ementa: AÇÃO DIRETA DE INCONSTITUCIONALIDADE. DIREITO CONSTITUCIONAL E ELEITORAL. ART. 9º DA LEI 13.165/2015. FIXAÇÃO DE PISO (5%) E DE TETO (15%) DO MONTANTE DO FUNDO PARTIDÁRIO DESTINADO AO FINANCIMENTO DAS CAMPANHAS ELEITORAIS PARA A APLICAÇÃO NAS CAMPANHAS DE CANDIDATAS. PRELIMINAR DE IMPOSSIBILIDADE JURÍDICA DO PEDIDO. REJEIÇÃO. INCONSTITUCIONALIDADE. OFENSA À IGUALDADE E À NÃO-DISCRIMINAÇÃO. PROCEDÊNCIA DA AÇÃO. 1. O Supremo Tribunal Federal, ao examinar as alegações de inconstitucionalidade de norma, deve fixar a interpretação que constitucionalmente a densifique, a fim de fazer incidir o conteúdo normativo cuja efetividade independe de ato do Poder Legislativo. Precedentes. 2. O princípio da igualdade material é prestigiados por ações afirmativas. No entanto, utilizar, para qualquer outro fim, a diferença estabelecida com o objetivo de superar a discriminação ofende o mesmo princípio da igualdade, que veda tratamento discriminatório fundado em circunstâncias que estão fora do controle das pessoas, como a raça, o sexo, a cor da pele ou qualquer outra diferenciação arbitrariamente considerada. Precedente do CEDAW. 3. A autonomia partidária não consagra regra que exima o partido do respeito incondicional aos direitos fundamentais, pois é precisamente na artificiosa segmentação entre o público e o privado que reside a principal forma de discriminação das mulheres. 4. Ação direta julgada procedente para: (i) declarar a inconstitucionalidade da expressão "três " contida no art. 9º da Lei 13.165/2015; (ii) dar interpretação conforme à Constituição ao art. 9º da Lei 13.165/2015 de modo a (a) equiparar o patamar legal mínimo de candidaturas femininas (hoje o do art. 10, §3º, da Lei 9.504/1997, isto é, ao menos 30% de cidadãs), ao mínimo de recursos do Fundo Partidário a lhes serem destinados, que deve ser interpretado como também de 30% do montante do fundo alocado a cada partido, para eleições majoritárias e proporcionais, e (b) fixar que, havendo percentual mais elevado de candidaturas femininas, o mínimo de recursos globais do partido destinados a campanhas lhes seja alocado na mesma proporção; (iii) declarar a inconstitucionalidade, por arrastamento, do §5º-A e do §7º do art. 44 da Lei 9.096/95. (ADI 5617, Relator(a): Min. EDSON FACHIN, Tribunal Pleno, julgado em 15/03/2018, PROCESSO ELETRÔNICO *DJe*-211 DIVULG 02-10-2018 PUBLIC 03-10-2018)". Disponível em: https://redir.stf.jus.br/paginadorpub/paginador.jsp?docTP=TP&docID=748354101. Acesso em: 23 mar. 2022.

também entendeu ser inconstitucional a fixação de prazo para essa regra, segundo se verifica da redação inicial da lei, já que a não discriminação quanto à distribuição de recursos deve perdurar enquanto for justificada a necessidade de se fixar cota mínima de candidaturas femininas.

Na mesma linha, o Plenário do Tribunal Superior Eleitoral, em sede de consulta, deliberou que os partidos políticos deveriam, já para as eleições de 2018, reservar ao menos 30% dos recursos do FEFC para financiar campanhas femininas no período eleitoral, devendo o mesmo percentual ser aplicado em relação ao tempo de propaganda eleitoral gratuita em rádio e televisão.[236]

Atualmente, portanto, ambos os fundos públicos – FP e FEFC – têm restrições, aplicando-se a eles o percentual mínimo de 30% para financiamento de campanhas de mulheres.[237]

1.18 Prestação de contas dos partidos políticos

Tendo em vista os princípios norteadores do processo eleitoral e do Direito Político brasileiros, são de fundamental importância tanto a transparência quanto à origem e ao destino dos recursos empregados no financiamento dos partidos políticos e campanhas quanto a verificação do comprimento das normas pela Justiça Eleitoral.

---

[236] "CONSULTA. SENADORAS E DEPUTADAS FEDERAIS. INCENTIVO À PARTICIPAÇÃO FEMININA NA POLÍTICA. DISTRIBUIÇÃO DOS RECURSOS DO FUNDO ESPECIAL DE FINANCIAMENTO DE CAMPANHA (FEFC) E DO TEMPO DE PROPAGANDA ELEITORAL GRATUITA NO RÁDIO E NA TV. PROPORCIONALIDADE. ART. 10, §3º, DA LEI N. 9.504/1997. MÍNIMO LEGAL DE 30% DE CANDIDATURAS POR GÊNERO. APLICABILIDADE. FUNDAMENTOS. ADI 5617. STF. EFICÁCIA TRANSCENDENTE. PAPEL INSTITUCIONAL DA JUSTIÇA ELEITORAL. PROTAGONISMO. PRÁTICAS AFIRMATIVAS. FORTALECIMENTO. DEMOCRACIA INTERNA DOS PARTIDOS. QUESITOS RESPONDIDOS AFIRMATIVAMENTE. [...] Conclusão. Consulta respondida afirmativamente, nos seguintes termos: a distribuição dos recursos do Fundo Especial de Financiamento de Campanha (FEFC), previsto nos arts. 16-C e 16-D, da Lei das Eleições, e do tempo de propaganda eleitoral gratuita no rádio e na televisão, regulamentada nos arts. 47 e seguintes do mesmo diploma legal, deve observar os percentuais mínimos de candidatura por gênero, nos termos do art. 10, §3º, da Lei nº 9.504/97, na linha da orientação firmada na Suprema Corte ao exame da ADI 5617. No caso de percentual superior de candidaturas, impõe-se o acréscimo de recursos do FEFC e do tempo de propaganda na mesma proporção." (Consulta n. 060025218, Acórdão, Relator(a) Min. Rosa Weber, Publicação: *DJe – Diário de Justiça Eletrônico*, Tomo 163, Data 15/08/2018). Disponível em: http://www.tse.jus.br/jurisprudencia/decisoes/jurisprudencia. Acesso em: 23 mar. 2022.

[237] BRASIL. Tribunal Superior Eleitoral. Cota de 30% para mulheres nas eleições proporcionais deverá ser cumprida por cada partido em 2020. Disponível em http://www.tse.jus.br/imprensa/noticias-tse/2019/Marco/cota-de-30-para-mulheres-nas-eleicoes-proporcionais-devera-ser-cumprida-por-cada-partido-em-2020. Acesso em: 23 mar. 2022.

Nesse sentido, além das mencionadas disposições sobre distribuição e composição dos fundos, existem normas de limitação dos gastos de campanhas[238] e de obrigatoriedade da prestação de contas,[239] cujo objetivo é conceder efetividade às premissas de idoneidade e equilíbrio no ambiente eleitoral.

Em sede de prestação de contas, *v.g.*, o balanço a ser apresentado deve conter necessariamente: (i) discriminação dos valores e destinação dos recursos oriundos do fundo partidário; (ii) origem e valor das

---

[238] "Art. 5º Nas eleições para Presidente da República em 2018, o limite de gastos de campanha de cada candidato será de R$70.000.000, 00 (setenta milhões de reais). Parágrafo único. Na campanha para o segundo turno, se houver, o limite de gastos de cada candidato será de 50% (cinquenta por cento) do valor estabelecido no caput deste artigo".
Art. 6º O limite de gastos nas campanhas dos candidatos às eleições de Governador e Senador em 2018 será definido de acordo com o número de eleitores de cada Unidade da Federação apurado no dia 31 de maio de 2018, nos termos previstos neste artigo. §1º Nas eleições para Governador, serão os seguintes os limites de gastos de campanha de cada candidato: I – nas unidades da Federação com até um milhão de eleitores: R$2.800.000,00 (dois milhões e oitocentos mil reais); II – nas unidades da Federação com mais de um milhão de eleitores e de até dois milhões de eleitores: R$4.900.000, 00 (quatro milhões e novecentos mil reais); III – nas unidades da Federação com mais de dois milhões de eleitores e de até quatro milhões de eleitores: R$5.600.000, 00 (cinco milhões e seiscentos mil reais); IV – nas unidades da Federação com mais de quatro milhões de eleitores e de até dez milhões de eleitores: R$9.100.000, 00 (nove milhões e cem mil reais); V – nas unidades da Federação com mais de dez milhões de eleitores e de até vinte milhões de eleitores: R$14.000.000, 00 (catorze milhões de reais);
VI – nas unidades da Federação com mais de vinte milhões de eleitores: R$21.000.000, 00 (vinte e um milhões de reais). §2º Nas eleições para Senador, serão os seguintes os limites de gastos de campanha de cada candidato:
I – nas unidades da Federação com até dois milhões de eleitores: R$2.500.000, 00 (dois milhões e quinhentos mil reais); II – nas unidades da Federação com mais de dois milhões de eleitores e de até quatro milhões de eleitores: R$3.000.000, 00 (três milhões de reais); III – nas unidades da Federação com mais de quatro milhões de eleitores e de até dez milhões de eleitores: R$3.500.000, 00 (três milhões e quinhentos mil reais); IV – nas unidades da Federação com mais de dez milhões de eleitores e de até vinte milhões de eleitores: R$4.200.000, 00 (quatro milhões e duzentos mil reais); V – nas unidades da Federação com mais de vinte milhões de eleitores: R$5.600.000, 00 (cinco milhões e seiscentos mil reais). §3º Nas campanhas para o segundo turno de governador, onde houver, o limite de gastos de cada candidato será de 50% (cinquenta por cento) dos limites fixados no §1º deste artigo. Art. 7º Em 2018, o limite de gastos será de: I – R$2.500.000, 00 (dois milhões e quinhentos mil reais) para as campanhas dos candidatos às eleições de Deputado Federal; II – R$1.000.000, 00 (um milhão de reais) para as campanhas dos candidatos às eleições de Deputado Estadual e Deputado Distrital". BRASIL. *Lei nº 13.488, de 6 de outubro de 2017.* Disponível em: http://www.planalto.gov.br/ccivil_03/_Ato2015-2018/2017/Lei/L13488.htm. Acesso em: 23 mar. 2022.

[239] "Art. 30. O partido político, através de seus órgãos nacionais, regionais e municipais, deve manter escrituração contábil, de forma a permitir o conhecimento da origem de suas receitas e a destinação de suas despesas".
[...]
"Art. 32. O partido está obrigado a enviar, anualmente, à Justiça Eleitoral, o balanço contábil do exercício findo, até o dia 30 de junho do ano seguinte". BRASIL. Lei nº 9.096, de 19 de setembro de 1995. (Lei dos Partidos Políticos). Disponível em: http://www.planalto.gov.br/ccivil_03/leis/l9096.htm. Acesso em: 23. mar. 2022.

contribuições e doações; (iii) despesas de caráter eleitoral, com especificação e comprovação de todos os gastos com atividades de campanha; e (iv) discriminação detalhada das receitas e despesas.[240]

Em relação às despesas sujeitas a registro e, por conseguinte, à declaração em prestação de contas de campanha, a Lei das Eleições dispõe o seguinte:

> Art. 26. São considerados gastos eleitorais, sujeitos a registro e aos limites fixados nesta Lei:
>
> I – confecção de material impresso de qualquer natureza e tamanho, observado o disposto no §3º do art. 38 desta Lei;
>
> II – propaganda e publicidade direta ou indireta, por qualquer meio de divulgação, destinada a conquistar votos;
>
> III – aluguel de locais para a promoção de atos de campanha eleitoral;
>
> IV – despesas com transporte ou deslocamento de candidato e de pessoal a serviço das candidaturas, observadas as exceções previstas no §3º deste artigo.
>
> V – correspondência e despesas postais;
>
> VI – despesas de instalação, organização e funcionamento de Comitês e serviços necessários às eleições;
>
> VII – remuneração ou gratificação de qualquer espécie a pessoal que preste serviços às candidaturas ou aos comitês eleitorais;
>
> VIII – montagem e operação de carros de som, de propaganda e assemelhados;
>
> IX – a realização de comícios ou eventos destinados à promoção de candidatura;
>
> X – produção de programas de rádio, televisão ou vídeo, inclusive os destinados à propaganda gratuita;
>
> XI – (Revogado);
>
> XII – realização de pesquisas ou testes pré-eleitorais;
>
> XIII – (Revogado);
>
> XIV – (Revogado);
>
> XV – custos com a criação e inclusão de sítios na internet e com o impulsionamento de conteúdos contratados diretamente com provedor da aplicação de internet com sede e foro no País. [241]

A legislação ainda prevê expressamente que os gastos pessoais do candidato não são considerados eleitorais e, portanto, não estão

---

[240] Lei nº 9.096/1995, art. 33.

[241] BRASIL. Lei nº 9.504, de 30 de setembro de 1997. Estabelece normas para as eleições. Disponível em: http://www.planalto.gov.br/ccivil_03/leis/l9504.htm. Acesso em: 23 mar. 2022.

sujeitos à prestação de contas de campanha, a saber: (i) combustível e manutenção de veículo automotor usado pelo candidato na campanha; (ii) remuneração, alimentação e hospedagem do condutor do veículo; (iii) alimentação e hospedagem própria; e (iv) uso de linhas telefônicas registradas em seu nome como pessoa física, até o limite de três linhas.[242]

Além disso, a lei estabelece limites em relação ao total gasto da campanha: de 10% para custos com alimentação do pessoal que presta serviços às candidaturas ou aos comitês eleitorais, e de 20% com aluguel de veículos automotores.[243] Assim, atendidas as disposições legais e encerradas as eleições, faz-se obrigatória a prestação de contas de recursos arrecadados e das despesas em campanha, tanto por candidatos quanto por partidos.

Segundo José Jairo Gomes, a prestação de contas "constitui o instrumento oficial que permite a realização de auditoria, fiscalização e controle financeiro das campanhas eleitorais".[244]

Isso porque o controle imposto pela prestação de contas confere maior transparência e legitimidade ao processo eleitoral, prevenindo o abuso de poder econômico e possibilitando o conhecimento, por parte da sociedade, da procedência do financiamento eleitoral de seus partidos e mandatários. Tem-se, dessa forma, meio apto a averiguar a integridade da arrecadação e dos gastos durante o período eleitoral, a partir do contraste entre o declarado e a realidade da campanha.

1.18.1 Natureza jurisdicional

A jurisprudência do Tribunal Superior Eleitoral sempre se alinhou à natureza administrativa do processo de prestação de contas, não compreendendo válida a possibilidade de interposição de recursos especiais contra acórdãos de Tribunais Regionais Eleitorais proferidos em análise de prestação de contas.

Em face desse entendimento, o então governador de Minas Gerais, Aécio Neves, interpôs, em 2008, Recurso Extraordinário[245]

---

242 Lei nº 9.504/1997, art. 26, §3º.

243 Lei nº 9.504/1997, art. 26, §1º.

244 GOMES, José Jairo. *Direito eleitoral*. 14. ed. rev., atual. e ampl. São Paulo: Atlas, 2018, p. 487.

245 BRASIL. Supremo Tribunal Federal. *RE n. 825.274/SP*, que substituiu o RE n. 591.470, interposto por Aécio Neves, como paradigma de repercussão geral (Tema 124).
"CONSTITUCIONAL. DIREITO ELEITORAL. PRESTAÇÃO DE CONTAS. CABIMENTO DE RECURSO ESPECIAL ELEITORAL. ART. 121, §4º, DA CONSTITUIÇÃO DA REPÚBLICA. REPERCUSSÃO GERAL RECONHECIDA. 1. Tem repercussão geral a questão constitucional relativa à delimitação da competência que a Constituição da República

perante o Supremo Tribunal Federal, sustentando que o art. 121, §§3º e 4º, da Constituição[246] prevê a recorribilidade *lato sensu* das decisões do TSE e dos TREs, não empregando o vocábulo "causa", que condiciona o cabimento de recurso extraordinário ao STF.[247] Com efeito, o STF, por maioria, reconheceu a existência de repercussão geral da questão constitucional, mas não julgou o apelo até o momento.

Em 2009, contudo, instituiu-se a Lei nº 12.034, que alterou o art. 30 da Lei nº 9.504/1997, para determinar que cabe recurso ao órgão superior da Justiça Eleitoral da decisão que julgar as contas prestadas (§5º),[248] alterado, em seguida, pela Lei nº 13.165 de 2015[249]. Ainda no fito de conferir admissibilidade aos recursos em processos de prestação

---

outorgou ao Tribunal Superior Eleitoral para examinar recurso especial eleitoral (art. 121, §4º, da Constituição da República), mormente no que diz respeito à dúvida de seu cabimento nas prestações de contas de campanhas eleitorais. 2. Relevância jurídica e transcendência de interesses caracterizados." (RE 591470 RG, Relatora: Min. CÁRMEN LÚCIA, julgado em 16/10/2008, *DJe*-206 DIVULG 30-10-2008 PUBLIC 31-10-2008 EMENT VOL-02339-10 PP-02004). Disponível em: http://stf.jus.br/portal/jurisprudencia/listarJurisprudencia.asp?s1=%28RE%24%2ESCLA%2E+E+591470%2ENUME%2E%29+OU+%28RE%2EPRCR%2E+ADJ2+591470%2EPRCR%2E%29&base=baseRepercussao&url=http://tinyurl.com/md3882u. Acesso em: 25 out. 2019.

[246] "Art. 121. [...] §3º – São irrecorríveis as decisões do Tribunal Superior Eleitoral, salvo as que contrariarem esta Constituição e as denegatórias de *habeas corpus* ou mandado de segurança.
§4º – Das decisões dos Tribunais Regionais Eleitorais somente caberá recurso quando:
I – forem proferidas contra disposição expressa desta Constituição ou de lei;
II – ocorrer divergência na interpretação de lei entre dois ou mais tribunais eleitorais;
III – versarem sobre inelegibilidade ou expedição de diplomas nas eleições federais ou estaduais;
IV – anularem diplomas ou decretarem a perda de mandatos eletivos federais ou estaduais;
V – denegarem *habeas corpus*, mandado de segurança, *habeas data* ou mandado de injunção". BRASIL. (1988) *Constituição da República Federativa do Brasil*. Disponível em: http://www.planalto.gov.br/ccivil_03/constituicao/constituicao.htm. Acesso em: 23 mar. 2022.

[247] "Art. 102. Compete ao Supremo Tribunal Federal, precipuamente, a guarda da Constituição, cabendo-lhe:
[...] III – julgar, mediante recurso extraordinário, as causas decididas em única ou última instância, quando a decisão recorrida:
a) contrariar dispositivo desta Constituição;
b) declarar a inconstitucionalidade de tratado ou lei federal;
c) julgar válida lei ou ato de governo local contestado em face desta Constituição.
d) julgar válida lei local contestada em face de lei federal". BRASIL. (1988) *Constituição da República Federativa do Brasil*. Disponível em: http://www.planalto.gov.br/ccivil_03/constituicao/constituicao.htm. Acesso em: 23 mar. 2022.

[248] BRASIL. Lei nº 12.034, de 29 de setembro de 2009. Disponível em: http://www.planalto.gov.br/ccivil_03/_Ato2007-2010/2009/Lei/L12034.htm. Acesso em: 23 mar. 2022.

[249] "Art. 30 [...]§5º Da decisão que julgar as contas prestadas pelos candidatos caberá recurso ao órgão superior da Justiça Eleitoral, no prazo de 3 (três) dias, a contar da publicação no Diário Oficial." BRASIL. Lei nº 13.165, de 29 de setembro de 2015. Disponível em: http://www.planalto.gov.br/ccivil_03/_Ato2015-2018/2015/Lei/L13165.htm#art2. Acesso em: 23 mar. 2022.

de contas, modificou-se o art. 37 da Lei nº 9.096/1995, para afirmar que o exame da prestação de contas dos órgãos partidários tem caráter jurisdicional, em contraposição ao entendimento anterior.

Nesse sentido, conforme pontua Josaphá Francisco dos Santos:

> [...] com o advento da Lei n. 12.034/2009 a prestação de contas deixou de ser um mero procedimento administrativo e alçou o status de verdadeira ação jurisdicional.
>
> [...] Enquanto compreendidas como matéria administrativa, as prestações de contas não estavam sujeitas ao duplo grau de jurisdição e, via de regra, os candidatos inconformados com a decisão prolatada encontravam grandes dificuldades em submetê-las a um juízo revisional.[250]

Atualmente, destarte, a legislação ordinária indica a natureza jurisdicional do processo de prestação de contas, entendimento que pode ser revisto pelo Supremo Tribunal Federal na apreciação do RE nº 825.274/SP, que substituiu o RE nº 591.470, interposto por Aécio Neves, como paradigma de repercussão geral (Tema 124).

1.18.2 Sanção por desaprovação ou não prestação contas

Ao julgar a prestação de contas, a Justiça Eleitoral deve verificar a legalidade da utilização dos recursos, podendo decidir: (i) pela aprovação, caso regulares; (ii) pela aprovação com ressalvas, quando houver falhas que não comprometam a regularidade; (iii) pela desaprovação, quando verificadas falhas que comprometam sua regularidade; e (iv) pela não prestação, caso as contas não tenham sido apresentadas mesmo após a notificação emitida pela Justiça Eleitoral, que concede prazo de 72 horas para apresentação das contas.[251]

A aprovação com ressalvas se refere à evidência de faltas materiais, sempre que as contas prestadas pelos candidatos e partidos não estiverem inteiramente regulares, mas também não contenham faltas tão graves a ponto de ensejar a desaprovação. Aqui, tem-se a aplicação do princípio da razoabilidade e da proporcionalidade, em hipóteses de erros materiais menos significativos ou que não comprometam a análise das contas prestadas, com a consequente manutenção da lisura

---

[250] SANTOS, Josaphá Francisco dos. A prestação de contas de campanha perante a Justiça Eleitoral. *In*: NETO, Tarcisio Vieira de Carvalho; FERREIRA, Telson Luís Cavalcante (Coord.). *Aspectos materiais e processuais*. São Paulo: Migalhas, 2016, p. 179-189.

[251] Lei nº 9.054/1997, art. 30.

do pleito.[252] Por conseguinte, o efeito disso é essencialmente ético: a aprovação com ressalvas tem aparência de legitimidade em relação ao partido ou candidato, não denotando gravidade de conduta.[253]

A desaprovação, por outro lado, provoca repercussão contrária: transmite a ideia de que o partido político e/ou a campanha não se conduziram dentro dos parâmetros legais, éticos e, logo, são juridicamente reprováveis. *In casu*, tem-se, por consequência, a aplicação de sanções.

A redação anterior do art. 37 da Lei dos Partidos Políticos previa que a falta de prestação de contas ou sua desaprovação total ou parcial implicava a suspensão de novas cotas do Fundo Partidário, sujeitando os responsáveis às penas da lei.[254] Com a Minirreforma Eleitoral de 2015, porém, fixou-se que a desaprovação das contas do partido implica exclusivamente a sanção de devolução da importância apontada como irregular, acrescida de multa de até 20%.[255]

Assim, em caso de desaprovação das contas, não mais se suspendem as cotas do Fundo Partidário – a sanção deve ter valor certo, acrescido da multa de até 20%, cujo prazo de pagamento deve ser de um a doze meses a partir da data da decisão de desaprovação, baseada no princípio da proporcionalidade (§3º).[256]

[252] Nesse sentido: "[...] 4. Considerado o pequeno montante do serviço inicialmente não declarado, que constituiu a única irregularidade averiguada, e não se vislumbrando a má-fé do candidato, dada a posterior justificativa apresentada, é de se aprovar, com ressalvas, a prestação de contas, com base nos princípios da razoabilidade e da proporcionalidade. Precedentes. Recurso provido" (Recurso em Mandado de Segurança n. 551, Acórdão, Relator(a) Min. Caputo Bastos, Publicação: *DJ* – Diário de Justiça, Data 24/06/2008, p. 8). Disponível em: http://www.tse.jus.br/jurisprudencia/decisoes/jurisprudencia. Acesso em: 23 mar. 2022.

[253] GOMES, José Jairo. *Direito eleitoral*. 15. ed. São Paulo: Atlas, 2019, p. 504.

[254] "Art. 37. A falta de prestação de contas ou sua desaprovação total ou parcial implica a suspensão de novas cotas do Fundo Partidário e sujeita os responsáveis às penas da lei." BRASIL. *Lei nº 9.096, de 19 de setembro de 1995*. (Lei dos Partidos Políticos). Disponível em: http://www.planalto.gov.br/ccivil_03/leis/l9096.htm. Acesso em: 23. mar. 2022.

[255] "Art. 37. A desaprovação das contas do partido implicará exclusivamente a sanção de devolução da importância apontada como irregular, acrescida de multa de até 20% (vinte por cento)". BRASIL. Lei nº 13.165, de 29 de setembro de 2015. Disponível em: http://www.planalto.gov.br/ccivil_03/_ato2015-2018/2015/lei/l13165.htm. Acesso em: 23 mar. 2022.

[256] "Art. 37 [...] §3º A sanção a que se refere o *caput* deste artigo deverá ser aplicada de forma proporcional e razoável, pelo período de 1 (um) a 12 (doze) meses, e o pagamento deverá ser feito por meio de desconto nos futuros repasses de cotas do fundo partidário a, no máximo, 50% (cinquenta por cento) do valor mensal, desde que a prestação de contas seja julgada, pelo juízo ou tribunal competente, em até 5 (cinco) anos de sua apresentação, vedada a acumulação de sanções." BRASIL. Lei nº 13.877, de 27 de setembro de 2019. Disponível em: http://www.planalto.gov.br/ccivil_03/_Ato2015-2018/2017/Lei/L13488.htm. Acesso em: 23 mar. 2022.

O pagamento desse valor, por sua vez, deve ocorrer por meio de desconto nos repasses futuros de cotas do Fundo Partidário, não podendo ser aplicado no segundo semestre de ano eleitoral (§9º).[257] Além disso, a sanção somente pode ser aplicada se a prestação de contas for julgada, pelo juízo ou tribunal competente, em até cinco anos de sua apresentação (§3º).[258]

Ressalta-se, ainda, de acordo com a Resolução de regência do TSE, que a desaprovação deve ocorrer quando: (i) verificada irregularidade que comprometa a integralidade das contas; (ii) apresentados apenas parcialmente os documentos e informações inerentes à prestação de contas e exigidos pelo Sistema de Prestação de Contas Anual da Justiça Eleitoral, e não seja possível verificar movimentação financeira do órgão partidário; ou (iii) verificado que a declaração de ausência de movimentação de recursos no período não corresponde à verdade.[259]

Na hipótese de não prestação, a Lei dos Partidos Políticos dispõe, em seu art. 37-A, que "implicará a suspensão de novas cotas do Fundo Partidário enquanto perdurar a inadimplência e sujeitará os responsáveis às penas da lei".[260] Dessa forma, enquanto o partido político não prestar contas à Justiça Eleitoral, fica impedido de receber recursos do Fundo Partidário.

Logo, compreende-se que a desaprovação das contas ocorre quando o partido apresenta a prestação de contas, mas – diante de irregularidades graves, como, por exemplo, omissões de natureza contábil – tem sua prestação rejeitada pelo Poder Judiciário Eleitoral.[261]

---

257 "Art. 37 [...] §9º O desconto no repasse de cotas resultante da aplicação da sanção a que se refere o *caput* será suspenso durante o segundo semestre do ano em que se realizarem as eleições." BRASIL. Lei nº 13.165, de 29 de setembro de 2015. Disponível em: http://www.planalto.gov.br/ccivil_03/_ato2015-2018/2015/lei/l13165.htm. Acesso em: 24 mar. 2022.

258 Art. 37. [...] §3º A sanção a que se refere o *caput* deste artigo deverá ser aplicada de forma proporcional e razoável, pelo período de 1 (um) a 12 (doze) meses, e o pagamento deverá ser feito por meio de desconto nos futuros repasses de cotas do fundo partidário a, no máximo, 50% (cinquenta por cento) do valor mensal, desde que a prestação de contas seja julgada, pelo juízo ou tribunal competente, em até 5 (cinco) anos de sua apresentação, vedada a acumulação de sanções." BRASIL. Lei nº 13.877, de 27 de setembro de 2019. Disponível em: http://www.planalto.gov.br/ccivil_03/_Ato2019-2022/2019/Lei/L13877.htm#art1. Acesso em: 24 mar. 2022.

259 Resolução TSE n. 23.604/2019, art. 45, III.

260 BRASIL. Lei nº 9.096, de 19 de setembro de 1995. (Lei dos Partidos Políticos). Disponível em: http://www.planalto.gov.br/ccivil_03/leis/l9096.htm. Acesso em: 24 mar. 2022.

261 "AGRAVO REGIMENTAL. RECURSO ESPECIAL. PRESTAÇÃO CONTAS. ELEIÇÕES 2014. RES.-TSE 23.406/2014. OMISSÕES. DESPESAS. EXTRATOS BANCÁRIOS. AUSÊNCIA. IRREGULARIDADES GRAVES. DESAPROVAÇÃO. DESPROVIMENTO. 1. No caso, o TRE/GO reprovou as contas do recorrente relativas ao pleito de 2014, determinando suspensão de cotas do Fundo Partidário por dois meses. 2. Omissões de despesas

verificadas mediante circularização de dados da Justiça Eleitoral constituem falhas graves e aptas a gerar a respectiva desaprovação. 3. A suposta inexpressividade de tais gastos não foi discutida na instância a quo e concluir a esse respeito demandaria análise de fatos e provas, providência inviável em sede extraordinária, a teor da Súmula 24/TSE. 4. Nos termos dos arts. 12 e 13 da Res.-TSE 23.406/2014, o partido deve abrir duas contas bancárias, uma específica para doações para campanha e outra distinta para o recebimento e manuseio de recursos do Fundo Partidário. 5. Na hipótese, além dessas, havia duas outras e, com relação a uma delas, a grei nem sequer encaminhou os extratos bancários físicos para viabilizar o controle por esta Justiça, sob o argumento de que inexistiu movimentação financeira decorrente de sobras de campanha. 6. Todavia, tais extratos eram essenciais, sobretudo para que se verificasse inexistência de doações por fontes vedadas ou de origem não identificada. 7. Não se pode admitir que nenhuma conta bancária aberta em nome de partidos políticos fique à margem do conhecimento da Justiça Eleitoral, sob pena de o exame do fluxo contábil restar incompleto. 8. Agravo regimental desprovido". (Recurso Especial Eleitoral n. 282046, Acórdão, Relator(a) Min. Jorge Mussi, Publicação: *DJe – Diário de Justiça Eletrônico*, Data 27/03/2019, p. 56-57). Disponível em: http://www.tse.jus.br/jurisprudencia/decisoes/jurisprudencia. Acesso em: 24 mar. 2022.
"AGRAVO REGIMENTAL. RECURSO ESPECIAL. CONTAS ANUAIS DE PARTIDO. EXERCÍCIO FINANCEIRO DE 2014. DOCUMENTOS ESSENCIAIS. AUSÊNCIA. IRREGULARIDADE INSANÁVEL. SUSPENSÃO. COTAS. FUNDO PARTIDÁRIO. ADEQUAÇÃO. DESPROVIMENTO. 1. No caso, manteve-se aresto unânime do TRE/GO por meio do qual se desaprovaram as contas do exercício financeiro de 2014 por expressivas omissões de natureza contábil, além da notória desídia da legenda, que, apesar de intimada duas vezes para sanar as falhas, manteve-se inerte durante toda a marcha do feito. 2. Não se preencheram as peças a seguir: a) Demonstração das Mutações do Patrimônio Líquido; b) Demonstração do Resultado do Exercício; c) Demonstrativo de Contribuições Recebidas; d) Demonstrativo de Doações Recebidas; e) Demonstrativo de Sobras de Campanha; f) Demonstrativo de Transferências Financeiras Intrapartidárias Efetuadas; g) Demonstrativo de Transferências Intrapartidárias Recebidas. 3. Deixou-se, ademais, de se apresentar: a) Demonstrativo de Receitas e Despesas; b) conciliação bancária; c) Demonstrativo de Dívidas de Campanha; d) Demonstrativos de Acordos; e) Controle de despesas com pessoal; f) Livro Razão; g) extratos bancários; h) documentos fiscais que comprovariam as despesas de caráter eleitoral; i) balancetes dos meses de junho a novembro. 4. Além disso, juntou-se o Livro Diário sem a autenticação no ofício civil, não se lançou nenhum gasto com pessoal e não se registraram as doações estimáveis em dinheiro. 5. Tais omissões inviabilizaram por completo a atividade fiscalizatória da Justiça Eleitoral e violaram os princípios da transparência e da confiabilidade, de modo que a suspensão de cotas do Fundo Partidário por dez meses revela-se adequada. 6. Inaplicável ao caso o AgR-REspe 75-28/ES, Rel. Min. Henrique Neves da Silva, *DJe* de 18.9.2014, em que a suspensão de cotas por seis meses decorreu de "apresentação irregular do Livro Diário", ao passo que na espécie a multiplicidade de falhas é manifesta. 7. Agravo regimental desprovido". (Recurso Especial Eleitoral n. 19505, Acórdão, Relator(a) Min. Jorge Mussi, Publicação: *DJe – Diário de Justiça Eletrônico*, Data 27/03/2019, p. 58-59) Disponível em: http://www.tse.jus.br/jurisprudencia/decisoes/jurisprudencia. Acesso em: 24 mar. 2022.
"Prestação de contas. Partido social democrático. Diretório nacional. Exercício de 2013. Reiteração no descumprimento da destinação de recursos do fundo partidário à participação feminina na política. Desaprovação. Sanções de acréscimo de 2, 5% no gasto com o incentivo à participação da mulher na política e suspensão da cota do fundo partidário por um mês. Sanção mínima. Razoabilidade e proporcionalidade. [...] 5. Diante do descumprimento reiterado da norma e observada a aplicação da sanção de forma proporcional e razoável, determino a suspensão do repasse de uma única cota do Fundo Partidário – patamar mínimo, conforme dispõe o art. 37, §3º, da Lei nº 9.096/95 – a ser cumprida de

Doutro vértice, as contas não prestadas ocorrem quando não são declarados os gastos à Justiça Eleitoral. E, ante a gravidade da omissão, que afeta indubitavelmente a ética e a transparência do processo político-partidário, a legislação impõe a suspensão do repasse do Fundo Partidário.

Ainda nesse contexto, registra-se que, em 2018, o Partido Socialista Brasileiro (PSB) e o Partido Popular Socialista (PPS) apresentaram a Ação Direta de Inconstitucionalidade nº 6032 perante o Supremo Tribunal Federal, alegando que o art. 47, *caput* e §2º, da Resolução/TSE nº 23.432/2014, o art. 48, *caput* e §2º, da Resolução/TSE nº 23.546/2017, e o art. 42, *caput*, da Resolução/TSE nº 23.571/2018, ofendem os preceitos constitucionais e usurpam a competência legislativa do Congresso Nacional, uma vez que não caberia ao Tribunal Superior Eleitoral, através de Resolução, impor sanções.

In verbis:

> Art. 47. A falta de prestação de contas implica a proibição de recebimento de recursos oriundos do partidário, enquanto não for regularizada a situação do partido político.
>
> [...]
>
> §2º Julgadas não prestadas as contas dos órgãos regionais, municipais ou zonais, serão eles e os seus responsáveis considerados, para todos os efeitos, inadimplentes perante a Justiça Eleitoral e o registro ou anotação dos seus órgãos de direção e ficará suspenso até a regularização da sua situação.[262]

> Art. 48. A falta de prestação de contas implica a proibição de recebimento de recursos oriundos do Fundo Partidário, enquanto não for regularizada a situação do partido político.
>
> [...]
>
> §2º O órgão partidário, de qualquer esfera, que tiver as suas contas julgadas como não prestadas fica obrigado a devolver integralmente todos os recursos provenientes do Fundo Partidário que lhe forem

---

forma parcelada, em 2 (duas) vezes, com valores iguais e consecutivamente, à luz dos princípios da proporcionalidade e da razoabilidade. Precedentes." (Prestação de Contas n. 28329, Acórdão, Relator(a) Min. Tarcisio Vieira de Carvalho Neto, Publicação: *DJe – Diário de Justiça Eletrônico*, Data 18/02/2019). Disponível em: http://www.tse.jus.br/jurisprudencia/decisoes/jurisprudencia. Acesso em: 24 mar. 2022.

262 BRASIL. Tribunal Superior Eleitoral. Resolução nº 23.432, de 16 de dezembro de 2014. Disponível em: http://www.tse.jus.br/legislacao/codigo-eleitoral/normas-editadas-pelo-tse/resolucao-no-23-432-de-16-de-dezembro-de-2014-2013-brasilia-2013-df. Acesso em: 24 mar. 2022.

> entregues, distribuídos ou repassados, bem como terá suspenso o registro ou a anotação, no caso de órgão de direção estadual ou municipal.[263]
>
> Art. 42. Será suspenso o registro ou a anotação do órgão de direção estadual ou municipal que tiver suas contas partidárias julgadas como não prestadas, devendo o órgão ser inativado e novas anotações indeferidas até que seja regularizada a situação.[264]

Em suma, os citados dispositivos da Resolução de regência aduzem que o partido político que não prestar contas deverá devolver os recursos recebidos do Fundo Partidário, e ainda terá suspenso seu registro junto ao Tribunal Superior Eleitoral, em se tratando de órgão de direção estadual ou municipal.

Diante do debate constitucional acerca da possibilidade de a referida matéria ser objeto de Resolução do TSE, o Supremo Tribunal Federal, por decisão proferida pelo Ministro Gilmar Mendes, concedeu parcialmente a medida cautelar requerida pelos partidos para:

> [...] conferir interpretação conforme à Constituição às normas do art. 47, *caput* e §2º, da Res./TSE 23.432/2014; do art. 48, *caput* e §2º, da Res./ TSE 23.546/2017; e do art. 42, *caput*, da Res./TSE 23.571/2018, afastando qualquer interpretação que permita que a sanção de suspensão do registro ou anotação do órgão partidário regional ou municipal seja aplicada de forma automática, como consequência da decisão que julga as contas não prestadas, assegurando que tal penalidade somente pode ser aplicada após decisão, com trânsito em julgado, decorrente de procedimento específico de suspensão de registro, nos termos do art. 28 da Lei 9.096/1995.[265]

Adiante, em 05.12.2019, por maioria, o Supremo Tribunal Federal conheceu da ação direta inconstitucionalidade e, por unanimidade, converteu o julgamento do referendo em medida cautelar em julgamento

---

[263] BRASIL. Tribunal Superior Eleitoral. Resolução nº 23.546, de 18 de dezembro de 2017. Disponível em: http://www.tse.jus.br/legislacao-tse/res/2017/RES235462017.html. Acesso em: 24 mar. 2022.

[264] BRASIL. Tribunal Superior Eleitoral. Resolução nº *23.571, de 29 de maio de 2018*. Disponível em: http://www.tse.jus.br/legislacao-tse/res/2018/RES235712018.html. Acesso em: 24 mar. 2022.

[265] BRASIL. Supremo Tribunal Federal. *ADI 6032 MC*, Relator: Min. Gilmar Mendes, julgado em 16/05/2019, publicado em PROCESSO ELETRÔNICO *DJe*-104 DIVULG 17/05/2019 PUBLIC 20/05/2019. Disponível em: http://stf.jus.br/portal/jurisprudencia/listarJurisprudencia.asp?s1=%28ADI%24%2ESCLA%2E+E+6032%2ENUME%2E%29+NAO+S%2EPRES%2E&base=baseMonocraticas&url=http://tinyurl.com/ydzbuwvk. Acesso em: 26 out. 2019.

definitivo de mérito, concluindo de modo a dar interpretação conforme à Constituição Federal para o fim de rechaçar a penalidade de suspensão do registro ou anotação das agremiações partidárias estaduais e/ou municipais de maneira automática quando as contas forem julgadas não prestadas.[266]

1.19 Candidaturas avulsas

Reconhecida a manifesta importância dos partidos políticos para o sistema constitucional eleitoral brasileiro, substancialmente relacionada à institucionalização e a despersonalização do poder, é vital debater a admissibilidade ou não de candidaturas avulsas, isto é, candidaturas que prescindem de filiação prévia a uma organização partidária para viabilizar o acesso a cargos eletivos.

Da leitura da CF/88, confere-se, no art. 14, §3º,[267] a filiação como condição de elegibilidade, requisito a ser atendido no momento do protocolo do pedido de registro de candidatura. Nesse sentido, *a priori*, a candidatura avulsa não é figura originalmente aceita pela ordem constitucional brasileira.

Por definição, inclusive, a candidatura avulsa representa expressivo desprendimento em relação às premissas ideológicas adotadas na conformação do sistema eleitoral pátrio. Isso porque vai de encontro à lógica de representatividade social, definição ideológica e intermediação entre Estado e sociedade. Aqui, o problema da representatividade diz respeito à ausência de um interesse coletivo previamente conhecido e

---

266 BRASIL. Supremo Tribunal Federal. ADI 6032 MC. Relator: Min. Gilmar Mendes, julgado em 05/12/2019. Disponível em: https://redir.stf.jus.br/paginadorpub/paginador.jsp?docTP=TP&docID=752437787. Acesso em: 24 mar. 2022.

267 "Art. 14. A soberania popular será exercida pelo sufrágio universal e pelo voto direto e secreto, com valor igual para todos, e, nos termos da lei, mediante: [...]
§3º São condições de elegibilidade, na forma da lei:
I – a nacionalidade brasileira;
II – o pleno exercício dos direitos políticos;
III – o alistamento eleitoral;
IV – o domicílio eleitoral na circunscrição;
V – a filiação partidária;
VI – a idade mínima de:
a) trinta e cinco anos para Presidente e Vice-Presidente da República e Senador;
b) trinta anos para Governador e Vice-Governador de Estado e do Distrito Federal;
c) vinte e um anos para Deputado Federal, Deputado Estadual ou Distrital, Prefeito, Vice-Prefeito e juiz de paz;
d) dezoito anos para Vereador. (BRASIL. (1988) *Constituição da República Federativa do Brasil*. Disponível em: http://www.planalto.gov.br/ccivil_03/constituicao/constituicao.htm. Acesso em: 24 mar. 2022.

determinado que sirva como base: nas candidaturas avulsas, predomina a convicção pessoal do candidato, não havendo uma estrutura ou linha ideológica bem definida e transparente que confira segurança jurídica às suas deliberações.

Contudo, em meio à crise de representação política vivenciada pelo Brasil, em que parte dos partidos políticos é vista com demasiada desconfiança, a candidatura avulsa é compreendida como possível via contributiva e solução dos problemas contemporâneos,[268] em uma tentativa de reverter a 'oligarquização' e a ditadura intrapartidárias.

Ao facultar a filiação partidária, essa se torna ato voluntário, fruto de uma opção consciente e de uma proposta de trabalho virtuoso, que não decorre de mera imposição legal. Por esse viés, entende-se que, em médio prazo, a candidatura avulsa pode até fortalecer os partidos políticos, que, devido à concorrência com outro sistema paralelo, devem conquistar filiados a partir de sua integridade e de seus preceitos ideológicos.

A discussão é fomentada, também, pela redação do Pacto de San José da Costa Rica, assinado pelo Brasil e recepcionado por meio do Decreto nº 678/1992, que prevê:

> ARTIGO 23
> Direitos Políticos
>
> 1. Todos os cidadãos devem gozar dos seguintes direitos e oportunidades:
>
> a) de participar da direção dos assuntos públicos, diretamente ou por meio de representantes livremente eleitos;
>
> b) de votar e se eleitos em eleições periódicas autênticas, realizadas por sufrágio universal e igual e por voto secreto que garanta a livre expressão da vontade dos eleitores; e
>
> c) de ter acesso, em condições gerais de igualdade, às funções públicas de seu país.
>
> 2. A lei pode regular o exercício dos direitos e oportunidades e a que se refere o inciso anterior, exclusivamente por motivos de idade, nacionalidade, residência, idioma, instrução, capacidade civil ou mental, ou condenação, por juiz competente, em processo penal.[269]

---

[268] ARAS, Augusto. *Fidelidade partidária*: efetividade e aplicabilidade. 1. ed. Rio de Janeiro: LMJ Mundo Jurídico, 2016, p.11.

[269] OEA. Comissão Interamericana de Direitos Humanos. *Convenção Americana Sobre Direitos Humanos*, 1969. (Pacto de San José da Costa Rica). Disponível em: https://www.cidh.oas.org/basicos/portugues/c.convencao_americana.htm. Acesso em: 24 mar. 2022.

Como se extrai do Artigo 23, inciso 1, *b*, e inciso 2, a filiação partidária não se inclui entre os motivos pelos quais é legítimo restringir a participação dos candidatos em eleições. Diante disso, a Corte Interamericana de Direitos Humanos (CIDH), no caso *Yatama vs. Nicarágua,* decidiu, em 2005, que as restrições à capacidade eleitoral passiva devem atender a critérios de legalidade, finalidade e necessidade em uma sociedade, sem estabelecer critérios discriminatórios e tendo por base a razoabilidade.

Especificamente quanto à necessidade de filiação a partido político como condição para o exercício da capacidade eleitoral passiva, a Corte entendeu ser a restrição incompatível com o Pacto de San José, dada a inexistência de dispositivos que permitam o estabelecimento de tal exigência. A despeito de se reconhecer a importância dos partidos políticos enquanto entidades associativas indispensáveis ao desenvolvimento e fortalecimento da democracia, entende-se a possibilidade de candidatura a partir de outras formas, que permitam o alcance dos mesmos fins.[270]

A norma transcrita ainda favorece a ampliação da participação política, visto que, além de expandir a quantidade de cidadãos aptos a disputar o pleito eleitoral, promove a harmonização com outras normas constitucionais fundamentais, a exemplo da liberdade de associação (art. 5º, XX, CF). Nesse diapasão, precisas são as considerações de Marcos Ramayana:

> A candidatura avulsa representa uma expressão da sociedade e dos anseios de uma minoria que se identifica com a pessoa específica do candidato. É o candidato sem filiação partidária.
>
> [...] A candidatura avulsa pode aparecer que é uma evidente antítese aos partidos políticos por autorizar todo o tipo de aventuras eleitorais, quando pessoas desvinculadas das origens partidárias apenas buscam o voto do eleitor. No entanto, representa mais uma forma democrática de sufrágio e, portanto, tem o seu valor na balança da soberania popular.[271]

Em síntese, se, por um lado, a admissibilidade de candidaturas avulsas pode implicar relevante aperfeiçoamento da democracia brasileira ao ampliar a liberdade política do cidadão e expandir

---

[270] OEA. Comissão Interamericana de Direitos Humanos. Caso Yatama Vs. Nicaragua. Sentencia de 23 de Junio de 2005, párrafo 215. Disponível em http://www.corteidh.or.cr/docs/casos/articulos/seriec_127_esp.pdf. Acesso em 24 mar. 2022.

[271] RAMAYANA, Marcos. *Direito eleitoral*. 16. ed. Rio de Janeiro: Impetus, 2018, p. 107-108.

a participação popular no governo, por outro, confronta o núcleo essencial do sistema estabelecido pela Constituição Federal de 1988, que elege a filiação partidária como condição de elegibilidade expressa.

Vê-se que afastar a filiação partidária por força de dilações na esfera infraconstitucional pressupõe necessariamente um agir contrário às disposições do legislador constituinte, traduzindo-se, numa cognição perfunctória, em autêntica violação à ordem vigente.

Não obstante, em face dessa controvérsia, o Supremo Tribunal Federal reconheceu, em outubro de 2017, a repercussão geral da matéria objeto do ARE nº 1.054.490,[272] relativo ao recurso de decisão que indeferiu a candidatura avulsa de cidadão a prefeito do Rio de Janeiro nas eleições de 2016.

Dessa forma, embora atualmente não se admitam candidaturas avulsas, tal entendimento pode ser revisto pelo julgamento do processo mencionado no âmbito da Corte Constitucional.

[272] ARE 1054490 QO, Relator: Min. ROBERTO BARROSO, Tribunal Pleno, julgado em 05/10/2017, PROCESSO ELETRÔNICO *DJe*-045 DIVULG 08-03-2018 PUBLIC 09-03-2018. Disponível em: http://stf.jus.br/portal/jurisprudencia/listarJurisprudencia.asp?s1=%28ARE%24%2ESCLA%2E+E+1054490%2ENUME%2E%29+OU+%28ARE%2EACMS%2E+ADJ2+1054490%2EACMS%2E%29&base=baseAcordaos&url=http://tinyurl.com/y5s4sfpx. Acesso em: 15 out. 2019.

PROBLEMÁTICAS CONTEMPORÂNEAS DO SISTEMA POLÍTICO-ELEITORAL BRASILEIRO: PARTIDOS POLÍTICOS E CANDIDATURAS – UMA ANÁLISE LEGAL, JURISPRUDENCIAL E SOCIOECONÔMICA

Estabelecidas as principais premissas relativamente ao regime jurídico ao qual os partidos políticos estão submetidos, bem como os fundamentos teóricos adotados pelo ordenamento pátrio quanto ao seu funcionamento, há de se constatar que as atividades exercidas pelas agremiações sofreram profundas mudanças com o passar dos anos, especialmente pelas alterações erigidas no contexto socioeconômico vivenciado no Brasil.

Nesse sentido, analisada a prévia construção acerca da realidade abstrata dos partidos políticos, o presente capítulo pretende enumerar algumas de suas problemáticas atuais, especialmente no que tange aos fundamentos constitutivos, às limitações da autonomia partidária e ao financiamento das agremiações e campanhas eleitorais, esferas cuja conformação se alterou profundamente nos últimos anos, seja pela atuação legislativa, seja pela construção jurisprudencial.

2.1 Recapitulando: breve histórico do financiamento político partidário no Brasil

Até o ano de 2014, no âmbito do regime de financiamento misto, as contribuições públicas eram provenientes do Fundo Partidário (FP), regulamentado pela Lei nº 9.906/1995, e das provisões direcionadas à propaganda eleitoral gratuita.[273] À época, já não se incluíam entre as contribuições públicas doações financeiras de entidades ou governos estrangeiros, vedadas desde 1946 pelo Decreto-Lei nº 9.258[274] e, posteriormente, pela Lei das Eleições.[275]

Por outro lado, em relação às contribuições privadas, tinha-se que o partido político poderia receber doações de pessoas físicas e jurídicas para a constituição de seus fundos,[276] sendo proibidos, entretanto, auxílios pecuniários provenientes de (i) entidades ou governos estrangeiros; (ii) autoridades ou órgãos públicos; (iii) autarquias, empresas públicas concessionárias de serviços públicos, sociedades de economia mista e fundações instituídas em virtude de lei e para cujos recursos concorram órgãos ou entidades governamentais; e (iv) entidade de classe ou sindical.[277]

Em 2015, contudo, operaram-se algumas mudanças devido à conclusão da apreciação da já citada ADI nº 4.650, de relatoria do Ministro Luiz Fux, pelo Supremo Tribunal Federal. A decisão do Tribunal, que

---

[273] "Art. 13. A Justiça Eleitoral fará ampla divulgação, pela imprensa e pela radiodifusão e televisão, bem como por meio de cartazes afixados nos logradouros públicos, das relações dos candidatos de todos os partidos com os respectivos símbolos e siglas, bem como da côr em que figurarão nas cédulas.
[...] §3º As estações de radiodifusão e televisão de qualquer potência, inclusive as de propriedade da União, dos Estados, Distrito Federal e Territórios, Municípios, Autarquias, Sociedades de Economia e Fundações, nos 60 (sessenta) dias anteriores às 48 (quarenta e oito) horas do pleito de cada Circunscrição Eleitoral do País, reservarão diariamente duas (2) horas para propaganda política gratuita, sendo uma delas durante o dia, entre as 13 (treze) e as 18 (dezoito) horas e outra à noite entre as 20 (vinte) e as 22 (vinte e duas) horas sob critério de rigorosa rotatividade aos diferentes partidos, e distribuídas entre êles na proporção das respectivas legendas no Congresso Nacional e nas Assembléias Legislativas Estaduais e, Câmaras Municipais". BRASIL. Câmara dos Deputados. Lei nº 4.109, de 27 de julho de 1962. Disponível em: https://www2.camara.leg.br/legin/fed/lei/1960-1969/lei-4109-27-julho-1962-353820-publicacaooriginal-1-pl.html. Acesso em: 24 mar. 2022.

[274] "Art. 26. Será cancelado o registro de partido político mediante denuncia de qualquer eleitor, de delegado de partido ou representação do Procurador Geral ao Tribunal Superior. a) quando se provar que recebe de procedência estrangeira orientação político-partidária contribuição em dinheiro ou qualquer outro auxílio". [...] BRASIL. Decreto-Lei nº 9.295, de 27 de maio de 1946. Disponível em: http://www.planalto.gov.br/ccivil_03/Decreto-Lei/Del9295.htm. Acesso em: 24 mar. 2022.

[275] "Art. 24. É vedado, a partido e candidato, receber direta ou indiretamente doação em dinheiro ou estimável em dinheiro, inclusive por meio de publicidade de qualquer espécie, procedente de:
I – entidade ou governo estrangeiro". BRASIL. Lei nº 9.504, de 30 de setembro de 1997. Estabelece normas para as eleições. Disponível em: http://www.planalto.gov.br/ccivil_03/leis/l9504.htm. Acesso em: 24 mar. 2022.

[276] BRASIL. Lei nº 9.096, de 19 de setembro de 1995. (Lei dos Partidos Políticos). Disponível em: http://www.planalto.gov.br/ccivil_03/leis/l9096.htm. Acesso em: 24. mar. 2022.

[277] BRASIL. Lei nº 9.096, de 19 de setembro de 1995. (Lei dos Partidos Políticos). Disponível em: http://www.planalto.gov.br/ccivil_03/leis/l9096.htm. Acesso em: 24. mar. 2022.

declarou inconstitucionais os dispositivos que autorizavam a doação de pessoas jurídicas a campanhas eleitorais, reduziu o financiamento privado às doações de pessoas físicas, afetando de forma significativa o montante disponível aos partidos políticos para fins de custeio de suas atividades e campanhas eleitorais.

Referida mudança foi absorvida pela legislação brasileira com o advento da Lei nº 13.165/2015, que incorporou a vedação de doações de pessoas jurídicas a partidos políticos, ainda que indiretamente. Além disso, a nova legislação elevou o limite de doações de bens estimáveis em dinheiro de pessoas físicas a candidatos e acrescentou regra específica sobre o financiamento de candidaturas femininas, prevendo percentual mínimo do Fundo Partidário a ser utilizado na criação e manutenção de programas de promoção e difusão da participação política das mulheres.[278]

Em face da redução de recursos imposta pela Lei nº 13.165/2015, foram aprovadas pelo Congresso Nacional, em 2017, a Lei nº 13.487/2017[279] – que estabeleceu o Fundo Especial de Financiamento de Campanha – e a Lei nº 13.488/2017 – que promoveu novas modificações na lei eleitoral e trouxe regulamentações adicionais sobre o FEFC.[280]

Sendo o Fundo Eleitoral composto exclusivamente por recursos do Tesouro Nacional, entende-se que a principal consequência das alterações promovidas em termos de financiamento partidário foi o aumento expressivo dos recursos públicos despendidos com a seara eleitoral. Segundo dados disponibilizados pelo TSE, para a eleição geral de 2018, o montante do FEFC foi de R$1.716.209.431,00, e o valor total do Fundo Partidário aprovado em 2018 pelo Congresso Nacional foi de R$888.735.090,00, dos quais R$780.357.505,00 são provenientes da dotação orçamentária anual, e R$108.377.585,00 das multas eleitorais.[281] Ao final, a parcela pública do financiamento eleitoral brasileiro no ano de 2018 soma aproximadamente 2,6 bilhões de reais, valor em muito superior ao disponibilizado em 2014 – pouco mais de 360 milhões de reais.

---

278 BRASIL. Lei nº 13.165, de 29 de setembro de 2015. Disponível em: http://www.planalto.gov.br/ccivil_03/_ato2015-2018/2015/lei/l13165.htm. Acesso em: 24 mar. 2022.

279 BRASIL. Lei nº 13.487, de 6 de outubro de 2017. Disponível em: http://www.planalto.gov.br/ccivil_03/_ato2015-2018/2017/lei/l13487.htm. Acesso em: 24 mar. 2022.

280 BRASIL. Lei nº 13.488, de 6 de outubro de 2017. Disponível em: http://www.planalto.gov.br/ccivil_03/_Ato2015-2018/2017/Lei/L13488.htm. Acesso em: 24 mar. 2022.

281 BRASIL. Tribunal Superior Eleitoral. Fundo partidário. Disponível em: http://www.tse.jus.br/partidos/fundo-partidario-1/fundo-partidario. Acesso em: 24 mar. 2022.

2.2 Novo modelo de financiamento dos partidos políticos e candidaturas: utilização dos recursos públicos e das contribuições privadas

Conforme elucidado acima, o atual modelo brasileiro de financiamento político-partidário congloba doações públicas (Fundo Eleitoral e Fundo Partidário) e privadas (pessoas físicas), em uma tentativa de equilibrar (i) a liberdade de manifestação dos cidadãos, permitindo-lhes contribuir democraticamente com o suporte financeiro dos partidos a que mais se alinham e (ii) a justa competitividade entre os partidos, a partir da concessão de recursos públicos distribuídos por critérios objetivos.

Se, por um lado, o financiamento das agremiações, aliado à regulamentação estatal, consiste em circunstância necessária ao exercício da função democrática dos partidos políticos, por outro, abre espaço para abusos de poder econômico, permitindo uma influência indevida do dinheiro na política e afetando o caráter democrático do instituto. Nessa linha, critica-se o uso de recursos financeiros para a distorção do cenário político-eleitoral e mera manutenção de controle de poder.

Além de ameaçar valores democráticos fundamentais, o encarecimento exacerbado das campanhas eleitorais altera as prioridades dos agentes políticos, que passam a dar mais importância à obtenção de recursos, em detrimento do compromisso e da responsabilidade com os eleitores. Isso porque, quando o acesso a valores pecuniários se torna fator determinante, a ocultação de gastos e recursos recebidos, muitas vezes ilícitos, passa a ser fenômeno frequente, reduzindo significativamente a transparência do processo político.[282]

Nesse contexto, candidatos e partidos frequentemente se utilizam de estratégias para infringir as normas eleitorais e fraudar procedimentos essenciais à fiscalização e à transparência do processo democrático, com vistas ao alcance e à manutenção do poder e dos benefícios que lhes são concedidos. Tal cenário se torna ainda mais problemático quando se trata da utilização de recursos públicos, que deveria necessariamente se pautar pelos princípios constitucionais que regem a Administração Pública, *v.g.*: legalidade, impessoalidade, moralidade, publicidade e eficiência.

---

[282] FALGUERA, Elin; JONES, Samuel; OHMAN, Magnus. *Financiamento de partidos políticos e campanhas eleitorais*: um manual sobre financiamento político. Rio de Janeiro: FGV, 2015, p. 24.

Tendo isso em vista, procede-se à discussão de problemáticas atuais ligadas a candidaturas e partidos políticos, no intuito de evidenciar pontos extremamente prejudiciais ao processo democrático e ao equilíbrio na disputa eleitoral, que necessitam, ao nosso juízo, de uma regulamentação mais eficiente por parte do Estado.

2.2.1 Fundo partidário

Embora o arquétipo eleitoral brasileiro tenha privilegiado a sistemática dos partidos políticos ao conceder-lhes o direito a receber recursos do Fundo Partidário,[283] essencialmente destinado ao subsídio de suas atividades, é evidente que isso serviu de incentivo à multiplicação das legendas no Brasil, provocando a redução de sua representatividade e consistência ideológica.

Tal conjuntura ainda era agravada pela possibilidade de estabelecimento de coligações partidárias em eleições proporcionais,[284] o que permitia que diversos partidos sem densidade eleitoral mínima para atingir o quociente eleitoral e eleger candidatos pudessem obtê-la se coligando a partidos maiores. Nesse sentido, conforme ponderado pelo Ministro Luís Roberto Barroso no julgamento da ADI nº 5.081/DF, a junção do sistema proporcional de lista aberta com o direito a recursos do Fundo Partidário e acesso gratuito a rádio e televisão propicia o surgimento das denominadas legendas de aluguel, que dão azo à apropriação privada do dinheiro do fundo e negociam o tempo de televisão com partidos maiores, em coligações de caráter oportunista, não realizadas em função de afinidade de ideias.[285]

---

[283] CF, art. 17, §3º.

[284] Ressalta-se que a EC 97/2017 vedou as coligações proporcionais a partir das eleições de 2020.

[285] Voto do relator ministro Luís Roberto Barroso na ADI n. 5.081/DF, cuja ementa é a seguinte: Ementa: "DIREITO CONSTITUCIONAL E ELEITORAL. AÇÃO DIRETA DE INCONSTITUCIONALIDADE. RESOLUÇÃO Nº 22.610/2007 DO TSE. INAPLICABILIDADE DA REGRA DE PERDA DO MANDATO POR INFIDELIDADE PARTIDÁRIA AO SISTEMA ELEITORAL MAJORITÁRIO. 1. Cabimento da ação. Nas ADIs 3.999/DF e 4.086/DF, discutiu-se o alcance do poder regulamentar da Justiça Eleitoral e sua competência para dispor acerca da perda de mandatos eletivos. O ponto central discutido na presente ação é totalmente diverso: saber se é legítima a extensão da regra da fidelidade partidária aos candidatos eleitos pelo sistema majoritário. 2. As decisões nos Mandados de Segurança 26.602, 26.603 e 26.604 tiveram como pano de fundo o sistema proporcional, que é adotado para a eleição de deputados federais, estaduais e vereadores. As características do sistema proporcional, com sua ênfase nos votos obtidos pelos partidos, tornam a fidelidade partidária importante para garantir que as opções políticas feitas pelo eleitor no momento da eleição sejam minimamente preservadas. Daí a legitimidade de se decretar

Esse processo de distanciamento do interesse público, em benefício de ambições privadas, torna evidente o real objetivo da multiplicação de partidos políticos, qual seja, a obtenção de recursos financeiros de origem pública. Desse modo, descaracteriza-se a intenção legítima da constituição das legendas, relativa ao ímpeto de contribuição efetiva para programas de governo ou definição de políticas públicas, levando à descrença e desconfiança generalizadas por parte da sociedade brasileira no sistema eleitoral.

2.2.2 Doações privadas

A despeito do caráter democrático das doações privadas, como demonstração de afinidade ideológica, é inegável a influência econômica exercida por colaboradores em relação às atividades partidárias, principalmente considerando o já mencionado processo de encarecimento eleitoral e a crescente dependência de recursos financeiros por parte das agremiações.

Para o Ministro Marco Aurélio Mello:

> A comunidade jurídica nacional não pode acreditar no patrocínio desinteressado das pessoas jurídicas. Ao contrário, deve evitar que a riqueza tenha o controle do processo eleitoral em detrimento dos valores constitucionais compartilhados pela sociedade. [...] O financiamento privado das campanhas eleitorais e dos partidos políticos é problema de grande amplitude e não tem permitido que a democracia firme-se, no Brasil, como direito fundamental plenamente conquistado.[286]

---

a perda do mandato do candidato que abandona a legenda pela qual se elegeu. 3. O sistema majoritário, adotado para a eleição de presidente, governador, prefeito e senador, tem lógica e dinâmica diversas da do sistema proporcional. As características do sistema majoritário, com sua ênfase na figura do candidato, fazem com que a perda do mandato, no caso de mudança de partido, frustre a vontade do eleitor e vulnere a soberania popular (CF, art. 1º, parágrafo único; e art. 14, *caput*). 4. Procedência do pedido formulado em ação direta de inconstitucionalidade". (ADI 5081, Relator(a): Min. ROBERTO BARROSO, Tribunal Pleno, julgado em 27/05/2015, PROCESSO ELETRÔNICO *DJe*-162 DIVULG 18-08-2015 PUBLIC 19-08-2015). Disponível em: http://stf.jus.br/portal/jurisprudencia/listarJurisprudencia.asp?s1=%28ADI%24%2ESCLA%2E+E+5081%2ENUME%2E%29+OU+%28ADI%2EACMS%2E+ADJ2+5081%2EACMS%2E%29&base=baseAcordaos&url=http://tinyurl.com/nolskrt. Acesso em: 26 jun. 2019.

[286] MELLO, Marco Aurélio. A democracia participativa e a inconstitucionalidade do financiamento privado das campanhas eleitorais por pessoas jurídicas. *In*: NETO, Tarcisio Vieira de Carvalho; FERREIRA, Telson Luís Cavalcante (Coord.). *Aspectos materiais e processuais*. São Paulo: Migalhas, 2016, p. 15-27.

Observa-se, assim, que a recente vedação à doação de pessoas jurídicas teve por fundamento o objetivo de redução do controle do processo eleitoral por parte de empresas privadas, que frequentemente se valem do patrocínio como forma de impor seus interesses, em detrimento dos valores sociais e da formação da vontade coletiva. Considerou-se, assim, incoerente que pessoas jurídicas, em sua maioria com fins lucrativos, tivessem maior peso na disputa eleitoral que os cidadãos titulares de direitos políticos.

2.2.3 Fundo Especial de Financiamento de Campanha

Conforme explicitado, estando a esfera pública permeada pela noção de moralidade, impessoalidade, legalidade, publicidade e isonomia, entende-se que tais orientações devem ser estendidas à instância eleitoral, principalmente no que se refere à utilização de recursos públicos, a qual afeta diretamente a Administração.

Em consonância com esse entendimento, defende-se que os gastos em campanhas eleitorais, majoritariamente procedentes do Fundo Especial de Financiamento de Campanhas devem estar sujeitos aos termos da regulamentação legal e aos limites constitucionais. Infelizmente, todavia, verificam-se diversas condutas por parte de candidatos e, sobretudo, dos partidos políticos, que contrariam essas diretrizes e refletem o individualismo da política moderna, consubstanciado em desvio de finalidade, irregularidade de prestação de contas e favorecimento pessoal.

2.2.4 Contratação de parentes e empresas de parentes com recursos do Fundo Partidário e do Fundo Eleitoral Especial de Financiamento de Campanha para atuarem nas campanhas eleitorais

O Tribunal Superior Eleitoral tem proferido decisões[287] que coíbem práticas de favorecimento pessoal no âmbito da Justiça Eleitoral, em consonância com as premissas já expostas.

---

[287] "DIREITO ELEITORAL. PRESTAÇÃO DE CONTAS. EXERCÍCIO FINANCEIRO DE 2013. DIRETÓRIO NACIONAL. PARTIDO PROGRESSISTA (PP). DESAPROVAÇÃO. (Prestação de Contas n. 29021, Acórdão, Relator(a) Min. Luís Roberto Barroso, Publicação: *DJe – Diário de Justiça Eletrônico*, Tomo 117, Data 21/06/2019, p. 83-85). Disponível em: http://www.tse.jus.br/jurisprudencia/decisoes/jurisprudencia. Acesso em: 24 mar. 2022.

Nesse contexto, e considerando o novo modelo de financiamento da atividade política brasileira, quase que exclusivamente público, é imprescindível uma nova interpretação com relação à forma com que esses recursos – de origem pública – são utilizados.

Destaca-se, assim, a reprovação, pelo plenário do Tribunal Regional Eleitoral do Mato Grosso do Sul (TRE-MS), das contas de candidata à deputada estadual nas eleições de 2018, e a determinação de devolução de valores ao Tesouro Nacional, em face da contratação de familiares (dois filhos) como cabos eleitorais para campanha, com a utilização, *in casu*, de quase 50% dos recursos que recebeu por meio dos fundos públicos (Fundo Partidário e do Fundo Eleitoral Especial de Financiamento de Campanha).[288]

---

[288] "PRESTAÇÃO DE CONTAS. ELEIÇÕES 2018. AUSÊNCIA DE COMPROVAÇÃO DA UTILIZAÇÃO DE RECURSOS DO FUNDO ESPECIAL DE FINANCIAMENTO DE CAMPANHA. DEVOLUÇÃO AO TESOURO NACIONAL. USO IRREGULAR DE RECURSOS DO FUNDO ESPECIAL DE FINACIAMENTO DE CAMPANHA (FEFC) COM A CONTRATAÇÃO DE FAMILIARES DA CANDIDATA PRESTADORA. INTERPRETAÇÃO SISTEMÁTICA DE ACORDO COM A CONSTITUIÇÃO FEDERAL. OFENSA AOS PRINCÍPIOS CONSTITUCIONAIS DA MORALIDADE E DA IMPESSOALIDADE. ART. 37 DA CONSTITUIÇÃO FEDERAL. SÚMULA VINCULANTE N.º 13. CONTAS DESAPROVADAS. REMESSA DOS AUTOS AO MINISTÉRIO PÚBLICO ELEITORAL PARA APURAR POSSÍVEL CRIME ELEITORAL. 1. A despeito de não haver restrição legal expressa, a contratação de familiares da prestadora como cabos eleitorais para campanha, com a utilização de recursos públicos oriundos do Fundo Partidário (FP) ou Fundo Especial de Financiamento de Campanha (FEFC) é incompatível com o conjunto jurídico-constitucional brasileiro, com nítida sobreposição de interesses privados em detrimento de interesses públicos, em dissonância com os princípios da impessoalidade, da moralidade e isonomia, insculpidos no art. 37 da Constituição Federal. 2. Considerando o novo regime jurídico de financiamento, o processo de prestação de contas, apesar de se limitar à averiguação da regularidade contábil da campanha, deve ser analisado de acordo com o sistema constitucional vigente, com censura da justiça eleitoral quando recursos públicos são direcionados a cônjuges, companheiros ou parentes de candidato, em linha reta, colateral ou por afinidade, até o terceiro grau, inclusive, segundo inteligência do que prevê a Súmula Vinculante n.º 13 do STF. 3. *In casu*, a candidata prestadora utilizou-se de, aproximadamente, 50% (cinquenta por cento) dos recursos financeiros movimentados (provenientes do FEFC) para contratar os serviços de dois filhos, sendo que, um deles, para ser coordenador de campanha, em período que estava de licença médica no cargo de servidor público municipal. 4. Contas desaprovadas. 5. Devolução dos recursos do Fundo Especial de Financiamento de Campanha sem a devida comprovação de sua utilização, a teor do art. 82, §1º, da Resolução TSE n. 23.553/2017. Do mesmo modo, restituição de recursos do Fundo Especial de Financiamento de Campanha utilizados com contratação de parentes em até 3º grau para a campanha eleitoral. 6. Remessa de cópia dos autos à Procuradoria Regional Eleitoral para apurar a ocorrência de possível crime de apropriação indébita eleitoral, tipificado no art. 354-A do Código Eleitoral". (PRESTAÇÃO DE CONTAS n 060118203, ACÓRDÃO n 060118203 de 23/07/2019, Relator: DANIEL CASTRO GOMES DA COSTA, Publicação: *DJE* – Diário da Justiça Eleitoral, Tomo 2237, Data 26/07/2019, p. 15/28). Disponível em: http://inter03.tse.jus.br/InteiroTeor/pesquisa/actionGetBinary.do?tribunal=MS&processoNumero=060118203&processoClasse=PC&decisaoData=20190723&decisaoNumero=060118203&protocolo=&noCache=0.08741832999357646. Acesso em: 25 out. 2019.

Com efeito, a despeito da inexistência de ressalva legal expressa, concluiu-se, no referido julgado, pela incompatibilidade da contratação de parentes (em até terceiro grau) com a utilização de recursos públicos procedentes do Fundo Partidário ou do Fundo Eleitoral, dada a nítida sobreposição de interesses particulares aos interesses públicos, em dissonância com os princípios da impessoalidade, da moralidade e da isonomia albergados pelo art. 37 da Constituição Federal.[289]

Ressalta-se, ademais, o alinhamento da Justiça Eleitoral com o entendimento do Supremo Tribunal Federal segundo o qual a proibição ao nepotismo não exige edição de lei formal, por decorrer diretamente dos princípios do art. 37[290] da CF/1988, em especial o da moralidade. Posteriormente, o STF ainda estendeu o impedimento à administração direta e indireta de qualquer dos Poderes, a partir da edição da Súmula Vinculante nº 13,[291] que faz alusão não exclusivamente ao nepotismo direto, mas também ao nepotismo cruzado.

Entretanto, o tema chegou para apreciação do Tribunal Superior Eleitoral, quendo o Ministro Sérgio Banhos, pela relevância do tema, conheceu o Recurso Especial Eleitoral nº 0601163-94,[292] originado também do Mato Grosso do Sul, inaugurando um amplo debate sobre o tema.

---

289 PRESTAÇÃO DE CONTAS N. 060118203, ACÓRDÃO N. 060118203 de 23/07/2019, Relator: DANIEL CASTRO GOMES DA COSTA, Publicação: *DJE* – Diário da Justiça Eleitoral, Tomo 2237, Data 26/07/2019, p. 15-28. Disponível em: http://inter03.tse.jus.br/sjur-pesquisa/pesquisa/actionBRSSearch.do?toc=true&docIndex=0&httpSessionName=brsstateSJUT1970230528&sectionServer=MS&grupoTotalizacao=0. Acesso em: 24 out. 2019.

290 "Art. 37. A administração pública direta e indireta de qualquer dos Poderes da União, dos Estados, do Distrito Federal e dos Municípios obedecerá aos princípios de legalidade, impessoalidade, moralidade, publicidade e eficiência e, também, ao seguinte: [...]". BRASIL. (1988) *Constituição da República Federativa do Brasil*. Disponível em: http://www.planalto.gov.br/ccivil_03/constituicao/constituicao.htm. Acesso em: 24 mar. 2022.

291 "A nomeação de cônjuge, companheiro ou parente em linha reta, colateral ou por afinidade, até o terceiro grau, inclusive, da autoridade nomeante ou de servidor da mesma pessoa jurídica investido em cargo de direção, chefia ou assessoramento, para o exercício de cargo em comissão ou de confiança ou, ainda, de função gratificada na administração pública direta e indireta em qualquer dos poderes da União, dos Estados, do Distrito Federal e dos Municípios, compreendido o ajuste mediante designações recíprocas, viola a Constituição Federal." Disponível em: http://www.stf.jus.br/portal/jurisprudencia/menusumario.asp?sumula=1227. Acesso em: 25 set. 2019.

292 "ELEIÇÕES 2018. RECURSO ESPECIAL. PRESTAÇÃO DE CONTAS DE CAMPANHA. DESAPROVAÇÃO. CANDIDATA. DEPUTADO ESTADUAL. CONTRATAÇÃO. PRESTADOR DE SERVIÇO. PERÍODO EXÍGUO. VALOR EXPRESSIVO. RECURSOS. FUNDO ESPECIAL DE FINANCIAMENTO DE CAMPANHA (FEFC). PRINCÍPIOS NORTEADORES DAS DESPESAS COM RECURSOS PÚBLICOS. RAZOABILIDADE. ECONOMICIDADE. MORALIDADE. IMPESSOALIDADE. TRANSPARÊNCIA. INOBSERVÂNCIA. VERBETES SUMULARES 24 E 27 DO TSE. INCIDÊNCIA. APROVAÇÃO DAS CONTAS COM RESSALVAS. IMPOSSIBILIDADE. PRINCÍPIOS DA RAZOABILIDADE E DA PROPORCIONALIDADE. INAPLICABILIDADE. SÍNTESE DO CASO 1. Trata-se de recurso especial interposto em face de acórdão de Tribunal Regional Eleitoral que desaprovou as

Da leitura daquele julgado, percebe-se que, por maioria, vencido o Ministro Edson Fachin, foi afastada a tese fixada pela Justiça Eleitoral

contas de campanha da recorrente referentes às Eleições de 2018, quando concorreu ao cargo de deputado estadual, determinando a devolução da quantia de R$30.000,00 ao Tesouro Nacional, com fundamento no art. 82, §1º, da Res.–TSE 23.553, atinente a recursos do Fundo Especial de Financiamento de Campanha (FEFC), utilizados indevidamente na contratação de namorada/noiva do filho da candidata, para prestação de serviço na campanha. 2. De acordo com a Corte de origem, a contratação em evidência, para a função de coordenadora de campanha, se deu pelo prazo de apenas dez dias e pela quantia de R$30.000,00, equivalente a cerca de 46% do total das receitas da campanha (R$65.860,00), em desacordo com os princípios da moralidade e da impessoalidade na utilização de recursos públicos, revelando–se gasto de valor expressivo e desproporcional. ANÁLISE DO RECURSO ESPECIAL 3. Incide na espécie o verbete sumular 27 do TSE, na medida em que a recorrente não demonstrou de que forma o acórdão regional teria violado os arts. 37, VII, e 40, I, da Res.–TSE 23.553 e 26 da Lei 9.504/97, pois tais preceitos normativos – referentes ao rol de gastos eleitorais e às formas admitidas de pagamento de despesas de natureza financeira – não dizem respeito ao fundamento adotado pelo Tribunal de origem para a desaprovação das contas, qual seja, a inobservância de princípios norteadores da realização de despesas com recursos públicos. 4. A hipótese dos autos versa sobre a aplicação de recursos do Fundo Especial de Financiamento de Campanha, os quais, por ostentarem caráter público, devem ter a sua utilização fundada, dentre outros, nos princípios da moralidade, da impessoalidade, da transparência, da razoabilidade e da economicidade, os quais são postulados norteadores da realização de despesas com dinheiro público, conforme já se decidiu no julgamento de contas anuais de partidos e a respeito de verba do Fundo Partidário. Nesse sentido: PC 247–55, rel. Min. Luiz Fux, DJE de 1º.3.2018, e ED–PC 267–46, rel. Min. Tarcisio Vieira de Carvalho Neto, DJE de 22.9.2017. 5. Firmou–se nesta Corte Superior a compreensão de que a observância do princípio da economicidade na aplicação de recursos públicos pode ser objeto de controle em processo de prestação de contas, assim como se assentou que é possível considerar irregular a despesa que tenha caráter antieconômico. Nesse sentido, confiram–se os seguintes precedentes alusivos ao emprego de verbas do Fundo Partidário por partidos políticos: PC 305–87, rel. Min. Luís Roberto Barroso, DJE de 12.8.2019; PC 290–21, rel. Min. Luís Roberto Barroso, DJE de 21.6.2019; e PC 268–60, rel. Min. Admar Gonzaga, DJE de 6.6.2019. 6. Inexiste óbice a que, na análise das prestações de contas, a Justiça Eleitoral exerça o controle da observância dos princípios norteadores da realização de despesas com recursos públicos, sejam eles provenientes do Fundo Partidário ou do Fundo Especial de Financiamento de Campanha. 7. Quanto aos argumentos recursais de que a análise da prestação de contas deveria se limitar à escrituração contábil e de que eventual indício da irregularidade versada nos autos deveria ser apurado em procedimento autônomo, cumpre observar que a aplicação antieconômica de recursos públicos pode ser objeto de controle da Justiça Eleitoral no processo de prestação de contas, o que igualmente ocorre quanto aos gastos efetuados com inobservância aos princípios da transparência, da moralidade e da razoabilidade. 8. Na espécie, a Corte de origem, soberana no exame do conjunto fático–probatório dos autos, afirmou a irregularidade da despesa realizada, pelos seguintes fundamentos: a) a prestadora das contas contratou a namorada/noiva de seu filho para prestar serviços como coordenadora–geral de campanha, pelo período de apenas dez dias e pela expressiva quantia de R$30.000,00, equivalente a cerca de 46% do total das receitas da campanha (R$65.860,00), com a utilização de recursos do Fundo Especial de Financiamento de Campanha; b) a referida contratação, realizada mediante pagamento com recursos públicos, embora não seja objeto de restrição legal expressa, configurou a sobreposição de interesses privados em detrimento de interesses públicos e afrontou os princípios da moralidade e da impessoalidade, assim como revelou gasto expressivo e exageradamente desproporcional, de modo a comprometer a higidez das contas; c) a alegação de que a pessoa contratada para prestar serviço na campanha teria se casado com o filho da candidata após a prestação dos serviços não afasta a irregularidade, pois, embora a relação de namoro ou noivado não configure parentesco, a contratação de pessoas nessas

sul-matogrossense de que as proibições previstas na Súmula Vinculante nº 13 do STF teriam aplicabilidade nas despesas realizadas com recursos

---

circunstâncias não se conforma ao significado nem ao alcance dos princípios constitucionais da impessoalidade, da moralidade e da isonomia; d) a prestadora das contas confirmou ser sua nora a pessoa contratada como coordenadora–geral de campanha; e) a candidata não comprovou devidamente os gastos realizados com a aludida contratação. 9. Para alterar as conclusões às quais chegou o Tribunal de origem, a fim de acolher as alegações recursais, seria necessário o revolvimento do acervo fático–probatório dos autos, o que não se admite em recurso especial eleitoral, nos termos do verbete sumular 24 do TSE. 10. Embora não haja vedação expressa à contratação de futuros parentes (ou até mesmo de parentes) para prestação de serviços de campanha, é necessário que haja razoabilidade em tal prática e que sejam observados os preceitos éticos e morais que devem nortear a conduta dos candidatos e dos partidos políticos, notadamente quanto ao uso de recursos públicos, evitando–se o favorecimento pessoal de qualquer natureza e o prejuízo à economicidade que pode decorrer de tais contratações. Nesse sentido, destaca–se que é dever do candidato ou do partido político garantir o bom uso dos recursos públicos, buscando obter o melhor resultado pelo menor custo possível, em atenção ao princípio da economicidade. 11. A contratação de parente do candidato – ou mesmo de pessoa que mantenha relação de noivado ou namoro com o candidato ou com parente do candidato – para a prestação de serviço na campanha enseja atenção da Justiça Eleitoral, dada a possibilidade de conflito de interesses e de desvio de finalidade na aplicação de recursos públicos, com vistas a, eventualmente, favorecer financeiramente a pessoa contratada. Assim, tal contratação, caso seja realizada, deve observar rigorosamente os princípios constitucionais da razoabilidade, da moralidade e da economicidade, assim como deve evidenciar elevado grau de transparência, a fim de que sejam, de forma satisfatória, demonstradas as peculiaridades da transação, as atividades efetivamente desenvolvidas e a compatibilidade dos custos com valores de mercado. Cumpre à Justiça Eleitoral atuar com maior rigor em tais situações. 12. No caso sob exame, é induvidosa a falta de transparência na contratação da coordenadora–geral de campanha, pois, conforme consignado no acórdão regional, a prestadora das contas não comprovou devidamente os gastos realizados com a contratação por exíguo intervalo de tempo e por quantia expressiva de recursos públicos, de modo a comprometer a higidez das contas. 13. A ausência de comprovação de despesas de campanha é, em regra, motivo suficiente para ensejar a desaprovação das contas. Nesse sentido: AgR–AI 0606203–67, rel. Min. Tarcisio Vieira de Carvalho Neto, DJE de 7.5.2020, AgR–PC 218–97, da rel. Min. Sérgio Banhos, DJE de 28.4.2020, PC 1008–18, rel. Min. Luís Roberto Barroso, DJE de 29.8.2019, e AgR–AI 174–43, rel. Min. Admar Gonzaga, DJE de 22.3.2018. 14. A Corte de origem agiu com acerto ao assentar que a contratação, no caso dos autos, ocorreu em desacordo com os princípios da moralidade e da impessoalidade na aplicação dos recursos do Fundo Especial de Financiamento de Campanha. Ademais, os fundamentos do acórdão recorrido realçam também o caráter antieconômico da despesa efetuada com recursos públicos do FEFC, na medida em que a candidata pagou a uma única pessoa contratada, por serviços supostamente prestados no período de apenas dez dias, a quantia de R$30.000,00, equivalente a cerca de 46% do total das receitas da campanha (R$65.860,00), revelando–se tal gasto "exageradamente desproporcional" e "efetivamente expressivo", nas palavras do Tribunal de origem. 15. Na espécie, não é possível a aplicação dos princípios da razoabilidade e da proporcionalidade para aprovar as contas com ressalvas, tendo em vista que a irregularidade constatada corresponde a quantia expressiva, em valor absoluto e em termos percentuais, em relação ao total de recursos arrecadados. Nesse sentido: AgR–AI 181–42, rel. Min. Luís Roberto Barroso, DJE de 3.12.2018. CONCLUSÃO Recurso especial eleitoral a que se nega provimento" (TSE - Recurso Especial Eleitoral nº 060116394, Acórdão, Relator(a) Min. Sergio Silveira Banhos, Publicação: *DJE - Diário da justiça eletrônica*, Tomo 216, Data 27/10/2020). Disponível em: http://www.tse.jus.br/jurisprudencia/decisoes/jurisprudencia. Acesso em: 26 mar. 2022.

do Fundo Partidário e do Fundo Especial de Financiamento de Campanha (FEFC). Não obstante, o destino dado à demanda – desaprovação e determinação de devolução de valores ao Tesouro Nacional – não foi reformado em razão da necessidade da interpretação principiológica da questão, uma vez que tais despesas, originadas em recursos dos pagadores de impostos e destinadas a familiares do administrador dos recursos, devem ter obediência aos caros princípios constitucionais da razoabilidade, moralidade e, principalmente, economicidade, tornando imperativa a adequação do valor pago com os custos médios de mercado.

Portanto, a despeito de qualquer impeditivo legal ou até mesmo normativo acerca da contratação de familiares de candidatos e candidatas e pagamento com recursos públicos de campanha, é certo que a Justiça Eleitoral necessitará observar com minúcia a aplicação dos princípios constitucionais mencionados nessas hipóteses.

2.2.5 Contratação de advogados com recursos do Fundo Partidário para defender filiados em ações eleitorais

O Tribunal Superior Eleitoral também decidiu sobre a impossibilidade de utilização de recursos do Fundo Partidário para financiar a contratação de advogados para defender seus filiados em ações eleitorais. Quando do julgamento da prestação de contas do Partido Progressista,[293] o Tribunal entendeu ser necessário comprovar a vinculação das despesas com serviços advocatícios às atividades do partido, de modo a evitar a aplicação de recursos públicos a questões de ordem particular.

O mesmo foi constatado nos julgamentos de prestação de contas do Partido da Social Democracia Brasileira[294] e do Partido do Movimento

[293] Prestação de Contas n. 29021, Acórdão, Relator Min. Luís Roberto Barroso, Publicação: *DJe – Diário de Justiça Eletrônico*, Tomo 117, Data 21/06/2019, p. 83-85. Disponível em: http://www.tse.jus.br/jurisprudencia/decisoes/jurisprudencia. Acesso em: 26 mar. 2022.

[294] "DIREITO ELEITORAL. PRESTAÇÃO DE CONTAS. EXERCÍCIO FINANCEIRO DE 2013. DIRETÓRIO NACIONAL. PARTIDO PROGRESSISTA (PP). DESAPROVAÇÃO. [...] I. IRREGULARIDADES ANALISADASIRREGULARIDADES NA APLICAÇÃO DOS RECURSOS DO FUNDO PARTIDÁRIO [...] c) Despesas com serviços advocatícios 6. Esta Corte tem considerado exigível a apresentação de relatórios dos processos em que os profissionais atuaram, de modo a aferir a vinculação da despesa às atividades do partido. Precedentes. 7. Nas prestações de contas do PP relativas aos exercícios financeiros de 2011 e de 2012 foram identificadas despesas com serviços advocatícios para a defesa de filiados pela suposta prática de ato de improbidade administrativa, em função de fraude e/ou de desvio de finalidade em processo licitatório. A identificação dessas irregularidades

Democrático Brasileiro,[295] sendo que esse último teria contratado advogado para atuar na defesa de filiado específico, acusado de captação ilícita de sufrágio, sob a justificativa de prevenir a cassação de seu mandato.

Segundo o relator da PC 291-06.2014.6.00.0000/DF, Ministro Edson Fachin, afirmar que o mandato pode vir a ser cassado e que isso legitima o interesse da agremiação na manutenção da representação partidária justifica o emprego de recursos de outras fontes para essa finalidade, mas não de fundos públicos. Na oportunidade, ressaltou-se, também, que a utilização do Fundo Partidário é estritamente vinculada à extensão das hipóteses previstas no art. 44 da Lei nº 9.096/1995,[296] sendo a despesa do caso concreto estranha a essas alternativas.

---

só foi possível em razão da exigência de apresentação de relatórios de processos em que atuaram os escritórios. 8. No caso, os documentos apresentados, relativos à contratação de diversos escritórios de advocacia, evidenciam que parcela das despesas, no montante de R$1.203.686, 00, deve ser considerada irregular. Isso porque a documentação apresentada (i) não permite identificar a vinculação das despesas às atividades partidárias, ou (ii) demonstra que a contratação se deu para fins estranhos a essas atividades, tais como a defesa de dirigentes, parlamentares ou filiados ao partido em ações de improbidade administrativa, ações penais ou tomadas de contas especiais decorrentes de sua atuação em cargos públicos [...] Dessa forma, a autonomia partidária não pode constituir uma barreira instransponível para que a Justiça Federal, em casos extremos, fiscalize se o gasto realizado é absolutamente antieconômico. Exatamente por isso, há precedentes desta Corte no sentido de que a economicidade na utilização dos recursos públicos também pode ser objeto de controle. [...] (Prestação de Contas n. 29021, Acórdão, Relator(a) Min. Luís Roberto Barroso, Publicação: *DJe – Diário de Justiça Eletrônico*, Tomo 117, Data 21/06/2019, p. 83-85). Disponível em: http://www.tse.jus.br/jurisprudencia/decisoes/jurisprudencia. Acesso em: 26 mar. 2022.

295 "[...] 13. O pagamento de defesa judicial de filiado que responde a demandas pela prática de atos eleitorais ilícitos é incompatível com as hipóteses de uso dos recursos do Fundo Partidário previstas no art. 44 da Lei dos Partidos Políticos. [...]" (Prestação de Contas n. 29106, Acórdão, Relator(a) Min. Edson Fachin, Publicação: *DJe – Diário de Justiça Eletrônico*, Tomo 116, Data 19/06/2019, p. 14/16). Disponível em: http://www.tse.jus.br/jurisprudencia/decisoes/jurisprudencia. Acesso em: 26 mar. 2022.

296 "Art. 44. Os recursos oriundos do Fundo Partidário serão aplicados:
I – na manutenção das sedes e serviços do partido, permitido o pagamento de pessoal, a qualquer título, observado, do total recebido, os seguintes limites:
a) 50% (cinquenta por cento) para o órgão nacional;
b) 60% (sessenta por cento) para cada órgão estadual e municipal;
II – na propaganda doutrinária e política;
III – no alistamento e campanhas eleitorais;
IV – na criação e manutenção de instituto ou fundação de pesquisa e de doutrinação e educação política, sendo esta aplicação de, no mínimo, vinte por cento do total recebido.
V – na criação e manutenção de programas de promoção e difusão da participação política das mulheres, criados e mantidos pela secretaria da mulher do respectivo partido político ou, inexistindo a secretaria, pelo instituto ou fundação de pesquisa e de doutrinação e educação política de que trata o inciso IV, conforme percentual que será fixado pelo órgão nacional de direção partidária, observado o mínimo de 5% (cinco por cento) do total;
VI – no pagamento de mensalidades, anuidades e congêneres devidos a organismos partidários internacionais que se destinem ao apoio à pesquisa, ao estudo e à doutrinação política, aos quais seja o partido político regularmente filiado;
VII – no pagamento de despesas com alimentação, incluindo restaurantes e lanchonetes;

Recentemente, no entanto, foi sancionada a Lei nº 13.877/2019, que alterou a Lei dos Partidos Políticos para incluir, entre as hipóteses de aplicação do Fundo Partidário, a contratação de serviços de consultoria contábil e advocatícia e de serviços para atuação jurisdicional em processos judiciais e administrativos de interesse partidário, bem como nos litígios que envolvam candidatos do partido, eleitos ou não, relacionados exclusivamente ao processo eleitoral.[297]

2.2.6 O "caixa" dois de campanha

Nos termos do voto do Ministro Luiz Fux na AP nº 470, a prática de caixa dois pode ser definida como "manutenção ou movimentação de recursos financeiros não escriturados ou falsamente escriturados na contabilidade de pessoas jurídicas as mais diversas, como associações, fundações, sociedade comerciais e partidos políticos".[298] Corresponde, portanto, à movimentação de recursos financeiros, de origem lícita ou ilícita, em campanhas eleitorais sem o devido registro, por meio da omissão na prestação de contas.

Trata-se de conduta manifestamente contrária aos princípios que regem o Direito Eleitoral e à noção de transparência que deve orientar os gastos em campanha, visto que a ocultação de valores tem o condão de impedir a efetiva fiscalização por parte da Justiça Eleitoral e, por conseguinte, de prejudicar a isonomia entre concorrentes e o equilíbrio durante o período eleitoral, abrindo espaço também para influências econômicas indevidas.

VIII – na contratação de serviços de consultoria contábil e advocatícia e de serviços para atuação jurisdicional em ações de controle de constitucionalidade e em demais processos judiciais e administrativos de interesse partidário, bem como nos litígios que envolvam candidatos do partido, eleitos ou não, relacionados exclusivamente ao processo eleitoral;
IX – (VETADO);
X – na compra ou locação de bens móveis e imóveis, bem como na edificação ou construção de sedes e afins, e na realização de reformas e outras adaptações nesses bens;
XI – no custeio de impulsionamento, para conteúdos contratados diretamente com provedor de aplicação de internet com sede e foro no País, incluída a priorização paga de conteúdos resultantes de aplicações de busca na internet, inclusive plataforma de compartilhamento de vídeos e redes sociais, mediante o pagamento por meio de boleto bancário, de depósito identificado ou de transferência eletrônica diretamente para conta do provedor, proibido, nos anos de eleição, no período desde o início do prazo das convenções partidárias até a data do pleito". BRASIL. Lei nº 9.096, de 19 de setembro de 1995. (Lei dos Partidos Políticos). Disponível em: http://www.planalto.gov.br/ccivil_03/leis/l9096.htm. Acesso em: 26 mar. 2022.

[297] Lei nº 9.096/1995, art. 44, VIII.

[298] BRASIL. Supremo Tribunal Federal. Ação Penal 470. Voto Ministro Luiz Fux, Item VI – Primeira Parte. Disponível em: http://www.stf.jus.br/arquivo/cms/noticiaNoticiaStf/anexo/AP470mLFitem6.pdf. Acesso em: 25 out. 2019.

Embora o delito esteja previsto em diversas normas, como a Lei de Lavagem de Dinheiro,[299] a Lei dos Crimes contra o Sistema Financeiro Nacional[300] e a Lei dos Crimes contra a Ordem Tributária,[301] o Código Eleitoral[302] não apresenta uma disposição específica quanto à temática, sendo que apenas parte dos autores e órgãos judiciais sustenta que seu art. 350[303] englobaria a atividade no âmbito eleitoral. Referido hiato normativo acaba por produzir indubitável insegurança jurídica na apuração da prática, o que se pretende corrigir com a aprovação do Projeto de Lei nº 3855/2019,[304] a partir da edição de dispositivo específico e da ampliação das hipóteses de incidência da conduta típica e da criminalização penal da prática.

Da mesma forma, o tipo penal específico para o "caixa dois" também está previsto no art. 879 do "Novo Código Eleitoral"[305] (PLP nº 112/2021), que chegou a ser aprovado na Câmara dos Deputados, mas pende de análise pelo Senado Federal, na data da última revisão desta obra.

2.3 Políticas paritárias em relação a mulheres e demais minorias

No art. 5º, *caput*, a Constituição brasileira expressamente previu o princípio da isonomia, definindo que "todos são iguais perante a

---

[299] BRASIL. Lei nº 9.613, de 3 de março de 1998. Disponível em: http://www.planalto.gov.br/ccivil_03/leis/l9613.htm. Acesso em: 26 mar. 2022.

[300] BRASIL. Lei nº 7.492, de 16 de junho de 1986. Disponível em: http://www.planalto.gov.br/ccivil_03/LEIS/L7492.htm. Acesso em: 26 mar. 2022.

[301] BRASIL. Lei nº 8.137, de 27 de dezembro de 1990. Disponível em: http://www.planalto.gov.br/ccivil_03/LEIS/L8137.htm. Acesso em: 26 mar. 2022.

[302] BRASIL. Lei nº 4.737, de 15 de julho de 1965. Disponível em: http://www.planalto.gov.br/ccivil_03/leis/l4737.htm. Acesso em: 26 mar. 2022.

[303] "Art. 350. Omitir, em documento público ou particular, declaração que dêle devia constar, ou nele inserir ou fazer inserir declaração falsa ou diversa da que devia ser escrita, para fins eleitorais: Pena – reclusão até cinco anos e pagamento de 5 a 15 dias-multa, se o documento é público, e reclusão até três anos e pagamento de 3 a 10 dias-multa se o documento é particular." BRASIL. Lei nº 4.737, de 15 de julho de 1965. Disponível em: http://www.planalto.gov.br/ccivil_03/leis/l4737.htm. Acesso em: 26 mar. 2022.

[304] BRASIL. Câmara dos Deputados. Projeto de Lei nº 3855, de 2019 (n. anterior: PL 4850/2016). Disponível em: https://www.camara.leg.br/propostas-legislativas/2080604. Acesso em: 26 mar. 2022.

[305] BRASIL. Senado Federal. Projeto de Lei Complementar nº 112, de 2021. Disponível em: https://www25.senado.leg.br/web/atividade/materias/-/materia/149849. Acesso em: 26 mar. 2022.

lei".[306] Embora uma leitura mais imediata possa indicar a necessidade de conferir idêntico tratamento a todos, a interpretação sistemática do texto constitucional leva à compreensão de um dever de equidade que segue a lógica aristotélica – conferir tratamento igual aos iguais e desigual aos desiguais na medida em que se diferenciam. Consoante a isso, proclama Celso Antônio Bandeira de Mello que "a lei deve ser instrumento regulador da vida social que necessita tratar equitativamente todos os cidadãos".[307]

Nessa linha, entende-se possível a utilização de critérios discriminatórios de forma legítima, sempre em prol dos indivíduos, quando subsistir relação lógica entre o critério de discriminação e o fato da vida. As ações afirmativas, de tal modo, podem ser compreendidas como mecanismos aptos a concretizar e dar efetividade à plena realização da igualdade material e da dignidade da pessoa humana.

Logo, considerando o dever do Estado de promover a efetivação do mencionado princípio, imprescindível a adoção de políticas paritárias em relação às minorias sociais no âmbito eleitoral, dada a importância de se conferir representatividade aos diversos segmentos da sociedade, em atenção aos seus direitos políticos (art. 14º, CF)[308] e ao princípio republicano (art. 1º, CF)[309].

Não obstante, até o presente momento, é indubitável que as políticas de inclusão implementadas na esfera eleitoral são relativas às desigualdades de gênero, as quais, no entanto, têm sido fraudadas por candidatos e partidos políticos com certa frequência, conforme se expõe adiante.

---

306 BRASIL. (1988) *Constituição da República Federativa do Brasil*. Disponível em: http://www.planalto.gov.br/ccivil_03/constituicao/constituicao.htm. Acesso em: 26 mar. 2022.

307 BANDEIRA DE MELLO, Celso Antônio. *Curso de direito administrativo*. 4. ed. São Paulo: Malheiros, 1993, p. 10

308 "Art. 14. A soberania popular será exercida pelo sufrágio universal e pelo voto direto e secreto, com valor igual para todos, e, nos termos da lei, mediante". BRASIL. (1988) *Constituição da República Federativa do Brasil*. Disponível em: http://www.planalto.gov.br/ccivil_03/constituicao/constituicao.htm. Acesso em: 26 mar. 2022.

309 "Art. 1º A República Federativa do Brasil, formada pela união indissolúvel dos Estados e Municípios e do Distrito Federal, constitui-se em Estado Democrático de Direito e tem como fundamentos:
I – a soberania;
II – a cidadania;
III – a dignidade da pessoa humana;
IV – os valores sociais do trabalho e da livre iniciativa;
V – o pluralismo político." BRASIL. (1988) *Constituição da República Federativa do Brasil*. Disponível em: http://www.planalto.gov.br/ccivil_03/constituicao/constituicao.htm. Acesso em: 26 mar. 2022.

2.3.1 Fraude à cota de gênero ("candidaturas laranjas")

Apesar da disposição legal acerca do percentual mínimo de candidaturas de gênero – e, *in casu*, para ponderação, femininas (30%) – a ser observado pelos partidos, é extremamente comum a prática de ações com o objetivo de fraudá-la, em descumprimento à cota de gênero e em prejuízo à tentativa de incremento da participação feminina na política.

Em especial, costuma-se lançar a candidatura de mulheres que, na realidade, não irão disputar o pleito – as denominadas candidaturas fictícias ou laranjas. Nesse caso, os nomes femininos são arrolados na lista do partido para atender ao percentual mínimo e, por conseguinte, viabilizar a presença do partido e de seus candidatos nas eleições, sem existir, contudo, suporte real à candidatura.

Dado o entendimento do TSE de que o posterior indeferimento de candidatura ou a renúncia por parte de candidatas não constituem violação à cota de gênero pelo partido, uma vez atendido o requisito no momento do registro, tem-se efetivo prejuízo à apuração de condutas fraudulentas, nas quais ocorre a utilização de mulheres filiadas, sem nenhuma competitividade ou intenção eleitoral, para o preenchimento do percentual mínimo. Nesse sentido, perpetua-se a baixa representatividade e participação femininas, em conduta com aparente licitude.

Sendo a maior parte do eleitorado composta por indivíduos do sexo feminino e a quantidade de filiados de cada gênero muito próxima, não há razoabilidade na manutenção da baixa representação feminina na política, tanto em cargos legislativos quanto executivos. Dessa forma, o enfrentamento das candidaturas de fachada pela Justiça Eleitoral é condição essencial para a concretização da política de cotas estabelecida pela legislação brasileira.[310]

Ademais, diversas são as ações em trâmite na Justiça Eleitoral que debatem fraude na cota de gêneros e a penalidade aplicável. Nesse contexto, o Tribunal Superior Eleitoral julgou o primeiro recurso relacionado ao tema. Nesse *leading case*, o TSE concluiu, por maioria de votos, 4x3, que a constatação de candidaturas laranjas, com o desígnio de fraudar a cota mínima de candidaturas femininas, enseja a cassação de toda a chapa, com a respectiva perda de mandato dos eleitos. *In verbis:*

---

[310] NUNES, Geórgia Ferreira Martins; SOARES, Lorena de Araújo Costa. Candidatas de fachada: a violência política decorrente da fraude eleitoral e do abuso de poder e as respostas jurídicas para efetivação dos grupos minoritariamente representados. *In:* FUX, Luiz; PEREIRA, Luiz Fernando Casagrande; AGRA, Walber de Moura (Coord.); PECCINI, Luiz Eduardo (Org.). *Direito Constitucional Eleitoral*. Belo Horizonte: Fórum, 2018, p. 543-570. (Tratado de Direito Eleitoral, v. 1).

RECURSOS ESPECIAIS. ELEIÇÕES 2016. VEREADORES. PREFEITO. VICE-PREFEITO. AÇÃO DE INVESTIGAÇÃO JUDICIAL ELEITORAL (AIJE). ART. 22 DA LC 64/90. **FRAUDE. COTA DE GÊNERO. ART. 10, §3º, DA LEI 9.504/97.** RECURSOS ESPECIAIS. ELEIÇÕES 2016. VEREADORES. PREFEITO. VICE-PREFEITO. AÇÃO DE INVESTIGAÇÃO JUDICIAL ELEITORAL (AIJE). ART. 22 DA LC 64/90. FRAUDE. COTA DE GÊNERO. ART. 10, §3º, DA LEI 9.504/97. 1. O TRE/PI, na linha da sentença, reconheceu fraude na quota de gênero de 30% quanto às candidaturas das coligações Compromisso com Valença I e II ao cargo de vereador nas Eleições 2016, fixando as seguintes sanções: a) cassação dos registros das cinco candidatas que incorreram no ilícito, além de sua inelegibilidade por oito anos; b) cassação dos demais candidatos registrados por ambas as chapas, na qualidade de beneficiários. 2. Ambas as partes recorreram. A coligação autora pugna pela inelegibilidade de todos os candidatos e por se estender a perda dos registros aos vencedores do pleito majoritário, ao passo que os candidatos pugnam pelo afastamento da fraude e, alternativamente, por se preservarem os registros de quem não anuiu com o ilícito. PRELIMINAR. LITISCONSÓRCIO PASSIVO NECESSÁRIO. DIRIGENTES PARTIDÁRIOS. SÚMULA 24/TSE. REJEIÇÃO. 3. O TRE/PI assentou inexistir prova de que os presidentes das agremiações tinham conhecimento da fraude, tampouco que anuíram ou atuaram de modo direto ou implícito para sua consecução, sendo incabível citá-los para integrar a lide como litisconsortes passivos necessários. Concluir de forma diversa esbarra no óbice da Súmula 24/TSE. TEMA DE FUNDO. FRAUDE. COTA DE GÊNERO. ART. 10, §3º, DA LEI 9.504/97. ROBUSTEZ. GRAVIDADE. AFRONTA. GARANTIA FUNDAMENTAL. ISONOMIA. HOMENS E MULHERES. ART. 5º, I, DA CF/88. 4. A fraude na cota de gênero de candidaturas representa afronta à isonomia entre homens e mulheres que o legislador pretendeu assegurar no art. 10, §3º, da Lei 9.504/97 – a partir dos ditames constitucionais relativos à igualdade, ao pluralismo político, à cidadania e à dignidade da pessoa humana – e a prova de sua ocorrência deve ser robusta e levar em conta a soma das circunstâncias fáticas do caso, o que se demonstrou na espécie. 5. A extrema semelhança dos registros nas contas de campanha de cinco candidatas – tipos de despesa, valores, data de emissão das notas e até mesmo a sequência numérica destas – denota claros indícios de maquiagem contábil. A essa circunstância, de caráter indiciário, somam-se diversos elementos específicos. 6. A fraude em duas candidaturas da Coligação Compromisso com Valença I e em três da Coligação Compromisso com Valença II revela-se, ademais, da seguinte forma: a) Ivaltânia Nogueira e Maria Eugênia de Sousa disputaram o mesmo cargo, pela mesma coligação, com familiares próximos (esposo e filho), sem nenhuma notícia de animosidade política entre eles, sem que elas realizassem despesas com material de propaganda e com ambas atuando em prol da campanha daqueles, obtendo cada uma apenas um voto; b) Maria Neide da Silva sequer compareceu às urnas e não realizou gastos com publicidade; c) Magally da Silva votou e ainda assim não recebeu votos, e, além disso, apesar de alegar ter sido acometida por enfermidade, registrou gastos – inclusive com recursos próprios – em data posterior; d) Geórgia Lima, com apenas dois votos, é reincidente em disputar cargo eletivo apenas para preencher a cota e usufruir licença remunerada do serviço público. 7. Modificar as premissas fáticas assentadas pelo TRE/PI demandaria reexame de fatos e provas (Súmula 24/TSE). **CASSAÇÃO. TOTALIDADE DAS CANDIDATURAS DAS DUAS COLIGAÇÕES**. LEGISLAÇÃO. DOUTRINA. JURISPRUDÊNCIA. 8. Caracterizada a fraude e, por conseguinte, comprometida a disputa, não se requer, para fim de perda de diploma de todos os candidatos beneficiários que compuseram as coligações, prova inconteste de sua participação ou anuência, aspecto subjetivo que se revela imprescindível apenas para impor a eles inelegibilidade para eleições futuras. Precedentes. 9. Indeferir apenas as candidaturas fraudulentas e as menos votadas (feito o recálculo da cota), preservando-se as que obtiveram maior número de votos, ensejaria inadmissível brecha para o registro de "laranjas", com verdadeiro incentivo a se "correr o risco", por inexistir efeito prático desfavorável. 10. O registro das candidaturas fraudulentas possibilitou maior número de homens na disputa, cuja soma de votos, por sua vez, contabilizou-se para as respectivas alianças, culminando em quociente partidário favorável a elas (art. 107 do Código Eleitoral), que puderam então registrar e eleger mais candidatos. 11. O círculo vicioso não se afasta com a glosa apenas parcial, pois a negativa dos registros após a data do pleito implica o aproveitamento dos votos em favor das legendas (art. 175, §§3º e 4º, do Código Eleitoral), evidenciando-se, mais uma vez, o inquestionável benefício auferido com a fraude. 12. A adoção de critérios diversos ocasionaria casuísmo incompatível com o regime democrático. 13. Embora o objetivo prático do art. 10, §3º, da Lei 9.504/97 seja incentivar a presença feminina na política, a cota de 30% é de gênero. Manter o registro apenas das candidatas também afrontaria a norma, em sentido contrário ao que usualmente ocorre. INELEGIBILIDADE. NATUREZA PERSONALÍSSIMA. PARCIAL PROVIMENTO. 14. Inelegibilidade constitui sanção personalíssima que incide apenas perante quem cometeu, participou ou anuiu com a prática ilícita, e não ao mero beneficiário. Precedentes. 15. Embora incabível aplicá-la indistintamente a todos os candidatos, constata-se a anuência de Leonardo Nogueira (filho de Ivaltânia Nogueira) e de Antônio Gomes da Rocha (esposo de Maria Eugênia de Sousa), os quais, repita-se, disputaram o mesmo pleito pela mesma coligação, sem notícia de animosidade familiar ou política, e com ambas atuando na candidatura daqueles em detrimento das suas. CASSAÇÃO. DIPLOMAS. PREFEITA E VICE-PREFEITO. AUSÊNCIA. REPERCUSSÃO. SÚMULA 24/TSE. 16. Não se vislumbra de que forma a fraude nas candidaturas

> proporcionais teria comprometido a higidez do pleito majoritário, direta ou indiretamente, ou mesmo de que seria de responsabilidade dos candidatos aos cargos de prefeito e vice-prefeito. Conclusão diversa esbarra na Súmula 24/TSE. **CONCLUSÃO. MANUTENÇÃO. PERDA. REGISTROS. VEREADORES. EXTENSÃO.** INELEGIBILIDADE. IMPROCEDÊNCIA. CHAPA MAJORITÁRIA. 17. Recursos especiais dos candidatos ao cargo de vereador pelas coligações Compromisso com Valença I e II desprovidos, mantendo-se cassados os seus registros, e recurso da Coligação Nossa União É com o Povo parcialmente provido para impor inelegibilidade a Leonardo Nogueira e Antônio Gomes da Rocha, subsistindo a improcedência quanto aos vencedores do pleito majoritário, revogando-se a liminar e executando-se o aresto logo após a publicação (precedentes). (Recurso Especial Eleitoral n. 19392, Acórdão, Relator(a) Min. Jorge Mussi, Publicação: DJe – Diário de Justiça eletrônico, Tomo 193, Data 04/10/2019, Página 105/107).[311] (Grifos nossos)

2.3.2 Não aplicação do percentual mínimo do Fundo Partidário e do Fundo Especial de Financiamento de Campanha para mulheres

De forma semelhante à fraude em cota de gênero nos registros de candidatura, constata-se, com frequência, a não aplicação do percentual mínimo do Fundo Partidário e do Fundo Eleitoral em campanhas femininas. Com efeito, os recursos direcionados para campanhas de mulheres são irregularmente repassados para filiados homens, em descumprimento à política paritária instituída pela lei.

Em diversas situações, essa prática é associada a candidaturas fictícias e evidenciada pela não realização de campanha, pela inexistência de gasto eleitoral ou pela não transferência ou arrecadação de recursos.

Recentemente, inclusive, o Plenário do TSE manteve a cassação de diplomas eleitorais de vereadores de Rosário do Sul (RS) por uso ilícito de verbas do Fundo Partidário, no primeiro julgamento em que examinado esse tipo de desvio. No caso concreto, a vereadora havia repassado parte dos recursos recebidos por ela a título de promoção de candidaturas femininas a candidatos do sexo masculino, tendo sido condenado também um dos beneficiados.[312]

---

[311] Recurso Especial Eleitoral n. 19392, Acórdão, Relator(a) Min. Jorge Mussi, Publicação: *DJe – Diário de Justiça Eletrônico*, Tomo 193, Data 04/10/2019, p. 105/107. Disponível em: http://www.tse.jus.br/jurisprudencia/decisoes/jurisprudencia. Acesso em: 27 mar. 2022.

[312] "DIREITO ELEITORAL E PROCESSUAL CIVIL. RECURSOS ESPECIAIS ELEITORAIS COM AGRAVO. ELEIÇÕES 2016. REPRESENTAÇÃO POR CAPTAÇÃO OU GASTO ILÍCITO DE RECURSOS DE CAMPANHA. ART. 30-A DA LEI N. 9.504/1997.

Durante o julgamento, a Corte decidiu ainda que a situação mencionada se enquadra nas hipóteses de ajuizamento de representação prevista no art. 30-A da Lei das Eleições,[313] que trata da solicitação de abertura de investigação judicial para apurar condutas ilícitas, relativas à arrecadação e aos gastos de recursos de campanha.[314]

DESVIRTUAMENTO NA APLICAÇÃO DOS RECURSOS DO FUNDO PARTIDÁRIO DESTINADOS À PROMOÇÃO DA PARTICIPAÇÃO FEMININA NA POLÍTICA. DOAÇÃO DE PARTE DA VERBA A CANDIDATOS DO GÊNERO MASCULINO. DESVIO DE FINALIDADE. ILÍCITO CONFIGURADO. CONHECIMENTO DOS AGRAVOS. DESPROVIMENTO DOS RECURSOS ESPECIAIS ELEITORAIS. [...] III.6) GRAVIDADE DA CONDUTA. PROPORCIONALIDADE DA SANÇÃO DE CASSAÇÃO. 19. Conforme jurisprudência desta Corte, para a configuração do ilícito do art. 30-A deve-se analisar a violação material, e não meramente formal dos bens jurídicos tutelados pela norma. Assim, a procedência da representação exige a demonstração de gravidade da conduta reputada ilegal, que deve ser aferida pela relevância jurídica da irregularidade. Precedentes. 20. No caso em análise, a gravidade da conduta, em razão da relevância jurídica das irregularidades, ficou amplamente demonstrada. Primeiro, porque o percentual dos recursos do Fundo Partidário objeto de irregularidade, em relação ao total de receitas em ambas as campanhas, foi substancial, pois: (i) o valor recebido pelo candidato Afrânio em razão da doação (R$2.000, 00) representa 66% das suas receitas de campanha; e (ii) o valor doado pela candidata Jalusa (R$12.000, 00) representa 53% de suas receitas. Ademais, a recalcitrância em dar cumprimento a medidas cujo objetivo é conferir efetividade à cota de gênero não pode ser minimizada, sob pena de que este Tribunal Superior venha a homologar práticas em franca colisão com os recentes avanços da jurisprudência do STF e do TSE destinados a superar o caráter meramente nominal da reserva de 30% de candidaturas para as mulheres. 21. A alegação dos recorrentes no sentido de ser desproporcional a aplicação da sanção de cassação dos mandatos, ao argumento de que o valor da doação não foi capaz de promover qualquer desequilíbrio no pleito, não merece ser acolhida, tendo em vista que: (i) a potencialidade de a conduta desequilibrar o pleito eleitoral não é exigida para a caracterização da conduta de arrecadação e gasto ilícito de recursos; e (ii) a sanção de cassação do mandato é a consequência imposta pelo §2º do art. 30-A da Lei nº 9.504/1997, em razão da prática das condutas vedadas pelo *caput* [...]" Acórdão, Relator(a) Min. Luís Roberto Barroso, Publicação: *DJe – Diário de Justiça Eletrônico*, Data 20/09/2019). Disponível em: http://www.tse.jus.br/jurisprudencia/decisoes/jurisprudencia. Acesso em: 27 mar. 2022.

313 "Art. 30-A. Qualquer partido político ou coligação poderá representar à Justiça Eleitoral, no prazo de 15 (quinze) dias da diplomação, relatando fatos e indicando provas, e pedir a abertura de investigação judicial para apurar condutas em desacordo com as normas desta Lei, relativas à arrecadação e gastos de recursos.
§1º Na apuração de que trata este artigo, aplicar-se-á o procedimento previsto no art. 22 da Lei Complementar no 64, de 18 de maio de 1990, no que couber.
§2º Comprovados captação ou gastos ilícitos de recursos, para fins eleitorais, será negado diploma ao candidato, ou cassado, se já houver sido outorgado.
§3º O prazo de recurso contra decisões proferidas em representações propostas com base neste artigo será de 3 (três) dias, a contar da data da publicação do julgamento no Diário Oficial." BRASIL. Lei nº 9.504, de 30 de setembro de 1997. Estabelece normas para as eleições. Disponível em: http://www.planalto.gov.br/ccivil_03/leis/l9504.htm. Acesso em: 27 mar. 2022.

314 BRASIL. Tribunal Superior Eleitoral. Corte confirma cassação de diplomas de dois vereadores de Rosário do Sul (RS). Disponível em http://www.tse.jus.br/imprensa/noticias-tse/2019/Agosto/tse-confirma-cassacao-de-diplomas-de-dois-vereadores-de-rosario-do-sul-rs. Acesso em: 27 mar. 2022.

Tal decisão reforça o papel dos tribunais de preservar as ações afirmativas em favor das mulheres e corrigir gradualmente a sub-representação feminina na política, assegurando a competitividade das candidaturas femininas e punindo estratégias dissimuladas que visam burlar a lei e neutralizar as medidas implementadas.

2.4 Fim das coligações proporcionais

As coligações partidárias têm por fundamento o consórcio de partidos políticos com o objetivo de atuação conjunta e cooperativa na disputa eleitoral, sendo instituto previsto pela Constituição Federal em seu art. 17, §1º. Ao longo do tempo, contudo, as coligações passaram a ser, em sua maioria, fenômeno ideologicamente inconsistente, meramente baseado em estratégias de maximização de votos e conquista de cadeiras.

Tal situação era agravada no âmbito do sistema proporcional de lista aberta, em que os membros são eleitos de acordo com os votos dos partidos coligados e, diversas vezes, por força dos "puxadores de voto".[315] Nesse contexto, o eleitor não costuma ter consciência de quem seu voto irá efetivamente beneficiar, disfunção ainda mais latente no caso das coligações – o eleitor, por exemplo, ao conceder seu voto para um partido A, com ideologia de direita, pode eleger candidato de um partido B, de ideologia de esquerda, coligado a esse.

Por esse motivo, a Emenda Constitucional nº 97/2017 alterou o §1º do art. 17,[316] vedando a celebração de coligações proporcionais e mantendo apenas as majoritárias, em que o voto é essencialmente direcionado ao candidato, tendo sido a eleição de 2020 a primeira com a nova sistemática.

---

[315] Trata-se de candidato com alta popularidade que gera quantidade de votos muito significativa para o partido, possibilitando a eleição de outros candidatos da agremiação que inicialmente não teriam chances reais.

[316] "[...] §1º É assegurada aos partidos políticos autonomia para definir sua estrutura interna e estabelecer regras sobre escolha, formação e duração de seus órgãos permanentes e provisórios e sobre sua organização e funcionamento e para adotar os critérios de escolha e o regime de suas coligações nas eleições majoritárias, vedada a sua celebração nas eleições proporcionais, sem obrigatoriedade de vinculação entre as candidaturas em âmbito nacional, estadual, distrital ou municipal, devendo seus estatutos estabelecer normas de disciplina e fidelidade partidária." BRASIL. (1988) *Constituição da República Federativa do Brasil*. Disponível em: http://www.planalto.gov.br/ccivil_03/constituicao/constituicao.htm. Acesso em: 27 mar. 2022.

2.5 Crise ideológica dos partidos brasileiros

Apesar de a Constituição Federal de 1988 ter conferido papel central aos partidos políticos no sistema eleitoral, enquanto instituições organizadas em função de suas ideias com participação ativa no processo democrático, é evidente a atual crise ideológica que enfrenta o país, a qual pode ser compreendida sob duas perspectivas: jurídica e social.

O aspecto jurídico se refere ao próprio conjunto de normas sobre o tema, que pode conter algum tipo de incongruência interna, enquanto o social diz respeito ao progressivo distanciamento do cidadão comum em relação às instâncias governamentais, ocasionado pelo não atendimento das expectativas sociais dos eleitores. Nesse sentido Marcello Baquero aduz que:

> [...] a insatisfação dos cidadãos face à incapacidade do sistema partidário em canalizar suas aspirações adequada e eficazmente tem contribuído decisivamente para o crescente distanciamento do eleitor dos partidos e para a emergência de formas alternativas de representação política à margem dos partidos tradicionais.[317]

É inequívoco que a eficácia e a clareza das regras eleitorais e das ações partidárias conduzem a um cenário de maior legitimidade do sistema eleitoral como um todo e, por conseguinte, a um maior aprimoramento do regime democrático, como espaço de realização e aprimoramento da emancipação política e cultural da população. O contrário, contudo, leva à descrença em relação ao sistema político, como consequência dos reiterados desvios programáticos, das fraudes às imposições legais, das constantes irregularidades financeiras e dos recentes escândalos de corrupção verificados no Brasil.

Em linhas gerais, a crise dos partidos políticos está intimamente ligada ao contínuo descolamento de diretrizes, interesses e ações políticas em relação às expectativas sociais, bem como à fragilidade da relação de confiança estabelecida entre mandatários e eleitorado. Sobre o tema, inclusive, Bobbio pontua:

> Em vez de subordinarem os interesses partidários e pessoais aos interesses gerais, grandes e pequenos partidos disputam para ver quem

[317] BAQUERO, Marcello. A tese da mobilização cognitiva e o declínio dos partidos. Trabalho apresentado no XX Encontro Anual da ANPOCS, Caxambu, MG, 22-26 de outubro, 1996, p. 13.

> consegue desfrutar com maior astucia todas as oportunidades para ampliar a própria esfera de poder. Em vez de assumirem a responsabilidade de seus comportamentos mais clamorosos e criticáveis, empregam toda a habilidade dialética para demonstrar que a responsabilidade é do adversário, a tal ponto que o país vai se arruinando e ninguém é responsável.[318]

Importante ressaltar que a crítica não se direciona ao simples jogo político, que envolve a negociação de interesses, a formação de alianças e oposições – fatores intrínsecos à atividade política no âmbito do Estado democrático, baseado no pluralismo. O cerne da discussão diz respeito à redução da atividade política a um esquema fechado, sem espaço para o exercício da cidadania e para a formação de opinião, que se perpetua em um ciclo vicioso.[319] Verifica-se, de fato, manifesto desalinhamento entre a teoria da representação social dos partidos e sua efetiva participação enquanto agentes democráticos ideologicamente definidos.

Entende-se, assim, que a problemática não diz respeito ao regime eleitoral adotado, mas à existência concreta das agremiações na atualidade, que desprivilegia os princípios basilares do sistema democrático. O excessivo individualismo da política brasileira prejudica a relevância das agremiações na condição de representantes das demandas sociais de determinado segmento, desestabilizando a estrutura partidária erigida pela CF/88.

Desse modo, levando em consideração o histórico de corrupção, fraude e abuso de poder econômico na esfera política brasileira, prática há muito existente e que se mostrou profundamente arraigada no cotidiano do país, fica evidente a crise de representatividade que atinge a maior parte da população e que ameaça seriamente a confiabilidade na própria estrutura democrática e nas instituições do país como um todo.

---

318 BOBBIO, Norberto. *As ideologias e o poder em crise*. 4. ed. Tradução de João Ferreira. Brasília: UnB, 1999, p. 193.

319 VIEIRA, Hector Luís C. O dilema dos partidos políticos brasileiros: a crise de representatividade e o reposicionamento dos atores democráticos. In: XXII Encontro Nacional do CONPEDI/UNINOVE Tema: Sociedade global e seus impactos sobre o estudo e a efetividade do Direito na contemporaneidade, organização CONPEDI/UNINOVE. Coordenadores: José Filomeno de Moraes Filho, Regina Célia Martinez, Ilton Norberto Rob Filho. Florianópolis: FUNJAB, 2013, p. 14.

2.6 Mídia digital e o fenômeno das redes sociais: uma nova realidade

A crescente utilização de recursos digitais tem naturalmente promovido mudanças nas relações eleitorais, especialmente na forma de se fazer propaganda e divulgar informações. Embora possibilite maior fluidez na comunicação, o meio virtual apresenta características que potencializam os problemas a serem enfrentados durante o período eleitoral, dada a rapidez na propagação de notícias, a ampliação do público alcançado, a facilidade de divulgação de conteúdos falsos e a dificuldade de realização de debates sérios.[320]

Em face dessa nova realidade, a Reforma Eleitoral de 2017 (Lei nº 13.488) estabeleceu algumas mudanças na legislação ordinária, a fim de regulamentar as novas práticas virtuais e coibir condutas incompatíveis com o padrão ético esperado da atuação político-partidária. As principais regras são relacionadas (i) à identificação do conteúdo a ser divulgado, (ii) à possibilidade de rastreamento das publicações e (iii) à preocupação com a exposição de informações falsas que possam ferir a imagem e a honra de outros candidatos e partidos.[321]

Nesse sentido, passou-se a admitir o impulsionamento pago de conteúdo na internet, desde que identificado de forma inequívoca como tal, interno à aplicação utilizada e contratado exclusivamente por partidos, coligações e candidatos, sendo vedada a propaganda eleitoral paga no meio digital.[322] Com isso, permite-se a utilização da internet

---

320 NEISSER, Fernando; BERNARDELLI, Paula; MACHADO, Raquel. A mentira no ambiente digital: impactos eleitorais e possibilidades de controle. *In*: FUX, Luiz; PEREIRA, Luiz Fernando Casagrande; AGRA, Walber de Moura (Coord.); PECCINI, Luiz Eduardo (Org.). *Direito constitucional eleitoral*. Belo Horizonte: Fórum, 2018, p. 51-70. (Tratado de Direito Eleitoral, v. 4)

321 BRASIL. *Lei nº 13.488, de 6 de outubro de 2017*. Disponível em: http://www.planalto.gov.br/ccivil_03/_Ato2015-2018/2017/Lei/L13488.htm. Acesso em: 27 mar. 2022.

322 "Art. 57-C. É vedada a veiculação de qualquer tipo de propaganda eleitoral paga na internet, excetuado o impulsionamento de conteúdos, desde que identificado de forma inequívoca como tal e contratado exclusivamente por partidos, coligações e candidatos e seus representantes.
§1º É vedada, ainda que gratuitamente, a veiculação de propaganda eleitoral na internet, em sítios:
I – de pessoas jurídicas, com ou sem fins lucrativos;
II – oficiais ou hospedados por órgãos ou entidades da administração pública direta ou indireta da União, dos Estados, do Distrito Federal e dos Municípios;
§2º A violação do disposto neste artigo sujeita o responsável pela divulgação da propaganda e, quando comprovado seu prévio conhecimento, o beneficiário à multa no valor de R$5.000, 00 (cinco mil reais) a R$30.000, 00 (trinta mil reais).
§2º A violação do disposto neste artigo sujeita o responsável pela divulgação da propaganda ou pelo impulsionamento de conteúdos e, quando comprovado seu prévio conhecimento,

para fornecer visibilidade a determinados candidatos e partidos e, ao mesmo tempo, garante-se mínima possibilidade de fiscalização e controle ao concentrar as publicações em perfis específicos, impedindo a propagação desenfreada de conteúdo.

Além disso, estabeleceu-se a possibilidade de a Justiça Eleitoral determinar a suspensão do acesso a conteúdo veiculado que deixar de cumprir as disposições da legislação eleitoral, sendo o tempo de suspensão proporcional à gravidade da infração cometida, observado o máximo de 24 horas, em atenção ao princípio da proporcionalidade.[323]

Portanto, em termos de debate democrático, a principal preocupação com a internet diz respeito aos algoritmos utilizados. Se o foco é atrair atenção, programa-se o ambiente digital para entregar conteúdos mais alinhados ao pensamento do usuário, em uma espécie de "bolha" que induz o sujeito a ter mais contato com visões semelhantes.[324] Tal tecnologia propicia a formação de indivíduos mais intolerantes e extremistas, causando prejuízo ao debate democrático, que pressupõe pluralidade e contraste entre visões distintas.

---

o beneficiário, à multa no valor de R$5.000, 00 (cinco mil reais) a R$30.000, 00 (trinta mil reais) ou em valor equivalente ao dobro da quantia despendida, se esse cálculo superar o limite máximo da multa.
§3º O impulsionamento de que trata o *caput* deste artigo deverá ser contratado diretamente com provedor da aplicação de internet com sede e foro no País, ou de sua filial, sucursal, escritório, estabelecimento ou representante legalmente estabelecido no País e apenas com o fim de promover ou beneficiar candidatos ou suas agremiações. BRASIL. Lei nº 9.504, de 30 de setembro de 1997. Estabelece normas para as eleições. Disponível em: http://www.planalto.gov.br/ccivil_03/leis/l9504.htm. Acesso em: 16 jun. 2019.

323 "Art. 57-I. A requerimento de candidato, partido ou coligação, observado o rito previsto no art. 96 desta Lei, a Justiça Eleitoral poderá determinar, no âmbito e nos limites técnicos de cada aplicação de internet, a suspensão do acesso a todo conteúdo veiculado que deixar de cumprir as disposições desta Lei, devendo o número de horas de suspensão ser definida proporcionalmente à gravidade da infração cometida em cada caso, observado o limite máximo de vinte e quatro horas.
§1º A cada reiteração de conduta, será duplicado o período de suspensão.
§2º No período de suspensão a que se refere este artigo, a empresa informará, a todos os usuários que tentarem acessar seus serviços, que se encontra temporariamente inoperante por desobediência à legislação eleitoral". BRASIL. Lei nº 9.504, de 30 de setembro de 1997. Estabelece normas para as eleições. Disponível em: http://www.planalto.gov.br/ccivil_03/leis/l9504.htm. Acesso em: 16 jun. 2019.

324 Ainda em 2007, Cass Sustein descreveu essa situação em um futuro distópico: "It is some time in the future. Technology has greatly increased people´s ability to 'filter' what they want to read, see, and hear. [...] If you are interested in politics, you may want to restrict yourself to certain points of view by hearing only from people with whom you agree". SUNSTEIN, Cass. *Republic.com 2.0.* Princeton: Princeton University Press, 2007, p. 1-2.

2.6.1 *Fake news*: a nova vilã da democracia

Diante desse novo contexto, a veiculação de mentiras em redes sociais, as chamadas *fake news*, passa a ser grande preocupação do Direito Eleitoral, principalmente devido à dificuldade em se identificar o responsável pela divulgação da informação e o público ao qual o conteúdo se destina, bem como à insegurança sobre os efeitos que a notícia pode ter sobre o eleitorado.[325]

Tal prática se refere à propagação de notícias falsas, usualmente voltadas ao ataque de um adversário ou à promoção pessoal exacerbada, com base em uma situação inverídica e estrategicamente pensada, por meio de redes sociais e com aparência de seriedade. Para a Justiça Eleitoral, a principal preocupação é que as escolhas políticas dos indivíduos não se pautem por informações falsas e por um ambiente eleitoral de pouca transparência, em que se perde a autonomia de decisão.

Ao mesmo tempo, preocupa a utilização conjunta da microssegmentação ("bolha virtual") com outras ferramentas, aptas a potencializar o impacto do conteúdo, como os perfis falsos, administrados por outras pessoas com o objetivo de simular indivíduos reais e agir de acordo com interesses específicos. Além disso, é frequente o uso dos chamados *fake bots*, que consistem em perfis de usuários falsos, administrados por robôs, que são programados para responder a conteúdo da internet – como se pessoas reais fossem.

Como se vê, a problemática nuclear envolvida no uso desses mecanismos é a ausência de transparência e a dificuldade de identificação dos envolvidos em seu desenvolvimento e financiamento ou mesmo dos verdadeiros administradores dos perfis, o que torna complexa a responsabilização por eventuais atos ilícitos. Isso porque a internet facilita o agravamento das *fake news* ao permitir a pluralização das fontes e a viabilização da propagação instantânea de notícias e opiniões, em um fluxo intenso de divulgação e troca de informações.

Segundo Richard Hasen, o fato de cada um ser, simultaneamente, destinatário e fonte de informação prejudica a hegemonia de fontes confiáveis. Ademais, a polarização política, agravada pelas chamadas "bolhas", eleva a possibilidade de a imprensa se posicionar de forma

---

[325] NEISSER, Fernando; BERNARDELLI, Paula; MACHADO, Raquel. A mentira no ambiente digital: impactos eleitorais e possibilidades de controle. *In*: FUX, Luiz; PEREIRA, Luiz Fernando Casagrande; AGRA, Walber de Moura (Coord.); PECCINI, Luiz Eduardo (Org.). *Direito constitucional eleitoral*. Belo Horizonte: Fórum, 2018, p. 51-70. (Tratado de Direito Eleitoral, v. 4).

assumidamente tendenciosa, como ocorre, por exemplo, com alguns veículos de comunicação nos Estados Unidos.[326]

Nesse sentido, o que justifica maior controle e fiscalização das *fake news*, em comparação a outras formas de propaganda negativa, é justamente a elevada dificuldade de identificação do que é *fake*, o excessivo prejuízo ao debate democrático e à autêntica formação de opinião, haja vista a imprecisão quanto a sua fonte.

Imprescindível, portanto, que se implemente uma regulamentação mais dinâmica e eficaz quanto ao tema, exigindo maior transparência quanto ao uso da infraestrutura de rede e instituindo normas sobre o uso de dados sensíveis e robôs, limites à orientação de conteúdo por microssegmentação e formas de controle de financiadores e desenvolvedores de conteúdos.

Nesse sentido, embora distantes de uma solução,[327] importante consignar que o Tribunal Superior Eleitoral, reunido com vários seguimentos ligados à mídia, organizações sociais, partidos e outros tribunais, tem realizado diversos eventos e debates[328] públicos para debater a problemática e procurar meios de coibir a prática antidemocrática. Citam-se, nesse contexto: o Seminário Internacional *Fake News* e Eleições e, mais recentemente, o projeto e o portal Enfrentamento à Desinformação.[329]

2.6.2 Divulgação da atuação parlamentar e dos candidatos

Conforme já salientado, a titularidade do mandato, no caso dos cargos eletivos proporcionais, é dos próprios partidos políticos, que irão se fazer representados nas mais diversas instâncias do Estado por meio de seus filiados escolhidos nas eleições pelo voto popular. Nesse

---

[326] HASEN, Richard L. A constitutional right to lie in campaigns and elections. *Montana Law Review*, v. 74, n. 1, 2013, p. 53-77.

[327] BRASIL. Tribunal Superior Eleitoral. Especialistas debatem saídas para o fenômeno das fake news durante seminário no TSE. Disponível em: http://www.tse.jus.br/imprensa/noticias-tse/2019/Maio/especialistas-debatem-saidas-para-o-fenomeno-das-fake-news-durante-seminario-no-tse. Acesso em: 27 mar. 2022.

[328] BRASIL. Tribunal Superior Eleitoral. Seminário Internacional Fake News e Eleições contará com a participação de especialistas internacionais. Disponível em: http://www.tse.jus.br/imprensa/noticias-tse/2019/Abril/seminario-internacional-fake-news-e-eleicoes-contara-com-a-participacao-de-especialistas-internacionais. Acesso em: 27 mar. 2022.

[329] BRASIL. Tribunal Superior Eleitoral. Enfrentamento à desinformação. Disponível em: http://www.tse.jus.br/videos/enfrentamento-a-desinformacao. Acesso em: 27 mar. 2022.

sentido, é perceptível que a figura do candidato eleito possui um viés dúplice de representação, alcançando tanto a agremiação ao qual está filiado como os eleitores que nele depositaram sua confiança para a representação dos interesses político-programáticos da legenda.

A partir desse cenário, é evidente que a conformação jurídica do sistema político-partidário no Brasil aponta para a existência de um pacto ideológico previamente acertado entre a tríade "partido político – filiado eleito – eleitores", de forma que a gestação de políticas públicas promovidas no âmbito do mandato deve estar em consonância com o acerto anterior, consubstanciado na figura do voto.

Inclusive, esse raciocínio encontra guarida na própria Constituição Federal de 1988, quando enuncia que todo poder emana do povo, que o exerce por meio de representantes eleitos ou diretamente, nos termos da própria Carta (art. 1º, parágrafo único, CF).[330] Torna-se latente, desse modo, a ideia de que o candidato eleito, ao representar determinado segmento da sociedade civil por meio do mandato, tem a obrigação de informar esses representados acerca de sua atuação parlamentar, visto que a publicidade é um dos principais pilares de todo e qualquer regime democrático.

Logo, as novas tecnologias são importantes instrumentos para a divulgação informações, uma vez que possibilitam um rápido fluxo entre as partes envolvidas e colaboram para que todo e qualquer segmento da sociedade civil possa ter acesso. Esse quadro, contudo, igualmente promove uma facilidade na dissipação das já abordadas *fake news*, pela pulverização de pessoas que possam vir a participar desse intercâmbio de conteúdos e da superficialidade do controle a que possam ser submetidos.

Vê-se, então, que o ambiente digital ao qual os candidatos atualmente se submetem, ao mesmo tempo em que pode contribuir para uma maior aproximação com seus eleitores e uma apresentação mais clara e confiável do trabalho que está sendo realizado, pode também colaborar para uma exposição a críticas ilegítimas por meio de inverdades, o que pode vir a comprometer a própria legitimidade das demais informações.

Ademais, o uso de tecnologias também possibilita a existência de um debate em prol das ideias postas com outros eleitores e partidos para além das casas legislativas, o que igualmente auxilia no aumento

---

330 "[...] Parágrafo único. Todo o poder emana do povo, que o exerce por meio de representantes eleitos ou diretamente, nos termos desta Constituição." BRASIL. (1988) *Constituição da República Federativa do Brasil*. Disponível em: http://www.planalto.gov.br/ccivil_03/constituicao/constituicao.htm. Acesso em: 27 mar. 2022.

da politização das discussões e da participação popular nos processos decisórios, conferindo maior legitimidade ao sistema como um todo. Nessa linha, há de se ressaltar que os próprios candidatos ficam expostos a uma maior pressão por parte da sociedade civil, dado que estão sujeitos a cobranças mais incisivas e periódicas acerca de sua atuação parlamentar.

Em síntese, se, por um lado, as inovações tecnológicas suscitam diversos questionamentos e preocupações, por outro, também permitem um contato mais próximo entre candidatos ou mandatários e eleitores, proporcionando maior exposição da sua atividade parlamentar.

Nessa linha, a difusão de informações não apenas permite um acompanhamento mais dinâmico da sociedade sobre políticas e posicionamentos, mas também admite uma cobrança mais direta por parte da população, de forma a se evidenciar um espaço abstrato que inaugura uma nova era de relacionamento entre os atores da política e seus apoiadores.

2.7 Proteções de dados

Em agosto de 2018, foi publicada, no *Diário Oficial da União*, a Lei nº 13.709,[331] denominada de Lei Geral de Proteção de Dados Pessoais. Registra-se, por oportuno, que, à época da primeira edição desta obra, a norma ainda não estava em vigor, pois cumpria 24 meses de *vacacio legis*. Entretanto, em março de 2022, data da revisão da última edição, a LGPD já se encontrava em plena vigência, mesmo considerando os novos prazos previstos pela Lei nº 14.010/2020,[332] decorrente da pandemia do coronavírus (Covid-19).

A Lei Geral de Proteção de Dados Pessoais (LGPD) tem por finalidade determinar como as pessoas jurídicas e físicas deverão fazer o tratamento dos seus dados. Assim, a norma impõe as medidas de coleta, armazenamento e processamento das informações recebidas, visando uniformizar os dados recebidos para proteger a privacidade e os direitos fundamentais dos envolvidos. *In verbis*:

---

[331] BRASIL. Lei nº 13.709, de 14 de agosto de 2018. Lei Geral de Proteção de Dados Pessoais (LGPD). Disponível em: http://www.planalto.gov.br/ccivil_03/_ato2015-2018/2018/lei/L13709.htm. Acesso em: 27 mar. 2022.

[332] BRASIL. Lei nº 14.010, de 10 de junho de 2020. Disponível em: http://www.planalto.gov.br/ccivil_03/_Ato2019-2022/2020/Lei/L14010.htm. Acesso em: 27 mar. 2022.

> Art. 1º Esta Lei dispõe sobre o tratamento de dados pessoais, inclusive nos meios digitais, por pessoa natural ou por pessoa jurídica de direito público ou privado, com o objetivo de proteger os direitos fundamentais de liberdade e de privacidade e o livre desenvolvimento da personalidade da pessoa natural.[333]

Para fins de interpretação da legislação, o tratamento de dados é conceituado como "toda operação realizada com dados pessoais, como as que se referem a coleta, produção, recepção, classificação, utilização, acesso, reprodução, transmissão, distribuição, processamento, arquivamento, armazenamento, eliminação, avaliação ou controle da informação, modificação, comunicação, transferência, difusão ou extração".[334]

Registra-se que nem todos os dados disponibilizados via internet serão considerados para fins da LGPD, mas tão somente aqueles que permitem a identificação das pessoas físicas, como, por exemplo, o Cadastro Nacional de Pessoa Físicas, ou, ainda, quando, pelo conjunto de dados, seja possível identificar o detentor das informações, como o nome completo combinado com o endereço.

A partir da vigência da LGPD, as pessoas jurídicas e físicas que solicitarem dados pessoais que ensejam a identificação do titular deverão fornecer informações claras e precisas sobre o tema e ter o consentimento expresso do titular. Ademais, quanto à anuência, observa-se que o art. 8º assevera:

> Art. 8º O consentimento previsto no inciso I do art. 7º desta Lei deverá ser fornecido por escrito ou por outro meio que demonstre a manifestação de vontade do titular.
>
> §1º Caso o consentimento seja fornecido por escrito, esse deverá constar de cláusula destacada das demais cláusulas contratuais.
>
> §2º Cabe ao controlador o ônus da prova de que o consentimento foi obtido em conformidade com o disposto nesta Lei.
>
> §3º É vedado o tratamento de dados pessoais mediante vício de consentimento.
>
> §4º O consentimento deverá referir-se a finalidades determinadas, e as autorizações genéricas para o tratamento de dados pessoais serão nulas.

---

333 BRASIL. Lei nº 13.709, de 14 de agosto de 2018. Lei Geral de Proteção de Dados Pessoais (LGPD). Disponível em: http://www.planalto.gov.br/ccivil_03/_ato2015-2018/2018/lei/L13709.htm. Acesso em: 27 mar. 2022.

334 BRASIL. Lei nº 13.709, de 14 de agosto de 2018. Lei Geral de Proteção de Dados Pessoais (LGPD). Disponível em: http://www.planalto.gov.br/ccivil_03/_ato2015-2018/2018/lei/L13709.htm. Acesso em: 27 mar. 2022.

> §5º O consentimento pode ser revogado a qualquer momento mediante manifestação expressa do titular, por procedimento gratuito e facilitado, ratificados os tratamentos realizados sob amparo do consentimento anteriormente manifestado enquanto não houver requerimento de eliminação, nos termos do inciso VI do *caput* do art. 18 desta Lei.
>
> §6º Em caso de alteração de informação referida nos incisos I, II, III ou V do art. 9º desta Lei, o controlador deverá informar ao titular, com destaque de forma específica do teor das alterações, podendo o titular, nos casos em que o seu consentimento é exigido, revogá-lo caso discorde da alteração.[335]

Outro ponto que merece relevo é o ambiente de validade da norma. Isso porque a LGPD será aplicada mesmo fora do Brasil quando o objetivo da pessoa jurídica ou física que está requerendo os dados for a prestação de serviços ou fornecimento de bens no Brasil. Nota-se a previsão do art. 3º:

> Art. 3º Esta Lei aplica-se a qualquer operação de tratamento realizada por pessoa natural ou por pessoa jurídica de direito público ou privado, independentemente do meio, do país de sua sede ou do país onde estejam localizados os dados, desde que:
>
> I – a operação de tratamento seja realizada no território nacional;
>
> II – a atividade de tratamento tenha por objetivo a oferta ou o fornecimento de bens ou serviços ou o tratamento de dados de indivíduos localizados no território nacional; ou
>
> III – os dados pessoais objeto do tratamento tenham sido coletados no território nacional.
>
> §1º Consideram-se coletados no território nacional os dados pessoais cujo titular nele se encontre no momento da coleta.
>
> §2º Excetua-se do disposto no inciso I deste artigo o tratamento de dados previsto no inciso IV do *caput* do art. 4º desta Lei.

Validamente, o objetivo da norma não é impedir ou dificultar o tratamento dos dados pessoais, mas sim regulamentar e dar garantias de proteção aos titulares das informações de que elas não serão compartilhadas, vendidas ou deixadas, sem segurança, em qualquer local. Ao mesmo tempo, consigna-se que LGPD traz algumas ressalvas, não se aplicando ao tratamento de dados pessoais quando:

---

[335] BRASIL. Lei nº 13.709, de 14 de agosto de 2018. Lei Geral de Proteção de Dados Pessoais (LGPD). Disponível em: http://www.planalto.gov.br/ccivil_03/_ato2015-2018/2018/lei/L13709.htm. Acesso em: 27 mar. 2022.

> Art. 4º Esta Lei não se aplica ao tratamento de dados pessoais:
> I – realizado por pessoa natural para fins exclusivamente particulares e não econômicos;
> II – realizado para fins exclusivamente:
> a) jornalístico e artísticos; ou
> b) acadêmicos, aplicando-se a esta hipótese os arts. 7º e 11 desta Lei;
> III – realizado para fins exclusivos de:
> a) segurança pública;
> b) defesa nacional;
> c) segurança do Estado; ou
> d) atividades de investigação e repressão de infrações penais; ou
> IV – provenientes de fora do território nacional e que não sejam objeto de comunicação, uso compartilhado de dados com agentes de tratamento brasileiros ou objeto de transferência internacional de dados com outro país que não o de proveniência, desde que o país de proveniência proporcione grau de proteção de dados pessoais adequado ao previsto nesta Lei.[336]

Com efeito, volvendo a temática para a linha de pesquisa do presente estudo, constata-se que a Lei Geral de Proteção de Dados será aplicável aos partidos políticos, na medida em que esses terão acesso a informações pessoais dos candidatos e demais filiados. Por conseguinte, excluído os casos em que os partidos compartilharão os dados de seus candidatos com os órgãos eleitorais para fins de registro e sequência do processo eleitoral, deverão as agremiações se planejarem para a nova lei, armazenando corretamente, nos termos da LGPD, as informações recebidas, inclusive com a possibilidade (não obrigatoriedade) de adoção de programas de *Compliance* de dados.

2.8 Abusos na utilização dos institutos das intervenções e comissões provisórias

Conforme alinhavado no Capítulo 1, a liberdade de estabelecer, em estatuto partidário, a possibilidade de intervenção e de instituição de comissões provisórias é decorrente do exercício da autonomia partidária, estabelecida pela CF/88. Frequentemente, todavia, os partidos políticos se utilizam desse recurso de forma abusiva, no intuito de

---

[336] BRASIL. Lei nº 13.709, de 14 de agosto de 2018. Lei Geral de Proteção de Dados Pessoais (LGPD). Disponível em: http://www.planalto.gov.br/ccivil_03/_ato2015-2018/2018/lei/L13709.htm. Acesso em: 27 mar. 2022.

sobrepor os interesses de dirigentes nacionais aos dos órgãos partidários estaduais e municipais.

O alargamento das justificativas para autorizar o processo de intervenção de instâncias superiores sobre inferiores e a redução das formalidades necessárias para que ocorra tem sido estratégia da cúpula do partido para fazer valer suas determinações. A situação é agravada pela recorrente dissolução de diretórios, que são substituídos por comissões provisórias compostas por membros do diretório nacional, com plenos poderes para formar convenções e deliberar sobre coligações e candidaturas.

Sobre o tema, Emerson Urizzi Cervi e Felipe Borba avaliam que:

> A proporção de comissões provisórias de um partido pode ser usada como um indicador do grau de centralização de poder nas mãos de dirigentes partidários nacionais, que controlariam, de cima, as principais decisões partidárias estaduais e municipais, como a política de alianças e o lançamento de candidaturas. Ao analisar o conjunto dos diretórios de sete partidos, Guarnieri (2011) mostra que a capacidade de coordenação política-eleitoral de [sic] estruturas partidárias com poucas de comissões provisórias é menor, dado o alto custo das negociações internas.[337]

Dessa forma, as excessivas intervenções e instaurações de comissões provisórias produzem autêntica ditadura intrapartidária, com prevalência do órgão nacional sobre as instâncias estaduais e municipais e autêntica desvalorização do processo democrático e das consequentes especificidades locais. Sendo as agremiações o alicerce do sistema eleitoral brasileiro, é extremamente danoso que sua estrutura interna não esteja de acordo com os princípios e desígnios do preceito democrático, dado seu reflexo contíguo no modo da atuação política.

Essa problemática é histórica e também contemporânea. Deve-se rejeitar, por conseguinte, o processo de formação e propositura de demandas locais, estaduais e regionais, em benefício da manutenção de poder e de interesses personalíssimos de agentes perpetuados em âmbito nacional, havendo, pois, manifesto desacordo com o texto constitucional, que prevê o pacto federativo e a consequente autonomia de seus entes, realidade que deve ser igualmente observada no âmbito do sistema político-partidário.

---

[337] URIZZI CERVI, Emerson; BORBA, Felipe. Os diretórios partidários municipais e o perfil sociodemográficos dos seus membros. *Revista Brasileira de Ciência Política*, n. 26. Brasília, maio/ago. 2018, p. 7-62.

2.9 Criminalização da atividade política

A criminalização da política, discussão muito presente na atualidade, remete à possibilidade de conversão da responsabilidade política em responsabilização penal. A responsabilidade política está intimamente relacionada ao surgimento do Estado Democrático de Direito, pressupondo certa liberdade de decisão por parte do parlamentar, que se traduz no dever de prestar contas. A lógica é justamente sancionar a violação dos valores políticos, consubstanciada na ruptura ou perturbação das relações de confiança.

A responsabilidade penal, doutro vértice, pode ser compreendida como forma de censura, que se opera quando da constatação da autoria de condutas lesivas a bens jurídicos essenciais, os quais são protegidos pelo ordenamento jurídico por meio da cominação de sanções restritivas de liberdade *lato sensu*.

A principal diferença entre as duas formas é que a responsabilidade política consiste em forma democraticamente legítima de controle da atividade parlamentar, com a submissão dos governantes ao sufrágio, enquanto a responsabilização penal abre espaço para estratégias de contorno do processo democrático, em que grupos mais influentes podem recorrer ao Poder Judiciário.

Essa, inclusive, é outra discussão pertinente sobre o tema: verificar em que medida a criminalização da política violaria a divisão do Estado em três poderes, conforme determinado pela Constituição. Isso porque transferir ao Judiciário a responsabilidade de decidir sobre questões eminentemente políticas prejudica o próprio sistema democrático, considerando-se a ausência de legitimidade de voto dos tribunais.

A problemática central envolvida nesse fenômeno diz respeito ao próprio papel representativo dos mandatários – ao se responsabilizar penalmente um parlamentar, há de se ter em mente que ele está a exercer uma função pública cuja força deriva da vontade popular, nos termos do parágrafo único do art. 1º da Constituição Federal.

Nessa linha, eventuais restrições impostas, em última análise, podem comprometer a própria representatividade nele depositada por parcela da sociedade civil, sendo necessário estabelecer condutas e requisitos precisos para a responsabilização do indivíduo que ocupa cargo eletivo, sob pena de comprometimento da expressão político-partidária em si.

2.10 Transparência nos partidos políticos

A partir do exposto, resta evidente que os partidos políticos constituem organismos centrais da representatividade política no Brasil, porquanto a filiação partidária é condição de elegibilidade constitucionalmente expressa, e a jurisprudência do Supremo Tribunal Federal e a do Tribunal Superior Eleitoral, até o presente momento, vedam as chamadas candidaturas avulsas.

Dada essa centralidade que erige do próprio texto constitucional, é de suma importância que os partidos políticos observem os princípios da publicidade e da transparência no exercício de suas atividades, por serem efetivamente responsáveis pela representação política. Afinal, não há como se conceber uma atuação estatal pautada por esses princípios se os próprios atores que a compõem não as observarem em seus trâmites internos.

Ocorre que, diferentemente do desejado, os dados levantados pelo Movimento Transparência Partidária,[338] no ano de 2018, demonstram que os partidos políticos existentes no Brasil apresentam níveis extremamente baixos quanto à transparência de seus procedimentos, o que apenas corrobora a visão prévia da sociedade civil acerca dos altos índices de corrupção e reforça a descrença generalizada no sistema político-partidário.

Com efeito, o estudo produzido partiu dos quatro seguintes eixos: (i) contabilidade; (ii) dirigentes e filiados; (iii) procedimentos internos; e (iv) estrutura partidária.

Como elementos fundamentais relacionados à contabilidade, apurou-se a (in)existência, nos âmbitos nacional, estadual e municipal, de informações acerca: (i) das receitas e despesas dos partidos políticos, incluindo CNPJ, CPF e nome dos doadores, vendedores e/ou prestadores de serviços; (ii) do patrimônio das agremiações, com ativos e passivos; e (iii) formatação/clarividência dos dados disponibilizados.[339]

Em relação aos dirigentes e filiados, buscaram-se dados acerca da relação detalhada de filiados (nome, CPF, local de residência,

---

338 MOVIMENTO TRANSPARÊNCIA PARTIDÁRIA. *Ranking da transparência partidária – Relatório sintético*. Primeira Edição. Ano 1 – março de 2018. Disponível em: http://www.transparenciapartidaria.org/blog/ranking-da-transparencia-partidaria. Acesso em: 27 mar. 2022.

339 MOVIMENTO TRANSPARÊNCIA PARTIDÁRIA. *Ranking da transparência partidária – Relatório sintético*. Primeira Edição. Ano 1 – março de 2018. Disponível em: http://www.transparenciapartidaria.org/blog/ranking-da-transparencia-partidaria. Acesso em: 27 mar. 2022.

contratação no partido, etc.), lista de dirigentes nos âmbitos da federação, histórico dos dirigentes (eleições realizadas, datas, etc.) e relação de candidatos nos pleitos.[340]

No tocante aos procedimentos, avaliou-se se o partido político era transparente, com indicação destacada e direta, quanto às regras para a ocupação de cargos no interior da legenda, para escolha dos candidatos do partido em eleições e para aplicação dos recursos do partido, bem como se era pública a composição do comitê de ética da agremiação.[341]

Por último, no que tange à estrutura partidária, examinou-se como se dava o processo decisório interno dos partidos, bem como seus fluxogramas, além da eventual existência de setorização interna quanto a pagamentos, direção, gerência, publicidade, etc. Ao mesmo tempo, analisou-se a transparência das questões atinentes à fundação ou instituto para promoção das ideias do partido político.[342]

Com base nesses conjuntos de informações, cada variável interna de um dos eixos recebeu uma nota de 0 a 2,50, e a nota final de cada eixo foi a soma das quatro variáveis que o compõem, podendo chegar a 10. A nota final foi calculada a partir da média aritmética entre as notas conferidas a cada um dos eixos. Sendo os resultados referentes a consultas feitas em fevereiro de 2018, as conclusões foram as seguintes:

340 MOVIMENTO TRANSPARÊNCIA PARTIDÁRIA. *Ranking da transparência partidária – Relatório sintético*. Primeira Edição. Ano 1 – março de 2018. Disponível em: http://www.transparenciapartidaria.org/blog/ranking-da-transparencia-partidaria. Acesso em: 27 mar. 2022.

341 MOVIMENTO TRANSPARÊNCIA PARTIDÁRIA. *Ranking da transparência partidária – Relatório sintético*. Primeira Edição. Ano 1 – março de 2018. Disponível em: http://www.transparenciapartidaria.org/blog/ranking-da-transparencia-partidaria. Acesso em: 27 mar. 2022.

342 MOVIMENTO TRANSPARÊNCIA PARTIDÁRIA. *Ranking da transparência partidária – Relatório sintético*. Primeira Edição. Ano 1 – março de 2018. Disponível em: http://www.transparenciapartidaria.org/blog/ranking-da-transparencia-partidaria. Acesso em: 27 mar. 2022.

TABELA 2
Total de partidos por eixo de variáveis

Eixos	Variáveis	Total de Partidos que informam
Contabilidade	Receitas	01 (3%)
	Despesas	01 (3%)
	Formato do dado	00
	Patrimônio	01 (3%)
Dirigentes e Filiados	Relação de filiados	02 (6%)
	Lista de dirigentes	00
	Histórico dos dirigentes	00
	Relação dos candidatos	00
Procedimentos	Regras ocupação de cargos	02 (6%)
	Regras escolha dos candidatos	00
	Regras aplicação dos recursos	00
	Comitê e Código de ética	00
Estrutura partidária	Fundação do Partido	26 (74%)
	Contratados do partido	00
	Órgãos decisórios do partido	00
	Agenda de dirigentes	29 (83%)

Fonte: *Ranking* da transparência partidária – Relatório sintético (2018).[343]

Nesse ponto, é imperioso registrar que diferentes levantamentos apontam que as agremiações políticas brasileiras carecem de confiança junto ao eleitor. A título de exemplo, tem-se o Índice de Confiança nas Instituições do Ibope, o qual aduz que, entre os anos de 2009 a 2017, a confiabilidade dos partidos nunca superou a margem de 35% e, em análises recentes, nos três últimos anos, o índice não ultrapassou 20 pontos. Ademais, em 2017, em pesquisa realizada pela Escola de Direito de São Paulo da Fundação Getúlio Vargas, notou-se que somente 7% dos brasileiros entrevistados acreditam nas agremiações políticas.[344]

---

[343] MOVIMENTO TRANSPARÊNCIA PARTIDÁRIA. *Ranking da transparência partidária – Relatório sintético*. Primeira Edição. Ano 1 – março de 2018, p. 10. Disponível em: http://www.transparenciapartidaria.org/blog/ranking-da-transparencia-partidaria. Acesso em: 27 mar. 2022.

[344] MOVIMENTO TRANSPARÊNCIA PARTIDÁRIA. *Ranking da transparência partidária – Relatório sintético*. Primeira Edição. Ano 1 – março de 2018, p. 10. Disponível em: http://www.transparenciapartidaria.org/blog/ranking-da-transparencia-partidaria. Acesso em: 27 mar. 2022.

TABELA 3
Nível de transparência dos partidos políticos brasileiros

Indicador	Final	Contabilidade	Dirigentes e Filiados	Procedimentos	Estrutura Partidária
NOVO	2,50	6,00	0,00	2,00	2,00
PT	1,38	0,00	0,00	2,00	3,50
DEM	0,88	0,00	0,00	0,00	3,50
PMDB	0,88	0,00	0,00	0,00	3,50
PP	0,88	0,00	0,00	0,00	3,50
PRB	0,88	0,00	0,00	0,00	3,50
PSB	0,88	0,00	0,00	0,00	3,50
PSDB	0,88	0,00	0,00	0,00	3,50
PSOL	0,88	0,00	0,00	0,00	3,50
PTB	0,88	0,00	0,00	0,00	3,50
PV	0,88	0,00	0,00	0,00	3,50
SD	0,88	0,00	0,00	0,00	3,50
PCB	0,75	0,00	0,00	0,00	3,00
PCdoB	0,75	0,00	0,00	0,00	3,00
PDT	0,75	0,00	0,00	0,00	3,00
PMN	0,75	0,00	0,00	0,00	3,00
PPS	0,75	0,00	2,00	0,00	1,00
PR	0,75	0,00	0,00	0,00	3,00
PROS	0,75	0,00	0,00	0,00	3,00
REDE	0,75	0,00	0,00	0,00	3,00
PHS	0,63	0,00	0,00	0,00	2,50
PPL	0,63	0,00	2,00	0,00	0,50
PRTB	0,63	0,00	0,00	0,00	2,50
PSC	0,63	0,00	0,00	0,00	2,50
PSTU	0,63	0,00	0,00	0,00	2,50
AVANTE	0,50	0,00	0,00	0,00	2,00
PMB	0,50	0,00	0,00	0,00	2,00
PODE	0,50	0,00	0,00	0,00	2,00
PRP	0,50	0,00	0,00	0,00	2,00
PSDC	0,50	0,00	0,00	0,00	2,00
PTC	0,50	0,00	0,00	0,00	2,00
PSD	0,38	0,00	0,00	0,00	1,50
PEN	0,13	0,00	0,00	0,00	0,50

Fonte: *Ranking* da transparência partidária – Relatório sintético (2018).[345]

[345] MOVIMENTO TRANSPARÊNCIA PARTIDÁRIA. *Ranking da transparência partidária – Relatório sintético*. Primeira Edição. Ano 1 – março de 2018, p. 10. Disponível em: http://www.transparenciapartidaria.org/blog/ranking-da-transparencia-partidaria. Acesso em: 27 mar. 2022.

TABELA 4
Ranking **da transparência partidária – resultado final**

Partido	Pontuação
NOVO	2,50
PT	1,38
DEM	0,88
PMDB	0,88
PP	0,88
PRB	0,88
PSB	0,88
PSDB	0,88
PSOL	0,88
PTB	0,88
PV	0,88
SD	0,88
PCB	0,75
PCdoB	0,75
PDT	0,75
PMN	0,75
PPS	0,75
PR	0,75
PROS	0,75
REDE	0,75
PHS	0,63
PPL	0,63
PRTB	0,63
PSC	0,63
PSTU	0,63
AVANTE	0,50
PMB	0,50
PODE	0,50
PRP	0,50
PSDC	0,50
PTC	0,50
PSD	0,38
PEN	0,13
PCO	0,00
PSL	0,00

Fonte: *Ranking* da transparência partidária – Relatório sintético (2018)[346]

[346] MOVIMENTO TRANSPARÊNCIA PARTIDÁRIA. *Ranking da transparência partidária – Relatório sintético*. Primeira Edição. Ano 1 – março de 2018, p. 9. Disponível em: http://www.transparenciapartidaria.org/blog/ranking-da-transparencia-partidaria. Acesso em: 27 mar. 2022.

Com base nos resultados apresentados, conclui-se, de forma indubitável, que o nível de transparência dos partidos políticos brasileiros está longe do ideal, não se alinhando às expectativas delineadas na Carta de 1988, o que corrobora o cenário já apresentado da crise de representatividade dos partidos políticos.

2.11 Ausência de democracia intrapartidária

Conforme sopesado nos itens pretéritos, os partidos políticos brasileiros não apresentam confiabilidade junto à população. Logo, é preciso olhar para o seu funcionamento interno, com vistas a identificar dissonâncias que podem colaborar com a falta de confiança.

Assim, passa-se à análise da democracia intrapartidária ou democracia interna, que, para Álvaro Cunhal:[347]

> [...] é um conjunto de princípios e uma orientação do trabalho prático que se insere na esfera da teoria, da política, da prática e da ética. A democracia interna do Partido é uma forma de decidir, um método de trabalho, um critério de discussão e de decisão, uma maneira de actuar e de estar na vida, uma forma de pensar, de sentir e de viver.

Compreende-se, desse modo, que a democracia intrapartidária é o exercício da democracia internamente pelos partidos políticos, sobretudo no tocante à igualdade de participação e de tratamento entre os filiados. Nesse escopo, objetiva-se a equidade entre os seus membros como pilar principal da estrutura partidária.

Em palestra proferida na Universidade de Coimbra, Portugal, em julho de 2019, durante os seminários específicos do Pós-doutoramento em Direitos Humanos e Democracia, o Ministro Sérgio Banhos, do Tribunal Superior Eleitoral, consignou – no contexto brasileiro – o descrédito nos partidos políticos, o qual poderia ser resumido em:

> (i) O efeito prejudicial da corrupção política e dos privilégios dos políticos;
> (ii) O crescimento da alienação política e da perda da confiança das nas instituições;

---

[347] CUNHAL, Álvaro. *O partido com paredes de vidro*. 6. ed. Lisboa: Avante, 2002. [Edição eletrônica, 2010]. Disponível em: https://www.marxists.org/portugues/cunhal/1985/08/partido.pdf. Acesso em: 5. nov. 2019.

> (iii) A polarização exacerbada das opiniões políticas, sem conteúdo, mas revestidas de um discurso de ódio, potencializada pela utilização nociva dos novos meios de comunicação digital;
> (iv) A existência de muitos partidos (hoje, como dito, 35) e a instabilidade governamental (o País experimentou dois processos de *impeachment* desde a promulgação da Carta de 1988);
> (v) O descumprimento histórico de compromissos eleitorais que gerou a erosão da confiança nos partidos políticos e nas instituições;
> (vi) A ausência de transparência e accountability nas agremiações partidárias;
> (vii) A ausência de democracia no seio das agremiações partidárias.[348]

Ressalta-se, ademais, que essa não é uma preocupação exclusivamente brasileira. De forma comparada, partindo da premissa de que, no continente europeu, os partidos políticos também apresentam ressalvas quanto à atuação interna, a *Comissão Europeia para a Democracia Através do Direito* (Comissão de Veneza de 2008) introduziu o *Code of Good Practice in the field of Political Parties* (Código de Boas Práticas no domínio dos Partidos Políticos). Veja-se:

> 4. The proposed Code of Good Practice in the field of Political Parties has, in comparison with the former texts on political parties, a number of specific features, which introduce a new approach to the issue. Its explicit aim, as mandated in the PACE Resolution, is to reinforce political parties' internal democracy and increase their credibility in the eyes of citizens, thus contributing to the legitimacy of the democratic process and institutions as a whole and fostering participation in political life, as well as to promote democratic principles such asequality, dialogue, co-operation, transparency and the fight against corruption).[349] [350]

[348] Fala do Ministro Sérgio Silveira Banhos no Seminário Específico do Programa de Pós-Doutoramento em Democracia e Direitos Humanos do *Ius Gentium Conimbrigae*/Centro de Direitos Humanos, em Coimbra, Portugal, em julho de 2019.

[349] VENICE COMMISSION. *European Commission for Democracy through Law*, 2009. Disponível em: https://www.venice.coe.int/webforms/documents/default.aspx?pdffile=CDL-AD%282009%29002-e. Acesso em: 27 mar. 2022.

[350] Tradução livre: O Código de Boas Práticas proposto no campo dos Partidos Políticos, em comparação com textos anteriores sobre partidos políticos, uma série de características específicas que introduzem uma nova abordagem ao problema. Seu objetivo explícito, conforme estabelecido na Resolução PACE, é reforçar democracia interna dos partidos políticos e aumentar sua credibilidade aos olhos dos cidadãos, contribuindo para a legitimidade do processo e das instituições democráticas como um todo e promover a participação na vida política, bem como promover princípios democráticos como igualdade, diálogo, cooperação, transparência e luta contra a corrupção.

A finalidade do *Code of Good Practice in the field of Political Parties* (Código de Boas Práticas no domínio dos Partidos Políticos) era fortalecer a democracia intrapartidária, a fim de elevar a credibilidade dos partidos políticos. Como efeito reflexo haveria, ainda, uma maior legitimidade das instituições democráticas, diminuindo, assim, os problemas de transparência e corrupção.[351]

Ao analisar a temática, Fernando Guarnieri[352] aduz o mister de que "se passe a olhar para as regras no interior dos partidos. A hipótese é a de que a falta de democracia intrapartidária afastaria as pessoas dos partidos e levaria à baixa participação do cidadão na vida política com a consequente avaliação negativa dessas instituições".

Vislumbra-se, portanto, a necessidade de se volver maior atenção para o que acontece dentro dos partidos políticos, não só na Europa e no Brasil, mas no mundo, haja vista ser latente o problema interno das agremiações, o que deve ser combatido, sob pena de prejudicar os valores do Estado Democrático de Direito.

Nesse contexto, Flavia Freidenberg[353] ressalta que, para uma democracia intrapartidária eficaz, deve-se cumprir uma série de requisitos:

> Garantías de igualdad entre los afiliados y protección de los derechos fundamentales en el ejercicio de su libertad de opinión;
> Mecanismos de selección de candidatos a cargos de representación (internos o externos) competitivos;
> Participación de los afiliados en los órganos de gobierno, sin discriminación en la representación de los diversos grupos que integran la organización;
> Activa influencia de los diversos grupos en la discusión y formación de las posiciones programáticas y elaboración de propuestas del partido y en las decisiones comunes que éste tome;
> Respeto del principio de mayoría, que haga que las decisiones sean tomadas en función de la agregación mayoritaria de las voluntades individuales y garantías para las minorías;

[351] VENICE COMMISSION. *European Commission for Democracy through Law*, 2009. Disponível em: https://www.venice.coe.int/webforms/documents/default.aspx?pdffile=CDL-AD%282009%29002-e. Acesso em: 27 mar. 2022.

[352] GUARNIERI, Fernando. Democracia intrapartidária e reforma política. *Revista Parlamento e Sociedade*, São Paulo, v. 3, n. 5, p. 83-106. jul./dez. 2015. Disponível em: https://www.al.sp.gov.br/repositorio/bibliotecaDigital/22715_arquivo.pdf. Acesso em: 27 mar. 2022.

[353] FREIDENBERG, Flavia. Democracia interna: reto ineludible de los partidos políticos. *Revista de Derecho Electoral*, n. 1, Primer Semestre, 2006. Disponível em: https://dialnet.unirioja.es/descarga/articulo/3987968.pdf. Acesso em: 27 mar. 2022.

Y control efectivo por parte de los militantes de los dirigentes, a través de procesos que castiguen o premien a los que toman las decisiones.[354]

In casu, a preocupação quanto à ausência de democracia intrapartidária no Brasil toma maior proporção quando considerado o enorme volume de recursos públicos que hoje são destinados aos partidos políticos (PF e FEFC) e a tramitação, em estágio avançado, na Câmara dos Deputados, de dois projetos de leis – PL nº 9212/2017[355] e PL 3190/2019[356] – referentes ao voto distrital[357] misto, o que perfaz a necessidade de transparência em relação ao gasto dos recursos públicos recebidos e a forma de escolha dos candidatos, respectivamente.

Portanto, no espectro de Sérgio Banhos, para que a situação de descrédito dos partidos políticos se transforme, deve-se adotar formas democráticas de seleção de candidaturas, com respeito às candidaturas de gênero; garantias aos direitos dos filiados, consignando igual tratamento; fomentação à participação das decisões do partido; distribuição democrática do poder dentro dos partidos; controle, fiscalização e transparência nas movimentações financeiras dos partido; e, por fim, a exigência de programas de *Compliance* como meio de estabelecer regras de condutas para os membros das agremiações.[358]

---

354 Tradução livre: • Garantias de igualdade entre os membros e proteção dos direitos fundamentais no exercício de sua liberdade de opinião; • Mecanismos de seleção de candidatos para cargos representativos competitivos (internos ou externos); • Participação de afiliadas nos órgãos sociais, sem discriminação na representação dos vários grupos que compõem a organização; • Influência ativa dos diversos grupos na discussão e formação das posições programáticas e elaboração de propostas partidárias e nas decisões comuns que toma; • Respeito ao princípio da maioria, que toma decisões tomadas com base na agregação maioritária de vontades e garantias individuais para minorias; • Controle efetivo dos militantes dos líderes, por meio de processos que punem ou recompensam quem toma as decisões.

355 BRASIL. Câmara dos Deputados. Projeto de Lei nº 9212, de 2017. Disponível em: https://www.camara.leg.br/proposicoesWeb/fichadetramitacao?idProposicao=2163674. Acesso em: 27 mar. 2022.

356 BRASIL. Câmara dos Deputados. Projeto de Lei nº 3190, de 2019. Disponível em: https://www.camara.leg.br/proposicoesWeb/fichadetramitacao?idProposicao=2205294. Acesso em: 27 mar. 2022.

357 "Sistemas mistos: de um modo geral são aqueles que cominam uma forma de escrutínio proporcional com outra maioritário (o eleitor dispõe de dois votos, uma para eleger o mandatário num círculo uninominal e outro para eleger mandatários constantes de listas partidárias em círculos plurinominais), procurando favorecer-se, por regra, os maiores partidos, sem prejudicar a representação das minorias com uma expressão eleitoral minimamente relevante." MORAIS, Carlos Blanco. *O sistema político*: no contexto da erosão da democracia representativa. Coimbra: Almedina, 2018, p.242.

358 Fala do Ministro Sérgio Silveira Banhos no Seminário Específico do Programa de Pós-Doutoramento em Democracia e Direitos Humanos do *Ius Gentium Conimbrigae*/Centro de Direitos Humanos, em Coimbra, Portugal, em julho de 2019.

COMPLIANCE ELEITORAL E PARTIDÁRIO

Em face de tudo quanto exposto até aqui, é indubitável que, a despeito da importância conferida pela Constituição Federal de 1988 aos partidos políticos, vivenciou-se, nos últimos anos, um quadro reiterado de descrença da população em relação ao sistema político-partidário brasileiro, muito por conta dos diversos escândalos de corrupção[359] que se tornaram notórios e por um movimento de "criminalização" da atividade política, que encontra, em certa medida, respaldo de boa parte da sociedade civil.

Consolidou-se uma triste e simplória visão de que a prática de delitos é quase que um pressuposto para o caminhar da atividade política, chegando-se ao ponto de, para considerável parcela da sociedade, não haver dissociação entre a política e a corrupção.

Nesse sentido, e considerando as demais problemáticas atuais enfrentadas pelos partidos e pelas candidaturas – boa parte delas delineadas no Capítulo 2 –, observa-se que a figura do *compliance* na esfera do sistema político-partidário passou a ser vista como uma medida atrativa para a recuperação de credibilidade e para a adoção de premissas democráticas no âmbito da gestão dos partidos, ainda que, até o momento, pouco adotada pelas legendas, conforme se demonstrará no tópico 3.6.1

Logo, esse último capítulo se dispõe a dialogar sobre os fundamentos constitutivos do *Compliance* no mundo e sua recepção pelo ordenamento jurídico brasileiro, buscando apontar de que forma a disciplina poderia se dar no âmbito do Direito Eleitoral para o alcance

359 Como, *v.g.*, os escândalos evidenciados pela Operação Lava Jato, os "mensalões" e o caso Banestado.

dos fins propostos pela CF/1988, bem como os desafios a serem enfrentados, objetivando não somente subsidiar tecnicamente possíveis programas de *compliance* a serem implementados por partidos políticos, mas principalmente incentivar a célere adoção de tais mecanismos de integridade

3.1 *Compliance*

Na atualidade, os desafios sociais e ambientais são parte cada vez mais presente do contexto de atuação das organizações, afetando sua estratégia e cadeia de valor, assim como sua reputação e valor econômico de longo prazo.[360] Os acontecimentos recentes no ambiente empresarial e político, envolvendo crises financeiras mundiais, escândalos de fraude e corrupção e ameaças cibernéticas, passaram, assim, a exigir um aperfeiçoamento da governança, em relação ao processo de tomada de decisão, à capacidade de avaliação e à deliberação ética.

Nesse contexto, a pressão exercida pelo governo e pela sociedade em relação aos temas de integridade e *Compliance* se acentuou, já que a celebração de acordos internacionais reforçando a cooperação entre países sobre o combate à corrupção, fraudes e outros ilícitos e o enrijecimento da legislação e fiscalização atinentes elevaram os custos da não conformidade, tanto pelos encargos judiciais e administrativos quanto pela exposição de imagem e prejuízo à reputação, visto que, segundo Jorge Miranda,[361] "a representação política implica a responsabilidade política, ou seja, o dever de prestar contas por parte dos governantes, a sujeição a um juízo de mérito sobre os seus atos e atividades por parte dos governados e a possibilidade da sua substituição por ato destes".

De tal modo, com relação à prática do *Compliance* na realidade brasileira, Castro, Amaral e Guerreiro[362] asseveram:

> In Brazil, awareness of the importance of anti-corruption compliance has significantly increased in recent years due to a series of factors, including the rising global relevance of the Brazilian economy, the increase

---

[360] INSTITUTO BRASILEIRO DE GOVERNANÇA CORPORATIVA. *Código das melhores práticas de governança corporativa*. 5. ed. São Paulo: IBGC, 2015, p. 15.

[361] MIRANDA, Jorge. *Direito eleitoral*. Coimbra: Almedina, 2018, p. 52-53.

[362] CASTRO, Patricia Reis; AMARAL, Juliana Ventura; GUERREIRO, Reinaldo. Adherence to the compliance program of Brazil's anti-corruption law and internal controls implementation. *Revista Contabilidade & Finanças*, São Paulo, v. 30, n. 80, p. 186-201, ago. 2019, p. 190. Disponível em: http://www.scielo.br/scielo.php?script=sci_arttext&pid=S1519-70772019000200186&lng=en&nrm=iso. Acesso em: 27 mar. 2022.

in direct foreign investment in the country, and the recent scandals involving Brazilian companies and the country's political system.

Aliado a isso, é indubitável o crescente interesse no tema *Compliance*, no fito de instituir mecanismos de segurança e desenvolver uma cultura ética e estandardizada nas organizações públicas e privadas, na sociedade civil e nas relações constituídas entre essas partes, visando, entre vários objetivos, sobretudo, ao combate à corrupção. Sobre o tema, apresentam-se comentários da Controladoria-Geral da União:

> A corrupção é um mal que afeta todos. Governos, cidadãos e empresas sofrem diariamente os seus efeitos. Além de desviar recursos que de outra forma estariam disponíveis para melhor execução de políticas públicas, a corrupção é também responsável por distorções que impactam diretamente a atividade empresarial, em razão da concorrência desleal, preços superfaturados ou oportunidades restritas de negócio. Combatê-la, portanto, depende do esforço conjunto e contínuo de todos, inclusive das empresas, que têm um papel extremamente importante nesse contexto.[363]

Entende-se, portanto, que a promoção de uma cultura organizacional da ética e da integridade se mostra imediatamente necessária e compatível com os interesses da organização moderna. Daí então, considerando que a evolução e a mudança comportamental e cultural de qualquer entidade, seja pública seja privada, revestem-se de um processo relativamente moroso, tem-se que a adoção de programas de *compliance*, como ferramenta de aprimoramento da cultura organizacional das organizações, revela-se medida urgente.

Tal premissa torna-se verdadeira, também, quando analisada sob o contexto eleitoral e partidário, visto que, consoante se demonstrou nos capítulos anteriores e se apronfundará no tópico 3.4 e seguintes desta obra, atualmente os partidos políticos brasileiros revelam diversas lacunas de segurança, especialmente quando falamos de *compliance* da integridade. Tais brechas são facilmente percebidas quando verificados julgamentos do Tribunal Superior Eleitoral,[364] *v.g.*, que demonstram

---

[363] BRASIL. Controladoria-Geral da União. *Programa de integridade*: diretrizes para empresas privadas. Disponível em: https://www.gov.br/cgu/pt-br/centrais-de-conteudo/publicacoes/integridade/arquivos/programa-de-integridade-diretrizes-para-empresas-privadas.pdf. Acesso em: 27 mar. 2022.

[364] Como, *v.g.*, aqueles apresentados no tópico 3.5.3 deste trabalho, quais sejam, os recursos eleitorais nºs 19392, 060166315, 76455 e 060201116, entre vários outros.

fraudes em registro de candidaturas, com relação às regras de gênero e utilização de candidatos "laranjas", irregularidades na distribuição e utilização de recursos públicos, descumprimento de normas relacionadas à prestação de contas, entre outras inconformidades.

Para melhor compreensão de como deve ser estruturado um programa de integridade específico para a seara eleitoral e partidária, faz-se imperioso, de antemão, tomar conhecimento da origem, do conceito e dos objetivos do *compliance*, não somente no Brasil, mas em outros países onde o tema vem sendo amplamente discutido e apronfudado. Ademais, parece igualmente importante abarcar legislações postas – e possivelmente futuras [365]– sobre do tema para, após, entrarmos na discussão do *compliance* partidário.

3.1.1 Origem

Sucessivos eventos de violação de valores e diretrizes éticas e falha de liderança marcaram a evolução do Compliance. Na década de 1970, uma série de crimes corporativos nos Estados Unidos resultou na promulgação do primeiro normativo anticorrupção do mundo, denominado *Foreign Corrupt Practice Act* (FCPA),[366] em 1977. Tal instrumento representou o marco inicial da proibição de pagamento de propinas para obtenção de negócios no exterior, prática antes muito recorrente no plano internacional.

Entre tais escândalos corporativos que deram origem ao FCPA, destaca-se o "Caso Watergate", a ser aprofundado no tópico 3.1.4.1, o qual desencadeou uma série de investigações que revelaram operações ilegais no governo de Richard Nixon, primeiro presidente norte-americano a renunciar o cargo.

A partir disso, organizações internacionais passaram a editar convenções anticorrupção, como, *v.g.*, a Convenção Interamericana contra a Corrupção, de 1996;[367] a Convenção sobre o Combate da Corrupção de Funcionários Públicos Estrangeiros em Transações Comerciais

---

365 Citam-se os projetos de lei do Senado nºs 60/2017 e 429/2017, aprofundados no tópico 3.3.6.

366 THE UNITED STATES. Department of Justice. *Foreign Corrupt Practices Act of 1977*. Disponível em: https://www.justice.gov/sites/default/files/criminal-fraud/legacy/2012/11/14/fcpa-english.pdf. Acesso em: 27 mar. 2022.

367 BRASIL. Decreto n. 4.410, de 7 de outubro de 2002. Promulga a Convenção Interamericana contra a Corrupção, de 29 de março de 1996, com reserva para o art. XI, parágrafo 1º, inciso "c". Disponível em: http://www.planalto.gov.br/ccivil_03/decreto/2002/D4410.htm. Acesso em: 27 mar. 2022.

Internacionais, de 1997;[368] e a Convenção das Nações Unidas contra a Corrupção, de 2003.[369]

Paralelamente, iniciou-se um movimento de extensão da responsabilidade por práticas corruptas às companhias, dada a sua elevada participação em transações globais, de modo que a maioria dos instrumentos internacionais anticorrupção passou a incluir disposições sobre a adoção de medidas sancionatórias em face de pessoas jurídicas.

Diante de tais circunstâncias e das crises posteriores que tiveram impacto mundial,[370] surgiram iniciativas no sentido de adotar boas práticas de governança corporativa, conforme os valores de integridade, e impor mecanismos de controle para melhorar a prestação de contas e a transparência no sistema financeiro, no desígnio de conferir maior proteção ao contribuinte e ao consumidor.[371] A partir disso, a implementação de programas de *Compliance* passou a ser exigência cada vez mais frequente em diversas legislações, tendência que se estende até os dias atuais, em constante aperfeiçoamento. Ainda sobre as origens do *compliance*, veja-se trecho de estudo elaborado pela Associação Brasileira de Bancos Internacionais (ABBI), em parceria com a Federação Brasileira de Bancos (Febraban):

> Internacionalmente, desde os primórdios dos anos 70, com a criação do Comitê da Basiléia para Supervisão Bancária, procurou-se fortalecer o Sistema Financeiro por meio da maior conceituação sistemática de suas atividades, parametrizando-as pelas boas práticas financeiras e munindo-as de procedimentos prudenciais na sua atuação. Iniciava-se o processo para a tentativa de saneamento do Sistema Financeiro Internacional.[372]

---

368 BRASIL. Decreto n. 3.678, de 30 de novembro de 2000. Promulga a Convenção sobre o Combate da Corrupção de Funcionários Públicos Estrangeiros em Transações Comerciais Internacionais, concluída em Paris, em 17 de dezembro de 1997. Disponível em: http://www.planalto.gov.br/ccivil_03/decreto/D3678.htm. Acesso em: 27 mar. 2022.

369 BRASIL. Decreto n. 5.687, de 31 de janeiro de 2006. Promulga a Convenção das Nações Unidas contra a Corrupção, adotada pela Assembleia-Geral das Nações Unidas em 31 de outubro de 2003 e assinada pelo Brasil em 9 de dezembro de 2003. Disponível em: http://www.planalto.gov.br/ccivil_03/_Ato2004-2006/2006/Decreto/D5687.htm. Acesso em: 27 mar. 2022.

370 Por exemplo, a crise imobiliária de 2008 nos Estados Unidos.

371 INSTITUTO BRASILEIRO DE GOVERNANÇA CORPORATIVA. *Construindo um sistema de conformidade alinhado às melhores práticas de governança corporativa* (título provisório). Versão em audiência, novembro/2017, p. 7.

372 ABBI – ASSOCIAÇÃO BRASILEIRA DE ACORDOS INTERNACIONAIS; FEBRABAN – FEDERAÇÃO BRASILEIRA DE BANCOS. *Função de compliance*. Disponível em: http://www.abbi.com.br/trabalhos.php. Acesso em: 24 dez. 2021.

Tem-se, portanto, que o *compliance* nasceu como uma tentativa de saneamento do sistema financeiro internacional, a fim de se estabelecerem princípios éticos mais rigorosos e em consonância com a integridade dos tempos modernos. Posteriormente, as reestruturações organizacionais relacionadas à integridade superaram os limites do mercado financeiro, atingindo empresas de diversos segmentos, bem como entidades da Administração Pública.

3.1.2 Conceito e objetivos

A palavra *Compliance* vem do verbo *to comply*, que significa "cumprir". O programa de *Compliance*, portanto, visa ao cumprimento da lei, consistindo em um conjunto de procedimentos e mecanismos interdependentes que contribuem para a efetividade do sistema de governança, a fim de tornar a observância da legislação parte da cultura corporativa. Não se tem a pretensão de eliminar totalmente a chance de ocorrência de um ilícito, mas sim de reduzir suas possibilidades, criando ferramentas para que a empresa consiga identificar rapidamente a irregularidade e lidar de forma mais adequada com a questão.[373]

Com a evolução do combate à fraude e à corrupção, os Estados encontraram, no *compliance*, mecanismo adicional de controle, que complementa as políticas sancionatórias tradicionais. Sobre o tema, assim leciona Ricardo Cueva:

> Os programas de compliance, também chamados de programas de conformidade, de cumprimento ou de integridade, são instrumentos de governança corporativa tendentes a garantir que as políticas públicas sejam implantadas com maior eficiência. Compõem-se de rotinas e práticas concebidas para prevenir riscos de responsabilidade empresarial decorrentes do descumprimento de obrigações legais ou regulatórias. Em complementação às políticas sancionatórias tradicionais, que se fundam na imputação de uma pena correspondente ao ilícito praticado, os programas de compliance voltam-se para mudança de comportamento, por meio de padrões de conduta a serem observados e monitorados pelas empresas, administradores e funcionários, a fim de evitar o cometimento de ilícito.[374]

---

[373] MENDES, Francisco Schertel; Carvalho, Vinicius Marques de. *Compliance*: concorrência e combate à corrupção. São Paulo: Trevisan, 2017. p. 29. [livro eletrônico]

[374] CUEVA, Ricardo Villas Bôas. Funções e finalidades dos programas de compliance. *In:* CUEVA, Ricardo Villas Bôas; FRAZÃO, Ana (Coord.). *Compliance:* perspectivas e desafios dos programas de integridade. Belo Horizonte: Fórum, 2018, p. 53-54.

Esse, inclusive, é o motivo pelo qual o Estado incentiva a adoção do programa de integridade – trata-se de forma de compartilhamento da responsabilidade de garantir o cumprimento da legislação, em que o Poder Público confere aos agentes privados papel mais ativo na observância da lei e cria incentivos concretos para o desenvolvimento de um efetivo projeto de *compliance* pelas empresas. Tal programa deve se pautar pelos princípios básicos da governança corporativa, a qual consiste no sistema de direção, monitoramento e incentivo, envolvendo relacionamentos entre sócios, conselho de administração, diretoria e órgãos de fiscalização e controle. Segundo o Código das Melhores Práticas de Governança Corporativa, esses princípios são:

> Transparência
> Consiste no desejo de disponibilizar para as partes interessadas as informações que sejam de seu interesse e não apenas aquelas impostas por disposições de leis ou regulamentos. Não deve restringir-se ao desempenho econômico-financeiro, contemplando também os demais fatores (inclusive intangíveis) que norteiam a ação gerencial e que conduzem à preservação e à otimização do valor da organização.
>
> Equidade
> Caracteriza-se pelo tratamento justo e isonômico de todos os sócios e demais partes interessadas (*stakeholders*), levando em consideração seus direitos, deveres, necessidades, interesses e expectativas.
>
> Prestação de Contas (*accountability*)
> Os agentes de governança devem prestar contas de sua atuação de modo claro, conciso, compreensível e tempestivo, assumindo integralmente as consequências de seus atos e omissões e atuando com diligência e responsabilidade no âmbito dos seus papeis.
>
> Responsabilidade Corporativa
> Os agentes de governança devem zelar pela viabilidade econômico-financeira das organizações, reduzir as externalidades negativas de seus negócios e suas operações e aumentar as positivas, levando em consideração, no seu modelo de negócios, os diversos capitais (financeiro, manufaturado, intelectual, humano, social, ambiental, reputacional, etc.) no curto, médio e longo prazos.[375]

[375] INSTITUTO BRASILEIRO DE GOVERNANÇA CORPORATIVA. *Código das melhores práticas de governança corporativa*. 5. ed. São Paulo: IBGC, 2015, p. 21.

Por conseguinte, com observância aos princípios gerais adotados pela organização, em sua governança corporativa, um programa de *compliance* será estruturado através de mecanismos de integridade, como, *v.g.*, políticas, instrumentos de verificação de informações, procedimentos, diretrizes e atividades.[376] Algumas destas engrenagens são elevadas à natureza de "pilar", ou "eixo fundamental", os quais representam requisitos mínimos de subsistência do "organismo" de integridade. A composição dos programas de integridade será mais bem delineada no tópico 3.6 deste estudo.

Não obstante, adianta-se o principal pilar do programa de *compliance*, qual seja, o apoio da alta administração, também conhecido como *tone at the top*, condição indispensável e permanente para o fomento a uma cultura ética e de respeito às leis e para a aplicação efetiva do programa de integridade.[377] Caso os dirigentes da organização não dêem suporte e liderem o *compliance*, este não penetrará em todas as camadas e, certamente, não surtirá efeito. Assim, entende-se razoável que a alta administração: (i) incorpore o programa de integridade em seu dia a dia; (ii) envolva a área de *compliance* em reuniões e tomadas de decisão importantes; (iii) seja porta voz das principais mudanças referentes ao *compliance*, para "dar voz" à integridade; e (iv) visualize, inclusive financeiramente, o papel e a importância do *compliance* na organização.[378]

Ainda, destaca-se a importância da gestão de riscos, que é essencialmente meio apto a "reduzir o impacto negativo dos riscos sobre as metas organizacionais, por meio da adoção de controles internos".[379] Trata-se, de fato, da definição de estratégias e *performance* de uma empresa para identificar suas necessidades de *compliance* e, com isso, definir uma política mais eficaz.

A Controladoria-Geral da União entende pela existência de cinco pilares de integridade, sem prejuízo de outras estruturas também

---

[376] Atividades de treinamento ou de comunicação, por exemplo.

[377] BRASIL. Controladoria-Geral da União. *Programa de integridade*: diretrizes para empresas privadas. Disponível em: https://www.gov.br/cgu/pt-br/centrais-de-conteudo/publicacoes/integridade/arquivos/programa-de-integridade-diretrizes-para-empresas-privadas.pdf. Acesso em: 27 mar. 2022.

[378] LEC. *10 pilares de um programa de compliance.* Disponível em: https://lec.com.br/materiais-gratuitos/. Acesso em: 27 mar. 2022.

[379] CASTRO, Rodrigo Pironti Aguirre de; GONÇALVES, Francine Silva Pacheco. *Compliance e gestão de risco nas empresas estatais.* Belo Horizonte: Fórum, 2018, p. 29 *apud* BRASIL. Tribunal de Contas da União. *Levantamento de governança e gestão das aquisições.* Brasília: TCU, 2013.

importantes, mas não elevadas à natureza de eixo fundamental pela CGU, quais sejam: (i) comprometimento e apoio da alta direção; (ii) instância responsável pelo programa de integridade; (iii) análise de perfil e riscos; (iv) estruturação das regras e instrumentos; e (v) estratégias de monitoramento contínuo.[380]

De outro vértice, a *Legal, Ethics & Compliance* (LEC) considera a existência de dez pilares: (i) suporte da alta administração; (ii) avaliação de riscos; (iii) código de conduta e políticas de *compliance*; (iv) controles internos; (v) treinamento e comunicação; (vi) canal de denúncias; (vii) investigações internas; (viii) *due diligence*; (ix) auditoria e monitoramento; e (x) diversidade e inclusão.[381]

Nota-se a semelhança entre os eixos fundamentais adotados por ambas as entidades. Vale ressaltar, ainda, que a Controladoria-Geral da União, apesar de não tratar temas como treinamento e comunicação, canal de denúncias, investigações internas e *due diligence* como sendo "pilares" do programa de *compliance*, admite tais mecanismos com amplitude em suas orientações acerca da implementação e elaboração de programas de integridade, em consonância com o art. 42 do Decreto nº 8.420/2015,[382] que regulamenta a Lei Anticorrupção brasileira.

Acerca do art. 42 do Decreto nº 8.420/2015, vale destacar que este estabelece os parâmetros de avaliação de programas de integridade no Brasil. Veja-se:

> Art. 42. Para fins do disposto no §4º do art. 5º, o programa de integridade será avaliado, quanto a sua existência e aplicação, de acordo com os seguintes parâmetros:
>
> I - comprometimento da alta direção da pessoa jurídica, incluídos os conselhos, evidenciado pelo apoio visível e inequívoco ao programa;
>
> II - padrões de conduta, código de ética, políticas e procedimentos de integridade, aplicáveis a todos os empregados e administradores, independentemente de cargo ou função exercidos;

---

[380] BRASIL. Controladoria-Geral da União. *Programa de integridade*: diretrizes para empresas privadas. Disponível em: https://www.gov.br/cgu/pt-br/centrais-de-conteudo/publicacoes/integridade/arquivos/programa-de-integridade-diretrizes-para-empresas-privadas.pdf. Acesso em: 27 mar. 2022.

[381] LEC. *10 pilares de um programa de compliance*. Disponível em: https://lec.com.br/materiais-gratuitos/. Acesso em: 24 dez. 2021.

[382] BRASIL. Decreto n. 8.420, de 18 de março de 2015. Regulamenta a Lei nº 12.846, de 1º de agosto de 2013, que dispõe sobre a responsabilização administrativa de pessoas jurídicas pela prática de atos contra a administração pública, nacional ou estrangeira e dá outras providências. Disponível em: http://www.planalto.gov.br/ccivil_03/_ato2015-2018/2015/decreto/d8420.htm. Acesso em: 27 mar. 2022.

III - padrões de conduta, código de ética e políticas de integridade estendidas, quando necessário, a terceiros, tais como, fornecedores, prestadores de serviço, agentes intermediários e associados;

IV - treinamentos periódicos sobre o programa de integridade;

V - análise periódica de riscos para realizar adaptações necessárias ao programa de integridade;

VI - registros contábeis que reflitam de forma completa e precisa as transações da pessoa jurídica;

VII - controles internos que assegurem a pronta elaboração e confiabilidade de relatórios e demonstrações financeiros da pessoa jurídica;

VIII - procedimentos específicos para prevenir fraudes e ilícitos no âmbito de processos licitatórios, na execução de contratos administrativos ou em qualquer interação com o setor público, ainda que intermediada por terceiros, tal como pagamento de tributos, sujeição a fiscalizações, ou obtenção de autorizações, licenças, permissões e certidões;

IX - independência, estrutura e autoridade da instância interna responsável pela aplicação do programa de integridade e fiscalização de seu cumprimento;

X - canais de denúncia de irregularidades, abertos e amplamente divulgados a funcionários e terceiros, e de mecanismos destinados à proteção de denunciantes de boa-fé;

XI - medidas disciplinares em caso de violação do programa de integridade;

XII - procedimentos que assegurem a pronta interrupção de irregularidades ou infrações detectadas e a tempestiva remediação dos danos gerados;

XIII - diligências apropriadas para contratação e, conforme o caso, supervisão, de terceiros, tais como, fornecedores, prestadores de serviço, agentes intermediários e associados;

XIV - verificação, durante os processos de fusões, aquisições e reestruturações societárias, do cometimento de irregularidades ou ilícitos ou da existência de vulnerabilidades nas pessoas jurídicas envolvidas;

XV - monitoramento contínuo do programa de integridade visando seu aperfeiçoamento na prevenção, detecção e combate à ocorrência dos atos lesivos previstos no art. 5º da Lei nº 12.846, de 2013; e

XVI - transparência da pessoa jurídica quanto a doações para candidatos e partidos políticos.[383]

---

[383] BRASIL. Decreto n. 8.420, de 18 de março de 2015. Regulamenta a Lei nº 12.846, de 1º de agosto de 2013, que dispõe sobre a responsabilização administrativa de pessoas jurídicas pela prática de atos contra a administração pública, nacional ou estrangeira e dá outras providências. Disponível em: http://www.planalto.gov.br/ccivil_03/_ato2015-2018/2015/decreto/d8420.htm. Acesso em: 27 mar. 2022.

Nessa consecução, resta nítido que os pilares reconhecidos pela LEC estarão presentes, de meneira indubitável, nos programas de integridade consubstanciados em orientações da Controladoria-Geral da União, bem como no art. 42 do Decreto nº 8.420/2015.

Os pilares acima elencados, além de alguns outros, serão inseridos no organismo de *compliance* da organização através do Código de Ética e Conduta e de Políticas, os quais, por sua vez, estabelecerão diretrizes de atuação para todos os membros da empresa ou entidade, desde o alto escalão até os de mera execução e terceirizados.

A partir dessas diretrizes, busca-se promover um ambiente de compromisso ético, em que a observância de normas e princípios pelos membros da companhia seja reflexo da própria liderança, e a má conduta constitua exceção a ser combatida de forma responsável e adequada. Aqui, o papel central do *Compliance* é o de adoção de uma postura preventiva, dificultando a ocorrência de condutas que possam prejudicar tanto a pessoa jurídica quanto o ambiente social em que se insere.

Não obstante, apesar de essencial, o aspecto preventivo não é o único a ser observado no programa de *compliance*. Neste sentido, o art. 41 do Decreto nº 8.420/2015 dispõe:

> para fins do disposto neste Decreto, programa de integridade consiste, no âmbito de uma pessoa jurídica, no conjunto de mecanismos e procedimentos internos de integridade, auditoria e incentivo à denúncia de irregularidades e na aplicação efetiva de códigos de ética e de conduta, políticas e diretrizes com objetivo de detectar e sanar desvios, fraudes, irregularidades e atos ilícitos praticados contra a administração pública, nacional ou estrangeira.[384]

Especificamente quanto aos objetivos do programa de *compliance*, a *Alliance for Integrity* entende que são os seguintes: (i) criar uma cultura que encoraje uma conduta ética e aderência ao *compliance*; (ii) identificar os riscos do mercado e os riscos específicos relacionados ao negócio da empresa; (iii) prevenir e detectar condutas ilícitas existentes ou potenciais; (iv) ajudar os colaboradores a cumprir a legislação, o código de ética e políticas internas através de regras claras, divulgadas e

---

[384] BRASIL. Decreto n. 8.420, de 18 de março de 2015. Regulamenta a Lei nº 12.846, de 1º de agosto de 2013, que dispõe sobre a responsabilização administrativa de pessoas jurídicas pela prática de atos contra a administração pública, nacional ou estrangeira e dá outras providências. Disponível em: http://www.planalto.gov.br/ccivil_03/_ato2015-2018/2015/decreto/d8420.htm. Acesso em: 27 mar. 2022.

acessíveis, de ferramentas fáceis de manejar, como intranet e sistemas de aprovação, e de controles legais e contábeis fortalecidos; e (v) proteger a empresa em caso de falhas no programa de *compliance*, o que poderá servir como evidência para redução de multas.[385]

Daí então, verifica-se que o objetivo de um programa de integridade é prevenir, detectar e remediar condutas ilícitas existentes ou potenciais, evidenciadas pela análise de riscos, através da estruturação de controles internos e do estabelecimento de diretrizes de fácil compreensão, que padronizem condutas éticas comportamentais a serem enraizadas na cultura organizacional e aderidas por todos os membros.

3.1.3 Diferenças entre programa de integridade e programa de conformidade

Cabe ressaltar a distinção conceitual entre programa de integridade, ou *compliance*, e programa de conformidade. Inicialmente, salienta-se que os termos são, habitualmente, utilizados como sinônimos, apesar da singela assimetria conceitual aplicável no contexto brasileiro. Dito isto, temos que conformidade é o ato de combinar atitudes, crenças e comportamentos para agrupar normas,[386] o que denota a inexistência de mecanismos adicionais voltados especificamente à integridade. Logo, o programa de conformidade é voltado ao cumprimento de normas, isto é, à conformidade ou obediência normativa, em qualquer matéria que seja, como, *v.g.*, contábil, ambiental, de segurança do trabalho, entre outras.

Nesse sentido, o programa de conformidade relaciona-se à observância de procedimentos, ao agir de acordo com rotinas de controle e ao engajamento em relação a normas legais, infralegais e internas,[387] o que implica a criação, no contexto das pessoas jurídicas, de mecanismos de incentivo e controle ao cumprimento das regras jurídicas postas.

---

385 ALLIANCE FOR INTEGRITY. *Prevenção à corrupção*: um guia para empresas. Dez. 2016. Disponível em: https://www.allianceforintegrity.org/pt/oferta/publications/?pageId40a48e22=2&pageId43348654=2&pageId38ef2f80=3&pageId376f5a5a=2&pageIdb72eeacb=2#list_b72eeacb. Acesso em: 27 mar. 2022.

386 CIALDINI, R. B.; GOLDSTEIN, N. J. Social influence: compliance and conformity. *Annual Review of Psychology*, p. 591-621. Disponível em: https://www.annualreviews.org/doi/10.1146/annurev.psych.55.090902.142015. Acesso em: 27 dez. 2021.

387 MELO, Valdir. Programas de conformidade e a busca de integridade em organizações. *In*: Texto para discussão 2475 – IPEA (Instituto de Pesquisa Econômica Aplicada). Brasília, 29 de maio de 2019.

O programa de *compliance*, ou de integridade, por outro lado, tem conceito mais amplo, compreendendo não só os instrumentos desenvolvidos em prol do respeito e cumprimento das leis, como também o fomento de uma cultura ética e de boa governança, fundada em rigorosos padrões de boa conduta.[388]

Jorge Alexandre González esquematiza o argumento:

> [...] cabe siñalar que el compliance es algo más que el cumplimiento normativo. Es, em realidade el sometimiento a aquellas normas de origen legislativo, pero también a aquellas otras autoimpuestas, derivadas de unos estándares superiores a los exigidos por la ley. Frente al concepto clásico de Derecho positivo (hard law), se añade el cumplimiento ético, la responsabilidad socialcorporativa, etc. (soft law).
>
> Sentada esta base simplificada del contenido de la función de compliance parece sencillo deducir que en el ámbito de los partidos políticos esta función se desarrolla primitivamente en muy diversos ámbitos. Los partidos tienen que observar una serie de aspectos puramente normativos, como pueden ser los relativos a su financiación, la protección de datos personales de sus filiados y simpatizantes o, más recentemente, la prevención penal. Junto a estas previsiones se empiezan a implantar otra serie de compromisos de autocumplimiento que no vienen exigidos por las normas vigentes. Así comienzan a desarrollarse códigos éticos o de buenas prácticas, que junto a las normas de Derecho positivo, elevan los estándares exigidos por las mismas y tratan de completar, dentro del partido, la función de compliance desde un punto de vista teórico (la exigencia de dimisión a un cargo público del partido imputado por corrupción seria un ejemplo clásico de este segundo grupo, pues no es una previsión legalmente establecida, pero sí autoimpuesta en algunos partidos políticos).[389]

Nessa acepção, em síntese, a mais significativa disparidade entre programas de *compliance* e de conformidade é que o primeiro, além de estabelecer mecanismos de controle ao cumprimento normativo, também apresenta diretrizes de atuação proba e íntegra, enquanto o segundo não atinge este objetivo.

---

[388] BUCHHIANERI PINHEIRO, Maria Claudia. Tomemos a sério o debate em torno do compliance partidário: uma primeira reflexão crítica dos Projetos de Lei n.ºs 60/2017 e 429/2017, do Senado Federal. Em busca de um modelo efetivo. *In*: FUX, Luiz; PEREIRA, Luiz Fernando Casagrande; AGRA, Walber de Moura (Coord.); PECCINI, Luiz Eduardo (Org.). *Direito partidário*. Belo Horizonte: Fórum, 2018, p. 225-251. (Tratado de Direito Eleitoral, v. 2).

[389] GONZÁLEZ, Jorge Alexandre. Función de compliance y partidos políticos en España. *Debate 21*, 8 de maio de 2015. Disponível em: https://debate21.es/2015/05/08/funcion-de-compliance-y-partidos-politicos-en-espana/. Acesso em 27 mar. 2022.

No que tange à realidade dos partidos políticos, discussão objeto deste estudo, compreende-se que a proposta de implementação de um programa de *Compliance* se alinha mais aos objetivos traçados. Isso porque a conformidade com a lei é dever intrínseco à existência das agremiações, dada a sua função eminentemente pública e de concretização democrática – considerada, especialmente, a utilização de recursos públicos que permeia sua atividade –, não havendo, pois, razoabilidade em se centralizar a política de evolução ética dos partidos na mera consecução das leis.

É evidente que a observância das leis é fator a ser considerado e aprimorado constantemente na esfera partidária, mas é preciso atentar também para fatores que vão além, relacionados à solução de problemas de ordem ética, democrática e discriminatória, muitos dos quais já listados no capítulo anterior.

3.1.4 *Compliance* no mundo

Segundo ponderado, o *Compliance* constitui importantíssimo instrumento para que se tente alcançar uma gestão eficiente e íntegra, auxiliando empresas e entes públicos a terem uma atuação calcada na lei e que busque diminuir vertiginosamente as possibilidades de atuações corrosivas ao próprio arquétipo estatal.

Considera-se que o primeiro ato internacional específico contra a corrupção foi a Convenção Interamericana contra a Corrupção,[390] firmada em 29.3.1996, no âmbito da Organização dos Estados Americanos (OEA), e promulgada, no Brasil, pelo Decreto Presidencial nº 4.410, de 7.10.2002.[391] Ela tem por desígnio promover e fortalecer o desenvolvimento dos mecanismos necessários para prevenir, detectar e punir a corrupção, bem como promover ações que assegurem a cooperação entre os países signatários.[392]

---

[390] BRASIL. Decreto n. 4.410, de 7 de outubro de 2002. Promulga a Convenção Interamericana contra a Corrupção, de 29 de março de 1996, com reserva para o art. XI, parágrafo 1º, inciso "c". Disponível em: http://www.planalto.gov.br/ccivil_03/decreto/2002/D4410.htm. Acesso em: 27 mar. 2022.

[391] BRASIL. Decreto n. 4.410, de 7 de outubro de 2002. Promulga a Convenção Interamericana contra a Corrupção, de 29 de março de 1996, com reserva para o art. XI, parágrafo 1º, inciso "c". Disponível em: http://www.planalto.gov.br/ccivil_03/decreto/2002/D4410.htm. Acesso em: 27 mar. 2022.

[392] BRASIL. Controladoria-Geral da União. *Convenção da OEA*. Disponível em: https://www.gov.br/cgu/pt-br/assuntos/articulacao-internacional-1/convencao-da-oea. Acesso em: 27 mar. 2022.

Posteriormente, objetivando a adoção de mecanismos para prevenção e punição de funcionários públicos estrangeiros em transações comerciais internacionais, foi firmada, em 17.12.1997, a Convenção sobre o Combate da Corrupção de Funcionários Públicos Estrangeiros em Transações Comerciais Internacionais,[393] no âmbito da Organização para a Cooperação e Desenvolvimento Econômico (OCDE), a qual foi recepcionada pelo ordenamento jurídico brasileiro por meio do Decreto nº 3.678, de 30.11.2000.[394]

Ato contínuo, sobreveio a Convenção das Nações Unidas contra a Corrupção,[395] promulgada internacionalmente em 31.10.2003 e, no Brasil, pelo Decreto Legislativo nº 348, de 18.5.2005[396] e pelo Decreto Presidencial nº 5.687, de 31.1.2006.[397] A Convenção das Nações Unidas contra a Corrupção é considerada o maior e mais completo instrumento anticorrupção internacional, com caráter juridicamente vinculativo entre os países signatários, e que aborda importantes temas, como prevenção, penalização, recuperação de ativos e cooperação internacional para o combate à corrupção.

Além das convenções internacionais identificadas acima, destaca-se que diversas organizações brasileiras e internacionais atuam no combate à fraude e corrupção, ainda que inexistindo caráter vinculativo para estes atos. Cita-se, *v.g.*, a *Society of Corporate Compliance*

---

[393] BRASIL. Decreto n. 3.678, de 30 de novembro de 2000. Promulga a Convenção sobre o Combate da Corrupção de Funcionários Públicos Estrangeiros em Transações Comerciais Internacionais, concluída em Paris, em 17 de dezembro de 1997. Disponível em: http://www.planalto.gov.br/ccivil_03/decreto/D3678.htm. Acesso em: 27 mar. 2022.

[394] BRASIL. Decreto n. 3.678, de 30 de novembro de 2000. Promulga a Convenção sobre o Combate da Corrupção de Funcionários Públicos Estrangeiros em Transações Comerciais Internacionais, concluída em Paris, em 17 de dezembro de 1997. Disponível em: http://www.planalto.gov.br/ccivil_03/decreto/D3678.htm. Acesso em: 27 mar. 2022.

[395] BRASIL. Decreto n. 5.687, de 31 de janeiro de 2006. Promulga a Convenção das Nações Unidas contra a Corrupção, adotada pela Assembleia-Geral das Nações Unidas em 31 de outubro de 2003 e assinada pelo Brasil em 9 de dezembro de 2003. Disponível em: http://www.planalto.gov.br/ccivil_03/_Ato2004-2006/2006/Decreto/D5687.htm. Acesso em: 27 mar. 2022.

[396] BRASIL. Câmara dos Deputados. Decreto Legislativo nº 348, de 2005. Aprova o texto da Convenção das Nações Unidas contra a Corrupção, adotada pela Assembléia-Geral da Organização das Nações Unidas em outubro de 2003. Disponível em: https://www2.camara.leg.br/legin/fed/decleg/2005/decretolegislativo-348-18-maio-2005-536880-convencao-28439-pl.html. Acesso em: 27 dez. 2021.

[397] BRASIL. Decreto n. 5.687, de 31 de janeiro de 2006. Promulga a Convenção das Nações Unidas contra a Corrupção, adotada pela Assembleia-Geral das Nações Unidas em 31 de outubro de 2003 e assinada pelo Brasil em 9 de dezembro de 2003. Disponível em: http://www.planalto.gov.br/ccivil_03/_Ato2004-2006/2006/Decreto/D5687.htm. Acesso em: 27 mar. 2022.

and Ethics (SCCE),[398] responsável por apoiar profissionais de ética e *compliance* em todo o mundo, o *Instituto Ethos*,[399] com atuação específica para a promoção de ética e transparência, e a *Alliance for Integrity*,[400] organização que busca promover a transparência e a integridade no sistema econômico mundial.

A partir desse espectro, faz-se fundamental perpassar pela realidade do *compliance* em alguns países a fim de promover subsídio histórico e teórico mínimo para aprofundamento das reflexões acerca do quadro brasileiro, especialmente quanto ao sistema eleitoral e aos partidos políticos.

3.1.4.1 Estados Unidos

Os Estados Unidos da América possuem papel essencial no surgimento de uma cultura de *Compliance*, tendo sido pioneiros na formulação de leis que buscassem maior incisividade no combate à corrupção e numa atuação hígida do Estado, com o *Foreign Corrupt Practices Act* (1977)[401] e o *Ethics in Government Act* (1978).[402]

Referida atuação legiferante fora desencadeada pelo famoso "Caso Watergate", quando o jornal Washington Post denunciou que a invasão à sede do Comitê do Partido Nacional Democrata para que se instalassem escutas e se obtivessem documentos era de conhecimento do então presidente Richard Nixon, o que acabou culminando com sua renúncia no dia 9 de agosto de 1974.[403]

---

398 SCCE – SOCIETY OF CORPORATE COMPLIANCE AND ETHICS. *About SCCE*. Disponível em: https://www.corporatecompliance.org/about-scce. Acesso em: 27 dez. 2021.

399 INSTITUTO ETHOS. *Integridade*. Disponível em: https://www.ethos.org.br/conteudo/projetos/integridade/. Acesso em: 27 mar. 2022.

400 ALLIANCE FOR INTEGRITY. *About us*. Disponível em: https://www.allianceforintegrity.org/en/alliance-for-integrity/about-us/. Acesso em: 27 dez. 2021.

401 THE UNITED STATES. Department of Justice. *Foreign Corrupt Practices Act of 1977*. Disponível em: https://www.justice.gov/sites/default/files/criminal-fraud/legacy/2012/11/14/fcpa-english.pdf. Acesso em: 27 mar. 2022.

402 THE UNITED STATES. House Office of the Legislative. *Ethics In Government Act Of 1978*. Disponível em: https://legcounsel.house.gov/Comps/Ethics%20In%20Government%20Act%20Of%201978.pdf. Acesso em 27 mar. 2022.

403 KIM, Shin Jae; MUZZI, Renata; FALCETTA, Giovanni; LONGO, Thaísa Toledo. Compliance em empresas estatais. Padrões internacionais e legislação brasileira. *In:* PAULA, Marco Aurélio Borges de; CASTRO, Rodrigo Pironti Aguirre de (Coord.). *Compliance, gestão de riscos e combate à corrupção*: integridade para o desenvolvimento. Belo Horizonte: Fórum, 2018, p. 149-182.

Nesse contexto, observa-se que o FCPA é uma lei promulgada pelo Congresso Norte-Americano e destina-se, essencialmente, a criar sanções cíveis, administrativas e penais no combate à corrupção comercial internacional, tendo aplicação sobre pessoas físicas e jurídicas americanas que, em atividade comercial no exterior, se utilizam de corrupção no poder público estrangeiro para obter ou reter transações comerciais naquele país. Observa-se, portanto, que a norma em comento estabelece mecanismos de combate ao pagamento de propina no exterior, ou seja, fora do território norte-americano, e não atos de fraude e corrupção executados dentro dos Estados Unidos da América.

Por conseguinte, o FCPA obriga empresas a adotarem e manterem um sistema interno de controles contábeis suficiente para evitar adulteração das contas, bem como a apresentarem anualmente demonstrações contábeis de suas transações financeiras globais, sob pena de severas sanções cíveis, administrativas e criminais:

> No sistema americano, a responsabilidade da pessoa jurídica é mais ampla e se relaciona com o ilícito praticado por qualquer pessoa física de alguma forma ligada com a empresa. No entanto, a pena imposta para a empresa fica relacionada ao grau de negligência organizacional, ou seja, com a falha na prevenção de comportamentos ilícitos.[404]

Em complemento ao FCPA, tem-se o guia denominado *A Resource Guide to the U.S. Foreign Corrupt Practices Act*[405] (*FCPA Resource Guide*), documento divulgado pelo *Department of Justice* (DOJ) e pela *U.S. Securities and Exchange Commission*[406] [407] (SEC), o qual compila informações e análises relacionadas ao FCPA e sua aplicação.

Destaca-se que o guia aborda uma variedade de temas, como: (i) quem e o que é coberto pelas disposições contábeis e antissuborno do FCPA; (ii) a definição de "funcionário estrangeiro"; (iii) o alcance jurisdicional do FCPA; (iv) tipos de pagamentos adequados e impróprios; (v) aplicação da responsabilidade do sucessor no contexto de fusões e aquisições; (vi) as marcas de um programa de *compliance* eficaz; e

---

[404] BARRILARI, Claudia Cristina. *Crime empresarial autorregulação e compliance*. São Paulo: Thomson Reuters Brasil, 2018, p. 137.

[405] THE UNITED STATES. Department of Justice. U.S. Securities and Exchange Commission. *A resource Guide to the U.S. Foreign Corrupt Practices Act*. 2. ed. Disponível em: https://www.justice.gov/criminal-fraud/file/1292051/download. Acesso em: 27 mar. 2022.

[406] Similar à Comissão de Valores Mobiliários (CVM) brasileira.

[407] Inclusive, são estas as autoridades norte-americanas com competência para estabelecer sanções, no âmbito do FCPA.

(vii) os diferentes tipos de resoluções civis e criminais disponíveis no contexto do FCPA.[408]

Acerca dos programas de *compliance*, assim orienta o *FCPA Resource Guide*:

> An assessment of a company's compliance program, including its design and good faith implementation and enforcement, is an important part of the government's assessment of whether a violation occurred, and if so, what action should be taken. In appropriate circumstances, DOJ and SEC may decline to pursue charges against a company based on the company's effective compliance program, or may otherwise seek to reward a company for its program, even when that program did not prevent the particular underlying FCPA violation that gave rise to the investigation.[409]

Nessa consecução, percebe-se que o DOJ e a SEC avaliam a implementação e a aplicação de boa-fé de programas de *compliance* corporativos, sendo que, em determinadas circunstâncias, a existência de um programa efetivo pode desencadear a ausência de persecução, por parte destes órgãos, ou até a recompensa à empresa, ainda que os mecanismos de integridade não tenham sido suficientes para impedir, totalmente, uma violação específica ao FCPA.

Assim, entende-se que o programa de *compliance*, ainda que efetivo, por vezes não é suficiente para prevenir, detectar ou remediar, integralmente, atos de fraude ou corrupção. No entanto, a boa-fé e a transparência na implementação de medidas de integridade fazem com que as autoridades competentes tenham predisposição à realização de acordos ou à redução de penas nos Estados Unidos da América – o que ocorre, também, no Brasil, à luz das disposições do Decreto nº 8.420/2015 e do entendimento da Controladoria-Geral da União acerca do tema.

Já durante a vigência do FCPA, importante destacar um dos *cases* mais emblemáticos relacionados à *compliance*, em todo o mundo. Trata-se do "Caso Siemens", o qual, talvez, tenha desencadeado a maior multa da história da norma norte-americana.

No caso, após informações de que a Siemens falsificava contratos com empresas terceirizadas – principalmente consultoras – e emitia faturas simbólicas para esconder pagamentos ilícitos, posteriormente às

---

408 THE UNITED STATES. Department of Justice. *FCPA Resource Guide*. Disponível em: https://www.justice.gov/criminal-fraud/fcpa-resource-guide. Acesso em: 27 mar. 2022.

409 THE UNITED STATES. Department of Justice. U.S. Securities and Exchange Commission. *A resource Guide to the U.S. Foreign Corrupt Practices Act*. 2. ed. p. 57. Disponível em: https://www.justice.gov/criminal-fraud/file/1292051/download. Acesso em: 27 mar. 2022.

investigações, a empresa foi condenada, nos Estados Unidos da América e na Alemanha – já com benefícios advindos de acordo realizado com as autoridades norte-americanas –, ao pagamento de multa e restituições de lucro no valor de USD 800 milhões, em cada país, o que totalizou USD 1,6 bilhão. Além disso, a empresa foi obrigada a contratar um monitor de *compliance* independente por quatro anos.

Vale ressaltar que a Siemens, durante as investigações e como resposta a elas, demonstrou atitude cooperativa com o DOJ e com a SEC, fazendo um acordo para implementação de um programa mundial de *compliance* – o que se tornou, justamente, um fator impeditivo à imposição da multa máxima. Assim, a organização contratou uma investigação independente, focada em verificar os negócios com maior risco de corrupção, como operações com quantidades significativas de negócios com governos, objetivando, ao mesmo tempo, combater a corrupção dentro da empresa, investigando negócios e contratos obtidos com auxílio de consultores externos.[410]

A investigação interna foi extremamente abrangente e envolveu: (i) 1.750 entrevistas com funcionários da Siemens e outros indivíduos; (ii) 800 reuniões informativas com os funcionários; (iii) 82 milhões de documentos eletrônicos analisados para identificação de material potencialmente relevante; (iv) 14 milhões de documentos físicos também analisados; (v) 38 milhões de transações financeiras analisadas; e (vi) 10 milhões de registros bancários revisados.[411]

Segundo informações oficiais, na consecução dos trabalhos, a Siemens desembolsou aproximadamente USD 850 milhões, envolvendo mais de 200 advogados e paralegais, 1.300 investigadores forenses e 16 funcionários da empresa dedicados em tempo integral. A investigação resultou, ainda, na demissão de mais de 500 colaboradores considerados envolvidos nos esquemas de corrupção, e 9 antigos membros do Conselho foram processados e condenados a pagar USD 28,3 milhões, por violação de seus deveres.[412]

---

[410] FONSECA, Nadine Correa Machado. *Turnaround de empresas com problemas de compliance*: o caso Siemens. 2015. Dissertação (Mestrado) – Escola Brasileira de Administração Pública e de Empresas, Centro de Formação Acadêmica e Pesquisa, 2015. p. 53. Disponível em: https://bibliotecadigital.fgv.br/dspace/handle/10438/15500. Acesso em: 27 mar. 2022.

[411] FONSECA, Nadine Correa Machado. *Turnaround de empresas com problemas de compliance*: o caso Siemens. 2015. Dissertação (Mestrado) – Escola Brasileira de Administração Pública e de Empresas, Centro de Formação Acadêmica e Pesquisa, 2015. p. 55. Disponível em: https://bibliotecadigital.fgv.br/dspace/handle/10438/15500. Acesso em: 27 mar. 2022.

[412] FONSECA, Nadine Correa Machado. *Turnaround de empresas com problemas de compliance*: o caso Siemens. 2015. Dissertação (Mestrado) – Escola Brasileira de Administração Pública e de Empresas, Centro de Formação Acadêmica e Pesquisa, 2015. p. 55-56. Disponível em: https://bibliotecadigital.fgv.br/dspace/handle/10438/15500. Acesso em: 27 mar. 2022.

Ao final, a Siemens estruturou um programa de *compliance* internacional tido como referência mundial até os dias atuais, com criação do *Corporate Compliance Officer*, instituição de políticas rigorosas sobre controle de contas bancárias e autorização para pagamentos em dinheiro, regulamentação sobre uso de parceiros de negócios e consultores e diversas outras medidas.

O *Ethics in Government Act*, por sua vez, caminhou no mesmo sentido da FCPA, determinando a divulgação pública e obrigatória do histórico financeiro e de emprego de funcionários públicos norte-americanos, bem como de seus familiares imediatos. Além disso, a lei também previu a criação do *Office of Special Counsel*, um escritório vinculado ao *Department of Justice* (DOJ) cujo objetivo seria investigar indivíduos que ocupassem ou ocuparam posições de destaque no Governo Federal dos EUA e em organizações nacionais de campanhas eleitorais presidenciais.[413]

Com relação ao *Compliance* na seara eleitoral, vários são os manuais e regulamentos utilizados pelos partidos americanos (democrata e republicano) nos Estados. Conquanto não exista uma legislação específica que trate da matéria, observa-se que as próprias administrações eleitorais disponibilizam manuais com vista a orientar candidatos e partidos quanto ao cumprimento das normas gerais e dos procedimentos no período eleitoral.

Cita-se, a título de exemplo, o *Compliance Manual for Candidates*,[414] editado pela *New Jersey Election Law Enforcement Commission*, do Estado Americano de New Jersey, que apresenta uma série de instruções, requerimentos e formulários, concernentes, sobretudo, a registros de candidatura, arrecadação e gastos de campanha e atuação dos comitês, com o escopo de que haja o fiel cumprimento à legislação eleitoral e, além disso, de imprimir transparência e integridade às candidaturas e ao processo eleitoral como um todo.

Em nível nacional, a *Federal Election Commission* é responsável por administrar e garantir o cumprimento da legislação de financiamento

---

[413] A despeito de referida previsão ter sido extremamente criticada pelo *Justice* Antonin Scalia, em virtude de uma aparente violação à tripartição das funções estatais, dado que a Constituição dos EUA não preveria ao Poder Legislativo a possibilidade de iniciar uma investigação criminal, a Suprema Corte dos Estados Unidos entendeu pela sua constitucionalidade, no caso *Morrison vs. Olson*, em 1988. OYES. *Morrison v. Olson*. Disponível em: www.oyez.org/cases/1987/87-1279. Acesso em: 27 mar. 2022.

[414] NEW JERSEY ELECTION LAW ENFORCEMENT COMMISSION. 2018. *Compliance manual for candidates*. Disponível em: https://www. https://www.elec.state.nj.us/pdffiles/forms/compliance/man_cf.pdf Acesso em: 27 set. 2019.

de campanhas para Câmara, Senado, Presidência e Vice-Presidência dos Estados Unidos, e tem como missão proteger a integridade do processo federal de financiamento de campanha, fornecendo transparência, aplicando e administrando as leis federais sobre o tema. Para isso, agência atua sob três eixos: (i) divulgação pública de fundos arrecadados e gastos para influenciar as eleições federais; (ii) restrições sobre contribuições e despesas para influenciar eleições federais; e (iii) financiamento público das campanhas eleitorais.[415]

Neste contexto, a *Federal Election Commission* também estabelece guias, formulários e treinamentos sobre as eleições norte-americanas, como, *v.g.*, o *Campaign Guide for Congressional Candidates and Committees*,[416] publicado em 2021, substituindo a versão anterior, de 2014. Este documento dispõe de informações detalhadas acerca das leis de financiamento de campanhas eleitorais federais. A agência ainda promove encontros, eventos e conferências para debater e aprimorar o tema do financiamento de campanhas, bem como treinar candidatos, comitês partidários e demais interessados.

3.1.4.2 Canadá

De início, destaca-se que o Canadá, assim como os demais países, possui diversas normas regulamentadoras, as quais deverão ser seguidas pelas empresas e pessoas naturais no âmbito canadense, em todas as áreas de atuação, como turismo, indústrias, saúde, tributos, meio ambiente, cultura, transportes, finanças, entre outros. Cita-se, *v.g.*, o *Competition Act*,[417] o *Consumer Packaging and Labelling Act*,[418] o *Textile Labelling Act*[419] e o *Precious Metals Marking Act*.[420]

No entanto, tais normas não versam especificamente acerca de integridade, mas sim regulam algumas atividades. Ainda assim,

---

415 THE UNITED STATES. Federal Election Commission. *Mission and history*. Disponível em: https://www.fec.gov/about/mission-and-history/. Acesso em: 27 mar. 2022.

416 THE UNITED STATES. Federal Election Commission. *Campaign Guide for Congressional Candidates and Committees*. Oct. 2021. Disponível em: https://www.fec.gov/resources/cms-content/documents/candgui.pdf. Acesso em: 27 mar. 2022.

417 CANADA. Justice Laws Website. *Competition Act*. Disponível em: https://laws.justice.gc.ca/eng/acts/C-34/index.html. Acesso em: 27 mar. 2022.

418 CANADA. Justice Laws Website. *Consumer Packaging and Labelling Act*. Disponível em: https://laws.justice.gc.ca/eng/acts/C-38/index.html. Acesso em: 27 mar. 2022.

419 CANADA. Justice Laws Website. *Textile Labelling Act*. Disponível em: https://laws.justice.gc.ca/eng/acts/t-10/index.html. Acesso em: 27 mar. 2022.

420 CANADA. Justice Laws Website. *Precious Metals Marking Act*. Disponível em: https://laws-lois.justice.gc.ca/eng/acts/p-19/index.html. Acesso em: 27 mar. 2022.

objetivando garantir o *compliance* referente a estas normas, o governo canadense, através da *Competition Bureau Canada*,[421] disponibilizou o guia *Corporate Compliance Programs*,[422] o qual objetiva: (i) estabelecer medidas que os indivíduos e empresas canadenses devem considerar a fim de minimizar o risco de se envolverem em atividades anticoncorrenciais ilegais, e para detectar atividades ilegais; (ii) fornecer ferramentas para ajudar as empresas a desenvolverem programas de conformidade; e (iii) examinar estudos de caso hipotéticos que ilustram como a agência pode considerar a credibilidade e eficácia de um programa de conformidade.[423] Vale ressaltar, ademais, que o guia se aplica tão somente às normas[424] acima relacionadas.

Assim como estes ramos, vários outros são regulados, e contam também com guias para práticas de *compliance*.[425] No entanto, em âmbito geral de controle, pode-se considerar que, a despeito de o primeiro *Auditor General of Canada* ter sido nomeado já em 1878, as funções a ele atualmente atribuídas sofreram mudanças substanciais com a promulgação do *Auditor General Act* (1977),[426] a partir do qual se pôde efetivamente falar na implementação de uma cultura de *Compliance* no âmbito da administração pública canadense.

Nesse sentido, além da já determinada fiscalização das finanças públicas do Estado do Canadá, conferiu-se ao *Auditor General* um mandato mais amplo, de forma a se examinar quão bem o governo lida com seus assuntos, no intento de se avaliar e afiançar a implementação de políticas públicas:

---

[421] Agência canadense que investiga práticas anticoncorrenciais, acordos comerciais e condutas enganosas.

[422] CANADA. Competition Bureau Canada. *Corporate Compliance Programs*. Disponível em: https://www.competitionbureau.gc.ca/eic/site/cb-bc.nsf/eng/03927.html#s2_1. Acesso em: 27 mar. 2022.

[423] CANADA. Competition Bureau Canada. *Corporate Compliance Programs*. Disponível em: https://www.competitionbureau.gc.ca/eic/site/cb-bc.nsf/eng/03927.html#s2_1. Acesso em: 27 mar. 2022.

[424] Quais sejam, o *Competition Act*, o *Consumer Packaging and Labelling Act*, o *Textile Labelling Act* e o *Precious Metals Marking Act*.

[425] Como, exemplo, o Guia apresentado ainda neste tópico, qual seja, o que se refere à implementação de programas de *compliance* na esfera do controle de crimes financeiros e atos terroristas: CANADA. Financial Transactions and Reports Analysis Centre of Canada. *Compliance program requirements*. Disponível em: https://www.fintrac-canafe.gc.ca/guidance-directives/compliance-conformite/guide4/4-eng. Acesso em: 27 mar. 2022.

[426] CANADA. Justice Laws Website. *Auditor General Act*. Disponível em: https://laws-lois.justice.gc.ca/eng/acts/a-17/. Acesso em: 27 mar. 2022.

> Le corresponde auditar los departamentos y agencias federales, la mayoría de las empresas de la Corona y muchas otras organizaciones federales, y los informes al Parlamento de su obra. El papel del Auditor General de Canadá es ayudar a la rendición de cuentas mediante la realización independiente de las auditorías de federales del gobierno. Tales exámenes se proporcionan a los integrantes del Parlamento con el propósito objetivo de información para ayudar a examinar las actividades del gobierno y exigirle rendición de cuentas.[427]

Já no ano de 1995, o *Act* foi emendado para estabelecer o cargo *Commissioner of the Environment and Sustainable Development*, integrante da estrutura do *Office of the Auditor General of Canada*, cuja incumbência é fornecer aos parlamentares análises e recomendações objetivas e independentes sobre os esforços do Governo Federal do Canadá para proteger o meio ambiente e promover o desenvolvimento sustentável.

Ainda sobre o *Compliance* no Canadá, observa-se que o Conselho da Cidade de Cambridge estabeleceu *The Code of Conduct* (Código de Conduta):

> [...] The Code of Conduct outlines the ethical behaviour expected of these members. The Code also increases the public's confidence in our elected and appointed officials through transparency and accountability. The City appointed an Integrity Commissioner to uphold the Council Code of Conduct.[428]

De mais a mais, o *Corruption of Foreign Public Officials Act* (CFPOA),[429] com vigência desde 1999, é a norma anticorrupção canadense, promulgada visando ratificar a Convenção sobre o Combate da Corrupção de Funcionários Públicos Estrangeiros em Transações Comerciais Internacionais,[430] da Organização para a Cooperação

---

[427] BUTELER, Alfonso. Los sistemas para el control de la corrupción publica en el orden global. *Revista de Direito Econômico e Socioambiental*, Curitiba, v. 8, n. 3, p. 239-261, set./dez. 2017, p. 259.

[428] CANADA. CA: Cambridge City Council. *Code of conduct for members of council.* Disponível em: https://www.cambridge.ca/en/your-city/Code-of-Conduct.aspx. Acesso em: 27 mar. 2022.

[429] CANADA. Government of Canada. *Corruption of Foreign Public Officials Act*. Disponível em: https://laws-lois.justice.gc.ca/eng/acts/c-45.2/page-1.html#h-112297. Acesso em: 27 mar. 2022.

[430] BRASIL. Decreto n. 3.678, de 30 de novembro de 2000. Promulga a Convenção sobre o Combate da Corrupção de Funcionários Públicos Estrangeiros em Transações Comerciais Internacionais, concluída em Paris, em 17 de dezembro de 1997. Disponível em: http://www.planalto.gov.br/ccivil_03/decreto/D3678.htm. Acesso em: 27 mar. 2022.

e Desenvolvimento Econômico (OCDE). Similar ao FCPA norte-americano, objetiva processar e condenar qualquer pessoa, natural ou jurídica, que pratique atos de suborno de funcionários públicos estrangeiros, quando o delito é cometido total ou parcialmente no território canadense. Ainda, as disposições do CFPOA se aplicam quando o crime foi cometido fora do Canadá, porém por cidadão canadense, residente permanente ou entidade organizada de acordo com a legislação canadense. As penas máximas da legislação incluem 14 anos de prisão e multas.

Destaca-se que o CFPOA não estabelece requisitos formais para a estruturação de um programa de integridade. No entanto, semelhanças com o FCPA e com o *UK Bribery Act* levam a crer que deverão ser observados os pilares também usualmente implementados ao redor do mundo, como *tone at the top*, *risk assessment*, *due diligence*, instituição de uma autoridade interna responsável pelo programa, criação de mecanismos de controle e auditoria interna e externa, comunicação e treinamento, canal de denúncias, melhoria contínua, entre outros. Alguns destes pilares podem ser encontrados, também, nas orientações[431] disponibilizadas pelo *Financial Transactions and Reports Analysis Centre of Canada*,[432] que atua especificamente na prevenção, detecção e remediação de crimes financeiros, como lavagem de dinheiro e atividades terroristas.

No que se refere à seara eleitoral, tem-se que o *Canada Elections Act*[433] é o normativo responsável por regular a eleição dos membros da Câmara dos Comuns do Canadá, sendo as eleições administradas pela agência *Elections Canada*,[434] que dispõe, entre suas atribuições: (i) administrar a legislação eleitoral; (ii) registrar partidos políticos e terceiros envolvidos em publicidade eleitoral, associações de distrito eleitoral, candidatos à liderança e à nomeação de partidos registrados;

---

[431] Mais especificamente, no Guia com vigência desde 1.6.2021. Veja-se: CANADA. Financial Transactions and Reports Analysis Centre of Canada. *Compliance program requirements*. Disponível em: https://www.fintrac-canafe.gc.ca/guidance-directives/compliance-conformite/guide4/4-eng. Acesso em: 27 mar. 2022.

[432] CANADA. Financial Transactions and Reports Analysis Centre of Canada. *About FINTRAC*. Disponível em: https://www.fintrac-canafe.gc.ca/intro-eng. Acesso em: 27 mar. 2022.

[433] CANADA. Justice Laws Website. *Canada Elections Act*. Disponível em: https://laws-lois.justice.gc.ca/eng/acts/E-2.01/page-1.html#h-203474. Acesso em: 27 mar. 2022.

[434] CANADA. Elections Canada. *The Role and Structure of Elections Canada*. Disponível em: https://www.elections.ca/content.aspx?section=abo&dir=role&document=index&lang=e. Acesso em: 27 mar. 2022.

(iii) realizar a manutenção do registro nacional de eleitores; (iv) divulgar contribuições eleitorais, bem como examinar e divulgar seus retornos financeiros e reembolsar despesas a candidatos e partidos consoante disposições normativas; (v) garantir o acesso ao sistema eleitoral para todos os cidadãos aptos a votar, através das instalações físicas e mensagens publicitárias; entre outras.[435]

Ao mesmo tempo, no âmbito da *Elections Canada*, o *Administrative Compliance Policy For Political Financing*, que se aplicava a partidos políticos, associações de distrito eleitoral, candidatos a candidatos, candidatos a líderes, candidatos, terceiros e colaboradores, que praticaram atividades não conformes antes de 13.6.2019, e era administrado pela Unidade de Assistência à Conformidade do Setor de Financiamento Político nas Eleições Canadá[436], traduzia os princípios orientadores seguintes:

> Guiding principles
> The following principles identify circumstances in which the public interest in improved compliance with the legislation and in the efficient use of resources warrants the use of administrative compliance measures rather than making a formal referral to the Commissioner.
> The non-compliance does not affect the integrity and fair administration of the political financing regime.
> The non-compliance is not of such a nature as to warrant public censure.
> The circumstances of the non-compliance are such that formal enforcement is not required for the purposes of future deterrence.
> The application of the policy to a particular instance of non-compliance can be determined on the basis of the factual information available without any investigation being required.
> The non-compliance does not undermine public perception of a fair and equal operation of the compliance process.[437]

---

[435] CANADA. Elections Canada. *The Role and Structure of Elections Canada*. Disponível em: https://www.elections.ca/content.aspx?section=abo&dir=role&document=index&lang=e. Acesso em: 27 mar. 2022.

[436] CANADA. Elections Canada. *Administrative compliance policy for political financing*. Disponível em:https://www.elections.ca/content.aspx?section=pol&dir=acp&document=index&lang=e. Acesso em: 27 mar. 2022.

[437] CANADA. Elections Canada. *Administrative compliance policy for political financing*. Disponível em: https://www.elections.ca/content.aspx?section=pol&dir=acp&document=index&lang=e. Acesso em: 27 mar. 2022.

No entanto, conforme se depreende de observação disponibilizada no sítio eletrônico da *Elections Canada*,[438] a política praticada não se aplica às atividades não conformes de entidades políticas e contribuintes que ocorreram em ou após 13.6.2019. Não há, também, indicação para nova norma com teor similar ou de mesmo sentido. Ainda assim, considerando que o Canadá não figura entre os países com maior índice de corrupção político-eleitoral, entende-se razoável que as autoridades competentes não se manifestem, expressamente, acerca de programas de integridade para partidos políticos – luxo ao qual o Brasil, infelizmente, não pode se dar.

3.1.4.3 Reino Unido

A regulamentação do *Compliance* no Reino Unido atualmente vigente é, de certo, uma das mais rígidas do mundo, tendo sido inaugurada com o chamado *UK Bribery Act* (2010),[439] de forma que referido diploma possui aplicação mais ampla que a americana FCPA e tipifica quatro crimes distintos: (i) a corrupção ativa de sujeitos públicos e privados; (ii) a corrupção passiva de sujeitos públicos ou privados; (iii) a corrupção de agentes públicos estrangeiros; e (iv) a falha das empresas na prevenção da corrupção. As penas previstas são de até 10 anos de prisão e multas, inclusive ilimitadas.[440]

Nesse espectro, a legislação criminal anteriormente prevista na *common law* e nos diplomas *Public Bodies Corrupt Act* (1889)[441] e *Prevention of Corruption Acts* (1906 e 1916)[442] [443] deu lugar ao moderno e severo regramento do UKBA, em substituição a "um sistema antiquado,

---

[438] CANADA. Elections Canada. *Administrative compliance policy for political financing*. Disponível em: https://www.elections.ca/content.aspx?section=pol&dir=acp&document=index&lang=e. Acesso em: 27 mar. 2022.

[439] UNITED KINGDOM. *Bribery Act 2010*. Disponível em: http://www.le http://www.legislation.gov.uk/ukpga/2010/23/contentsgislation.gov.uk/ukpga/2010/23/contents. Acesso em: 28 out. 2019.

[440] GALVÃO DE CARVALHO, Paulo Roberto. Legislação anticorrupção no mundo: análise comparativa entre a Lei Anticorrupção brasileira, o Foreign Corrupt Practices Act norte-americano e o Bribery Act do Reino Unido. *In:* QUEIROZ, Ronaldo Pinheiro; SOUZA, Jorge Munhos. *Lei Anticorrupção*. Salvador: JusPODIVM, 2015, p. 56.

[441] UNITED KINGDOM. *Public Bodies Corrupt Practices Act 1889*. Disponível em: http://www.legislation.gov.uk/ukpga/Vict/52-53/69/contents/enacted. Acesso em: 27 mar. 2022.

[442] UNITED KINGDOM. *Prevention of Corruption Act 1906*. Disponível em: http://www.legislation.gov.uk/ukpga/Edw7/6/34/enacted. Acesso em: 27 mar. 2022.

[443] UNITED KINGDOM. *Prevention of Corruption Act 1916*. Disponível em: http://www.legislation.gov.uk/ukpga/Geo5/6-7/64/enacted. Acesso em: 27 mar. 2022.

disperso, que não acompanhava a realidade contemporânea do comércio mundial".[444]

Complementando a ideia do *Bribery Act 2010*, Michael Peterson aduz:

> It does not matter if the person receiving the advantage or the offer of an advantage is the person who may actually perform or has performed the function or activity, nor does it matter if the person intending to bribe acts directly or through a third party.[445]

Ainda nessa série, a legislação britânica erigiu à categoria de ilícito penal autônomo a mera conduta de falhar na prevenção da corrupção, ampliando a responsabilidade da empresa no desenho, na implementação, na aplicação e na avaliação de suas próprias regras de integridade.

Todavia, embora a legislação dos Estados Unidos não faça menção expressa às exigências de *Compliance*, a adoção de um programa de integridade tem consequências jurídicas relevantes para a aplicação das sanções nele previstas, sendo esse fator considerado tanto na decisão de ajuizar uma ação penal por violação ao FCPA quanto no momento da aplicação da penalidade à empresa ou na escolha das condições a serem cumpridas para suspensão da pena ou do processo.

Desse modo, é apropriado identificar as diferenças entre o FCPA e o Bribery Act conforme visão de Michael Peterson:

> There are several important and distinct differences between the United States' FCPA and the UK Bribery Act 2010 including: 1) whom it is an offense to bribe; 2) offenses for receipt of bribes; 3) corporate offenses; 4) the extent of criminal penalties; and 5) exceptions. The foremost difference between the acts regards to whom it is an offense to make payments. While the FCPA prohibits direct or indirect payments to foreign officials and political parties, the UK Bribery Act 2010 prohibits any advantage paid to any person with the intention to induce an improper performance or reward for an improper performance, including, but not limited to, foreign officials. Under the FCPA, one can

---

[444] BERTOCCELLI, Rodrigo de Pinho. Compliance. *In:* CARVALHO, André Castro; BERTOCCELLI, Rodrigo de Pinho; ALVIM, Tiago Cripa; VENTURINI, Otavio (Coord.). *Manual de compliance*. Rio de Janeiro: Forense, 2019, p. 47.

[445] PETERSON, Michael. Amending the Foreign Corrupt Practices Act: should the Bribery Act 2010 be a guideline. *Richmond Journal of Global Law and Business*, v. 12, n. 3, p. 417-432 Summer 2013. Disponível em:https://heinonline.org/HOL/P?h=hein.journals/rjnglbs12&i=443. Acesso em: 25 set. 2019.

only be punished for paying an individual who is not a foreign official or a member of a foreign political party if the payment is made knowing that a portion of the value is going to a foreign official or political party." The Bribery Act, however, does not require a connection to a foreign official for a bribe to fall within its purview. By having made it an offense to bribe a larger group of individuals, it is much easier to violate the Bribery Act 2010 than the FCPA. It may be particularly relevant that it is illegal to make payments to corporate leaders who are not in any way connected to a foreign government under the Bribery Act 2010, but similar prohibitions are not included under the FCPA.

Second, the two laws differ greatly in whether it is only an offense to provide a bribe or whether it is also an offense to receive such benefits. The Bribery Act 2010 not only criminalizes providing a bribe, but also makes it an offense to request, receive, agree to receive, or anticipate an advantage as a consequence of performing an improper relevant function." However, the FCPA contains no such provision concerning the receipt of bribes. Third, the acts differ regarding strict liability offences of corporate offenders. The Bribery Act 2010 holds corporations strictly liablefor failing to prevent bribery. "Under the Bribery Act, companies will be liable if anyone acting under its authority commits a bribery offence. Such persons can include employees, consultants, agents, subsidiaries and joint venture partners." However, having adequate oversight procedures to prevent bribery offenses acts as a defense. Again, the FCPA does not contain such a provision and does not have strict liability offenses for companies. Fourth, the acts differ in the severity of criminal penalties for bribery offenses. The FCPA creates fines of up to $2 million per violation by companies and up to $250,000 fines for individuals along with up to 5 years imprisonment. The Bribery Act on the other hand allows prosecutors to impose an unlimited fine and sentences of up to 10 years. Finally, the acts differ in how they treat legal facilitation payments versus bribes. The FCPA allows the facilitation or expedition of payments to expedite or secure the performance of a routine government action and payments, as long as the offers and gifts were lawful within the recipients' country. Such payments are also allowed if they are part of reasonable and bona fide expenditures related to "the promotion, demonstration, or explanation of products or services" or the execution of a contract. The Bribery Act 2010 has no such exceptions or defenses.[446]

---

[446] PETERSON, Michael. Amending the Foreign Corrupt Practices Act: should the Bribery Act 2010 be a guideline. *Richmond Journal of Global Law and Business*, v. 12, n. 3, p. 417-432 Summer 2013. Disponível em:https://heinonline.org/HOL/P?h=hein.journals/rjnglbs12&i=443. Acesso em: 25 set. 2019.

Não obstante, também diferentemente dos Estados Unidos, que atribuiu ao *Department of Justice* (DOJ) e à *U.S. Securities and Exchange Commission* (SEC) a competência de fazer valer matérias relacionadas ao FCPA, o Reino Unido estabeleceu apenas uma autoridade responsável pela aplicação do *UK Bribery Act*, qual seja, o *Serious Fraud Office*, o qual atende a grandes casos de crimes econômicos e, desde 30.9.2017, investiga e processa o crime de falência corporativa para impedir a facilitação da evasão fiscal no exterior.[447]

O *Serious Fraud Office* informa, em seu sítio eletrônico,[448] que, ao avaliar programas de integridade, o fará baseando-se no *The Bribery Act 2010 Guidance.*[449] Em resumo, o Ministério da Justiça entende pela existência de seis princípios essenciais a um programa de *compliance*, os quais serão observados em avaliação. Veja-se:

> A Principle 1: Proportionate Procedures
> A commercial organisation's procedures to prevent bribery by persons associated with it are proportionate to the bribery risks it faces and to the nature, scale and complexity of the commercial organisation's activities. They are also clear, practical, accessible, effectively implemented and enforced. [...]
>
> Principle 2: Top-Level Commitment
> The top-level management of a commercial organisation (be it a board of directors, the owners or any other equivalent body or person) are committed to preventing bribery by persons associated with it. They foster a culture within the organisation in which bribery is never acceptable. [...]
>
> Principle 3: Risk Assessment
> The commercial organisation assesses the nature and extent of its exposure to potential external and internal risks of bribery on its behalf by persons associated with it. The assessment is periodic, informed and documented. [...]

---

[447] UNITED KINGDOM. Serious Fraud Office. *About us.* Disponível em: https://www.sfo.gov.uk/about-us/. Acesso em: 27 mar. 2022.

[448] UNITED KINGDOM. Serious Fraud Office. *Evaluating a Compliance Programme.* Disponível em: https://www.sfo.gov.uk/publications/guidance-policy-and-protocols/guidance-for-corporates/evaluating-a-compliance-programme/ Acesso em: 27 mar. 2022.

[449] UNITED KINGDOM. Ministry of Justice. *The Bribery Act 2010* – Guidance. mar. 2011. Disponível em: https://www.justice.gov.uk/downloads/legislation/bribery-act-2010-guidance.pdf. Acesso em: 27 mar. 2022.

> Principle 4: Due diligence
> The commercial organisation applies due diligence procedures, taking a proportionate and risk based approach, in respect of persons who perform or will perform services for or on behalf of the organisation, in order to mitigate identified bribery risks. [...]
>
> Principle 5: Communication (including training)
> The commercial organisation seeks to ensure that its bribery prevention policies and procedures are embedded and understood throughout the organisation through internal and external communication, including training that is proportionate to the risks it faces. [...]
>
> Principle 6: Monitoring and Review
> The commercial organisation monitors and reviews procedures designed to prevent bribery by persons associated with it and makes improvements where necessary.[450]

Nitidamente, os seis pilares são os mesmos observados pelo DOJ e pela SEC, consoante exposto no guia *A Resource Guide to the U.S. Foreign Corrupt Practices Act*[451] (*FCPA Resource Guide*), bem como pela Controladoria-Geral da União, ante entendimento firmado nos guias[452] e na Portaria nº 909, de 7.4.2015, da CGU,[453] e pelo Estado brasileiro, por força do art. 42 do Decreto nº 8.420/2015.[454] Nota-se, portanto,

---

[450] UNITED KINGDOM. Ministry of Justice. *The Bribery Act 2010* – Guidance. mar. 2011. Disponível em: https://www.justice.gov.uk/downloads/legislation/bribery-act-2010-guidance.pdf. Acesso em: 27 mar. 2022.

[451] THE UNITED STATES. Department of Justice. U.S. Securities and Exchange Commission. *A resource Guide to the U.S. Foreign Corrupt Practices Act*. 2. ed. Disponível em: https://www.justice.gov/criminal-fraud/file/1292051/download. Acesso em: 27 mar. 2022.

[452] A CGU disponibiliza diversas cartilhas acerca de programas de integridade em seu sítio eletrônico, como *Avaliação de Programas de Integridade em Acordos de Leniência – orientações gerais às empresas, Guia Prático das Unidades de Gestão de Integridade, Guia Prático de Gestão de Riscos para a Integridade, Manual Prático de Avaliação de Programa de Integridade em PAR, Guia Prático de Implementação de Programa de Integridade Pública, Cartilha – Integridade Para Pequenos Negócios*, entre vários outros. BRASIL. Controladoria-Geral da União. *Coleção Programa de Integridade*. Disponível em: https://www.gov.br/cgu/pt-br/centrais-de-conteudo/publicacoes/integridade/colecao-programa-de-integridade. Acesso em: 27 mar. 2022.

[453] BRASIL. Controladoria-Geral da União. Portaria CGU n. 909, de 07 de abril de 2015. Dispõe sobre a avaliação de programas de integridade de pessoas jurídicas. Disponível em: https://repositorio.cgu.gov.br/bitstream/1/34001/8/Portaria909_2015.PDF. Acesso em: 27 mar. 2022.

[454] BRASIL. Decreto n. 8.420, de 18 de março de 2015. Regulamenta a Lei nº 12.846, de 1º de agosto de 2013, que dispõe sobre a responsabilização administrativa de pessoas jurídicas pela prática de atos contra a administração pública, nacional ou estrangeira e dá outras providências. Disponível em: http://www.planalto.gov.br/ccivil_03/_ato2015-2018/2015/decreto/d8420.htm. Acesso em: 27 mar. 2022.

similaridade nas diretrizes estabelecidas para o *compliance* ao redor do mundo.

No que tange ao sistema eleitoral britânico, destaca-se que a *Electoral Commission* é a autoridade responsável por supervisionar as eleições e regular as finanças políticas do Reino Unido, trabalhando para promover a confiança no processo democrático e garantir sua integridade.[455] No entanto, assim como em outros países, o Reino Unido não disponibiliza guias ou edita legislações específicas para partidos políticos ou candidatos, em se falando de *compliance* da integridade.

Ainda assim, os partidos e candidatos deverão observar as regulamentações da *Electoral Commission* quanto a doações, gastos em campanha e prestação de contas, além de outros, o que não deixa de ser *compliance* – apesar de inexistir a necessidade expressa de implantação, em âmbito eleitoral, de mecanismos de integridade, como melhoria contínua, *due diligence* e comunicação e treinamento.

3.1.4.4 Portugal

Portugal tem passado por um amplo processo normativo que visa ao combate à corrupção. Desde 2002,[456] *v.g.*, faz parte do Grupo de Estados Contra a Corrupção (GRECO), órgão criado em 1999 com fito de monitorar e estabelecer padrões de medidas anticorrupção nos países signatários. Atualmente, fazem parte dessa organização 49 Estados.[457]

O GRECO tem se empenhado em diminuir os níveis de corrupção na Europa e nos Estados Unidos. Não obstante, consoante o Relatório de 2020, que analisou o nível de corrupção no sistema judiciário dos Estados, Portugal deixou de cumprir parte das recomendações da entidade:

---

455 UNITED KINGDOM. The Electoral Commission. *Who we are*. Disponível em: https://www.electoralcommission.org.uk/who-we-are-and-what-we-do/who-we-are. Acesso em: 30 dez. 2021.

456 COE. Members and observers/ etats membres et observateurs. Disponível em: https://www.coe.int/en/web/greco/structure/member-and-observers#{%2222358830%22:[]}. Acesso em: 27 mar. 2022.

457 COE. About GRECO. Disponível em: https://www.coe.int/en/web/greco/about-greco/what-is-greco. Acesso em: 27 mar. 2022.

FIGURA 1
GRECO – Relatório 2020

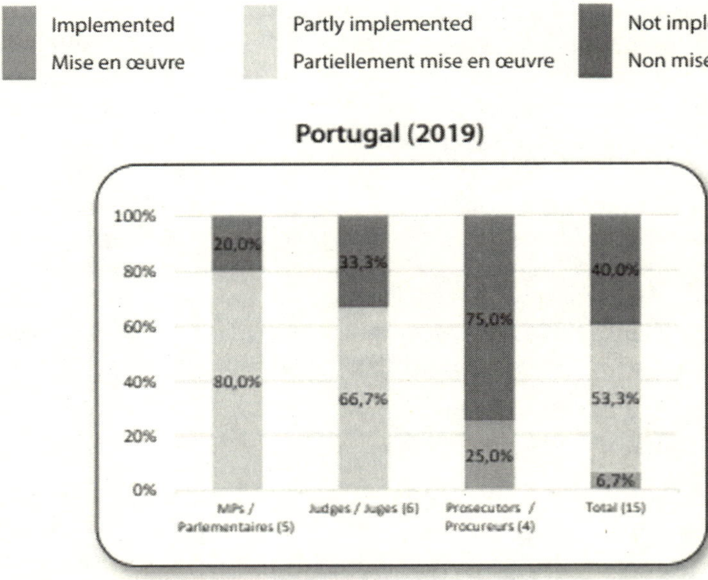

Fonte: GRECO. 21th General Activity Report (2020).[458]
Os números entre parênteses referem-se ao número de recomendações emitidas em cada categoria. O ano refere-se ao ano em que a avaliação mais recente foi feita/tornada pública.

Não obstante o relatório anterior, partindo-se de uma análise das medidas já adotadas por Portugal com vistas ao combate à corrupção, é preciso observar que o país apresenta bons ajustes já implementados, principalmente quando comparado a outros países da União Europeia.

Destaca-se, nesse baleado, o *Criminal Compliance,* que surgiu em Portugal como medida de controle de governança corporativa e de responsabilidade penal e tem por finalidade a harmonia das normas que conduzem as atividades das empresas e, além disso, o zelo para que todos dentro das empresas atuem de acordo com as regras, desde a direção até o menor funcionário, por intermédio de adoção de medidas

[458] GRECO. *21th General Activity Report (2020).* p. 30. Disponível em: https://rm.coe.int/21st-general-activity-report-greco-2020/1680a2173c. Acesso em: 27 mar. 2022.

internas, códigos de condutas e afins.[459] Assim, segundo conclusão de Karine Carvalho:

> [...] a grande inovação deste instituto, na medida que elabora regras de condutas internas aos funcionários, vem a ser a possibilidade do controle e monitoramento dos serviços, a forma como estão sendo executados e a redução dos riscos pertinentes ao negócio, já que agindo desta forma tem-se o comprometimento de funcionários com a execução do trabalho dentro das regras de atuação da empresa.[460]

Também chama a atenção a Lei nº 36 de 1994, denominada "Medidas de combate à corrupção e criminalidade económica e financeira", cuja última atualização deu-se em 2009, pela Lei nº 32, que em seu art. 1º, prevê a competência do Ministério Público e da Polícia Judiciária:

> Artigo 1.º
> Acções de prevenção
> 1 – Compete ao Ministério Público e à Polícia Judiciária, através da Direcção Central para o Combate à Corrupção, Fraudes e Infracções Económicas e Financeiras, realizar, sem prejuízo da competência de outras autoridades, acções de prevenção relativas aos seguintes crimes:
> a) Corrupção, peculato e participação económica em negócio;
> b) Administração danosa em unidade económica do sector público;
> c) Fraude na obtenção ou desvio de subsídio, subvenção ou crédito;
> d) Infracções económico-financeiras cometidas de forma organizada, com recurso à tecnologia informática;
> e) Infracções económico-financeiras de dimensão internacional ou transnacional.
> 2 – A Polícia Judiciária realiza as acções previstas no número anterior por iniciativa própria ou do Ministério Público.
> 3 – As acções de prevenção previstas no n.º 1 compreendem, designadamente:
> a) A recolha de informação relativamente a notícias de factos susceptíveis de fundamentar suspeitas do perigo da prática de um crime;

---

459 CARVALHO, Karine Cito Carneiro de. *"Compliance" no combate à fraude organizacional e à corrupção.* 2018. Dissertação (Mestrado) – Faculdade de Direito da Universidade de Coimbra, Coimbra, 2018. Disponível em: https://estudogeral.uc.pt/bitstream/10316/85846/1/Tese%20Karine%20Vers%C3%A3o%20Entrega%2005.07.pdf. Acesso em: 7 nov. 2019.

460 CARVALHO, Karine Cito Carneiro de. *"Compliance" no combate à fraude organizacional e à corrupção.* 2018. Dissertação (Mestrado) – Faculdade de Direito da Universidade de Coimbra, Coimbra, 2018. Disponível em: https://estudogeral.uc.pt/bitstream/10316/85846/1/Tese%20Karine%20Vers%C3%A3o%20Entrega%2005.07.pdf. Acesso em: 7 nov. 2019.

> b) A solicitação de inquéritos, sindicâncias, inspecções e outras diligências que se revelem necessárias e adequadas à averiguação da conformidade de determinados actos ou procedimentos administrativos, no âmbito das relações entre a Administração Pública e as entidades privadas;
> c) A proposta de medidas susceptíveis de conduzirem à diminuição da corrupção e da criminalidade económica e financeira.[461]

Desse modo, extrai-se do excerto acima que Portugal não só adota medidas para combater a corrupção financeira, como impõe ao Ministério Público e à Polícia Judiciária o dever de propor "medidas susceptíveis de conduzirem à diminuição da corrupção e da criminalidade económica e financeira". Ou seja, é clara a preocupação com o combate à corrupção.

Ademais, outra medida que importa identificar é a Lei nº 05 de 2002, denominada "Medidas de Combate à Criminalidade Organizada", cuja última atualização ocorreu em 2017, através da Lei nº 30. Entre as várias aplicações da norma, faz-se imperioso ressaltar as alíneas que tratam de tráfico de influência, recebimento indevido de vantagem, corrução (ativa e passiva) e peculato:

> CAPÍTULO I
> Artigo 1.º
> Âmbito de aplicação
> 1 – A presente lei estabelece um regime especial de recolha de prova, quebra do segredo profissional e perda de bens a favor do Estado, relativa aos crimes de:
> [...]
> d) Tráfico de influência;
> e) Recebimento indevido de vantagem;
> f) Corrupção ativa e passiva, incluindo a praticada nos setores público e privado e no comércio internacional, bem como na atividade desportiva;
> g) Peculato;
> h) Participação económica em negócio;[462]

---

461 LISBOA. Procuradoria-Geral Distrital de Lisboa. Medidas de combate à criminalidade organizada. Disponível em: http://www.pgdlisboa.pt/leis/lei_mostra_articulado.php?nid=147&tabela=leis&so_miolo=. Acesso em: 7 nov. 2019.

462 LISBOA. Procuradoria-Geral Distrital de Lisboa. Medidas de combate à criminalidade organizada. Disponível em: http://www.pgdlisboa.pt/leis/lei_mostra_articulado.php?nid=147&tabela=leis&so_miolo=. Acesso em: 7 nov. 2019.

Verifica-se, portanto, que Portugal, ainda que com nomenclatura distinta, possui norma com o espírito do *Compliance*, ou seja, que visa dar integridade às atividades públicas e privadas (e a relação entre ambas), uma vez que os programas de conformidade miram, primordialmente, evitar situações de corrupção na relação entre os setores público e privado.

Além das normas regulamentadores de combate à corrupção, o Estado lusitano possui em seu organograma o Conselho de Prevenção da Corrupção, o qual tem por função ser:

> [...] uma entidade administrativa independente que funciona junto do Tribunal de Contas e tem como fim desenvolver, nos termos da lei, uma actividade de âmbito nacional no domínio da prevenção da corrupção e infracções conexas [...] O CPC não é, pois, um órgão de investigação criminal, a qual compete a outros órgãos e instituições do Estado, em especial, ao Ministério Público.[463]

As atribuições e competências do Conselho de Prevenção da Corrupção são bem definidas:

> 1. A actividade do CPC está exclusivamente orientada para a prevenção da corrupção, incumbindo-lhe designadamente:
>
> a) Recolher e organizar informações relativas à prevenção de corrupção activa ou passiva; de criminalidade económica e financeira, de branqueamento de capitais, de tráfico de influência, de apropriação ilegítima de bens públicos, de administração danosa, de peculato, de participação económica em negócios, de abuso de poder ou violação de dever de segredo, bem como de aquisição de imóveis ou valores mobiliários em consequência da obtenção ou utilização ilícitas de informação privilegiada no exercício de funções na Administração Pública ou no sector público empresarial;
>
> b) Acompanhar a aplicação dos instrumentos jurídicos e das medidas administrativas adoptadas pela Administração Pública e sector público empresarial para a prevenção da corrupção e avaliar a respectiva eficácia;
>
> c) Dar parecer, a solicitação da Assembleia da República, do Governo ou dos órgãos do governo próprio das regiões autónomas, sobre a elaboração ou aprovação de instrumentos normativos, internos ou internacionais de prevenção ou repressão dos factos referidos na alínea a).

[463] LISBOA. Conselho de prevenção da corrupção. Natureza e objetivos. Disponível em: http://www.cpc.tcontas.pt/instituicao/competencias.html. Acesso em: 27 mar. 2022.

> 2. O CPC colabora, a solicitação das entidades públicas interessadas, na adopção de medidas internas susceptíveis de prevenir a corrupção, designadamente:
>
> a) Na elaboração de códigos de conduta que, entre outros objectivos, facilitem aos órgãos e agentes a comunicação às autoridades competentes de tais factos ou situações conhecidas no desempenho das suas funções e estabeleçam o dever de participação de actividades externas, investimentos, activos ou benefícios substanciais havidos ou a haver, susceptíveis de criar conflitos de interesses no exercício das suas funções;
>
> b) Na promoção de acções de formação inicial ou permanente dos respectivos agentes para a prevenção e combate daqueles factos ou situações.
>
> 3. O CPC coopera com os organismos internacionais em actividades orientadas aos mesmos objetivos.

Vale destacar, ademais, que a Estratégia Nacional de Combate à Corrupção[464] do período de 2020 a 2024, aprovada pelo Governo de Portugal em 18.3.2021, apresenta diversos mecanismos de integridade, e estabelece sete prioridades, quais sejam: (i) melhorar o conhecimento, a formação e as práticas institucionais em matéria de transparência e integridade; (ii) prevenir e detectar os riscos de corrupção no setor público; (iii) comprometer o setor privado na prevenção, detecção e repressão da corrupção; (iv) reforçar a articulação entre instituições públicas e privadas; (v) garantir uma aplicação mais eficaz e uniforme dos mecanismos legais em matéria de repressão da corrupção, melhorar o tempo de resposta do sistema judicial e assegurar a adequação e efetividade da punição; (vi) produzir e divulgar periodicamente informação fiável sobre o fenômeno da corrupção; e (vii) cooperar no plano internacional no combate à corrupção.[465]

Na segunda prioridade, prevenção e detecção de riscos de corrupção no setor público, é apontada, de forma expressa, a adoção de programas de *compliance* como uma das medidas a serem implementadas, sendo que o conteúdo dos programas deve ser adaptado às características específicas de cada organismo. Nessa consecução, alguns componentes destacados da norma são:

---

[464] PORTUGAL. Justiça. *Estratégia Nacional de Combate à Corrupção*: 2020 – 2024. Disponível em: https://www.portugal.gov.pt/download-ficheiros/ficheiro.aspx?v=%3D%3DBQAAAB%2BLCAAAAAAABAAzNDAxMQAAnRDZFAUAAAA%3D. Acesso em: 27 mar. 2022.

[465] PORTUGAL. Justiça. *Estratégia Nacional de Combate à Corrupção*: 2020 – 2024. Disponível em: https://www.portugal.gov.pt/download-ficheiros/ficheiro.aspx?v=%3D%3DBQAAAB%2BLCAAAAAAABAAzNDAxMQAAnRDZFAUAAAA%3D. Acesso em: 27 mar. 2022.

a) análise de riscos e planos de prevenção ou gestão de riscos;
b) código de ética ou de conduta;
c) mecanismos de controlo do cumprimento das normas;
d) formação dos destinatários e difusão do programa de cumprimento;
e) mecanismos de deteção do incumprimento, designadamente por via da institucionalização de canais de denúncia interna;
f) sanções para o incumprimento;
g) investigações internas;
h) institucionalização do responsável pelo cumprimento do programa normativo;
i) avaliação periódica e sempre que se justificar;
j) documentação da atividade.[466]

Nessa nova acepção, tem-se que os programas de *compliance* foram inseridos no bojo do combate à corrupção pelo Governo de Portugal, sendo que a Estratégia Nacional Anticorrupção 2020-2024 ensejou a Proposta de Lei nº 90/XIV/2,[467] que altera o Código Penal, o Código de Processo Penal e leis conexas, implementando medidas previstas justamente na Estratégia. Nota-se, de tal modo, que as modificações legislativas vêm avançando na busca pelo combate à corrupção.

Especificamente quanto aos partidos e candidatos políticos, observa-se que na "primeira prioridade", qual seja, de melhorar o conhecimento, a formação e as práticas institucionais em matéria de transparência e integridade, uma das medidas a se implementar é a de reforçar a transparência e aumentar a eficiência, sendo que, nesta medida, um dos mecanismos específicos é o de "promover uma publicação mais eficiente das contas dos partidos políticos, de forma uniformizada e de acesso facilitado, nomeadamente em relação aos períodos eleitorais".[468]

---

[466] PORTUGAL. Justiça. *Estratégia Nacional de Combate à Corrupção*: 2020 – 2024. Disponível em: https://www.portugal.gov.pt/download-ficheiros/ficheiro.aspx?v=%3D%3DBQAAAB%2BLCAAAAAAABAAzNDAxMQAAnRDZFAUAAAA%3D. Acesso em: 27 mar. 2022.

[467] PORTUGAL. Assembleia da República. *Proposta de Lei 90/XIV/2*. Altera o Código Penal, o Código de Processo Penal e leis conexas, implementando medidas previstas na Estratégia Nacional Anticorrupção. Disponível em: https://www.parlamento.pt/ActividadeParlamentar/Paginas/DetalheIniciativa.aspx?BID=110758. Acesso em: 27 mar. 2022.

[468] PORTUGAL. Justiça. *Estratégia Nacional de Combate à Corrupção*: 2020 – 2024. Disponível em: https://www.portugal.gov.pt/download-ficheiros/ficheiro.aspx?v=%3D%3DBQAAAB%2BLCAAAAAAABAAzNDAxMQAAnRDZFAUAAAA%3D. Acesso em: 27 mar. 2022.

Além disso, o combate à corrupção voltado a cargos políticos também aparece com ênfase na "quinta prioridade",[469] sendo que algumas das medidas a serem implementadas, na feitura deste objetivo, são a de responsabilizar as pessoas coletivas pela prática de crime de corrupção ativa de titular de cargo político e de oferta indevida de vantagem, e reforçar a eficácia preventivo-geral e especial da punição dos crimes da responsabilidade de titulares de caros políticos, através da aplicação de uma pena acessória juntamente com a pena principal ou de substituição em que o agente seja condenado – pena de incapacidade para ser eleito ou nomeado para cargo político por um período de 2 a 10 anos.[470]

3.1.4.5 França

A França passou por uma profunda mudança de paradigma no que tange às figuras do *Compliance* e do combate à corrupção, por meio da recente promulgação da Lei Sapin II (LOI nº 2016-1691),[471] que obrigou as empresas francesas, ou pertencentes a grupos com sede no país, sujeitas aos termos da lei, a adotarem um programa de integridade sólido. Nos termos do art. 17 da Lei Sapin II, as iniciativas que devem ser implementadas são, em síntese: (i) manter código de conduta com descrição dos atos a serem prevenidos; (ii) manter canal de denúncias, controles contábeis e regime disciplinar e de tratamento de ocorrências; (iii) mapear riscos de corrupção por zona geográfica e negócio; (iv) avaliar a integridade de terceiros (clientes, fornecedores, intermediários); (v) realizar treinamento de pessoas expostas aos riscos, inclusive terceiros; e (vi) monitorar e controlar as medidas implementadas a partir do programa definido.

Embora o regramento francês tenha sido um dos inaugurados mais recentemente e promovido importantes aprimoramentos no cenário de combate à corrupção no país, as mudanças perpetradas não

469 Qual seja, a de garantir uma aplicação mais eficaz e uniforme dos mecanismos legais em matéria de repressão da corrupção, melhorar o tempo de resposta do sistema judicial e assegurar a adequação e efetividade da punição.

470 PORTUGAL. Justiça. *Estratégia Nacional de Combate à Corrupção*: 2020 – 2024. Disponível em: https://www.portugal.gov.pt/download-ficheiros/ficheiro.aspx?v=%3D%3DBQAAAB%2BLCAAAAAAABAAzNDAxMQAAnRDZFAUAAAA%3D. Acesso em: 27 mar. 2022.

471 FRANCE. Loi n. 2016-1691 du 9 décembre 2016 relative à la transparence, à la lutte contre la corruption et à la modernisation de la vie économique. *Journal Officiel de La République Française*. Disponível em: https://www.cjoint.com/doc/16_12/FLknuHuFltM_loisapin2.pdf. Acesso em: 28 out. 2019.

trouxeram grandes inovações relativamente à responsabilidade penal da pessoa jurídica, a despeito de certa movimentação da jurisprudência francesa em torno da culpabilidade desses entes:

> Um pouco desalinhada com a tendência adotada pelos países europeus, ainda que se identifiquem divergências conceituais entre eles, a França adota uma linha própria, pautando a adoção da responsabilidade penal da pessoa jurídica, introduzida na reforma do Código Penal de 1992, por critérios mais pragmáticos do que necessariamente dogmáticos, o que acarretou falhas na forma com que fora introduzida na legislação.[472]

Ainda assim, imperioso destacar que uma característica inovadora da Lei Sapin II foi a de garantir um efeito extraterritorial à sua aplicação, retirando a exigência de dupla incriminação dos atos potencialmente ilegais. Em outras palavras, não é necessário que exista denúncia oficial no Estado onde a violação ocorreu, podendo existir tão somente na França – quando cumpridos os demais requisitos legais.

Com efeito, a referida norma abarca três princípios basilares: promoção de transparência, intensificação da luta contra a corrupção e modernização da economia. A respeito do combate a atos corruptivos, tem-se que as sanções são significativas. Uma pessoa jurídica, por exemplo, pode incorrer em multa de até um milhão de euros pelo descumprimento da obrigação de implementar medidas de prevenção e detecção de corrupção, e pessoas físicas, multa de até duzentos mil euros.[473]

De mais a mais, a agência anticorrupção francesa (*Agence Française Anticorruption*) elaborou um guia para auxiliar entidades públicas e privadas a prevenir e detectar atos de corrupção, em sentido amplo – ou seja, vários tipos de fraude e corrupção.

Segundo o normativo, alguns dos itens cogentes em programas de *compliance* são aprofundados, e devem estar presentes, como requisitos fundamentais à eficácia do programa de integridade, segundo percepção do Estado francês. Os temas tratados devem ser, especificamente, os seguintes: (i) código de conduta; (ii) mecanismos internos de denúncias; (iii) mapeamento de riscos; (iv) *due diligence* de terceiros

---

[472] BARRILARI, Claudia Cristina. *Crime empresarial, autorregulação e compliance*. São Paulo: Thomson Reuters Brasil, 2018, p. 175.

[473] FRANCE. Loi n. 2016-1691 du 9 décembre 2016 relative à la transparence, à la lutte contre la corruption et à la modernisation de la vie économique. *Journal Officiel de La République Française*. Disponível em: https://www.cjoint.com/doc/16_12/FLknuHuFltM_loisapin2.pdf. Acesso em: 28 out. 2019.

(clientes, intermediários, fornecedores etc.), com base no mapeamento de riscos desenvolvido; (v) controles contábeis, para garantir a inexistência de violações a livros e documentos contábeis; (vi) programa de treinamento de conformidade, para que os membros da entidade, desde a alta administração até funcionários, não fiquem expostos a riscos de corrupção; (vii) regime disciplinar, com sanções a serem aplicadas nos casos de violação ao código de conduta da entidade; e (viii) controles internos, para avaliar e monitorar a eficácia do programa de integridade da empresa.[474]

Atualmente, a França, assim como o Brasil, não conta com guias ou legislação de *compliance* específicos para partidos ou candidatos políticos, salvo regramentos gerais sobre prestação de contas, condições de elegibilidade, entre outros, os quais não representam mecanismos de integridade como os abordados nesta obra.

3.1.4.6 Austrália

A Austrália ratificou a Convenção sobre o Combate da Corrupção de Funcionários Públicos Estrangeiros em Transações Comerciais Internacionais, da Organização para a Cooperação e Desenvolvimento Econômico (OCDE), em 18.10.1999, ao editar o *Criminal Code Act*[475] (1995) para proibir atos de suborno a agentes públicos estrangeiros.

Desde então, muitas medidas foram tomadas ao longo dos anos, como. *v.g*, as apresentadas nos relatórios de acompanhamento sobre a resposta da Austrália à OCDE, com análise do quadro geral de cada momento, evoluções e necessidades de melhoria.

Destaca-se, ademais, que a Austrália não possui nenhuma orientação oficial do que constitui um programa de *compliance* eficaz. No entanto, podem ser utilizados, para complementar a lei anticorrupção australiana, guias não oficiais de entidades privadas e guias oficiais de organismos internacionais, ou até mesmo de outros países, considerando que as normas anticorrupção por vezes são similares.

Considerando-se especificadamente a seara eleitoral, chama a atenção que a *Australian Electoral Commission* (Comissão Eleitoral

---

[474] FRANCE. Agence Française Anticorruption. *Guidelines to help private and public sector entities prevent and detect corruption, influence peddling, extortion by public officials, unlawful taking of interest, misappropriation of public funds and favouritism*. v. 12-2017. Disponível em: https://www.agence-francaise-anticorruption.gouv.fr/files/2018-10/French_Anticorruption_Agency_Guidelines.pdf. Acesso em: 27 mar. 2022.

[475] AUSTRALIA. Federal Register of Legislation. *Criminal Code Act 1995*. Disponível em: https://www.legislation.gov.au/Details/C2021C00183. Acesso em: 27 mar. 2022.

Australiana) possui destacado programa de conformidade de divulgação financeira,[476] que analisa as informações financeiras dos partidos políticos e entidades associadas e também faz investigações referentes a possíveis transgressões das condições de divulgação financeira com base nas informações recebidas ou de conteúdo público.[477]

Importante destacar que o processo de investigação é deflagrado após a emissão de notificação por um representante oficial da AEC. A cientificação formal estabelece que os representantes a serem investigados devem fornecer todos os documentos necessários à investigação em local e hora pré-determinados, sendo possível, além disso, a solicitação de novos documentos.[478] Esse procedimento é tão relevante que a *Electoral Act* (Lei Eleitoral da Austrália) prevê, em seu art. 316, a imposição de cumprimento da obrigação.[479]

Com efeito, a *Australian Electoral Commission* publica no *Transparency Register* detalhes de transparência de partidos políticos, candidatos, grupo de senadores, campanhas políticas, entidades associadas, terceiros e doadores. Especificadamente, os dados de transparência da AEC incluem retornos anuais de eleições e reivindicações de financiamento de eleições.[480]

Como se vê, a AEC desempenha um importante papel ao fornecer ao público informações que podem ajudá-lo a participar do processo eleitoral. Ademais, conforme previsto na *Electoral Act*, a *Australian Electoral Commission* também tem a função de disponibilizar publicamente determinadas informações financeiras dos participantes no processo

---

[476] AEC – AUSTRALIAN ELECTORAL COMMISSIONER. *Compliance program – financial disclosure*. Disponível em: https://www.aec.gov.au/Parties_and_Representatives/compliance/index.htm. Acesso em: 27 mar. 2022.

[477] AEC – AUSTRALIAN ELECTORAL COMMISSIONER. *Compliance program – financial disclosure*. Disponível em: https://www.aec.gov.au/Parties_and_Representatives/compliance/index.htm. Acesso em: 27 mar. 2022.

[478] AEC – AUSTRALIAN ELECTORAL COMMISSIONER. *Compliance program – financial disclosure*. Disponível em: https://www.aec.gov.au/Parties_and_Representatives/compliance/index.htm. Acesso em: 27 mar. 2022.

[479] "Art. 316 Investigation etc. (1) In this section: authorised officer means a person authorised by the Electoral Commission under subsection (2). prescribed person means a person whose name is included in a list in a report mentioned in subsection 17(2A). (2) The Electoral Commission may, by instrument in writing signed by the Electoral Commissioner on behalf of the Electoral Commission, authorize a person or a person included in a class of persons to perform duties under this section." AU. *Commonwealth Electoral Act 1918*. Disponível em: https://www.legislation.gov.au/Details/C2019C00103. Acesso em: 27 mar. 2022.

[480] AEC – AUSTRALIAN ELECTORAL COMMISSIONER. *Transparency register*. Disponível em: aec.gov.au/Parties_and_Representatives/financial_disclosure/transparency-register/. Acesso em: 8. nov. 2019.

eleitoral. Essas informações permitem que os eleitores façam suas avaliações sabendo quem financia os partidos políticos e candidaturas.

Nota-se, consoante o *Financial Disclosure Compliance Framework* de 2017:

> The AEC performs a role in providing the public with information which can assist them in participating in the electoral process. As provided by the Electoral Act, the AEC also has the role of making publicly available certain financial information from participants in the electoral process. Such information allows voters to make judgements knowing who funds political parties and to what extent. To this end, the important components of disclosure as required by Part XX of the Electoral Act are:
>
> Identity – the name and address of the true participants in a transaction, such as the source and recipient of a donation, are clearly identified;
>
> Value – the true value is accorded to a transaction;
>
> Date – a precise date can be important information for the public (e.g. if donations from an entity precede or coincide with the making of a decision).
>
> The aim of openness and transparency in the political financial activity of electoral participants can be undermined by failure in any one of these components.[481]

Ainda segundo o mencionado relatório, várias são as etapas estipuladas pela AEC que visam assegurar o cumprimento das divulgações financeiras eleitorais, como, *v.g.*, fornecer informações sobre o esquema de divulgação financeira da *Commonwealth*; identificar aqueles com obrigações de divulgação; verificar devoluções no recebimento para observar se elas parecem completas; realizar análises de conformidade de devoluções, quando apropriado, encaminhando, ao mesmo tempo, para as autoridades competentes, aqueles que não cumpriram suas obrigações.

Nota-se, então, que o modelo de integridade apresentado pela Austrália está intimamente relacionado ao processo de prestação de contas. Isso porque, diferentemente do Brasil, em que também existe o dever de prestação e divulgação das contas eleitorais, a Austrália dispõe de um órgão específico que impõe o dever de divulgar as contas e informar os eleitores a fidedigna situação do processo político-partidário-eleitoral, encaminhando as inconsistências verificadas para o setor administrativo-criminal responsável.

---

481 AEC – AUSTRALIAN ELECTORAL COMMISSIONER. *Financial disclosure compliance framework.* 2017. Disponível em: Parties_and_Representatives/compliance/files/financial--disclosure-compliance-framework.docx. Acesso em: 8. nov. 2019.

3.1.4.7 Espanha

Sola-Morales e Zurbano-Berenguer asseveram que, "en las últimas décadas, la corrupción política ha invadido las agendas mediáticas de países europeos y latinoamericanos demostrando ser un problema de primer orden para las sociedades democráticas".[482]

No entanto, conforme identifica Alfonso Buteler,[483] a Espanha não experimentou, ao longo de sua história, o patamar de corrupção visto por outros países, alcançando níveis satisfatórios de transparência e higidez em relação ao seu arquétipo institucional, o que acabou por retardar, até o momento, a criação de uma estrutura mais robusta de órgãos especializados em matérias anticorrupção.

Não obstante a essa carência de legislação, Claudia Cristina Barrilari abaliza que, ao longo do tempo, houve novas configurações para que se alcançassem teorias da ação e da culpabilidade suficientemente aptas a enquadrar as pessoas jurídicas nas sanções já previstas, como uma maneira de adequação ao novo quadro institucional visualizado na contemporaneidade, *v.g.*, isso porque:

> [...] desde os anteprojetos de reforma do Código Penal espanhol da década de 1980, começou-se a tratar da imposição de consequências acessórias às pessoas jurídicas diante da prática de ilícitos cometidos no exercício de suas atividades ou da utilização da sociedade para favorecer ou encobrir a prática de ilícitos.[484]

Assim, identifica-se, na realidade espanhola, considerável aparato estatal especializado no combate à corrução, podendo-se destacar duas importantes autoridades no espectro "integridade/*compliance*" do país: a *Fiscalía Especial para la Represión de los Delitos Económicos*[485] e a *Intervención General de la Administración del Estado*.[486]

---

[482] SOLA-MORALES, Salomé; ZURBANO-BERENGUER, Belén. Discurso mediático y encuadres noticiosos sobre la corrupción política en España. *Convergencia*, Toluca, v. 26, n. 79, 005, abr. 2019. Disponível em http://www.scielo.org.mx/scielo.php?script=sci_arttext&pid=S1405-14352019000100005&lng=es&nrm=iso. Acesso em: 27 mar. 2022.

[483] BUTELER, Alfonso. El control de la corrupción en el derecho comparado: los casos de Argentina, Brasil y España. *A&C – Revista de Direito Administrativo & Constitucional*, Belo Horizonte, ano 13, n. 53, p. 23-43, jul./set. 2013, p. 40

[484] BARRILARI, Claudia Cristina. *Crime empresarial autorregulação e compliance*. São Paulo: Thomson Reuters Brasil, 2018, p. 158.

[485] ESPAÑA. Fiscalia General del Estado. Instrucción 1/1996, de 15 de enero, sobre competencias y organización de la Fiscalía especial para la represión de los delitos económicos relacionados con la corrupción. Disponível em: https://www.fiscal.es/memorias/estudio2016/INS/INS_01_1996.html. Acesso em: 27 mar. 2022.

[486] ESPAÑÃ. Ministerio de Hacienda. Intervención general de la administración del estado. Disponível em: https://www.igae.pap.hacienda.gob.es/sitios/igae/es-ES/Paginas/inicio.aspx. Acesso em: 27 mar. 2022.

A primeira exerce funções a ela conferidas a partir de uma vertente tríplice, cuidando de: (i) delitos econômicos de alta repercussão e/ou de complexidade técnico-jurídico, (ii) crimes envolvendo corrupção pública e (iii) delitos de alta repercussão que envolvam lavagem de dinheiro, cometidos por organizações criminosas nacionais ou internacionais, salvo se se referirem majoritariamente a narcotráfico ou terrorismo.

A segunda é um organismo vinculado ao *Ministerio de Economía y Hacienda* que executa o controle interno da atividade econômico-financeira do Estado, também exercendo três importantes atividades: (i) função interventora, (ii) controle financeiro permanente e (iii) auditoria pública, com o objetivo de comprovar a legalidade e a eficiência das políticas públicas levadas a cabo pelas autoridades.[487]

Com relação à transparência e ao combate a irregularidades no campo eleitoral, entende-se que, além dos órgãos administrativos de organização das eleições e o controle de legalidade exercido pelo poder judiciário espanhol, tanto a *Fiscalía Especial para la Represión de los Delitos Económicos*[488] quanto a *Intervención General de la Administración del Estado* podem atuar na fiscalização.

Nessa visão, em que pese se entenda que a questão da transparência nos partidos políticos não seja um bem jurídico digno de proteção criminal autônoma, Inés Olaizola Nogales,[489] ao ponderar os partidos espanhóis, anota que:

> La publicidad de los donantes y de las donaciones permite a los ciudadanos estar alerta acerca de las posibles desviaciones y abusos de poder que puedan presentarse en el futuro como contrapartida de las donaciones. Además la transparencia sirve para que los ciudadanos conozcan la opción política a la que votan y los intereses que puede representar y para proteger la democracia interna del partido, pues permite el control de las bases sobre sus dirigentes. Las medidas de

[487] BUTELER, Alfonso. El control de la corrupción en el derecho comparado: los casos de Argentina, Brasil y España. *A&C – Revista de Direito Administrativo & Constitucional*, Belo Horizonte, ano 13, n. 53, p. 23-43, jul./set. 2013, p. 40, p. 42.

[488] ESPAÑA. Fiscalia General del Estado. Instrucción 1/1996, de 15 de enero, sobre competencias y organización de la Fiscalía especial para la represión de los delitos económicos relacionados con la corrupción. Disponível em: https://www.fiscal.es/memorias/estudio2016/INS/INS_01_1996.html. Acesso em: 27 mar. 2022.

[489] NOGALES, Inés Olaizola. Medidas de regeneración democrática: la nueva regulación de la financiación de los partidos políticos en España. *Populus – Revista Jurídica da Escola Judiciária Eleitoral da Bahia*, n. 4, 2018. Disponível em: justicaeleitoral.jus.br/arquivos/tre-ba-revista-populus-edicao-4-1547058488605. Acesso em: 27 mar. 2022.

> transparencia son el mejor antídoto contra la financiación ilegal de los partidos políticos y contra la corrupción que se deriva de ella. Apuesto por una transparencia completa, continua y oportuna. Por supuesto tiene que haber mecanismos de vigilancia, de control y de sanción en caso de incumplimiento [...].

Vale ressaltar, ao mesmo tempo, que apesar de não representar mecanismo de integridade, em si – mas sim de controle externo tradicional –, o Tribunal de Contas da Espanha, com o advento da Lei Orgânica nº 8, de 4.7.2007, que dispõe sobre financiamento de partidos políticos,[490] é o responsável pelo controle externo da atividade econômico-financeira dos partidos políticos, sem prejuízo de competências relativas ao controle de processos eleitorais autônomos atribuídas aos demais órgãos de controle externo.

Este controle abrange a fiscalização da legalidade dos recursos públicos e privados destinados aos partidos políticos – tarefa similar àquela exercida pelos tribunais regionais eleitorais e pelo Tribunal Superior Eleitoral no Brasil –, bem como ao controle da regularidade contábil das atividades econômico-financeiras que desenvolvem.

Além disso, compete ao Tribunal de Contas a instauração de procedimentos sancionatórios e a aplicação de sanções ao partido político que comete infrações dispostas no art. 17º da citada Lei Orgânica nº 8/2007.[491]

Entre outras medidas já tomadas pelo Tribunal de Contas espanhol, ressalta-se o lançamento, no final de setembro de 2021, de mecanismos *on-line* através dos quais o cidadão pode verificar como os partidos políticos cumprem a legislação. Trata-se, em verdade, do mesmo *website*[492] lançado em 2017, como plataforma eletrônica para prestação de contas dos partidos políticos – ao qual as contas anuais devem ser enviadas. Nessa acepção, com a última atualização, as informações e notícias são públicas aos cidadãos, conferindo maior grau de transparência ao controle dos partidos políticos espanhóis.

---

[490] ESPAÑA. Ley Orgánica 8/2007, de 4 de julio, sobre financiación de los partidos políticos. *Boletín Oficial del Estado*. Disponível em: https://www.boe.es/buscar/act.php?id=BOE-A-2007-13022. Acesso em: 27 mar. 2022.

[491] ESPAÑA. Ley Orgánica 8/2007, de 4 de julio, sobre financiación de los partidos políticos. *Boletín Oficial del Estado*. Disponível em: https://www.boe.es/buscar/act.php?id=BOE-A-2007-13022. Acesso em: 27 mar. 2022.

[492] TRIBUNAL DE CUENTAS. Rendicíon Cuentas Partidos Políticos. *Bienvenido al Portal de rendición de Cuentas de los Partidos Políticos*. Disponível em: https://www.cuentaspartidos-politicos.es/es/index.html. Acesso em: 27 mar. 2022.

3.1.4.8 Colômbia

Tratando-se de um país mais próximo do Brasil no que tange aos aspectos sociais, políticos e históricos, inclusive em relação a eventos recentes de corrupção, a Colômbia iniciou, desde o início do séc. XX, um paulatino movimento de alinhamento com a tendência internacional do *Compliance* e de legislação anticorrupção.

Além disso, importante mencionar que a Colômbia sofreu, principalmente nas décadas de 80 e 90, com o narcotráfico altamente estruturado, bem como com a atuação de grupos armados, como as Forças Armadas Revolucionárias da Colômbia – FARC. Foram realizados nos últimos anos grandes investimentos, bem como recebidos investimentos estrangeiros, na busca pela construção de mecanismos de segurança e integridade. Nesse sentido, a Colômbia também é signatária das convenções contra a corrupção da ONU, da OCDE e da OEA.

Com efeito, o Estado colombiano adota um sistema de governança no qual o órgão de cúpula, a *Controloría General de la República*,[493] é uma espécie de quarto poder, conforme aduz Buteler:

> La Contraloría General de la República es el máximo órgano de control fiscal del Estado, conforme lo estipula el art. 119 de su Constitución. Tiene a su cargo la supervisión de la gestión fiscal de la administración y de los particulares o entidades que manejan fondos o bienes de la Nación (art. 267).
>
> Es uno de los órganos autónomos e independientes del Estado, ya que no se encuentra bajo la dependencia de ninguno de los poderes del Estado colombiano. Es importante remarcar, que tiene autonomía presupuestaria y financeira.[494]

Importante destaque fica por conta da Lei nº 1.474, de 2011[495] (Estatuto Anticorrupção), cujas disposições alinharam medidas administrativas, disciplinares e fiscais, passando a prever também infrações penais para o setor privado, no fito de fortalecer o combate à corrupção.

---

[493] COLOMBIA. Contraloría General de la República. ¿Qué es la Contraloría General de la República? Disponível em: https://www.contraloria.gov.co/contraloria/la-entidad. Acesso em: 28 out. 2019.

[494] BUTELER, Alfonso. Los sistemas para el control de la corrupción publica en el orden global. *Revista de Direito Econômico e Socioambiental*, Curitiba, v. 8, n. 3, p. 239-261, set./dez. 2017.

[495] COLOMBIA. Régimen Legal de Bogotá D.C. – Secretaría Jurídica Distrital. *Ley 1474 de 2011 – Nivel Nacional*. Disponível em: https://www.alcaldiabogota.gov.co/sisjur/normas/Norma1.jsp?i=43292. Acesso em: 28 out. 2019.

Entre as principais mudanças, destacam-se a inserção de ajustes para evitar conflitos de interesse entre empresas contratadas e interventoras e o dever de denunciar atos de corrupção para os auditores fiscais.

Ademais, ressalta-se que a Lei nº 1.778, de 2.2.2016,[496] denominada Lei Transacional de Combate à Corrupção (TCA), a primeira lei colombiana que pune atos de corrupção praticados no exterior, determina a criação de programas de "ética", ou *compliance*, caso ocorra alguma das situações seguintes: (i) negócios ou transações internacionais realizados por meio de terceiros; (ii) negócios internacionais ou transações relacionadas a setores econômicos específicos (farmacêutico, infraestrutura e construção, manufatura, mineração-energia e tecnologias de informação e comunicação); e, adicionalmente, (iii) atenda a qualquer um dos critérios estabelecidos na norma, quanto à renda bruta e total de ativos. Logo, caso a empresa ou organização tenha um programa de *compliance* efetivo, ou mecanismos internos anticorrupção, poderá ter sua penalidade reduzida (nos termos do art. 7º da citada norma).

Os requisitos legais para a feitura destes programas são identificados no artigo 23:

> La Superintendencia de Sociedades promoverá en las personas jurídicas sujeitas a su vigilancia la adopción de programas de transparencia y ética empresarial, de mecanismos internos anticorrupción, de mecanismos y normas internas de auditoria, promoción de la transparencia y de mecanismos de prevención de las conductas señaladas en el artículo 2º de la presente ley.
> La Superintendencia determinará las personas jurídicas sujetas a este régimen, teniendo en cuenta criterios tales como el monto de sus activos, sus ingresos, el número de empleados y objeto social.[497]

Logo, é recomendado que sejam instituídas políticas gerais de integridade, código de conduta e demais diretrizes aos colaboradores e à alta administração, bem como sejam criados canais de denúncia e *compliance officers* em empresas que estejam sujeitas a esta legislação.

Em matéria eleitoral, importante frisar que o art. 33 da Lei Transacional de Combate à Corrupção também alterou o art. 2º da Lei nº 1.474,

[496] COLOMBIA. Presidencia de la República. *Ley 1778 de 2 feb. 2016*. Disponível em: https://dapre.presidencia.gov.co/normativa/normativa/LEY%201778%20DEL%2002%20DE%20FEBRERO%20DE%202016.pdf. Acesso em: 27 mar. 2022.

[497] COLOMBIA. Presidencia de la República. *Ley 1778 de 2 feb. 2016*. Disponível em: https://dapre.presidencia.gov.co/normativa/normativa/LEY%201778%20DEL%2002%20DE%20FEBRERO%20DE%202016.pdf. Acesso em: 28 mar. 2022.

de 2011,[498] a fim de impedir que pessoas naturais ou jurídicas que tenham financiado determinadas campanhas políticas, com contribuições superiores a 2% dos valores máximos a serem investidos pelos candidatos nas campanhas, não poderão celebrar contratos com entidades públicas, ainda que descentralizadas, da respectiva esfera administrativa para a qual o candidato foi eleito. Confira-se:

> Artículo 2º. Inhabilidad para contratar de quienes financien campañas políticas.
> Las personas naturales o jurídicas que hayan financiado campañas políticas a la Presidencia de la República, a las gobernaciones, a las alcaldías o al Congreso de la República, con aportes superiores al dos por ciento (2.0%) de las sumas máximas a invertir por los candidatos en las campañas electorales en cada circunscripción electoral, quienes no podrán celebrar contratos con las entidades públicas, incluso descentralizadas, del respectivo nivel administrativo para el cual fue elegido el candidato.
> La inhabilidad se extenderá por todo el período para el cual el candidato fue elegido. Esta causal también operará para las personas que se encuentren dentro del segundo grado de consanguinidad, segundo de afinidad, o primero civil de la persona que ha financiado la campaña política.
> Esta inhabilidad comprenderá también a las personas jurídicas en las cuales el representante legal, los miembros de junta directiva o cualquiera de sus socios controlantes hayan financiado directamente o por interpuesta persona campañas políticas a la Presidencia de la República, a las gobernaciones, las alcaldías o al Congreso de la República.
> La inhabilidad contemplada en esta norma no se aplicará respecto de los contratos de prestación de servicios profesionales.[499]

Como se vê, trata-se de mecanismo aparentemente efetivo para trazer lisura às contratações públicas, quando o financiador de determinada campanha eleitoral vê seu candidato eleito. Assim, qualquer vínculo comercial entre financiador e candidato – futuro administrador público – será evitado, impedindo possíveis conflitos de interesse e fraudes em contratações.

---

[498] COLOMBIA. Régimen Legal de Bogotá D.C. – Secretaría Jurídica Distrital. *Ley 1474 de 2011* – Nivel Nacional. Disponível em: https://www.alcaldiabogota.gov.co/sisjur/normas/Norma1.jsp?i=43292. Acesso em: 28 mar. 2022.

[499] COLOMBIA. Régimen Legal de Bogotá D.C. – Secretaría Jurídica Distrital. *Ley 1474 de 2011* – Nivel Nacional. Disponível em: https://www.alcaldiabogota.gov.co/sisjur/normas/Norma1.jsp?i=43292. Acesso em: 28 mar. 2022.

3.1.4.9 Chile

Inicialmente, vale destacar que o Chile é um dos únicos países da América Latina com índice de percepção de corrupção considerado saudável, segundo os critérios da Transparência Internacional. Enquanto, o Brasil ocupa o *ranking* 94/180, com pontuação de 38/100,[500] o Chile ocupa o *ranking* 25/180, com pontuação de 67/100.[501]

Todavia, assim como a maioria dos países da América Latina, o Chile demorou a adotar uma cultura mais incisiva com relação à integridade e ao *Compliance*, tendo promulgado somente em 25 de novembro de 2009 a Lei nº 20.393,[502] cujas disposições estabelecem a responsabilidade penal das pessoas jurídicas, enumerando como condições o crime ter sido cometido com o objetivo de beneficiar uma empresa e praticado por pessoas ligadas à propriedade da empresa, seus administradores ou quem atue sob sua direção. Além disso, deve-se poder imputar a falta de direção e supervisão.

Outro ponto importante diz respeito à *Unidad Especializada en Anticorrupción* da *Fiscalía Nacional*.[503] Criada em maio de 2003 e cujas funções alcançam a assessoria de entidades públicas acerca da matéria, tem por desígnio a coordenação interinstitucional para a promoção de políticas públicas voltadas ao combate à corrupção, de ações internacionais e de capacitação de órgãos e funcionários públicos.

Além disso, deve-se citar a *Contraloría General de la República de Chile*,[504] que possui importante papel no organograma e fluxograma do Estado chileno no combate à corrupção, e a própria sociedade civil chilena, que – por meio da iniciativa *Chile Transparente* –[505] tem desempenhado importante papel na promoção de transparência e probidade no país, com o objetivo de combater uma visão de que a atuação calcada em práticas corruptivas possa ser, de alguma forma, benéfica.[506]

---

500 TRANSPARENCY INTERNATIONAL. *Countries*. Disponível em: https://www.transparency.org/en/countries/brazil. Acesso em: 28 mar. 2022.

501 TRANSPARENCY INTERNATIONAL. *Countries*. Disponível em: https://www.transparency.org/en/countries/chile. Acesso em: 28 mar. 2022.

502 CHILE. Biblioteca del Congresso Nacional de Chile / Ley Chile. *Ley 20.393/2009*. Disponível em: https://www.leychile.cl/Consulta/m/m/norma_plana?idNorma=1008668&org=bleyes_r%3Ft_n%3DXX1%26nro_ley%3D%26orga%3D%26f_pub%3D2009. Acesso em: 28 mar. 2022.

503 CHILE. Fiscalia. Unidad Especializada en Anticorrupción. Disponível em: http://www.fiscaliadechile.cl/Fiscalia/areas/cor-unidad.jsp. Acesso em: 28 mar. 2022.

504 CHILE. *Contraloría General de la República*: missão institucional. Disponível em: https://www.chileatiende.gob.cl/instituciones/ZC009. Acesso em: 28 mar. 2022.

505 CHILE. *Contraloría General de la República*: propósito, funciones y estrutura. Disponível em: http://www.oas.org/juridico/PDFs/mesicic4_chl_sem.pdf. Acesso em: 28 mar. 2022.

506 Conforme advertem Prudêncio e Andrade: [...] Ao fim do projeto, conclui-se que o material didático da Chile Transparente foi útil e pertinente para desenvolver e provocar

3.2 *Compliance* na Administração Pública

No âmbito do modelo de Estado subsidiário e cooperativo adotado pela Constituição Federal de 1988,[507] que privilegia a atuação econômica de entes privados, entende-se essencial para a Administração Pública celebrar acordos de vontade com vistas à colaboração de particulares na prestação de serviços públicos ou de utilidade pública e no desempenho das atividades de fomento.

Especialmente com a possibilidade jurídica de celebração de pactos bilaterais nos quais o Estado figura como uma das partes da relação obrigacional, é importante que se preze pela integridade da empresa contratada e do próprio ente público contratante, dada a necessidade da boa gestão do dinheiro público. Ressalta-se, aqui, a importância de as empresas que atuam no setor público aderirem ao *Compliance*, com a finalidade de prevenir ou minimizar os riscos de violação às leis decorrentes de atividade praticada pelo agente econômico ou por qualquer um de seus sócios e colaboradores.

Considerando que a má gestão dos recursos públicos traz prejuízo não só ao desenvolvimento econômico, mas também ao bem-estar dos cidadãos, faz-se essencial a implementação de políticas de integridade, demonstrando preocupação em evitar erros que possam vir a prejudicar as contas públicas e a qualidade dos serviços prestados aos cidadãos com vistas à concretização dos princípios constitucionais da legalidade, moralidade e eficiência, que regem a Administração Pública[508].

---

mudanças significativas do ponto de vista cognitivo, na formação de valores e cidadania dos alunos da 6ª, 7ª e 8ª séries de escolas municipais, permitindo-se confluir para a evolução da cidadania e transparência. (PRUDÊNCIO, Anne Caroline Gonçalves Marques de Medeiros; LAMBOY, Christian Karl de; ANDRADE, Marcelo Henrique Lapolla Aguiar. Projeto capitães compliance. *In:* PAULA, Marco Aurélio Borges de; CASTRO, Rodrigo Pironti Aguirre de (Coord.). *Compliance, gestão de riscos e combate à corrupção*: integridade para o desenvolvimento. Belo Horizonte: Fórum, 2018, p. 309-315.

507 "O Estado brasileiro, conforme o modelo definido pela Constituição Federal, é democrático, de direito, cooperativo e social. [...] Dado o modelo estatal definido pelos princípios constitucionais, os responsáveis pela formulação das políticas públicas devem reconhecer o caráter complementar da atuação estatal e que os princípios da reserva da lei e da livre iniciativa – este último elevado pela Constituição Federal (art. 1º, IV) à categoria de fundamento do Estado Democrático de Direito – conferem primazia às atividades desenvolvidas pelos próprios indivíduos na busca pela realização das necessidades materiais da população" (FURTADO, Lucas Rocha. *Curso de direito administrativo*. 5. ed. rev. e atual. Belo Horizonte: Fórum, 2016, p. 36).

508 "Art. 37. A administração pública direta e indireta de qualquer dos Poderes da União, dos Estados, do Distrito Federal e dos Municípios obedecerá aos princípios de legalidade, impessoalidade, moralidade, publicidade e eficiência e, também, ao seguinte: [...]". BRASIL. (1988) *Constituição da República Federativa do Brasil*. Disponível em: http://www.planalto.gov.br/ccivil_03/constituicao/constituicao.htmAcesso em: 28 mar. 2022.

Por esse motivo, diversas empresas que contratam com a Administração Pública e já foram alvo de investigações aderiram ao *Compliance*. Citam-se, *v.g.*, Odebrecht, Braskem, Camargo Corrêa e Andrade Gutierrez. Ressalta-se que a Controladoria-Geral da União (CGU) exerce papel fundamental nesse âmbito, impondo a adoção de programas de integridade às empresas privadas que celebram acordos de leniência e fiscalizando sua aplicação e efetividade, tendo, inclusive, lançado diretrizes para adoção de programas de *Compliance* por empresas privadas.

Vale destacar, no entanto, que a exclusão ou a atenuação de responsabilidades somente será possível caso o programa de *compliance*, notada e comprovadamente, se revele um mecanismo de gestão exitoso, capaz de prevenir, detectar e remediar descumprimentos no meio empresarial.[509] Por este e outros motivos, torna-se tão significativa a atuação da Controladoria-Geral da União (CGU) no âmbito da integridade, desenvolvendo sua atividade instrutória e normativa.

Neste sentido, além dos parâmetros de avaliação de um programa de integridade estabelecidos no art. 42 do Decreto nº 8.420/2015, já citados no tópico 3.1.2, cita-se a Portaria nº 909, de 7.4.2015, da CGU,[510] que dispõe especificamente sobre a avaliação de programas de integridade de pessoas jurídicas, estabelecendo também seus elementos reprovadores. Nota-se, *in casu*, que a pessoa jurídica deverá, para ter seu programa avaliado, apresentar (i) relatório de perfil, e (ii) relatório de conformidade do programa.[511]

No relatório de perfil deverá ser indicado o setor do mercado em que a empresa atua, sua estrutura organizacional, o quantitativo de colaboradores e as interações estabelecidas com a administração pública nacional ou estrangeira, além de participações societárias que envolvam a pessoa jurídica na condição de controladora, controlada,

---

509 SILVEIRA, Renato de Mello Jorge; SAAD-DINIZ, Eduardo. *Compliance, direito penal e Lei Anticorrupção*. 1. ed. São Paulo: Saraiva, 2015, p. 129.

510 BRASIL. Controladoria-Geral da União. Portaria CGU n. 909, de 07 de abril de 2015. Dispõe sobre a avaliação de programas de integridade de pessoas jurídicas. Disponível em: https://repositorio.cgu.gov.br/bitstream/1/34001/8/Portaria909_2015.PDF. Acesso em: 28 mar. 2022.

511 "Art. 2º Para que seu programa de integridade seja avaliado, a pessoa jurídica deverá apresentar:
I - relatório de perfil; e
II - relatório de conformidade do programa" (BRASIL. Controladoria-Geral da União. Portaria CGU n. 909, de 07 de abril de 2015. Dispõe sobre a avaliação de programas de integridade de pessoas jurídicas. Disponível em: https://repositorio.cgu.gov.br/bitstream/1/34001/8/Portaria909_2015.PDF. Acesso em: 28 mar. 2022).

coligada ou consorciada, e sua qualificação, se for o caso, como microempresa e empresa de pequeno porte.[512]

Já quanto ao relatório de conformidade do programa, assim dispõe o art. 4º da Portaria nº 909/2015, da CGU:

> Art. 4º No relatório de conformidade do programa, a pessoa jurídica deverá:
>
> I - informar a estrutura do programa de integridade, com:
>
> a) indicação de quais parâmetros previstos nos incisos do caput do art. 42 do Decreto nº 8.420, de 2015, foram implementados;
>
> b) descrição de como os parâmetros previstos na alínea "a" deste inciso foram implementados;
>
> c) explicação da importância da implementação de cada um dos parâmetros previstos na alínea a deste inciso, frente às especificidades da pessoa jurídica, para a mitigação de risco de ocorrência de atos lesivos constantes do art. 5º da Lei nº 12.846, de 1º de agosto de 2013;
>
> II - demonstrar o funcionamento do programa de integridade na rotina da pessoa jurídica, com histórico de dados, estatísticas e casos concretos; e
>
> III - demonstrar a atuação do programa de integridade na prevenção, detecção e remediação do ato lesivo objeto da apuração.
>
> §1º A pessoa jurídica deverá comprovar suas alegações, devendo zelar pela completude, clareza e organização das informações prestadas.

---

[512] "Art. 3º No relatório de perfil, a pessoa jurídica deverá:
I - indicar os setores do mercado em que atua em território nacional e, se for o caso, no exterior;
II - apresentar sua estrutura organizacional, descrevendo a hierarquia interna, o processo decisório e as principais competências de conselhos, diretorias, departamentos ou setores;
III - informar o quantitativo de empregados, funcionários e colaboradores;
IV - especificar e contextualizar as interações estabelecidas com a administração pública nacional ou estrangeira, destacando:
a) a importância da obtenção de autorizações, licenças e permissões governamentais em suas atividades;
b) o quantitativo e os valores de contratos celebrados ou vigentes com entidades e órgãos públicos nos últimos três anos e a participação destes no faturamento anual da pessoa jurídica;
c) a frequência e a relevância da utilização de agentes intermediários, como procuradores, despachantes, consultores ou representantes comerciais, nas interações com o setor público;
V - descrever as participações societárias que envolvam a pessoa jurídica na condição de controladora, controlada, coligada ou consorciada; e
VI - informar sua qualificação, se for o caso, como microempresa ou empresa de pequeno porte" (BRASIL. Controladoria-Geral da União. Portaria CGU n. 909, de 07 de abril de 2015. Dispõe sobre a avaliação de programas de integridade de pessoas jurídicas. Disponível em: https://repositorio.cgu.gov.br/bitstream/1/34001/8/Portaria909_2015.PDF. Acesso em: 28 mar. 2022).

> §2º A comprovação pode abranger documentos oficiais, correios eletrônicos, cartas, declarações, correspondências, memorandos, atas de reunião, relatórios, manuais, imagens capturadas da tela de computador, gravações audiovisuais e sonoras, fotografias, ordens de compra, notas fiscais, registros contábeis ou outros documentos, preferencialmente em meio digital.[513]

Como se vê, a CGU utiliza as informações prestadas pela empresa para avaliar a necessidade, o histórico de atuação e funcionamento e o grau de efetividade dos mecanismos de integridade implementados, destacando que as comprovações deverão ser embasadas por documentos oficiais, cartas, memorandos, atas de reunião e demais meios de comprovação.

Ainda, o art. 5º, §2º estabelece que o programa de integridade meramente formal, e que se mostre absolutamente ineficaz para mitigar o risco de ocorrência de atos lesivos da Lei Anticorrupção brasileira, não será considerado para fins de aplicação do percentual de redução de que trata o inc. V do art. 18 do Decreto nº 8.420/2015.[514] [515]

A Controladoria-Geral da União, através da Portaria nº 910/2015, também define os procedimentos para apuração da responsabilidade administrativa de pessoa jurídica e para a celebração de acordo de leniência, possibilitando, inclusive, que especialistas de notório conhecimento, órgãos, entidades públicas e demais organizações atuem auxiliando a comissão de instauração e julgamento do processo

---

[513] BRASIL. Controladoria-Geral da União. Portaria CGU n. 909, de 07 de abril de 2015. Dispõe sobre a avaliação de programas de integridade de pessoas jurídicas. Disponível em: https://repositorio.cgu.gov.br/bitstream/1/34001/8/Portaria909_2015.PDF. Acesso em: 28 mar. 2022.

[514] BRASIL. Controladoria-Geral da União. Portaria CGU n. 909, de 07 de abril de 2015. Dispõe sobre a avaliação de programas de integridade de pessoas jurídicas. Disponível em: https://repositorio.cgu.gov.br/bitstream/1/34001/8/Portaria909_2015.PDF. Acesso em: 28 mar. 2022.

[515] "Art. 18. Do resultado da soma dos fatores do art. 17 serão subtraídos os valores correspondentes aos seguintes percentuais do faturamento bruto da pessoa jurídica do último exercício anterior ao da instauração do PAR, excluídos os tributos: [...] V - um por cento a quatro por cento para comprovação de a pessoa jurídica possuir e aplicar um programa de integridade, conforme os parâmetros estabelecidos no Capítulo IV" (BRASIL. Decreto n. 8.420, de 18 de março de 2015. Regulamenta a Lei nº 12.846, de 1º de agosto de 2013, que dispõe sobre a responsabilização administrativa de pessoas jurídicas pela prática de atos contra a administração pública, nacional ou estrangeira e dá outras providências. Disponível em: http://www.planalto.gov.br/ccivil_03/_ato2015-2018/2015/decreto/d8420.htm. Acesso em: 28 mar. 2022).

administrativo de responsabilização (PAR), na análise da matéria,[516] o que perpetua o princípio técnico-cooperativo da CGU.

Além das normas supracitadas, cogente registrar as seguintes: (i) Portaria Conjunta nº 2.279/2015, da CGU e da Secretaria da Micro e Pequena Empresa, que dispõe sobre a avaliação de programas de integridade de microempresa e de empresa de pequeno porte;[517] (ii) Instrução Normativa nº 1/2015, que estabelece a metodologia para a apuração do faturamento bruto e dos tributos a serem excluídos para fins de cálculo da multa administrativa;[518] (iii) Instrução Normativa nº 2/2015, que regula o registro no Cadastro Nacional de Empresas Inidôneas e Suspensas – CEIS e no Cadastro Nacional de Empresas Punidas – CNEP;[519] e (iv) Instrução Normativa nº 13/2019, que define os procedimentos para apuração da responsabilidade administrativa de pessoas jurídicas de que trata a Lei nº 12.846/2013, a serem observados pelos órgãos e entidades do Poder Executivo federal.[520]

Indubitável, portanto, que a CGU detém de requisitos objetivos, estabelecidos em lei e em normas internas, para a verificação do grau de efetividade de um programa de *compliance*, sendo que mecanismos falhos e "de papel", conhecidos como *paper programs*, não serão considerados.

Ademais, em 2016, foi editada a Lei nº 13.303[521] ou Lei das Estatais, que prevê a adoção obrigatória de regras de governança corporativa e práticas de *Compliance* pelas empresas públicas, sociedades de economia mista e subsidiárias, principalmente nas contratações e relações com o público externo.[522] Posteriormente, o Decreto nº 9.203,

---

516 BRASIL. Controladoria-Geral da União. Portaria CGU n. 910, de 7 de abril de 2015 [alterada]. Disponível em: https://repositorio.cgu.gov.br/handle/1/33650. Acesso em: 28 mar. 2022.

517 BRASIL. Controladoria-Geral da União. Secretaria da Micro e Pequena Empresa. Portaria Conjunta nº 2.279, de 9 de setembro de 2015. Disponível em: https://pesquisa.in.gov.br/imprensa/jsp/visualiza/index.jsp?data=10/09/2015&jornal=1&pagina=2&totalArquivos=80. Acesso em: 28 mar. 2022.

518 BRASIL. Controladoria-Geral da União. Corregedoria Geral da União. Instrução Normativa n. 01, de 7 de abril de 2015. Disponível em: https://repositorio.cgu.gov.br/handle/1/33691. Acesso em: 28 mar. 2022.

519 BRASIL. Controladoria-Geral da União. Instrução Normativa n. 02, de 7 de abril de 2015. Disponível em: https://repositorio.cgu.gov.br/handle/1/33817. Acesso em: 28 mar. 2022.

520 BRASIL. Controladoria-Geral da União. Gabinete do Ministro. Instrução Normativa n. 13, de 8 de agosto de 2019 [alterada]. Disponível em: https://repositorio.cgu.gov.br/handle/1/41463. Acesso em: 28 mar. 2022.

521 BRASIL. Lei nº 13.303, de 30 de junho de 2016. Disponível em: http://www.planalto.gov.br/ccivil_03/_ato2015-2018/2016/lei/l13303.htm. Acesso em: 28 mar. 2022.

522 "Art. 9º A empresa pública e a sociedade de economia mista adotarão regras de estruturas e práticas de gestão de riscos e controle interno que abranjam:

de 2017,[523] estendeu a obrigação aos órgãos e às entidades integrantes da administração pública federal direta, autárquica e fundacional. A partir disso, a CGU publicou a Portaria nº 1.089/2018,[524] fixando procedimentos de estruturação, execução e monitoramento de programas de integridade em órgãos e entidades federais.

Nessa linha, diversas empresas estatais[525] já adotaram programas de integridade, como, *v.g.*, a Petrobras, Eletrobras, Banco do Brasil e Copel, bem como vários entes públicos já tiveram seus planos aprovados: Advocacia-Geral da União (AGU), Banco Central do Brasil,[526] Controladoria-Geral da União[527] e Agência Nacional de Águas.[528]

I – ação dos administradores e empregados, por meio da implementação cotidiana de práticas de controle interno;
II – área responsável pela verificação de cumprimento de obrigações e de gestão de riscos;
III – auditoria interna e Comitê de Auditoria Estatutário.
§1º Deverá ser elaborado e divulgado Código de Conduta e Integridade, que disponha sobre:
I – princípios, valores e missão da empresa pública e da sociedade de economia mista, bem como orientações sobre a prevenção de conflito de interesses e vedação de atos de corrupção e fraude;
II – instâncias internas responsáveis pela atualização e aplicação do Código de Conduta e Integridade;
III – canal de denúncias que possibilite o recebimento de denúncias internas e externas relativas ao descumprimento do Código de Conduta e Integridade e das demais normas internas de ética e obrigacionais;
IV – mecanismos de proteção que impeçam qualquer espécie de retaliação a pessoa que utilize o canal de denúncias;
V – sanções aplicáveis em caso de violação às regras do Código de Conduta e Integridade;
VI – previsão de treinamento periódico, no mínimo anual, sobre Código de Conduta e Integridade, a empregados e administradores, e sobre a política de gestão de riscos, a administradores". BRASIL. Lei nº 13.303, de 30 de junho de 2016. Disponível em: http://www.planalto.gov.br/ccivil_03/_ato2015-2018/2016/lei/l13303.htm. Acesso em: 28 mar. 2022.

523 BRASIL. Decreto n. 9.203, de 22 de novembro de 2017. Dispõe sobre a política de governança da administração pública federal direta, autárquica e fundacional. Disponível em: http://www.planalto.gov.br/ccivil_03/_ato2015-2018/2017/decreto/D9203.htm. Acesso em: 28 mar. 2022.

524 BRASIL. Controladoria-Geral da União. Portaria CGU nº 1.089/2018. Disponível em: https://www.cgu.gov.br/assuntos/etica-e-integridade/programa-de-integridade/arquivos/portaria-1-089-2018-gestao-de-riscos-para-a-integridade.pdf/view. Acesso em: 2 out. 2019.

525 Segundo dados da CGU, até o momento foram aprovados 106 planos de integridade de órgãos obrigatórios. Disponível em: http://paineis.cgu.gov.br/integridadepublica/index.htm. Acesso em: 2 out. 2019.

526 BRASIL. Bacen. Resolução nº 4.595, de 28 de agosto de 2017. Dispõe sobre a política de conformidade (compliance) das instituições financeiras e demais instituições autorizadas a funcionar pelo Banco Central do Brasil. Disponível em: https://www.bcb.gov.br/pre/normativos/busca/downloadNormativo.asp?arquivo=/Lists/Normativos/Attachments/50427/Res_4595_v1_O.pdf. Acesso em: 28 mar. 2022.

527 BRASIL. Controladoria-Geral da União. *Manual para implementação de programas de integridade:* orientações para o setor público. Disponível em: https://www.cgu.gov.br/Publicacoes/etica-e-integridade/arquivos/manual_profip.pdf. Acesso em: 28 out. 2019.

528 BRASIL. Agência Nacional de Águas. *Plano de integridade da agência nacional de águas.* Disponível em: https://www.ana.gov.br/noticias/agencia-produz-plano-de-integridade-para-prevenir-condutas-lesivas-de-quem-trabalha-na-instituicao/plano-de-integridade-da-ana.pdf. Acesso em: 28 out. 2019.

Do mesmo modo, vale considerar que, apesar da importância da implantação de *compliance* por empresas que tenhas relacionamento com a Administração Pública nacional ou estrangeira, essas não são as únicas beneficiadas por mecanismos de integridade, visto que estes abarcam temas como ética em fusões e aquisições, em compras e contratações, no ambiente de trabalho, no relacionamento com terceiros e colaboradores, no desenvolvimento sustentável, entre outras questões de extrema relevância para a sociedade como um todo.

Portanto, ainda que inexistente uma relação com o poder público, o *compliance* gera vantagens reputacionais e financeiras, e – ainda mais importante – previne danos à honra, integridade física e bem-estar de colaboradores e terceiros das organizações que o praticam.

Isso tudo demonstra o reconhecimento gradual da importância de se estabelecer um conjunto estruturado de medidas institucionais voltadas à prevenção, detecção, punição e remediação de fraudes e atos de corrupção,[529] em apoio à boa governança das instituições públicas e privadas e no intuito de proporcionar maior segurança jurídica aos usuários de serviços e à economia brasileira como um todo e dar efetividade aos princípios que regem a Administração Pública.

3.3 *Compliance* eleitoral

Como visto, o *Compliance* tem por objetivo prevenir, proibir e sancionar práticas lesivas à reputação, em desconformidade com as normas jurídicas vigentes. Os programas de *Compliance*, portanto, são ferramentas muito relevantes de gestão no âmbito das corporações para fins de autocontrole, orientação e monitoramento das condutas, pressupondo a existência de mecanismos e procedimentos internos de integridade para fiscalização a fim de identificar e sanar práticas irregulares e atos ilícitos.[530]

Nesse sentido, discute-se a possibilidade de aplicação desse modelo nos partidos políticos, que, embora não constituam corporações, devem assegurar a integridade em sua atuação, guiando-se pelos

---

[529] BRASIL. Controladoria-Geral da União. Portaria CGU nº 1.089/2018. Disponível em: https://www.cgu.gov.br/assuntos/etica-e-integridade/programa-de-integridade/arquivos/portaria-1-089-2018-gestao-de-riscos-para-a-integridade.pdf/view. Acesso em: 2 out. 2019.

[530] RACHID COUTINHO, Aldacy; MARRAFON, Marco Aurélio. Compliance eleitoral: breve análise dos Projetos de Lei nº 60/2017, n. 429/2017 e n. 663/2015 do Senado Federal e sua importância para a democracia brasileira. *Estudos Eleitorais*, Tribunal Superior Eleitoral, v. 13, n. 2, maio/ago. 2018, p. 11-31.

ideais de ética e transparência que norteiam a atividade democrática. Isso porque os frequentes desvios de conduta e a falta de transparência na atuação das agremiações, conforme elucidado no capítulo anterior, prejudicam o exercício efetivo dos direitos políticos constitucionais, causando danos significativos ao processo democrático, que constitui sustentáculo do regime republicano.

Se, na esfera privada e comercial, o movimento de adoção de boas práticas de integridade se faz necessário e tem ganhado importância, é essencial que se transponha para o ambiente eleitoral, considerando a função eminentemente pública dos agentes que atuam nesse meio e o contexto de crise que permeia a realidade atual dos partidos políticos.

Com a crescente demanda da sociedade brasileira pelo fim da corrupção e, consequentemente, por representantes honestos e preparados, o partido político que incorpora mecanismos de integridade estará dando uma admirável resposta à sociedade, que anseia por maior ética e transparência na política.

Logo, pode-se considerar que, além dos benefícios gerais a qualquer organização – como, *v.g.*, os citados no tópico 3.2, reputacionais e de imagem –, o programa de *compliance*, no âmbito do partido político, importa vantagens adicionais, por representar, da maneira transparente, os ideais e a visão de integridade da agremiação e de seus integrantes.

Nessa acepção, entende-se que o *compliance* eleitoral pode servir à mitigação dos riscos partidários e à resolução adequada de boa parte dos problemas apresentados no capítulo anterior, constituindo ferramenta importante para o enfrentamento de práticas de fraude e corrupção eleitorais, bem como para o estabelecimento de diretrizes éticas e de legalidade em torno do relacionamento partidário com doadores, eleitores, candidatos, fornecedores e prestadores de serviços. Ademais, "a implementação de um programa de *Compliance* constrói a possibilidade de equilíbrio eleitoral e estabilização democrática, tão importante para a lisura que é discutida frequentemente nos nossos tribunais".[531] Para tanto, é imprescindível que esse processo se paute (i) pela orientação à alta gestão estratégica da cúpula partidária e da campanha, dando suporte e apoio à atuação dentro dos padrões de integridade; (ii) pela contínua avaliação e gestão de riscos eleitorais, criminais e civis; (iii) pela promoção de políticas de controle e de

---

531 NETO, J. M. L. B; NEVES, F. H. C. Compliance Eleitoral para partidos – conformidade para a democracia. *Revista Justiça Eleitoral em Debate*, Rio de Janeiro, v. 10, n. 1. Disponível em: https://apps.tre-rj.jus.br/site/gecoi_arquivos/202007291712_arq_157689.pdf. Acesso em: 28 mar. 2022.

práticas anticorrupção nos procedimentos partidários e de campanha; (iv) pelo monitoramento e correção de práticas dos agentes políticos e colaboradores da campanha; (v) pela captação legal, gestão e proteção de dados; (vi) pela regulamentação de condutas dos participantes do processo eleitoral; e (vii) pelo fomento à cultura eleitoral ética, gerando maior comprometimento com a integridade e conformação à lei.[532]

Quanto ao tema, ressaltam-se as lições de Brenda de Quadros Pereira:

> Desse modo, o *Compliance* no ambiente Eleitoral, além de conjugar os pilares básicos do programa, como formulação de código de ética e conduta, diagnóstico e avaliação de riscos, canal de denúncias, treinamentos, comprometimento da alta administração, auditoria interna, transfigura-se como a construção de uma campanha eleitoral em conformidade com a legislação e com o estatuto partidário, transmitindo e atestando uma conduta transparente e confiável do candidato, da assessoria de campanha e do partido político. Em maior grau, a implementação do programa de integridade no cenário da campanha eleitoral promove uma administração financeira de campanha organizada e proba, afasta representações eleitorais e repercute positivamente no eleitorado.[533]

Em síntese, a solução que se busca por meio do *compliance* deve abordar todos os aspectos relativos às organizações empresariais, bem como as especificidades político-partidárias, incluindo a clareza e a publicidade das regras, a elaboração de códigos de ética e conduta, o comprometimento coletivo, inclusive da alta direção partidária, e a criação de canais de denúncia geridos por terceiros.[534]

3.3.1 No Brasil

É notório que os problemas de gestão pública e privada do Brasil, evidenciados nos últimos anos a partir de uma sequência de investigações

---

[532] RACHID COUTINHO, Aldacy; MARRAFON, Marco Aurélio. Compliance eleitoral: breve análise dos Projetos de Lei nº 60/2017, n. 429/2017 e n. 663/2015 do Senado Federal e sua importância para a democracia brasileira. *Estudos Eleitorais*, Tribunal Superior Eleitoral, v. 13, n. 2, maio/ago. 2018, p. 11-31.

[533] PEREIRA, B. de Quadros. Compliance eleitoral e partidário: um caminho para a nova política brasileira. *J² - Jornal Jurídico*, v. 3, n. 2, p. 3-17. Disponível em: https://revistas.ponteditora.org/index.php/j2/article/view/464. Acesso em: 28 mar. 2022.

[534] RIBEIRO JÚNIOR, Antonio Joaquim. *Direito eleitoral e compliance*: a adoção do programa de conformidade como solução a crise dos partidos políticos no Brasil. *Revista de Estudos Eleitorais*, v. 2, n. 3, jul. 2018 Recife, p. 15-33.

de corrupção, são afetos a uma cultura desvirtuosa predominante no âmbito da administração pública, que tem impactos diretos na gestão de pessoas jurídicas de direito privado, inclusive nos partidos políticos. Nesse sentido, a prática de atos ilícitos por companhias privadas, partidos e entes públicos se tornou extremamente comum ao longo da história brasileira, sendo presente inclusive em suas inter-relações.

Diante disso, o *compliance* eleitoral surge como possível solução, principalmente considerando o incentivo atual à adoção de programas de integridade e boas práticas de governança, tanto no âmbito público quanto no privado. A seguir, analisam-se a legislação anticorrupção vigente no Brasil, sua (in)aplicabilidade aos partidos políticos e os projetos de lei sobre o tema que atualmente tramitam no Congresso Nacional.

3.3.2 Lei Anticorrupção

Após o surgimento da iniciativa de extensão da responsabilidade por práticas corruptas a pessoas jurídicas, a Organização de Cooperação e de Desenvolvimento Econômico (OCDE), na avaliação do Brasil[535] de 2007, atestou a insuficiência da legislação brasileira e recomendou (i) a adoção de medidas para estabelecer a responsabilização direta de pessoas jurídicas pelo delito de suborno de funcionário público estrangeiro e (ii) a criação de sanções proporcionais e dissuasivas.

À época, era manifesta a inefetividade dos mecanismos de responsabilização de pessoas jurídicas por atos praticados contra a Administração no ordenamento jurídico brasileiro. Embora a Lei nº 8.429/1992[536] já trouxesse a possibilidade de responsabilização de pessoas jurídicas quando concorressem com agentes públicos para a prática de ato de improbidade administrativa, era latente a fragilidade da norma quanto a esse ponto, já que a imputação das empresas poderia ocorrer apenas de forma reflexa e as sanções previstas somente se aplicavam a pessoas físicas.

---

535 A avaliação era parte do mecanismo de acompanhamento do cumprimento da Convenção da OCDE.

536 Lei que dispõe sobre as sanções aplicáveis aos agentes públicos nos casos de enriquecimento ilícito no exercício de mandato, cargo, emprego ou função na administração pública direta, indireta ou fundacional e dá outras providências. Disponível em: https://www.camara.leg.br/proposicoesWeb/prop_mostrarintegra;jsessionid=2D434A6C73097403AF34BBD297333653.node1?codteor=422375&filename=LegislacaoCitada+-PL+7528/2006. Acesso em: 28 mar. 2022.

Conforme consta da exposição de motivos do PL nº 6.826/2010,[537] que deu origem à Lei Anticorrupção (Lei nº 12.846/2013),[538] a norma tinha "por objetivo suprir uma lacuna existente no sistema jurídico pátrio no que tange à responsabilização de pessoas jurídicas pela prática de atos ilícitos contra a Administração Pública, em especial, por atos de corrupção e fraude em licitações e contratos administrativos".[539]

Nessa perspectiva, buscou-se criar mais um instrumento de combate à corrupção, direcionado a sua prevenção e à sanção no âmbito empresarial, sem prejuízo aos demais já existentes no ordenamento jurídico brasileiro.

Da análise da mencionada norma, identificam-se, de plano, dois objetivos básicos de atuação: (i) a possibilidade de aplicação de sanções e (ii) o estímulo à criação de políticas internas de *Compliance*, que podem ser compreendidas como "esforços adotados pela iniciativa privada para garantir o cumprimento de exigências legais e regulamentares relacionadas às suas atividades e observar princípios de ética e integridade corporativa".[540]

No primeiro, evidencia-se a intenção de desencorajar a prática de atos lesivos à Administração Pública com a possibilidade de aplicação de sanções severas e proporcionais, utilizando-se da lógica do Direito Penal.[541] No segundo, verifica-se o caráter preventivo da lei, a partir do incentivo às boas práticas empresariais. Daí, então, quanto à aplicação de sanções, a Lei nº 12.846/2013 instituiu que as pessoas jurídicas, ou mesmo entidades não personificadas,[542] respondem objetivamente, nos âmbitos administrativo e civil, pelos atos lesivos previstos na lei, praticados em

---

537 BRASIL. EMI N. 00011 2009 – CGU/MJ/AGU. Disponível em: http://www.planalto.gov.br/ccivil_03/Projetos/EXPMOTIV/EMI/2010/11%20-%20CGU%20MJ%20AGU.htm. Acesso em: 28 mar. 2022.

538 BRASIL. Lei nº 12.846, de 1º de agosto de 2013. Disponível em: http://www.planalto.gov.br/ccivil_03/_Ato2011-2014/2013/Lei/L12846.htm. Acesso em: 28 mar. 2022.

539 BRASIL. EMI N. 00011 2009 – CGU/MJ/AGU. Disponível em: http://www.planalto.gov.br/ccivil_03/Projetos/EXPMOTIV/EMI/2010/11%20-%20CGU%20MJ%20AGU.htm. Acesso em: 28 mar. 2022.

540 DEBBIO, A. Del; MAEDA, B. C.; AYRES, C. H. S. (Coord.). *Temas de anticorrupção e compliance*. Rio de Janeiro: Elsevier, 2013, p. 167.

541 Ainda que a Lei Anticorrupção brasileira, em si, não seja norma penal, sendo que as sanções ocorrem em âmbito civil e administrativo.

542 "Art. 1º. Parágrafo único. Aplica-se o disposto nesta Lei às sociedades empresárias e às sociedades simples, personificadas ou não, independentemente da forma de organização ou modelo societário adotado, bem como a quaisquer fundações, associações de entidades ou pessoas, ou sociedades estrangeiras, que tenham sede, filial ou representação no território brasileiro, constituídas de fato ou de direito, ainda que temporariamente". BRASIL. Lei nº 12.846, de 1º de agosto de 2013. Disponível em: http://www.planalto.gov.br/ccivil_03/_Ato2011-2014/2013/Lei/L12846.htm. Acesso em: 28 mar. 2022.

seu interesse ou benefício, seja esse exclusivo ou não.[543] Esses atos lesivos são definidos de forma específica no art. 5º, abrangendo: (i) corrupção ativa de funcionário público nacional ou estrangeiro; (ii) fraudes à licitação (ainda que sem participação de funcionário público); e (iii) embaraço à investigação. Nesse sentido, entende-se que, relativamente a essas práticas, basta a comprovação de nexo causal entre o ato do funcionário e a empresa beneficiada para que essa responda pelo dano, não sendo válida alegação de desconhecimento da conduta. [544]

O ato lesivo será tratado em processo administrativo de responsabilização (PAR), sendo que não há uma única autoridade responsável por sua instauração e julgamento, por inteligência do art. 8º, o qual determina que a "instauração e o julgamento de processo administrativo para apuração da responsabilidade de pessoa jurídica cabem à autoridade máxima de cada órgão ou entidade dos Poderes Executivo, Legislativo e Judiciário".[545] Em âmbito Federal, a Controladoria-Geral da União também possui competência para instaurar e julgar o PAR, bem como celebrar acordos de leniência.[546]

Ainda, conforme dispõe o art. 4º, subsiste a responsabilidade da pessoa jurídica mesmo em caso de alteração contratual, transformação, incorporação, fusão ou cisão societária. Trata-se da ampla sucessão de responsabilidade nas reorganizações da pessoa jurídica: transferem-se para a pessoa jurídica resultante que sobrevier os direitos, responsabilidades e obrigações das pessoas sucedidas, constatando-se ampla transmissão da possibilidade de punição.[547]

---

[543] Lei nº 12.846/2013, art. 2º.

[544] Lei nº 12.846/2013, art. 5º.

[545] Lei nº 12.846/2013, art. 8º.

[546] "Art. 8º A instauração e o julgamento de processo administrativo para apuração da responsabilidade de pessoa jurídica cabem à autoridade máxima de cada órgão ou entidade dos Poderes Executivo, Legislativo e Judiciário, que agirá de ofício ou mediante provocação, observados o contraditório e a ampla defesa. [...]
§2º No âmbito do Poder Executivo federal, a Controladoria-Geral da União - CGU terá competência concorrente para instaurar processos administrativos de responsabilização de pessoas jurídicas ou para avocar os processos instaurados com fundamento nesta Lei, para exame de sua regularidade ou para corrigir-lhes o andamento" (BRASIL. *Lei nº 12.846, de 1º de agosto de 2013*. Disponível em http://www.planalto.gov.br/ccivil_03/_Ato2011-2014/2013/Lei/L12846.htm. Acesso em: 28 mar. 2022).

[547] "Art. 4º Subsiste a responsabilidade da pessoa jurídica na hipótese de alteração contratual, transformação, incorporação, fusão ou cisão societária.
§1º Nas hipóteses de fusão e incorporação, a responsabilidade da sucessora será restrita à obrigação de pagamento de multa e reparação integral do dano causado, até o limite do patrimônio transferido, não lhe sendo aplicáveis as demais sanções previstas nesta Lei decorrentes de atos e fatos ocorridos antes da data da fusão ou incorporação, exceto no caso de simulação ou evidente intuito de fraude, devidamente comprovados.

Como sanções administrativas, o art. 6º[548] prevê multa e publicação extraordinária de decisão condenatória, ao passo que o art. 19[549] estabelece quatro penalidades possíveis em sede de responsabilização judicial: (i) perdimento dos bens, direitos ou valores que representem vantagem ou proveito direta ou indiretamente obtidos da infração; (ii) suspensão ou interdição parcial de suas atividades; (iii) dissolução

---

§2º As sociedades controladoras, controladas, coligadas ou, no âmbito do respectivo contrato, as consorciadas serão solidariamente responsáveis pela prática dos atos previstos nesta Lei, restringindo-se tal responsabilidade à obrigação de pagamento de multa e reparação integral do dano causado." BRASIL. *Lei nº 12.846, de 1º de agosto de 2013*. Disponível em: http://www.planalto.gov.br/ccivil_03/_Ato2011-2014/2013/Lei/L12846.htm. Acesso em: 28 mar. 2022.

548 "Art. 6º Na esfera administrativa, serão aplicadas às pessoas jurídicas consideradas responsáveis pelos atos lesivos previstos nesta Lei as seguintes sanções:
I – multa, no valor de 0, 1% (um décimo por cento) a 20% (vinte por cento) do faturamento bruto do último exercício anterior ao da instauração do processo administrativo, excluídos os tributos, a qual nunca será inferior à vantagem auferida, quando for possível sua estimação; e
II – publicação extraordinária da decisão condenatória.
§1º As sanções serão aplicadas fundamentadamente, isolada ou cumulativamente, de acordo com as peculiaridades do caso concreto e com a gravidade e natureza das infrações.
§2º A aplicação das sanções previstas neste artigo será precedida da manifestação jurídica elaborada pela Advocacia Pública ou pelo órgão de assistência jurídica, ou equivalente, do ente público.
§3º A aplicação das sanções previstas neste artigo não exclui, em qualquer hipótese, a obrigação da reparação integral do dano causado.
§4º Na hipótese do inciso I do *caput*, caso não seja possível utilizar o critério do valor do faturamento bruto da pessoa jurídica, a multa será de R$6.000, 00 (seis mil reais) a R$60.000.000, 00 (sessenta milhões de reais).
§5º A publicação extraordinária da decisão condenatória ocorrerá na forma de extrato de sentença, a expensas da pessoa jurídica, em meios de comunicação de grande circulação na área da prática da infração e de atuação da pessoa jurídica ou, na sua falta, em publicação de circulação nacional, bem como por meio de afixação de edital, pelo prazo mínimo de 30 (trinta) dias, no próprio estabelecimento ou no local de exercício da atividade, de modo visível ao público, e no sítio eletrônico na rede mundial de computadores." BRASIL. Lei nº 12.846, de 1º de agosto de 2013. Disponível em: http://www.planalto.gov.br/ccivil_03/_Ato2011-2014/2013/Lei/L12846.htm. Acesso em: 28 mar. 2022.

549 "Art. 19. Em razão da prática de atos previstos no art. 5º desta Lei, a União, os Estados, o Distrito Federal e os Municípios, por meio das respectivas Advocacias Públicas ou órgãos de representação judicial, ou equivalentes, e o Ministério Público, poderão ajuizar ação com vistas à aplicação das seguintes sanções às pessoas jurídicas infratoras:
I – perdimento dos bens, direitos ou valores que representem vantagem ou proveito direta ou indiretamente obtidos da infração, ressalvado o direito do lesado ou de terceiro de boa-fé;
II – suspensão ou interdição parcial de suas atividades;
III – dissolução compulsória da pessoa jurídica;
IV – proibição de receber incentivos, subsídios, subvenções, doações ou empréstimos de órgãos ou entidades públicas e de instituições financeiras públicas ou controladas pelo poder público, pelo prazo mínimo de 1 (um) e máximo de 5 (cinco) anos". BRASIL. Lei nº 12.846, de 1º de agosto de 2013. Disponível em: http://www.planalto.gov.br/ccivil_03/_Ato2011-2014/2013/Lei/L12846.htm. Acesso em: 28 mar. 2022.

compulsória da pessoa jurídica; e (iv) proibição de receber incentivos, subsídios, subvenções, doações ou empréstimos de órgãos ou entidades públicas e de instituições financeiras públicas ou controladas pelo poder público, por prazo determinado.

Além disso, a lei instituiu o Cadastro Nacional de Empresas Punidas (CNEP), a ser gerenciado pelo Poder Executivo da União Federal, que deve reunir e dar publicidade às sanções aplicadas com base na norma. Dessa forma, todos os órgãos ou entidades dos Três Poderes devem informar e manter atualizados os dados relativos às sanções por eles aplicadas com fulcro na Lei Anticorrupção.[550]

Outra possibilidade prevista pela Lei Anticorrupção remete à possibilidade de desconsideração da personalidade jurídica, questão já albergada por outros diplomas legais e pela jurisprudência pátria. Validamente, a despeito da limitação dos riscos do empreendedor ao patrimônio proporcionada pela figura da pessoa jurídica, compreende-se possível a desconsideração da personalidade jurídica "sempre que utilizada com abuso de direito para facilitar, encobrir ou dissimular a prática dos atos ilícitos previstos na norma ou para provocar confusão patrimonial".[551]

Em relação ao intuito preventivo e colaborativo da norma, a Lei Anticorrupção indica a necessidade de adoção de regras de *Compliance* pelas pessoas jurídicas, a fim de definirem procedimentos internos de controle e, por conseguinte, evitarem a prática de corrupção por seus diretores e empregados. Comparativamente, contudo, a legislação brasileira é menos enfática quanto a esse ponto, já que se refere ao *Compliance* como apenas uma entre nove circunstâncias a serem consideradas na aplicação de sanções previstas no diploma.[552] [553]

---

[550] BRASIL. Lei nº 12.846, de 1º de agosto de 2013. Disponível em: http://www.planalto.gov.br/ccivil_03/_Ato2011-2014/2013/Lei/L12846.htm. Acesso em: 28 mar. 2022.

[551] Lei nº 12. 846/2013, art. 14º. BRASIL. Lei nº 12.846, de 1º de agosto de 2013. Disponível em: http://www.planalto.gov.br/ccivil_03/_Ato2011-2014/2013/Lei/L12846.htm. Acesso em: 28 mar. 2022.

[552] GALVÃO DE CARVALHO, Paulo Roberto. Legislação anticorrupção no mundo: análise comparativa entre a Lei Anticorrupção brasileira o Foreign Corrupt Practices Act norte-americano e o Bribery Act do Reino Unido. *In:* QUEIROZ, Ronaldo Pinheiro; SOUZA, Jorge Munhos. *Lei Anticorrupção*. Salvador: JusPODIVM, 2015, p. 56.

[553] A norma se difere do UKBA, dado o destaque conferido aos programas de compliance pela legislação britânica, que erigiu à categoria de ilícito penal autônomo a mera conduta de falhar na prevenção da corrupção, ampliando a responsabilidade da empresa no desenho, implementação, aplicação e avaliação de suas próprias regras de integridade. Nos Estados Unidos, embora o FCPA não faça menção expressa às exigências de compliance, a adoção de um programa de integridade tem consequências jurídicas relevantes para a aplicação das sanções nele previstas: esse fator é considerado tanto na decisão de ajuizar

Por fim, a norma prevê a celebração de acordos de leniência com as pessoas jurídicas responsáveis que colaborem efetivamente com as investigações e o processo administrativo.[554] Com isso, a pessoa jurídica obtém a redução das sanções que lhe são aplicáveis e a Administração Pública adquire informações aptas a permitir o aprofundamento das investigações.

Logicamente, a finalidade do instituto é estimular a colaboração de agentes envolvidos na prática de atos ilícitos para identificar e, possivelmente, responsabilizar outros infratores, bem como evitar a reiteração das condutas, dotando as autoridades de informações relevantes que não necessariamente seriam obtidas sem a celebração dos acordos ou que envolveriam grande dispêndio de recursos públicos para tanto.

Com efeito, no todo, tem-se que a Lei Anticorrupção, a despeito de eventuais limitações e problemas, representou significativo avanço para a legislação brasileira, principalmente em termos de responsabilização de pessoas jurídicas e de inovação quanto à previsão de procedimentos de *Compliance*, seguindo a tendência internacional.

3.3.3 (In)aplicabilidade aos partidos políticos e candidaturas

Apesar do significativo progresso legislativo em termos de "Direito Anticorrupção" após a edição da Lei nº 12.846/2013, por todo o exposto, compreende-se que os partidos políticos não estão incluídos no seu âmbito de incidência. Isso se justifica por três fatores principais: (i) a lei se direciona à regulamentação de agentes privados, principalmente com fins lucrativos; (ii) embora formalmente constituam associações, os partidos são pessoas jurídicas *sui generis*; e (iii) parte das sanções não se aplica aos partidos políticos.

Em relação ao primeiro aspecto, evidencia-se, a partir do contexto de promulgação da regra e da leitura dos seus dispositivos, que o ato normativo se volta à regulação de entes privados, principalmente de sociedades com fins lucrativos. Isso se comprova, por exemplo, pela previsão de cálculo da multa com base no faturamento bruto, fator intrínseco a agentes econômicos e não aplicável à realidade dos partidos políticos.

---

uma ação penal por violação ao FCPA quanto no momento da aplicação da penalidade à empresa ou na escolha das condições a serem cumpridas para suspensão da pena ou do processo.

[554] Lei nº 12.846/2013, art. 16.

O segundo aspecto se refere às particularidades dos partidos políticos, que, embora se constituam formalmente como associações, compõem meio necessário para o alcance do regime democrático. Nesse sentido, não apresentam, em tese, interesses econômicos, mas se prestam à consecução de um fim público, isto é, à representatividade de segmentos sociais em prol da formação da vontade pública e consequente exercício democrático dos direitos políticos previstos na CF/88. Por esse motivo, reclamam regulamentação própria, em conformidade com sua realidade inerente e com os princípios e postulados próprios do Direito Eleitoral, não se igualando às demais pessoas jurídicas de direito privado.

Por último, entende-se que, devido às mencionadas particularidades das agremiações, algumas das sanções previstas na Lei Anticorrupção não lhes são aplicáveis. Destacam-se: (i) suspensão ou interdição parcial de suas atividades; (ii) dissolução compulsória da pessoa jurídica; (iii) proibição de receber incentivos, subsídios, subvenções, doações ou empréstimos de órgãos ou entidades públicas e de instituições financeiras públicas ou controladas pelo poder público; e (iv) multa com base no faturamento anual, conforme já ponderado.

Quanto à suspensão das atividades e à dissolução compulsória da pessoa jurídica, ressalta-se que o problema central está no caráter representativo e democrático que ostentam os partidos políticos – se os partidos são legitimados pela própria lógica do sistema político-partidário brasileiro, sua existência e funcionamento não pode ser afetada de forma tão grave pura e simplesmente por desvios de conduta de seus membros, o que configuraria manifesta inconstitucionalidade e ameaça ao regime democrático. Além disso, a vedação ao recebimento de recursos públicos também contraria a lógica de subsídio e financiamento dos partidos, os quais necessitam de recursos para exercer suas atividades ordinárias e em período eleitoral, considerando, também, que desde o julgamento da ADI nº 4.650,[555] pelo Supremo Tribunal Federal, é vedado o financiamento empresarial de campanhas eleitorais, conforme delineado no tópico 1.16. Ao mesmo tempo, reitera-se a impossibilidade de atribuição de multa aos partidos políticos com base no faturamento anual, visto que as agremiações não possuem faturamento, não realizando, igualmente, exploração econômica.

---

[555] BRASIL. Supremo Tribunal Federal. ADI 4650, Relator(a): Min. Luiz Fux, Tribunal Pleno, julgado em 17/09/2015, Processo Eletrônico DJe-034 DIVULG 23-02-2016 PUBLIC 24-02-2016. Disponível em: https://redir.stf.jus.br/paginadorpub/paginador.jsp?docTP=TP&docID=10329542. Acesso em: 28 mar. 2022.

Daí, então, nota-se a necessidade de regulamentação específica para que a Lei Anticorrupção brasileira se faça aplicável, também, aos partidos políticos, principalmente quanto à compatibilidade de sanções.

3.3.4 Lei da Transparência

Na intenção de conferir maior higidez à movimentação de recursos financeiros na esfera pública, foi criada, em 2009, a Lei da Transparência (Lei Complementar nº 131),[556] que alterou a Lei Complementar nº 101[557] para instituir a obrigação de toda entidade pública divulgar, em tempo real, suas receitas e despesas em um *site* na internet, no prazo máximo de 24 horas, seguindo as exigências técnicas necessárias para validação pelo Ministério Público.

Conforme disposto no art. 48-A, devem ser divulgados: (i) todos os atos praticados pelas unidades gestoras no decorrer da execução da despesa, no momento de sua realização, com a disponibilização mínima dos dados referentes ao número do correspondente processo, ao bem fornecido ou ao serviço prestado, à pessoa física ou jurídica beneficiária do pagamento e, quando for o caso, ao procedimento licitatório realizado; e (ii) o lançamento e o recebimento de toda a receita das unidades gestoras, inclusive referente a recursos extraordinários.[558]

O objetivo é, por conseguinte, liberar ao pleno conhecimento e acompanhamento pela sociedade, em tempo real, das informações detalhadas sobre a execução orçamentária e financeira, em meios eletrônicos de acesso público. Embora não haja a exigência de que os dados sejam necessariamente disponibilizados em um Portal da Transparência, esse é o modelo recomendado e que vem sendo seguido pelas entidades públicas.

---

[556] BRASIL. Lei complementar nº 131, de 27 de maio de 2009. Disponível em: http://www.planalto.gov.br/ccivil_03/leis/lcp/lcp131.htm. Acesso em: 28 mar. 2022.

[557] BRASIL. Lei complementar nº 101, de 4 de maio de 2000. Disponível em: http://www.planalto.gov.br/ccivil_03/leis/lcp/lcp101.htm. Acesso em: 28 mar. 2022.

[558] "Art. 48-A. Para os fins a que se refere o inciso II do parágrafo único do art. 48, os entes da Federação disponibilizarão a qualquer pessoa física ou jurídica o acesso a informações referentes a:
I – quanto à despesa: todos os atos praticados pelas unidades gestoras no decorrer da execução da despesa, no momento de sua realização, com a disponibilização mínima dos dados referentes ao número do correspondente processo, ao bem fornecido ou ao serviço prestado, à pessoa física ou jurídica beneficiária do pagamento e, quando for o caso, ao procedimento licitatório realizado;
II – quanto à receita: o lançamento e o recebimento de toda a receita das unidades gestoras, inclusive referente a recursos extraordinários". BRASIL. Lei complementar nº 101, de 4 de maio de 2000. Disponível em: http://www.planalto.gov.br/ccivil_03/leis/lcp/lcp101.htm. Acesso em: 28 mar. 2022.

Ressalta-se que tal medida se alinha aos objetivos do *Compliance* na medida em que confere maior transparência às questões de orçamento público, permitindo não apenas o conhecimento da população sobre o modo de gestão financeira estatal, como também a possibilidade de denúncia sobre eventual descumprimento das prescrições legais ao respectivo Tribunal de Contas e ao órgão competente do Ministério Público.[559] No entanto, também escapa à sua abrangência a situação dos partidos políticos, visto que não constituem entes da Federação[560] nos termos da lei.

O mesmo ocorre com a Lei de Acesso à Informação[561] (Lei nº 12.527), promulgada em 2011, que complementa a Lei da Transparência ao permitir que qualquer interessado solicite documentos ao órgão público sem necessidade de justificativa. No entanto, conforme descrito em seu art. 1º,[562] a lei só se aplica a entes públicos, não abrangendo também, desse modo, a atividade político-partidária.

---

559 LC n. 101/2000, art. 73-A.

560 "Art. 1º (...) §2º As disposições desta Lei Complementar obrigam a União, os Estados, o Distrito Federal e os Municípios.
§3º Nas referências:
I – à União, aos Estados, ao Distrito Federal e aos Municípios, estão compreendidos:
a) o Poder Executivo, o Poder Legislativo, neste abrangidos os Tribunais de Contas, o Poder Judiciário e o Ministério Público;
b) as respectivas administrações diretas, fundos, autarquias, fundações e empresas estatais dependentes;
II – a Estados entende-se considerado o Distrito Federal;
III – a Tribunais de Contas estão incluídos: Tribunal de Contas da União, Tribunal de Contas do Estado e, quando houver, Tribunal de Contas dos Municípios e Tribunal de Contas do Município". BRASIL. Lei complementar nº 101, de 4 de maio de 2000. Estabelece normas de finanças públicas voltadas para a responsabilidade na gestão fiscal e dá outras providências. Disponível em: http://www.planalto.gov.br/ccivil_03/leis/lcp/lcp101.htm. Acesso em: 28 mar. 2022.

561 BRASIL. Lei nº 12.527, de 18 de novembro de 2011. Regula o acesso a informações previsto no inciso XXXIII do art. 5º, no inciso II do §3º do art. 37 e no §2º do art. 216 da Constituição Federal; altera a Lei nº 8.112, de 11 de dezembro de 1990; revoga a Lei nº 11.111, de 5 de maio de 2005, e dispositivos da Lei nº 8.159, de 8 de janeiro de 1991; e dá outras providências. Disponível em: http://www.planalto.gov.br/ccivil_03/_ato2011-2014/2011/lei/l12527.htm. Acesso em: 28 mar. 2022.

562 "Art. 1º Esta Lei dispõe sobre os procedimentos a serem observados pela União, Estados, Distrito Federal e Municípios, com o fim de garantir o acesso a informações previsto no inciso XXXIII do art. 5º, no inciso II do §3º do art. 37 e no §2º do art. 216 da Constituição Federal.
Parágrafo único. Subordinam-se ao regime desta Lei:
I – os órgãos públicos integrantes da administração direta dos Poderes Executivo, Legislativo, incluindo as Cortes de Contas, e Judiciário e do Ministério Público;
II – as autarquias, as fundações públicas, as empresas públicas, as sociedades de economia mista e demais entidades controladas direta ou indiretamente pela União, Estados, Distrito Federal e Municípios. BRASIL. Lei nº 12.527, de 18 de novembro de 2011. Disponível em: http://www.planalto.gov.br/ccivil_03/_ato2011-2014/2011/lei/l12527.htm. Acesso em: 28 mar. 2022.

Por outro lado, conforme sopesado no tópico 2.7, a Lei Geral de Proteção de Dados é, atualmente, aplicável aos partidos políticos, considerando que estes tratam informações pessoais de candidatos e demais filiados. Verifica-se que, sobre o tema, ainda em 2019, o Tribunal Superior Eleitoral, através do Grupo de Trabalho para Sistematização das Normas Eleitorais (SNE), instituído por meio da Portaria-TSE nº 115, de 13.2.2019,[563] no Eixo Temático III (Propaganda Eleitoral e Temas Correlatos), ao comentar acerca dos arts. 24 e 57-E da Lei nº 9.504, de 30.9.1997,[564] assim apontou:

> Essa vedação se torna mais grave com a entrada em vigor da Lei Geral de Proteção de Dados (LGPD) em agosto de 2020. O uso de dados pessoais de forma não consentida se torna infração grave, gerando sanções próprias daquela Lei. Todavia, a Lei será aplicada de forma ampla e irrestrita, exigindo que todo o setor público e privado faça as adequações necessárias quanto ao tratamento de dados.
> Assim, o GT entendeu que a LGPD exige estudo específico, com normas de compliance a serem adotadas por toda a Justiça Eleitoral, bem como por aqueles que, de alguma forma, coletam e tratam dados ligados aos processos democráticos realizados no país.[565]

Logo, uma vez que os partidos estão abrangidos pela LGPD, é de bom alvitre a adoção de programas de *compliance* de dados (ou *compliance* da informação), como forma de estabelecer mecanismos de segurança relacionados ao tema em comento.

3.3.5 Outras legislações

Além das mencionadas leis, existem outras legislações no ordenamento jurídico brasileiro que se prestam ao combate da corrupção e de condutas semelhantes, principalmente no **âmbito** da Administração Pública e na esfera penal.

---

[563] BRASIL. Tribunal Superior Eleitoral. Portaria nº 115, de 13 de fevereiro de 2019. Disponível em: https://www.tse.jus.br/legislacao/compilada/prt/2019/portaria-no-115-de-13-de-fevereiro-de-2019. Acesso em: 28 mar. 2022.

[564] BRASIL. Lei nº 9.504, de 30 de setembro de 1997. Estabelece normas para as eleições. Disponível em: http://www.planalto.gov.br/ccivil_03/leis/l9504.htm. Acesso em: 28 mar. 2022.

[565] BRASIL. Tribunal Superior Eleitoral. *Sistematização das Normas Eleitorais*: Eixo Temático III: Propaganda Eleitoral e Temas Correlatos. Brasília: Tribunal Superior Eleitoral, 2019. p. 77. Disponível em: https://www.tse.jus.br/legislacao/sne. Acesso em: 28 mar. 2022.

Entre essas, é possível citar:

1. Código Penal[566] (Decreto-Lei nº 2.848/1940): prevê os crimes de corrupção passiva, corrupção ativa, corrupção ativa em transação internacional, tráfico de influência e associação criminosa, abrangendo condutas tanto de particulares quanto de funcionários públicos;
2. Lei dos Crimes Econômicos[567] (Lei nº 8.137/1990): dispõe sobre crimes contra a ordem tributária e econômica e contra as relações de consumo. Assim, caso a conduta de corrupção envolva também alguma ofensa à ordem econômica, como a formação de um cartel, contando com a contribuição de servidor público, essa lei pode ser aplicada;
3. Lei de Conflito de Interesses[568] (Lei nº 12.813/2013): dispõe sobre o conflito de interesses no exercício de cargo ou emprego do Poder Executivo federal e impedimentos posteriores ao exercício do cargo ou emprego;
4. Lei de Improbidade Administrativa[569] (Lei nº 8.429/1992): reprime o enriquecimento ilícito de servidores públicos e de empresas que prestam serviços a entes públicos;
5. Lei de Licitações[570] (Lei nº 8.666/1993): reprime condutas de fraude e corrupção em contratos de prestação de serviços a entes públicos;

---

566 BRASIL. Decreto-Lei nº 2.848, de 7 de dezembro de 1940. Código Penal. Disponível em: http://www.planalto.gov.br/ccivil_03/decreto-lei/del2848compilado.htm. Acesso em: 28 mar. 2022.

567 BRASIL. Lei nº 8.137, de 27 de dezembro de 1990. Disponível em: http://www.planalto.gov.br/ccivil_03/LEIS/L8137.htm. Acesso em: 28 mar. 2022.

568 BRASIL. Lei nº 12.813, de 16 de maio de 2013. Dispõe sobre o conflito de interesses no exercício de cargo ou emprego do Poder Executivo federal e impedimentos posteriores ao exercício do cargo ou emprego; e revoga dispositivos da Lei nº 9.986, de 18 de julho de 2000, e das Medidas Provisórias nºs 2.216-37, de 31 de agosto de 2001, e 2.225-45, de 4 de setembro de 2001. Disponível em: http://www.planalto.gov.br/ccivil_03/_ato2011-2014/2013/lei/l12813.htm. Acesso em: 28 mar. 2022.

569 BRASIL. Lei nº 8.429, de 2 de junho de 1992. Dispõe sobre as Sanções Aplicáveis aos Agentes Públicos nos Casos de Enriquecimento Ilícito no Exercício de Mandato, Cargo, Emprego ou Função na Administração Pública Direta, Indireta ou Fundacional e dá outras providências. Disponível em: http://www.planalto.gov.br/ccivil_03/leis/l8429.htm. Acesso em: 28 mar. 2022.

570 BRASIL. Lei nº 8.666, de 21 de junho de 1993. Regulamenta o art. 37, inciso XXI, da Constituição Federal, institui normas para licitações e contratos da Administração Pública e dá outras providências. Disponível em: http://www planalto.gov.br/ccivil_03/leis/l8666cons.htm. Acesso em: 28 mar. 2022.

6. Nova Lei de Licitações e Contratos Administrativos[571] (Lei nº 144.133/2021): determina a implementação de programa de *compliance* por vencedor em licitação de contratos de grande vulto, além de estabelecer que a existência deste mecanismo é critério de desempate na licitação, e que a implementação de tais programas por empresa condenada a sanções administrativas será critério atenuante;
7. Lei de Ação Civil Pública[572] (Lei nº 7.347/1985): disciplina a ação civil pública, procedimento a ser observado na aplicação de sanções referentes à Lei de Improbidade Administrativa;
8. Lei de Ação Popular (Lei nº 4.717/1965):[573] regula a ação popular, instrumento que possibilita que qualquer cidadão discuta, em juízo, atos lesivos **à** Administração Pública, ou que estejam eivados de nulidades;
9. Lei de Defesa da Concorrência[574] (Lei nº 12.529/2011): prevê que as autoridades competentes, para o exercício da política de defesa da concorrência e de combate à corrupção, podem instituir processos administrativos punitivos em face de entidades infratoras, com penalidade a práticas anticompetitivas;
10. Lei de Lavagem de Dinheiro[575] (Lei nº 9.613/1998): condena o ato de conferir a aparência de legalidade a bens e valores que foram obtidos de forma ilegal; 11. Lei das Organizações Criminosas[576] (Lei nº 12.850/2013): criminaliza as organizações

[571] BRASIL. Lei nº 14.133, de 1 de abril de 2021. Lei de Licitações e Contratos Administrativos. Disponível em: http://www.planalto.gov.br/ccivil_03/_ato2019-2022/2021/lei/L14133.htm. Acesso em: 28 mar. 2022.

[572] BRASIL. Lei nº 7.347, de 24 de julho de 1985. Disciplina a ação civil pública de responsabilidade por danos causados ao meio-ambiente, ao consumidor, a bens e direitos de valor artístico, estético, histórico, turístico e paisagístico (VETADO) e dá outras providências. Disponível em: http://www.planalto.gov.br/ccivil_03/leis/l7347orig.htm. Acesso em: 28 mar. 2022.

[573] BRASIL. Lei nº 4.717, de 29 de junho de 1965. Regula a ação popular. Disponível em: http://www.planalto.gov.br/ccivil_03/leis/l4717.htm. Acesso em: 28 mar. 2022.

[574] BRASIL. Lei nº 12.529, de 30 de novembro de 2011. Estrutura o Sistema Brasileiro de Defesa da Concorrência; dispõe sobre a prevenção e repressão às infrações contra a ordem econômica; altera a Lei nº 8.137, de 27 de dezembro de 1990, o Decreto-Lei nº 3.689, de 3 de outubro de 1941 - Código de Processo Penal, e a Lei nº 7.347, de 24 de julho de 1985; revoga dispositivos da Lei nº 8.884, de 11 de junho de 1994, e a Lei nº 9.781, de 19 de janeiro de 1999; e dá outras providências. Disponível em: http://www.planalto.gov.br/ccivil_03/_ato2011-2014/2011/lei/l12529.htm. Acesso em: 28 mar. 2022.

[575] BRASIL. Lei nº 9.613, de 3 de março de 1998. Disponível em: http://www.planalto.gov.br/ccivil_03/leis/l9613.htm. Acesso em: 28 mar. 2022.

[576] BRASIL. Lei nº 12.850, de 2 de agosto de 2013. Define organização criminosa e dispõe sobre a investigação criminal, os meios de obtenção da prova, infrações penais correlatas e

criminosas. Caso os agentes que cometeram a ilegalidade façam parte de um grupo articulado para cometer atos de corrupção de forma sistemática, podem ser condenados segundo essa lei;

12. Lei do *Impeachment*[577] (Lei nº 1.079/1950): define os crimes de responsabilidade, entre eles, usar de violência ou ameaça contra funcionário público para coagi-lo a proceder ilegalmente, bem como utilizar-se de suborno ou de qualquer outra forma de corrupção para o mesmo fim;
13. Lei das Eleições[578] (Lei nº 9.504/1997): regula o processo eleitoral, estabelecendo sanções e diversas medidas voltadas à transparência, integridade, probidade e moralidade das eleições;
14. Lei da Ficha Limpa[579] (Lei nº 135/2010): estabelece casos de inelegibilidade, que visam a proteger a probidade administrativa e a moralidade no exercício do mandato político;
15. Decreto da Governança Pública[580] (Decreto nº 9.203/2017): dispõe sobre a política de governança da Administração Pública federal direta, autárquica e fundacional, abarcando princípios como da integridade, prestação de contas, responsabilidade e transparência;

---

o procedimento criminal; altera o Decreto-Lei nº 2.848, de 7 de dezembro de 1940 (Código Penal); revoga a Lei nº 9.034, de 3 de maio de 1995; e dá outras providências. Disponível em: http://www.planalto.gov.br/ccivil_03/_Ato2011-2014/2013/Lei/L12850.htm. Acesso em: 28 mar. 2022.

[577] BRASIL. Lei nº 1.079, de 10 de abril de 1950. Define os crimes de responsabilidade e regula o respectivo processo de julgamento. Disponível em: http://www.planalto.gov.br/ccivil_03/leis/l1079.htm. Acesso em: 28 mar. 2022.

[578] BRASIL. Lei nº 9.504, de 30 de setembro de 1997. Estabelece normas para as eleições. Disponível em: http://www.planalto.gov.br/ccivil_03/leis/l9504.htm. Acesso em: 28 mar. 2022.

[579] BRASIL. Lei Complementar nº 135, de 4 de junho de 2010. Altera a Lei Complementar no 64, de 18 de maio de 1990, que estabelece, de acordo com o §9o do art. 14 da Constituição Federal, casos de inelegibilidade, prazos de cessação e determina outras providências, para incluir hipóteses de inelegibilidade que visam a proteger a probidade administrativa e a moralidade no exercício do mandato. Disponível em: http://www.planalto.gov.br/ccivil_03/leis/lcp/lcp135.htm. Acesso em: 28 mar. 2022.

[580] BRASIL. Decreto nº 9.203, de 22 de novembro de 2017. Dispõe sobre a política de governança da administração pública federal direta, autárquica e fundacional. Disponível em: http://www.planalto.gov.br/ccivil_03/_ato2015-2018/2017/decreto/d9203.htm. Acesso em: 28 mar. 2022.

16. Decreto do Sistema de Integridade Pública do Poder Executivo Federal[581] (Decreto nº 10.756/2021): institui o Sistema de Integridade Pública do Poder Executivo Federal (SIPEF), o qual objetiva coordenar e articular as atividades relativas à integridade, e estabelecer padrões para as práticas e medidas de integridade, no âmbito dos órgãos e das entidades da Administração Pública federal direta, autárquica e fundacional; e,
17. Decreto do Programa de Integridade da Presidência da República[582] (Decreto nº 10.795/2021): institui o programa de integridade da Presidência da República, que estabelece princípios, diretrizes e mecanismos relativos **à** integridade pública, no âmbito dos órgãos da Presidência da República e, supletivamente, da Vice-Presidência da República.

Da leitura das normas supracitadas, verifica-se que, antes da edição da Lei nº 12.846/2013, o combate **à** corrupção se baseava principalmente na criminalização das condutas em relação a pessoas físicas, em uma perspectiva de repressão de responsabilidade subjetiva. Portanto, além de não existirem mecanismos eficientes para responsabilizar pessoas jurídicas, eram escassas as previsões preventivas, de incentivo a boas práticas corporativas pautadas em princípios de transparência, responsabilidade e gestão de riscos.

Percebe-se, além disso, a inexistência de dispositivos voltados ao combate à corrupção e demais condutas ilícitas no âmbito dos partidos políticos, havendo verdadeiro hiato legislativo quanto a esse ponto.

3.3.6 Projetos de Lei do Senado nº 60/2017 e nº 429/2017

Tendo em vista os contornos jurídicos adquiridos pelo *Compliance* no Brasil, com o advento da Lei Anticorrupção e de seu Decreto Regulamentador nº 8.420/2015,[583] bem como a assinatura de tratados

[581] BRASIL. Decreto nº 10.756, de 27 de julho de 2021. Institui o Sistema de Integridade Pública do Poder Executivo Federal. Disponível em: http://www.planalto.gov.br/ccivil_03/_ato2019-2022/2021/decreto/D10756.htm. Acesso em: 28 mar. 2022.

[582] BRASIL. Decreto nº 10.795, de 13 de setembro de 2021. Institui o Programa de Integridade da Presidência da República. Disponível em: http://www.planalto.gov.br/ccivil_03/_Ato2019-2022/2021/Decreto/D10795.htm. Acesso em: 28 mar. 2022.

[583] BRASIL. Decreto n. 8.420, de 18 de março de 2015. Regulamenta a Lei nº 12.846, de 1º de agosto de 2013, que dispõe sobre a responsabilização administrativa de pessoas jurídicas pela prática de atos contra a administração pública, nacional ou estrangeira e dá outras providências. Disponível em:http://www.planalto.gov.br/ccivil_03/_ato2015-2018/2015/decreto/d8420.htm. Acesso em: 26 set. 2019.

internacionais de combate à corrupção,[584] entende-se a necessidade de instituir procedimentos de controle de integridade voltados aos partidos políticos, enquanto pessoas jurídicas *sui generis*.

Por essa razão e diante do hiato normativo em que se encontram as agremiações partidárias, em 2017, foram propostos dois projetos de lei no Senado Federal acerca da implementação de programas de *Compliance* nos partidos políticos: PLS nº 60[585] e PLS nº 429.[586]

O primeiro propõe a alteração da Lei nº 9.096/1995 para estabelecer a responsabilidade objetiva pela prática de atos contra a Administração Pública e criar incentivos à implementação de programas de integridade por partidos políticos a partir de sua valoração positiva na aplicação das penalidades.

Vê-se:

> Art. 30-A. Os partidos políticos respondem objetivamente pela prática de atos contra a administração pública por seus dirigentes, nessa condição.
>
> §1º A responsabilização do partido político não exclui a responsabilidade individual de seus dirigentes ou administradores ou de qualquer pessoa natural, autora, coautora ou partícipe de ato ilícito.
>
> §2º O partido político será responsabilizado independentemente da responsabilização individual das pessoas referidas no §1º.
>
> §3º Os dirigentes ou administradores somente serão responsabilizados por atos ilícitos na medida de sua culpabilidade.
>
> §4º Constituem atos contra a Administração Pública aqueles que atentem contra o patrimônio público ou os princípios da Administração Pública, assim definidos:
>
> I – prometer, oferecer ou dar, direta ou indiretamente, vantagem indevida a agente público, ou a terceira pessoa a ele relacionada;
>
> II – financiar, custear, patrocinar ou de qualquer modo incentivar a prática de atos ilícitos previstos nesta Lei;
>
> III – utilizar-se de interposta pessoa, física ou jurídica, para ocultar ou dissimular seus reais interesses ou a identidade dos atos praticados;

---

584 Conforme apontado ao longo do estudo, vários são os tratados internacionais de combate à corrupção subscritos pelo Brasil, v. g.: Convenção Interamericana contra a Corrupção, de 1996; Combate da Corrupção de Funcionários Públicos Estrangeiros em Transações Comerciais Internacionais, de 1997; e Convenção das Nações Unidas contra a Corrupção, de 2003.

585 BRASIL. Senado Federal. Projeto de Lei nº 60, de 2017. Disponível em: https://www25.senado.leg.br/web/atividade/materias/-/materia/128349. Acesso em: 28 mar. 2022.

586 BRASIL. Senado Federal. Projeto de Lei nº 429, de 2017. Disponível em: https://www25.senado.leg.br/web/atividade/materias/-/materia/131429. Acesso em: 28 mar. 2022.

> IV – dificultar atividade de investigação ou fiscalização de órgãos, entidades ou agentes públicos, ou intervir em sua atuação. [...]
>
> Art.37-B. Na aplicação das penas referidas neste Título, será levada em consideração a existência de mecanismos internos de integridade, auditoria e incentivo à denúncia de irregularidades e a aplicação efetiva de códigos de ética e de conduta no âmbito do partido político.[587]

Nesse sentido, busca-se desenvolver hipótese de imputação objetiva para partidos políticos por atos ilícitos praticados contra a Administração Pública, estimulando a promoção de políticas de integridade no plano intrapartidário. Atualmente o projeto está tramitando na Câmara dos Deputados pela nomenclatura PL nº 12.219/2018, em regime de prioridade, apensado ao PL nº 5.924/2016.[588]

Tramitam, também em apenso ao PL nº 5.924/2016, o PL nº 2.086/2019,[589] o qual propõe acrescentar o §15, ao art. 37, da Lei dos Partidos Políticos, para que as agremiações atendam às normas de *compliance* em suas atividades, e o PL nº 4.130/2020,[590] que acrescenta o art. 15-B à Lei dos Partidos Políticos, dispondo sobre a obrigação, dos titulares dos órgãos diretivos dos partidos políticos, de guardar e conservar atas, livros, registros fiscais e contábeis, bem como demais documentos partidários.

O PLS nº 429/2017, por outro lado, tem previsão mais enfática, propondo a alteração da Lei nº 9.096/1995 para tornar obrigatória a adoção de mecanismos de *Compliance* e a elaboração de programa de integridade pelos partidos políticos. O projeto ainda enfatiza a necessidade de estabelecer, entre outras medidas, padrões de conduta, código de ética, políticas e procedimentos de integridade que sejam aplicáveis (i) a todos os filiados, colaboradores e administradores, e (ii) a terceiros, como fornecedores, prestadores de serviço e agentes intermediários.

Nessa linha, deve a agremiação fornecer, a cada dois anos, treinamentos sobre legislação eleitoral, controles internos, governança,

---

[587] BRASIL. Senado Federal. Projeto de Lei nº 60, de 2017. Disponível em: https://www25.senado.leg.br/web/atividade/materias/-/materia/128349. Acesso em: 28 mar. 2022.

[588] BRASIL. Câmara dos Deputados. Projeto de Lei nº 5924, de 2016. Disponível em: https://www.camara.leg.br/proposicoesWeb/fichadetramitacao?idProposicao=2093053. Acesso em: 28 mar. 2022.

[589] BRASIL. Câmara dos Deputados. Projeto de Lei nº 2.086, de 2019. Disponível em: https://www.camara.leg.br/proposicoesWeb/fichadetramitacao?idProposicao=2197051. Acesso em: 28 mar. 2022.

[590] BRASIL. Câmara dos Deputados. Projeto de Lei nº 4.130, de 2020. Disponível em: https://www.camara.leg.br/proposicoesWeb/fichadetramitacao?idProposicao=2259757. Acesso em: 28 mar. 2022.

padrões de conduta, código de ética, políticas e procedimentos de integridade, bem como sobre os demais temas relacionados às atividades partidárias.

Além disso, a proposta legislativa também prevê sanções proporcionais de suspensão do recebimento de recursos do Fundo Partidário em caso de inefetividade ou inexistência do programa de integridade, a serem aplicadas pela Justiça Eleitoral.

Entre as justificativas indicadas no PL, consta que a adoção de um programa de *Compliance*, além de imprescindível, tem o condão de transmitir aos filiados e à população brasileira uma imagem positiva e ética dos partidos políticos, em atenção aos fatores de transparência, *accountability* e constante diálogo.[591] Dessa forma, compreende-se que a proposta do PLS nº 429 é mais enfática e completa em comparação à do PLS nº 60, não resumindo as políticas de *Compliance* à adoção de programa de integridade.

Contudo, apesar de ambos os projetos representarem inegável avanço à legislação brasileira em termos de previsão normativa do *Compliance* eleitoral, suprindo lacuna existente no ordenamento jurídico, é evidente a existência de algumas falhas em suas previsões, que, em alguns pontos, negligenciam aspectos relevantes do *Compliance*.

Assim, conforme identificado por Maria Cláudia Buchhianeri Pinheiro, para além de buscar a prevenção e a sanção de eventuais irregularidades financeiras, é necessário pensar uma política de integridade que estabeleça, de modo factível, (i) a identificação das matérias submetidas aos mecanismos de fiscalização e controle próprios dos sistemas de integridade; (ii) o controle à arrecadação de pessoas físicas; (iii) os critérios de realização de gastos partidários, como a escolha de empresas e terceiros contratados; (iv) medidas à redução da desigualdade de gênero no âmbito dos partidos políticos, etc.[592]

Isso porque a contabilidade dos partidos já é submetida a rigoroso controle externo, tendo a Justiça Eleitoral a função de analisar anualmente as contas prestadas nas três esferas partidárias: municipal, estadual e nacional. Assim, não é razoável conceber que o *Compliance*

---

[591] BRASIL. Senado Federal. Relatório Legislativo – 15/03/2018, Comissão de Constituição, Justiça e Cidadania. Disponível em: https://legis.senado.leg.br/sdleg-getter/documento?dm=7647139&ts=1567534351351&disposition=inline. Acesso em: 28 mar. 2022.

[592] BUCHHIANERI PINHEIRO, Maria Claudia. Tomemos a sério o debate em torno do compliance partidário: uma primeira reflexão crítica dos Projetos de Lei n.ºs 60/2017 e 429/2017, do Senado Federal. Em busca de um modelo efetivo. *In*: FUX, Luiz; PEREIRA, Luiz Fernando Casagrande; AGRA, Walber de Moura (Coord.); PECCINI, Luiz Eduardo (Org.). *Direito partidário*. Belo Horizonte: Fórum, 2018, p. 59-70. (Tratado de Direito Eleitoral, v. 2).

eleitoral se limite ou tenha como ponto central as questões contábeis dos partidos políticos, os quais enfrentam outras numerosas problemáticas a serem endereçadas.

Faz-se mister que o mecanismo desenvolvido envolva a criação de padrões éticos, de boa governança e de transparência, aptos a nortear a relação das agremiações também com seus filiados, colaboradores e com a própria Administração Pública, de modo a resgatar-lhes a credibilidade e a confiabilidade de que dependem.[593]

Especificamente, quanto ao PLS nº 60, identifica-se a baixa tipificação de ilícitos, a ausência de expressa fixação das penalidades cabíveis, a indeterminação do órgão competente e do rito procedimental respectivo e a restrição da ideia de *Compliance* às contas partidárias, o que, ao nosso juízo, esvazia a possibilidade de o projeto de lei gerar reais transformações nas estruturas partidárias, em uma perspectiva de transparência e combate à corrupção.[594]

Em relação ao PLS nº 429/2017, por outro lado, cogente reavaliar (i) a competência da Justiça Eleitoral para avaliar a efetividade do programa de *Compliance*, à luz de suas competências e dos objetivos pretendidos, devendo, se for o caso, prever reforma que possa proporcionar à Justiça Eleitoral estrutura compatível para a satisfatória concretização do novo dever; (ii) a obrigatoriedade de adoção de sistema de integridade em todos os níveis partidários (nacional, estadual e municipal), haja vista a múltipla realidade dos partidos políticos brasileiros – para alguns partidos e instâncias, a implementação de projeto desse porte é completamente inviável, dada a absoluta escassez de recursos financeiros e estrutura adequada; e (iii) a ausência de previsão de mecanismos de democracia interna como parâmetro de avaliação da política de integridade.

Atualmente, o PLS nº 429/2017 tramita no Senado Federal, aguardando deliberação do plenário. Vale ressaltar que, em 27.5.2019,

---

[593] BUCHHIANERI PINHEIRO, Maria Claudia. Tomemos a sério o debate em torno do compliance partidário: uma primeira reflexão crítica dos Projetos de Lei n.ºs 60/2017 e 429/2017, do Senado Federal. Em busca de um modelo efetivo. *In*: FUX, Luiz; PEREIRA, Luiz Fernando Casagrande; AGRA, Walber de Moura (Coord.); PECCINI, Luiz Eduardo (Org.). *Direito partidário*. Belo Horizonte: Fórum, 2018, p. 59-70. (Tratado de Direito Eleitoral, v. 2).

[594] BUCHHIANERI PINHEIRO, Maria Claudia. Tomemos a sério o debate em torno do compliance partidário: uma primeira reflexão crítica dos Projetos de Lei n.ºs 60/2017 e 429/2017, do Senado Federal. Em busca de um modelo efetivo. *In*: FUX, Luiz; PEREIRA, Luiz Fernando Casagrande; AGRA, Walber de Moura (Coord.); PECCINI, Luiz Eduardo (Org.). *Direito partidário*. Belo Horizonte: Fórum, 2018, p. 59-70. (Tratado de Direito Eleitoral, v. 2).

foi rejeitada[595] pela Comissão de Constituição, Justiça e Cidadania, a Ementa nº 1-PLEN, proposta pelo Sen. Humberto Costa, que pretendia inserir temas ao art. 15 – de nove incisos –, que trata das matérias seguintes: (i) publicidade e transparência do balanço contábil enviado à Justiça Eleitoral; (ii) publicidade e transparência da origem dos recursos doados por pessoas físicas; e (iii) mecanismos e procedimentos de integridade que visem à identificação e ao saneamento das irregularidades. Ainda, no parágrafo único, objetivava-se especificar que a publicidade e transparência de que trata o inc. XI inclui a identificação do doador, o setor econômico ao qual pertence e sua interação com o setor público, seja como prestador de serviço na condição de pessoa física ou de pessoa jurídica da qual faz parte como proprietário, sócio, controlador, quotista, administrador ou beneficiário final.

Pelos motivos expostos, apesar da significativa importância das iniciativas normativas, existem pontos a serem aperfeiçoados, sobretudo para conferir maior alinhamento em relação à realidade partidária no Brasil e para a concretização do desenvolvimento de uma política de *compliance* eficaz na concepção de uma cultura efetivamente ética e de boa governança.

3.4 *Compliance* e autonomia partidária

A elaboração de uma política que promova a efetividade da democracia intrapartidária e a implementação da cultura de *Compliance* no ambiente eleitoral é desafio a ser compatibilizado com a autonomia constitucionalmente prevista dos partidos políticos.

O texto constitucional de 1988 privilegiou a liberdade de auto-organização das agremiações, deixando a seu cargo a definição da estrutura interna e da gestão de pessoas e recursos, visando à construção de um ambiente democrático em que a participação de seus membros seria mais importante que uma delimitação formal engessada por parte do poder público, como ocorria na antiga Lei Orgânica dos Partidos Políticos.

Ocorre que, apesar disso, é indiscutível a prerrogativa estatal de fixar limites e estabelecer obrigações à atividade partidária de forma razoável, no intento de promover um ambiente mais justo, igualitário

[595] BRASIL. Senado Federal. *Parecer – 2019, Comissão de Constituição, Justiça e Cidadania*. Disponível em: https://legis.senado.leg.br/sdleg-getter/documento?dm=7957950&ts=1630427468320&disposition=inline. Acesso em: 28 mar. 2022.

e alinhado às premissas constitucionais que devem nortear a atividade dos partidos políticos. A título de exemplo, citam-se a especificação dos gastos possíveis com uso de recursos públicos, incluindo o teto para determinadas categorias, e a implementação de cotas de gênero pela Lei das Eleições – ambas interferências legítimas do Estado em prol da sociedade e de um ambiente eleitoral mais íntegro.

Nesse sentido, é cabível a instituição da obrigatoriedade de implementação de programa de integridade, desde que respeitados alguns parâmetros: (i) o respeito à realidade plural dos partidos políticos no Brasil, (ii) a ilegitimidade de fixação de um modelo pré-determinado e de submissão do padrão escolhido à aprovação da Justiça Eleitoral; e (iii) a criação de incentivos à efetividade do programa, no lugar da sanção por ineficiência.

Em relação ao primeiro aspecto, destaca-se que a quantidade de partidos políticos existentes no Brasil inviabiliza a implementação de um sistema de *Compliance* excessivamente complexo, abrangente e regulamentado, principalmente porque a realidade de alguns diretórios municipais e estaduais é significativamente precária. Exigir de determinados órgãos locais o desenvolvimento de uma política sobre a qual, muitas vezes, nem se tem conhecimento seria demasiadamente rigoroso e prejudicial e inviabilizaria as próprias atividades partidárias, em detrimento de sua autonomia de atuação.

Ainda acerca deste primeiro aspecto, parece relevante o destaque das disposições presentes no art. 42, §3º do Decreto nº 8.420/2015[596] e na Portaria Conjunta nº 2.279/2015,[597] da CGU e da Secretaria da Micro e Pequena Empresa, que garantem que microempresas e empresas de pequeno porte encontrarão algumas formalidades reduzidas, quando da implementação de programas de *compliance*.

Isto ocorre pois o legislador e a Controladoria-Geral da União estão atentos à realidade de empresas as quais, ao cumprir os requisitos estabelecidos na Lei Complementar nº 123, de 14.12.2006,[598] e se

---

[596] BRASIL. Decreto n. 8.420, de 18 de março de 2015. Regulamenta a Lei nº 12.846, de 1º de agosto de 2013, que dispõe sobre a responsabilização administrativa de pessoas jurídicas pela prática de atos contra a administração pública, nacional ou estrangeira e dá outras providências. Disponível em:http://www.planalto.gov.br/ccivil_03/_ato2015-2018/2015/decreto/d8420.htm. Acesso em: 28 mar. 2022.

[597] BRASIL. Controladoria-Geral da União. Secretaria da Micro e Pequena Empresa. Portaria Conjunta nº 2.279, de 9 de setembro de 2015. Disponível em: https://pesquisa.in.gov.br/imprensa/jsp/visualiza/index.jsp?data=10/09/2015&jornal=1&pagina=2&totalArquivos=80. Acesso em: 28 mar. 2022.

[598] BRASIL. Lei Complementar nº 123, de 14 de dezembro de 2006. Institui o Estatuto Nacional da Microempresa e da Empresa de Pequeno Porte; altera dispositivos das Leis nº 8.212

qualificarem como microempresas ou empresas de pequeno porte, demonstram não possuir equipe, força de trabalho ou recursos econômico-financeiros suficientes para implementar e gerenciar todos os mecanismos de integridade habitualmente considerados por empresas de médio ou grande porte.

Por esta razão, objetivando incentivar micro e pequenas empresas a adotarem mecanismos de integridade, abre-se a possibilidade de regimes "simplificados" de *compliance*, ou seja, tão somente a estruturação daqueles pilares absolutamente indispensáveis à obtenção de um grau mínimo de efetividade dos programas implementados, para que não se tornem, de fato, *paper programs*.

Neste sentido, pode-se estabelecer um panorama comparativo das normas supracitadas, que regulamentam os programas de integridade para microempresas e empresas de pequeno porte, com o contexto dos partidos políticos no Brasil, dada a grande quantidade de agremiações e a heterogeneidade de seus portes e recursos.

Parte-se da premissa de que algumas legendas, de maior envergadura, possuem corpo técnico, força de trabalho e recursos econômico-financeiros suficientes para implementar programas de *compliance* inteiramente estruturados, enquanto outras, de menor porte, encontram dificuldades para cumprir com todas as obrigações dos regulamentos.

Isto denota, em maior ou menor grau, que mecanismos simplificados de integridade poderão ser considerados pelo legislador quando da edição de eventual norma referente ao *compliance* para partidos políticos.

Deste modo, não parece razoável que as normas relativas à implementação de programas de *compliance* por partidos políticos prevejam a simplificação para todo e qualquer partido, mas sim que sejam estabelecidos requisitos objetivos e classificatórios, para que agremiações de menor expressão possam, da mesma forma, estruturar programas de integridade efetivos, ajustados e em consonância com suas próprias realidades.

Sobre o segundo ponto, a imposição de um programa de integridade pré-determinado e excessivamente regulamentado fere a autonomia dos partidos políticos de definir sua organização e gestão

---

e 8.213, ambas de 24 de julho de 1991, da Consolidação das Leis do Trabalho - CLT, aprovada pelo Decreto-Lei no 5.452, de 1º de maio de 1943, da Lei nº 10.189, de 14 de fevereiro de 2001, da Lei Complementar nº 63, de 11 de janeiro de 1990; e revoga as Leis nº 9.317, de 5 de dezembro de 1996, e 9.841, de 5 de outubro de 1999. Disponível em: http://www.planalto.gov.br/ccivil_03/leis/lcp/lcp123.htm. Acesso em: 28 mar. 2022.

internas, principalmente considerando que o *Compliance* deve partir da identificação dos problemas existentes numa organização específica, constituindo solução particular.

Além disso, estabelecer um processo de avaliação judicial da efetividade do programa de integridade implementado representaria subversão das competências que são próprias à Justiça Eleitoral e excessiva intromissão do Poder Judiciário na esfera de decisão partidária, o que envolveria ainda custos elevados por parte do poder público. Igualmente, propõe-se que a avaliação da política de integridade seja feita apenas em relação à sua existência, em procedimento administrativo simples de revisão de estatutos partidários.

O terceiro mote, em complemento ao exposto, implica estabelecer, simultaneamente à simples obrigatoriedade de existência de um programa de *Compliance*, incentivos para sua efetividade, como a avaliação desse ponto na fixação de penalidades por eventuais atos ilícitos. Dessa forma, agrega-se a política de incentivo à imposição, em um modelo obrigatório – quanto à existência – e promocional – quanto à efetividade –, valorizando a autonomia das agremiações para definir a forma de condução da integridade.

Anotam Barreda e Ruiz Rodriguez que "la confianza en los partidos que integran un sistema político es un factor que previene los cambios en los sistemas de partidos y, viceversa, la irrupción de nuevos partidos es más probable cuando la confianza en los partidos experimenta un descenso".[599]

Desse modo, a imposição de medidas obrigatórias de *Compliance*, em caso de previsão legal expressa, é perfeitamente compatível com a preservação da autonomia partidária, desde que observados certos critérios de razoabilidade e respeitada a liberdade de auto-organização dos partidos.

3.5 Medidas de prevenção por meio do *Compliance*

O *Compliance* se orienta precipuamente pela finalidade preventiva, a partir da programação de uma série de condutas que promovem a diminuição dos riscos da atividade realizada – *in casu*, a partidária. Destarte, a estrutura definida *é* pensada para combinar uma atuação

[599] BARREDA, Mikel; RUIZ RODRIGUEZ, Leticia María. Confianza partidista y estabilidad electoral en América Latina. *Revista Mexicana de Sociología*, México, v. 81, n. 2, p. 247-273, jun. 2019, p. 266. Disponível em: http://www.scielo.org.mx/scielo.php?script=sci_arttext&pid=S0188-25032019000200247&lng=es&nrm=iso. Acesso em: 28 mar. 2022.

mais justa da pessoa jurídica a estratégias de prevenção de problemas futuros.[600]

Por *óbvio*, os aspectos detectivos e corretivos do *compliance* não devem ser desconsiderados. O canal de denúncias (ou comunicação), *v.g.*, atua como um dos principais mecanismos de prevenção e detecção de irregularidades de um programa de integridade, e permite que o mapeamento de riscos atinja novos patamares, quando aplicado em conjunto com estruturas de melhoria contínua.

Na linha do exposto no tópico 3.1.2, pode-se considerar que são alguns dos objetivos do programa de *compliance*: (i) identificar os riscos específicos relacionados ao negócio da organização; e (ii) prevenir e detectar condutas ilícitas existentes ou potenciais.[601] Portanto, imperioso ressaltar que, historicamente, o risco está associado *à* realização de empreendimentos e atividades comerciais, como elemento intrínseco ao surgimento de oportunidades e inovação.

Segundo Anthony Giddens:

> Oportunidade e inovação são o lado positivo do risco. Ninguém pode escapar ao risco, é claro, mas há uma diferença básica entre a experiência passiva do risco e a exploração ativa de ambientes de risco. Um compromisso positivo com o risco e a exploração ativa de ambientes de risco. Um compromisso positivo com risco é um componente necessário da mobilização social e econômica. Alguns riscos nós queremos minimizar tanto quanto possível; outros, como os envolvidos em nossas decisões de investimento, são uma parte positiva e inevitável de uma economia de mercado bem sucedida. Risco não é exatamente perigo. Risco se refere a perigos que buscamos ativamente confrontar e avaliar. Numa sociedade como a nossa, orientada para o futuro e saturada de informação, o tema do risco une muitas outras áreas da política em outros sentidos inteiramente dissimilares: reforma do "welfare state", compromisso com os mercados financeiros mundiais, reações a mudanças tecnológicas, problemas ecológicos e transformações geopolíticas. Todos precisam de proteção contra o risco, mas também da capacidade de enfrentar e assumir riscos de uma maneira produtiva.[602]

---

[600] SILVEIRA, Renato de Mello Jorge; SAAD-DINIZ, Eduardo. *Compliance, direito penal e Lei Anticorrupção*. 1. ed. São Paulo: Saraiva, 2015, p. 255.

[601] ALLIANCE FOR INTEGRITY. *Prevenção à corrupção*: um guia para empresas. dez. 2016. Disponível em: https://www.allianceforintegrity.org/pt/oferta/publications/?pageId40a48e22=2&pageId43348654=2&pageId38ef2f80=3&pageId376f5a5a=2&pageIdb72eeacb=2#list_b72eeacb. Acesso em: 28 mar. 2022.

[602] GIDDENS, Anthony. *A terceira via*. Tradução de Maria Luiza Borges. 2. tir. Rio de Janeiro: Record, 1999, p. 73.

Originalmente, o risco advinha da incerteza e da imprevisibilidade quanto ao resultado, fatores que, com a evolução da matemática e da estatística, se tornaram menos relevantes, *à* medida que as previsões se tornaram cada vez mais apuradas. Hoje, com a evolução das formas societárias, a noção de risco permeia, de modo geral, qualquer forma de associação ou sociedade, não se restringindo *à* atividade empresarial e estando relacionada primordialmente *às* repercussões negativas que más condutas individuais possam causar *à* pessoa jurídica em termos de imagem, reputação e legalidade.

Nesse sentido, o *Compliance* se apresenta como forma de mitigação de riscos, a partir do desenvolvimento de políticas de controle interno e prevenção contra a ocorrência de externalidades negativas, bem como do estímulo ao dever de agir com transparência e conforme os princípios, valores e regulamentos na cultura organizacional.[603]

No intuito de cumprir esses objetivos, as ações de integridade devem ser organizadas por meio de um programa que permita o planejamento das atividades a serem implementadas, partindo da identificação e gestão dos riscos, que envolve supervisão, monitoramento e disseminação de sua cultura para todos que se relacionem com a organização.

De tal modo, necessária a adoção de uma supervisão baseada em riscos, em que cada organização deve mapear e identificar os riscos a que se sujeita e elaborar procedimentos normativos e operacionais que previnam e mitiguem problemáticas existentes e futuras.[604] Em se tratando da realidade dos partidos políticos, destaca-se, por exemplo, a relevância de se instituírem medidas de parametrização dos gastos em campanha, considerando os riscos de escolhas irregulares ou antiéticas sobre o tema.

Tendo em vista as particularidades da atividade partidária, compreende-se que a mitigação de riscos deve considerar dois aspectos: (i) a existência de conflitos de interesse e (ii) a necessidade de combate *à* fraude e *à* corrupção.

Ainda que esta legislação seja inaplicável a partidos políticos – mas sim a seus filiados, quando eleitos – vale destacar o conceito de conflito de interesses, estabelecido no art. 3º da Lei nº 12.813/2013:

---

603 TOSATTI; Tatiana; CASADO, Guilherme. A mitigação de riscos por meio dos sistemas de Compliance, autorregulação e regulação estatal. *Revista de Direito Internacional e Globalização Econômica*, v. 3, n. 03, 2018, p. 91-107, p. 100.

604 TOSATTI; Tatiana; CASADO, Guilherme. A mitigação de riscos por meio dos sistemas de Compliance, autorregulação e regulação estatal. *Revista de Direito Internacional e Globalização Econômica*, v. 3, n. 03, 2018, p. 91-107, p. 101.

> Art. 3º Para os fins desta Lei, considera-se:
>
> I - conflito de interesses: a situação gerada pelo confronto entre interesses públicos e privados, que possa comprometer o interesse coletivo ou influenciar, de maneira imprópria, o desempenho da função pública; [...].[605]

Assim, no *âmbito* dos partidos políticos, o conflito de interesses remete *à* situação de confronto entre interesses pessoais de um membro ou dirigente com os interesses da agremiação, que possa, de forma concreta ou aparente, comprometer ou influenciar, de maneira imprópria, o desempenho das funções do filiado em questão, em detrimento dos interesses do partido. A título de exemplo, cita-se o caso da contratação de parentes da alta cúpula dos partidos ou dos candidatos para atuar em campanha eleitoral – nessa hipótese, o contratante candidato e/ou o dirigente partidário privilegia seus interesses privados, as vantagens patrimoniais direcionadas *à* sua família, em detrimento da efetiva avaliação de conveniência do negócio sob a perspectiva de utilidade para o partido e para o processo eleitoral.

Na perspectiva da cultura de integridade, *é* necessário que tais condutas sejam coibidas e que sua denúncia seja estimulada, no fito de evitar desvios de finalidade, manifestamente contrários aos princípios da moralidade, da eficiência e da isonomia, e de evitar a aparência de ilegalidade nas ações partidárias, muito prejudicial *à* imagem do partido e, principalmente, ao processo democrático.

Por *óbvio*, não *é* toda e qualquer contratação de parentes para atuar em campanha eleitoral que se demonstra contrária *à* legislação, ao entendimento dos tribunais, aos princípios constitucionais da moralidade e impessoalidade, bem como ao próprio programa de integridade. No entanto, faz-se imprescindível uma análise de riscos eficaz, vez que a situação acima proposta, notadamente, possui potencial para configurar conflito de interesses. Sobre o tema, destaca-se entendimento já citado do Tribunal Superior Eleitoral:

> [...] 10. Embora não haja vedação expressa à contratação de futuros parentes (ou até mesmo de parentes) para prestação de serviços de

---

[605] BRASIL. Lei nº 12.813, de 16 de maio de 2013. Dispõe sobre o conflito de interesses no exercício de cargo ou emprego do Poder Executivo federal e impedimentos posteriores ao exercício do cargo ou emprego; e revoga dispositivos da Lei nº 9.986, de 18 de julho de 2000, e das Medidas Provisórias nºs 2.216-37, de 31 de agosto de 2001, e 2.225-45, de 4 de setembro de 2001. Disponível em: http://www.planalto.gov.br/ccivil_03/_ato2011-2014/2013/lei/l12813.htm. Acesso em: 28 mar. 2022.

> campanha, é necessário que haja razoabilidade em tal prática e que sejam observados os preceitos éticos e morais que devem nortear a conduta dos candidatos e dos partidos políticos, notadamente quanto ao uso de recursos públicos, evitando–se o favorecimento pessoal de qualquer natureza e o prejuízo à economicidade que pode decorrer de tais contratações. Nesse sentido, destaca–se que é dever do candidato ou do partido político garantir o bom uso dos recursos públicos, buscando obter o melhor resultado pelo menor custo possível, em atenção ao princípio da economicidade.
> 11. A contratação de parente do candidato – ou mesmo de pessoa que mantenha relação de noivado ou namoro com o candidato ou com parente do candidato – para a prestação de serviço na campanha enseja atenção da Justiça Eleitoral, dada a possibilidade de conflito de interesses e de desvio de finalidade na aplicação de recursos públicos, com vistas a, eventualmente, favorecer financeiramente a pessoa contratada. Assim, tal contratação, caso seja realizada, deve observar rigorosamente os princípios constitucionais da razoabilidade, da moralidade e da economicidade, assim como deve evidenciar elevado grau de transparência, a fim de que sejam, de forma satisfatória, demonstradas as peculiaridades da transação, as atividades efetivamente desenvolvidas e a compatibilidade dos custos com valores de mercado. Cumpre à Justiça Eleitoral atuar com maior rigor em tais situações. [...].[606]

Por outro lado, o risco de fraude e corrupção advém da própria relação dos partidos políticos com o poder público, em termos de atividade legislativa e executiva, e do histórico de ilegalidade institucionalizada no funcionamento das atividades partidárias no Brasil.

Dessa forma, e principalmente no momento político atual do país, de repulsa a práticas de corrupção, *é* preciso que se estabeleçam políticas efetivas de estímulo *à* integridade, *à* denúncia de condutas desviantes e *à* internalização de uma cultura de observância *às* normas, sendo o *Compliance* mecanismo adequado de realização desses fins. Acerca da importância desse mecanismo, pontua Jaime Muñoz:

> The best policy in the fight against corruption is its prevention. Acting efficiently before it happens, by tackling its causes and motivations, will hamper its occurrence. It is, therefore, an ex ante and ex post strategy. Given the experience of the past few years, when corruption has increased exponentially, it is necessary to work towards its prevention through compliance measures prior to the awarding of contracts.

---

[606] BRASIL. Tribunal Superior Eleitoral. Recurso Especial Eleitoral nº 060116394. Acórdão, Relator Min. Sergio Silveira Banhos, Acórdão de 29/09/2020, Publicação: DJE – Diário de Justiça Eletrônico, Tomo 216, Data 27/10/2020. Disponível em: http://www.tse.jus.br/jurisprudencia/decisoes/jurisprudencia. Acesso em: 28 mar. 2022.

> Fostering forceful self-cleaning measures is also applicable in those cases where companies liable for corruption offenses are willing to adopt credible and trustworthy prevention mechanisms. This is the operational framework of the strategy known as self-cleaning, or self-government which has been proliferating in recent times, mainly in the English-speaking world, and that the EU has just confirmed in its latest Directives from 2014.[607]

Para tanto, a transparência e a divulgação de dados e informações se fazem essenciais, por possibilitarem a análise de dados e a fiscalização externa e interna das ações partidárias. De tal modo, nos subtópicos subsequentes, exploram-se alguns aspectos relevantes no *âmbito* das medidas de prevenção que podem ser adotadas por meio do *Compliance*.

3.5.1 Relacionamento com terceiros

Dada a extensa regulamentação legal a que os partidos políticos estão submetidos, incluindo, nesse contexto, deveres, obrigações e limites *às* suas atividades, *é* evidente que o *Compliance* eleitoral não pode se resumir *à* observância de normas externas como, *v.g.*, leis, princípios, postulados, resoluções do TSE, súmulas, etc., já que a fiscalização a que estão submetidos perante a Justiça Eleitoral *é* periódica e objetiva, principalmente em termos de contabilidade. Nessa perspectiva, a mudança de cultura deve compreender a criação de padrões *éticos*, de boa governança e transparência também, e principalmente, em relação a terceiros (doadores, eleitores, filiados, etc.).

Especificamente em relação a doadores, fornecedores e prestadores de serviços, faz-se essencial a implementação da *due diligence* que, nas palavras de Rodrigo Castro e Francine Gonçalves:

> [...] é um processo que visa buscar informações sobre determinadas empresas e pessoas com as quais a empresa tem a intenção de se relacionar. Estes processos podem ser realizados em diversas situações, como a contratação de fornecedores, prestadores de serviços, terceiros, patrocinados, consorciados e empregados; a negociação para aquisição e fusão com outras empresas; a contratação de agentes intermediários (despachantes, por exemplo).[608]

---

[607] MUÑOZ, Jaime Rodriguez-Arana. Self-cleaning in public procurement: operational potentiality and regulation in the European Union. *A&C – Revista de Direito Administrativo & Constitucional*, Belo Horizonte, ano 17, n. 70, p. 25-44, out./dez. 2017, p. 26, p. 26.

[608] CASTRO, Rodrigo Pironti Aguirre de; GONÇALVES, Francine Silva Pacheco. *Compliance e gestão de risco nas empresas estatais*. Belo Horizonte: Fórum, 2018, p. 29, *apud* BRASIL.

O Decreto nº 8.420/2015, por sua vez, em seu art. 42, XIII, observa o *due diligence* como um dos parâmetros de avaliação do programa de integridade, e o descreve como sendo "diligências apropriadas para contratação e, conforme o caso, supervisão, de terceiros, tais como, fornecedores, prestadores de serviço, agentes intermediários e associados".[609]

Trata-se, portanto, de uma investigação informal de histórico de conduta e imagem de empresas ou pessoas, potencialmente contratadas ou doadoras, no escopo de evitar estabelecer relacionamentos que possam causar danos *à* reputação ou eventuais problemas de legalidade, em efetivo exercício do objetivo preventivo do programa de integridade. Ademais, devem ser evitadas relações com pessoas, físicas ou jurídicas, que notadamente sejam ou atuem em contrariedade aos entendimentos e *às* diretrizes *éticas* estabelecidas na lei e no próprio programa de *compliance* da agremiação.

Quanto aos eleitores, verdadeiro sentido da representatividade partidária, entende-se que o principal ponto da política de *compliance* consiste no resgate de credibilidade e confiabilidade perante a população. Isso porque o sentimento de representatividade e, consequentemente, a crença no trabalho das agremiações são o centro do sistema eleitoral, sendo de fundamental importância para o regime democrático que se transmita uma ideia de confiança e integridade aos eleitores.

Por esse viés, compreende-se um trabalho mais amplo, de efetiva implementação da cultura de conformidade e *ética*, que conduza ao reconhecimento de um conceito positivo sobre os partidos políticos, de autêntico comprometimento com a Constituição Federal e seus ideais republicanos.

Da mesma forma, em relação *às* autoridades e ao Poder Judiciário, deve-se buscar uma postura de cooperação, demonstrando real comprometimento com a lei e com os princípios norteadores da atividade partidária, assim como comprovando a adoção de medidas preventivas possíveis para proteger a integridade da agremiação.

Tribunal de Contas da União. *Levantamento de governança e gestão das aquisições*. Brasília: TCU, 2013.

609 BRASIL. Decreto n. 8.420, de 18 de março de 2015. Regulamenta a Lei nº 12.846, de 1º de agosto de 2013, que dispõe sobre a responsabilização administrativa de pessoas jurídicas pela prática de atos contra a administração pública, nacional ou estrangeira e dá outras providências. Disponível em:http://www.planalto.gov.br/ccivil_03/_ato2015-2018/2015/decreto/d8420.htm. Acesso em: 28 mar. 2022.

3.5.2 Utilização das mídias sociais e combate a *fake news*

Conforme já ressaltado, as mídias sociais constituem importante instrumento da atualidade para a divulgação de ideias e para a melhora da comunicação entre partidos, candidatos e eleitores, proporcionando a redução dos custos da propaganda partidária e ampliando o acesso à informação.

No entanto, porquanto explicitado no tópico 2.6.1, a internet pode apresentar sérios riscos de integridade se utilizada de forma a propagar informações inverídicas, falsear a identidade de quem interage nas redes sociais e influenciar condutas de forma desleal.

Considerado o risco concreto de tais problemáticas virem a ocorrer, prejudicando o equilíbrio e a lisura do processo eleitoral, é imperioso que seja endereçado pelo programa de *Compliance* incentivo à honestidade e à transparência, a fim de prever mecanismos de monitoramento das atividades virtuais do partido e dos candidatos e a necessária divulgação interna e externa dos gastos com essas plataformas, a exemplo do impulsionamento de conteúdo.

Para as eleições de 2020, o Tribunal Superior Eleitoral lançou, em agosto de 2019, o Programa de Enfrentamento à Desinformação. Referido projeto foi dividido em seis eixos: o primeiro, "organização interna", tem por escopo a integrar os órgãos da Justiça Eleitoral; o segundo, "alfabetização midiática e informacional", objetiva a divulgação dos trâmites do processo eleitoral; o terceiro, "contenção à desinformação" tem por finalidade desestimular a propagação de informações falsas;[610] o quarto eixo, "identificação e checagem de desinformação" pretende "buscar o aperfeiçoamento e novos métodos de identificação de possíveis práticas de disseminação de conteúdos falaciosos".[611] Já os dois últimos, quinto e sexto, "aperfeiçoamento do ordenamento jurídico" e "aperfeiçoamento de recursos tecnológicos", respectivamente, visam ao aprimoramento dos procedimentos internos da Justiça Eleitoral.[612]

---

610 BRASIL. Tribunal Superior Eleitoral. Comunicação. TSE lança Programa de Enfrentamento à Desinformação com Foco nas Eleições 2020. Disponível em: http://www.tse.jus.br/imprensa/noticias-tse/2019/Agosto/tse-lanca-programa-de-enfrentamento-a-desinformacao-com-foco-nas-eleicoes-2020. Acesso em: 28 mar. 2022.

611 BRASIL. Tribunal Superior Eleitoral. Comunicação. TSE lança Programa de Enfrentamento à Desinformação com Foco nas Eleições 2020. Disponível em: http://www.tse.jus.br/imprensa/noticias-tse/2019/Agosto/tse-lanca-programa-de-enfrentamento-a-desinformacao-com-foco-nas-eleicoes-2020. Acesso em: 28 mar. 2022.

612 BRASIL. Tribunal Superior Eleitoral. Comunicação. TSE lança Programa de Enfrentamento à Desinformação com Foco nas Eleições 2020. Disponível em: http://www.tse.jus.br/imprensa/noticias-tse/2019/Agosto/tse-lanca-programa-de-enfrentamento-a-desinformacao-com-foco-nas-eleicoes-2020. Acesso em: 28 mar. 2022.

Ademais, o tema *fake news* integrou a Resolução TSE nº 23.610/2019,[613] que dispõe sobre a propaganda eleitoral, utilização e geração do horário gratuito e condutas ilícitas em campanha eleitoral, assim como integrará as demais resoluções que a substituírem.[614] Na minuta apresentada na Instrução nº 0600751-65.2019.6.00.0000,[615] que alterou a Resolução TSE nº 23.610/2019, sendo confirmada pela Resolução nº 23.671/2021, consta a seguinte redação para o art. 9º, similar à anterior:

> Art. 9º A utilização, na propaganda eleitoral, de qualquer modalidade de conteúdo, inclusive veiculado por terceiros, pressupõe que a candidata, o candidato, o partido, a federação ou a coligação tenha verificado a presença de elementos que permitam concluir, com razoável segurança, pela fidedignidade da informação, sujeitando-se as pessoas responsáveis ao disposto no art. 58 da Lei nº 9.504/1997, sem prejuízo de eventual responsabilidade penal.[616]

Ainda, a desinformação aparece novamente no §1º do art. 27, com acréscimos na Resolução nº 23.671/2021. *In verbis*:

---

613 BRASIL. Tribunal Superior Eleitoral. Resolução n. 23.610, de 18 de dezembro de 2019. Disponível em: https://www.tse.jus.br/legislacao/compilada/res/2019/resolucao-no-23-610-de-18-de-dezembro-de-2019. Acesso em: 28 mar. 2022.

614 Sobre o tema, assim deliberou o Tribunal Superior Eleitoral sobre a matéria relativa a *fake news* na resolução que regulamenta as eleições de 2022: "Lado outro, acolheu-se, com ligeiras adaptações, judiciosa colaboração endereçada pelo eminente Corregedor-Geral Eleitoral, Min.Mauro Campbell Marques, tendente à salvaguarda das instituições eleitorais, contra a epidemia da desinformação" (BRASIL. Tribunal Superior Eleitoral. Instrução n. 0600751-65.2019.6.00.0000. Acórdão, Relator(a) Min. Edson Fachin. Disponível em: https://www.tse.jus.br/imprensa/noticias-tse/arquivos/voto-ministro-edson-fachin-instrucao-0600751-65-propaganda-eleitoral-eleicoes-2022-14-12-2021/rybena_pdf?file=https://www.tse.jus.br/imprensa/noticias-tse/arquivos/voto-ministro-edson-fachin-instrucao-0600751-65-propaganda-eleitoral-eleicoes-2022-14-12-2021/at_download/file. Acesso em: 28 mar. 2022).

615 BRASIL. Tribunal Superior Eleitoral. Instrução n. 0600751-65.2019.6.00.0000. Acórdão, Relator(a) Min. Edson Fachin. Disponível em: https://www.tse.jus.br/imprensa/noticias-tse/arquivos/voto-ministro-edson-fachin-instrucao-0600751-65-propaganda-eleitoral-eleicoes-2022-14-12-2021/rybena_pdf?file=https://www.tse.jus.br/imprensa/noticias-tse/arquivos/voto-ministro-edson-fachin-instrucao-0600751-65-propaganda-eleitoral-eleicoes-2022-14-12-2021/at_download/file. Acesso em: 28 mar. 2022.

616 BRASIL. Tribunal Superior Eleitoral. Instrução n. 0600751-65.2019.6.00.0000. Acórdão, Relator(a) Min. Edson Fachin. Disponível em: https://www.tse.jus.br/imprensa/noticias-tse/arquivos/voto-ministro-edson-fachin-instrucao-0600751-65-propaganda-eleitoral-eleicoes-2022-14-12-2021/rybena_pdf?file=https://www.tse.jus.br/imprensa/noticias-tse/arquivos/voto-ministro-edson-fachin-instrucao-0600751-65-propaganda-eleitoral-eleicoes-2022-14-12-2021/at_download/file. Acesso em: 28 mar. 2022.

> Art. 27. [...]
> §1º A livre manifestação do pensamento de pessoa eleitora identificada ou identificável na internet somente é passível de limitação quando ofender a honra ou a imagem de candidatas, candidatos, partidos, federações ou coligações, ou divulgar fatos sabidamente inverídicos, observado o disposto no art. 9º-A desta Resolução. [617]

De mais a mais, no art. 90 da Resolução nº 23.671/2021, está disposta a penalidade para quem divulga, não somente em propaganda eleitoral, mas também durante campanha, fatos sabidamente inverídicos. Ainda, também incorre nas mesmas penas quem produz, oferece ou vende vídeo com conteúdo inverídico acerca de partidos ou candidatos e candidatas. Confira-se:

> Art. 90. Constitui crime, punível com detenção de 2 (dois) meses a 1 (um) ano ou pagamento de 120 (cento e vinte) a 150 (cento e cinquenta) dias-multa, divulgar, na propaganda eleitoral ou durante período de campanha eleitoral, fatos que sabe inverídicos em relação a partidos ou candidatas e candidatos e capazes de exercer influência perante a eleitora e o eleitor (Código Eleitoral, art. 323, caput).
>
> §1º Nas mesmas penas incorre quem produz, oferece ou vende vídeo com conteúdo inverídico acerca de partidos ou candidatas e candidatos (Código Eleitoral, art. 323, §1º).
>
> §2º Aumenta-se a pena de 1/3 (um terço) até metade se o crime (Código Eleitoral, art. 323, §2º):
>
> I - é cometido por meio da imprensa, do rádio ou da televisão, ou por meio da internet ou de rede social, ou é transmitido em tempo real;
>
> II - envolve menosprezo ou discriminação à condição de mulher ou à sua cor, raça ou etnia.[618]

---

617 BRASIL. Tribunal Superior Eleitoral. Resolução n. 23.671, de 14 de dezembro de 2021. Disponível em: https://www.tse.jus.br/legislacao/compilada/res/2021/resolucao-no-23-671-de-14-de-dezembro-de-2021. Acesso em: 28 mar. 2022.
A redação "antiga", da Resolução TSE nº 23.610/2019, era a seguinte: "Art. 27 [...] §1º A livre manifestação do pensamento do eleitor identificado ou identificável na internet somente é passível de limitação quando ofender a honra ou a imagem de candidatos, partidos ou coligações, ou divulgar fatos sabidamente inverídicos" (BRASIL. Tribunal Superior Eleitoral. Resolução n. 23.610, de 18 de dezembro de 2019. Disponível em: https://www.tse.jus.br/legislacao/compilada/res/2019/resolucao-no-23-610-de-18-de-dezembro-de-2019. Acesso em: 28 mar. 2022).

618 BRASIL. Tribunal Superior Eleitoral. Resolução n. 23.671, de 14 de dezembro de 2021. Disponível em: https://www.tse.jus.br/legislacao/compilada/res/2021/resolucao-no-23-671-de-14-de-dezembro-de-2021. Acesso em: 28 mar. 2022.

Não obstante, vale destacar o julgamento, pelo Tribunal Superior Eleitoral, de duas ações de investigação judicial eleitoral (AIJEs), de nºs 0601771-28.2018.6.00.0000[619] e 0601968-80.2018.6.00.0000,[620] hipótese em que a Corte entendeu, por maioria,[621] que houve disparos em massa, via *WhatsApp*, objetivando atacar adversários em benefício da candidatura à Presidência da República, nas eleições de 2018.[622]

No entanto, os ministros apontaram a inexistência de elementos que permitam concluir, com segurança, a gravidade dos fatos, requisito imprescindível para a caracterização do abuso de poder econômico e do uso indevido de meios de comunicação social.

Nessa acepção, ambas as ações foram julgadas improcedentes, restando aprovada a tese com o seguinte teor:

> o uso de aplicações digitais de mensagens instantâneas visando promover disparos em massa, contendo desinformação e inverdades, em prejuízo de adversário e em benefício de candidato, pode configurar abuso de poder econômico e o uso indevido dos meios de comunicação social para os fins do art. 22, caput e inciso XIV da Lei Complementar 64/90 (Lei das Inelegibilidades).[623]

Todavia, considerando a gravidade dos danos causados pelo disparo em massa de conteúdos de origem duvidosa ou antiverídica, o Ministro Alexandre de Moraes assim destacou: "se houver repetição do que foi feito em 2018, o registro será cassado e as pessoas que

[619] BRASIL. Tribunal Superior Eleitoral. Ação de Investigação Judicial Eleitoral n. 0601771-28.2018.6.00.0000. Acórdão, Relator(a) Min. Luis Felipe Salomão. Disponível em: https://consultaunificadapje.tse.jus.br/consulta-publica-unificada/documento?extensaoArquivo=text/html&path=tse/2021/10/28/14/43/29/f9cdae68d0f817894be5287493fb0f19da8a9382c3406869f28f60b78b5ed721. Acesso em: 28 mar. 2022.

[620] BRASIL. Tribunal Superior Eleitoral. Ação de Investigação Judicial Eleitoral n. 0601968-80.2018.6.00.0000. Acórdão, Relator(a) Min. Edson Fachin. Disponível em: https://consultaunificadapje.tse.jus.br/#/public/resultado/0601968-80.2018.6.00.0000. Acesso em: 28 mar. 2022.

[621] Quanto à existência, ou não, de disparos em massa, ficaram vencidos os ministros Sérgio Banhos e Carlos Horbach.

[622] Além destas, por ausência de provas, foram julgadas improcedentes também outras duas AIJEs, referentes à mesma matéria – disparo em massa –, igualmente em desfavor de Jair Bolsonaro e Hamilton Mourão, quais sejam, a AIJE de nº 0601782-57.2018.6.00.0000 e a AIJE de nº 0601779-05.2018.6.00.0000.

[623] BRASIL. Tribunal Superior Eleitoral. Ação de Investigação Judicial Eleitoral n. 0601771-28.2018.6.00.0000. Acórdão, Relator(a) Min. Luis Felipe Salomão. Disponível em: https://consultaunificadapje.tse.jus.br/consulta-publica-unificada/documento?extensaoArquivo=text/html&path=tse/2021/10/28/14/43/29/f9cdae68d0f817894be5287493fb0f19da8a9382c3406869f28f60b78b5ed721. Acesso em: 28 mar. 2022.

assim fizerem irão para cadeia, por atentar contra as eleições e contra a democracia no Brasil".[624]

Em suma, a exemplo do instituído pelo Tribunal Superior Eleitoral, é necessário orientar membros dos partidos políticos de acordo com as novas regras previstas na Lei das Eleições e na Lei dos Partidos Políticos sobre o tema, como, por exemplo, as recentes alterações da Lei nº 13.877/2019,[625] assim como as resoluções que abordam o tema, as súmulas e os julgados do TSE.[626]

3.5.3 Fraude na cota de *gênero*

Considerando os problemas de fraude apontados quanto ao cumprimento da cota de gênero, é latente a inefetividade atual da política implementada, a despeito de uma aparência formal de cumprimento da lei pelos partidos.

Consoante destacado no tópico 2.3.1, no registro de candidatos, os partidos ou coligações deverão observar o mínimo de 30% e o máximo de 70% para candidatura de cada sexo, em atenção ao art. 10, §3º da Lei nº 9.504/1997,[627] após alteração trazida pela Lei nº 12.034/2009.[628] Contudo, na prática, habitualmente são lançadas candidaturas fictícias de mulheres, tratando-se de medida que visa, tão somente, cumprir a legislação quanto à cota de gênero.

Nessa consecução, o, partido político deve promover internamente a conscientização sobre o problema de baixa representatividade feminina na política, muitas vezes ignorado, para que, dessa forma, se promova o debate acerca de possíveis soluções. É evidente que o incentivo concreto à participação feminina na esfera intrapartidária irá

---

[624] SANTOS, Rafa. Decisão do TSE sobre disparos de fake news em 2018 foi destaque. *Consultor Jurídico*, 30 nov. 2021. Disponível em: https://www.conjur.com.br/2021-out-30/resumo-semana-decisao-tse-disparos-fake-news-2018-foi-destaque. Acesso em: 28 mar. 2022.

[625] BRASIL. Lei nº 13.877, de 27 de setembro de 2019. Disponível em: http://www.planalto.gov.br/ccivil_03/_Ato2019-2022/2019/Lei/L13877.htm#art1. Acesso em: 28 mar. 2022.

[626] BRASIL. Tribunal Superior Eleitoral. Resoluções. Disponível em: http://www.tse.jus.br/legislacao/codigo-eleitoral/normas-editadas-pelo-tse. Acesso em: 28 mar. 2022.

[627] BRASIL. Lei n. 9.504, de 30 de setembro de 1997. Estabelece normas para as eleições. Disponível em: http://www.planalto.gov.br/ccivil_03/leis/l9504.htm. Acesso em: 28 mar. 2022.

[628] BRASIL. Lei n. 12.034, de 29 de setembro de 2009. Altera as Leis 9.096, de 19 de setembro de 1995 – Lei dos Partidos Políticos, 9.504, de 30 de setembro de 1997, que estabelece normas para as eleições, e 4.737, de 15 de julho de 1965 – Código Eleitoral. Disponível em: http://www.planalto.gov.br/ccivil_03/_Ato2007-2010/2009/Lei/L12034.htm. Acesso em: 28 mar. 2022.

gradualmente se projetar para sua atuação externa, promovendo uma melhora real nesse quadro.

O estímulo à presença de mulheres no pleito eleitoral deve ocorrer não somente em reuniões e debates, mas também – e principalmente – ser incluído nas diretrizes principiológicas e de atuação dos partidos políticos, como em estatutos, resoluções e no manual de integridade ou código de conduta. Igualmente importante, a matéria deve ser internalizada pelos membros do partido, tornando-se verdadeira cultura, protegida, incentivada e respeitada por todos os integrantes.

Ressalta-se, ainda, que a cota de gênero não deve constituir objetivo do partido, a ser alcançado forçosamente e exclusivamente por imposição legal. A finalidade é que a cota implementada constitua meio de incentivo à promoção da participação feminina, para que, paulatinamente, se alcance uma realidade mais igualitária e se atinja o objetivo real, qual seja, a redução da desigualdade de gênero da esfera política com a consequente promoção de um espaço eleitoral e político mais diversificado e democrático.

3.5.4 Transparência na prestação de contas

Conforme previsões das Leis nº 9.096/1995 e 9.504/1997, e minudenciado no item 1.14 e seguintes deste estudo, a prestação de contas constitui obrigação partidária para com o Estado e a sociedade civil, a fim de que possa ser aferida não apenas a regularidade formal das contas, mas também atestado o comprometimento do partido político com a democracia, devendo ser realizada periodicamente.

Entretanto, não raro os partidos políticos que possuem dificuldades em cumprir as exigências legais que lhes são impostas em termos de contabilidade. Frequentemente se verificam (i) inconsistências na data e na titularidade da prestação de serviços; (ii) ausência de indicação e descrição precisa de doações e despesas; (iii) incorreção nos valores indicados; e (iv) gastos efetuados em desacordo com os princípios que regem o Direito Eleitoral, entre outros.

Dessa forma, é importante que o programa de *Compliance* inclua entre suas diretrizes a importância de se manter rigoroso controle de despesas e receitas, sempre em conformidade com as previsões normativas, demonstrando efetivo comprometimento por parte das agremiações em relação ao uso de recursos públicos e ao dever legal de transparência. Para isso, entende-se cabível a previsão de sanções internas para as condutas de mau uso de verba ou falta de clareza em seu registro, no desígnio de aprimoramento da própria gestão financeira partidária.

3.6 Como implementar um programa de *compliance* nos partidos políticos?

Os mecanismos de *compliance* devem ser organizados por meio de um programa que contemple alguns eixos fundamentais, ou pilares. Conforme já exposto, os principais pilares do programa de integridade são: (i) comprometimento da alta administração; (ii) instância responsável; (iii) análise de risco; e (iv) monitoramento contínuo.[629]

Ademais, além dos pilares fundamentais acima expostos – e sempre com observância a eles –, compreendemos que um programa de integridade deverá conter os seguintes mecanismos: (i) código de conduta e políticas de *compliance*; (ii) controles internos; (iii) treinamento e comunicação; (iv) canais de denúncia; (v) investigação interna; (vi) *due diligence*; e (vii) auditoria e monitoramento.[630] Por conseguinte, este deverá ser estruturado conforme plano de implementação, e deverá conter revisão periódica de condutas e procedimentos específicos da instituição.

Pragmaticamente, a implementação ocorrerá iniciando-se pela identificação dos riscos inerentes à atividade partidária e pela organização de acordo com a probabilidade de acontecimentos e lesividade do dano. Ato contínuo, elabora-se um plano de trabalho, que tem por objetivo reduzir os riscos e estabelecer estratégias caso esses venham a ocorrer. Nesse momento de elaboração do programa, é importante que os partidos coletem sugestões de todos os seus membros, no intuito de criar um sentimento de participação e engajamento, em que a atuação democrática dos envolvidos auxilie na identificação de riscos ocultos e colabore para que todos conheçam, observem e apoiem uma conduta de conformidade.[631]

---

629 BRASIL. Controladoria-Geral da União *Manual para implementação de programas de integridade*: orientações para o setor público. p. 9. Disponível em: https://www.cgu.gov.br/Publicacoes/etica-e-integridade/arquivos/manual_profip.pdf. Acesso em: 28 out. 2019.

630 SIBILLE, D. *et al. Os pilares do programa de compliance.* São Paulo: Editora LEC, 2020. Disponível em: https://conteudo.lec.com.br/ebook-pilares-do-programa-de-compliance. Acesso em: 22 dez. 2021.

631 TOSATTI; Tatiana; CASADO, Guilherme. A mitigação de riscos por meio dos sistemas de Compliance, autorregulação e regulação estatal. *Revista de Direito Internacional e Globalização Econômica*, v. 3, n. 03, 2018, p. 91-107, p. 102.

A primeira regra diz respeito à observação das normas vigentes no ordenamento jurídico brasileiro, isto é, ao desenvolvimento de uma cultura de conformidade com as regras. Aqui, se discute a melhor forma de garantir a efetividade da regulamentação e das políticas internas, de comunicá-las e de promover sua acessibilidade aos membros, utilizando matrizes de risco regulatório.

Após a elaboração do plano de trabalho e do diagnóstico dos riscos – com levantamento de processos/procedimentos internos –, deverão ser criados mecanismos de segurança – ou controles – para prevenir, detectar ou remediar os ilícitos relacionados à integridade. Além disso, deverão ser editadas normas internas para o estabelecimento de diretrizes de atuação, denominadas políticas.[632]

Importante ressaltar, neste ponto, que o foco principal do programa não será economicidade ou eficiência. O objetivo volta-se, quase que exclusivamente, à integridade, pois o foco do *compliance* é o combate à fraude e corrupção, bem como o estabelecimento de padrões éticos de conduta para todos os membros da organização, tanto da alta administração, quanto colaboradores, terceirizados, estagiários e demais contratados.

Ainda assim, a implementação de um programa de integridade, com todos os seus mecanismos de análise de riscos e transparência, eventualmente, também causará impacto significativamente positivo na economicidade e na eficiência da organização – ainda que este não seja o seu escopo basilar.

Desta feita, conforme já ressalvado, o *compliance* não se resume à política de conformidade, abrangendo diversos outros aspectos relevantes para a criação de uma cultura ética internamente à organização.

3.6.1 Transparência e eficiência

Verificados os baixos índices de transparência dos partidos políticos brasileiros, *vide* item 2.8, impõe-se que a política de *compliance* a ser implementada dê destaque à ampliação da acessibilidade das informações com a necessária clareza. Considerando a centralidade dos partidos políticos no regime democrático e o dever de representatividade para com os cidadãos, é essencial a promoção do acesso público (i) aos dados de contabilidade e índices de eficiência das agremiações,

---

[632] A organização poderá destinar nomenclatura diferente a estas normas internas, sem qualquer prejuízo à sua efetividade.

(ii) à composição de dirigentes e filiados, (iii) à estrutura do partido político e (iv) aos seus procedimentos internos.

Nesse baleado, busca-se o exercício do dever de *accountability* em relação à sociedade civil, permitindo-lhe avaliar o volume das movimentações financeiras dos partidos, a destinação e as fontes dos recursos partidários, a índole dos condutores de suas atividades e a forma como se operam as atividades e se elaboram as decisões dos partidos. Em especial, a transparência financeira tem o condão de dar significado a eventuais contribuições de filiados ou apoiadores do partido, os quais se sentiriam motivados pela demonstração de racionalidade e idoneidade das despesas.

Por esse viés, a implementação da obrigatoriedade de divulgação, em meio eletrônico, das informações listadas serviria ainda de incentivo à comunicação político-partidária, estabelecendo-se uma relação de maior proximidade e, consequentemente, de maior confiança em relação ao cidadão.

Pode-se observar, também, o princípio da transparência sob outra perspectiva, qual seja, da publicidade. Não raro, programas de integridade são elaborados sem qualquer tipo de comunicação, e suas estruturas permanecem limitadas à própria organização, muitas vezes através da *intranet*. No entanto, principalmente em se tratando de entes da Administração Pública ou de partidos políticos, parece essencial que os programas e suas informações, além de divulgação *interna corporis*, estejam disponibilizados a todos os interessados, em espaço de fácil acesso – *on* ou *off-line*.

Por óbvio, determinados assuntos ou mecanismos de segurança sigilosos, confidenciais ou estratégicos não devem ser disponibilizados. Ainda, tecnologias, produtos ou inteligência de propriedade da organização também devem permanecer em sigilo, se for o caso.[633] No entanto, a respeito das políticas de integridade, do código de conduta, das informações acerca do programa – como, *v.g.*, dados de quantidade e matéria de treinamentos realizados, quantidade de denúncias recebidas e tratadas,[634] entre outros – e dos demais documentos públicos que compõem o programa de integridade, tem-se que não existe razão para a ausência de disponibilização destes perante a sociedade em geral.

---

[633] Ou segredos comercial e industrial, quando aplicáveis.

[634] Não se recomenda a disponibilização de informações adicionais acerca das denúncias recebidas ou de seu tratamento, visando garantir a confidencialidade das informações as quais, estas sim, são de interesse estratégico do programa de integridade, e auxiliam em seu processo de melhoria contínua. No entanto, preza-se pela divulgação tão somente da quantidade de denúncias recebidas, além da quantidade de denúncias tratadas.

Isto pois, além de permitir a verificação dos mecanismos de integridade adotados pela organização, a disponibilização destes dados e documentos demonstram o nível de efetividade do programa, e representam, em sentido amplo, a verdadeira transparência adotada pelos partidos políticos.

Ressalta-se, nesse espírito, que o Podemos[635] parece ser o único partido político brasileiro que implementou programa de *compliance*, sem, no entanto, disponibilizar em seu sítio eletrônico qualquer documento ou norma interna relativos à integridade, com exceção de informações relacionadas à prestação de contas, em seu portal da transparência –[636] exigidas por demais legislações e não exclusivas do *compliance* –, do canal de denúncia,[637] de um *folder*[638] relacionado à implementação do programa de integridade e de notícias[639] referentes ao tema.

Desta feita, apesar de ser possível vislumbrar, superficialmente, alguns princípios e mecanismos referentes ao *compliance* do partido,[640] bem como alguns dos temas tratados em capacitações aos dirigentes da sigla,[641] não existe disponibilização de políticas, como a anticorrupção, de conflito de interesses, de comunicação e treinamento, de *due diligence*, de gestão de riscos, entre outras. Na verdade, sequer é possível confirmar se tais documentos existem no contexto do programa de integridade do Podemos.

No caso do Partido dos Trabalhadores (PT), ainda em 2018, fora informado, por comunicado *on-line*, que uma das medidas a serem adotadas seria a "criação de um conjunto de regras de controle interno e externo com a implantação de *compliance* a ser apresentado na próxima

---

635 PODEMOS. *Homepage*. Disponível em: https://www.podemos.org.br/. Acesso em: 28 mar. 2022.

636 PODEMOS. *Portal da transparência*. Disponível em: https://transparencia.podemos.org.br/. Acesso em: 28 mar. 2022.

637 PODEMOS. *Canal de denúncia*. Disponível em: https://transparencia.podemos.org.br/canal-de-denuncia/. Acesso em: 28 mar. 2022.

638 PODEMOS. *Downloads*. Disponível em: https://www.podemos.org.br/downloads/. Acesso em: 28 mar. 2022.

639 PODEMOS. *Notícias*. Disponível em: https://www.podemos.org.br/noticias/. Acesso em: 28 mar. 2022.

640 PODEMOS. Downloads. *Folder A5 compliance*. Disponível em: https://transparencia.podemos.org.br/wp-content/uploads/2021/09/FOLDER-A5-COMPLIANCE-SITE.pdf. Acesso em: 28 mar. 2022.

641 PODEMOS. Notícias. *Compliance e Integridade*: PODEMOS capacita dirigentes do partido. Disponível em: https://transparencia.podemos.org.br/noticias/compliance-e-integridade-podemos-capacita-dirigentes-do-partido/. Acesso em: 28 mar. 2022.

reunião da CEN".[642] Contudo, em consulta *on-line*, e em tentativas de contato com o diretório nacional do partido, não foi possível encontrar qualquer documento, norma, dado ou página virtual relacionados a *compliance*, o que leva a crer que ainda não foi implementado.

Ao mesmo tempo, em 2019, foi veiculada notícia[643] no *site* do Partido da Social Democracia Brasileira (PSDB) de que a Executiva Nacional teria aprovado, por unanimidade, o novo Código de Ética, além de normas de *compliance* do partido. Inclusive, a página "código de ética" consta no sítio eletrônico do diretório nacional da sigla.[644] No entanto, quando tentado o acesso, a página não é encontrada. Daí então, novamente, ainda que existente algum mecanismo de *compliance*, ele não pode ser – ao menos facilmente – localizado.

Conclui-se, portanto, que a transparência, ou a publicidade, é essencial para: (i) conferir legitimidade ao programa de *compliance* do partido político; (ii) facilitar a verificação de sua efetividade; e (iii) garantir benefícios reputacionais e de imagem ao partido que o implementou.

3.6.2 Manual de integridade ou código de conduta

Outro fator da implementação da política de *Compliance* é a concepção de um Código de Conduta ou Manual de Integridade. Segundo definição do Instituto Brasileiro de Governança Corporativa (IBGC):

> O código de conduta tem por finalidade principal promover princípios éticos e refletir a identidade e a cultura organizacionais, fundamentado em responsabilidade, respeito, ética e considerações de ordem social e ambiental. A criação e o cumprimento de um código de conduta elevam o nível de confiança interno e externo na organização e, como resultado, o valor de dois de seus ativos mais importantes: sua reputação e imagem.[645]

---

642 PT. Notícias do PT. *PT fará Compliance e adota medidas para ajustar contas após campanha eleitoral.* Disponível em: https://pt.org.br/pt-fara-compliance-e-adota-medidas-para-ajustar-contas-apos-campanha-eleitoral/. Acesso em: 28 mar. 2022.

643 PSDB. Notícias. *Executiva Nacional aprova proposta de novo Código de Ética e compliance.* Disponível em: https://www.psdb.org.br/conheca/codigo-de-etica. Acesso em: 22 dez. 2021.

644 No diretório de São Paulo, do PSDB, também consta notícia acerca do novo Código de Ética e das diretrizes de *compliance*. No entanto, ao clicar nos *links*, igualmente, as páginas não são encontradas. Veja em: PSDB. São Paulo Notícias do PSDB. *Convenção referenda Código de Ética, novo Estatuto e compliance*. Disponível em: https://tucano.org.br/psdb-convencao-referenda-codigo-de-etica-novo-estatuto-e-normas-de-compliance/. Acesso em: 28 mar. 2022.

645 INSTITUTO BRASILEIRO DE GOVERNANÇA CORPORATIVA. *Código das melhores práticas de governança corporativa*. 5. ed. São Paulo: IBGC, 2015

Fundamentalmente, o Código de Conduta tem por obrigação refletir os valores da organização de forma inequívoca, propondo imparcialidade, justiça e não discriminação e atuando como elemento norteador das decisões e definições ao longo do processo de implementação do programa de *Compliance*, bem como em sua manutenção.[646] Deve, pois, representar o comportamento esperado do agente frente a situações internas e externas, em consonância com o plano de integridade.

Diferentemente das demais políticas internas do partido, o Código de Conduta deve prever matérias de âmbito geral, ou seja, ser norma generalista, enquanto as demais políticas (outros normativos internos) deverão verticalizar temas já presentes no Código, e que necessitam maior regulamentação e detalhamento. Logo, é possível estabelecer um paralelo do código de conduta, ou manual de integridade, com a Constituição Federal, a qual também necessita de outras leis para regulamentar as matérias ali presentes.

Em se tratando especificamente da realidade dos partidos políticos, imprescindível que o código de conduta tenha previsão expressa acerca dos seguintes temas, sem detrimento de outros igualmente relevantes:[647]

1. princípios e valores adotados pelo partido político, em questão de ética e integridade;
2. diretrizes de atuação para todos os filiados do partido, e principalmente da alta administração, com regras específicas para garantir o *tone at the top*;[648]
3. gestão de riscos, ou *risk assessment*,[649] a ser disciplinado em política própria, com previsão expressa de que os principais riscos são aqueles que podem desencadear danos físicos, psicológicos ou de imagem a cidadãos ou a filiados ao partido e, somente em segundo lugar, aqueles que podem

[646] GIOVANINI, Wagner. Programas de compliance e anticorrupção: importância e elementos essenciais. *In:* PAULA, Marco Aurélio Borges de; CASTRO, Rodrigo Pironti Aguirre de (Coord.). *Compliance, gestão de riscos e combate à corrupção*: integridade para o desenvolvimento. Belo Horizonte: Fórum, 2018, p. 53-70.

[647] A sugestão de temas aqui apresentada foi baseada nos requisitos apresentados na Lei nº 12.846/2013, bem como no manual *Programa de Integridade: Diretrizes para Empresas Privadas*, da Controladoria-Geral da União (BRASIL. Controladoria-Geral da União. *Programa de integridade*: diretrizes para empresas privadas. p. 14. Disponível em: https://www.gov.br/cgu/pt-br/centrais-de-conteudo/publicacoes/integridade/arquivos/programa-de-integridade-diretrizes-para-empresas-privadas.pdf. Acesso em: 28 mar. 2022).

[648] Conhecido como "o tom vem do topo", representando o apoio da alta administração ao programa de integridade.

[649] Análise de riscos.

causar danos econômico-financeiros, reputacionais e de imagem ao partido;

4. auditoria interna e externa, monitoramento e melhoria contínua do programa de integridade, com revisão periódica e sempre que houver alguma mudança legislativa, regulatória ou normativa interna do partido político;
5. autoridade responsável, usualmente denominada *compliance officer*, por realizar a gestão do programa de integridade da organização;
6. comissão ou comitê de ética e conduta, responsável, usualmente, por estabelecer normativos internos, e obrigatoriamente por julgar ou dar parecer em processos administrativos internos e disciplinares relativos à integridade;
7. importância e como se dará o treinamento e a comunicação relativos à integridade, inclusive com participação da sociedade;
8. critérios e diretrizes gerais sobre investigações internas, que objetivam elucidar possíveis atos contrários ao programa de integridade;
9. demais políticas do partido, criadas objetivando regulamentar os mecanismos de integridade e prevenir, detectar e remediar atos de fraude – inclusive contábil – e corrupção;
10. vedação expressa a atos de fraude – inclusive específica para contabilidade e prestação de contas –, corrupção, conflito de interesses, nepotismo, embaraço à ação de autoridades fiscalizatórias, abuso de autoridade, exploração sexual e infantil, preconceito, absenteísmo, degradação ambiental e demais atos que vão contra o programa de integridade;
11. *due diligence* para contratações, parcerias, patrocínios, fusões, novas afiliações e demais situações em que o partido poderá sofrer danos econômico-financeiros, reputacionais e de imagem, onde há vinculação de imagem com pessoa física ou jurídica terceira ou em que houver aporte financeiro;
12. esclarecimentos acerca da existência e utilização de canais de denúncia, deixando claro quais os canais disponíveis;
13. proibição de retaliação a denunciantes; e,
14. medidas disciplinares para casos de transgressões às normas e às políticas da empresa.

Assim, como se pode observar, o Código de Conduta abrange, de forma geral, os valores da organização e as principais regras e políticas adotadas pela empresa,[650] sendo que, se necessário, conforme ponderado, conteúdos ali presentes deverão ser aprofundados em documentos específicos, usualmente denominados "políticas".

Além disso, importante consignar que o Código seja atualizado periodicamente, e que haja a devida publicidade, para que todos os *players*, internos e externos, tenham acesso e conheçam, na integralidade, as normas procedimentais e de integridade do partido político. Sugere-se, de tal modo, que o Código de Conduta seja disponibilizado no *site* do partido e encaminhado de forma oficial – até mesmo mediante protocolo e/ou carta registrada – para todos os colaboradores, filiados, dirigentes, prestadores de serviço, etc.

3.6.3 Capacitação e treinamento

Se o *Compliance* consiste em política de fomento à ética e à conformidade em todos os segmentos da organização, é evidente que seus membros – internos e externos – irão necessitar de treinamentos sobre o tema, que compreenda desde as políticas a serem implementadas, os objetivos delineados até os procedimentos internos a serem seguidos.

Trata-se, concomitantemente, de um processo de comunicação e de instrução, que precisa constituir a última etapa da implantação do programa de integridade. Registra-se, ainda, que também deve ser uma atividade contínua, no intento de reforçar constantemente as ações executadas e aperfeiçoar as condutas futuras. Portanto, após a implementação do programa, deverão ser aprovados planos de comunicação e de treinamento, os quais deverão prever periodicidade, forma, público-alvo, metodologia e demais aspectos executórios dos trabalhos a serem realizados.

Assim como nas demais organizações, públicas ou privadas, nos partidos políticos a comunicação deverá ser em linguagem de fácil compreensão, e deverá observar eventuais incapacidades do público-alvo, tanto físicas, quanto psicológicas ou de compreensão. Nessa acepção, tanto a comunicação quanto o treinamento poderão ser realizados para públicos específicos ou para todos os membros do partido político, podendo ser utilizados como estratégias de treinamento não somente palestras, aulas, grupos de estudo e mentorias, mas também eventos, como semana da integridade, com gincanas e premiações.

---

[650] BRASIL. Controladoria-Geral da União. *Programa de integridade*: diretrizes para empresas privadas. p. 14. Disponível em: https://www.gov.br/cgu/pt-br/centrais-de-conteudo/publicacoes/integridade/arquivos/programa-de-integridade-diretrizes-para-empresas-privadas.pdf. Acesso em: 28 mar. 2022.

Importante, também, que o partido político mantenha registro dos treinamentos realizados, inclusive com os dados da participação dos membros e dos temas tratados.[651]

3.6.4 Auditorias independentes e *compliance officer*

Para materializar dados sobre o partido político e avaliar a efetividade do programa implementado, é comum a contratação de auditorias independentes. Com efeito, por definição, a auditoria independente é o processo de análise e validação das informações financeiras, patrimoniais e procedimentais de uma organização, realizada por uma empresa isenta e externa, que deverá aplicar sua metodologia para avaliar e dar um parecer sobre a atual situação de partido e o cumprimento das regras estabelecidas.

Vale ressaltar que a contratação de auditorias externas não afasta a necessidade de implementação de núcleo e mecanismos de auditoria interna e monitoramento, os quais também devem atuar com imparcialidade, tecnicidade e independência. Cuida-se de tarefas diferentes e complementares, as quais, em conjunto, imprimem maior transparência e confiabilidade ao processo de controle e melhoria contínua do programa de *compliance*.

Nesse contexto, a auditoria externa deve ser considerada ferramenta que permite (i) a verificação de se as demonstrações financeiras expressam corretamente a realidade; (ii) a recomendação à administração de procedimentos para correção de erros ou irregularidades contábeis; (iii) a avaliação da qualidade dos controles internos, especialmente quanto à sua confiabilidade e à sua capacidade preventiva em relação a fraudes; (iv) o reporte ao órgão responsável dos riscos relacionados a tratamentos contábeis, das discordâncias quanto a métodos e critérios adotados pela companhia, bem como das deficiências relevantes.[652]

Tal procedimento consiste em etapa posterior à implementação do programa de *Compliance*, cuja avaliação deverá ser conduzida por

---

[651] BRASIL. Controladoria-Geral da União. *Programa de integridade*: diretrizes para empresas privadas. p. 21. Disponível em: https://www.gov.br/cgu/pt-br/centrais-de-conteudo/publicacoes/integridade/arquivos/programa-de-integridade-diretrizes-para-empresas-privadas.pdf. Acesso em: 28 mar. 2022.

[652] SOARES, Jairo; ROQUE, Pâmela. Auditoria independente. *In*: CARVALHO, André Castro; BERTOCCELLI, Rodrigo de Pinho Bertoccelli; ALVIM, Tiago Cripa; VENTURINI, Otavio. (Coord.). *Manual de compliance*. Rio de Janeiro: Forense, 2019, p. 201-228 *apud* ANDRADE, A; ROSETTI, J. P. *Governança corporativa*: fundamentos, desenvolvimento e tendências. 7. ed. rev. e amp. São Paulo: Atlas, 2014, p. 274.

agente externo, imparcial e qualificado para tanto, com uma perspectiva de constante aperfeiçoamento.

Em caráter complementar, tem-se a figura do *Compliance officer*, que deverá ser um funcionário do próprio partido político e estará responsável por realizar a avaliação, a fiscalização e o aprimoramento da política de integridade sob a perspectiva interna do partido, devendo se pautar pelos ideais de impessoalidade e confidencialidade, como um autêntico auditor interno. Nesse espírito, deve, ainda, coordenar, com outras áreas de controle, a comunicação com reguladores e a busca por soluções criativas para questões regulatórias e internas.

Nesse contexto, ressaltam-se as contribuições de José Danilo Lobato e Jorge Washington Martins, que entendem como função do *Compliance officer*:

> [...] desenvolver e gerir o programa de integridade, criar regras e aprimorá-las permanentemente, apoiar a direção da empresa, inclusive, nos processos negociais, fornecer aconselhamento preventivo e treinamento aos integrantes da organização empresarial, introduzir e coordenar os meios de controle para manter o respeito às normas do programa, detectar antecipadamente os desvios, informar frequentemente aos conselhos de direção acerca da situação do programa, de novos riscos identificados e das medidas preventivas, além de executar e/ou coordenar investigações internar e tomar, junto com os diretores, medidas disciplinares punitivas e as destinadas a eliminar os âmbitos de vulnerabilidade da empresa.[653]

Nota-se que a função do *compliance officer* não é controlar processos, contratos ou condutas de terceiros, mas sim gerir os mecanismos de integridade do partido político. Portanto, preza-se pela imparcialidade e tecnicidade em todas as atuações do responsável pelo programa.

Logo, percebemos ser importante que o colaborador indicado para atuar como *compliance officer* detenha vasta capacidade técnica sobre integridade. Da mesma forma, também deve possuir um bom conhecimento do partido político, sua estrutura, direitos e obrigações, para que possa atuar de forma profícua na estrutura da agremiação, como conselheiro, facilitador, defensor, sensibilizador, monitor e comunicador.[654]

---

[653] LOBATO, José Danilo Tavares; MARTINS, Jorge Washington Gonçalves. Considerações preliminares acerca da responsabilidade criminal do *compliance officer*. *Boletim IBCCRIM*, v. 24, n. 284. São Paulo, jul. 2016, p. 12-14.

[654] LEC. Blog. *7 funções de um compliance officer!*. 13 jan. 2021. Disponível em: https://lec.com.br/compliance-officer/. Acesso em: 28 mar. 2022.

3.6.5 Lei Geral de Proteção de Dados Pessoais e os partidos políticos

Segundo sopesado no Capítulo 2, tópico 2.7, a Lei nº 13.709/2018,[655] conhecida como Lei Geral de Proteção de Dados Pessoais, implementou no Brasil regramento específico para a proteção de dados pessoais. Isso importa dizer que as empresas e pessoas físicas que recebem informações que podem identificar os titulares deverão adotar procedimentos de recebimento, tratamento e armazenamento de informações em consonância com a respectiva legislação.

Nesse sentido, surge como alternativa o chamado "*Compliance* de dados", que, em síntese, é o sistema por meio do qual objetiva-se estabelecer parâmetros de segurança e transparência em relação a dados de terceiros, mediante procedimentos previamente estabelecidos e harmonizados com a legislação e com as normas internacionais de integridade.

Por intermédio do apontado "*Compliance* de dados", é possível adotar práticas de recebimento de informações, como, *v.g.*, comunicação ao titular em caso de eventuais atualizações, retificações ou ratificações de seus dados; procedimento de armazenamento e cuidados dos dados; requerimento para destruição de dados; medidas a serem adotadas em caso de perda ou extravio das informações; entre outros.

Configura-se, portanto, meio apto a auxiliar para que tanto o portador das informações quanto a pessoa jurídica ou física titular de tais dados tenham confiança de que medidas previamente estabelecidas estão sendo tomadas para assegurar o cumprimento da nova LGPD.

In casu, com relação à possibilidade de instituição de "*Compliance* de dados" pelos partidos políticos, há que se assinalar que: (i) a Lei Geral de Proteção de Dados deverá ser aplicada pelos partidos, uma vez que estes têm dados identificados de candidatos e filiados, por conseguinte, a instituição de programa de integridade para este fim pode auxiliar na realização do tratamento adequado das informações recebidas e na garantia de sua proteção; (ii) a instituição de programa de "*Compliance* de dados" poderá colaborar na retomada da confiança dos filiados, candidatos e cidadãos nos partidos políticos, proporcionando maior grau de credibilidade e segurança com relação aos procedimentos adotados *interna corporis*; (iii) não há obrigatoriedade, ante a ausência

[655] BRASIL. Lei nº 13.709, de 14 de agosto de 2018. Lei Geral de Proteção de Dados Pessoais (LGPD). Disponível em: http://www.planalto.gov.br/ccivil_03/_ato2015-2018/2018/lei/L13709.htm. Acesso em: 28 mar. 2022.

de previsão legal, de adoção de programa de "*Compliance* de dados" pelos partidos, sendo uma mera faculdade.

Ainda assim, apesar de ser facultada aos partidos a adoção de programa de *compliance* de dados, os tratamentos em si deverão estar em conformidade com a Lei nº 13.709/2018. Portanto, faz-se imperioso que a agremiação adote mecanismos de segurança da informação, a fim de proteger não somente dados pessoais de filiados, candidatos e cidadãos, mas também informações referentes a contratos, tomadas de decisão estratégicas e demais assuntos confidenciais.

O tema, por tamanha relevância, aparece com destaque ao longo da minuta apresentada na Instrução nº 0600751-65.2019.6.00.0000,[656] que alterou a Resolução TSE nº 23.610/2019, passando a valer para as eleições de 2022, como a Resolução nº 23.671/2021. A proteção de dados e a conformidade com a LGPD aparecem nos arts. 10, 28, 31, 33, 33-A, 37, 41 e 68-A da nova resolução.

Inicialmente, o art. 10 estabelece que o tratamento de dados deverá respeitar a finalidade para a qual ele foi coletado, e que deverá ser criado canal de comunicação para que o titular obtenha informações acerca dos dados à disposição do partido, bem como para que o partido possa prestar informações ao titular. *In verbis*:

> Art. 10. [...]
> §4º O tratamento de dados pessoais por qualquer controlador ou operador para fins de propaganda eleitoral deverá respeitar a finalidade para a qual o dado foi coletado, observados os demais princípios e normas previstas na Lei Geral de Proteção de Dados (LGPD) e as disposições desta Resolução.
> §5º As candidatas, os candidatos, os partidos, as federações ou as coligações deverão disponibilizar ao titular informações sobre o tratamento de seus dados nos termos do art. 9º da Lei nº 13.709/2018, bem como um canal de comunicação que permita ao titular obter a confirmação da existência de tratamento de seus dados e formular pedidos de eliminação de dados ou descadastramento, além de exercer seus demais direitos, nos termos do art. 18 da Lei nº 13.709/2018. (NR)
> §6º O canal de comunicação de que trata o §5º deste artigo, bem como o encarregado pelo tratamento de dados pessoais, deverão ser informados

[656] BRASIL. Tribunal Superior Eleitoral. Instrução n. 0600751-65.2019.6.00.0000. Acórdão, Relator(a) Min. Edson Fachin. Disponível em: https://www.tse.jus.br/imprensa/noticias-tse/arquivos/voto-ministro-edson-fachin-instrucao-0600751-65-propaganda-eleitoral-eleicoes-2022-14-12-2021/rybena_pdf?file=https://www.tse.jus.br/imprensa/noticias-tse/arquivos/voto-ministro-edson-fachin-instrucao-0600751-65-propaganda-eleitoral-eleicoes-2022-14-12-2021/at_download/file. Acesso em: 28 mar. 2022.

pelas candidatas, candidatos, partidos, federações e coligações, de forma clara e acessível, nos endereços eletrônicos previstos no art. 28, caput e §1º desta Resolução.

§7º O tratamento de dados tornados manifestamente públicos pelo titular realizado por candidatas, candidatos, partidos políticos, federações ou coligações para fins de propaganda eleitoral deverá ser devidamente informado ao titular, garantindo a este o direito de opor-se ao tratamento, resguardados os direitos do titular, os princípios e as demais normas previstas na Lei Geral de Proteção de Dados (LGPD).[657]

Já o art. 37 traz alguns conceitos importados da LGPD:

Art. 37. [...]

XXII – dado pessoal: informação relacionada a pessoa natural identificada ou identificável;

XXIII – dado pessoal sensível: dado pessoal sobre origem racial ou étnica, convicção religiosa, opinião política, filiação a sindicato ou a organização de caráter religioso, filosófico ou político, dado referente à saúde ou à vida sexual, dado genético ou biométrico, quando vinculado a uma pessoa natural;

XXIV – titular: pessoa natural a quem se referem os dados pessoais que são objeto de tratamento;

XXV – controlador: pessoa natural ou jurídica, de direito público ou privado, a quem competem as decisões referentes ao tratamento de dados pessoais;

XXVI – tratamento: toda operação realizada com dados pessoais, como as que se referem à coleta, à produção, à recepção, à classificação, à utilização, ao acesso, à reprodução, à transmissão, à distribuição, ao processamento, ao arquivamento, ao armazenamento, à eliminação, à avaliação ou ao controle da informação, à modificação, à comunicação, à transferência, à difusão ou à extração;

XXVII – consentimento: manifestação livre, informada e inequívoca pela qual a pessoa que é titular concorda com o tratamento de seus dados pessoais para uma finalidade determinada;

XXVIII – eliminação de dados pessoais: exclusão de dado ou de conjunto de dados armazenados em banco de dados, independentemente do procedimento empregado;

---

657 BRASIL. Tribunal Superior Eleitoral. Instrução n. 0600751-65.2019.6.00.0000. Acórdão, Relator(a) Min. Edson Fachin. Disponível em: https://www.tse.jus.br/imprensa/noticias-tse/arquivos/voto-ministro-edson-fachin-instrucao-0600751-65-propaganda-eleitoral-eleicoes-2022-14-12-2021/rybena_pdf?file=https://www.tse.jus.br/imprensa/noticias-tse/arquivos/voto-ministro-edson-fachin-instrucao-0600751-65-propaganda-eleitoral-eleicoes-2022-14-12-2021/at_download/file. Acesso em: 28 mar. 2022.

> XXIX – descadastramento: impedimento de utilização de dados pessoais para fins de envio de comunicações, a pedido da pessoa que é titular. (NR)[658]

O art. 28, por sua vez, regula propagandas eleitorais na internet, estabelecendo regras de segurança sobre o provedor em que o sítio do partido político está hospedado e prevendo demais disposições referentes *à* LGPD:

> Art. 28. [...]
> II – em sítio do partido político, da federação ou da coligação, com endereço eletrônico comunicado à Justiça Eleitoral e hospedado, direta ou indiretamente, em provedor de aplicação de internet estabelecido no país;
> III – por meio de mensagem eletrônica para endereços cadastrados gratuitamente pela candidata ou pelo candidato, pelo partido político, pela federação ou pela coligação desde que presente uma das hipóteses legais que autorizam o tratamento de dados pessoais, nos termos dos arts. 7º e 11 da Lei nº 13.709/2018; [...]
> §9º Caso a propaganda eleitoral envolva o tratamento de dado pessoal sensível, este deverá estar fundado em pelo menos uma das bases legais previstas no artigo 11 da Lei Federal nº 13.709/2018 (Lei Geral de Proteção de Dados). (NR)
> §10. Quando, a partir do tratamento de inferência ou cruzamento de bases de dados, for possível a identificação, ainda que indireta, dos aspectos listados no art. 5º, II, da LGPD, deverá ser aplicado o regime jurídico reservado ao tratamento de dados sensíveis.[659]

A vedação de doação ou cessão de dados pessoais também foi tratada pelo TSE, bem como a venda de cadastro de números de telefone para disparos em massa, dispondo, no §4º do art. 31, que o tratamento de dados pessoais – inclusive a utilização ou cessão por pessoa jurídica ou natural – deverá observar as disposições da LGPD. Veja-se:

---

[658] BRASIL. Tribunal Superior Eleitoral. Instrução n. 0600751-65.2019.6.00.0000. Acórdão, Relator(a) Min. Edson Fachin. Disponível em: https://www.tse.jus.br/imprensa/noticias-tse/arquivos/voto-ministro-edson-fachin-instrucao-0600751-65-propaganda-eleitoral-eleicoes-2022-14-12-2021/rybena_pdf?file=https://www.tse.jus.br/imprensa/noticias-tse/arquivos/voto-ministro-edson-fachin-instrucao-0600751-65-propaganda-eleitoral-eleicoes-2022-14-12-2021/at_download/file. Acesso em: 28 mar. 2022.

[659] BRASIL. Tribunal Superior Eleitoral. Instrução n. 0600751-65.2019.6.00.0000. Acórdão, Relator(a) Min. Edson Fachin. Disponível em: https://www.tse.jus.br/imprensa/noticias-tse/arquivos/voto-ministro-edson-fachin-instrucao-0600751-65-propaganda-eleitoral-eleicoes-2022-14-12-2021/rybena_pdf?file=https://www.tse.jus.br/imprensa/noticias-tse/arquivos/voto-ministro-edson-fachin-instrucao-0600751-65-propaganda-eleitoral-eleicoes-2022-14-12-2021/at_download/file. Acesso em: 28 mar. 2022.

> Art. 31. É vedada às pessoas relacionadas no art. 24 da Lei nº 9.504/1997 e às pessoas jurídicas de direito privado a utilização, doação ou cessão de dados pessoais de clientes em favor de candidatas, candidatos, partidos políticos, federações ou coligações (Lei nº 9.504/1997, arts. 24 e 57-E, caput; ADI nº 4.650, Dje 24.2.2016; e Lei nº 13.709/2018, arts. 1º e 5º, I). [...]
> §1º-A A proibição do §1º deste artigo abrange a venda de cadastro de números de telefone para finalidade de disparos em massa, nos termos do art. 37, XIX, desta resolução (artigo 57-B, §3º, da Lei nº 9.504/1997). [...]
> §4º Observadas as vedações deste artigo, o tratamento de dados pessoais, inclusive a utilização, doação ou cessão desses por pessoa jurídica ou por pessoa natural, observará as disposições da Lei nº 13.709/2018 (Lei nº 9.504/1997, art. 57- J). (NR)[660]

Importante também apontar que, de acordo com a redação do art. 33, os destinatários de mensagens eletrônicas e instantâneas enviadas por candidatos, partidos políticos, federação ou coligação, poderão solicitar o descadastramento e eliminação de seus dados, o que deverá ser realizado em no máximo 48 horas.[661]

Não obstante, o normativo da justiça eleitoral também trata da necessidade de se informar aos usuários e usuárias sobre a possibilidade de tratamento de seus dados para a veiculação de propaganda eleitoral, dispondo, ainda, que o tratamento de dado pessoal sensível somente poderá ocorrer quando compatível com uma das bases legais previstas no art. 11 da LGPD. *In verbis:*

> Art. 33-A. Os provedores de aplicação deverão informar expressamente as usuárias e os usuários sobre a possibilidade de tratamento de seus dados pessoais para a veiculação de propaganda eleitoral no âmbito e nos limites técnicos de cada provedor, caso admitam essa forma de propaganda.
> §1º Toda propaganda eleitoral em provedores de aplicação deve ser identificada como tal por candidatas, candidatos, partidos políticos,

---

[660] BRASIL. Tribunal Superior Eleitoral. Instrução n. 0600751-65.2019.6.00.0000. Acórdão, Relator(a) Min. Edson Fachin. Disponível em: https://www.tse.jus.br/imprensa/noticias-tse/arquivos/voto-ministro-edson-fachin-instrucao-0600751-65-propaganda-eleitoral-eleicoes-2022-14-12-2021/rybena_pdf?file=https://www.tse.jus.br/imprensa/noticias-tse/arquivos/voto-ministro-edson-fachin-instrucao-0600751-65-propaganda-eleitoral-eleicoes-2022-14-12-2021/at_download/file. Acesso em: 28 mar. 2022.

[661] BRASIL. Tribunal Superior Eleitoral. Instrução n. 0600751-65.2019.6.00.0000. Acórdão, Relator(a) Min. Edson Fachin. Disponível em: https://www.tse.jus.br/imprensa/noticias-tse/arquivos/voto-ministro-edson-fachin-instrucao-0600751-65-propaganda-eleitoral-eleicoes-2022-14-12-2021/rybena_pdf?file=https://www.tse.jus.br/imprensa/noticias-tse/arquivos/voto-ministro-edson-fachin-instrucao-0600751-65-propaganda-eleitoral-eleicoes-2022-14-12-2021/at_download/file. Acesso em: 28 mar. 2022.

> federações e coligações, observados ainda o âmbito e os limites técnicos de cada aplicação de internet.
> §2º O tratamento de dado pessoal sensível deverá estar fundado em pelo menos uma das bases legais previstas no artigo 11 da Lei Federal nº 13.709/2018 (Lei Geral de Proteção de Dados).[662]

Por fim, o art. 41 deixa claro que, além das disposições expressamente previstas na resolução, aplica-se, no que couber, a Lei Geral de Proteção de Dados Pessoais. Além disso, o art. 68-A estabelece que, após diplomação, os dados pessoais constantes em formulários deverão ser eliminados, salvo se servirem para instruir processo ainda em tramitação.[663]

Como se vê, a Lei Geral de Proteção de Dados Pessoais foi amplamente aplicada na nova resolução do TSE, sendo que, provavelmente, será também nas seguintes, com ainda maiores aprimoramentos, a partir das experiências que forem experimentadas pelas agremiações e examinadas pela justiça eleitoral. Para isso, a segurança da informação deve ser observada no *âmbito* dos partidos, tanto no dia a dia, quanto – e ainda mais veementemente – durante campanhas eleitorais, tornando-se verdadeira cultura organizacional.

3.6.6 Cultura do *compliance*: ouvidoria, comitês, monitoramento e aprimoramento

Dada a importância para o *compliance* de se desenvolver, no âmbito da organização, um dever de agir conforme princípios, valores e regulamentos próprios, é evidente que o plano de integridade deve privilegiar o fortalecimento da cultura de controles internos, envolvendo (i) mecanismos de denúncia eficientes, (ii) comprometimento da alta administração e (iii) monitoramento e aprimoramento do programa de *compliance*.

---

[662] BRASIL. Tribunal Superior Eleitoral. Instrução n. 0600751-65.2019.6.00.0000. Acórdão, Relator(a) Min. Edson Fachin. Disponível em: https://www.tse.jus.br/imprensa/noticias-tse/arquivos/voto-ministro-edson-fachin-instrucao-0600751-65-propaganda-eleitoral-eleicoes-2022-14-12-2021/rybena_pdf?file=https://www.tse.jus.br/imprensa/noticias-tse/arquivos/voto-ministro-edson-fachin-instrucao-0600751-65-propaganda-eleitoral-eleicoes-2022-14-12-2021/at_download/file. Acesso em: 28 mar. 2022.

[663] BRASIL. Tribunal Superior Eleitoral. Instrução n. 0600751-65.2019.6.00.0000. Acórdão, Relator(a) Min. Edson Fachin. Disponível em: https://www.tse.jus.br/imprensa/noticias-tse/arquivos/voto-ministro-edson-fachin-instrucao-0600751-65-propaganda-eleitoral-eleicoes-2022-14-12-2021/rybena_pdf?file=https://www.tse.jus.br/imprensa/noticias-tse/arquivos/voto-ministro-edson-fachin-instrucao-0600751-65-propaganda-eleitoral-eleicoes-2022-14-12-2021/at_download/file. Acesso em: 28 mar. 2022.

O canal de denúncias normalmente é regulamentado no Código de Conduta da organização, sendo instrumento relevante para acolher opiniões, críticas, reclamações e denúncias, em relevante contribuição ao combate a fraudes e corrupção e à efetividade e transparência na comunicação e no relacionamento da organização com as partes interessadas.[664] Trata-se do principal mecanismo de detecção de irregularidades do programa de *compliance* de qualquer organização.

Cabe ressaltar que os assuntos discutidos no canal de comunicação, bem como a identidade do interlocutor devem ser protegidos pela confidencialidade, no intuito de transmitir segurança aos membros e, por conseguinte, incentivar a utilização da ouvidoria. Além disso, é essencial que não haja restrições às denúncias, de modo que possam versar sobre atos praticados por membros da alta administração.

Nessa consecução, importante salientar que o canal de comunicação, em regra, é utilizado exclusivamente para assuntos relacionados ao programa de *compliance*. Logo, usualmente, a organização dispõe de outros canais para informações, sugestões, elogios ou reclamações relacionados a temas diversos, como qualidade, financeiro etc.

Contudo, compreendemos que o partido político poderá optar por utilizar o mesmo canal de comunicação para todos os assuntos, hipótese em que, posteriormente ao recebimento do contato, deverá existir processo de triagem, sendo que informações relacionadas à integridade deverão ser destinadas ao setor competente.

Ademais é imprescindível que o responsável por receber os contatos, seja em canal específico para assuntos de integridade ou não, tenha sido capacitado para tanto, e utilize de técnicas que favoreçam o denunciante a se expressar com confiança e tranquilidade, criando ambiente propício para colher a maior quantidade de informações possível. As diretrizes de recebimento de denúncias, normalmente, estão dispostas em documento específico, que complementa as disposições do Código de Conduta referentes ao assunto.

Por sua vez, o comprometimento da alta administração da organização, *in casu*, do partido político, também conhecido como *tone at the top*, em todas as esferas do partido, está relacionado à necessidade de engajamento dos seus dirigentes, que deve partir da direção, em seu processo decisório, até a atuação cotidiana dos membros ordinários. A orientação geral, portanto, é de que a liderança possa disseminar e

---

[664] INSTITUTO BRASILEIRO DE GOVERNANÇA CORPORATIVA. *Código das melhores práticas de governança corporativa*. 5. ed. São Paulo: IBGC, 2015, p. 95.

monitorar, com o apoio da diretoria, a incorporação dos valores éticos e do padrão de conduta esperado em todos os níveis do partido político,[665] em atenção à boa governança.

Para que o apoio da alta administração se mostre efetivo, não basta que o *compliance* seja lembrado em reuniões e eventos. Os dirigentes devem apoiar e incentivar a integridade, atuando em estrita conformidade com as normas internas e com a legislação brasileira, e criando ambiente favorável ao crescimento da integridade no partido, com destinação de recursos suficientes e dando autonomia ao *compliance officer*.

Para auxiliar a consecução desse objetivo, é relevante a implementação dos comitês, conhecidos usualmente como comitê ou comissão de ética e conduta, que são órgãos de assessoramento da direção organizacional responsáveis por estudar seus assuntos de competência e preparar propostas de decisão, embora, em regra, não tenham poder de caráter vinculante. Trata-se, habitualmente, de órgão parecerista, que produz recomendações à alta governança com a intenção de aprimorar suas deliberações e fornecer elementos adicionais para consideração.

Ressalta-se, ao mesmo tempo, que, por deterem capacidade técnica para decisões, não raro são os comitês os responsáveis por sugerir ou indicar as medidas disciplinares a serem aplicadas pelos gestores ou demais membros da alta administração, sendo que, caso sua orientação não seja seguida, o fato e a justificativa deverão permanecer em registro.

Por último, o monitoramento e o aprimoramento do programa de *compliance* derivam de seu próprio conceito, visto que a busca pela cultura de integridade é um processo de construção gradual e constante. Ainda, o pilar da melhoria contínua está presente em todos os programas de integridade.

Estimula-se, por conseguinte, a identificação periódica de procedimentos e políticas que necessitem ser criados ou adequados em decorrência de alterações legais, de normas internas da organização ou em prol da gestão de riscos, especialmente quanto a práticas de fraude e corrupção,[666] de modo a se garantir um ambiente ético que acompanhe as mudanças regulatórias e de realidade interna ou externa.

---

[665] BRASIL. Tribunal de Contas da União. *Referencial básico de governança:* aplicável a órgãos e entidades da Administração Pública. Brasília: TCU, 2014, p. 43. Disponível em: https://portal.tcu.gov.br/data/files/FA/B6/EA/85/1CD4671023455957E18818A8/Referencial_basico_governanca_2_edicao.PDF. Acesso em: 28 mar. 2022.

[666] CASTRO, Rodrigo Pironti Aguirre de; GONÇALVES, Francine Silva Pacheco. *Compliance e gestão de risco nas empresas estatais.* Belo Horizonte: Fórum, 2018, p. 29, *apud* BRASIL. Tribunal de Contas da União. *Levantamento de governança e gestão das aquisições.* Brasília: TCU, 2013.

3.6.7 Poder normativo para regulamentar o *compliance*

Estabelecidos os elementos basilares necessários à constituição e à efetividade do *Compliance* eleitoral, muito se discute o papel normativo do Tribunal Superior Eleitoral em face das discutidas premissas de integridade e compromisso de conformidade com a lei, enquanto soluções aptas a mitigar as problemáticas existentes na esfera partidária.

Sabe-se que a competência normativa do Tribunal Superior Eleitoral se presta à garantia do próprio Estado de Direito, em proteção ao paradigma republicano e democrático de privilégio da formação de vontade popular e em atenção à incapacidade de regulamentação minuciosa das questões eleitorais pelo moroso processo legislativo.

Dessa maneira, embora não possa inovar em matéria restritiva de direito por força do princípio da legalidade, sendo incabível que institua a obrigatoriedade de adoção, pelos partidos políticos, de programa de integridade ou *compliance*, é perfeitamente razoável e legal a fixação, por meio de Resolução, de mecanismos que permeiem a probidade, como, por exemplo, a impossibilidade de contratação de parentes de dirigentes partidários e candidatos com recursos de origem pública (FP e FEFC),[667] entre outras determinações que estejam em harmonia com entendimentos já exarados pelo próprio Tribunal Superior Eleitoral e pelo Supremo Tribunal Federal.

Ademais, além das medidas céleres que podem ser adotadas pelo TSE para minimizar as fraudes e dar maior transparência às contas e à gestão dos partidos políticos, pode e deve o Tribunal, no gozo de sua atribuição para com a democracia brasileira, fomentar o debate acerca da real necessidade de instituição de programas de integridade nos partidos políticos.

Destarte, é indubitável que a instituição de adoção obrigatória de *compliance* somente pode ser realizada mediante edição de lei federal, a exemplo dos já avançados PLS nºs 60/2017 e 429/2017, devendo a norma instituidora delinear as formas de implementação, fiscalização e penalização em caso de descumprimento total ou parcial.

---

[667] Isso porque, conforme pensamento desenvolvido no Capítulo 2, a vedação a determinadas condutas pode derivar imediatamente dos princípios constitucionais que regem o Direito Eleitoral, enquanto autênticas normas de aplicação imperativa e de interpretação sistemática da CF/88, em cotejo com julgados e súmulas do STF e do TSE.

CONSIDERAÇÕES FINAIS

Abordaram-se no presente estudo as razões pelas quais a implementação do *Compliance* eleitoral pode servir como forma de mitigação de diversas problemáticas existentes na esfera partidária, no escopo de conferir maior probidade à realidade dos partidos, desde que consideradas as particularidades da realidade política brasileira e respeitada a autonomia partidária enquanto garantia constitucional.

De todo o exposto no primeiro capítulo, notou-se a posição de protagonismo dos partidos políticos no sistema eleitoral brasileiro e o exercício de função eminentemente pública, consubstanciada na representatividade de segmentos sociais e na conformação da vontade popular em torno de ideologias determinadas, no desígnio de promover a efetivação dos direitos políticos e democráticos por meio do voto.

Referida posição de destaque enseja a conformação da atuação dos partidos em simetria não apenas com os princípios e postulados constitucionais que regem o Direito Eleitoral, mas, igualmente, com os que norteiam a Administração Pública. Ademais, essa obrigação também se deve tendo em vista que lhes são conferidos vários direitos, como, por exemplo, o recebimento de recursos públicos (Fundo Partidário e Fundo Especial de Financiamento de Campanha).

Nesse contexto, o exame da natureza jurídica dos partidos e a identificação dos seus deveres são imprescindíveis para que haja a devida harmonização com deferência à moralidade e à publicidade de seus atos e à transparência da gestão, indispensáveis para a interpretação das normas de regência atinentes aos processos de criação e de manutenção das agremiações.

Ao mesmo tempo, embora existam normas que regulamentam o comportamento dos partidos políticos, considerando a realidade das problemáticas contemporâneas, conclui-se no capítulo segundo, de maneira indubitável, pela exigência de um padrão de conduta mais elevado por parte das agremiações, que devem atender aos preceitos de integridade, consenso ao interesse público, *accountability* e transparência, com o objetivo de conferir maior higidez e confiabilidade ao processo eleitoral e de demonstrá-la à sociedade civil.

Especialmente na atual conjuntura política, em que recentemente foram corroborados diversos escândalos de fraude e corrupção, é extremamente relevante que se estabeleçam procedimentos sérios de mudança na política partidária e nas candidaturas, a fim de se promover um juízo de comprometimento com a conformidade normativa e de se resgatar a credibilidade das instituições.

Chamam atenção escândalos e descumprimentos da ordem legal realizados no âmbito de atuação dos partidos políticos e candidaturas, especificadamente os relativos a desvios de conduta, ao abuso de poder econômico, à falta de transparência, à manipulação de informações (*fake news*) e à ausência de comprometimento com políticas de inclusão de minorias (sobretudo referentes à participação feminina).

Ademais, o absoluto descaso de boa parcela dos partidos políticos brasileiros com o acesso, por parte da população e dos próprios filiados, às informações relevantes de sua atuação, como contabilidade, estrutura, composição e procedimento, é circunstância que reforça o pensamento de que a adoção de uma cultura de probidade é cogente e urgente para a consecução das disposições constitucionais acerca dos partidos políticos e para a efetivação da democracia brasileira.

Nesse contexto de crise política-institucional sem precedentes, e por meio de análise realizada no presente estudo, desenvolveu-se a proposta de instituição do *Compliance* no sistema político-eleitoral brasileiro, enquanto mecanismo eficiente de combate à corrupção e a condutas ilícitas, com o consequente incremento de um pensamento organizacional abalizado na ética, mediante o incentivo à conformidade, ao respeito às leis e à Constituição Federal de 1988, a partir da implementação de mecanismos de controle interno e em constante aperfeiçoamento. Tudo isso levando-se em consideração as particularidades dos partidos políticos e a necessidade de manutenção de seu papel central no conjunto político-democrático.

Assim sendo, por todo o exposto, identificadas as problemáticas político-partidárias contemporâneas, sopesados os benefícios que o *Compliance* pode apresentar ao sistema eleitoral brasileiro, conclui-se que:

(i) É imprescindível um debate técnico e acessível aos partidos e à sociedade para a consecução da forma de regulamentar, por meio de legislação específica, a implementação do

Compliance partidário. Ao mesmo tempo, modelos congêneres de transparência e integridade adotados por outros países devem ser avaliados e tratados para adaptação à realidade brasileira;

(ii) Os já avançados Projetos de Lei nºs 60/2017 e 429 são irreais e inexequíveis. Não se pode sobrecarregar de burocracia os partidos nos moldes delineados nos textos que tramitam na Câmara dos Deputados. Há um abismo gigantesco entre a realidade dos diretórios nacionais, com estrutura e abundante recurso financeiro, e de diretórios municipais de cidades do interior do Brasil, que muitas vezes não possuem recursos nem mesmo para a contratação de funcionários ou de contador e advogado para suas prestações de contas. Logo, o excesso de regulamentações prejudica e não auxilia os partidos, a sociedade ou o processo eleitoral. Há que se construir um modelo factível, com implementação viável para todos os partidos, em todas as suas estruturas e consideradas as mais distintas realidades;

(iii) Os órgãos de controle das eleições brasileiras, especificadamente os Tribunais Regionais Eleitorais e o Tribunal Superior Eleitoral, estão com excesso de trabalho. Portanto, a imposição legal para implementação do *Compliance* deve ser avaliada concomitantemente com a adequação da estrutura administrativa e jurisdicional desses tribunais, a fim de que possam cumprir, adequadamente, o controle que lhes foi conferido pela CF/88;

(iv) Tão importantes quanto a introdução de normas para regulamentar a implantação do *compliance* são o debate e a urgente instituição de uma reforma na democracia intrapartidária brasileira, cujo modelo falido é o principal responsável pela crise política contemporânea. Nesse contexto, a nova democracia intrapartidária deve ter como alicerce basilar a transparência e a *accountability*. Esse é o primeiro passo para alterações mais profundas na legislação brasileira, como o voto distrital misto e o próprio *compliance*;

(v) Não obstante a desobrigatoriedade quanto à introdução de mecanismos de integridade e *Compliance* nos partidos políticos brasileiros, diante da ausência de legislação específica, nada impede que esses programas sejam paulatinamente utilizados e adaptados pelas agremiações, visto que podem colaborar, desde agora, no sistema de governança e no fiel cumprimento às mais caras regras eleitorais que sustentam a democracia brasileira, *v.g.*: registros de candidaturas com respeito às candidaturas de gêneros e ausência de "laranjas"; adequada distribuição e utilização dos recursos públicos recebidos (Fundo Partidário e Fundo Especial de Financiamento de Campanha), com respeito aos percentuais mínimos que devem ser aplicados para as mulheres; cumprimento da nova Lei Geral de Proteção de Dados; e adequada e transparente prestação de contas.

REFERÊNCIAS

AEC – AUSTRALIAN ELECTORAL COMMISSIONER. Compliance program – financial disclosure. Disponível em: https://www.aec.gov.au/Parties_and_Representatives/compliance/index.htm. Acesso em: 8 nov. 2019

AEC – AUSTRALIAN ELECTORAL COMMISSIONER. Financial disclosure compliance framework. 2017. Disponível em: Parties_and_Representatives/compliance/files/financial-disclosure-compliance-framework.docx. Acesso em: 8. nov. 2019.

AEC – AUSTRALIAN ELECTORAL COMMISSIONER. Transparency register. Disponível em: aec.gov.au/Parties_and_Representatives/financial_disclosure/transparency-register/. Acesso em: 8. nov. 2019

AGRA, Walber de Moura. Financiamento eleitoral no Brasil. *In*: CAMPILONGO, Celso Fernandes; GONZAGA, Alvaro de Azevedo; FREIRE, André Luiz (Coord.). *Enciclopédia jurídica da PUC-SP*. Tomo Direito Administrativo e Constitucional. 1. ed. São Paulo: Pontifícia Universidade Católica de São Paulo, 2017.

ALEXY, Robert. *Teoria dos direitos fundamentais*. Tradução de Virgílio Afonso da Silva São Paulo: Malheiros, 2011.

ANDRADE, A; ROSETTI, J. P. *Governança corporativa*: fundamentos, desenvolvimento e tendências. 7. ed. rev. e amp. São Paulo: Atlas, 2014.

ARAS, Augusto. *Fidelidade partidária*: efetividade e aplicabilidade. 1. ed. Rio de Janeiro: LMJ Mundo Jurídico, 2016.

BANDEIRA DE MELLO, Celso Antônio. *Curso de direito administrativo*. 10. ed. São Paulo: Malheiros, 1998.

BANDEIRA DE MELLO, Celso Antônio. *Curso de direito administrativo*. 4. ed. São Paulo: Malheiros, 1993.

BANHOS, Sérgio Silveira. *Seminário Específico do Programa de Pós-Doutoramento em Democracia e Direitos Humanos*. Ius Gentium Conimbrigae – Centro de Direitos Humanos. Coimbra, julho de 2019.

BAQUERO, Marcello. A tese da mobilização cognitiva e o declínio dos partidos. Trabalho apresentado no XX Encontro Anual da ANPOCS, Caxambu, MG, 22-26 de outubro, 1996.

BARREDA, Mikel; RUIZ RODRIGUEZ, Leticia María. Confianza partidista y estabilidad electoral en América Latina. *Revista Mexicana de Sociología*, México, v. 81, n. 2, p. 247-273, jun. 2019, p. 266. Disponível em: http://www.scielo.org.mx/scielo.php?script=sci_arttext&pid=S0188-25032019000200247&lng=es&nrm=iso. Acesso em: 15 out. 2019.

BARRILARI, Claudia Cristina. *Crime empresarial, autorregulação e compliance*. São Paulo: Thomson Reuters Brasil, 2018.

BERNARDINO, Laerty. O declínio do pluripartidarismo a partir da reforma política. *In:* FUX, Luiz; PEREIRA, Luiz Fernando Casagrande; AGRA, Walber de Moura (Coord.); PECCINI, Luiz Eduardo (Org.). *Direito partidário*. Belo Horizonte: Fórum, 2018, p. 59-70. (Tratado de Direito Eleitoral, v. 2)

BERTOCCELLI, Rodrigo de Pinho. *Compliance*. *In:* CARVALHO, André Castro; BERTOCCELLI, Rodrigo de Pinho; ALVIM, Tiago Cripa; VENTURINI, Otavio. (Coord.). *Manual de compliance*. Rio de Janeiro: Forense, 2019, p. 47.

BOBBIO, Norberto. *As ideologias e o poder em crise*. 4. ed. Tradução de João Ferreira. Brasília: UnB, 1999.

BOBBIO, Norberto; MATTEUCCI, Nicola; PASQUINO, Gianfranco. Tradução de Carmen C., Varriale et. al. *Dicionário de política*. v.1. 11.ed. Brasília: Editora Universidade de Brasília,1998.

BONAVIDES, Paulo. *Ciência política*. 10. ed. São Paulo: Malheiros, 2001.

BONAVIDES, Paulo. *Curso de direito constitucional*. 11. ed. São Paulo: Malheiros, 2001.

BRASIL. (1988) *Constituição da República Federativa do Brasil*. Disponível em: http://www.planalto.gov.br/ccivil_03/constituicao/constituicao.htm. Acesso em: 8 out. 2019.

BRASIL. Agência Nacional de Águas. *Plano de integridade da agência nacional de* águas. Disponível em: https://www.ana.gov.br/noticias/agencia-produz-plano-de-integridade-para-prevenir-condutas-lesivas-de-quem-trabalha-na-instituicao/plano-de-integridade-da-ana.pdf. Acesso em: 28 out. 2019.

BRASIL. Bacen. Resolução n. 4.595, de 28 de agosto de 2017. Dispõe sobre a política de conformidade (compliance) das instituições financeiras e demais instituições autorizadas a funcionar pelo Banco Central do Brasil. Disponível em: https://www.bcb.gov.br/pre/normativos/busca/downloadNormativo.asp?arquivo=/Lists/Normativos/Attachments/50427/Res_4595_v1_O.pdf. Acesso em: 28 out. 2019.

BRASIL. Câmara dos Deputados. *56ª Legislatura – 1ª Sessão Legislativa Ordinária*. Disponível em https://www.camara.leg.br/deputados/bancada-atual. Acesso em: 7 set. 2019.

BRASIL. Câmara dos Deputados. Lei n. 4.109, de 27 de julho de 1962. Institui a cédula oficial de votação nas eleições pelo sistema proporcional e dá outras providências. Disponível em: https://www2.camara.leg.br/legin/fed/lei/1960-1969/lei-4109-27-julho-1962-353820-publicacaooriginal-1-pl.html. Acesso em: 15 set. 2019.

BRASIL. Câmara dos Deputados. Notícias – Adoção do voto distrital misto para o Legislativo ainda não é consenso. Disponível em: https://www.camara.leg.br/noticias/573490-adocao-do-voto-distrital-misto-para-o-legislativo-ainda-nao-e-consenso/. Acesso em: 4. nov. 2019.

BRASIL. Câmara dos Deputados. *Projeto de Lei n. 9212, de 2017*. Disponível em: https://www.camara.leg.br/proposicoesWeb/fichadetramitacao?idProposicao=2163674. Acesso em: 4 nov. 2019.

BRASIL. Câmara dos Deputados. Projeto de Lei n. 3190, de 2019. Disponível em: https://www.camara.leg.br/proposicoesWeb/fichadetramitacao?idProposicao=2205294. Acesso em: 4 nov. 2019.

BRASIL. Câmara dos Deputados. Projeto de Lei n. 3855, de 2019 (n. anterior: PL 4850/2016). Disponível em: https://www.camara.leg.br/propostas-legislativas/2080604. Acesso em: 20 out. 2019.

BRASIL. Câmara dos Deputados. Projeto de Lei n. 5924, de 2016. Disponível em: https://www.camara.leg.br/proposicoesWeb/fichadetramitacao?idProposicao=2093053. Acesso em: 26 set. 2019.

BRASIL. Controladoria Geral da União. *Manual para implementação de programas de integridade:* orientações para o setor público. Disponível em: https://www.cgu.gov.br/Publicacoes/etica-e-integridade/arquivos/manual_profip.pdf. Acesso em: 28 out. 2019.

BRASIL. Controladoria Geral da União. Portaria CGU n. 1.089/2018. Disponível em: https://www.cgu.gov.br/assuntos/etica-e-integridade/programa-de-integridade/arquivos/portaria-1-089-2018-gestao-de-riscos-para-a-integridade.pdf/view. Acesso em: 2 out. 2019.

BRASIL. Decreto n. 3.678, de 30 de novembro de 2000. Promulga a Convenção sobre o Combate da Corrupção de Funcionários Públicos Estrangeiros em Transações Comerciais Internacionais, concluída em Paris, em 17 de dezembro de 1997. Disponível em: http://www.planalto.gov.br/ccivil_03/decreto/D3678.htm. Acesso em: 29 set. 2019.

BRASIL. Decreto n. 4.410, de 7 de outubro de 2002. Promulga a Convenção Interamericana contra a Corrupção, de 29 de março de 1996, com reserva para o art. XI, parágrafo 1º, inciso "c". Disponível em: http://www.planalto.gov.br/ccivil_03/decreto/2002/D4410.htm. Acesso em: 28 set. 2019.

BRASIL. Decreto n. 5.687, de 31 de janeiro de 2006. Promulga a Convenção das Nações Unidas contra a Corrupção, adotada pela Assembleia-Geral das Nações Unidas em 31 de outubro de 2003 e assinada pelo Brasil em 9 de dezembro de 2003. Disponível em: http://www.planalto.gov.br/ccivil_03/_Ato2004-2006/2006/Decreto/D5687.htm. Acesso em: 29 set. 2019.

BRASIL. Decreto n. 8.420, de 18 de março de 2015. Regulamenta a Lei n. 12.846, de 1º de agosto de 2013, que dispõe sobre a responsabilização administrativa de pessoas jurídicas pela prática de atos contra a administração pública, nacional ou estrangeira e dá outras providências. Disponível em:http://www.planalto.gov.br/ccivil_03/_ato2015-2018/2015/decreto/d8420.htm. Acesso em: 26 set. 2019.

BRASIL. Decreto n. 9.203, de 22 de novembro de 2017. Dispõe sobre a política de governança da administração pública federal direta, autárquica e fundacional. Acesso em: 28 out. 2019.

BRASIL. Decreto-Lei n. 2.848, de 7 de dezembro de 1940. Código Penal. Disponível em: http://www.planalto.gov.br/ccivil_03/decreto-lei/del2848compilado.htm. Acesso em: 21 set. 2019.

BRASIL. Decreto-Lei n. 7.586, de 28 de maio de 1945. Regula, em todo o país, o alistamento eleitoral e as eleições a que se refere o art. 4º da Lei Constitucional nº 9, de 28 de fevereiro de 1945. Disponível em: http://www.planalto.gov.br/ccivil_03/Decreto-Lei/1937-1946/Del7586.htm. Acesso em: 22 jul. 2019.

BRASIL. Decreto-Lei n. 9.295, de 27 de maio de 1946. Cria o Conselho Federal de Contabilidade, define as atribuições do Contador e do Guarda-livros, e dá outras providências. Disponível em: http://www.planalto.gov.br/ccivil_03/Decreto-Lei/Del9295.htm. Acesso em: 15 set. 2019.

BRASIL. Emenda Constitucional n. 97, de 4 de outubro de 2017. Disponível em: http://www.planalto.gov.br/ccivil_03/Constituicao/Emendas/Emc/emc97.htm. Altera a Constituição Federal para vedar as coligações partidárias nas eleições proporcionais, estabelecer normas sobre acesso dos partidos políticos aos recursos do fundo partidário e ao tempo de propaganda gratuito no rádio e na televisão e dispor sobre regras de transição. Acesso em: 19 set. 2019.

BRASIL. EMI N. 00011 2009 – CGU/MJ/AGU. Disponível em: http://www.planalto.gov.br/ccivil_03/Projetos/EXPMOTIV/EMI/2010/11%20-%20CGU%20MJ%20AGU.htm. Acesso em: 25 set. 2019.

BRASIL. Lei complementar n. 101, de 4 de maio de 2000. Estabelece normas de finanças públicas voltadas para a responsabilidade na gestão fiscal e dá outras providências. Disponível em: http://www.planalto.gov.br/ccivil_03/leis/lcp/lcp101.htm. Acesso em: 25 set. 2019.

BRASIL. Lei complementar n. 131, de 27 de maio de 2009. Acrescenta dispositivos à Lei Complementar n. 101, de 4 de maio de 2000, que estabelece normas de finanças públicas voltadas para a responsabilidade na gestão fiscal e dá outras providências, a fim de determinar a disponibilização, em tempo real, de informações pormenorizadas sobre a execução orçamentária e financeira da União, dos Estados, do Distrito Federal e dos Municípios. Disponível em: http://www.planalto.gov.br/ccivil_03/leis/lcp/lcp131.htm. Acesso em: 25 set. 2019.

BRASIL. Lei n. 10.406, de 10 de janeiro de 2002. Institui o Código Civil. Disponível em: http://www.planalto.gov.br/ccivil_03/leis/2002/l10406.htm. Acesso em: 17 jul. 2019.

BRASIL. Lei n. 12.034, de 29 de setembro de 2009. Altera as Leis 9.096, de 19 de setembro de 1995 – Lei dos Partidos Políticos, 9.504, de 30 de setembro de 1997, que estabelece normas para as eleições, e 4.737, de 15 de julho de 1965 – Código Eleitoral. Disponível em: http://www.planalto.gov.br/ccivil_03/_Ato2007-2010/2009/Lei/L12034.htm. Acesso em: 5 out. 2019.

BRASIL. Lei n. 12.527, de 18 de novembro de 2011. Regula o acesso a informações previsto no inciso XXXIII do art. 5º, no inciso II do §3º do art. 37 e no §2º do art. 216 da Constituição Federal; altera a Lei n. 8.112, de 11 de dezembro de 1990; revoga a Lei n. 11.111, de 5 de maio de 2005, e dispositivos da Lei n. 8.159, de 8 de janeiro de 1991; e dá outras providências. Disponível em: http://www.planalto.gov.br/ccivil_03/_ato2011-2014/2011/lei/l12527.htm. Acesso em: 25 ago. 2019.

BRASIL. Lei n. 12.846, de 1º de agosto de 2013. Dispõe sobre a responsabilização administrativa e civil de pessoas jurídicas pela prática de atos contra a administração pública, nacional ou estrangeira, e dá outras providências. Disponível em: http://www.planalto.gov.br/ccivil_03/_Ato2011-2014/2013/Lei/L12846.htm. Acesso em: 20 set. 2019.

BRASIL. Lei n. 12.850, de 2 de agosto de 2013. Define organização criminosa e dispõe sobre a investigação criminal, os meios de obtenção da prova, infrações penais correlatas e o procedimento criminal; altera o Decreto-Lei n. 2.848, de 7 de dezembro de 1940 (Código Penal); revoga a Lei n. 9.034, de 3 de maio de 1995; e dá outras providências. Disponível em: http://www.planalto.gov.br/ccivil_03/_Ato2011-2014/2013/Lei/L12850.htm. Acesso em: 26 set. 2019.

BRASIL. Lei n. 13.165, de 29 de setembro de 2015. Disponível em: http://www.planalto.gov.br/ccivil_03/_ato2015-2018/2015/lei/l13165.htm. Acesso em: 15 set. 2019. Altera as Leis 9.504, de 30 de setembro de 1997, 9.096, de 19 de setembro de 1995, e 4.737, de 15 de julho de 1965 – Código Eleitoral, para reduzir os custos das campanhas eleitorais, simplificar a administração dos Partidos Políticos e incentivar a participação feminina.

BRASIL. Lei n. 13.303, de 30 de junho de 2016. Dispõe sobre o estatuto jurídico da empresa pública, da sociedade de economia mista e de suas subsidiárias, no âmbito da União, dos Estados, do Distrito Federal e dos Municípios. Disponível em: http://www.planalto.gov.br/ccivil_03/_ato2015-2018/2016/lei/l13303.htm. Acesso em: 28 out. 2019.

BRASIL. Lei n. 13.487, de 6 de outubro de 2017. Altera as Leis 9.504, de 30 de setembro de 1997, e 9.096, de 19 de setembro de 1995, para instituir o Fundo Especial de Financiamento de Campanha (FEFC) e extinguir a propaganda partidária no rádio e na televisão. Disponível em: http://www.planalto.gov.br/ccivil_03/_ato2015-2018/2017/lei/l13487.htm. Acesso em 4 out. 2019.

BRASIL. Lei n. 13.488, de 6 de outubro de 2017. Disponível em: http://www.planalto.gov.br/ccivil_03/_Ato2015-2018/2017/Lei/L13488.htm. Acesso em: 4 out. 2019. Altera as Leis 9.504, de 30 de setembro de 1997 (Lei das Eleições), 9.096, de 19 de setembro de 1995, e 4.737, de 15 de julho de 1965 (Código Eleitoral), e revoga dispositivos da Lei nº 13.165, de 29 de setembro de 2015 (Minirreforma Eleitoral de 2015), com o fim de promover reforma no ordenamento político-eleitoral.

BRASIL. Lei n. 13.709, de 14 de agosto de 2018. Lei Geral de Proteção de Dados Pessoais (LGPD). Disponível em: http://www.planalto.gov.br/ccivil_03/_ato2015-2018/2018/lei/L13709.htm. Acesso em: 5 nov. 2019.

BRASIL. Lei n. 13.831, de 17 de maio de 2019. Altera a Lei n. 9.096, de 19 de setembro de 1995 (Lei dos Partidos Políticos), a fim de assegurar autonomia aos partidos políticos para definir o prazo de duração dos mandatos dos membros dos seus órgãos partidários permanentes ou provisórios; e dá outras providências. Disponível em: http://www.planalto.gov.br/ccivil_03/_ato2019-2022/2019/lei/L13831.htm. Acesso em: 14 set. 2019.

BRASIL. Lei n. 13.877, de 27 de setembro de 2019. Altera as Leis 9.096, de 19 de setembro de 1995, 9.504, de 30 setembro de 1997, 4.737, de 15 de julho de 1965 (Código Eleitoral), 13.831, de 17 de maio de 2019, e a Consolidação das Leis do Trabalho, aprovada pelo Decreto-Lei 5.452, de 1º de maio de 1943, para dispor sobre regras aplicadas às eleições; revoga dispositivo da Lei 13.488, de 6 de outubro de 2017; e dá outras providências. Disponível em: http://www.planalto.gov.br/ccivil_03/_Ato2019-2022/2019/Lei/L13877.htm#art1. Acesso em: 19 out. 2019.

BRASIL. Lei n. 13.878, de 3 de outubro de 2019. Altera a Lei n. 9.504, de 30 de setembro de 1997, a fim de estabelecer os limites de gastos de campanha para as eleições municipais. Disponível em: http://www.planalto.gov.br/ccivil_03/_Ato2019-2022/2019/Lei/L13878.htm. Acesso em: 20 out. 2019.

BRASIL. Lei n. 4.737, de 15 de julho de 1965. Institui o Código Eleitoral. Disponível em: http://www.planalto.gov.br/ccivil_03/leis/l4737.htm. Acesso em: 20 out. 2019.

BRASIL. Lei n. 4.740, de 15 de julho de 1965. Disponível em: http://www.planalto.gov.br/ccivil_03/LEIS/1950-1969/L4740.htm. Acesso em: 25 ago. 2019.

BRASIL. Lei n. 5.682, de 21 de julho de 1971. Lei Orgânica dos Partidos Políticos. Disponível em: http://www.planalto.gov.br/ccivil_03/leis/1970-1979/L5682.htm. Acesso em: 3 out. 2019.

BRASIL. Lei n. 6.767, de 20 de dezembro de 1979. Modifica dispositivos da Lei n. 5.682, de 21 de julho de 1971 (Lei Orgânica dos Partidos Políticos), nos termos do artigo 152 da Constituição, alterado pela Emenda Constitucional n. 11, de 1978; dispõe sobre preceitos do Decreto-Lei n. 1.541, de 14 de abril de 1977, e dá outras providências. Disponível em: http://www.planalto.gov.br/ccivil_03/leis/1970-1979/L6767.htm. Acesso em: 23 out. 2019.

BRASIL. Lei n. 7.492, de 16 de junho de 1986. Define os crimes contra o sistema financeiro nacional, e dá outras providências. Disponível em: http://www.planalto.gov.br/ccivil_03/LEIS/L7492.htm. Acesso em: 20 out. 2019.

BRASIL. Lei n. 8.137, de 27 de dezembro de 1990. Define crimes contra a ordem tributária, econômica e contra as relações de consumo, e dá outras providências. Disponível em: http://www.planalto.gov.br/ccivil_03/LEIS/L8137.htm. Acesso em: 21 set. 2019.

BRASIL. Lei n. 8.429, de 2 de junho de 1992. Dispõe sobre as Sanções Aplicáveis aos Agentes Públicos nos Casos de Enriquecimento Ilícito no Exercício de Mandato, Cargo, Emprego ou Função na Administração Pública Direta, Indireta ou Fundacional e dá outras providências. Disponível em: https://www.camara.leg.br/proposicoesWeb/prop_mostrarintegra;jsessionid=2D434A6C73097403AF34BBD297333653.node1?codteor=422375&filename=LegislacaoCitada+-PL+7528/2006. Acesso em: 26 set. 2019.

BRASIL. Lei n. 8.666, de 21 de junho de 1993. Regulamenta o art. 37, inciso XXI, da Constituição Federal, institui normas para licitações e contratos da Administração Pública e dá outras providências. Disponível em: http://www.planalto.gov.br/ccivil_03/leis/l8666cons.htm. Acesso em: 26 set. 2019.

BRASIL. Lei n. 9.096, de 19 de setembro de 1995. (Lei dos Partidos Políticos). Dispõe sobre partidos políticos, regulamenta os arts. 17 e 14, §3º, inciso V, da Constituição Federal. Disponível em: http://www.planalto.gov.br/ccivil_03/leis/l9096.htm. Acesso em: 19. jun. 2019.

BRASIL. Lei n. 9.504, de 30 de setembro de 1997. Estabelece normas para as eleições. Disponível em: http://www.planalto.gov.br/ccivil_03/leis/l9504.htm. Acesso em: 16 jun. 2019.

BRASIL. Lei n. 9.613, de 3 de março de 1998. Dispõe sobre os crimes de "lavagem" ou ocultação de bens, direitos e valores; a prevenção da utilização do sistema financeiro para os ilícitos previstos nesta Lei; cria o Conselho de Controle de Atividades Financeiras – COAF, e dá outras providências. Disponível em: http://www.planalto.gov.br/ccivil_03/leis/l9613.htm. Acesso em: 26 set. 2019.

BRASIL. Senado Federal. Cláusula de barreira. Disponível em: https://www12.senado.leg.br/noticias/glossario-legislativo/clausula-de-barreira. Acesso em: 8 set. 2019.

BRASIL. Senado Federal. Projeto de Lei n. 429, de 2017. Disponível em: https://www25.senado.leg.br/web/atividade/materias/-/materia/131429. Acesso em: 28 set. 2019. Acesso em: 18 out. 2019.

BRASIL. Senado Federal. Relatório Legislativo – 15/03/2018, Comissão de Constituição, Justiça e Cidadania. Disponível em: https://legis.senado.leg.br/sdleg-getter/documento?dm=7647139&ts=1567534351351&disposition=inline. Acesso em: 30 set. 2019. Acesso em: 18 out. 2019.

BRASIL. Senado Federal. Senadores em exercício. Disponível em: https://www25.senado.leg.br/web/senadores/em-exercicio/-/e/por-partido. Acesso em: 7 set. 2019.

BRASIL. Supremo Tribunal Federal. Ação Penal 470. Voto Ministro Luiz Fux, Item VI – Primeira Parte. Disponível em:http://www.stf.jus.br/arquivo/cms/noticiaNoticiaStf/anexo/AP470mLFitem6.pdf. Acesso em: 25 out. 2019.

BRASIL. Supremo Tribunal Federal. ADI 1351. Relator: Min. Marco Aurélio, Tribunal Pleno, julgado em 07/12/2006, DJ 30-03-2007 PP-00068 EMENT VOL-02270-01 PP-00019 REPUBLICAÇÃO: DJ 29-06-2007 PP-00031 RTJ VOL-00207-01 PP-00116. Disponível em: http://stf.jus.br/portal/jurisprudencia/listarJurisprudencia.asp?s1=%28ADI%24%2ESCLA%2E+E+1351%2ENUME%2E%29+OU+%28ADI%2EACMS%2E+ADJ2+1351%2EACMS%2E%29&base=baseAcordaos&url=http://tinyurl.com/bct739w. Acesso em: 20 set. 2019.

BRASIL. Supremo Tribunal Federal. ADI 3167, Relator(a): Min. Eros Grau, Tribunal Pleno, julgado em 18/06/2007, DJe-096 DIVULG 05-09-2007 PUBLIC 06-09-2007 DJ 06-09-2007 PP-00036 EMENT VOL-02288-02 PP-00237). Disponível em: http://stf.jus.br/portal/jurisprudencia/listarJurisprudencia.asp?s1=%28ADI%24%2ESCLA%2E+E+3167%2ENUME%2E%29+OU+%28ADI%2EACMS%2E+ADJ2+3167%2EACMS%2E%29&base=baseAcordaos&url=http://tinyurl.com/nvfulgm. Acesso em: 24 out. 2019.

BRASIL. Supremo Tribunal Federal. ADI 4650, Relator(a): Min. Luiz Fux, Tribunal Pleno, julgado em 17/09/2015, Processo Eletrônico DJe-034 DIVULG 23-02-2016 PUBLIC 24-02-2016). Disponível em: http://stf.jus.br/portal/jurisprudencia/listarJurisprudencia.asp?s1=%28ADI%24%2ESCLA%2E+E+4650%2ENUME%2E%29+OU+%28ADI%2EACMS%2E+ADJ2+4650%2EACMS%2E%29&base=baseAcordaos&url=http://tinyurl.com/pyskmyv. Acesso em: 20 set. 2019.

BRASIL. Supremo Tribunal Federal. ADI 5081, Relator(a): Min. Roberto Barroso, Tribunal Pleno, julgado em 27/05/2015, Processo Eletrônico DJe-162 DIVULG 18-08-2015 PUBLIC 19-08-2015). Disponível em: http://stf.jus.br/portal/jurisprudencia/listarJurisprudencia.asp?s1=%28ADI%24%2ESCLA%2E+E+5081%2ENUME%2E%29+OU+%28ADI%2EACMS%2E+ADJ2+5081%2EACMS%2E%29&base=baseAcordaos&url=http://tinyurl.com/nolskrt. Acesso em: 23 out. 2019.

BRASIL. Supremo Tribunal Federal. ADI 5081, Relator(a): Min. Roberto Barroso, Tribunal Pleno, julgado em 27/05/2015, Processo Eletrônico DJe-162 DIVULG 18-08-2015 PUBLIC 19-08-2015. Disponível em: http://stf.jus.br/portal/jurisprudencia/listarJurisprudencia.asp?s1=%28ADI%24%2ESCLA%2E+E+5081%2ENUME%2E%29+OU+%28ADI%2EACMS%2E+ADJ2+5081%2EACMS%2E%29&base=baseAcordaos&url=http://tinyurl.com/nolskrt. Acesso em: 26.06.2019.

BRASIL. Supremo Tribunal Federal. ADI 5617, Relator(a): Min. Edson Fachin, Tribunal Pleno, julgado em 15/03/2018, PROCESSO ELETRÔNICO DJe-211 DIVULG 02-10-2018 PUBLIC 03-10-2018. Disponível em: http://stf.jus.br/portal/jurisprudencia/listarJurisprudencia.asp?s1=%28ADI%24%2ESCLA%2E+E+5617%2ENUME%2E%29+OU+%28ADI%2EACMS%2E+ADJ2+5617%2EACMS%2E%29&base=baseAcordaos&url=http://tinyurl.com/hj3ale7. Acesso em: 15 out. 2019.

BRASIL. Supremo Tribunal Federal. ADI 6032 MC, Relator: Min. Gilmar Mendes, julgado em 16/05/2019, publicado em PROCESSO ELETRÔNICO DJe-104 DIVULG 17/05/2019 PUBLIC 20/05/2019. Disponível em: http://stf.jus.br/portal/jurisprudencia/listarJurisprudencia.asp?s1=%28ADI%24%2ESCLA%2E+E+6032%2ENUME%2E%29+NAO+S%2EPRES%2E&base=baseMonocraticas&url=http://tinyurl.com/ydzbuwvk. Acesso em: 26 out. 2019.

BRASIL. Supremo Tribunal Federal. ARE 1054490 QO, Relator: Min. Roberto Barroso, Tribunal Pleno, julgado em 05/10/2017, Processo Eletrônico DJe-045 DIVULG 08-03-2018 PUBLIC 09-03-2018. Disponível em: http://stf.jus.br/portal/jurisprudencia/listarJurisprudencia.asp?s1=%28ARE%24%2ESCLA%2E+E+1054490%2ENUME%2E%29+OU+%28ARE%2EACMS%2E+ADJ2+1054490%2EACMS%2E%29&base=baseAcordaos&url=http://tinyurl.com/y5s4sfpx. Acesso em: 15 out. 2019.

BRASIL. Supremo Tribunal Federal. MS 26602, Relator(a): Min. Eros Grau, Tribunal Pleno, julgado em 04/10/2007, DJe-197 DIVULG 16-10-2008 PUBLIC 17-10-2008 EMENT VOL-02337-02 PP-00190 RTJ VOL-00208-01 PP-00072)". Disponível em: http://stf.jus.br/portal/jurisprudencia/listarJurisprudencia.asp?s1=%28MS%24%2ESCLA%2E+E+26602%2ENUME%2E%29+OU+%28MS%2EACMS%2E+ADJ2+26602%2EACMS%2E%29&base=baseAcordaos&url=http://tinyurl.com/blyxesx. Acesso em: 23 out. 2019.

BRASIL. Supremo Tribunal Federal. MS 26603, Relator(a): Min. Celso de Mello, Tribunal Pleno, julgado em 04/10/2007, DJe-241 DIVULG 18-12-2008 PUBLIC 19-12-2008 EMENT VOL-02346-02 PP-00318)". Disponível em: http://stf.jus.br/portal/jurisprudencia/listarJurisprudencia.asp?s1=%28MS%24%2ESCLA%2E+E+26603%2ENUME%2E%29+OU+%28MS%2EACMS%2E+ADJ2+26603%2EACMS%2E%29&base=baseAcordaos&url=http://tinyurl.com/ph4ugft. Acesso em: 23 out. 2019.

BRASIL. Supremo Tribunal Federal. MS 26604, Relator(a): Min. Cármen Lúcia, Tribunal Pleno, julgado em 04/10/2007, DJe-187 DIVULG 02-10-2008 PUBLIC 03-10-2008 EMENT VOL-02335-02 PP-00135 RTJ VOL-00206-02 PP-00626)". Disponível em: http://stf.jus.br/portal/jurisprudencia/listarJurisprudencia.asp?s1=%28MS%24%2ESCLA%2E+E+26604%2ENUME%2E%29+OU+%28MS%2EACMS%2E+ADJ2+26604%2EACMS%2E%29&base=baseAcordaos&url=http://tinyurl.com/l2oedl9. Acesso em: 23 out. 2019.

BRASIL. Supremo Tribunal Federal. RE 591470 RG, Relatora: Min. Cármen Lúcia, julgado em 16/10/2008, DJe-206 DIVULG 30-10-2008 PUBLIC 31-10-2008 EMENT VOL-02339-10 PP-02004). Disponível em: http://stf.jus.br/portal/jurisprudencia/listarJurisprudencia.asp?s1=%28RE%24%2ESCLA%2E+E+591470%2ENUME%2E%29+OU+%28RE%2EPRCR%2E+ADJ2+591470%2EPRCR%2E%29&base=baseRepercussao&url=http://tinyurl.com/md3882u. Acesso em: 25 out. 2019.

BRASIL. Supremo Tribunal Federal. RE n. 825.274/SP, que substituiu o RE n. 591.470, interposto por Aécio Neves, como paradigma de repercussão geral (Tema 124).

BRASIL. Supremo Tribunal Federal. Súmula 13. Disponível em: http://www.stf.jus.br/portal/jurisprudencia/menusumario.asp?sumula=1227. Acesso em: 25 set. 2019.

BRASIL. Tribunal de Contas da União. *Levantamento de governança e gestão das aquisições*. Brasília: TCU, 2013.

BRASIL. Tribunal de Contas da União. *Referencial básico de governança*: aplicável a órgãos e entidades da Administração Pública. Brasília: TCU, 2014, p. 43. Disponível em: https://portal.tcu.gov.br/governanca/home/. Acesso em: 24 abr. 2019.

BRASIL. Tribunal Regional Eleitoral do Mato Grosso do Sul. Prestação de Contas n. 060118203. Acórdão n 060118203 de 23/07/2019, Relator: Daniel Castro Gomes da Costa, Publicação: DJE – Diário da Justiça Eleitoral, Tomo 2237, Data 26/07/2019, Página 15/28). Disponível em: http://inter03.tse.jus.br/sjur-pesquisa/pesquisa/actionBRSSearch.do?toc=true&docIndex=0&httpSessionName=brsstateSJUT1970230528&sectionServer=MS&grupoTotalizacao=0. Acesso em: 24 out. 2019.

BRASIL. Tribunal Superior Eleitoral. Agravo de Instrumento n. 179203809, Acórdão, Relator(a) Min. Og Fernandes, Publicação: DJE – Diário de justiça eletrônico, Tomo 173, Data 06/09/2019, Página 73. Disponível em: http://www.tse.jus.br/jurisprudencia/decisoes/jurisprudencia. Acesso em: 19 set. 2019.

BRASIL. Tribunal Superior Eleitoral. Agravo de Instrumento n. 20556, Acórdão, Relator(a) Min. Arnaldo Versiani, Publicação: DJE – Diário de justiça eletrônico, Tomo 205, Data 23/10/2012, p. 3. Disponível em: http://www.tse.jus.br/jurisprudencia/decisoes/jurisprudencia. Acesso em: 1 out. 2019.

BRASIL. Tribunal Superior Eleitoral. Agravo de Instrumento n. 33986, Acórdão, Relator(a) Min. Luís Roberto Barroso, Publicação: DJE – Diário de justiça eletrônico, Data 20/09/2019. Disponível em: http://www.tse.jus.br/jurisprudencia/decisoes/jurisprudencia. Acesso em: 29 set. 2019.

BRASIL. Tribunal Superior Eleitoral. Comunicação. TSE lança Programa de Enfrentamento à Desinformação com Foco nas Eleições 2020. Disponível em: http://www.tse.jus.br/imprensa/noticias-tse/2019/Agosto/tse-lanca-programa-de-enfrentamento-a-desinformacao-com-foco-nas-eleicoes-2020. Acesso em: 30 ago.2019.

BRASIL. Tribunal Superior Eleitoral. Consulta n. 060025218, Acórdão, Relator(a) Min. Rosa Weber, Publicação: DJE – Diário de justiça eletrônico, Tomo 163, Data 15/08/2018. Disponível em: http://www.tse.jus.br/jurisprudencia/decisoes/jurisprudencia. Acesso em: 27 set. 2019.

BRASIL. Tribunal Superior Eleitoral. Consulta n. 38580, Acórdão, Relator(a) Min. Henrique Neves Da Silva, Publicação: DJE – Diário de justiça eletrônico, Data 02/08/2017). Disponível em: http://www.tse.jus.br/jurisprudencia/decisoes/jurisprudencia. Acesso em: 19 set. 2019.

BRASIL. Tribunal Superior Eleitoral. Controle judicial e democracia intrapartidária é tema do próximo projeto Debates, 2017. Disponível em: http://www.tse.jus.br/imprensa/noticias-tse/2017/Outubro/controle-judicial-e-democracia-intrapartidaria-e-tema-do-proximo-projeto-debates. Acesso em: 4. nov. 2019

BRASIL. Tribunal Superior Eleitoral. Corte confirma cassação de diplomas de dois vereadores de Rosário do Sul (RS). Disponível em http://www.tse.jus.br/imprensa/noticias-tse/2019/Agosto/tse-confirma-cassacao-de-diplomas-de-dois-vereadores-de-rosario-do-sul-rs. Acesso em: 29 set. 2019.

BRASIL. Tribunal Superior Eleitoral. Corte confirma cassação de diplomas de dois vereadores de Rosário do Sul (RS). Disponível em http://www.tse.jus.br/imprensa/noticias-tse/2019/Agosto/tse-confirma-cassacao-de-diplomas-de-dois-vereadores-de-rosario-do-sul-rs. Acesso em: 29 set. 2019.

BRASIL. Tribunal Superior Eleitoral. Cota de 30% para mulheres nas eleições proporcionais deverá ser cumprida por cada partido em 2020. Comunicação Tribunal Superior Eleitoral, 8 de março de 2019. Disponível em http://www.tse.jus.br/imprensa/noticias-tse/2019/Marco/cota-de-30-para-mulheres-nas-eleicoes-proporcionais-devera-ser-cumprida-por-cada-partido-em-2020. Acesso em: 25 set. 2019.

BRASIL. Tribunal Superior Eleitoral. Cota de 30% para mulheres nas eleições proporcionais deverá ser cumprida por cada partido em 2020. Disponível em http://www.tse.jus.br/imprensa/noticias-tse/2019/Marco/cota-de-30-para-mulheres-nas-eleicoes-proporcionais-devera-ser-cumprida-por-cada-partido-em-2020. Acesso em: 25 set. 2019.

BRASIL. Tribunal Superior Eleitoral. Especialistas debatem saídas para o fenômeno das fake news durante seminário no TSE. Disponível em: http://www.tse.jus.br/imprensa/noticias-tse/2019/Maio/especialistas-debatem-saidas-para-o-fenomeno-das-fake-news-durante-seminario-no-tse. Acesso em: 03 out. 2019.

BRASIL. Tribunal Superior Eleitoral. Especialistas debatem saídas para o fenômeno das fake news durante seminário no TSE. Disponível em: http://www.tse.jus.br/imprensa/noticias-tse/2019/Maio/especialistas-debatem-saidas-para-o-fenomeno-das-fake-news-durante-seminario-no-tse. Acesso em: 3 out. 2019

BRASIL. Tribunal Superior Eleitoral. Fundo partidário. Disponível em: http://www.tse.jus.br/partidos/fundo-partidario-1/fundo-partidario. Acesso em: 26 jun. 2019.

BRASIL. Tribunal Superior Eleitoral. Incorporação e fusão de partidos políticos – você conhece a diferença?. Disponível em http://www.tse.jus.br/imprensa/noticias-tse/2019/Abril/incorporacao-e-fusao-de-partidos-politicos-voce-conhece-a-diferenca. Acesso em: 7 set. 2019.

BRASIL. Tribunal Superior Eleitoral. Instrução n. 3. Acórdão, Relator(a) Min. Henrique Neves Da Silva, Publicação: DJE – Diário de justiça eletrônico, Data 30/06/2016, Página 34-36. Disponível em: http://www.tse.jus.br/jurisprudencia/decisoes/jurisprudencia. Acesso em: 19 set. 2019.

BRASIL. Tribunal Superior Eleitoral. Partidos políticos registrados no TSE. Disponível em http://www.tse.jus.br/partidos/partidos-politicos/registrados-no-tse. Acesso em: 7 set. 2019.

BRASIL. Tribunal Superior Eleitoral. Petição n. 0601892-56.2018.6.00.0000. Acórdão, Relator Min. Tarcisio Vieira de Carvalho Neto, Acórdão de 19/12/2018, Publicação: DJE – Diário de Justiça Eletrônico, Tomo 24, Data 04/02/2019. Disponível em: http://www.tse.jus.br/jurisprudencia/decisoes/jurisprudencia. Acesso em: 23 out. 2019.

BRASIL. Tribunal Superior Eleitoral. Petição n. 060195314, Acórdão, Relator Min. Jorge Mussi, Publicação: DJE – Diário de Justiça Eletrônico, Tomo 87, Data 10/05/2019). Disponível em: http://www.tse.jus.br/jurisprudencia/decisoes/jurisprudencia. Acesso em: 19 set. 2019.

BRASIL. Tribunal Superior Eleitoral. Petição n. 128, Acórdão, Relator Min. Admar Gonzaga, Publicação: DJE – Diário de justiça eletrônico, Tomo 097, Data 17/05/2018, Página 2-3). Disponível em: http://www.tse.jus.br/jurisprudencia/decisoes/jurisprudencia. Acesso em: 19 set. 2019.

BRASIL. Tribunal Superior Eleitoral. Petição n. 177391, Acórdão, Relatora Min. Laurita Vaz, Publicação: DJE – Diário de justiça eletrônico, Data 26/08/2013, Página 135/136)". Disponível em: http://www.tse.jus.br/jurisprudencia/decisoes/jurisprudencia. Acesso em: 23 out. 2019.

BRASIL. Tribunal Superior Eleitoral. Petição n. 4459, Acórdão, Relator Min. Castro Meira, Publicação: DJE – Diário de justiça eletrônico, Data 20/08/2013, Página 65. Disponível em: http://www.tse.jus.br/jurisprudencia/decisoes/jurisprudencia. Acesso em: 19 set. 2019.

BRASIL. Tribunal Superior Eleitoral. Petição n. 57225, Acórdão, Relator Min. Napoleão Nunes Maia Filho, Publicação: DJE – Diário de justiça eletrônico, Data 10/08/2018, Página 78-80). Disponível em: http://www.tse.jus.br/jurisprudencia/decisoes/jurisprudencia. Acesso em: 28 set. 2019.

BRASIL. Tribunal Superior Eleitoral. Prestação de Contas n. 22997. Acórdão, Relator(a) Min. Tarcisio Vieira de Carvalho Neto, Publicação: DJE – Diário de justiça eletrônico, Data 19/04/2018. Disponível em: http://www.tse.jus.br/jurisprudencia/decisoes/jurisprudencia. Acesso em: 19 set. 2019.

BRASIL. Tribunal Superior Eleitoral. Prestação de Contas n. 28329, Acórdão, Relator(a) Min. Tarcisio Vieira de Carvalho Neto, Publicação: DJE – Diário de justiça eletrônico, Data 18/02/2019). Disponível em: http://www.tse.jus.br/jurisprudencia/decisoes/jurisprudencia. Acesso em: 02 out. 2019.

BRASIL. Tribunal Superior Eleitoral. Prestação de Contas n. 29021, Acórdão, Relator(a) Min. Luís Roberto Barroso, Publicação: DJE – Diário de justiça eletrônico, Tomo 117, Data 21/06/2019, Página 83-85). Disponível em: http://www.tse.jus.br/jurisprudencia/decisoes/jurisprudencia. Acesso em: 25 out. 2019.

BRASIL. Tribunal Superior Eleitoral. Prestação de Contas n. 29106, Acórdão, Relator(a) Min. Edson Fachin, Publicação: DJE – Diário de justiça eletrônico, Tomo 116, Data 19/06/2019, Página 14/16). Disponível em: http://www.tse.jus.br/jurisprudencia/decisoes/jurisprudencia. Acesso em: 25 out. 2019.

BRASIL. Tribunal Superior Eleitoral. Recurso em Mandado de Segurança n. 551, Acórdão, Relator(a) Min. Caputo Bastos, Publicação: DJ – Diario de justiça, Data 24/06/2008, Página 8. Disponível em: http://www.tse.jus.br/jurisprudencia/decisoes/jurisprudencia. Acesso em: 19 out. 2019.

BRASIL. Tribunal Superior Eleitoral. Recurso Especial Eleitoral n. 10576, Acórdão de Relator(a) Min. Torquato Jardim, Publicação: PSESS – Publicado em Sessão, Data 21/09/1992, Página 1. Disponível em: http://www.tse.jus.br/jurisprudencia/decisoes/jurisprudencia. Acesso em: 20 set. 2019.

BRASIL. Tribunal Superior Eleitoral. Recurso Especial Eleitoral n. 19392, Acórdão, Relator(a) Min. Jorge Mussi, Publicação: DJE – Diário de justiça eletrônico, Tomo 193, Data 04/10/2019, Página 105/107. Disponível em: http://www.tse.jus.br/jurisprudencia/decisoes/jurisprudencia. Acesso em: 19 set. 2019.

BRASIL. Tribunal Superior Eleitoral. Recurso Especial Eleitoral n. 19505, Acórdão, Relator(a) Min. Jorge Mussi, Publicação: DJE – Diário de justiça eletrônico, Data 27/03/2019, Página 58-59) Disponível em: http://www.tse.jus.br/jurisprudencia/decisoes/jurisprudencia. Acesso em: 02 out. 2019.

BRASIL. Tribunal Superior Eleitoral. Recurso Especial Eleitoral n. 21498, Acórdão, Relator(a) Min. Henrique Neves Da Silva. Publicação: DJE – Diário de justiça eletrônico, Tomo 117, Data 24/06/2013, Página 56). Disponível em: http://www.tse.jus.br/jurisprudencia/decisoes/jurisprudencia. Acesso em: 27 set. 2019.

BRASIL. Tribunal Superior Eleitoral. Recurso Especial Eleitoral n. 282046, Acórdão, Relator(a) Min. Jorge Mussi, Publicação: DJE – Diário de justiça eletrônico, Data 27/03/2019, Página 56-57). Disponível em: http://www.tse.jus.br/jurisprudencia/decisoes/jurisprudencia. Acesso em: 02 out. 2019.

BRASIL. Tribunal Superior Eleitoral. Recurso Especial Eleitoral n. 5635, Acórdão, Relator(a) Min. Napoleão Nunes Maia Filho, Publicação: PSESS – Publicado em Sessão, Data 13/12/2016). Disponível em: http://www.tse.jus.br/jurisprudencia/decisoes/jurisprudencia. Acesso em: 20 set. 2019.

BRASIL. Tribunal Superior Eleitoral. Registro de Partido Político n. 141796, Acórdão, Relator(a) Min. Herman Benjamin, Publicação: DJE – Diário de justiça eletrônico, Data 15/03/2018, Página 20-22. Disponível em: http://www.tse.jus.br/jurisprudencia/decisoes/jurisprudencia. Acesso em: 19 set. 2019.

BRASIL. Tribunal Superior Eleitoral. Registro de Partido Político n. 153572, Acórdão, Relator(a) Min. Jorge Mussi, Publicação DJE – Diário de justiça eletrônico, Tomo 97, Data 17/05/2018, Página 25-26). Disponível em: http://www.tse.jus.br/jurisprudencia/decisoes/jurisprudencia. Acesso em: 19 set. 2019.

BRASIL. Tribunal Superior Eleitoral. Registro de Partido Político n. 155473, Acórdão, Relator(a) Min. Luís Roberto Barroso, Publicação: DJE – Diário de justiça eletrônico, Data 09/05/2019. Disponível em: http://www.tse.jus.br/jurisprudencia/decisoes/jurisprudencia. Acesso em: 19 set. 2019.

BRASIL. Tribunal Superior Eleitoral. Registro de Partido Político n. 40309, Acórdão, Relator(a) Min. Rosa Weber, Publicação: DJE – Diário de justiça eletrônico, Data 13/08/2018). Disponível em: http://www.tse.jus.br/jurisprudencia/decisoes/jurisprudencia. Acesso em: 19 set. 2019.

BRASIL. Tribunal Superior Eleitoral. Registro de Partido Político n. 58354, Acórdão, Relator(a) Min. Tarcisio Vieira de Carvalho Neto, Publicação: DJE – Diário de justiça eletrônico, Data 27/03/2018 Disponível em: http://www.tse.jus.br/jurisprudencia/decisoes/jurisprudencia. Acesso em: 19 set. 2019.

BRASIL. Tribunal Superior Eleitoral. Resolução n. 22.610, de 25 de outubro de 2007. Disponível em: http://www.tse.jus.br/legislacao-tse/res/2007/RES226102007.htm. Acesso em: 14 set. 2019.

BRASIL. Tribunal Superior Eleitoral. Resolução n. 23.432, de 16 de dezembro de 2014. Disponível em: http://www.tse.jus.br/legislacao/codigo-eleitoral/normas-editadas-pelo-tse/resolucao-no-23-432-de-16-de-dezembro-de-2014-2013-brasilia-2013-df. Acesso em: 26 out. 2019.

BRASIL. Tribunal Superior Eleitoral. Resolução n. 23.546, de 18 de dezembro de 2017. Disponível em: http://www.tse.jus.br/legislacao-tse/res/2017/RES235462017.html. Acesso em: 26 out. 2019.

BRASIL. Tribunal Superior Eleitoral. Resolução n. 23.571, de 29 de maio de 2018. Disponível em: http://www.tse.jus.br/legislacao-tse/res/2018/RES235712018.html. Acesso em: 18 out. 2019.

BRASIL. Tribunal Superior Eleitoral. Resolução n. 23.571, de 29 de maio de 2018. Disponível em: http://www.tse.jus.br/legislacao-tse/res/2018/RES235712018.html. Acesso em: 18 out. 2019.

BRASIL. Tribunal Superior Eleitoral. Resoluções. Disponível em: http://www.tse.jus.br/legislacao/codigo-eleitoral/normas-editadas-pelo-tse. Acesso em: 02 out. 2019.

BRASIL. Tribunal Superior Eleitoral. Seminário Internacional Fake News e Eleições contará com a participação de especialistas internacionais. Disponível em: http://www.tse.jus.br/imprensa/noticias-tse/2019/Abril/seminario-internacional-fake-news-e-eleicoes-contara-com-a-participacao-de-especialistas-internacionais. Acesso em: 3 out. 2019.

BRASIL. Tribunal Superior Eleitoral. Súmula n. 2. Disponível em: http://www.tse.jus.br/legislacao/codigo-eleitoral/sumulas/sumulas-do-tse/sumula-nb0-2. Acesso em: 24 out. 2019.

BRASIL. Tribunal Superior Eleitoral. Súmula n. 20. Disponível em: http://www.tse.jus.br/legislacao/codigo-eleitoral/sumulas/sumulas-do-tse/sumula-nb0-20. Acesso em: 24 out. 2019.

BRASIL. Tribunal Superior Eleitoral. Súmula n. 38. Disponível em: http://www.tse.jus.br/legislacao/codigo-eleitoral/sumulas/sumulas-do-tse/sumula-nb0-38. Acesso em: 24 out. 2019.

BRASIL. Tribunal Superior Eleitoral. Súmula n. 45. Disponível em: http://www.tse.jus.br/legislacao/codigo-eleitoral/sumulas/sumulas-do-tse/sumula-nb0-45. Acesso em: 24 out. 2019.

BRASIL. Tribunal Superior Eleitoral. Súmula n. 67. Disponível em: http://www.tse.jus.br/legislacao/codigo-eleitoral/sumulas/sumulas-do-tse/sumula-nb0-67. Acesso em: 24 out. 2019.

BRASIL. Tribunal Superior Eleitoral. Enfrentamento à desinformação. Disponível em: http://www.tse.jus.br/videos/enfrentamento-a-desinformacao. Acesso em: 11 nov.2019.

BUCHHIANERI PINHEIRO, Maria Claudia. Tomemos a sério o debate em torno do *compliance* partidário: uma primeira reflexão crítica dos Projetos de Lei n.ºs 60/2017 e 429/2017, do Senado Federal. Em busca de um modelo efetivo. *In*: FUX, Luiz; PEREIRA, Luiz Fernando Casagrande; AGRA, Walber de Moura (Coord.); PECCINI, Luiz Eduardo (Org.). *Direito partidário*. Belo Horizonte: Fórum, 2018, p. 59-70. (Tratado de Direito Eleitoral, v.2).

BUTELER, Alfonso. El control de la corrupción en el derecho comparado: los casos de Argentina, Brasil y España. *A&C – Revista de Direito Administrativo & Constitucional*, Belo Horizonte, ano 13, n. 53, p. 23-43, jul./set. 2013.

BUTELER, Alfonso. Los sistemas para el control de la corrupción pública en el orden global. *Revista de Direito Econômico e Socioambiental*, Curitiba, v. 8, n. 3, p. 239-261, set./dez. 2017.

CAMPOS NETO, Raymundo. *A democracia interna nos partidos políticos brasileiros*. Belo Horizonte: D'Plácido, 2017.

CANADA. CA: Cambridge City Council. *Code of conduct for members of council*. Disponível em: https://www.cambridge.ca/en/your-city/Code-of-Conduct.aspx. Acesso em: 25 set. 2019.

CANADA. Elections Canada. *Administrative compliance policy for political financing*. Disponível em:https://www.elections.ca/content.aspx?section=pol&dir=acp&document=index&lang=e. Acesso em: 25 set. 2019.

CANADA. Justice Laws Website. *Auditor General Act*. Disponível em: https://laws-lois.justice.gc.ca/eng/acts/a-17/. Acesso em: 29 set. 2019.

CARVALHO FILHO, José dos Santos. *Manual de direito administrativo*. 30. ed. rev. atual. e ampl. São Paulo: Atlas, 2016.

CARVALHO, Karine Cito Carneiro de. *"Compliance" no combate à fraude organizacional e à corrupção*. 2018. Dissertação (Mestrado) – Faculdade de Direito da Universidade de Coimbra, Coimbra, 2018. Disponível em: https://estudogeral.uc.pt/bitstream/10316/85846/1/Tese%20Karine%20Vers%C3%A3o%20Entrega%2005.07.pdf. Acesso em: 7 nov. 2019.

CASAS-ZAMORA, Kevin. *Political Finance and state funding systems*: an overview. Brookings institutions/University of Costa Rica, May 2008. Disponível em: https://ifes.org/sites/default/files/politicalfinanceandstatefundingsystems_english_0.pdf. Acesso em: 27 set. 2019.

CASTELO BRANCO, Tatiana Coutinho; DE MORAES, Marcos Carvalhedo; KALKMANN, Tiago. *Súmulas do TSE comentadas*. 1. ed. São Paulo: Lura, 2017.

CASTRO, Patricia Reis; AMARAL, Juliana Ventura; GUERREIRO, Reinaldo. Adherence to the compliance program of Brazil's anti-corruption law and internal controls implementation. *Revista Contabilidade & Finanças*, São Paulo, v. 30, n. 80, p. 186-201, ago. 2019, p. 190. Disponível em: http://www.scielo.br/scielo.php?script=sci_arttext&pid=S1519-70772019000200186&lng=en&nrm=iso>. Acesso em 15 out. 2019.

CHILE. Biblioteca del Congresso Nacional de Chile / Ley Chile. Ley 20.393, 2-12-2009. Establece la responsabilidad penal de las personas jurídicas en los delitos que indica. Disponível em: https://www.leychile.cl/Consulta/m/m/norma_plana?idNorma=1008668&org=bleyes_r%3Ft_n%3DXX1%26nro_ley%3D%26orga%3D%26f_pub%3D2009. Acesso em: 28 out. 2019.

CHILE. Contraloría General de la República: missão institucional. Disponível em: https://www.chileatiende.gob.cl/instituciones/ZC009. Acesso em: 28 out. 2019

CHILE. Contraloría General de la República: propósito, funciones y estrutura.Disponível em: http://www.oas.org/juridico/PDFs/mesicic4_chl_sem.pdf. Acesso em: 28 out. 2019.

CHILE. Fiscalia. Unidad Especializada en Anticorrupción. Disponível em: http://www.fiscaliadechile.cl/Fiscalia/areas/cor-unidad.jsp. Acesso em: 28 out. 2019.

COE. *About GRECO*. Disponível em: https://www.coe.int/en/web/greco/about-greco/what-is-greco. Acesso em: 05 nov. 2019.

COE. *Members and observers/ etats membres et observateurs*. Disponível em: https://www.coe.int/en/web/greco/structure/member-and-observers#{%2222358830%22:[]}. Acesso em: 05 nov. 2019.

COLOMBIA. Contraloría General de la República. ¿Qué es la Contraloría General de la República? Disponível em: https://www.contraloria.gov.co/contraloria/la-entidad. Acesso em: 28 out. 2019.

COLOMBIA. Régimen Legal de Bogotá D.C. – Secretaría Jurídica Distrital. Ley 1474 de 2011 – Nivel Nacional. Disponível em: https://www.alcaldiabogota.gov.co/sisjur/normas/Norma1.jsp?i=43292. Acesso em: 28 out. 2019.

COSTA, Daniel Castro Gomes da. *Segurança jurídica e as alterações na jurisprudência tributária*. São Paulo: Pillares, 2016.

CUNHAL, Álvaro. *O partido com paredes de vidro*. 6. ed. Lisboa: Avante, 2002. [Edição eletrônica, 2010]. Disponível em: https://www.marxists.org/portugues/cunhal/1985/08/partido.pdf. Acesso em: 5. nov. 2019.

DEBBIO, A. Del; MAEDA, B. C.; AYRES, C. H. S. (Coord.). *Temas de anticorrupção e compliance*. Rio de Janeiro: Elsevier, 2013.

DEM. *Estatuto 2018*. Disponível em: http://www.tse.jus.br/partidos/partidos-politicos/arquivos/tse-estatuto-dem-de-8-3-2018-deferido-em-29-4-2019. Acesso em: 14 set. 2019.

DUVERGER, Maurice. *Los partidos políticos*. 18. ed. México: Fondo de Cultura Económica, 2002.

ESPAÑA. Fiscalia General del Estado. Instrucción 1/1996, de 15 de enero, sobre competencias y organización de la Fiscalía especial para la represión de los delitos económicos relacionados con la corrupción. Disponível em: https://www.fiscal.es/memorias/estudio2016/INS/INS_01_1996.html. Acesso em: 28 out. 2019.

ESPANÃ. Ministerio de Hacienda. Intervención general de la administración del estado. Disponível em: https://www.igae.pap.hacienda.gob.es/sitios/igae/es-ES/Paginas/inicio.aspx. Acesso em: 28 out. 2019.

FALGUERA, Elin; JONES, Samuel; OHMAN, Magnus. *Financiamento de partidos políticos e campanhas eleitorais*: um manual sobre financiamento político. Rio de Janeiro: FGV, 2015.

FERREIRA, Manoel Rodrigues. *A evolução do sistema eleitoral brasileiro*. Brasília: Conselho Editorial do Senado Federal, 2001.

FERREIRA, Pinto. *Código eleitoral comentado*. 2. ed. atual. e ampl. São Paulo: Saraiva, 1990.

FGV. Entenda a história por detrás da lei da janela partidária. Disponível em https://direitorio.fgv.br/noticia/entenda-a-historia-por-detras-da-lei-da-janela-partidaria. Acesso em: 15 set. 2019.

FONTES, José. Da função eleitoral dos partidos políticos no direito português e sua natureza político-jurídica. *Eleições: Revista de Assuntos Eleitorais*, n. 13, 2010. Disponível em: https://repositorioaberto.uab.pt/bitstream/10400.2/1746/1/FUN%C3%87%C3%83O%20ELEITORAL.pdf. Acesso em: 8 out. 2019.

FRANCE. Loi n. 2016-1691 du 9 décembre 2016 relative à la transparence, à la lutte contre la corruption et à la modernisation de la vie économique. *Journal Officiel de La République Française*. Disponível em: https://www.cjoint.com/doc/16_12/FLknuHuFltM_loisapin2.pdf. Acesso em: 28 out. 2019.

FREIDENBERG, Flavia. Democracia interna: reto ineludible de los partidos políticos. *Revista de Derecho Electoral*, n. 1, Primer Semestre, 2006. Disponível em: https://dialnet.unirioja.es/descarga/articulo/3987968.pdf. Acesso em: 5 nov. 2019.

FURTADO, Lucas Rocha. *Curso de direito administrativo*. 5. ed. rev. e atual. Belo Horizonte: Fórum, 2016.

GALVÃO DE CARVALHO, Paulo Roberto. Legislação anticorrupção no mundo: análise comparativa entre a Lei Anticorrupção brasileira, o Foreign Corrupt Practices Act norte-americano e o Bribery Act do Reino Unido. *In:* QUEIROZ, Ronaldo Pinheiro; SOUZA, Jorge Munhos. *Lei Anticorrupção*. Salvador: Juspocivm, 2015.

GAVARA DE CARA, Juan Carlos. *Derechos fundamentales y desarollo legislativo*. Madrid: Centro de Estudios Políticos y Constitucionales, 1994.

GIDDENS, Anthony. A terceira via. Tradução de Maria Luiza Borges. 2. tir. Rio de Janeiro: Record, 1999.

GIOVANINI, Wagner. Programas de compliance e anticorrupção: importância e elementos essenciais. *In:* PAULA, Marco Aurélio Borges de; CASTRO, Rodrigo Pironti Aguirre de (Coord.). *Compliance, gestão de riscos e combate à corrupção*: integridade para o desenvolvimento. Belo Horizonte: Fórum, 2018, p. 53-70.

GOMES, José Jairo. *Direito eleitoral*. 12. ed. São Paulo: Atlas, 2016.

GOMES, José Jairo. *Direito eleitoral*. 14. ed. rev., atual. e ampl. São Paulo: Atlas, 2018.

GOMES, José Jairo. *Direito eleitoral*. 15. ed. *São* Paulo: Atlas, 2019.

GONZÁLEZ, Jorge Alexandre. Función de compliance y partidos políticos en España. *Debate 21*, 8 de maio de 2015. Disponível em: https://debate21.es/2015/05/08/funcion-de-compliance-y-partidos-politicos-en-espana/. Acesso em 28 jan. 2018.

GRECO. 19th General Activity Report (2018). p. 29. Disponível em: https://rm.coe.int/19th-general-activity-report-2018-group-of-states-against-corruption-g/1680951d14. Acesso em: 7 nov. 2019.

GRIMM, Dieter. Politische Parteien. *In:* BENDA, Ernst; MAIHOFER, Werner; VOGEL, Hans-Jochen (Hrsg.). *Handbuch des Verfassungsrechts*. Berlin/New York: [s.n.], 1995. Band 1, p. 599-606.

GUARNIERI, Fernando. Democracia intrapartidária e reforma política. *Revista Parlamento e Sociedade*, São Paulo, v. 3, n. 5, p. 83-106, jul./dez. 2015. Disponível em: https://www.al.sp.gov.br/repositorio/bibliotecaDigital/22715_arquivo.pdf. Acesso em: 5. nov. 2019.

HABERMAS, Jügen. *Mudança estrutural da esfera pública*. Tradução de Flávio R. Kothe. Rio de Janeiro: Tempo Brasileiro. 1984 [1961].

HASEN, Richard L. A constitutional right to lie in campaigns and elections. *Montana Law Review*, v. 74, n. 1, 2013, p. 53-77.

INSTITUTO BRASILEIRO DE GOVERNANÇA CORPORATIVA. *Código das melhores práticas de governança corporativa*. 5. ed. São Paulo: IBGC, 2015.

INSTITUTO BRASILEIRO DE GOVERNANÇA CORPORATIVA. *Construindo um sistema de conformidade alinhado* **às** *melhores práticas de governança corporativa* (título provisório). Versão em audiência, novembro/2017.

JORGE, Flávio Cheim; LIBERATO, Ludgero; RODRIGUES, Marcelo Abelha. *Curso de direito eleitoral*. 2. ed. Salvador: Juspodivm, 2017.

KIM, Shin Jae; MUZZI, Renata; FALCETTA, Giovanni; LONGO, Thaísa Toledo. Compliance em empresas estatais. Padrões internacionais e legislação brasileira. *In:* PAULA, Marco Aurélio Borges de; CASTRO, Rodrigo Pironti Aguirre de (Coord.). *Compliance, gestão de riscos e combate à corrupção*: integridade para o desenvolvimento. Belo Horizonte: Fórum, 2018.

KNOERR, Fernando Gustavo. Mandato, autonomia partidária e representatividade política. *In*: FUX, Luiz; PEREIRA, Luiz Fernando Casagrande; AGRA, Walber de Moura (Coord.). PECCININ, Luiz Eduardo (Org.). *Direito constitucional eleitoral*. Belo Horizonte: Fórum, 2018, p. 415-430. (Tratado de Direito Eleitoral, v. 1.)

LISBOA. Conselho de prevenção da corrupção. *Natureza e objetivos*. Disponível em: http://www.cpc.tcontas.pt/instituicao/competencias.html. Acesso em: 7 nov. 2019.

LISBOA. Procuradoria-Geral Distrital de Lisboa. Medidas de combate **à** criminalidade organizada. Disponível em: http://www.pgdlisboa.pt/leis/lei_mostra_articulado.php?nid=147&tabela=leis&so_miolo=. Acesso em: 7 nov. 2019.

LOBATO, José Danilo Tavares; MARTINS, Jorge Washington Gonçalves. Considerações preliminares acerca da responsabilidade criminal do *compliance officer*. *Boletim IBCCRIM*, v. 24, n. 284. São Paulo, jul. 2016, p. 12-14.

MDB. *Estatuto 2018*. Disponível em http://www.justicaeleitoral.jus.br/arquivos/tse-estatuto-partido-movimento-democratico-brasileiro. Acesso em: 14 set. 2019.

MELLO, Marco Aurélio. A democracia participativa e a inconstitucionalidade do financiamento privado das campanhas eleitorais por pessoas jurídicas. *In*: NETO, Tarcisio Vieira de Carvalho; FERREIRA, Telson Luís Cavalcante (Coord.). *Aspectos materiais e processuais*. São Paulo: Migalhas, 2016, p. 15-27.

MELO, Valdir. Programas de conformidade e a busca de integridade em organizações. *In:* IPEA (INSTITUTO DE PESQUISA ECONÔMICA APLICADA). *Texto para discussão 2475*. Brasília, 29 de maio de 2019.

MENDES, Francisco Schertel; Carvalho, Vinicius Marques de. *Compliance*: concorrência e combate à corrupção. São Paulo: Trevisan, 2017. [livro eletrônico]

MENDES, Gilmar Ferreira; BRANCO, Paulo Gustavo Gonet. *Curso de direito constitucional*. 13. ed. São Paulo: Saraiva, 2018.

MEZZAROBA, Orides. A democracia, os partidos políticos e o estado. Disponível em https://dialnet.unirioja.es/descarga/articulo/4818590.pdf. Acesso em: 14 set. 2019.

MEZZAROBA, Orides. *Da representação política liberal ao desafio de uma democracia partidária*: o impasse constitucional da democracia representativa brasileira. 2000. Tese (Doutorado em Direito) – CPGD, Universidade Federal de Santa Catarina, Florianópolis, 2000.

MEZZAROBA, Orides. *O partido político no Brasil*: princípios constitucionais balizadores para criação e funcionamento. *In*: GONÇALVES, Guilherme de Salles; PEREIRA, Luiz Fernando Casagrande; STRAPAZZON, Carlos Luiz (Coord.). *Direito eleitoral contemporâneo*. Belo Horizonte: Fórum, 2008.

MEZZAROBA, Orides. O regime jurídico dos partidos políticos no Brasil. *In:* SALGADO, Eneida Desiree; DANTAS, Ivo (Coord.). *Partidos políticos e seu regime jurídico*. Curitiba: Juruá, 2013, p. 167-189.

MINAS GERAIS. Assembleia Legislativa. Escola do Legislativo. *Glossário de termos parlamentares*: português, inglês. Belo Horizonte: Assembleia Legislativa do Estado de Minas Gerais, 1997.

MIRANDA, Jorge. *Direito eleitoral*. Coimbra: Almedina, 2018.

MORAIS, Carlos Blanco de. *O sistema político*: no contexto da erosão da democracia representativa. 1 ed. Coimbra: Almedina, 2017.

MORAIS, Carlos Blanco. *O sistema político*: no contexto da erosão da democracia representativa. Coimbra: Almedina, 2018.

MOVIMENTO TRANSPARÊNCIA PARTIDÁRIA. Ranking da transparência partidária – Relatório sintético. Primeira Edição. Ano 1 – março de 2018. Disponível em: http://www.transparenciapartidaria.org/blog/ranking-da-transparencia-partidaria. Acesso em: 25 out. 2019.

MUÑOZ, Jaime Rodriguez-Arana. Self-cleaning in public procurement: operational potentiality and regulation in the European Union. *A&C – Revista de Direito Administrativo & Constitucional*, Belo Horizonte, ano 17, n. 70, p. 25-44, out./dez. 2017, p. 26.

NEISSER, Fernando; BERNARDELLI, Paula; MACHADO, Raquel. A mentira no ambiente digital: impactos eleitorais e possibilidades de controle. *In*: FUX, Luiz; PEREIRA, Luiz Fernando Casagrande; AGRA, Walber de Moura (Coord.); PECCINI, Luiz Eduardo (Org.). *Direito constitucional eleitoral*. Belo Horizonte: Fórum, 2018, p. 51-70. (Tratado de Direito Eleitoral, v. 4)

NETO, Admar Gonzaga. A criação de partidos políticos no Brasil. *In:* WAGNER, L. G. Costa; CALMON, Petrônio (Coord.). *Direito eleitoral*. Brasília: Gazeta Jurídica, 2014, p. 31.

NEW JERSEY ELECTION LAW ENFORCEMENT COMMISSION. 2018. *Compliance manual for candidates*. Disponível em: https://www https://www.elec.state.nj.us/pdffiles/forms/compliance/man_cf.pdf Acesso em: 27 set. 2019.

NOGALES, Inés Olaizola. Medidas de regeneración democrática: la nueva regulación de la financiación de los partidos políticos en España. *Populus – Revista Jurídica da Escola Judiciária Eleitoral da Bahia*, n. 4, 2018. Disponível em: justicaeleitoral.jus.br/arquivos/tre-ba-revista-populus-edicao-4-1547058488605. Acesso em: 8 out. 2019.

NUNES, Geórgia Ferreira Martins; SOARES, Lorena de Araújo Costa. Candidatas de fachada: a violência política decorrente da fraude eleitoral e do abuso de poder e as respostas jurídicas para efetivação dos grupos minoritariamente representados. *In:* FUX, Luiz; PEREIRA, Luiz Fernando Casagrande; AGRA, Walber de Moura (Coord.); PECCINI, Luiz Eduardo (Org.). *Direito Constitucional Eleitoral*. Belo Horizonte: Fórum, 2018, p. 543-570. (Tratado de Direito Eleitoral, v.1)

OAS, *CONTRALORÍA GENERAL DE LA REPÚBLICA. Propósito, funciones y estrutura*. Disponível em: http://www.oas.org/juridico/PDFs/mesicic4_chl_sem.pdf. Acesso em: 28 out. 2019.

OEA. Comissão Interamericana de Direitos Humanos. *Convenção Americana sobre Direitos Humanos*, 1969. (Pacto de San José da Costa Rica). Disponível em: https://www.cidh.oas.org/basicos/portugues/c.convencao_americana.htm. Acesso em: 24 out. 2019.

OEA. Comissão Interamericana de Direitos Humanos. *Caso Yatama Vs. Nicaragua*. Sentencia de 23 de Junio de 2005, párrafo 215. Disponível em http://www.corteidh.or.cr/docs/casos/articulos/seriec_127_esp.pdf. Acesso em 27 de set. 2019.

OYES. *Morrison v. Olson*. Disponível em: www.oyez.org/cases/1987/87-1279. Acesso em: 28 out. 2019.

PETERSON, Michael. Amending the Foreign Corrupt Practices Act: should the Bribery Act 2010 be a guideline. *Richmond Journal of Global Law and Business*, v. 12, n. 3, Summer 2013, p. 417 a 432. Disponível em:https://heinonline.org/HOL/P?h=hein.journals/rjnglbs12&i=443. Acesso em: 25 set. 2019.

PINTO, Djalma. *Direito eleitoral*: improbidade administrativa e responsabilidade fiscal: noções gerais. 3. ed. São Paulo: Atlas, 2006.

PRUDÊNCIO, Anne Caroline Gonçalves Marques de Medeiros; LAMBOY, Christian Karl de; ANDRADE, Marcelo Henrique Lapolla Aguiar. Projeto capitães compliance. *In:* PAULA, Marco Aurélio Borges de; CASTRO, Rodrigo Pironti Aguirre de (Coord.). *Compliance, gestão de riscos e combate à corrupção*: integridade para o desenvolvimento. Belo Horizonte: Fórum, 2018, p. 309-315.

PRUDÊNCIO, Anne Caroline Gonçalves Marques de Medeiros; LAMBOY, Christian Karl de; ANDRADE, Marcelo Henrique Lapolla Aguiar. Projeto Capitães *Compliance*. *In:* PAULA, Marco Aurélio Borges de; CASTRO, Rodrigo Pironti Aguirre de (Coord.). *Compliance, gestão de riscos e combate à corrupção*: integridade para o desenvolvimento. Belo Horizonte: Fórum, 2018, p. 309-315.

RACHID COUTINHO, Aldacy; MARRAFON, Marco Aurélio. *Compliance* eleitoral: breve análise dos Projetos de Lei n. 60/2017, n. 429/2017 e n. 663/2015 do Senado Federal e sua importância para a democracia brasileira. *Estudos Eleitorais*, Tribunal Superior Eleitoral, v. 13, n. 2, maio/ago. 2018, p. 11-31.

RAMAYANA, Marcos. *Direito eleitoral*. 16. ed. Rio de Janeiro: Impetus, 2018.

RAZZUOLI, Isabella. *Os partidos políticos na Constituição da República italiana e portuguesa*: uma análise dos artigos constitucionais. Faculdade de Direito da Universidade de Lisboa, Instituto de Ciências Jurídico-Políticas. 2010. Disponível em: https://www.icjp.pt/sites/default/files/media/652-970.pdf. Acesso em: 8 out. 2019.

RIBEIRO JÚNIOR, Antonio Joaquim. Direito eleitoral e compliance: a adoção do programa de conformidade como solução a crise dos partidos políticos no Brasil. *Revista de Estudos Eleitorais*, v. 2, n. 3, jul. 2018 Recife, p. 15-33.

RIBEIRO, Flávia. *Direito eleitoral*. 4. ed. rev. e ampl. Rio de Janeiro: Forense, 1996.

RIBEIRO, Pedro Floriano. Organização e poder nos partidos brasileiros: uma análise dos estatutos. *Revista Brasileira de Ciência Política*, n. 10, abr. 2013, Brasília, p. 225-265.

SALGADO, Eneida Desiree. Os partidos políticos e o estado democrático: a tensão entre a autonomia partidária e a exigência da democracia interna. *In:* SALGADO, Eneida Desiree; DANTAS, Ivo (Coord.). *Partidos políticos e seu regime jurídico*. Curitiba: Juruá, 2013.

SALGADO, Eneida Desiree. *Princípios constitucionais eleitorais*. Belo Horizonte: Fórum, 2010.

SANTOS, Josaphá Francisco dos. A prestação de contas de campanha perante a Justiça Eleitoral. *In*: NETO, Tarcisio Vieira de Carvalho; FERREIRA, Telson Luís Cavalcante (Coord.). *Aspectos materiais e processuais*. São Paulo: Migalhas, 2016, p. 179-189.

SEILER, Daniel-Louis. *Os partidos políticos*. Brasília: Editora Universidade de Brasília, 2000.

SILVA, José Afonso da. *Curso de direito constitucional positivo*. 22. ed. rev. e atual. São Paulo: Malheiros, 2003.

SILVA, José Afonso da. Partidos políticos e sistemas eleitorais: o caso brasileiro. *Revista da Procuradoria-Geral do Estado de São Paulo*, n. 17, p. 287-298.

SILVA, José Afonso. *Curso de direito constitucional positivo*. 10. ed. São Paulo: Malheiros Editores, 1995.

SILVEIRA, Renato de Mello Jorge; SAAD-DINIZ, Eduardo. *Compliance, direito penal e Lei Anticorrupção*. 1. ed. São Paulo: Saraiva, 2015.

SOLA-MORALES, Salomé; ZURBANO-BERENGUER, Belén. Discurso mediático y encuadres noticiosos sobre la corrupción política en España. *Convergencia*, Toluca, v. 26, n. 79, 005, abr. 2019. Disponível em: http://www.scielo.org.mx/scielo.php?script=sci_arttext&pid=S1405-14352019000100005&lng=es&nrm=iso. Acesso em: 15 out. 2019.

SOUZA, Maria do Carmo Campello de. *Estado e partidos políticos no Brasil (1930-1964)*. 3. ed. São Paulo: Alfa-Ômega, 1990.

SUNSTEIN, Cass. *Republic.com 2.0*. Princeton: Princeton University Press, 2007.

THE UNITED STATES. Department of Justice. Foreign Corrupt Practices Act of 1977. Disponível em: https://www.justice.gov/sites/default/files/criminal-fraud/legacy/2012/11/14/fcpa-english.pdf. Acesso em: 27 set. 2019.

THE UNITED STATES. House Office of the Legislative. Ethics In Government Act Of 1978. Disponível em: https://legcounsel.house.gov/Comps/Ethics%20In%20Government%20Act%20Of%201978.pdf. Acesso em 27 set. 2019.

TOSATTI; Tatiana; CASADO, Guilherme. A mitigação de riscos por meio dos sistemas de Compliance, autorregulação e regulação estatal. *Revista de Direito Internacional e Globalização Econômica*, v. 3, n. 03, 2018, p. 91-107.

TUESTA SOLDEVILLA, Fernando. Campaña electoral. *In: Diccionario electoral*. San José: Instituto Interamericano de Derechos Humanos, 2000.

UNITED KINGDOM. *Bribery Act 2010*. Disponível em: http://www.le http://www.legislation.gov.uk/ukpga/2010/23/contents gislation.gov.uk/ukpga/2010/23/contents. Acesso em: 28 out. 2019.

UNITED KINGDOM. *Prevention of Corruption Act 1906*. Disponível em: http://www.legislation.gov.uk/ukpga/Edw7/6/34/enacted. Acesso em: 28 out. 2019.

UNITED KINGDOM. *Prevention of Corruption Act 1916*. Disponível em: http://www.legislation.gov.uk/ukpga/Geo5/6-7/64/enacted. Acesso em: 28 out. 2019.

UNITED KINGDOM. *Public Bodies Corrupt Practices Act 1889*. Disponível em: http://www.legislation.gov.uk/ukpga/Vict/52-53/69/contents/enacted. Acesso em: 28 out. 2019.

URIZZI CERVI, Emerson; BORBA, Felipe. Os diretórios partidários municipais e o perfil sociodemográficos dos seus membros. *Revista Brasileira de Ciência Política*, n. 26, p. 7-62, Brasília, maio/ago. 2018.

VARGAS, Alexis Galiás de Souza. *Princípios constitucionais de direito eleitoral*. 2009. Tese (Doutorado em Direito) – Pontifícia Universidade Católica de São Paulo, São Paulo, 2009.

VENICE COMMISSION. *European Commission for Democracy through Law*, 2009. Disponível em: https://www.venice.coe.int/webforms/documents/default.aspx?pdffile=CDL-AD%282009%29002-e. Acesso em: 5. nov. 2019.

VIEIRA, Hector Luís C. O dilema dos partidos políticos brasileiros: a crise de representatividade e o reposicionamento dos atores democráticos. *In:* XXII Encontro Nacional do CONPEDI/UNINOVE Tema: Sociedade global e seus impactos sobre o estudo e a efetividade do Direito na contemporaneidade, organização CONPEDI/UNINOVE. Coordenadores: José Filomeno de Moraes Filho, Regina Célia Martinez, Ilton Norberto Rob Filho. Florianópolis: FUNJAB, 2013, p. 14.

VIEIRA, Reginaldo de Souza. *Partidos políticos brasileiros*: das origens ao princípio da autonomia político-partidária. 2002. Dissertação (Mestrado em Direito) – Universidade Federal de Santa Catarina, Centro de Ciências Jurídicas, Florianópolis, 2002.

WEBER, M. *Economia e società*. Milão: Edizioni di Comunità. 1961. 2v.

ZILIO, Rodrigo López. *Direito eleitoral*. 5. ed. Porto Alegre: Verbo Jurídico, 2016.

ZOVATTO, Daniel. Financiamento de partidos e campanhas eleitorais na América Latina: uma análise comparada. *Opinião* **pública**, v. XI, n. 2, p. 287-336. Campinas: CESOP, 2005.

ANEXOS

SÚMULAS DO TRIBUNAL SUPERIOR ELEITORAL SOBRE PARTIDOS POLÍTICOS

Súmula nº 2

Assinada e recebida a ficha de filiação partidária até o termo final do prazo fixado em lei, considera-se satisfeita a correspondente condição de elegibilidade, ainda que não tenha fluído, até a mesma data, o tríduo legal de impugnação.

Súmula nº 11

No processo de registro de candidatos, o partido que não o impugnou não tem legitimidade para recorrer da sentença que o deferiu, salvo se se cuidar de matéria constitucional.

Súmula nº 20

A prova de filiação partidária daquele cujo nome não constou da lista de filiados de que trata o art. 19 da Lei nº 9.096/95, pode ser realizada por outros elementos de convicção, salvo quando se tratar de documentos produzidos unilateralmente, destituídos de fé pública.

Súmula nº 32

É inadmissível recurso especial eleitoral por violação à legislação municipal ou estadual, ao Regimento Interno dos Tribunais Eleitorais ou às normas partidárias.

Súmula nº 40

O partido político não é litisconsorte passivo necessário em ações que visem à cassação de diploma.

Súmula nº 51
O processo de registro de candidatura não é o meio adequado para se afastarem os eventuais vícios apurados no processo de prestação de contas de campanha ou partidárias.

Súmula nº 52
Em registro de candidatura, não cabe examinar o acerto ou desacerto da decisão que examinou, em processo específico, a filiação partidária do eleitor.

Súmula nº 53
O filiado a partido político, ainda que não seja candidato, possui legitimidade e interesse para impugnar pedido de registro de coligação partidária da qual é integrante, em razão de eventuais irregularidades havidas em convenção.

Súmula nº 67
A perda do mandato em razão da desfiliação partidária não se aplica aos candidatos eleitos pelo sistema majoritário.

REPERTÓRIO TEMÁTICO DE JURISPRUDÊNCIA

TEMA: AUTONOMIA PARTIDÁRIA
"Eleições 2016. Registro de candidatura. DRAP. Majoritária e proporcional. RRC. Vereador. Recursos especiais. Coligação partidária e terceiro prejudicado. Reforma da sentença e alteração da situação dos DRAPS após a eleição. Consequência direta na eleição de vereador. Retotalização. Reenquadramento jurídico. Realização de duas convenções partidárias conflitantes pelo mesmo partido. Comissão provisória municipal sumariamente desconstituída. Inobservância às normas estatutárias. Impactos inequívocos e imediatos no prélio eleitoral. Necessidade de revisitar a jurisprudência da corte. Divergências internas partidárias, se ocorridas no período eleitoral, compreendido em sentido amplo (i.e., um ano antes do pleito), escapam à competência da justiça comum, ante o atingimento na esfera jurídica dos players da competição eleitoral. Ato de dissolução praticado sem a observância dos cânones jusfundamentais do processo. Eficácia horizontal dos direitos fundamentais (drittwirkung). Incidência direta e imediata das garantias fundamentais do devido processo legal, ampla defesa e do contraditório (crfb/88, art. 5º, LIV e LV). Centralidade e proeminência dos partidos políticos em nosso regime democrático. Estatuto constitucional dos partidos políticos distinto das associações civis. Greis partidárias como integrantes do espaço público, ainda que não estatal, à semelhança da ubc. Sistema de gerenciamento de informações partidárias. Possibilidade de registros de alterações dos órgãos partidários com datas retroativas. Indeferimento de mandado de segurança, no âmbito da justiça comum, por ausência de prova pré-constituída do direito líquido e certo. Inexistência de coisa julgada material. Provimento dos recursos especiais. Ação cautelar prejudicada. 1. A Justiça Eleitoral possui competência para apreciar as controvérsias internas de partido político, sempre que delas advierem reflexos no processo eleitoral, circunstância que mitiga o postulado fundamental da autonomia partidária, ex vi do art. 17, §1º, da Constituição da República – cânone normativo invocado para censurar intervenções externas nas deliberações da entidade –, o qual cede terreno para maior controle jurisdicional.

2. Ante os potenciais riscos ao processo democrático e os interesses subjetivos envolvidos (suposto ultraje a princípios fundamentais do processo), qualificar juridicamente referido debate dessa natureza como matéria interna corporis, considerando-o imune ao controle da Justiça Eleitoral, se revela concepção atávica, inadequada e ultrapassada: em um Estado Democrático de Direito, como o é a República Federativa do Brasil (CRFB/88, art. 1º, caput), é paradoxal conceber a existência de campos que estejam blindados contra a revisão jurisdicional, adstritos tão somente à alçada exclusiva da respectiva grei partidária. Insulamento de tal monta é capaz de comprometer a própria higidez do processo político-eleitoral, e, no limite, o adequado funcionamento das instituições democráticas. 3. O processo eleitoral, punctum saliens do art. 16 da Lei Fundamental de 1988, em sua exegese constitucionalmente adequada, deve ser compreendido em seu sentido mais elástico, iniciando-se um ano antes da data do pleito, razão pela qual qualquer divergência partidária interna tem, presumidamente, o condão de impactar na competição eleitoral. 4. A mens legis do art. 16 da Constituição de 1988 proscreve a edição de normas eleitorais ad hoc ou de exceção, sejam elas de cariz material ou procedimental, com o propósito de obstar a deturpação casuística do cognominado devido processo legal eleitoral, capaz de vilipendiar a igualdade de participação e de chances dos partidos políticos e seus candidatos. 5. À proeminência dispensada, em nosso arquétipo constitucional, não se seguira uma imunidade aos partidos políticos para, a seu talante, praticarem barbáries e arbítrios entre seus Diretórios, máxime porque referidas entidades gozam de elevada proeminência e envergadura institucional, essenciais que são para a tomada de decisões e na própria conformação do regime democrático. 6. O postulado fundamental da autonomia partidária, insculpido no art. 17, §1º, da Lei Fundamental de 1988, manto normativo protetor contra ingerências estatais canhestras em domínios específicos dessas entidades (e.g., estrutura, organização e funcionamento interno), não imuniza os partidos políticos do controle jurisdicional, criando uma barreira intransponível à prerrogativa do Poder Judiciário de imiscuir-se no equacionamento das divergências internas partidárias, uma vez que as disposições regimentais (ou estatutárias) consubstanciam, em tese, autênticas normas jurídicas e, como tais, são dotadas de imperatividade e de caráter vinculante. 7. A fixação de tal regramento denota autolimitação voluntária por parte do próprio partido, enquanto produção normativa endógena, que traduz um pré-compromisso com a disciplina interna de suas atividades, de modo que sua violação habilita a pronta e imediata resposta do ordenamento jurídico. 8. A postura judicial mais incisiva se justifica nas hipóteses em que a disposição estatutária, supostamente transgredida, densificar/concretizar diretamente um comando constitucional. Do contrário, quanto menos a regra estatutária materializar uma norma constitucional, menor deve ser a intensidade da intervenção judicial. 9. Os direitos fundamentais exteriorizam os valores nucleares de uma ordem jurídica democrática, aos quais se reconhece, para além da dimensão subjetiva, da qual se podem extrair pretensões deduzíveis em juízo, uma faceta objetiva, em que tais comandos se irradiam por todo o ordenamento jurídico e agregam uma espécie de "mais-valia" (ANDRADE, José Carlos Vieira. Os Direitos Fundamentais na Constituição Portuguesa de 1976. Coimbra: Almedina, 1987, p. 165), mediante a adoção de deveres de proteção, que impõe a implementação de medidas comissivas para sua concretização. 10. A vinculação direta e imediata dos particulares aos direitos fundamentais consubstancia a teoria que atende de forma mais satisfatória, segundo penso, a problemática concernente à eficácia horizontal (Drittwirkung), conclusão lastreada (i) na aplicação imediata prevista no art. 5º, §1º, da CRFB/88 (argumento de direito positivo), (ii) no reconhecimento da acentuada assimetria fática na sociedade brasileira (argumento sociológico) e (iii) no fato de que a Lei Fundamental é pródiga em normas de conteúdo substantivo, o que se comprova com a positivação da Dignidade da Pessoa Humana como um dos fundamentos de nossa República (argumento axiológico).

11. Sob o ângulo do direito positivo, os direitos fundamentais possuem aplicação imediata, ex vi do art. 5º, §1º, que não excepciona as relações entre particulares de seu âmbito de incidência, motivo por que não se infere que os direitos fundamentais vinculem apenas e tão somente os poderes públicos. Pensamento oposto implicaria injustificável retrocesso dogmático na pacificada compreensão acerca da normatividade inerente das disposições constitucionais, em geral, e daquelas consagradoras de direitos fundamentais, em especial, a qual dispensa a colmatação por parte do legislador para a produção de efeitos jurídicos, ainda que apenas negativos ou interpretativos. 12. Sob o prisma sociológico, ninguém ousaria discordar que a sociedade brasileira é profundamente injusta e desigual, com milhões de pessoas vivendo abaixo da linha da pobreza e da miséria. E é exatamente no campo das relações sociais que se verificam, com maior intensidade, os abusos e violações a direitos humanos, os quais podem – e devem – ser remediados mediante o reconhecimento da incidência direta e imediata dos direitos fundamentais. Sem essa possibilidade, reduz-se em muito as chances de alteração dos status quo, de promoção de justiça social e distributiva e da redução das desigualdades sociais e regionais, diretrizes fundamentais de nossa República (CRFB/88, art. 3º, III e IV). 13. Sob a vertente valorativa, do reconhecimento da Dignidade da Pessoa Humana como epicentro axiológico do ordenamento jurídico pátrio exsurgem relevantes consequências práticas: em primeiro lugar, tem-se a legitimação moral de todas as emanações estatais, as quais não podem distanciar-se do conteúdo da Dignidade Humana, e, em segundo lugar, ela atua como vetor interpretativo, por meio do qual o intérprete/aplicador do direito deve se guiar quando do equacionamento dos conflitos contra os quais se defronta. Em terceiro lugar, referida cláusula fundamenta materialmente a existência de todos os direitos e garantias, atuando como uma espécie de manancial inesgotável de valores de uma ordem jurídica. 14. Ainda que sob a ótica da state action, sobressai a vinculação das entidades partidárias aos direitos jusfundamentais, mediante o reconhecimento da cognominada public function theory, desenvolvida pioneiramente nas Whites Primaries, um conjunto de casos julgados pela Suprema Corte americana, em que se discutia a compatibilidade de discriminações motivadas em critérios raciais, levadas a efeito em diversas eleições primárias realizadas no Estado do Texas, com os direitos insculpidos na Décima Quarta e Décima Quinta Emendas [Precedentes da Suprema Corte americana: Nixon v. Herndon (273 U.S. 536 (1927)), Nixon v. Concon (286 U.S. 73 (1932)), Smith v. Allwright (321 U.S. 649 (1944)) e Terry v. Adams (345 U.S. 461 (1953) 15. As greis partidárias, à semelhança da União Brasileira de Compositores (UBC), podem ser qualificadas juridicamente como entidades integrantes do denominado espaço público, ainda que não estatal, o que se extrai da centralidade dispensada em nosso regime democrático aos partidos, essenciais que são ao processo decisório e à legitimidade na conformação do poder político. 16. O estatuto jurídico-constitucional dos partidos políticos ostenta peculiaridades e especificidades conferidas pela Carta de 1988 (e.g., filiação partidária como condição de elegibilidade, acesso ao fundo partidário e ao direito de antena, exigência de registro no TSE para perfectibilizar o ato constitutivo etc.) que o aparta do regime jurídico das associações civis (CRFB/88, art. 5º, XVII ao XXI), aplicado em caso de lacuna e subsidiariamente. Doutrina nacional e do direito comparado. 17. A destituição de Convenção Partidária de nível inferior (i.e., estaduais e municipais) somente se afigura possível nas estritas hipóteses de inobservância das diretrizes legitimamente estabelecidas pelo órgão de direção nacional, que é o único órgão revestido de competência legal para proceder à anulação da deliberação e dos atos dela decorrentes, ex vi do art. 7º, §2º, da Lei das Eleições [...]". (Ac de 29.8.2017 no RESPE nº 10380, rel. Min. Luiz Fux.)

"Eleições 2016. Demonstrativo de Regularidade de Atos Partidários (DRAP). Coligação formada pela primeira convenção partidária municipal. Constituição de nova comissão provisória que realizou nova convenção partidária em data posterior. Anulação da primeira convenção por essa novel comissão provisória. Impossibilidade. Art. 7º, §2º, da Lei das Eleições. [...] 2. A autonomia partidária, postulado fundamental insculpido no art. 17, §1º, da Lei Fundamental de 1988, manto normativo protetor contra ingerências estatais canhestras em domínios específicos dessas entidades (e.g., estrutura, organização e funcionamento interno), não imuniza os partidos políticos do controle jurisdicional, a ponto de erigir uma barreira intransponível à prerrogativa do Poder Judiciário de imiscuir-se no equacionamento das divergências internas partidárias, uma vez que as disposições regimentais (ou estatutárias) consubstanciam, em tese, autênticas normas jurídicas e, como tais, são dotadas de imperatividade e de caráter vinculante. [...]. 4. Os atos interna corporis dos partidos políticos, quando potencialmente apresentarem riscos ao processo democrático e lesão aos interesses subjetivos envolvidos (suposto ultraje a princípios fundamentais do processo) não são imunes ao controle da Justiça Eleitoral, sob pena de se revelar concepção atávica, inadequada e ultrapassada, em um Estado Democrático de Direito, como o é a República Federativa do Brasil (CRFB/88, art. 1º, caput). [...] 7. As discussões partidárias não podem situar-se em campo que esteja blindado contra a revisão jurisdicional, adstritas tão somente à alçada exclusiva da respectiva grei partidária, porquanto insulamento extremo é capaz de comprometer a própria higidez do processo político-eleitoral, e, no limite, o adequado funcionamento das instituições democráticas. 8. A Justiça Eleitoral possui competência para apreciar as controvérsias internas de partido político, sempre que delas advierem reflexos no processo eleitoral, circunstância que mitiga o postulado fundamental da autonomia partidária, ex vi do art. 17, §1º, da Constituição da República – cânone normativo invocado para censurar intervenções externas nas deliberações da entidade –, o qual cede terreno para maior controle jurisdicional. [...]"
(Ac. de 4.10.2016 no REspe nº 11228, rel. Min. Luiz Fux.)

TEMA: CONTRIBUIÇÃO DE FILIADO

"Direito eleitoral. Registro de partido político. Partido da mulher brasileira – PMB. Anotação de alteração estatutária. Deferimento parcial. Hipótese [...] IV. Contribuições partidárias obrigatórias 10. As contribuições partidárias constituem ato de mera liberalidade, de modo que sua cobrança não pode ser imposta ao filiado, especialmente em virtude do exercício de cargo político. Precedentes. [...]"
(Ac. de 4.4.2019 no RPP nº 155473, rel. Min. Luís Roberto Barroso.)

"Prestação de contas. Partido popular socialista diretório nacional. Exercício financeiro de 2013. Irregularidades. Desaprovação. Suspensão de duas cotas do fundo partidário. Determinação de ressarcimento ao erário. Recursos próprios. [...] 12. É cediço que todos os recursos do partido estão condicionados à sua regular identificação a fim de impedir doações de fontes vedadas, nos termos do art. 31 da Lei nº 9.096/95. [...]"
(Ac. de 2.4.2019 na PC nº 30672, rel. Min. Tarcisio Vieira de Carvalho Neto.)

"Recurso especial. Prestação de contas de partido político. Exercício financeiro de 2016. Recebimento de recursos por parte de detentor de mandato eletivo. Vereador. Alcance da vedação constante do inciso ii do art. 31 da lei nº 9.096/1995, na redação anterior à lei nº 13.488/2017. Ampliação de norma restritiva de direito. Impossibilidade. Recurso especial do MPE ao qual se nega provimento.1. A Corte regional reformou sentença e julgou regulares as doações realizadas por parte de vereador a partido político, por entender que tais doações não podem ser consideradas como provenientes de fonte vedada. 2. Os detentores de mandato eletivo não se enquadram na proibição descrita no art. 12, IV, §1º, da Res.-TSE nº 23.464/2015, a qual regulamenta as prestações de contas do exercício de 2016. Isso porque tal vedação somente se refere ao recebimento, por parte dos partidos políticos, de doações e auxílios provenientes de autoridades públicas que exercem cargos de chefia ou direção na administração pública, direta ou indireta.3. Não se faz possível a ampliação do termo 'autoridade pública' para os fins da incidência da vedação constante do inciso II do art. 31 da Lei 9.096/1995, por se tratar de norma restritiva de direito [...]" (Ac de 21.2.2019 no REspe 1211, rel. Min. Og Fernandes)
"Consulta. Financiamento coletivo. Intermediação. Associação ou sociedade de fato. Resposta negativa à primeira indagação. Prejudicialidade dos demais questionamentos. 1ª Pergunta: 'Considerando o disposto no art. 31 da Lei nº 9096/95, com a redação dada pelo art. 2º da Lei nº 13.488/2017, é legítimo e legalmente possível que pessoas naturais se associem, ou mantenham articulação de interesses comuns, como se constituíssem em sociedade ou associação de fato, para arregimentar recursos financeiros, como se fosse um fundo, destinados a selecionar cidadãos e cidadãs interessados em se candidatar a cargos eletivos?' Resposta: 1. Compete com exclusividade aos partidos políticos escolher candidatos a cargos eletivos, observadas as disposições da legislação eleitoral e partidária, assim como as normas estabelecidas no estatuto da respectiva agremiação. 2. No quadro normativo em vigor, as pessoas jurídicas de qualquer natureza não podem realizar doações para o financiamento de partidos políticos e de candidatos, sendo tal liberalidade permitida apenas se realizada por pessoas naturais. 3. O art. 23 da Lei 9.504/97 elenca os meios admitidos para a captação de recursos para campanhas eleitorais, entre eles as doações efetuadas por intermédio de instituições que promovam técnicas e serviços de financiamento coletivo (crowdfunding), devendo tais entidades ser cadastradas previamente na Justiça Eleitoral e atender, nos termos da lei e da regulamentação expedida pelo Banco Central do Brasil, aos critérios para operar arranjos de pagamento (art. 23, §§4º, IV, a, e 8º, da Lei 9.504/97, com a redação dada pela Lei 13.488/2017). 4. Na regulamentação da matéria para as Eleições de 2018, este Tribunal estabeleceu que o cadastramento prévio das instituições arrecadadoras ocorrerá mediante, entre outros requisitos, o encaminhamento eletrônico de 'cópia dos atos constitutivos em sua versão vigente e atualizada, revestidos das formalidades legais, que devem conter previsão para o exercício da atividade e certidão de pessoa jurídica emitida pela Receita Federal do Brasil' (art. 23, §1º, II, b, da Res.-TSE 23.553). 5. Como se depreende das normas citadas, as instituições que pretendam intermediar a arrecadação de doações eleitorais mediante técnicas e serviços de financiamento coletivo devem ser formalmente constituídas como pessoas jurídicas, o que não ocorre na situação hipotética descrita na presente consulta, em que se cogita de sociedade de fato ou associação de fato, cuja constituição se daria, portanto, de maneira informal.

6. As associações de fato ou as sociedades de fato não podem intermediar a captação de doações eleitorais na modalidade de financiamento coletivo, tendo em vista não terem atos constitutivos revestidos das formalidades legais, sobretudo por não os ter inscrito no registro público competente, não preenchendo, assim, os requisitos para a realização do cadastramento prévio perante a Justiça Eleitoral. 2ª Pergunta: 'A associação ou sociedade de fato a que se refere a primeira consulta poderá, mediante compromisso de defesa de determinadas causas e temas, custear as atividades de pré-campanhas de cidadãs e de cidadãos interessados em se candidatar a cargos eletivos?' Resposta: Prejudicada. 3ª Pergunta: 'E após o pedido de registro de suas candidaturas, as cidadãs e de cidadãos interessados em se candidatar a cargos eletivos, poderão, independe dos Partidos Políticos aos quais estejam filiados, terem suas campanhas eleitorais a cargos eletivos, custeadas pelas doações de articulação, grupo, associação de fato, ou sociedade de fato, formada por pessoas naturais?" Resposta: Prejudicada. Consulta conhecida e respondida quanto ao primeiro questionamento, ficando prejudicadas as demais indagações."
(Ac. de 17.4.2018 na CTA nº 60413774, rel. Min. Admar Gonzaga.)

TEMA: CRIAÇÃO DE PARTIDO POLÍTICO

APOIAMENTO MÍNIMO DE ELEITORES

"Consulta. Criação. Partido político. Prazo. Apoiamento de eleitores [...] 2. O prazo de dois anos para comprovação do apoiamento de eleitores não se aplica aos pedidos de criação de partidos protocolados até a data de publicação da Lei nº 13.165/2015 [...] 4. O prazo de dois anos para a comprovação do apoiamento mínimo, requisito indispensável no procedimento de criação de partido político, é contado a partir do registro da agremiação partidária no cartório competente do registro civil das pessoas jurídicas".
(Ac de 11.5.2017, rel. Min. Admar Gonzaga, rel. designado Min. Gilmar Mendes.)

"Registro de partido político (RPP). Não preenchimento dos requisitos legais. Não comprovação de apoiamento mínimo de eleitores (art. 7º, §1º, da Lei nº 9.096/95). Ausência de provas da constituição definitiva de órgão de direção nacional. (art. 19, IV, da Resolução-TSE nº 23.282/2010). Pedido de registro indeferido. 1. Os requisitos constantes da Lei dos Partidos Políticos, e da Resolução-TSE nº 23.282/2010, quando não atendidos, obstam o deferimento de pedido de registro de partido político. 2. As exigências legais para a criação e registro de agremiação partidária devem ser observadas no momento da formalização do pedido, franqueando-se a realização de diligências ao requerente apenas para saneamento de erros meramente formais (Precedente: QR-RPP nº 153-05/DF). 3. In casu, a agremiação postulante não comprovou o apoiamento mínimo de eleitores, previsto no art. 7º, §1º, da Lei nº 9.096/95, nem fez prova da constituição definitiva do órgão de direção nacional, nos termos do art. 19, IV, da Resolução-TSE nº 23.282/2010. 4. Pedido de registro indeferido".
(Ac. de 6.10.2016 no RPP nº 17211, rel. Min. Luiz Fux.)

LEGITIMIDADE
"O requerente [...] não ofereceu, tempestivamente, impugnação ao pedido de registro do partido, e somente após a inclusão do presente feito na pauta de julgamento é que sobreveio a petição [...], na qual se indica a existência de suspeitas e provas de que teria ocorrido fraude no momento da obtenção e certificação, pelos Cartórios Eleitorais, do apoio dos eleitores à criação do novo partido político. Em suma, o que o requerente indica é a sua disposição de agir como amigo da Corte, para trazer fatos que entende relevantes ao deslinde do pedido de registro de partido político. Entretanto, indefiro o pedido de ingresso na lide, pois: a) houve resistência por parte do requerente sobre o pedido de ingresso; b) a manifestação somente veio aos autos após a inclusão do feito na pauta de julgamento; c) a matéria versada pelo requerente diz respeito às práticas que, segundo ele indica, já estariam sendo investigadas pela Polícia Federal; d) não há prejuízo em relação à análise dos fatos indicados pelo requerente, pois há manifestação expressa da Procuradoria Geral Eleitoral a esse respeito.[...] O impugnante tem legitimidade para se opor ao registro do partido político e apontar eventual ausência de preenchimento dos requisitos constitucionais e legais. Falta-lhe, porém, legitimidade para atacar atos e deliberações interna corporis. [...] Na situação específica de eleitor, penso que não cabe estabelecer óbice à sua impugnação, diante da ausência de regra específica e expressa quanto à limitação à referida legitimidade. O interesse público em discussão, como exposto no início deste voto, tem natureza constitucional e tem reflexo no patrimônio público, cuja defesa não deve ser limitada. [...]" (Ementa não transcrita por não reproduzir a decisão quanto ao tema) (Ac. de 24.9.2013 no RPP nº 40309, rel. Min. Henrique Neves; red. design. Dias Toffoli.)
REGISTRO PROVISÓRIO
"Registro de partido político. Partido Democrata Progressista (DEMPRO). [...] Registro provisório. Ausência de fundamento legal. [...] 2. A figura do registro provisório de partido político não encontra fundamento na atual Lei dos Partidos Políticos. [...]" (Ac. de 20.5.2014 no RPP nº 69591, rel. Min. Laurita Vaz.)
ESTATUTO PARTIDÁRIO
"Direito eleitoral. Registro de partido político. Partido da mulher brasileira – PMB. Anotação de alteração estatutária. Deferimento parcial. Hipótese [...] III. Duração dos mandatos dos integrantes do conselho gestor nacional 9. O estatuto partidário prevê mandato de 10 anos para os dirigentes do Conselho Gestor Nacional, com possibilidade de reeleição, prazo muito superior aos mandatos estabelecidos pela Constituição Federal para os cargos eletivos. Tal previsão afronta os princípios democrático e republicano, uma vez que restringe o exercício do direito de voto e limita, de forma desproporcional, a alternância de poder. [...]" (Ac. de 4.4.2019 no RPP nº 155473, rel. Min. Luís Roberto Barroso.)

"Registro de partido político. Estatuto. Alteração. Anotação. Requerimento. Art. 10 da Lei nº 9.096/95. Parte um: Comissões Provisórias. Vigência. Prazo elastecido. Emenda constitucional nº 97/2017. Parágrafo 1º do art. 17 da CF. Nova redação. Autonomia partidária. Caput. Resguardo do regime democrático. Previsão expressa. Interpretação sistemática. Condição subordinante sobre parágrafos. Leitura fragmentada do texto. Impossibilidade. Seara administrativa. Ausência de óbice ao emprego das técnicas de hermenêutica que não resultam em invalidação da norma. Autonomia partidária absoluta. Inexistência. Organização interna. Regime democrático. Dever de sujeição. Doutrina e jurisprudência consagradas. Resolução-tse nº 23.465/2015. Higidez reconhecida. Órgãos provisórios. Validade. 120 (cento e vinte) dias ou prazo razoável diverso. Descumprimento. Reiteração. Parte dois: órgãos partidários provisórios. Substituição, alteração e extinção. Interesse partidário. Peculiaridades políticas e partidárias de cada localidade. Balizas que não eximem o partido de observar, no que aplicável, os direitos fundamentais dos filiados. Horizontalidade. Reconhecimento. Devido processo legal. Incidência no trato com os órgãos de hierarquia inferior (sobretudo provisórios). Precedentes do TSE. Ausência de garantias mínimas no texto ora submetido à anotação. Adequação. Imprescindibilidade. Parte três: ajustes pontuais do texto. Possibilidade. Conclusão: indeferimento. Anotação. Arts. 41 e 42. Deferimento. Anotação. Arts. 14, 38, 39, 40, 43, 59 e 72. Providências.O caso 1. Na espécie, com base na ec nº 97/2017, que deu nova redação ao §1º do art. 17 da CF, o PSD apresentou, para anotação neste tribunal, alteração estatutária aprovada na sua convenção nacional. 2. Na sessão de 19.10.2017, o então relator, Ministro Herman Benjamin, votou pelo deferimento do pedido, tal como formulado, por entender que 'a análise das alterações estatutárias da agremiação revelou que a única irregularidade consistia no prazo indeterminado de vigência das comissões provisórias', óbice que teria sido afastado pela superveniência da ec nº 97, de 4.10.2017, com vigência em 5.10.2017, que deu nova redação ao §1º do artigo 17 da CF, assegurando "aos partidos políticos autonomia para definir sua estrutura interna e estabelecer regras sobre escolha, formação e duração de seus órgãos permanentes e provisórios". Natureza do feito 3. O pedido de anotação de alteração estatutária deflagra a competência administrativa desta corte e, por conseguinte, dá azo a processo no âmbito do qual não se mostra crível a resolução de incidentes de inconstitucionalidade (precedente do tse: RPP nº 153-05/DF, de minha relatoria, DJE de 16.5.2016). 4. Constitui impropriedade a leitura fragmentada e desconectada do texto constitucional, sobretudo de preceito secundário (parágrafo) em relação à sua norma primária (caput), dada a sua condição de subordinação. Nas palavras do eminente Ministro Eros Grau, em judicioso voto, 'não se interpreta a constituição em tiras, aos pedaços. A interpretação do direito é interpretação do direito, não de textos isolados, desprendidos do direito. Não se interpreta textos de direito, isoladamente, mas sim o direito a constituição no seu todo' (STF, ADI nº 3685/DF, DJ de 22.3.2006).5. A natureza administrativa do feito não afasta, portanto, o emprego das técnicas de hermenêutica. Órgão provisório: vigência 6. Não obstante a redação conferida pela EC nº 97/2017 ao §1º do art. 17 da CF, naquilo que assegura a autonomia dos partidos políticos para estabelecer a duração de seus órgãos provisórios, tem-se que a liberdade conferida não é absoluta, dada a previsão expressa do caput no sentido de que as agremiações partidárias devem resguardar o regime democrático. 7. O TSE, alicerçado na sua competência regulamentar, editou a resolução nº 23.465/2015, a qual prevê, em seu artigo 39, que 'as anotações relativas aos órgãos provisórios têm validade de 120 (cento e vinte) dias, salvo se o estatuto partidário estabelecer prazo razoável diverso'.

8. Ao analisar o PA n. 750-72/DF, no qual aprovada essa resolução, esta Corte Superior destacou que 'não há como se conceber que em uma democracia os principais atores da representação popular não sejam, igualmente, democráticos. Este, inclusive, é o comando expresso no art. 17 da Constituição da República que, ao assegurar a autonomia partidária, determina expressamente que sejam 'resguardados a soberania nacional, o regime democrático, o pluripartidarismo e os direitos fundamentais da pessoa humana'" (relator o Min. Henrique Neves).9. Por repousar precisamente no caput do art. 17 da Constituição Federal, a REs.-TSE nº 23.465/2015 mantém sua higidez, não comportando leitura distinta daquela já adotada neste Tribunal Superior. 10. A alteração estatutária proposta, além de não satisfazer anterior determinação desta corte, ofende a regulamentação contida na citada resolução, pois prevê que a vigência do órgão provisório apenas não poderá ultrapassar a data final de validade do diretório definitivo correspondente, sendo, ademais, passível de prorrogação. É o que se extrai dos §§3º e 4º do art. 42 do estatuto, na redação submetida. Órgão provisório: substituição, alteração e extinção requisitos constitucionais 11. No julgamento do ms nº 0601453-16, de relatoria do eminente Ministro Luiz Fux, sessão de 29.9.2016, o Tribunal Superior Eleitoral, ao analisar a legalidade de ato de destituição de comissão provisória pelo órgão central do partido, estabeleceu importante baliza, em tudo aplicável aos estatutos partidários em geral, consubstanciada na vinculação das legendas partidárias aos direitos fundamentais, inclusive em razão da eficácia horizontal desses postulados, com aplicação plena e imediata, havendo que se estabelecer, no trato com os órgãos de hierarquia inferior, roteiros seguros para o exercício do contraditório e da ampla defesa, em homenagem ao princípio do devido processo legal. 12. A redação proposta nos §§1º e 2º do art. 42 do estatuto do partido requerente exprime lacunoso campo interpretativo, ao estabelecer, genericamente, que a substituição, alteração e extinção dos órgãos provisórios atenderá unicamente o interesse partidário, consideradas as peculiaridades políticas e partidárias de cada localidade, sem, contudo, salvaguardar instrumentos democráticos mínimos que materializem a garantia do exercício do contraditório e da ampla defesa (art. 5º, LV, da CF), especialmente quando em curso conflitos internos. 13. De igual forma, a alteração proposta no art. 41 do estatuto, especialmente no inc. III, por fazer remissão à constituição de novas comissões provisórias em decorrência da adoção de decisão sumária de intervenção no órgão provisório anterior. Conclusão 14. Pedido de anotação indeferido no que toca aos arts. 41 e 42 do estatuto, e deferido quanto aos demais, com adoção de providências, nos termos do voto e com encaminhamento de sugestão ao MPE Estatuto partidário e criação de comissão prévia para seleção de candidatos." (Ac de 20.2.2018 no RPP nº 141796, rel. Herman Benjamin, rel. designado Min. Tarcísio Vieira de Carvalho Neto.)
"Registro de partido político. Requisitos legais. Apoiamento mínimo do eleitorado brasileiro. Atendimento no ato de formalização do pedido no tse. Imprescindibilidade. Precedentes do tribunal superior eleitoral. *Leading case*: qo-rpp nº 153-05/df (dje de 16.9.2015). Alteração da lei dos partidos políticos (art. 7º, §1º). Inovação da lei nº 13.165/2015. Caráter nacional do partido. Comprovação. Período de dois anos. Res.-tse nº 23.465/2015. Exegese sistemática. Protocolo do pedido nesta corte após a alteração normativa. Reafirmação da jurisprudência deste tribunal superior. Pedido do requerente não conhecido. 1. O Tribunal Superior Eleitoral, ao apreciar a QO-RPP nº 153-05/DF, de minha relatoria, DJe de 16.9.2015, assentou, em votação unânime, que 'os requisitos legais para conhecimento e regular processamento do pedido de registro partidário devem estar preenchidos no momento da formalização da peça, reservando-se eventuais diligências (art. 9º, §3º, da Lei nº 9.096/95) para correção de erros meramente formais, ou seja, de natureza não essencial'.

Esse posicionamento foi reafirmado pelo TSE nos RPP nos 345-35 e 428-51, ambos da relatoria do Ministro Henrique Neves, julgados nas sessões de 22.9.2015 e 24.9.2015. 2. A inovação trazida pela Lei nº 13.165/2015, naquilo que alterou o art. 7º, §1º, da Lei nº 9.096/95, não afastou o entendimento quanto à imprescindibilidade de que todos os requisitos legais estejam atendidos na data do protocolo nesta Corte. A interpretação desses dispositivos legais há de ser sistemática. 3. A alteração normativa em destaque apenas estabeleceu para o partido uma nova condicionante, qual seja, a de que o apoiamento mínimo do eleitorado brasileiro deverá ser comprovado (e não meramente demonstrado) no prazo máximo de dois anos, estes contados da aquisição da sua personalidade jurídica. Esse prazo veio somente para limitar a validade dessa listagem, sem criar, para a agremiação postulante, qualquer direito subjetivo de complementação da documentação em data posterior à da formalização do pedido na Justiça Eleitoral. 4. In casu, por ser incontroverso que, na data do protocolo do seu pedido, o requerente não preenchia o referido requisito legal, forçoso aplicar – e reafirmar – a jurisprudência do Tribunal Superior Eleitoral. 5. Registro de partido político não conhecido". (Ac de 5.10.2017 na RPP nº 58354, Rel. Min. Napoleão Nunes Maia Filho.)
REGISTRO
"Registro de partido político. Requisitos legais. Apoiamento mínimo do eleitorado brasileiro. Atendimento no ato de formalização do pedido no tse. Imprescindibilidade. Precedentes do tribunal superior eleitoral. Leading case: qo-rpp nº 153-05/df (dje de 16.9.2015). Alteração da lei dos partidos políticos (art. 7º, §1º). Inovação da lei nº 13.165/2015. Caráter nacional do partido. Comprovação. Período de dois anos. Res.-tse nº 23.465/2015. Exegese sistemática. Protocolo do pedido nesta corte após a alteração normativa. Reafirmação da jurisprudência deste tribunal superior. Pedido do requerente não conhecido. 1. O Tribunal Superior Eleitoral, ao apreciar a QO-RPP nº 153-05/DF, de minha relatoria, DJe de 16.9.2015, assentou, em votação unânime, que 'os requisitos legais para conhecimento e regular processamento do pedido de registro partidário devem estar preenchidos no momento da formalização da peça, reservando-se eventuais diligências (art. 9º, §3º, da Lei nº 9.096/95) para correção de erros meramente formais, ou seja, de natureza não essencial'. Esse posicionamento foi reafirmado pelo TSE nos RPP nos 345-35 e 428-51, ambos da relatoria do Ministro Henrique Neves, julgados nas sessões de 22.9.2015 e 24.9.2015. 2. A inovação trazida pela Lei nº 13.165/2015, naquilo que alterou o art. 7º, §1º, da Lei nº 9.096/95, não afastou o entendimento quanto à imprescindibilidade de que todos os requisitos legais estejam atendidos na data do protocolo nesta Corte. A interpretação desses dispositivos legais há de ser sistemática. 3. A alteração normativa em destaque apenas estabeleceu para o partido uma nova condicionante, qual seja, a de que o apoiamento mínimo do eleitorado brasileiro deverá ser comprovado (e não meramente demonstrado) no prazo máximo de dois anos, estes contados da aquisição da sua personalidade jurídica. Esse prazo veio somente para limitar a validade dessa listagem, sem criar, para a agremiação postulante, qualquer direito subjetivo de complementação da documentação em data posterior à da formalização do pedido na Justiça Eleitoral. 4. In casu, por ser incontroverso que, na data do protocolo do seu pedido, o requerente não preenchia o referido requisito legal, forçoso aplicar – e reafirmar – a jurisprudência do Tribunal Superior Eleitoral. 5. Registro de partido político não conhecido". (Ac de 5.10.2017 na RPP nº 58354, Rel. Min. Napoleão Nunes Maia Filho.)

"Registro de partido político. Partido Social Democrático (PSD). Número 55. Requisitos. Atendimento. [...]" NE.: Trecho do voto do relator: "A Res.-TSE 23.282/2010, ao regulamentar o processo de criação de partido político [...] não inovou no ordenamento jurídico ao estabelecer que a comprovação do aludido apoiamento é instrumentalizada pelas certidões expedidas pelos tribunais regionais eleitorais (art. 19, III), porquanto essas nada mais do que consolidam as certidões individuais dos respectivos cartórios eleitorais. Desta feita, as certidões dos cartórios eleitorais firmadas após a consolidação dos TRE's ou expedidas depois do julgamento do registro regional também devem ser computadas e fazer parte do processo de registro no Tribunal Superior Eleitoral, pois detêm a mesma validade das certidões dos Regionais, sendo que a única diferença reside no fato de não terem integrado a consolidação."
(Ac. de 27.9.2011 no RPP nº 141796, rel. Min. Nancy Andrighi.)

REGISTRO DE ALTERAÇÃO ESTATUTÁRIA

"Direito eleitoral. Registro de partido político. Partido da mulher brasileira – pmb. Anotação de alteração estatutária. Deferimento parcial. [...] I. Órgãos partidários provisórios: vigência. 6. No caso, as alterações estatutárias que estabelecem vigência de 365 dias ou indeterminada para comissões provisórias não se ajustam ao art. 39 da Res.-TSE no 23.465/2015 nem ao art. 39 da Res.-TSE nº 23.571/2018, atualmente em vigor. Tais dispositivos concretizam o comando do art. 17, caput, da Constituição, impedindo a perpetuação de órgãos partidários provisórios, em afronta ao princípio democrático. II. Órgãos partidários provisórios: extinção. 7. O entendimento deste Tribunal é no sentido de que os partidos políticos estão vinculados, de forma direta e imediata, aos direitos fundamentais, os quais ostentam eficácia horizontal. Por isso, nas hipóteses de alteração, substituição, destituição e/ou extinção de órgãos partidários provisórios, os partidos devem prever instrumentos ou mecanismos que assegurem o exercício do contraditório e da ampla defesa. 8. No caso, as alterações estatutárias do PMB permitem a destituição das comissões provisórias a qualquer tempo pelo órgão executivo superior e a substituição, em qualquer número, dos membros das comissões provisórias. Tais previsões estatutárias violam as garantias do contraditório e da ampla defesa, o que inviabiliza o deferimento da anotação requerida. III. Duração dos mandatos dos integrantes do conselho gestor nacional 9. O estatuto partidário prevê mandato de 10 anos para os dirigentes do Conselho Gestor Nacional, com possibilidade de reeleição, prazo muito superior aos mandatos estabelecidos pela Constituição Federal para os cargos eletivos. Tal previsão afronta os princípios democrático e republicano, uma vez que restringe o exercício do direito de voto e limita, de forma desproporcional, a alternância de poder. IV. Contribuições partidárias obrigatórias 10.As contribuições partidárias constituem ato de mera liberalidade, de modo que sua cobrança não pode ser imposta ao filiado, especialmente em virtude do exercício de cargo político. V. Multa em caso de desfiliação partidária. 11. A exigência de fidelidade partidária não se compatibiliza com a cobrança de multa. A imposição de multa no caso de desfiliação permite ao partido apropriar-se de instituto que tem como objetivo a proteção da democracia para o fim de atender a interesses patrimoniais próprios. VI. Recursos do fundo partidário destinado a programas de participação feminina [...] 13. Apesar de a alteração estatutária estar de acordo com a redação do art. 44, V, da Lei nº 9.096/1995, dada pela Lei nº 13.165/2015, deve ser adequada ao entendimento firmado pelo STF, de modo a prever a reserva, em contas bancárias específicas para este fim, de percentual mínimo de 30% do montante do Fundo Partidário para aplicação nas campanhas de suas candidatas, incluídos nesse valor os recursos a que se refere o inciso V do art. 44 da Lei nº 9.096/1995. VII. Sujeição de pré-candidaturas à deliberação do conselho gestor nacional 14. O estatuto partidário prevê a submissão dos nomes dos filiados que pretendam se candidatar a cargos eletivos à deliberação do Conselho Gestor Nacional.

O dispositivo permite que um órgão partidário composto por apenas 5 (cinco) membros faça uma seleção prévia dos filiados aptos a serem escolhidos em convenção, sem estabelecer, de forma clara, como se dará essa análise por parte do Conselho Gestor Nacional. Desse modo, o dispositivo viola os princípios democrático e da isonomia, que devem garantir a todos os filiados do partido a possibilidade de acesso à disputa eleitoral. VIII. Infidelidade partidária e perda do mandato de senador. 15. Na ADI nº 5.081, sob a minha relatoria, o STF entendeu que as regras sobre fidelidade partidária e perda do mandato eletivo não se aplicam aos candidatos eleitos pelo sistema majoritário, adotado para a eleição de Presidente, Governador, Prefeito e Senador, em razão de esse sistema possuir lógica e dinâmica diversas do sistema proporcional. Assim, a alteração estatutária que prevê a assinatura de "termo de compromisso de renúncia de mandato", pelo qual reconhece que, no caso de infidelidade partidária, o PMB está autorizado a ingressar junto à Casa Legislativa ou à Justiça para reaver o cargo do mandatário, deve ser adequada para excluir de sua aplicação os filiados eleitos ao cargo de Senador. [...]"
(Ac de 4.4.2019, no RPP 155473, rel. Min. Luís Roberto Barroso)

"Requerimento. Partido. Registro de alterações estatutárias. Parecer. Ministério Público Eleitoral. Adequação. Dispositivos. 1. O Partido Social Democrata Cristão (PSDC) requer o registro de alterações promovidas em seu estatuto, aprovadas em reunião do Diretório Nacional ocorrida em 27.6.2017. 2. Parecer da d. Procuradoria-Geral Eleitoral pelo deferimento parcial, excluindo-se, porém, dispositivos que fazem alusão a 'contribuições partidárias obrigatórias, inclusive de parlamentares'. Competência. Justiça eleitoral. Exame. Atos interna corporis. Partidos políticos. Afronta. Constituição federal. Lei 9.096/95. Caso dos autos. Doação obrigatória à grei decorrente do exercício de cargo. Inadmissibilidade. 3. Em que pese a autonomia concedida no art. 17 da CF/88, o partido político, ao elaborar seu estatuto, deve observar as disposições constitucionais e infraconstitucionais que regem a matéria. Precedentes. 4. A Lei 13.488, de 6.10.2017, alterou a redação do art. 31 da Lei 9.096/95 e passou a permitir às legendas o recebimento de contribuições de pessoas físicas exercentes de cargos ou funções demissíveis ad nutum bem como de cargos ou empregos temporários desde que filiadas ao partido beneficiário. 5. Contudo, as doações em apreço, por constituírem ato espontâneo, não podem ser impostas obrigatoriamente aos filiados, sobretudo em razão do exercício de cargo público. Precedentes. 6. No caso, o inciso III dos arts. 71, 73, 74 e 75 do estatuto, ao prever regra de "contribuições partidárias obrigatórias, inclusive de parlamentares", incorreu em afronta ao referido dispositivo da Lei de Partidos Políticos. 7. Por conseguinte, também se impõe a exclusão dos §§1º e 2º do art. 71 do estatuto, que fixam 'Constribuição Partidária Mensal Obrigatória de Filiado Militante'. 8. De outra parte, defere-se a mudança de nome e sigla do Partido Social Democrata Cristão (PSDC) para Democracia Cristã (DC), em observância aos termos preconizados pelo art. 7º, §3º, da Lei 9.096/95, não havendo agremiação registrada nesta Corte com semelhante nomenclatura. Conclusão. Deferimento parcial. 9. Deferimento parcial do pedido da grei, doravante denominada Democracia Cristã (DC), excluindo-se, porém, o inciso III dos arts. 71, 73, 74 e 75 e os §§1º e 2º do art. 71 do estatuto partidário, a fim de que os referidos dispositivos se adequem aos ditames infraconstitucionais, conforme a fundamentação acima".
(Ac de 17.5.2018 na PET nº 96, rel. Min. Jorge Mussi.)

"Registro de partido político. Estatuto. Alteração. Anotação. Requerimento. Art. 10 da lei nº 9.096/95. Parte um: comissões provisórias. Vigência. Prazo elastecido. Emenda constitucional nº 97/2017. Parágrafo 1º do art. 17 da cf. Nova redação. Autonomia partidária. Caput. Resguardo do regime democrático. Previsão expressa. Interpretação sistemática. Condição subordinante sobre parágrafos. Leitura fragmentada do texto. Impossibilidade. Seara administrativa. Ausência de óbice ao emprego das técnicas de hermenêutica que não resultam em invalidação da norma. Autonomia partidária absoluta. Inexistência. Organização interna. Regime democrático. Dever de sujeição. Doutrina e jurisprudência consagradas. Resolução-tse nº 23.465/2015. Higidez reconhecida. Órgãos provisórios. Validade. 120 (cento e vinte) dias ou prazo razoável diverso. Descumprimento. Reiteração. Parte dois: órgãos partidários provisórios. Substituição, alteração e extinção. Interesse partidário. Peculiaridades políticas e partidárias de cada localidade. Balizas que não eximem o partido de observar, no que aplicável, os direitos fundamentais dos filiados. Horizontalidade. Reconhecimento. Devido processo legal. Incidência no trato com os órgãos de hierarquia inferior (sobretudo provisórios). Precedentes do tse. Ausência de garantias mínimas no texto ora submetido à anotação. Adequação. Imprescindibilidade. Parte três: ajustes pontuais do texto. Possibilidade. Conclusão: indeferimento. Anotação. Arts. 41 e 42. Deferimento. Anotação. Arts. 14, 38, 39, 40, 43, 59 e 72. Providências". (Ac de 20.2.2018 na RPP nº 141796, rel. Min. Herman Benjamin.)
"Petição. Partido Políticos. Art. 42, caput, da Res.-TSE nº 23.465. Pedidos. Revogação ou sustação do dispositivo. Indeferimento. [...] 2. Consoante dispõe o art. 17, III, da Constituição da República, os Partidos Políticos são obrigados a prestar contas à Justiça Eleitoral. 3. A disposição contida no art. 42 da Res.-TSE nº 23.465, ao prever que 'será suspenso o registro ou a anotação do órgão de direção estadual ou municipal que tiver suas contas partidárias julgadas como não prestadas", não é inovadora no âmbito deste Tribunal, pois dispositivo semelhante já constava da Res.-TSE nº 23.432/2014. 4. As hipóteses de desaprovação de contas e de julgamento destas como não prestadas não se confundem. Na primeira, por disposição legal, o registro dos órgãos partidários não pode ser suspenso (Lei nº 9.096/95, arts. 31, §5º, e 37, caput c.c §2º). No entanto, a ausência de prestação de contas é motivo de extinção do partido político (Lei nº 9.096/95, art. 28, III) e implica a suspensão do recebimento das quotas do Fundo Partidário enquanto perdurar a inadimplência e sujeita seus responsáveis às penas da lei (Lei nº 9.096/95, art. 37-A). 5. A situação de inadimplência dos órgãos partidários que não prestam contas à Justiça Eleitoral somente se caracteriza quando as contas são julgadas como não prestadas em processo judicial que se inicia com a intimação dos órgãos partidários e seus responsáveis para suprir a omissão, e, mesmo após a decisão judicial, a agremiação pode requerer a regularização da sua situação de inadimplência, nos termos da Res.-TSE nº 23.464/2015. 6. O art. 42 da Res.-TSE nº 23.465 traz efetividade ao comando constitucional que impõe a obrigação de o órgão partidário prestar contas à Justiça Eleitoral e somente perdura até que a situação seja regularizada. A transitoriedade da inadimplência depende exclusivamente do respeito à obrigação constitucional de prestar contas. [...]" (Ac. de 31.5.2016 na Inst nº 3, rel. Min. Henrique Neves.)

EXTINÇÃO
"Representação. Art. 28, III, Lei 9.096/1995. Extinção. Partido da Causa Operária (PCO). Prestação de contas anual. 2005 e 2008. Omissão. Contas julgadas não prestadas. Proporcionalidade. Improcedência. 1. A competência do Tribunal Superior Eleitoral para determinar o cancelamento do registro civil e do estatuto de partido político que não cumpre o dever de prestar contas está prevista no art. 28, caput, da Lei 9.096/95. 2. É inerente às agremiações a prestação de contas à Justiça Eleitoral, preceito constitucional consignado no art. 17, III, da CF/88. O art. 28, III, da Lei 9.096/95 é constitucional, pois apenas reproduz tal preceito e estabelece sanções ao seu descumprimento. 3. No caso, é incontroversa a omissão do PCO em prestar as contas dos exercícios de 2005 e 2008, o que, em tese, pode ensejar o cancelamento do registro civil e do estatuto. 4. No entanto, impõe-se a observância do princípio da proporcionalidade diante do protagonismo dos partidos políticos no cenário democrático, das circunstâncias de cada caso e da cumulação de penalidades impostas à agremiação que deixa de prestar contas à Justiça Eleitoral (suspensão de cotas do Fundo Partidário, responsabilização pessoal dos gestores e o cancelamento do registro e do estatuto). 5. As seguintes circunstâncias ensejam a incidência desse princípio na espécie: a) a posterior constatação, pelo Tribunal de Contas da União, da regular movimentação financeira do exercício de 2005; b) a apresentação a posteriori das contas de 2008, ainda que após o julgamento como não prestadas; c) o valor total recolhido ao erário diante da omissão em 2008 foi de R$ 38.721,43, em muito inferior aos verificados em prestações de contas de outros partidos aprovadas com ressalvas. Possibilidade, contudo, da cassação do registro e do estatuto na hipótese de nova conduta omissiva. 6. Pedido julgado improcedente." (Ac. de 24.9.2015 na Rp nº 425461, rel. Min. João Otávio de Noronha.)
"Agravo Regimental no Cancelamento de Registro de Partido Político. Suposta subordinação a entidade ou governo estrangeiro. Art. 28, II, da Lei nº 9.096/95. Ausência de provas robustas e contundentes de submissão do partido a entidade ou governo estrangeiro. [...]" (Ac. de 13.8.2015 no CRPP nº 172797, rel. Min. Luiz Fux.)
FUNDO PARTIDÁRIO
"Agravo regimental. Prestação de contas anual. Exercício financeiro de 2013. Partido Comunista do Brasil (PCDOB). Aprovação com ressalvas. Descumprimento. Limite mínimo. Programa de incentivo à participação feminina [...] 1. No decisum agravado, aprovaram-se com ressalvas as contas do exercício financeiro de 2013 do Diretório Nacional do Partido Comunista do Brasil (PCDOB), determinando-se, porém, recolhimento ao erário de r$ 14.790,00 e aplicação de 2,5% a mais de recursos, no exercício seguinte ao trânsito em julgado, para promover a mulher na política (art. 44, v e §5º, da Lei 9.096/95). 2. O engajamento de despesas com o programa de incentivo à participação feminina deve ser direto, implementado por meio de seminários, cursos, palestras ou quaisquer atos direcionados à doutrinação e educação política da mulher. Precedentes, dentre eles a consulta 0604075-34/DF, de minha relatoria, de 19.4.2018. 3. Remanescem como irregulares a aplicação de recursos (r$ 134.863,81) – eis que despesas administrativas sem demonstrar vínculo com ações efetivas não preenchem o balizamento finalístico contido na norma [...]" (Ac de 30.4.2019 no AgR-PC nº 29458, rel. Min. Jorge Mussi.)

"Prestação de contas anual. Exercício financeiro de 2013. Partido Renovador Trabalhista Brasileiro (PRTB). Despesas irregulares. Deficiência. Documentação. Inobservância do percentual de 5% para promoção da mulher na política. Reiteração. Desaprovação. [...] 5. O partido não atendeu ao repasse mínimo de 20% de recursos do Fundo Partidário para a Fundação Jânio Quadros (R$ 57.757,52 de R$ 334.357,52). 6. A legenda descumpriu o percentual mínimo de 5% – art. 44, V, da Lei 9.096/95 – para programas de incentivo à participação feminina na política ao não comprovar gastos de R$ 79.656,80. A norma vem sendo reiteradamente desobedecida pela grei desde o exercício de 2010, circunstância que, por si só, autoriza rejeitar o ajuste contábil (PC 292-88/DF, Rel. Min. Og Fernandes, sessão de 28.3.2019). 7. A aplicação dos princípios da proporcionalidade e da razoabilidade condiciona-se a três requisitos: (i) falhas que não comprometam a higidez do balanço; (ii) percentual irrelevante do montante irregular; e (iii) ausência de má-fé da parte. Precedentes. [...]" (Ac. de 29.4.2019 na PC nº 30320, rel. Min. Jorge Mussi.)
"Prestação de contas. Diretório nacional. Partido pátria livre (PPL). Exercício financeiro de 2013. Aprovação com ressalvas. [...] 3. Pagamento de Juros e Multas. A jurisprudência desta Corte é firme no sentido de que o pagamento de juros e multas não se coaduna com as finalidades preconizadas pelo art. 44 da Lei 9.096/95 para a destinação dos recursos do fundo partidário. 4. Transferência de recursos à Fundação. O Diretório Nacional comprovou a transferência para a Fundação Instituto Cláudio Campos dos 20% alusivos ao Fundo Partidário até a sua efetiva criação sucedida no início do exercício financeiro seguinte. 5. Obrigações trabalhistas e tributárias pendentes de pagamento. A unidade técnica identificou obrigações trabalhistas e/ou tributárias pendentes de pagamento, vinculadas a recursos do Fundo Partidário e também a recursos próprios. Embora o partido tenha apresentado dois extratos de parcelamento, um de débitos previdenciários e outros de demais débitos, infere-se a impossibilidade de correlacionar tais documentos à falha narrada, reputados os respectivos valores e à míngua de explicações detalhadas da agremiação, razão pela qual persiste o vício indicado. Prestação de contas aprovada, com ressalvas, com determinação de devolução de valores ao erário, mediante recursos próprios." (Ac. de 25.4.2019 na PC nº 30927, rel. Min. Admar Gonzaga.)
"Prestação de contas de partido político. Exercício financeiro de 2013. Análise de irregularidades e de impropriedades nos termos da Res.-TSE 21.841/2004, conforme determinação do art. 65, §3º, inciso I, da Res.-TSE 23.546/2017. Parecer conclusivo. Juntada de documentos após o prazo de realização de diligências. Preclusão. art. 35, §§8º e 9º, da Res.-TSE 23.546/2017. Irregularidades. Ausência de documentos fiscais de despesas e com prestadores de serviços. Necessidade de demonstração do vínculo dos gastos com o fundo partidário. Interpretação do art. 9º da Res.-TSE 21.841/2004. Contratos de locação. Admissibilidade de renovação automática, por previsão legal ou contratual. Contrato de prestação de serviços. Assinatura apenas do contratado. Atividades relacionadas às finalidades partidárias. Apresentação de relatório de serviços. Manifestos de voo. Possibilidade de aferir a afinidade com a atividade partidária pela descrição do serviço nas notas fiscais. Pagamento de multas e juros de mora com verbas do fundo partidário. Incompatibilidade com o art. 44, inciso I, da Lei nº 9.096/95. Precedentes da corte. Descumprimento do art. 44, inciso V, da Lei nº 9.096/95. Inobservância do repasse mínimo de 5% do valor do fundo partidário para a criação e manutenção de programas de incentivo da participação feminina na política.

Irregularidades que alcançam 7,63% do total do fundo partidário. Inexistência de má-fé ou prejuízo à atividade de fiscalização exercida pela justiça eleitoral. Incidência dos princípios da proporcionalidade e da razoabilidade. Possibilidade de aprovar as contas, com ressalvas. Imposição da obrigação de devolução de valores ao fundo partidário (art. 34 da Res.-TSE 21.841/2004) e da sanção prevista no art. 44, §5º, da Lei nº 9.096/95, com a redação vigente em 2013. Contas julgadas aprovadas com ressalvas [...] 9. A inobservância da aplicação mínima de 5% das verbas do Fundo Partidário na criação e manutenção de programas de incentivo da participação feminina na política caracteriza o descumprimento do comando normativo inserido no art. 44, inciso V, da Lei nº 9.096/95 e impõe a sanção prevista no §5º do mesmo artigo. 10. O dispêndio das verbas do Fundo Partidário reservadas, segundo o art. 44, inciso V, da Lei nº 9.096/95, para finalidades distintas da prevista na norma acarreta o reconhecimento do uso irregular dos recursos do Fundo Partidário. Precedentes. 11. O conjunto das irregularidades alcança o total de 7,63% do recebido pelo Partido Social Cristão do Fundo Partidário, inexistindo indícios de má-fé ou mesmo óbices ao exercício da função de fiscalização das contas pela Justiça Eleitoral. Nesse cenário, é possível a aprovação das contas com ressalvas por meio da aplicação dos princípios da proporcionalidade e da razoabilidade. 12. Prestação de contas do Partido Social Cristão (PSC) – Nacional, referente ao exercício financeiro de 2013, aprovada com ressalvas, impondo-se a obrigação de o partido político devolver ao Erário a quantia de R$ 266.956,61 (duzentos e sessenta e seis mil e novecentos e cinquenta e seis reais e sessenta e um centavos) e aplicando-se a sanção prevista no art. 44, §5º, da Lei dos Partidos Políticos." (Ac. de 11.4.2019 na PC nº 31279, rel. Min. Edson Fachin)
"Direito eleitoral. Prestação de contas. Exercício financeiro de 2013. Diretório nacional. Partido dos trabalhadores (PT). Desaprovação. [...] Não comprovação da aplicação mínima do fundo partidário em programas de incentivo à participação feminina na política 13. A agremiação, para determinação da base de cálculo sobre a qual incidiria a aplicação mínima de 5% dos recursos do Fundo Partidário em programas de incentivo à participação política feminina, excluiu do montante dos recursos recebidos do Fundo Partidário (i) R$ 12.096.842,33 destinados à Fundação Perseu Abramo e (ii) R$ 13.270.342,12 referente aos valores destinados aos diretórios estaduais. Dessa forma, o cálculo da aplicação mínima de 5% não incidiu sobre a totalidade dos recursos recebidos do Fundo Partidário, mas sobre aquilo que a agremiação denominou "quota líquida". 14.O procedimento adotado pelo partido viola o disposto no art. 44, V, da Lei nº 9.096/1995, cuja literalidade é no sentido de que a aplicação mínima de 5% deve ser calculada sobre o total de recursos recebidos do Fundo Partidário. Não há, portanto, respaldo normativo para a adoção de uma base de cálculo diversa. Precedente. 15. A ausência de comprovação de que a agremiação aplicou o percentual mínimo de 5% dos recursos do Fundo Partidário em programas de difusão e promoção da participação das mulheres na política enseja a aplicação, no exercício seguinte, do valor não aplicado, atualizado monetariamente, com o acréscimo da penalidade de 2,5% do Fundo Partidário. [...]" (Ac de 11.4.2019 na PC 28159, rel. Min. Luís Roberto Barroso)

"Prestação de contas de partido político. Partido Trabalhista Cristão (PTC) – Diretório Nacional. Exercício financeiro de 2013. Irregularidades que totalizam R$ 160.295,04, valor equivalente a 6,08% do montante recebido do fundo partidário. Ausência de falha grave. Aprovação das contas com ressalvas. Aplicação dos princípios da razoabilidade e da proporcionalidade. Precedente. [...] 11. Aplicação insuficiente de recursos do Fundo Partidário no programa de incentivo à participação política da mulher no exercício de 2013. 11.1. O PTC recebeu, no exercício de 2013, R$ 2.633.215,47 do Fundo Partidário e, portanto, deveria ter aplicado, no mínimo, 5% desse valor para promover a participação das mulheres na política, o que equivale a R$ 131.660,77. 11.2. No caso, foi comprovada a aplicação efetiva, no programa de incentivo à participação política da mulher, d R$ 45.613,24, o que corresponde ao percentual de 1,73% do total dos recursos recebidos. O partido deixou, portanto, de aplicar 3,27%. 12. Conclusão 12.1. A jurisprudência deste Tribunal Superior entende que a irregularidade no incentivo à participação feminina na política deve ser somada com as demais irregularidades referentes ao Fundo Partidário, de forma que se possa chegar ao percentual tido por irregular. 12.2. Os recursos oriundos do Fundo Partidário aplicados irregularmente somam R$ 160.295,04 – incluindo o percentual não aplicado no programa de incentivo à participação feminina na política –, valor equivalente a 6,08% do montante recebido pelo partido político no exercício de 2013. 12.3. Aprovação das contas com ressalvas. Ausência de falha grave. No caso, o percentual da aplicação irregular de recursos recebidos do Fundo Partidário não foi significativo, o que permite aplicar os princípios da proporcionalidade e da razoabilidade, na linha da orientação desta Corte. 13. Determinação 13.1. Devolução ao erário do valor de R$ 74.247,51, devidamente atualizado, a ser pago com recursos próprios. 13.2. Aplicação, no exercício seguinte ao trânsito em julgado desta decisão, do percentual restante de 3,27% do valor recebido do Fundo Partidário, ao qual está obrigado, referente ao exercício de 2013, devidamente atualizado, na criação e manutenção de programas de promoção e difusão da participação política das mulheres, salvo se em exercícios posteriores já o tiver feito, acrescidos 2,5% do valor recebido do Fundo Partidário, relativos a essa destinação no exercício de 2013, corrigidos monetariamente." (Ac. de 11.4.2019 na PC nº 28074, rel. Min. Og Fernandes.)
"Direito eleitoral. Registro de partido político. Partido da mulher brasileira – pmb. Anotação de alteração estatutária. Deferimento parcial. Hipótese [...] VI. Recursos do fundo partidário destinado a programas de participação feminina 12. O Supremo Tribunal Federal, na ADI nº 5.617, sob a relatoria do Min. Edson Fachin, conferiu interpretação conforme a Constituição ao art. 9º da Lei nº 13.165/2015, para equiparar o percentual de candidaturas femininas ao mínimo de recursos do Fundo Partidário a lhes serem destinados, respeitando-se o patamar mínimo de 30%, previsto no art. 10, §3º, da Lei nº 9.504/1997. 13. Apesar de a alteração estatutária estar de acordo com a redação do art. 44, V, da Lei nº 9.096/1995, dada pela Lei nº 13.165/2015, deve ser adequada ao entendimento firmado pelo STF, de modo a prever a reserva, em contas bancárias específicas para este fim, de percentual mínimo de 30% do montante do Fundo Partidário para aplicação nas campanhas de suas candidatas, incluídos nesse valor os recursos a que se refere o inciso V do art. 44 da Lei nº 9.096/1995. [...]" (Ac. de 4.4.2019 no RPP nº 155473, rel. Min. Luís Roberto Barroso.)

"Direito eleitoral. Prestação de contas. Exercício financeiro de 2013. Diretório nacional. Solidariedade (SD). Aprovação com ressalvas. [...] I. Irregularidades analisadas irregularidades na aplicação dos recursos do fundo partidário [...] b) Despesas não comprovadas 5. Consideram-se não comprovadas as despesas cujos documentos fiscais ou recibos, em razão dos termos genéricos em que redigidos, não permitem identificar a que se refere especificamente o pagamento realizado, bem como sua vinculação a atividades partidárias. O art. 9º da Res.-TSE nº 21.841/2004, aplicável ao exercício financeiro de 2013, exige que os documentos fiscais discriminem os serviços prestados ou os produtos adquiridos. [...] c) Pagamento de juros e multa com recursos do Fundo Partidário. 7. A jurisprudência desta Corte pacificou que juros, multas e encargos não são despesas autorizadas pelo art. 44 da Lei nº 9.096/1995, razão pela qual não podem ser pagos com recursos do Fundo Partidário. Precedentes. [...] Não comprovação da aplicação mínima do fundo partidário em programas de incentivo à participação feminina na política 13. Ocorre que o comando legal exige a aplicação dos recursos na criação ou na manutenção de programas relacionados a essa importante política afirmativa. Assim, assiste razão à área técnica, ao afirmar que a simples reserva de valores não é suficiente para se considerar cumprida a obrigação legal. Nessa situação, em que nem mesmo no exercício seguinte se demonstra ter havido a aplicação devida dos recursos, a irregularidade deve ser mantida, sendo desnecessário indagar se houve ou não tempo hábil em 2013 para sua adequada destinação.14. A ausência de comprovação de que a agremiação aplicou o percentual mínimo de 5% dos recursos recebidos do Fundo Partidário em programas de difusão e promoção da participação das mulheres na política enseja a aplicação, no exercício seguinte, do valor não aplicado, atualizado monetariamente, com o acréscimo da penalidade de 2,5% do Fundo Partidário. [...]" (Ac de 2.4.2019, na PC 31364, rel. Min. Luís Roberto Barroso)
"Prestação de contas. Partido Popular Socialista Diretório Nacional. Exercício financeiro de 2013. Irregularidades. Desaprovação. Suspensão de duas cotas do fundo partidário. Determinação de ressarcimento ao erário. Recursos próprios. [...] Outras irregularidades apontadas na aplicação de recursos do Fundo Partidário, não sujeitas a ressarcimento ao Erário 13. A não comprovação do percentual mínimo das verbas do Fundo Partidário na participação feminina na política, em descumprimento ao art. 44, V, da Lei nº 9.096/95, enseja a sanção de acréscimo de 2,5% do Fundo ao valor não aplicado, corrigido monetariamente, o que deverá ocorrer no exercício seguinte ao do julgamento das contas, sem prejuízo do valor a ser destinado a esse fim no ano respectivo. A irregularidade no incentivo à participação feminina na política deve ser agrupada com as demais irregularidades referentes ao Fundo Partidário de forma que se possa identificar o percentual tido por irregular. [...]" (Ac. de 2.4.2019 na PC nº 30672, rel. Min. Tarcisio Vieira de Carvalho Neto.)
"Prestação de contas de partido político. Partido Verde (PV) – Diretório Nacional. Exercício financeiro de 2013. Irregularidades que totalizam R$ 635.956,67, valor equivalente a 5,12% do montante recebido do fundo partidário. Descumprimento do art. 44, V, da Lei nº 9.096/1995. Aprovação das contas com ressalvas. Aplicação dos princípios da razoabilidade e da proporcionalidade. Precedente. 1. É vedado repassar recurso do Fundo Partidário a diretório de partido impedido de recebê-lo em virtude de desaprovação de contas. Assim, é irregular o repasse realizado, em 9.7.2013, pelo órgão nacional ao Diretório Estadual de Alagoas, o qual estava impedido de recebê-lo, devido à publicação de acórdão, em 25.6.2013, que desaprovou suas contas relativas ao exercício financeiro de 1998.

Precedente. [...] 2.3. Conforme a previsão contida no art. 44, 1, da Lei nº 9.096/1995, é permitida a utilização de verbas do Fundo Partidário para o pagamento de gastos relativos à manutenção das sedes e serviços do partido. Contudo, ao responder a Cta nº 529-88/DF, de 10.2.2019, cuja redatora para o acórdão foi a Ministra Rosa Weber, o TSE restringiu o uso de recursos públicos com gastos dessa natureza apenas àqueles caracterizados como benfeitorias necessárias, nos termos do art. 96, §30, do Código Civil, com vistas a evitar a deterioração do imóvel e impossibilitar o seu uso. No caso dos autos, além de apresentar documento com a descrição genérica do serviço relativo à reforma do telhado de sua sede, o partido não trouxe elementos capazes de assegurar que o gasto realizado se constituiu em benfeitoria necessária. [...] 4.Pagamento de IPVA de dois veículos com recursos do Fundo Partidário. Esta Corte Superior já pacificou o entendimento de que o valor indevidamente pago a título de IPVA de veículo pertencente a agremiação deve ser devolvido ao erário, sem prejuízo da obtenção do posterior ressarcimento da importância pelo diretório nacional. [...]" (Ac de 28.3.2019 no PC 31704,rel. Min. Og Fernandes)
"Prestação de contas. Partido social democrático. Diretório nacional. Exercício de 2013. Reiteração no descumprimento da destinação de recursos do fundo partidário à participação feminina na política. Desaprovação. Sanções de acréscimo de 2,5% no gasto com o incentivo à participação da mulher na política e suspensão da cota do fundo partidário por um mês. Sanção mínima. Razoabilidade e proporcionalidade. 1. A não comprovação da destinação do percentual mínimo de 5% do Fundo Partidário à participação feminina na política, em descumprimento ao art. 44, V, da Lei nº 9.096/95, enseja a sanção de acréscimo de 2,5% do Fundo Partidário referente a essa destinação no respectivo exercício, ao valor não aplicado, corrigido monetariamente, devendo essa implementação ocorrer no exercício seguinte ao do julgamento das contas, para garantir a efetiva aplicação da norma, sem prejuízo do valor a ser destinado a esse fim no ano respectivo. Precedentes. 2. Conforme jurisprudência deste Tribunal Superior, a irregularidade no incentivo à participação feminina na política deve ser agrupada com as demais irregularidades referentes ao Fundo Partidário, de forma que se possa chegar ao percentual tido por irregular. 3. Na espécie, a reiterada omissão na aplicação de recursos destinados à participação feminina na política consubstancia irregularidade que enseja a desaprovação das contas. Referida tese fora fixada por esta Corte no julgamento das contas partidárias do exercício financeiro de 2012, nas PCs nº 228-15 e 238-59, de relatoria da Ministra Rosa Weber, em 26.4.2018. 4. Contas desaprovadas, devendo o PSD acrescer 2,5% do Fundo Partidário referente a essa destinação no exercício de 2013, ao valor de R$1.081.861,25 (um milhão, oitenta e um mil, oitocentos e sessenta e um reais e vinte e cinco centavos), corrigidos monetariamente para a específica promoção da participação política das mulheres, devendo tal implementação ocorrer no exercício seguinte ao do julgamento dessas contas, a fim de se garantir a efetiva aplicação da norma, sem prejuízo do valor a ser destinado a esse fim no ano respectivo, oportunidade em que deverão ser verificados os depósitos constantes dos autos e o emprego prático do referido valor. 5. Diante do descumprimento reiterado da norma e observada a aplicação da sanção de forma proporcional e razoável, determino a suspensão do repasse de uma única cota do Fundo Partidário – patamar mínimo, conforme dispõe o art. 37, §3º, da Lei nº 9.096/95 – a ser cumprida de forma parcelada, em 2 (duas) vezes, com valores iguais e consecutivamente, à luz dos princípios da proporcionalidade e da razoabilidade. Precedentes." (Ac de 1.2.2019 na PC nº 28329, rel. Min. Tarcisio Vieira de Carvalho Neto.)

"Consulta. Partidos políticos. Sede. Empréstimos bancários ou consórcios para aquisição de imóveis. Utilização de recursos do fundo partidário. Utilização de recursos próprios. Reforma de imóveis locados. 1. Os recursos do Fundo Partidário não podem ser utilizados para a liquidação de empréstimos ou consórcios bancários contratados para a aquisição de imóvel. Ausência de previsão legal – art. 44 da Lei nº 9.096/95 – alterada pela Lei nº 13.165/2015 – e Resolução-TSE nº 23.464/2015, art. 17, §1º. Na aquisição por consórcio ou empréstimo bancário, via de regra, o próprio imóvel garante a dívida no caso de inadimplemento, o que pode gerar dano ao Erário, caso o contrato não preveja, em caso de desistência, a devolução de todo o valor já pago. 2. A novel resolução que disciplinou a prestação de contas anual dos partidos políticos regulou a contratação de empréstimos pelas agremiações, permitindo sua celebração desde que ocorra com instituições financeiras reguladas pelo Banco Central do Brasil e que o partido identifique a origem dos recursos utilizados na quitação. A aquisição de imóveis para servir de sede às atividades partidárias por via de empréstimos, desde que liquidados com recursos próprios e que obedeça aos ditames do art. 5º, inciso V, alínea d, e §2º, da Res.-TSE nº 23.464/2015, não encontra óbice na legislação. 3. As execuções de obras nos imóveis locados que servem de sede partidária só poderão ser pagas com recursos do Fundo Partidário se forem estritamente necessárias à conservação do bem ou para evitar a deterioração deste, nos termos do art. 96, §3º, do Código Civil. 4. Consulta respondida negativamente à primeira indagação, positivamente à segunda e, quanto à terceira, positivamente, desde que as obras realizadas no imóvel locado como sede partidária sejam estritamente necessárias, nos termos do art. 96 do Código Civil."
(Ac. de 1º.2.2019 na CTA nº 52988, rel. Min. Maria Thereza de Assis Moura, rel. designada Min. Rosa Weber.)

TEMA: FUSÃO OU INCORPORAÇÃO DE PARTIDOS POLÍTICOS

"Petição. Partido político. Patriota. Partido republicano progressista (PRP). Incorporação. Deferimento. Alterações estatutárias. Aquiescência da legenda com as glosas do ministério público. Deferimento parcial. 1. O patriota requereu o registro da incorporação do Partido Republicano Progressista (PRP) à sua legenda, além de anotação das alterações estatutárias correspondentes. 2. Impõe–se deferir a incorporação, na linha do parecer ministerial e da documentação trazida (Lei 9.096/95 e Res.–TSE 23.751/2018). 3. O partido incorporador faz jus aos votos do incorporado na última eleição para Câmara dos Deputados, com repercussão sobre as verbas do Fundo Partidário (art. 29, §7º, da Lei 9.096/95). Entretanto, incabível declarar nesta oportunidade o cumprimento ou não da cláusula de barreira pela legenda, o que será verificado quando do repasse dos recursos pela Justiça Eleitoral. 4. No tocante às alterações estatutárias, o Ministério Público opinou por se deferir a designação do partido apenas pelo nome (sem a respectiva sigla) e por se readequarem os arts. 60, VII, b; 61, §1º; 62, caput e §2º; 73, §3º; 74 e 87. Todavia, a posteriori, a própria legenda aquiesceu com a supressão de tais dispositivos, não mais subsistindo controvérsia no particular. 5. Incorporação deferida. Alterações estatutárias parcialmente deferidas, excluindo–se os mencionados artigos."
(Ac. de 28.3.2019 na PET nº 60195314, rel. Min. Jorge Mussi.)

"Partidos – fusão – parlamentares – migração – alcance. O fenômeno da fusão não abre a parlamentares de partidos que não a integraram a oportunidade de migrarem".
(Ac. de 29.4.2014 no Cta nº 18226, rel. Min. Dias Toffoli, red. designado Min. Marco Aurélio.)

"[...] Ação de perda de cargo eletivo por desfiliação partidária. Justa causa. Fusão. Configuração. Caráter excepcional. Boa-fé. Proteção da confiança. Não provimento. 1. No caso, a fusão partidária entre o PPS e o PMN não chegou a se consumar. Entretanto, em caráter excepcional, a justa causa de que trata o art. 1º, §1º, I, da Res.-TSE 22.610/2007 deve ser reconhecida. Primeiro, porque a referida fusão foi amplamente divulgada nos veículos de comunicação, inclusive no site do próprio PPS, deixando transparecer o caráter irreversível dessa medida. Segundo, porque até mesmo o estatuto da nova legenda resultante dessa fusão foi publicado no Diário Oficial da União. Terceiro, porque o próprio PPS chegou a divulgar a abertura de prazo para mudança partidária daqueles filiados insatisfeitos com a fusão. 2. Diante dessas circunstâncias, a desfiliação partidária em exame encontra justificativa no princípio da proteção à confiança, sobretudo porque o comportamento posterior do PPS, ao desistir da fusão partidária de forma contraditória com a posição anteriormente assumida, não pode lesar a expectativa legitimamente criada para o recorrido. Precedentes do Superior Tribunal de Justiça [...]" (Ac. de 18.9.2014 no AgR-REspe nº 12454, rel. Min. João Otávio de Noronha.)
"[...]. 1. Conforme o disposto no art. 7º, §2º, e no art. 29, §7º, da Lei nº 9.096/95, o partido político só passa a ter acesso à cota do fundo partidário, referente ao partido incorporado, após a averbação da incorporação pelo TSE, atendidos os requisitos legais e regulamentares. [...]." NE: Apesar da ementa retromencionada, o Tribunal, por unanimidade, entendeu que o partido incorporador recebe o bônus e o ônus do partido incorporado, fazendo jus às cotas do fundo partidário anteriores à averbação do registro no TSE. (Res. nº 22.592, de 25.9.2007, rel. Min. José Delgado.)
"[...] Partido político. Incorporação do PAN ao PTB. Cumprimento das formalidades legais. [...] 2. O acórdão recorrido está fundamentado no preenchimento dos requisitos legais para averbação de incorporação de partido, não carecendo de vício ensejador de sua revisão. 3. A insurgência dos representantes do PAN contra a validade das convenções partidárias é questão interna corporis a ser dirimida pela Justiça Comum, como bem ressaltado pelo Ministério Público Eleitoral. Cabe somente a ela conhecer das irresignações, para decidir sobre a validade ou não dos atos praticados por filiados partidários no momento e na via adequados. 4. O inconformismo busca apenas reiterar os argumentos expendidos em manifestações anteriores do PAN, devidamente rechaçados no acórdão atacado. [...]"
(Res. nº 22.531, de 10.4.2007, rel. Min. José Delgado.)

TEMA: FEDERAÇÕES PARTIDÁRIAS
Tese de julgamento: "É constitucional a Lei nº 14.208/2021, que institui as federações partidárias, salvo quanto ao prazo para seu registro, que deverá ser o mesmo aplicável aos partidos políticos. Excepcionalmente, nas eleições de 2022, o prazo para constituição de federações partidárias fica estendido até 31 de maio do mesmo ano". (STF. ADI 7.021-MC, rel. Min. Luís Roberto Barroso.)

TEMA: MOVIMENTAÇÃO FINANCEIRA
MOVIMENTAÇÃO FINANCEIRA – CONTA BANCÁRIA
"Prestação de contas de partido político. PSDC diretório nacional. Exercício financeiro de 2013. Irregularidades que totalizam R$ 30.746,11, valor equivalente a 2,44% do montante recebido do fundo partidário. Ausência de repasse de recursos do fundo partidário aos demais diretórios. Reiteração. Falha grave. Desaprovação das contas. 1. Recebimento de recurso de origem não identificada (RONI) O recebimento de RONI impossibilita o controle efetivo da Justiça Eleitoral sobre a origem do valor que transitou na conta da agremiação, impedindo que a movimentação financeira do partido seja aferida em sua completude. [...]" (Ac. de 11.4.2019 na PC nº 30065, rel. Min. Og Fernandes.)
"Eleições 2016. Agravo interno em recurso especial. Prestação de contas de campanha. Diretório municipal. Partido socialista brasileiro. Contas desaprovadas pelas instâncias ordinárias. Ausência de apresentação dos extratos bancários relativos a todo o período de campanha. Falha insanável. Inaplicabilidade dos princípios da razoabilidade e da proporcionalidade. Acórdão regional em consonância com o entendimento jurisprudencial desta corte. Agravo regimental desprovido. 1. A Corte a quo manteve a decisão do Juízo Eleitoral que desaprovou as contas de campanha do diretório municipal do PSB relativas ao pleito de 2016, por entender que a ausência de apresentação dos extratos bancários, exigidos pelo art. 48, II, a, da Res.-TSE nº 23.463/2015, reflete clara afronta à legislação pertinente e constitui mácula capaz de comprometer a confiabilidade do exame das contas. Concluiu, ainda, pela impossibilidade de aplicação dos princípios da razoabilidade e da proporcionalidade, ante a gravidade das circunstâncias do caso. 2. A decisão agravada negou seguimento ao recurso especial e manteve os fundamentos consignados no acórdão regional, porquanto em consonância com o entendimento reiterado desta Corte quanto à matéria, na linha de que a falta dos extratos bancários relativos a todo o período de campanha compromete a regularidade de contas e constitui falha de natureza grave a ensejar sua desaprovação, sendo irrelevante o esclarecimento sobre a ausência de movimento financeiro no período em análise[...]" (Ac de 26.2.2019 no AgR-REspe 55208, rel. Min. Og Fernandes)
"Agravo regimental. Recurso especial. Prestação contas. Eleições 2014. Res.-TSE 23.406/2014. Omissões. Despesas. Extratos bancários. Ausência. Irregularidades graves. Desaprovação. Desprovimento. 1. No caso, o TRE/GO reprovou as contas do recorrente relativas ao pleito de 2014, determinando suspensão de cotas do Fundo Partidário por dois meses. 2. Omissões de despesas verificadas mediante circularização de dados da Justiça Eleitoral constituem falhas graves e aptas a gerar a respectiva desaprovação. [...] 4. Nos termos dos arts. 12 e 13 da Res.-TSE 23.406/2014, o partido deve abrir duas contas bancárias, uma específica para doações para campanha e outra distinta para o recebimento e manuseio de recursos do Fundo Partidário. 5. Na hipótese, além dessas, havia duas outras e, com relação a uma delas, a agremiação nem sequer encaminhou os extratos bancários físicos para viabilizar o controle por esta Justiça, sob o argumento de que inexistiu movimentação financeira decorrente de sobras de campanha. 6. Todavia, tais extratos eram essenciais, sobretudo para que se verificasse inexistência de doações por fontes vedadas ou de origem não identificada. 7. Não se pode admitir que nenhuma conta bancária aberta em nome de partidos políticos fique à margem do conhecimento da Justiça Eleitoral, sob pena de o exame do fluxo contábil restar incompleto. [...]" (Ac de 12.2.2019 no AgR-REspe 282046, rel. Min. Jorge Mussi)

"Agravo regimental. Recurso especial. Eleições 2016. Prestação de contas. Campanha eleitoral. Partido político. Desaprovação. 1. O acórdão regional está em consonância com a jurisprudência desta Corte, no sentido de que constitui irregularidade grave, que enseja a desaprovação das contas, a não apresentação dos extratos bancários relativos à campanha eleitoral, ainda que não haja movimentação financeira no período. Precedentes. 2. É inviável a aplicação dos princípios da razoabilidade e proporcionalidade ao caso dos autos, visto que o Tribunal de origem assentou se tratar de irregularidade de caráter omissivo, consistente na ausência de apresentação dos extratos da movimentação bancária de todo o período da campanha, o que comprometeu a confiabilidade de prestação de contas. 3. São 'inaplicáveis os princípios da proporcionalidade e da razoabilidade quando as irregularidades são graves a ponto de inviabilizar o efetivo controle das contas pela Justiça Eleitoral, assim como quando não constarem do acórdão regional elementos que permitam aferir o quanto representam em relação ao total de recursos movimentados na campanha. [...]".
(Ac de 5.2.2019 no AgR-REspe 59457, rel. Min. Admar Gonzaga)

MOVIMENTAÇÃO FINANCEIRA – DESPESAS

"Prestação de contas de partido político. Partido trabalhista cristão (PTC) – diretório nacional. Exercício financeiro de 2013. Irregularidades que totalizam R$ 160.295,04, valor equivalente a 6,08% do montante recebido do fundo partidário. Ausência de falha grave. Aprovação das contas com ressalvas. Aplicação dos princípios da razoabilidade e da proporcionalidade. Precedente. 1 Pagamentos de despesas sem comprovação de que foram realizadas em prol do programa de incentivo à participação feminina na política. O fato de a Asepa não poder atestar que o gasto foi realizado em prol do programa previsto no art. 44, V, da Lei nº 9.096/1995, não significa que não foi comprovado ou que não tenha vinculação com a atividade partidária. No caso, a comprovação da despesa pelo partido atendeu ao comando previsto nos arts. 9º da Res.-TSE nº 21.841/2004 e 44 da Lei nº 9.096/1995, de modo que não há como se exigir a devolução ao erário de valor regular. [...] 6. Ausência de comprovantes para justificar a saída de recursos da conta bancária destinada ao Fundo Partidário. O partido comprovou que os recursos que saíram da sua conta bancária correspondem ao repasse a diretórios regionais e à constituição de fundo de caixa para pagamentos de pequenas despesas, as quais são vinculadas à atividade do partido, conforme demonstram os documentos. 7. Pagamento de multas e de taxas de cancelamento de passagens aéreas. A jurisprudência desta Corte pacificou o entendimento de que multas e taxas de cancelamentos de reservas não são despesas autorizadas pelo art. 44 da Lei nº 9.096/1995, razão pela qual não podem ser pagas com recursos do Fundo Partidário. 8. Saída de recursos do Fundo Partidário sem a devida comprovação. É insuficiente a apresentação exclusiva de recibo para comprovar a regularidade da despesa de serviços com produção de vídeo prestados por pessoa jurídica, notadamente quando possuírem inscrição no CNPJ, a exigir, portanto, a emissão de documento que possibilite maior controle fiscal, nos termos do art. 9º, II, da Res.-TSE nº 21.841/2004. Precedente. 9. Despesa com serviços de hospedagem. É suficiente para comprovar a despesa com hospedagem a apresentação de faturas emitidas por agência de viagem, em que há detalhamento do hóspede e da data da hospedagem. 10. Despesas cartorárias. O recibo apresentado pela agremiação não é suficiente para comprovar as despesas cartorárias, pois foram emitidas por um cartório diferente do que autenticou a documentação necessária à prestação de contas. [...]"
(Ac. de 11.4.2019 na PC nº 28074, rel. Min. Og Fernandes.)

"Prestação de contas de partido político. Exercício financeiro de 2013. Análise de irregularidades e de impropriedades nos termos da Res. 21.841/2004-TSE, conforme determinação do art. 65, §3º, inciso I, da Res. 23.546/2017-TSE. Parecer conclusivo. Irregularidades. Ausência de documentos fiscais de despesas com prestadores de serviços. Funcionários contratados sob o regime da CLT. Recolhimento de FGTS e Previdência Social. Documentação apta para regularizar parcela da despesa. Demonstração de vinculação de gastos com a finalidade eleitoral. Possibilidade de aferição da natureza e descrição do serviço em documentos fiscais. Incompatibilidade desses gastos com o fundo partidário sem vínculo com as atividades do partido. Interpretação do art. 9º da res.-TSE 21.841/2004. [...] 2. A comprovação da regularidade das despesas realizadas com o Fundo Partidário incumbe ao partido político, conforme previsão do art. 9º da Res. 21.841/2004. No caso das despesas com funcionários contratados sob o regime da CLT, a ausência de recibos de pagamento pode ser suprida pela apresentação de Guias de Recolhimento de FGTS e de Informações à Previdência Social – GEFIP, porque documentos legalmente aptos a demonstrarem a existência de relação empregatícia. 3. A interpretação feita por esta Corte Superior do art. 9º da Res. 21.841/2004 impõe que haja vinculação das despesas realizadas com verbas do Fundo Partidário com as atividades do partido, sendo possível essa aferição nos documentos fiscais dos gastos por meio da descrição e natureza dos serviços. Sem que haja essa identificação, a despesa é entendida como irregular e obriga a devolução dos valores ao Fundo Partidário, conforme determinação do art. 34 da Res. 21.841/2004. [...]" (Ac. de 11.4.2019 na PC nº 28681, rel. Min. Edson Fachin.)
"Prestação de contas de partido político. Exercício financeiro de 2013. Análise de irregularidades e de impropriedades nos termos da Res.-TSE 21.841/2004, conforme determinação do art. 65, §3º, inciso I, da Res.-TSE 23.546/2017. Parecer conclusivo. Juntada de documentos após o prazo de realização de diligências. Preclusão. Art. 35, §§8º e 9º, da Res.-TSE 23.546/2017. Irregularidades. Ausência de documentos fiscais de despesas e com prestadores de serviços. Necessidade de demonstração do vínculo dos gastos com o fundo partidário. Interpretação do art. 9º da res.-tse 21.841/2004. Contratos de locação. Admissibilidade de renovação automática, por previsão legal ou contratual. Contrato de prestação de serviços. Assinatura apenas do contratado. Atividades relacionadas às finalidades partidárias. Apresentação de relatório de serviços. Manifestos de voo. Possibilidade de aferir a afinidade com a atividade partidária pela descrição do serviço nas notas fiscais. [...] 3. A comprovação da regularidade das despesas realizadas com o Fundo Partidário incumbe ao partido político, conforme previsão do art. 9º da Res. 21.841/2004. A ausência de documentos aptos a essa função acarreta o reconhecimento de irregularidade nas contas. 4. A interpretação feita por esta Corte Superior do art. 9º da Res. 21.841/2004 impõe que haja demonstração das despesas realizadas com verbas do Fundo Partidário com as atividades do partido, sendo possível essa aferição nos documentos fiscais dos gastos por meio da descrição e natureza dos serviços. Sem que haja essa identificação, a despesa é entendida como irregular e obriga a devolução dos valores ao Fundo Partidário, conforme determinação do art. 34 da Res. 21.841/2004. 5. As hipóteses de prorrogação de contratos de aluguel previstas no próprio contrato ou, ainda, no art. 56, parágrafo único, da Lei nº 8.245/91, são válidas para que se considerem os dados constantes no contrato originário para aferir a relação da despesa com a atividade partidária. 6. A apresentação de contrato de prestação de serviços assinado pelo prestador e por testemunha, acompanhado de relatório de atividades, é suficiente para vincular a despesa à atividade do partido político. Nessa situação, a falta de aposição de assinatura do partido político na via do contrato apresentada é irregularidade formal.

7. Os manifestos de voo servem para demonstrar a relação da despesa de contratação de transporte aéreo com a finalidade da agremiação partidária, contudo, sua apresentação pode ser dispensada se o documento fiscal contiver informações suficientes para tanto. [...] 11. O conjunto das irregularidades alcança o total de 7,63% do recebido pelo Partido Social Cristão do Fundo Partidário, inexistindo indícios de má-fé ou mesmo óbices ao exercício da função de fiscalização das contas pela Justiça Eleitoral. Nesse cenário, é possível a aprovação das contas com ressalvas por meio da aplicação dos princípios da proporcionalidade e da razoabilidade. 12. Prestação de contas do Partido Social Cristão (PSC) – Nacional, referente ao exercício financeiro de 2013, aprovada com ressalvas, impondo-se a obrigação de o partido político devolver ao Erário a quantia de R$ 266.956,61 (duzentos e sessenta e seis mil e novecentos e cinquenta e seis reais e sessenta e um centavos) e aplicando-se a sanção prevista no art. 44, §5º, da Lei dos Partidos Políticos." (Ac. de 11.4.2019 na PC nº 31279, rel. Min. Edson Fachin.)
"Prestação de contas. Partido Popular Socialista Diretório Nacional. Exercício financeiro de 2013. Irregularidades. Desaprovação. Suspensão de duas cotas do fundo partidário. Determinação de ressarcimento ao erário. Recursos próprios. [...] Irregularidades apontadas na aplicação de recursos do Fundo Partidário [...] 4. A comprovação de despesas com combustível exige que conste do Ativo Imobilizado – Bens Móveis – no Balanço Patrimonial do partido o lançamento da propriedade de veículos ou a comprovação da sua locação ou, ainda, a apresentação de esclarecimentos suficientes que justifiquem tais despesas, o que não ocorreu no presente caso. 5. O adiantamento a fornecedores impõe classificação contábil e financeira que diz respeito a uma antecipação de pagamento correspondente a compras de produtos ou prestação de serviços, com inscrição específica no ativo circulante e que designa um direito do pagador de receber a mercadoria ou o serviço. Trata-se de prática comum que requer o devido lançamento contábil e cujo documento hábil à sua comprovação é o recibo de pagamento, considerando que a nota fiscal/fatura será emitida com a satisfação do dever. A baixa contábil dos adiantamentos deve ser feita na entrega da mercadoria ou na finalização dos serviços contratados, momento em que o valor da nota fiscal/fatura deverá ser inscrito na classificação contábil correspondente. Porém, a inscrição de despesas de adiantamento continuada por vários exercícios configura reiterada inadimplência dos fornecedores contratados, o que evidencia mau uso dos recursos do Fundo Partidário. 6. Recibos de pagamento a autônomos (RPA) com informações genéricas que não se fizeram acompanhar dos respectivos contratos ou esclarecimentos específicos não são suficientes para comprovar a regularidade das despesas. Precedentes. [...] 10. Gastos com estacionamento não precisam, necessariamente, estar vinculados à propriedade ou locação de veículos nos casos em que se referem aos automóveis de dirigentes, funcionários e filiados do partido e quando as vagas de garagem forem no mesmo endereço da sede partidária, motivo pelo qual devem ser entendidas como uma extensão da própria locação do imóvel principal. 11. A jurisprudência deste Tribunal tem admitido todos os meios de prova para a comprovação das despesas com transporte aéreo e hospedagens. No entanto, a documentação apresentada deve conter requisitos mínimos que identifiquem o hóspede e o período da estada. Precedentes. [...]" (Ac. de 2.4.2019 na PC nº 30672, rel. Min. Tarcisio Vieira de Carvalho Neto.)
"Prestação de contas anual. PT do B – atualmente denominado avante. Exercício financeiro de 2012. Irregularidades que totalizam 7,73% do valor recebido do fundo partidário. Reiterado descumprimento da obrigação de destinação de recursos ao incentivo à participação política da mulher. Contas desaprovadas parcialmente.

Imposição de ressarcimento ao erário e sanções de acréscimo de 2,5% no gasto com o incentivo à participação feminina na política e suspensão do recebimento das quotas do fundo partidário pelo período de 1 (um) mês. [...] 9. Ainda que se trate de feito jurisdicional, a comprovação da regularidade das despesas em processos de prestação de contas não se compatibiliza com a prova testemunhal, sobretudo quando não corroborada pela prova documental amplamente produzida nos autos. Inteligência do art. 34, V, da Lei nº 9.096/95 ao estabelecer a 'obrigatoriedade de ser conservada pelo partido, por prazo não inferior a cinco anos, a documentação comprobatória de suas prestações de contas' [...]" (Ac de 26.4.2018 na PC nº 23859, rel. Min. Rosa Weber.)
"Prestação de contas. Exercício financeiro de 2012. Partido Trabalhista Brasileiro (PTB). Aprovação com ressalvas. [...] 3. O show de cantor, ainda que tenha sido realizado em evento partidário ('Encontro Estadual'), não tem vinculação com a atividade partidária, não se enquadrando em nenhuma das hipóteses relacionadas nos incisos do art. 44 da Lei 9.096/95.4. As irregularidades apuradas perfazem o total de R$ 368.573,18, correspondente a apenas 2,53% do total dos recursos provenientes do Fundo Partidário distribuído ao PTB no ano de 2012, não havendo nas despesas glosadas irregularidades de maior gravidade. Contas aprovadas com ressalvas e determinação de devolução ao erário." (Ac. de 5.4.2018 na PC nº 22390, rel. Min. Admar Gonzaga.)
MOVIMENTAÇÃO FINANCEIRA – ASSUNÇÃO DE DÍVIDA
"Consulta. Partido Progressista. Órgão da legenda impedido de receber cotas do fundo partidário. Possibilidade de assunção das despesas de caráter continuado por outro órgão da legenda, desde que não sejam receitas provenientes do fundo partidário. Novo regramento. Resolução-TSE nº 23.432/2014. [...] 2. O telos subjacente à novel disciplina normativa, inaugurada com a Resolução-TSE nº 23.432/2014, consiste em coibir, de um lado, a transferência, pela via transversa e ilegal, de recursos do Fundo Partidário, e, por outro lado, salvaguardar a legítima preocupação com o regular prosseguimento das atividades dos partidos políticos entidades de elevada proeminência no funcionamento das instituições democráticas. 3. A assunção de obrigações e despesas entre órgãos partidários é perfeitamente possível, desde que não haja a utilização de recursos do Fundo Partidário quando do adimplemento, seja ele total ou parcial, nas hipóteses em que o Diretório originalmente responsável esteja impedido de receber recursos daquele Fundo, a teor do art. 23, caput, e §§, da Resolução- TSE nº 23.432/2014. 4. Consulta respondida de forma positiva, ressalvando, apenas e tão somente, que o órgão partidário que arcar com as despesas de outro impedido de receber recursos do Fundo Partidário não poderá utilizar, para pagamento de quaisquer despesas, recursos oriundos do repasse das cotas do aludido Fundo." (Ac. de 11.6.2015 na Cta nº 5605, rel. Min. Luiz Fux.)
"Prestação de contas. Exercício financeiro 2004. Aprovação com ressalvas. Recolhimento ao Erário e ao fundo partidário. Necessidade. [...] 2. A dívida de pessoa jurídica, distinta do partido político, decorrente de decisão da Justiça do Trabalho, não pode ser adimplida com recursos do Fundo Partidário, pois não se coaduna com as hipóteses previstas no art. 44, incisos I a V, da Lei nº 9.096/95. [...]" (Ac. de 16.9.2014 na Pet nº 1621, rel. Min. Maria Thereza de Assis.)

MOVIMENTAÇÃO FINANCEIRA – EMPRÉSTIMO
"Consulta. Partidos políticos. Sede. Empréstimos bancários ou consórcios para aquisição de imóveis. Utilização de recursos do fundo partidário. Utilização de recursos próprios. Reforma de imóveis locados. 1. Os recursos do Fundo Partidário não podem ser utilizados para a liquidação de empréstimos ou consórcios bancários contratados para a aquisição de imóvel. Ausência de previsão legal – art. 44 da Lei nº 9.096/95 – alterada pela Lei nº 13.165/2015 – e Resolução-TSE nº 23.464/2015, art. 17, §1º. Na aquisição por consórcio ou empréstimo bancário, via de regra, o próprio imóvel garante a dívida no caso de inadimplemento, o que pode gerar dano ao Erário, caso o contrato não preveja, em caso de desistência, a devolução de todo o valor já pago. 2. A novel resolução que disciplinou a prestação de contas anual dos partidos políticos regulou a contratação de empréstimos pelas agremiações, permitindo sua celebração desde que ocorra com instituições financeiras reguladas pelo Banco Central do Brasil e que o partido identifique a origem dos recursos utilizados na quitação. A aquisição de imóveis para servir de sede às atividades partidárias por via de empréstimos, desde que liquidados com recursos próprios e que obedeça aos ditames do art. 5º, inciso V, alínea d, e §2º, da Res.-TSE nº 23.464/2015, não encontra óbice na legislação. 3. As execuções de obras nos imóveis locados que servem de sede partidária só poderão ser pagas com recursos do Fundo Partidário se forem estritamente necessárias à conservação do bem ou para evitar a deterioração deste, nos termos do art. 96, §3º, do Código Civil. 4. Consulta respondida negativamente à primeira indagação, positivamente à segunda e, quanto à terceira, positivamente, desde que as obras realizadas no imóvel locado como sede partidária sejam estritamente necessárias, nos termos do art. 96 do Código Civil." (Ac. de 1º.2.2019 na CTA nº 52988, rel. Min. Maria Thereza de Assis Moura, rel. designada Min. Rosa Weber.)
"Prestação de contas anual. Partido dos Trabalhadores (PT) – Exercício financeiro de 2011. [...] 6. Pagamento de mútuo com o Banco Rural e o Banco BTG. Contratações simuladas como reconhecido em outras instâncias e no STF. Hipótese não contemplada pelo art. 44 da Lei 9.096/95. Precedente desta Corte Eleitoral Superior: PC 977-37/DF, Rel. designado Min. Gilmar Mendes, DJe 29.6.2015. [...]" (Ac. de 27.4.2017 na PC. nº 24925, rel. Min. Rosa Weber.)
"[...]. Partido político. Prestação de contas. Exercício financeiro de 2011. [...] 1. Ao responder à Cta nº 14.385/DF, rel. Min. Carlos Velloso, em 2.8.1994, este Tribunal afirmou ser possível a celebração de contrato de empréstimo de bens imóveis com entidades sindicais, "desde que ocorra o pagamento do correspondente preço", o que não se verifica no caso. O TRE, analisando os documentos dos autos, entendeu não demonstrada a onerosidade do "contrato de aluguel", pois não haveria comprovação quanto aos pagamentos dos débitos relativos ao exercício financeiro de 2010, renegociados conforme acordo judicial. Consoante as premissas que embasam o acórdão, não é possível novo enquadramento jurídico dos fatos para chegar à conclusão diversa da firmada pelo Regional. [...]" (Ac. de 23.2.2016 no REspe nº 45280, rel. Min. Gilmar Mendes.)

MOVIMENTAÇÃO FINANCEIRA – INSTITUTO OU FUNDAÇÃO PARA PESQUISA, DOUTRINAÇÃO E EDUCAÇÃO POLÍTICA / PROPAGANDA DOUTRINÁRIA E POLÍTICA
"[...]. Execução fiscal. Prestação de contas anual de partido. Arrecadação de recursos de fontes não identificadas. Fundo partidário. Impenhorabilidade. [...] 1. É incabível penhora de valores do Fundo Partidário para satisfazer sanção imposta a partido político que arrecadou recursos financeiros de origem não identificada, a teor do art. 649, XI, do CPC e de precedentes desta Corte Superior e do Superior Tribunal de Justiça. 2. As agremiações também possuem como fontes de recursos contribuições de filiados e doações de pessoas físicas (art. 39 da Lei nº 9.096/95), as quais, por conseguinte, estão excluídas da cláusula de impenhorabilidade. [...]" (Ac. de 18.12.2015 no REspe nº 32067, rel. Min. Herman Benjamin.)
"[...]. Ausência de repasse a fundação. Desconformidade dos documentos contábeis. Desaprovação parcial. [...] 3. A alegação de ausência de transformação da pessoa jurídica em fundação não é suficiente para eximir o partido da obrigação de efetuar o repasse de valores do Fundo Partidário, em conformidade ao artigo 44, III, da Lei no 9.096/95. Isso porque a própria ausência de transformação em fundação já implica irregularidade, por se encontrar em desconformidade ao artigo 1º, §1º, da Resolução-TSE no 22.121/2005, o qual determina que 'os entes criados pelos partidos políticos para pesquisa, doutrinação e educação política devem ter a forma de fundações de direito privado' e a conversão deles em fundações deverá observar os prazos da lei civil, no caso, o artigo 2.031 do Código Civil de 2002, que estipula a obrigatoriedade de adaptação às disposições do Código até 11 de janeiro de 2007. Precedente (PC nº 978-22/DF, rel. Min. Laurita Vaz, relator para o acórdão Min. Dias Toffoli, DJE de 14.11.2014). [...]" (Ac. de 28.4.2015 na PC nº 98089, rel. Min. Maria Thereza de Assis.)
MOVIMENTAÇÃO FINANCEIRA – MULTAS E JUROS
"Prestação de contas de partido político. Partido Trabalhista Cristão (PTC) – Diretório Nacional. Exercício financeiro de 2013. Irregularidades que totalizam R$ 160.295,04, valor equivalente a 6,08% do montante recebido do fundo partidário. Ausência de falha grave. Aprovação das contas com ressalvas. Aplicação dos princípios da razoabilidade e da proporcionalidade. Precedente. [...] 3. Pagamento de multa e de juros com recursos do Fundo Partidário. O pagamento de juros e multas, devido em decorrência do inadimplemento de obrigações, não se subsume ao comando normativo contido no art. 44, I, da Lei nº 9.096/1995, razão pela qual não podem ser pagos com os recursos do Fundo Partidário, nos termos da jurisprudência desta Corte. Precedente. [...]" (Ac. de 11.4.2019 na PC nº 28074, rel. Min. Og Fernandes.)
"Prestação de contas de partido político. Exercício financeiro de 2013. Análise de irregularidades e de impropriedades nos termos da Res.-TSE 21.841/2004, conforme determinação do art. 65, §3º, inciso I, da Res.-TSE 23.546/2017. [...] Pagamento de multas e juros de mora com verbas do fundo partidário. Incompatibilidade com o art. 44, inciso I, da Lei nº 9.096/95. Precedentes da corte. [...]. 8. O pagamento de multas e juros de mora com recursos do Fundo Partidário é incompatível com o art. 44, inciso I, da Lei dos Partidos Políticos. Precedentes da Corte. [...]" (Ac. de 11.4.2019 na PC nº 31279, rel. Min. Edson Fachin; no mesmo sentido o Ac. de 11.4.2019 na PC nº 28681, rel. Min. Edson Fachin.)

"Direito eleitoral. Prestação de contas. Exercício financeiro de 2013. Diretório nacional. Partido Trabalhista Nacional (PTN). Aprovação com ressalvas. [...] f) Pagamento de juros e multa com recursos do Fundo Partidário 10. A jurisprudência desta Corte pacificou que juros, multas e encargos não são despesas autorizadas pelo art. 44 da Lei nº 9.096/1995, razão pela qual não podem ser pagos com recursos do Fundo Partidário. Precedentes. [...]"
(Ac. de 4.4.2019 na PC nº 29895, rel. Min. Luís Roberto Barroso.)

"Prestação de contas. Partido popular socialista diretório nacional. Exercício financeiro de 2013. Irregularidades. Desaprovação. Suspensão de duas cotas do fundo partidário. Determinação de ressarcimento ao erário. Recursos próprios. [...] 7. Consoante a orientação deste Tribunal, 'o pagamento de juros e multas cíveis, devidos em decorrência de obrigações não satisfeitas, não se subsume ao comando normativo contido no inciso I do art. 44 da Lei nº 9.096/95, sendo, portanto, defeso utilizar as verbas do Fundo Partidário para o cumprimento desse fim [...]' (PC nº 979-07, Rel. Min. Admar Gonzaga, DJe de 22.5.2015). Mesmo raciocínio se aplica às multas de passagens aéreas e no-show de hospedagens. [...]"
(Ac. de 2.4.2019 na PC nº 30672, rel. Min. Tarcisio Vieira de Carvalho Neto.)

TEMA: PARTICIPAÇÃO POLÍTICA DAS MULHERES

"Prestação de contas de partido político. Partido trabalhista cristão (PTC) – Diretório Nacional. Exercício financeiro de 2013. Irregularidades que totalizam R$ 160.295,04, valor equivalente a 6,08% do montante recebido do fundo partidário. Ausência de falha grave. Aprovação das contas com ressalvas. Aplicação dos princípios da razoabilidade e da proporcionalidade. Precedente. [...] 11. Aplicação insuficiente de recursos do Fundo Partidário no programa de incentivo à participação política da mulher no exercício de 2013. 11.1. O PTC recebeu, no exercício de 2013, R$ 2.633.215,47 do Fundo Partidário e, portanto, deveria ter aplicado, no mínimo, 5% desse valor para promover a participação das mulheres na política, o que equivale a R$ 131.660,77. 11.2. No caso, foi comprovada a aplicação efetiva, no programa de incentivo à participação política da mulher, de R$ 45.613,24, o que corresponde ao percentual de 1,73% do total dos recursos recebidos. O partido deixou, portanto, de aplicar 3,27%. 12. Conclusão 12.1. A jurisprudência deste Tribunal Superior entende que a irregularidade no incentivo à participação feminina na política deve ser somada com as demais irregularidades referentes ao Fundo Partidário, de forma que se possa chegar ao percentual tido por irregular. 12.2. Os recursos oriundos do Fundo Partidário aplicados irregularmente somam R$ 160.295,04 – incluindo o percentual não aplicado no programa de incentivo à participação feminina na política –, valor equivalente a 6,08% do montante recebido pelo partido político no exercício de 2013. 12.3. Aprovação das contas com ressalvas. Ausência de falha grave. No caso, o percentual da aplicação irregular de recursos recebidos do Fundo Partidário não foi significativo, o que permite aplicar os princípios da proporcionalidade e da razoabilidade, na linha da orientação desta Corte. 13. Determinação 13.1. Devolução ao erário do valor de R$ 74.247,51, devidamente atualizado, a ser pago com recursos próprios. 13.2. Aplicação, no exercício seguinte ao trânsito em julgado desta decisão, do percentual restante de 3,27% do valor recebido do Fundo Partidário, ao qual está obrigado, referente ao exercício de 2013, devidamente atualizado, na criação e manutenção de programas de promoção e difusão da participação política das mulheres, salvo se em exercícios posteriores já o tiver feito, acrescidos 2,5% do valor recebido do Fundo Partidário, relativos a essa destinação no exercício de 2013, corrigidos monetariamente."
(Ac. de 11.4.2019 na PC nº 28074, rel. Min. Og Fernandes.)

"Prestação de contas de partido político. Exercício financeiro de 2013. Análise de irregularidades e de impropriedades nos termos da Res.-TSE 21.841/2004, conforme determinação do art. 65, §3º, inciso I, da Res.-TSE 23.546/2017. [...] Descumprimento do art. 44, inciso V, da Lei nº 9.096/95. Inobservância do repasse mínimo de 5% do valor do fundo partidário para a criação e manutenção de programas de incentivo da participação feminina na política. [...] 9. A inobservância da aplicação mínima de 5% das verbas do Fundo Partidário na criação e manutenção de programas de incentivo da participação feminina na política caracteriza o descumprimento do comando normativo inserido no art. 44, inciso V, da Lei nº 9.096/95 e impõe a sanção prevista no §5º do mesmo artigo. 10. O dispêndio das verbas do Fundo Partidário reservadas, segundo o art. 44, inciso V, da Lei nº 9.096/95, para finalidades distintas da prevista na norma acarreta o reconhecimento do uso irregular dos recursos do Fundo Partidário. Precedentes. [...]" (Ac. de 11.4.2019 na PC nº 31279, rel. Min. Edson Fachin; no mesmo sentido o Ac. de 11.4.2019 na PC nº 28681, rel. Min. Edson Fachin.)
"Prestação de contas. Partido social democrático. Diretório nacional. Exercício de 2013. Reiteração no descumprimento da destinação de recursos do fundo partidário à participação feminina na política. Desaprovação. Sanções de acréscimo de 2,5% no gasto com o incentivo à participação da mulher na política e suspensão da cota do fundo partidário por um mês. Sanção mínima. Razoabilidade e proporcionalidade. 1. A não comprovação da destinação do percentual mínimo de 5% do Fundo Partidário à participação feminina na política, em descumprimento ao art. 44, V, da Lei nº 9.096/95, enseja a sanção de acréscimo de 2,5% do Fundo Partidário referente a essa destinação no respectivo exercício, ao valor não aplicado, corrigido monetariamente, devendo essa implementação ocorrer no exercício seguinte ao do julgamento das contas, para garantir a efetiva aplicação da norma, sem prejuízo do valor a ser destinado a esse fim no ano respectivo. Precedentes. 2. Conforme jurisprudência deste Tribunal Superior, a irregularidade no incentivo à participação feminina na política deve ser agrupada com as demais irregularidades referentes ao Fundo Partidário, de forma que se possa chegar ao percentual tido por irregular. 3. Na espécie, a reiterada omissão na aplicação de recursos destinados à participação feminina na política consubstancia irregularidade que enseja a desaprovação das contas. Referida tese fora fixada por esta Corte no julgamento das contas partidárias do exercício financeiro de 2012, nas PCs nº 228-15 e 238-59, de relatoria da Ministra Rosa Weber, em 26.4.2018. 4. Contas desaprovadas, devendo o PSD acrescer 2,5% do Fundo Partidário referente a essa destinação no exercício de 2013, ao valor de R$1.081.861,25 (um milhão, oitenta e um mil, oitocentos e sessenta e um reais e vinte e cinco centavos), corrigidos monetariamente para a específica promoção da participação política das mulheres, devendo tal implementação ocorrer no exercício seguinte ao do julgamento dessas contas, a fim de se garantir a efetiva aplicação da norma, sem prejuízo do valor a ser destinado a esse fim no ano respectivo, oportunidade em que deverão ser verificados os depósitos constantes dos autos e o emprego prático do referido valor. 5. Diante do descumprimento reiterado da norma e observada a aplicação da sanção de forma proporcional e razoável, determino a suspensão do repasse de uma única cota do Fundo Partidário – patamar mínimo, conforme dispõe o art. 37, §3º, da Lei nº 9.096/95 – a ser cumprida de forma parcelada, em 2 (duas) vezes, com valores iguais e consecutivamente, à luz dos princípios da proporcionalidade e da razoabilidade. Precedentes." (Ac de 1.2.2019 na PC nº 28329, rel. Min. Tarcisio Vieira de Carvalho Neto.)

"Prestação de contas anual. PT do B – atualmente denominado avante. Exercício financeiro de 2012. Irregularidades que totalizam 7,73% do valor recebido do fundo partidário. Reiterado descumprimento da obrigação de destinação de recursos ao incentivo à participação política da mulher. Contas desaprovadas parcialmente. Imposição de ressarcimento ao erário e sanções de acréscimo de 2,5% no gasto com o incentivo à participação feminina na política e suspensão do recebimento das quotas do fundo partidário pelo período de 1 (um) mês. [...] 3. 'A mera circunstância de o partido político possuir funcionários ou colaboradores remunerados de qualquer natureza do sexo feminino não preenche o balizamento finalístico previsto na legislação de regência', consoante assinalado recentemente por esta Casa, ao exame da CTA nº 0604075-34.2017.6.00.0000, Rel. Min. Jorge Mussi, em sessão de 19.4.2018. 4. A irregularidade detectada num dado exercício financeiro – atinente ao descumprimento do art. 44, V, da Lei nº 9.096/95, pela não destinação dos percentuais mínimos das verbas do Fundo Partidário ao incentivo e promoção da participação feminina na política – não deve ser novamente apurada no ano calendário seguinte, uma vez que a implementação da sanção imposta somente se verificará no exercício que se seguir ao trânsito em julgado das contas. Precedente. 5. A despeito disso, é de se considerar que a agremiação deixou de cumprir a respectiva ação afirmativa reiteradamente em 2009, 2010 e 2011 – acumulando débito no importe de R$ 180.116,55 – e também no presente exercício financeiro, pendente o valor de R$ 61.255,96, pouco menos da metade do montante devido (R$ 128.268,21), circunstância que não pode ser desprezada. 6. Embora a aplicação irregular do Fundo Partidário tenha alcançado o importe de 7,73% do total recebido – percentual que, considerado isoladamente, poderia justificar a aprovação com ressalvas das contas –, no caso concreto, em razão da recalcitrância no cumprimento do disposto no art. 44, V e §5º da Lei nº 9.096/1995, as contas devem ser parcialmente desaprovadas. 7. Semelhante linha de compreensão foi recentemente acolhida por esta Casa ao exame da PC 229-97, Rel. Min. Tarcisio Vieira de Carvalho Neto, em sessão jurisdicional de 27.03.2018, verbis: 'pesar de o conjunto das irregularidades remanescentes representarem apenas 1,5% dos recursos recebidos do Fundo Partidário, em virtude do apontamento grave com despesas cartorárias, merecem desaprovação as contas do Partido Republicano' [...]" (Ac de 26.4.2018 na PC nº 23859, rel. Min. Rosa Weber.)

TEMA: ÓRGÃO PARTIDÁRIO

"Direito eleitoral. Registro de partido político. Partido da mulher brasileira – pmb. Anotação de alteração estatutária. Deferimento parcial. Hipótese [...] I. Órgãos partidários provisórios: vigência 5. As alterações promovidas pela EC nº 97/2017 na redação do art. 17, §1º, da Constituição não conferem autonomia absoluta aos partidos políticos para estabelecer prazo de vigência de seus órgãos partidários que não se harmonize com o regime democrático, conforme previsto no caput do mesmo art. 17. 6. No caso, as alterações estatutárias que estabelecem vigência de 365 dias ou indeterminada para comissões provisórias não se ajustam ao art. 39 da Res.-TSE nº 23.465/2015 nem ao art. 39 da Res.-TSE nº 23.571/2018, atualmente em vigor. Tais dispositivos concretizam o comando do art. 17, caput, da Constituição, impedindo a perpetuação de órgãos partidários provisórios, em afronta ao princípio democrático. Precedentes. II. Órgãos partidários provisórios: extinção 7. O entendimento deste Tribunal é no sentido de que os partidos políticos estão vinculados, de forma direta e imediata, aos direitos fundamentais, os quais ostentam eficácia horizontal. Por isso, nas hipóteses de alteração, substituição, destituição e/ou extinção de órgãos partidários provisórios, os partidos devem prever instrumentos ou mecanismos que assegurem o exercício do contraditório e da ampla defesa. Precedentes.

8. No caso, as alterações estatutárias do PMB permitem a destituição das comissões provisórias a qualquer tempo pelo órgão executivo superior e a substituição, em qualquer número, dos membros das comissões provisórias. Tais previsões estatutárias violam as garantias do contraditório e da ampla defesa, o que inviabiliza o deferimento da anotação requerida. [...]"
(Ac. de 4.4.2019 no RPP nº 155473, rel. Min. Luís Roberto Barroso.)

"Eleições 2018. Registro de candidatura. DRAP. Sistemas majoritário e proporcional. Contas não prestadas. Suspensão de anotação do órgão partidário. Pedido de regularização. Ausência de efeito suspensivo. Impugnação. Indeferimento. TRE. Recurso especial a que se nega provimento. [...] 2. A ausência de apresentação, pelo partido, das contas referentes ao exercício financeiro de 2015 implicou a suspensão da anotação de seu órgão de direção, nos termos do que dispõe o art. 47, §2º, da Res.-TSE nº 23.432/2014. 3. O pedido de regularização da situação de inadimplência do partido, que teve contra si decisão, com trânsito em julgado, de contas não prestadas, não tem efeito suspensivo, conforme estabelece o art. 61, IV, da Res.-TSE nº 23.432/2014. 4. A inexistência, no sistema de anotação do tribunal eleitoral competente, de órgão de direção do partido, constituído de acordo com o respectivo estatuto, até a data da convenção, impede a agremiação de participar do pleito, conforme estabelece o art. 2º da Res.-TSE nº 23.548/2017. 5. A constituição de comissão provisória de acordo com o estatuto do partido, a subscrição do pedido de registro por pessoa legitimada e a apresentação do número do CNPJ são procedimentos exigidos pela Res.-TSE nº 23.548/2017, que, se não observados, inviabilizam o deferimento do pedido de registro do DRAP do partido. [...]"
(Ac de 22.11.2018 no REspe 060140239, rel. Min. Og Fernandes.)

"Eleições de 2018. Recurso especial. DRAP. Anotação suspensa [...] 3. A teor do art. 2º da Res.-TSE 23.548, poderá participar das eleições o partido político que, até 6 (seis) meses antes, tenha registrado seu estatuto no TSE e tenha, até a data da convenção, órgão de direção constituído na circunscrição, devidamente anotado no tribunal eleitoral competente, requisito não atendido na espécie. 4. A obtenção de tutela de urgência, em pedido de revisão, não atrai a incidência do art. 11, §10, da Lei 9.504/97, seja em razão da limitação dessa ressalva legal, seja em face do disposto no art. 61, IV, da Res.-TSE 23.432, dispositivo que prevê que o pedido de regularização de contas julgadas não prestadas não será recebido com efeito suspensivo. Recurso especial a que se nega provimento".
(Ac de 4.10.2018 no REspe nº 060035978, rel. Min. Og Fernandes, rel designado, Rel. Min. Admar Gonzaga.)

TEMA: PRESTAÇÃO DE CONTAS

DOCUMENTAÇÃO

"Prestação de contas anual. Exercício financeiro de 2013. Partido humanista da solidariedade (PHS). Revelia. Ausência de alegações finais. Recursos do fundo partidário. Vultuosas despesas irregulares. Deficiência. Documentação. Desaprovação. [...] 3. A teor da jurisprudência desta Corte para as contas partidárias dos exercícios de 2013 e anteriores, a prova do correto uso de verbas do Fundo Partidário requer a juntada de notas fiscais ou recibos que discriminem a natureza dos serviços ou materiais (art. 9º da Res.-TSE 21.841/2004), não se exigindo, em regra, documentos complementares. Os comprovantes devem ser idôneos, legíveis e conter descrição específica do produto ou do serviço, compatível com o objeto social do fornecedor. 4. Apesar da revelia, é viável examinar a documentação juntada nas fases preliminares. [....]"
(Ac. de 25.4.2019 na PC nº 28244, rel. Min. Jorge Mussi.)

"Prestação de contas. Diretório nacional. Partido pátria livre (PPL). Exercício financeiro de 2013. Aprovação com ressalvas. 1. Gastos com passagens aéreas. A jurisprudência desta Corte, a partir do julgamento da PC 43, é no sentido de que, quando se tratar de despesas de passagens, devem ser admitidos todos os meios de prova, sendo suficiente, à falta de elementos que infirmem o respectivo valor probante, a apresentação de fatura que discrimine o bilhete aéreo, o nome do passageiro, a data e o destino da viagem. 1.1. Devem ser considerados comprovados os gastos efetuados pelo Diretório Nacional referentes a passagens aéreas, constantes de faturas, porquanto nelas constam dados de discriminação das despesas, acompanhados de notas explicativas e até documentação complementar sobre o escopo das viagens sucedidas. 2. Gastos diversos do partido. Para as prestações de contas do exercício financeiro de 2013, a apresentação de nota fiscal, com detalhada descrição do produto ou do serviço, acompanhada de documentação complementar, é suficiente para atestar a regularidade da despesa e a respectiva vinculação com as atividades partidárias. Inexigibilidade de relatórios circunstanciados de atividades e afins. [...]" (Ac. de 25.4.2019 na PC nº 30927, rel. Min. Admar Gonzaga.)
"Prestação de contas. Diretório nacional. Partido Comunista Brasileiro (PCB). Exercício financeiro de 2013. Desaprovação. [...] 3. 'A jurisprudência do Tribunal Superior Eleitoral é no sentido de que, em virtude da natureza jurisdicional do processo de prestação de contas, ocorre preclusão para a juntada de documentos quando o partido político foi anteriormente intimado para sanar as falhas e não o fez tempestivamente' [...] 4. A juntada de documentos fiscais é medida que deve ser tomada na apresentação das contas e/ou nas diligências alusivas ao exame preliminar, de modo que, em regra, é incabível pedido de dilação de prazo em sede de defesa, quando já se aproxima o prazo de que trata o art. 37, §3º, in fine, da Lei 9.096/95. [...]" (Ac. de 25.4.2019 na PC nº 31449, rel. Min. Admar Gonzaga)
"Prestação de contas. Diretório nacional. Partido da causa operarária (PCO). Exercício financeiro de 2013. Desaprovação. [...] 2. Para as prestações de contas do exercício financeiro de 2013, a apresentação de nota fiscal, com detalhada descrição do produto ou do serviço, acompanhada de documentação complementar, é suficiente para atestar a regularidade da despesa e a respectiva vinculação com as atividades partidárias. Inexigibilidade de relatórios circunstanciados de atividades, apresentação de claquetes e afins. 3. 'A jurisprudência do Tribunal Superior Eleitoral é no sentido de que, em virtude da natureza jurisdicional do processo de prestação de contas, ocorre preclusão para a juntada de documentos quando o partido político foi anteriormente intimado para sanar as falhas e não o fez tempestivamente' [...] 4. A apresentação de documentação fiscal é medida que deve ser tomada na oportunidade da apresentação das contas e/ou nas diligências alusivas ao exame preliminar, de modo que, em regra, é incabível pedido de dilação de prazo em sede defesa, quando já se aproxima o prazo de que trata o art. 37, §3º, in fine, da Lei 9.096/95. [....]" (Ac. de 23.4.2019 na PC nº 30235, rel. Min. Admar Gonzaga)

"Prestação de contas de partido político. Exercício financeiro de 2013. Análise de irregularidades e de impropriedades nos termos da Res.-TSE 21.841/2004, conforme determinação do art. 65, §3º, inciso I, da REs.-TSE 23.546/2017. Parecer conclusivo. Juntada de documentos após o prazo de realização de diligências. Preclusão. Art. 35, §§8º e 9º, da res.-TSE 23.546/2017. [...] 1. A revogação da Res.-TSE 21.841/2004 não impede que seus dispositivos sejam utilizados na análise das impropriedades e das irregularidades encontradas nas prestações de contas referentes ao exercício financeiro de 2013, conforme previsão do art. 65, §3º, I, da Res. 23.546/2017. 2. A juntada de documentos após o encerramento da fase de diligências é obstada pela regra de preclusão contida no art. 35, §§8º e 9º, da Res.-TSE 23.546/2017. Precedentes da Corte. [...]" (Ac. de 11.4.2019 na PC nº 31279, rel. Min. Edson Fachin.)
"Prestação de contas de partido político. Exercício financeiro de 2013. Análise de irregularidades e de impropriedades nos termos da res. 21.841/2004 Res-TSE, conforme determinação do art. 65, §3º, inciso I, da Res. 23.546/2017-TSE. Parecer conclusivo. Irregularidades. Ausência de documentos fiscais de despesas com prestadores de serviços. Funcionários contratados sob o regime da clt. Recolhimento de fgts e previdência social. Documentação apta para regularizar parcela da despesa. Demonstração de vinculação de gastos com a finalidade eleitoral. Possibilidade de aferição da natureza e descrição do serviço em documentos fiscais. Incompatibilidade desses gastos com o fundo partidário sem vínculo com as atividades do partido. Interpretação do art. 9º da Res.-TSE 21.841/2004. [...] 2. A comprovação da regularidade das despesas realizadas com o Fundo Partidário incumbe ao partido político, conforme previsão do art. 9º da Res. 21.841/2004. No caso das despesas com funcionários contratados sob o regime da CLT, a ausência de recibos de pagamento pode ser suprida pela apresentação de Guias de Recolhimento de FGTS e de Informações à Previdência Social – GEFIP, porque documentos legalmente aptos a demonstrarem a existência de relação empregatícia. 3. A interpretação feita por esta Corte Superior do art. 9º da Res. 21.841/2004 impõe que haja vinculação das despesas realizadas com verbas do Fundo Partidário com as atividades do partido, sendo possível essa aferição nos documentos fiscais dos gastos por meio da descrição e natureza dos serviços. Sem que haja essa identificação, a despesa é entendida como irregular e obriga a devolução dos valores ao Fundo Partidário, conforme determinação do art. 34 da Res. 21.841/2004. [...]" (Ac. de 11.4.2019 na PC nº 28681, rel. Min. Edson Fachin.)
"Prestação de contas de partido político. Democratas (dem) – diretório nacional. Exercício financeiro de 2013. Irregularidades que totalizam r$ 1.304.484,60, equivalente a 7,2% do valor recebido do fundo partidário. Reiteração no descumprimento da destinação de recursos do fundo partidário à participação feminina na política. Falha grave. Desaprovação. Imposição de ressarcimento ao erário das quantias recebidas do fundo partidário e irregularmente aplicadas. Sanções de acréscimo de 2,5% no gasto com o incentivo à participação da mulher na política e de suspensão da cota do fundo partidário por 1 mês, dividido em quatro parcelas. Sanção mínima. Aplicação dos princípios da razoabilidade e da proporcionalidade. Precedentes. [....] 2. Despesas contabilizadas pelo Diretório Nacional de gastos realizados pelos diretórios regionais. O diretório nacional pode assumir e contabilizar despesas dos diretórios estaduais que estão impedidos de receber recursos do Fundo Partidário, desde que sejam consideradas essenciais, como luz, água, telefone, aluguel e correios, além de despesas com pessoal e encargos sociais, conforme previsto na Res.-TSE nº 22.239/2006. (Cta nº 1.235, julgada em 8.6.2006, rel. Min. Cezar Peluso, DJ de 20.6.2008) (Cta nº 338-14/DF, rel. Min. João Otávio de Noronha, julgada em 24.4.2014, DJe de 29.5.2014).

No caso, foram pagas despesas como produção de vídeo e serviços contábeis e jurídicos, (estes dois últimos, sem especificação), que não podem ser enquadrados como essenciais à manutenção da grei partidária. Admitir o pagamento de qualquer despesa torna inócua a norma que prevê a sanção de suspensão de repasse do Fundo Partidário. 3. Não comprovação da efetiva prestação de serviços e/ou não apresentação de documentos fiscais. 3.1. Nos termos do art. 9º da Res.-TSE nº 21.841/2004 – vigente à época dos fatos –, a comprovação das despesas se dá por documentos fiscais ou mediante recibos – caso a legislação dispense a emissão daqueles –, expedidos em nome do partido político e que indiquem a natureza dos serviços prestados ou do material adquirido. Não é razoável exigir do grêmio político, passados aproximadamente 5 anos da ocorrência dos fatos financeiros registrados, a apresentação de relatórios pormenorizados das despesas então realizadas ou dos exemplares dos produtos ou dos serviços então contratados e pagos pela agremiação, tendo em vista que a ausência desses elementos não compromete, em termos globais, a apreciação das suas contas. Precedente. 3.2. Documentos assinados pelo tesoureiro do Diretório Nacional que atestam a execução de serviços não equivalem àqueles previstos no art. 9º da Res.-TSE nº 21.841/2004 para o fim de comprovar a sua efetiva realização. 3.3. No julgamento da PC nº 228-15/DF – que versou sobre a prestação de contas do Diretório Nacional do DEM referente ao exercício financeiro de 2012 –, esta Corte Superior concluiu pela irregularidade das despesas com serviços prestados por empresas cujos sócios eram membros do diretório da respectiva agremiação. Friso que, naquela assentada, o Plenário não restringiu a possibilidade de a executiva do partido contratar serviços ou adquirir produtos de empresas que contivessem em seu quadro societário membros da direção partidária, até mesmo porque inexiste vedação legal. A conclusão adotada decorreu da circunstância de o Diretório Nacional, apesar de regularmente provocado, não ter colacionado aos autos outros elementos que possibilitassem aferir o atendimento aos ditames que norteiam os gastos custeados com recursos públicos nas hipóteses em que as transações entre partes relacionadas suscitem um possível conflito de interesses, e é esse o caso. 4. Não comprovação do vínculo das despesas com as atividades partidárias. 4.1. Quanto às despesas com alimentação, compra de frutas e de flores, não há como acolher o argumento de que seriam decorrentes da organização de eventos e convenções pela agremiação, por não haver nos autos prova de tais acontecimentos. Assim, não há como atestar que tais despesas estão vinculadas às atividades partidárias. 4.2. No tocante ao ressarcimento ao dirigente partidário de valores gastos em viagem internacional, embora o partido tenha identificado o hóspede e juntado documentos comprobatórios de despesas por ele efetuadas, não há nos autos, de igual modo, documento que vincule a viagem às atividades da agremiação. 4.3. Nos termos do art. 44 da Lei nº 9.096/1995 e da pacífica jurisprudência deste Tribunal Superior, deve se exigir do prestador das contas, além da prova inequívoca da realização da despesa, a demonstração de sua vinculação com as atividades partidárias (PC nº 228-15/DF julgada em 7.8.2018, rel. Min. Rosa Weber, DJe de 6.6.2018). [....]"
(Ac. de 28.3.2019 na PC nº 29288, rel. Min. Og Fernandes.)

"Prestação de contas. Partido democrático trabalhista. Diretório nacional. Exercício de 2013. Conjunto de irregularidades. Desaprovação. Suspensão de duas cotas do fundo partidário. Determinação de ressarcimento ao erário. [...] 3. A comprovação de despesas ocorre com a apresentação de documentos fiscais e/ou recibos, nos termos do art. 9º da Res.-TSE nº 21.841/2004, norma aplicável ao mérito da presente prestação de contas (PC nº 266-61, Rel. Min. Rosa Weber, DJe de 2.6.2017 e PC nº 267-46, Rel. Min. Luciana Lóssio, DJe de 8.6.2017). 4. A apresentação de recibos de pagamento a autônomo (RPA) acompanhados dos contratos de prestação de serviço é suficiente para a comprovação de despesas com serviços de assessoria. Nesse sentido, este Tribunal, na PC nº 266-61, DJe de 2.6.2017, de relatoria da Ministra Rosa Weber, assentou ser 'suficiente a documentação fiscal discriminada pela natureza do serviço prestado e corroborada por contratos ou outros documentos. Interpretação do art. 9º, I, da Res.-TSE nº 21.841/2004'.

5. A ausência de relatórios circunstanciados, não exigíveis pela legislação de regência, não compromete a transparência do processo de prestação de contas, uma vez que todos esses valores transitaram pelas contas, como deve ocorrer, e os profissionais foram pagos com tais recursos. Precedentes. 6. A partir do julgamento da PC nº 43, esta Corte firmou o entendimento de que 'as faturas emitidas por agência de turismo que atestam o valor da despesa com os serviços de transporte aéreo desde que nelas estejam identificados o nº do bilhete aéreo, o nome do passageiro, a data e o destino da viagem podem ser consideradas como comprovante de despesas realizadas, sem prejuízo de, se forem levantadas dúvidas sobre a sua idoneidade, serem realizadas diligências de circularização' (PC nº 43, DJe de 4.10.2013). Esse entendimento também é pacífico quanto às despesas com hospedagem. In casu, a vinculação dos beneficiários com a atividade partidária foi evidenciada em diligência requerida pela unidade técnica. 7. Não estão presentes os elementos reconhecidos pela jurisprudência deste Tribunal para atestar a regularidade dos gastos com hospedagem, na hipótese de faturas emitidas sem a discriminação do período de estada [...]10. A apresentação do instrumento de contrato e das ordens de serviço são providências hábeis a comprovar a prestação de serviços de transporte de carga. Para que os preços sejam declarados exorbitantes e antieconômicos, faz-se necessária a sua comprovação por meio de parâmetros e comparativos de mercado. 11. Somente com o advento da Res.-TSE nº 23.464/2015, inaplicável ao exercício ora em julgamento, passou-se a exigir a comprovação da prestação do serviço com a apresentação do material contratado no tocante aos gastos com publicidade [...]"
(Ac. de 14.3.2019 na PC 28596, rel. Min. Tarcisio Vieira de Carvalho Neto.)

PEDIDO DE RECONSIDERAÇÃO

"Recurso. Petição. Partido Social Liberal (PSL). Prestação de contas desaprovadas. Exercício financeiro de 2006. Recebimento como pedido de reconsideração. Irregularidades mantidas. Indeferimento. 1. Recurso interposto contra decisão que apreciou prestação de contas partidárias, antes da entrada em vigor do art. 37, §6º, da Lei nº 9.096/1995, com a redação dada pela Lei 12.034/2009, deve ser conhecido como pedido de reconsideração. Precedentes. [...] 4. Pedido de reconsideração indeferido."
(Ac. de 30.9.2015 na Pet nº 2660, rel. Min. João Otávio de Noronha.)

PRAZO

"[...] Agravo regimental no recurso especial eleitoral. Prestação de contas. Interposição do regimental após o tríduo legal. Intempestividade. Agravo regimental não conhecido. 1. A sistemática recursal, em âmbito eleitoral, possui disciplina normativa específica, materializada, entre outras hipóteses, no prazo de interposição da impugnação, que deve observar o tríduo legal, sob pena de intempestividade. [...] 3. Destaco que a contagem de prazo prevista no art. 219 do Novo Código de Processo Civil não é aplicável aos processos eleitorais. [...]"
(Ac. de 18.8.2016 no Respe nº 6463, rel. Min. Luiz Fux.)

PENALIDADE

"Prestação de contas. Diretório nacional. Partido da Causa Operária (PCO). Exercício financeiro de 2013. Desaprovação. [...] 5. Conforme posição deste Tribunal Superior, a incidência da sanção de que trata o §5º do art. 44 da Lei 9.096/95 deve ocorrer no ano subsequente ao trânsito em julgado da decisão. [...]"
(Ac. de 23.4.2019 na PC nº 30235, rel. Min. Admar Gonzaga.)

"Prestação de contas anual. Partido dos Trabalhadores (PT) – Exercício financeiro de 2011. [...] Suspensão do recebimento das cotas do fundo partidário pelo período de um mês. [...] 7. Transferências de recursos do Fundo Partidário a Diretórios Regionais sob a sanção de suspensão do recebimento por desaprovação das contas. De acordo com a jurisprudência deste Tribunal e com o art. 28, IV da Res.-TSE 21.841/04, a suspensão dos repasses das cotas oriundas do Fundo Partidário deve ser efetivada a partir da publicação do decisum que desaprovou as contas, e não da sua comunicação, pela Justiça Eleitoral, ao órgão partidário. Precedente desta Corte Eleitoral Superior: PC 21(35511-75)/DF, Rel. Min. Luciana Lóssio, DJe 26.9.2014. [...]" (Ac. de 27.4.2017 na PC. nº 24925, rel. Min. Rosa Weber.)
"Ação Direta de Inconstitucionalidade. 2. Prestação de contas de partido político. 3. Sanção de suspensão do órgão regional ou zonal que tenha as contas julgadas não prestadas. Sanção prevista no art. 47, caput e §2º. da Res./TSE 23.432/2014; no art. 48, caput e §2º, da Res./TSE 23.546/2017; e no art. 42, caput, da Res./TSE 23.571/2018. 4. Ação julgada parcialmente procedente para conferir interpretação conforme à Constituição. [...] afastando qualquer interpretação que permita que a sanção de suspensão do registro ou anotação do órgão partidário regional ou municipal seja aplicada de forma automática, como consequência da decisão que julga as contas não prestadas, assegurando que tal penalidade somente pode ser aplicada após decisão, com trânsito em julgado, decorrente de procedimento específico de suspensão de registro, nos termos do art. 28 da Lei 9.096/1995. " (Ac. 05.12.2019 na ADI nº 6.032, rel. Min. Gilmar Mendes.)

TEMA: FUNDO ESPECIAL DE FINANCIAMENTO DE CAMPANHA
"Partido da Social Democracia brasileira (PSDB). Res.-TSE 23.465. Alteração estatutária. 1. O partido apresentou a documentação exigida pelo art. 49 da Res.-TSE 23.465/2015, qual seja, cópia autenticada do estatuto partidário reformado, certidão comprovando o registro do estatuto partidário no cartório do registro civil das pessoas jurídicas e cópia da ata da Convenção Nacional da agremiação em que se deliberou pelas alterações do estatuto do partido, autenticada por tabelião de notas. 2. O art. 142 e seus incisos contraria a interpretação conferida pelo Supremo Tribunal Federal ao art. 90 da Lei 13.165/2015, conforme deliberado no julgamento da ADI 5.617/DF, bem como a recente orientação desta Corte Superior acerca da observância de percentuais mínimos de distribuição de recursos para candidatos de ambos os gêneros. Necessidade de adequação.[...]" (Ac de 21.8.2018 no PET 109, rel. Min. Admar Gonzaga.)
"Consulta. Senadoras e deputadas federais. Incentivo à participação feminina na política. Distribuição dos recursos do fundo especial de financiamento de campanha (FEFC) e do tempo de propaganda eleitoral gratuita no rádio e na TV. Proporcionalidade. Art. 10, §3º, da Lei nº 9.504/1997. Mínimo legal de 30% de candidaturas por gênero. Aplicabilidade. Fundamentos. ADI 5617. STF. Eficácia transcendente. Papel institucional da justiça eleitoral. Protagonismo. Práticas afirmativas Fortalecimento. Democracia interna dos partidos. Quesitos respondidos afirmativamente. Do objeto da presente consulta.

1. Trata-se de consulta formulada nos seguintes termos: 1.1 'Aplica-se a decisão do STF que conferiu interpretação conforme à Constituição, proferida na ADI 5617, para a distribuição do Fundo Especial de Financiamento de Campanha, previsto nos artigos 16-C e 16-D, da Lei das Eleições, devendo-se equiparar o mínimo de recursos destinado a cada partido, ao patamar legal mínimo de 30% de candidaturas femininas, nos termos do artigo 10, §3º, da Lei 9.504/97?' 1.2 'Havendo percentual mais elevado do que 30% de candidaturas femininas, o mínimo de recursos globais do partido, destinado às respectivas campanhas, deve ser na mesma proporção?' 1.3 'Aplica-se a decisão do STF que conferiu interpretação conforme à Constituição, proferida na ADI 5617, para a distribuição do tempo da propaganda eleitoral gratuita no rádio e na televisão, prevista nos artigos 47 e seguintes, da Lei das Eleições, devendo-se equiparar o mínimo de tempo destinado a cada partido, ao patamar legal mínimo de 30% de candidaturas femininas, nos termos do art. 10, §3º, da Lei 9.504/97?' 1.4 'Havendo percentual mais elevado do que 30% de candidaturas femininas, o mínimo do tempo da propaganda eleitoral gratuita no rádio e na televisão, destinado às respectivas campanhas, deve ser na mesma proporção?' [...] Da ratio decidendi da ADI 5617 e sua aplicabilidade na distribuição do Fundo Especial de Financiamento de Campanha (FEFC) e do tempo de propaganda eleitoral gratuita no rádio e na televisão 8. Ao julgamento da ADI 5617, em 15.3.2018, o c. STF, no tocante ao Fundo Partidário, deu 'interpretação conforme à Constituição ao art. 9º da Lei 13.165/2015 de modo a (a) equiparar o patamar legal mínimo de candidaturas femininas (hoje o do art. 10, §3º, da Lei 9.504/1997, isto é, ao menos 30% de cidadãs), ao mínimo de recursos do Fundo Partidário a lhes serem destinados, que deve ser interpretado como também de 30% do montante do Fundo alocado a cada partido, para eleições majoritárias e proporcionais, e (b) fixar que, havendo percentual mais elevado de candidaturas femininas, o mínimo de recursos globais do partido destinados a campanhas lhe seja alocado na mesma proporção'. 9. Embora circunscrito o objeto da ADI 5617 à distribuição dos recursos partidários que veio a ser fixada por meio da Lei nº 13.165/2015, os fundamentos então esposados transcendem o decidido naquela hipótese, considerada, em especial, a premissa de que 'a igualdade entre homens e mulheres exige não apenas que as mulheres tenham garantidas iguais oportunidades, mas também que sejam elas empoderadas por um ambiente que lhes permita alcançar a igualdade de resultados'. Aplicável, sem dúvida, a mesma diretriz hermenêutica; 'ubi eadem ratio ibi idem jus', vale dizer, onde houver o mesmo fundamento, haverá o mesmo direito. 10. Na lição da doutrina, 'o Tribunal que, desempenhando com firmeza o seu dever de fundamentar, apreciar a maior gama de argumentos contrários e favoráveis a cada tese, estará produzindo não apenas uma decisão para um único litígio, mas sim uma metadecisão que, fixando regras, standarts e rotinas, orientará os órgãos jurisdicionais inferiores' (Bernardo, Clarissa Campos; Andrade, Marcelo Santiago de Paula. O sistema de precedentes do novo CPC e sua repercussão no direito eleitoral. In: Didier Jr., Fredie; Lucon, Paulo Henrique dos Santos; Camargo, Luiz Henrique Volpe (Coord.). Repercussões do novo CPC. Direito Eleitoral. Salvador: JusPodivm, 2016). 11. Se a distribuição do Fundo Partidário deve resguardar a efetividade do disposto no art. 10, §3º, da Lei nº 9.504/97, no sentido de viabilizar o percentual mínimo de 30% de candidaturas por gênero, consoante decidiu a Suprema Corte ao julgamento da ADI 5617, com maior razão a aplicação dos recursos do Fundo Especial de Financiamento de Campanha (FEFC) – cuja vocação é, exclusivamente, o custeio das eleições – há de seguir a mesma diretriz. 12. No tocante ao tempo de propaganda eleitoral gratuita no rádio e na televisão, consabido não haver disposição normativa expressa que balize a sua distribuição em termos de percentual de gênero. A despeito disso, a carência de regramento normativo que imponha a observância dos patamares mínimos previstos no art. 10, §3º, da Lei nº 9.504/97 à distribuição do tempo de propaganda eleitoral no rádio e na televisão não obstaculiza interpretação extraída a partir de preceitos constitucionais que viabilizem a sua implementação.

13. Consoante magistério de Inocêncio Mártires Coelho, com apoio em Niklas Luhmann, Friedrich Müller e Castanheira Neves: 'não existe norma jurídica, senão norma jurídica interpretada, vale dizer, preceito formalmente criado e materialmente concretizado por todos quantos integram as estruturas básicas constituintes de qualquer sociedade pluralista. [...] O teor literal de uma disposição é apenas a 'ponta do iceberg'; todo o resto, talvez o mais importante, é constituído por fatores extralinguísticos, sociais e estatais, que mesmo se o quiséssemos não poderíamos fixar nos textos jurídicos, no sentido da garantia da sua pertinência.' (LUHMANN, Niklas. El derecho de la sociedad. México: Herder/Universidad Iberoamericana, 2005, p. 425-6; MÜLLER, Friedrich. Métodos de Trabalho do Direito Constitucional. Porto Alegre: Síntese, 1999, p. 45; e NEVES, A. Castanheira. Metodologia Jurídica. Problemas fundamentais. Coimbra: Universidade de Coimbra, 1993, p. 166-76.) 14. Aplica-se, no ponto, a mesma ratio decidendi adotada pela Suprema Corte na ADI 5617, com prevalência ao direito à dignidade da pessoa humana (art. 1º, III, da CF) e à igualdade de gênero (art. 5º, caput, da CF). 15. A revisão jurisdicional de atos partidários, no que se inclui a revisitação das diretrizes norteadoras da distribuição interna de recursos públicos destinados às campanhas eleitorais, bem assim a divisão do tempo de propaganda eleitoral gratuita entre os candidatos em disputa, não implica, em absoluto, desprestígio à autonomia partidária – consagrada na Carta Magna e reafirmada na Emenda Constitucional nº 97, aprovada pelo Congresso Nacional em 04 de outubro de 2017 –, mas amparo ao fortalecimento da democracia interna da própria grei, contribuindo para o desenvolvimento da política. Conclusão Consulta respondida afirmativamente, nos seguintes termos: a distribuição dos recursos do Fundo Especial de Financiamento de Campanha (FEFC), previsto nos artigos 16-C e 16-D, da Lei das Eleições, e do tempo de propaganda eleitoral gratuita no rádio e na televisão, regulamentada nos arts. 47 e seguintes do mesmo diploma legal, deve observar os percentuais mínimos de candidatura por gênero, nos termos do art. 10, §3º, da Lei nº 9.504/97, na linha da orientação firmada na Suprema Corte ao exame da ADI 5617. No caso de percentual superior de candidaturas, impõe-se o acréscimo de recursos do FEFC e do tempo de propaganda na mesma proporção.'
(Ac. de 22.5.2018 na CTA nº 60025218, rel. Min. Rosa Weber.)

TEMA: CONTRATAÇÃO

"Prestação de contas. Partido democrático trabalhista. Diretório nacional. Exercício de 2013. Conjunto de irregularidades. Desaprovação. Suspensão de duas cotas do fundo partidário. Determinação de ressarcimento ao erário. [...] 8. É possível à agremiação a contratação de serviços advocatícios para a defesa de terceiros, desde que demonstre ser o terceiro filiado ao partido e que a conduta judicialmente apurada tenha como objeto a atuação do agente como gestor ou responsável da agremiação, não sendo este o caso dos autos. Precedentes [...] ".
(Ac. de 14.3.2019 na PC 28596, rel. Min. Tarcisio Vieira de Carvalho Neto.)

"Prestação de contas anual. Democratas (DEM) – exercício financeiro de 2012. Irregularidades que totalizam 9,51% do valor recebido do fundo partidário. Reiterado descumprimento da obrigação de destinação de recursos ao incentivo à participação política da mulher. Contas desaprovadas parcialmente. Imposição de ressarcimento ao erário e sanções de acréscimo de 2,5% no gasto com o incentivo à participação feminina na política e suspensão do recebimento das cotas do fundo partidário pelo período de 1 (um) mês. [...] 5. À luz do princípio da moralidade, não há como admitir que sejam contratadas para prestar serviços ao partido empresas pertencentes a dirigentes dele.

Da mesma forma, tal contratação não permite o atendimento do princípio da economicidade, pois nunca se poderá saber se os serviços foram prestados com qualidade e modicidade de custo ou se eventual falta de qualidade ou preço acima do justo foram relevados pelo fato da empresa pertencer a dirigente partidário. 6. Ainda que admitida a possibilidade de tal contratação, seria necessário grau elevado de transparência diante da existência de transação entre partes relacionadas, com a apresentação de contrato escrito detalhando todas as peculiaridades da transação, relatórios claros das atividades desenvolvidas e demonstração de custos compatíveis com o mercado, inexistentes no caso concreto. [...]"
(Ac. de 26.4.2018 na PC nº 22815, rel. Min. Rosa Weber.)

TEMA: CLÁUSULA DE BARREIRA

"Consulta. Partido político. Cláusula de desempenho. EC 97/2017. Incidência. Eleições 2018. 1. O Diretório Nacional do Partido Social Democrata Cristão (PSDC) questiona: 'a partir de que eleição para a Câmara dos Deputados será aplicada a cláusula de barreira, também designada cláusula de desempenho, instituída pela Emenda Constitucional 97/2017?". Regra de transição. Eleições 2018, 2022 e 2026. Art. 3º, caput e parágrafo único, I, II e III, da EC 97/2017. Aplicação imediata. Ausência. Vacatio legis. Observância. Princípio da anualidade. 2. A EC 97/2017, ao alterar o §3º do art. 17 da CF/88 e prever cláusula de desempenho para acesso ao Fundo Partidário e à propaganda gratuita no rádio e televisão, estabeleceu níveis de gradação quanto aos requisitos a serem preenchidos pelas legendas, culminando, a partir das Eleições 2030, na observância de um dos pressupostos a seguir: a) obter na eleição na Câmara dos Deputados no mínimo 3% dos votos válidos, distribuídos em um terço das unidades da Federação, com ao menos 2% desses votos em cada uma delas; ou b) eleger no mínimo quinze Deputados Federais, distribuídos em pelo menos um terço das unidades da Federação. 3. Considerando que os incisos I, II e III do parágrafo único do art. 3º da EC 97/2017 estabelecem três gradações transitórias da cláusula de desempenho antes das Eleições 2030, tais regras se aplicam já a partir das Eleições 2018 (inciso I), passando pelas Eleições 2022 (inciso II) e pelas Eleições 2026 (III), vindo a incidir, nas Eleições 2030, os percentuais e quantitativos previstos no art. 17, §3º, da CF/88. 4. Em outras palavras, caso tais regras tivessem início apenas com o desempenho partidário nas Eleições 2022, a cláusula de barreira não estaria integralmente consolidada nas Eleições 2030 (termo final definido no caput do art. 3º da EC 97/2017).5. Acrescente-se que a EC 97/2017 entrou em vigor faltando mais de um ano para as Eleições 2018, inexistindo óbice formal à sua aplicação (art. 16 da CF/88; princípio da anualidade), e, ademais, sem período de vacatio legis. Conclusão. Enunciado. EC 97/2017. Aplicabilidade. 6. Consulta respondida nos termos do enunciado a seguir: a cláusula de desempenho instituída pela EC 97/2017 – que alterou o art. 17, §3º, da CF/88 para estabelecer critérios de acesso dos partidos políticos ao Fundo Partidário e à propaganda gratuita no rádio e televisão – aplica-se a partir das Eleições 2018 para a legislatura de 2019–2022 na Câmara dos Deputados."
(Ac de 18.12.2018 na CTA 060412730, rel. Min. Jorge Mussi.)

"Petição. Partido. Diretório nacional. Rede sustentabilidade (rede). Contornos de consulta. Solicitação de providências. Relevância da matéria. Conhecimento. Petição. Dúvida. Marco temporal. Corte. Repasse de recursos do fundo partidário. Cláusula de desempenho. Inciso i do art. 3º da ec nº 97/2017. Eleições 2018. Início legislatura. 1º.2.2019. Ressalva. Multas e doações. Impacto futuro. Proposta. Minuta de portaria. Orientação. 1. Na presente petição, consta requerimento formulado nos seguintes termos: '1) que Vossa Excelência se digne a determinar que a CEOFI (Coordenadoria de Execução Orçamentária e Financeira), se manifeste, oficialmente, a partir de qual data será efetuado o corte referente ao acesso ao Fundo Partidário pelas agremiações que não ultrapassaram a cláusula de desempenho; e 2) caso Vossa Excelência entenda pertinente, que seja emitido uma orientação pela CEOFI (Coordenadoria de Execução Orçamentária e Financeira (CEOFI) com vistas a orientar a todas as agremiações partidárias que não ultrapassaram a cláusula de desempenho, no tocante a data de corte do acesso aos recursos do Fundo Partidário'. 2. O expediente ostenta contornos de consulta. Todavia, os questionamentos também demarcam fronteiras com solicitação de providências por se tratar, ao mesmo tempo, de dúvida a ser dirimida por esta Justiça especializada e requerimento de expedição de orientação por parte de unidade técnica deste Tribunal Superior, com extensão a todos os partidos políticos em semelhante situação, razão por que deve ser mantida a autuação na Classe Petição. 3. As indagações se referem à fixação do marco temporal para o início da supressão do repasse das cotas do Fundo Partidário para as agremiações que não alcançaram a cláusula de desempenho advinda da promulgação da Emenda Constitucional nº 97/2017. 4. Sob o pálio desse novo postulado constitucional, somente poderão ter acesso aos recursos do Fundo Partidário e à propaganda gratuita no rádio e na televisão as agremiações que atenderem a um dos requisitos do inciso I do art. 3º da EC nº 97/2017, para a primeira etapa do processo de implantação da cláusula de desempenho com alcance a partir da legislatura que se seguir às eleições de 2018. 5. No que se refere à data de início de supressão do repasse dos recursos do Fundo Partidário previsto no art. 41-A da Lei nº 9.096/95, consoante a nova ordem constitucional, evidencia-se que a própria expressão "na legislatura seguinte às eleições 2018" denota o norte que se deve tomar como fixador dessa baliza. 6. Com efeito, a medida restritiva de acesso aos recursos do Fundo Partidário pelas agremiações que não atingiram a composição e distribuição do percentual mínimo de votos ou não elegeram a bancada mínima fixada para a Câmara dos Deputados terá início no dia 1º.2.2019, data a partir da qual se instaura a 56ª Legislatura para o quadriênio 2019-2023, nos termos do art. 57, §4º, da Constituição Federal. 7. Segundo o art. 38 da Lei nº 9.096/95, o Fundo Partidário é composto de quatro modalidades de arrecadação: I – multas e penalidades pecuniárias aplicadas nos termos do Código Eleitoral e leis conexas; II – recursos financeiros que lhe forem destinados por lei, em caráter permanente ou eventual; III – doações de pessoa física ou jurídica, efetuadas por intermédio de depósitos bancários diretamente na conta do Fundo Partidário; IV – dotações orçamentárias da União em valor nunca inferior, cada ano, ao número de eleitores inscritos em 31 de dezembro do ano anterior ao da proposta orçamentária, multiplicados por trinta e cinco centavos de real, em valores de agosto de 1995. 8. O inciso IV se insere perfeitamente no novo postulado constitucional, sem merecer nenhuma ressalva, porquanto se refere às dotações orçamentárias previamente aprovadas e liberadas em duodécimos, as quais não repercutem em data futura àquela entendida como marco para a aplicação da medida restritiva. Igual natureza tem o inciso II, na medida em que se trata de recursos estabelecidos em lei com destinação e período específicos. 9. No tocante aos incisos I e III, estes podem ter impacto futuro e posterior a 1º.2.2019, porquanto as multas e penalidades pecuniárias aplicadas por essa Justiça Eleitoral e as doações de pessoas físicas podem ocorrer até o dia 31 de janeiro de 2019 e deverão ser repassadas aos partidos afetados pela cláusula de desempenho.

Desse modo, integrarão os recursos do Fundo Partidário referente a um período em que os partidos com as bancadas atuais ainda teriam direito à respectiva repartição. 10. Nos termos do §4º do art. 57 da Constituição Federal, a data correspondente ao início da legislatura subsequente às eleições de 2018 é o dia 1º.2.2019, data em que os partidos políticos que não alcançaram a cláusula de desempenho prescrita pelo inciso I do art. 3º da EC nº 97/2017 deixarão de receber as verbas do Fundo Partidário, ressalvadas aquelas devidas até 31.1.2019, porém repassadas à conta específica do Tribunal Superior em data ulterior. 11. O ineditismo e a relevância da matéria reclamam o acolhimento da sugestão da requerente para expedir ato normativo específico com orientação geral às agremiações partidárias, do qual deve constar a relação dos partidos políticos que cumpriram os requisitos e aqueles que não ultrapassaram a cláusula de desempenho, com a data de início da restrição aos recursos do Fundo Partidário e as pertinentes ressalvas. 12. Proposta de minuta de portaria que se submete a análise e aprovação deste Tribunal Superior. 13. Acolhida sugestão de orientação e minuta de portaria aprovada."

(Ac. de 19.12.2018 na PET 060189256, rel. Min. Tarcisio Vieira de Carvalho Neto.)

Esta obra foi composta em fonte Palatino Linotype, corpo 10
e impressa em papel Boivory Bulk 65g (miolo) e Supremo 250g (capa)
pela Gráfica Formato.